U0501819

"十三五"国家重点出版物出版规划项目

中国经济治略丛书

国家社会科学基金重大项目（13&ZD031）
山东大学经济学院学术著作出版基金资助

深化收入分配制度改革的财税机制与制度研究

Research on the Distribution Effect of China's Fiscal and Taxation System

安体富　李齐云　主编

中国财经出版传媒集团

经济科学出版社
Economic Science Press

图书在版编目（CIP）数据

深化收入分配制度改革的财税机制与制度研究/安体富，
李齐云主编．—北京：经济科学出版社，2018.10
　（中国经济治略丛书）
ISBN 978 - 7 - 5141 - 9587 - 3

Ⅰ.①深… Ⅱ.①安…②李… Ⅲ.①财政制度 - 研究 -
中国②税收制度 - 研究 - 中国 Ⅳ.①F812.2

中国版本图书馆 CIP 数据核字（2018）第 176799 号

责任编辑：于海汛
责任校对：靳玉环
责任印制：李　鹏

深化收入分配制度改革的财税机制与制度研究

安体富　李齐云　主编

经济科学出版社出版、发行　新华书店经销
社址：北京市海淀区阜成路甲 28 号　邮编：100142
总编部电话：010 - 88191217　发行部电话：010 - 88191522
网址：www. esp. com. cn
电子邮件：esp@ esp. com. cn
天猫网店：经济科学出版社旗舰店
网址：http://jjkxcbs. tmall. com
北京季蜂印刷有限公司印装
787×1092　16 开　38.25 印张　860000 字
2018 年 10 月第 1 版　2018 年 10 月第 1 次印刷
ISBN 978 - 7 - 5141 - 9587 - 3　定价：108.00 元
（图书出现印装问题，本社负责调换。电话：010 - 88191510）
（版权所有　侵权必究　打击盗版　举报热线：010 - 88191661
QQ：2242791300　营销中心电话：010 - 88191537
电子邮箱：dbts@ esp. com. cn）

总 序

    经过了 30 多年波澜壮阔的改革开放，中国的经济建设成就辉煌、举世瞩目。然而在欣喜之余，我们却蓦然发现，资源枯竭、环境恶化、发展失衡、矛盾凸显……如何克服这些困扰从而实现强国之梦？这已经成为每一位中国人时常思考的问题。作为在中国这片热土上成长起来的经济学者，汲取着经济腾飞的红利，享受着承平盛世的幸福，自然不敢也不该忘忧祖国的困境。总结、梳理我们的经验，守护、完善我们的制度，恪守、坚持我们的目标，均构成了中国经济学者义不容辞的责任与担当。

    然而，经济系统纷繁复杂、新生现象如火如荼、现实问题无限细分，利益主体盘根错节，我们既无心更无力全面而深入地分析中国经济所面临的每一个问题。但是，我们深信躬身学习是崛起之道、强壮自身是发展之本。因此，我们选择了美国贸易竞争力、新政治经济学、品牌经济学、中国宏观金融风险、企业出口市场选择、人民币汇率、税收以及收入分配制度改革、"三农"问题等专题，出版了这套《中国经济治略丛书》，希望既能探寻学术研究的科学之道，又能落脚经济学的基本原则——经世济民，竭力让学术探索回归其普惠大众的终极功能。我们试图剖析、破解约束中国经济发展的上述一系列难题，为实现中华民族的振兴之梦贡献自己的绵薄之力。

    诚然，囿于时间、知识以及能力，错误与不足之处在所难免，恳请各位前辈后学不吝赐教，以期抛砖引玉，激发对中国经济问题的更多分析或关注。最后，我们感谢所有参与丛书编写工作的专家学者，感谢经济科学出版社总编辑吕萍女士以及其出色的工作团队。

李长英

2016 年仲秋

前　　言

　　本书是国家社会科学基金重大项目（13&ZD031）"深化收入分配制度改革的财税机制与制度研究"的最终研究成果，项目于 2017 年 6 月完成并结项。

　　收入分配制度是整个经济社会制度的一个重要组成部分，是"经济社会发展中一项带有根本性、基础性的制度安排，是社会主义市场经济体制的重要基石"。然而，收入分配制度改革是一项复杂而艰巨的系统工程，就收入分配论分配的思维定式和改革路径不能从根本上改变我国长期以来形成的国民收入分配不合理的格局，也不能真正建立起科学的收入分配调节机制和制度体系。因此，必须从更高的战略视角和更宏观更全面的研究视野研究影响收入分配制度的体制机制问题，本项研究就是把收入分配制度改革与财税机制和制度构建联系起来，着重从再分配调节机制方面探讨改善国民收入分配格局、建立公平化的收入分配制度的实现路径和改革措施。

　　本项研究的立项依据是为践行党的十八大和十八届三中全会提出的"加快改革财税体制""建立现代财政制度""完善收入分配调控体制机制和政策体系"而致力于理论创新和制度创新。其理论价值和意义在于：揭示实现收入分配公平化的财税制度运行的特点、内在机理和客观规律性，研究调节收入分配的财税制度和政策的主要内容和有效运行机制，促进新型财政税收基本制度框架的理论体系的构建，创新调节收入分配的财税制度的新体系、新模式。

　　本项研究涉及财政税收和收入分配的制度框架、基本内容、运行机理及演进方向，并且探索和谋划调节收入分配的财税制度改革的总体思路与政策建议。其应用价值在于：可为构建适应我国经济社会发展的财税制度和公平和谐的收入分配体系提供参照方案，对政府的科学决策和财税制度建设具有一定的参考价值和实践指导作用。

　　经过多年的团结协作和积极探索，本项目研究最终完成并取得较为丰硕的成果。我们认为，本项目的主要建树和贡献体现在：将科学构建实现收入分配公平化及健全的收入分配体系的财税机制与制度，提升到全面建成小康社会和国家治理体系与治理能力现代化的高度，深刻阐明财税机制与制度改革和创新的重大意义及其紧迫性；对财税机制与制度调节收入分配的基本理论、核心要素、手段运用、运作方式、框架设计和实现路径等做出了系统的梳理、归纳和阐述，全面厘清了财税制度调节收入分配的主要方式、模式和运行机理；对当前我国财税机制与制度调节收入分配的状况，尤其是对财政支出、税收和转移支付制度调节收入分配的效应作用进行了深入细致的实证分析，通过计量分析和构建模型实证检测了财税制度与收入分配的关联度、财税制度与政策的调节效果效应和存在的问题，为充分论证财税制度改革的必要性和理论假说提供了坚实的客观佐证；对财税机制和制度改革方向、目标和总体思路进行了科学性和创造性的设计，从实现收入分配公平化的视角和目标勾画了完善财税机制与制度的主要策略，这可为构建科学、规范、公平、调节功能强和良性运行的财税制度提供参照方案和对策建议。

本项研究成果的学术价值体现在它的创造性、系统性及全面性，对当前我国财税制度、财政政策和收入分配公平化的基础理论进行了梳理分析，创新性地论证了财税机制与制度调节收入分配的基本内容和运行机制，以及科学完整财税制度体系的基本架构和运作机理。阶段性研究成果曾获得国家领导人批示，或被中央有关部门调阅，并得到业内同行的赞同和良好评价。

我本人曾于 2012 年至 2016 年受山东大学的聘任担任"山东大学人文社科特聘一级教授"，在此期间以山东大学为申报单位并获得该项国家社会科学基金重大项目。在山东大学工作和主持课题研究的数年里，得到山东大学、山东大学经济学院，尤其是山东大学经济学院财政学科同事和老师们的大力支持和协助，使得本项研究圆满完成并付梓出版。在此，特向山东大学的老师和领导表示衷心的感谢。

本项研究从课题论证申报，到课题研究写作，再到课题结项和编辑出版，凝聚了众多专家学者和编辑人员的心血，可以说是集体合作和众人智慧的结晶。担任子课题负责人并承担重要工作的是：樊丽明（山东大学）、李齐云（山东大学）、吴俊培（武汉大学）、卢洪友（武汉大学）、张斌（中国社会科学院）、靳东升（国家税务总局）、李华（山东大学）等。参加课题研究和写作的有：李文、陈东、解垩、汤玉刚、李一花、苏春红、石绍宾、常世旺、龚峰、刘穷志、刘成奎、王玮、李金龙、韩振、宋宪华、徐学军、王永、韩仁月、石坚、龚辉文、李本贵、王海勇等。山东大学、上海财经大学、中国人民大学的数位博士生和硕士生参加了课题申报、数据资料的整理和收集、调查研究和书稿编纂等工作，他们是：葛玉御、李昕凝、马万里、迟诚、王澍、周雪、朱洁、宋琪、李娟娟、李占一、范辰辰、马磊、高凌云、蔡倩、李晓宇、席华、解雨巷、朱玲轩、王雁等。

本书的研究还得到数十位专家学者的大力支持和帮助，他们是：中国社会科学院高培勇教授、杨志勇研究员、蒋震研究员等，中国人民大学郭庆旺教授、朱青教授、吕冰洋教授、岳树民教授、岳希明教授等，中央财经大学马海涛教授、汤贡亮教授、任强教授、肖鹏教授等，上海财经大学丛树海教授、蒋洪教授、刘小兵教授等，财政部财政科学研究院刘尚希教授等，东北财经大学马国强教授等，厦门大学张馨教授等。在此，向各位专家学者表示衷心的感谢！

本书的研究和编写过程中，听取和吸收了许多专家学者的意见和建议，借鉴了国内外专家学者的大量科研成果，在此表示诚挚的谢意。

本书的编辑出版得到经济科学出版社社长吕萍女士、于海汛编审、宋涛编辑的大力支持和鼎力相助，向他们表达诚挚的谢意！对他们甘于奉献的精神和严肃认真、一丝不苟的工作态度表示由衷的钦佩。

　　本书的出版还得到山东大学经济学院学术著作出版基金资助。

　　由于研究时间及水平有限，书中的疏漏和缺点在所难免，诚望读者和专家批评指正。

安体富

2017 年 9 月于北京

目　录

第一篇　财税政策调节收入分配研究

第二篇 居民收入分配与财政支出结构优化

第一篇

财税政策调节收入分配研究

第1章 分 导 论 一

1.1 研究主题

国民收入分配以及公平化的实现问题，在当前越来越引起社会公众的普遍关注。为什么要调节收入分配？根据凯恩斯主义的理论，现实经济中存在边际消费倾向递减现象，富人用于消费的比例较低，而穷人用于消费的比例较高。当贫富差距较大时，穷人的收入较低因而消费水平和购买力较低，而富人虽然收入高，但由于其边际消费倾向递减，其消费支出不是同比例增长，因而就会造成整体经济的有效需求不足问题。市场机制正是产生贫富差距的重要原因。而当政府进行收入调节，使得穷人的财富增加，那么消费就会大大增加，从而缓解有效需求的不足，使得经济平稳运行。同时从政治哲学的角度来看，收入分配的公平更多地体现为一种正义的观念。罗尔斯（Rawls）认为，经济上的不平等仅在它们使最不利的群体受益时才是正当的。从宪法的角度来看，宪法的根本目的是保障基本人权，而基本人权中生存权是不可或缺的。而要保障生存权，就需要对特定的群体进行帮扶，以保证他们能得以正常生活，这一过程也需要收入分配的调节。

市场机制本身并不会调节居民收入分配，它属于市场失灵的一种，为解决市场失灵需要有外部力量的介入。马斯格雷夫（Musgrave）认为政府主要存在三大职能，即资源配置、收入分配和经济稳定。政府是调节收入分配的重要主体，而政府调节收入分配的一个重要手段就是财税政策。从财税政策的角度来看，其调节收入分配的途径主要是财政收入和财政支出。财政收入反映的是政府在国民收入中的再分配，是政府从居民、企业及其他社会组织等获取的收入，不同形式的获取方式反映了不同的收入再分配效果。财政支出反映的是政府将财政资金用于特定的用途和人群，不同的支出方式也反映了不同的再分配效果。

收入分配事关经济平稳运行与社会公平正义，在全面建成小康社会的进程中，我们应当特别重视并且加强对收入分配的合理有效调节。就财税制度而言，调节收入分配既可以从收入端入手也可以从支出端入手，但这种调节职能的实现应主要由支出端来完成，这是因为，不应或不宜让政府的税收制度承担更多的调节收入分配的功能，可以避免税制过度复杂化，尽可能保证税收"中性"，进而有利于实现横向公平，同时也可以降低征收和遵从成本。但结合我国的税制现状，其总体税制具有明显的"累退性"，因而税制改革依然是我国当前需要努力的方向。而这一方向的重点则是减少间接税、增加直接税以增强税制的"累进性"。因此，从当前我国的财税制度与政策看，为合理有效调节收入分配，还需要同时从收入端和支出端发力。

1.2 概念界定

1.2.1 收入分配

我们研究收入分配，主要是研究居民的收入分配问题。从国民经济循环的角度来看，居民收入来源于其所拥有的各种要素的报酬，即劳动和资本的数量和价格，资本报酬在居民、企业、政府部门间的分配是影响居民收入的重要因素。居民取得收入的最终目的是满足不断增长的物质文化需求，在市场经济条件下，居民可支配收入主要用来满足私人需求，而要实现包括公共需求在内的综合福利水平的提高，则必须主要依靠政府的财政支出。在这个意义上，收入分配不仅包括居民可支配收入的增长及其公平分配，同时也应包括公共产品与公共服务水平和均等化程度的提高。① 而公共产品与公共服务的提供必须由财税制度来完成，财税制度的一端是收入的筹集，即以特定方式来筹得提供公共产品与公共服务的资金，另一端则是资金的使用，即以特定的形式来提供公共产品与公共服务。因而我们研究的收入分配主要限定于财税制度和政策能够给予调节并且能够产生效应的收入分配。

1.2.2 财税制度与政策

财税制度和政策可以从收入和支出两个方向影响收入分配。收入端又可具体分解为税收收入和非税收入因素；支出端可以分解为转移性支出和购买性支出因素。

从税收的角度看，税收的收入分配效应，通常以税收累进（退）性衡量。税率随收入数额上升而提高的税收，为累进性税收，反之则为累退性税收。税率与收入的绝对数量无关，而只占相对份额的税收为比例税收。累进性税收能够改善收入分配状况，累退性税收则会恶化收入分配状况；而比例税收对收入分配一般不产生显著的影响。增值税、消费税、营业税、销售税等以商品和劳务为课税对象的间接税也称为流转税，它是按人们的消费支出多少而非依据收入多寡课税。人们收入中用于消费的比例，通常随收入上升而下降（即边际消费倾向递减），因此间接税的平均税率（即间接税负对收入的比率）与收入水平之间呈现负相关关系。即收入越高，平均税率越低，而低收入人群的平均税率反而越高，这是间接税累退性的主要根源。与间接税不同，个人所得税为直接税，除费用扣除之外，其法定税率通常设计为随着收入的上升而逐级上升（即超额累进），因此为累进性税收，对缩小收入分配差距和改善收入分配有显著作用，这也是所得税制度被视为政府收入再分配政策手段之一的主要原因。一国的税制是由不同的税种组合而成的，其累进（退）性取决于不同税种的累进（退）性程度，以及在税收收入

---

① 张斌、何晴：《资本报酬、收入分配与福利增长》，载于《税务研究》2011 年第 3 期，第 20～23 页。

总额中的占比大小。间接税占比较高的税制，总体上应当是累退性的；相反，直接税尤其是个人所得税占比越高的税制，则越容易成为累进性税制，或总体上累进性越强。[①]

非税收入主要是指政府除税收以外的其他收入。从非税收入的角度看，我国以前为政府主导型经济，有着庞大的财政供养人员规模和国有企业，他们的收入深刻地影响着我国收入分配的格局。同时在我国，在非税收入中还存在"隐性收入"，以及与隐性收入相类似的"灰色收入""黑色收入""非法收入"等几种形式。这些收入形式在内涵和外延上各有差异，且业内不同专家的看法各异。仅从外延上分析，隐性收入主要是因钱权交易、以权谋私、公共投资与腐败等产生的现金和非现金收入。显然，这种定义下的隐性收入与权力密切相关，即与权力越是接近，越易于获取隐性收入的好处。因此，隐性收入及其与之相类似的其他收入，会对收入分配产生扭曲性的不良影响。

财政支出包含政府的转移性支出，主要是指各项社会福利计划和社会保障制度形成的支出。由于这类支出的主要扶持对象和救助群体是老、弱、病、残、退休、孤寡人士，因而，这种财政支出的规模、分布及支出对象会影响社会的收入分配和减贫的状况。

购买性支出是与转移性支出相对应的政府财政支出。转移性支出是一种货币或实物的无偿转移，然而，与购买性支出相伴而行的往往有政府有偿购买货物或劳务的行为。转移性支出能够对分配和消费产生直接性的影响，而购买性支出则是通过影响生产、投资和就业等也在很大程度上影响了收入分配。

从政府间财政关系来看，调节收入分配的手段还有转移支付。政府间转移支付主要是资金在不同级别的政府之间进行转移，其中主要是中央政府对地方政府的转移，这种转移可以达到特定的收入分配的功能。从国际经验看，20 世纪 90 年代 OECD 国家转移支付规模变动与基尼系数变化有较强相关性，中央财政加大转移支付力度，鼓励地方财政增加福利性支出，有助于缩小因市场机制导致的收入分配差距。因此，规范、科学的转移支付制度不仅是缩小地区财力差距，调节各级政府之间纵向不平衡、横向不平衡和解决公共产品外部性的重要手段，同时也是缩小收入分配差距的重要工具。

1.3　基本内容

本篇的第 1 章为分导论一，主要介绍了研究主题以及对基本概念的界定。基本概念的科学准确界定是从事科学研究的基础和前提，也主导着研究的明确目标和正确方向。

第 2 章为文献综述，主要从收入分配的基本理论、对我国现实收入分配状况的考察、财政支出与收入分配、转移支付与收入分配、税收与收入分配等多个方面，对目前已有的研究做了全面的概述。收入分配的基本理论包含有初次分配与再分配理论、马克思主义的收入分配理论、经济增长与收入分配理论、收入分配与公平化理论等。对于我

[①]　岳希明、张斌、徐静：《中国税制的收入分配效应测度》，载于《中国社会科学》2014 年第 6 期，第 96 ～ 117、208 页。

国现实中的收入分配，国内学者已经做了大量的卓有成效的研究，研究的重点主要是对收入分配总体格局的判断、对我国收入分配差距的度量以及收入分配中公平与效率的权衡等。进一步细化的研究有从财政支出、转移支付、财政收入等制度因素切入，详细探讨了财税制度和政策对于收入分配的调节作用。我们从事的正是在对已有研究成果的充分把握和吸纳下展开的更加深入的分析研究。

第3章在前面基本理论的基础上，着重分析财税政策调节收入分配的工具及其作用机理。财税政策有丰富的内涵，深入分析这些内涵所具有的收入分配功能以及其不同的作用机理，有利于充分揭示财税的收入分配功能。此章从税收政策、非税收入政策、转移性支出政策以及购买性支出政策等方面进行了详细分析。

第4~6章深入研究了现实中财税政策的调节作用。现实比理论更为复杂，理论也最终要应用于现实。这里从事的研究力图从不同时期、不同国家的角度来查看这些财税政策所发挥的作用，从中概括出的经验对于理解和增强财税政策的作用是极为重要的。第4章讲述了自由竞争资本主义时期的收入分配与财税政策，以及"二战"后到20世纪80年代前的收入分配与财税政策，这些国家包括美国、英国、法国、德国。第5章分析了这些国家20世纪80年代至今的收入分配与财税政策。第6章分析了"金砖国家"的财税政策调节收入分配的实践，这些国家包括巴西、俄罗斯、印度、南非。

第7~8章，将研究视角拉回到我国，这也是本篇研究的最终归宿——分析探讨中国财税政策对收入分配的作用以及建议。两章在梳理凝练相关理论、总结国外经验和我国实践经验的基础上，努力探索新时期我国财税政策的调整方向以及其所发挥的收入分配作用。第7章从计划经济时期的收入分配、中国现行收入分配机制的特殊性以及中国现阶段财税政策对收入分配的影响来分析我国社会主义市场经济体制下的收入分配与财税政策。第8章设计谋划了我国调节收入分配的财税政策框架与基本内容，包括我国收入分配政策框架下财税政策的地位和作用，我国调节收入分配财税政策的目标、约束与基本框架，以及我国调节收入分配财税政策的基本内容。

1.4 主要创新

本篇并不片面追求"原创性"，而是在继承以往理论以及总结过往经验的基础上，系统性地展现这一领域的研究成果与可资借鉴的实践经验，为推动财税制度与体制改革、深化收入分配改革做出基础性贡献。

首先本子课题系统梳理了不同国家、不同时期财税政策对收入分配的调节作用，将西方主要发达国家、"金砖国家"的财税政策进行了系统的梳理，这有利于以后相关研究的进一步深入。

以往的研究主要从财政收入或支出的角度来研究其收入分配的作用，本子课题综合了财税整体制度和政策工具组合，全面分析其对收入分配的影响及作用机理，包括税收制度与政策、非税收入制度设计与政策、购买性支出政策与投资性支出政策、转移性支出政策与转移支付制度等。

本子课题本着"研以致用"的思路,将相关理论、实践经验与当前的中国实际相结合。研究的最终目的是要运用于实践,服务于实践,并指导实践。而研究成果所要运用的实践正是我国当前全面深化财税制度和收入分配制度改革的重大实践,因而本子课题对于我国当前深入推进财税制度和收入分配制度的综合改革显得尤为重要和意义重大。

第2章 文献综述

2.1 收入分配的基本理论

2.1.1 初次分配和再分配的相关理论

1. 初次分配的相关理论

威廉·配第（William Petty）、亚当·斯密（Adam Smith, 1776）、大卫·李嘉图（David Ricardo, 1817）均认为收入的构成可以分为三个部分：劳动获得工资、土地获得地租、资本获得利息；大卫·李嘉图在继承亚当·斯密关于社会产品在工人、资本家、地主三个阶级之间进行分配的基础上，认为分配还应遵循边际原则和剩余原则。让·巴蒂斯特·萨伊（Say Jean Baptiste, 1803）提出了生产力三要素价值论，认为劳动、资本、土地作为要素能够为其所有者带来收入，即工人得到工资、资本家得到利息、土地所有者得到地租。19世纪70年代，以杰文斯（Jevons）、瓦尔拉斯（Walras）、门格尔（Menger）、约翰·克拉克（John Clark）等为代表的"边际学派"主张劳动、资本、土地的收入分配是按照要素的效用决定的，认为生产力要素的价格等于它们的边际效用。新古典学派创始人阿尔弗雷德·马歇尔（Alfred Marshall）把生产要素分为劳动、资本、土地和企业组织四种，提出了按供求均衡价格进行分配的理论主张。总结来看，以上经济学家对于收入分配的关注重点在于初次分配，即收入是如何构成和进行分配的。

2. 再分配的相关理论

注重再分配领域，即关注收入分配结构调整领域研究的经济学派，主要有凯恩斯学派、新剑桥学派、福利经济学派等。这些学派的学者在研究初次分配的基础上，看到了初次分配环节的问题与不足，提出了在再分配环节进行调整与修正的理论主张。约翰·梅纳德·凯恩斯（John Maynard Keynes, 1936）强调实行收入再分配政策，即把富人用于储蓄的钱通过收入再分配转移给穷人。以琼·罗宾逊（Joan Robinson）、斯拉法（Sraffa）和卡尔多（Kaldor）等学者为代表的新剑桥学派认为资本主义经济的增长将更加有利于利润收入集团，而不利于工资收入集团，工资在国民收入中所占的比例将越来越低，解决的对策就是进行收入分配制度的改进。米德（Mead, 1964）认为通过累进所得税和政府支出可以促进收入再分配问题的解决，主张课征累进所得税、遗产税以及赠与税，并扩大社会福利以实现国民最低需要来促进公平分配。旧福利经济学的代表人物庇古（Pigou）认为把富人货币收入转移给穷人，将会使社会总的经济效用增加，收入分配会趋于合理。新福利经济学派的主要代表人物帕累托（Pareto）强调在存在"帕累托改进"的条件下，如果一部分人的经济状况改善，而另外一些人的经济状况没有恶化，就可以实现"帕累托最优"的最大福利状态。萨缪尔森（Samuelson）在《经济学》中强调税收对收入分配的影响，认为税收的两次再分配有利于社会公平，因为税负是"落于富人，而不是穷人"。斯蒂格利茨（Stiglitz）则从信息经济学的角度指出收入再分配应侧重补助和所得税制度。总结而言，这些经济学家都看到了初次分配所形成的收入分配格局的不合理之处，强调通过税收等再分配手段改善收入分配。

2.1.2　马克思主义的收入分配理论

马克思的收入分配理论，是一个包括生产决定分配、劳动力价值论、剩余价值理论、利息和地租理论等多个理论构成的理论体系。马克思认为，在将社会产品分配给个人之前应进行六项扣除：生产的补偿基金、用于扩大再生产的基金、社会的后备基金、政府的一般管理费用、满足社会共同需要的资金和救助弱势群体的资金。所以，生产决定分配，分配取决于生产，生产是收入分配的前提和基础，生产的品种和数量决定分配的内容和数量。同时他强调由于社会成员在体力与智力上差异，不同的劳动者向社会提供了不同的劳动量，因而，用同一劳动价值尺度来分配个人消费品所带来的多寡差别与贫富差距，是不可避免的。

马克思主义的分配理论，特别是关于按劳分配和"六项扣除"的理论对我国收入分配仍具有重要指导意义。不过，关于按劳分配和"六项扣除"之间的分配次序，马克思主张"先扣后分"，即在将社会产品分配给个人之前应先进行六项扣除，然后就剩余的部分再对个人进行分配。这是因为当时马克思假定未来实现了生产资料公有制的社会已经没有商品、货币、价值和价格等范畴。而在目前市场经济条件下，由于存在商品、货币、价值和价格等范畴，应该按生产要素的价格进行"先分后扣"。我国在计划经济时期，实行的即是"先扣后分"，那时的工资是"不完全工资"，即工资中不包括相关的扣除部分，而现在实行"先分后扣"后，应当过渡到"完全工资"，即工资中应包括相关的扣除部分。应当指出，目前这一"过渡"尚未完成，这也是当前需要研究的一个重要问题。

2.1.3　经济增长与收入分配

还有一些学者在考察经济增长的过程中发现了一些有关收入分配的规律，最具代表性的则是西蒙·库兹涅茨（Simon Kuznets，1955）提出的倒"U"型假说：在经济增长的早期收入分配不平等程度趋于上升，到经济增长后期阶段收入分配不平等程度趋于下降，整个变化过程呈现倒"U"型曲线特征。自库兹涅茨提出倒"U"型假说，诸多西方学者对此进行研究。阿鲁瓦利亚（Ahluwalia，1976）、希金和威廉姆森（Higgin and Williamson，1999）、克拉克等（Clark et al.，2003）等均通过研究支持了库兹涅茨倒"U"型曲线的存在。但同时，另外一些学者的研究也发现经济增长和收入分配之间并没有明显的倒"U"型关系,比如费希罗(Fishlow,1995)、诺维奇(Milanovik,1994)、拉姆(Ram,1997)等。德宁格尔和斯夸尔(Deininger and Squire,1998)对49个国家的研究发现,在40个国家(占样本国家的80%以上)中不平等与增长之间不存在统计关系,在剩下的9个国家中,有4个国家显示出了"U"型关系,只有5个国家显示出了倒"U"型关系。虽然关于库兹涅茨的倒"U"型假说在理论和实践中存有争议,但其为研究经济增长和收入分配问题所提供的研究视角意义重大。

2.1.4 收入分配与公平

众多学者强调收入分配的差距是社会发展过程中,尤其是不发达经济向发达经济转变进程中不可避免的客观事实,但差距背后的公平问题也依然值得关注。在西方理论中强调收入分配注重公平的主要可以分为三类:以庇古为代表的功利主义收入公平观强调平均主义的分配;以诺奇克(Nozick)、哈耶克(Hayek)和弗里德曼(Friedman)为代表的古典自由主义收入公平观强调分配的公平标准是保障自由和权利而非满足人们的某种偏好或提高福利;以罗尔斯(Rawls)为代表的罗尔斯主义的收入公平观认为收入和财富不可能做到人人平等,根据其正义原则,这种不平等分配只有符合最不利者的最大利益才是公平正义的,即分配规则应当向最不利者倾斜。总体而言,不同学派学者对于收入分配的公平标准理解不同,但都强调在收入分配过程中平衡公平与效率的关系,注重收入分配的公平。

2.1.5 小结

从以上西方学者的研究文献可以看到,收入分配是学术界持续关注的重要问题。从早期古典学派研究初次分配到后期福利经济学派研究再分配,再到20世纪50年代后开始广泛关注收入分配和经济增长的关系,以及贯穿始终的公平与效率的争论,都是西方学者对收入分配这一重大问题从理论到现实的全面考察。有关初次分配的理论为现在的研究创建了分析框架,即劳动取得工资、资本获得利息和土地获得地租的基本模式;而再分配理论的各位学者则强调了初次分配可能导致的分配不公,因而主张要通过税收等手段进行再分配以实现收入分配的公平,这也为现在研究财税影响收入分配奠定了基础。库兹涅茨倒"U"型曲线对于当代的研究影响是巨大的,我国学者李实和李婷(2010)研究发现大多数支持该假说的都是使用跨国的横截面数据,因受拉美国家数据影响而呈现倒"U"型,剔除这些国家样本后,支持库兹涅茨假说的结果不存在了。进一步地,他们利用中国的数据对经济增长与收入分配的关系进行了经验分析,发现也并未支持该假说。关于经济增长和收入分配之间的倒"U"型关系虽然在理论和实践中并没有达成共识,但大部分学者的研究基本上认同在一个国家经济社会发展的早期,随着经济增长,收入分配差距会逐渐扩大。而摆在我们面前的问题是,伴随着经济增长,收入分配差距扩大的趋势是否会得到扭转?如果是,那么"拐点"将在何时出现?而这种趋势的转变又需要怎样的财税制度?这正是本篇要重点研究的内容。

2.2 中国收入分配的现实考察

我国把马克思主义的收入分配理论同中国实际结合起来，从中国国情与改革开放的要求出发，对马克思的收入分配理论进行了不断的创新与发展，逐渐形成了有中国特色的社会主义收入分配制度。在近几十年的实践中，伴随着经济的高速发展，我国也出现了贫富差距过大等问题，与收入分配相关的制度受到来自各方面的质疑，针对于此，国内学者做了大量研究。

2.2.1 国民收入分配格局的判断

关于当前国民收入分配格局，居民收入占比的降低是学界的共识。陈志武（2008）等学者通过直接比较居民人均可支配收入、政府税收以及企业利润的增速与 GDP 增速的关系，以说明居民收入占比下降问题。蔡昉（2005，2006）利用 GDP 收入法构成项目表考察了我国的国民收入分配格局，认为劳动者报酬在我国国内生产总值中的比重有所下降，与此对应的则是资本分配的比重提高，导致的结果就是收入分配的不均等，并进一步指出资本因素对于收入分配不公平的贡献更大。李扬、殷剑峰（2007）利用 1992～2003 年的资金流量表，研究发现该期间居民部门收入占比在初次分配和再分配环节分别下降了 5.05 个和 6.96 个百分点，政府部门的收入占比均有上升，企业部门的收入占比则是初次分配有所上升、再分配环节明显下降。也有学者对 GDP 收入法构成项目表和资金流量表中数据的全面性和准确性提出质疑并做了适当调整。比如白重恩、钱震杰（2009）认为，资金流量表反映的劳动者报酬和生产税净额的信息不够准确，调整后的居民部门收入占比水平较原资金流量表数据更低，而且政府部门占比一般低于企业部门，因而不能轻易断言政府部门正在挤占居民收入。对调整统计数据的做法，有学者提出了不同观点。王小鲁（2010）认为，"劳动报酬下降在很大程度上由统计口径变化造成"这一说法，可能依据的是以前年份公布的旧数据。实际上国家统计局在经济普查以后对以前年份的劳动者报酬做了重新推算，口径不一致的问题也大体上解决了，劳动者报酬占 GDP 比重的持续下降，是一个真实的趋势。贾康、刘微（2010）也认为，有的文献试图以我国统计核算口径的变化为由怀疑劳动报酬被低估，是缺乏依据的。

在与国际的比较分析方面，目前国内普遍的观点认为，与发达国家历史同期或发展中国家和转轨国家相比，中国的劳动者报酬占比和居民收入占比都是偏低的，如安体富、蒋震（2009），陈昌盛、余斌（2011），宋晓梧（2011）等均持此种观点。

对于劳动者报酬占比下降的原因，众多学者从不同的角度给出了解释。李扬、殷剑峰（2007）认为，在初次分配中，居民部门劳动报酬和财产收入占比不仅相对下降，而且有绝对的下降，这是构成居民在初次分配环节中收入下降的主要原因；在再次分配环节，社会福利支出的占比没有提高甚至呈下滑之势，构成近年来我国居民部门可支配收入相对下降的主要原因。白重恩、钱震杰（2009）也认为居民收入占比下降主要发生在初次分配阶段，劳动收入份额和财产收入是居民收入占比下降的主要因素。安体富、蒋震（2009）认为，造成居民收入分配份额下降的主要原因：一是在初次分配中企业利润侵蚀了居民的劳动报酬；二是政府税收收入的快速增长降低了居民收入分配份额；三是居民财产性收入的增长微弱也使得居民收入分配份额无法提高。吕冰洋、禹奎（2009）分析了税收负担对国民收入分配格局变动的影响，认为税收增长与税负转嫁两大因素结合在一起，已深刻地影响了国民收入分配格局，总的趋势是减少了居民部门的分配比重，增加了政府部门和企业部门的分配比重。

2.2.2　居民收入分配差距的研究

王小鲁、樊纲（2005）的研究表明，自 20 世纪 90 年代以来，我国城乡间、区域间、各社会阶层间的居民收入差距迅速扩大，对经济的持续增长、社会的公正与稳定都提出了挑战。王小鲁（2007）特别指出，由于全国城镇居民收入中没有统计到的隐性收入可能达到 9.3 万亿元，所以实际收入分配差距比统计数据推算结果要更大。余斌、陈昌盛（2009）也指出，城乡间、行业间、人群间收入差距扩大以及收入分配不公平等问题比较突出，并强调二次分配既没有在总量上改善居民的收入状况，也没有在结构上缩小收入分配差距，只是一定程度上遏制了差距拉大的速度。白景明（2007），周天勇（2010），常兴华、徐振斌（2010）等学者也都认为我国居民收入差距呈扩大趋势。

刘尚希、傅志华和刘德雄等（2011）认为，考察居民间收入分配差距时不仅要考察个体、群体和区域间的收入差距，同时还要考察财产差距和消费差距。从城乡的角度来观察，消费差距最大，2008 年达到 3.7∶1；其次是财产差距，达到 3.6∶1；再次是收入差距，为 3.3∶1。如果把政府提供的公共消费考虑进来，城乡居民之间的实际消费差距更大。消费差距大于收入差距，说明政府对贫富差距的调节实际上是逆向的。而从消费差距的影响来看，我国当前的贫富差距比表面看到的更为严重。虽然不同学者对于收入差距的测算并不一致，角度也有不同，但李实、赵人伟（2011）认为，导致收入差距高估和低估的因素同时存在，一些初步的估计结果表明，如果将两种因素加以综合考虑，现有的估计结果产生的估计偏差并不是很大，这意味着中国已经步入了一个高收入差距的社会发展阶段。

对于导致收入分配差距过大的原因，国内学者从不同角度进行了分析。比如林毅夫（1998）从体制上作出解释，邢成、韩丽娜（2001）从市场角度加以探讨，李实、赵人伟（1999）从劳动者自身因素进行分析等。苏海南（2011）认为，经济结构不合理、体制改革不到位恶化了收入分配的问题，扩大了不公平的收入分配差距。王小鲁（2007）认为，收入差距急剧扩大的更主要原因并不是市场化，而是非市场因素，特别是由于制度缺陷形成了大量灰色收入。高培勇（2010）则强调在再分配阶段，由于政府手中缺乏实现再分配的机制或渠道，特别是以税收制度和财政支出为主要内容的再分配体系不够健全导致收入分配差距过大。

2.2.3　收入分配中公平与效率的关系

关于公平与效率的关系历来就存在着三种观点：效率优先论、公平优先论以及两者统一论。周为民、黄范章（2006）认为，"效率优先，兼顾公平"是新中国成立以来历史经验的科学总结，符合马克思主义基本原理，当前收入差距扩大不应归咎于"效率优先，兼顾公平"。吴忠民（2007）认为"效率优先，兼顾公平"是适应于社会主义市场经济初期的政策，具有普遍的意义，因为效率优先是社会主义市场经济的本质要求。赵忠璇（2009）则认为初次分配中存在着资本所有者所得畸高、财政收入大幅增长、劳动所得持续下降的局面，因而初次分配也要重视公平。所以，公平是分配过程的原则，它贯穿于收入分配的全过程，不管初次分配还是再分配，都要遵循公平原则。刘国光（2005）认为应该把效率优先放到发展生产的领域去，而在收入分配领域不应该再提。卫兴华（2007）强调要把提高效率与促进社会公平结合起来，实现公平与效率的统一。李福安（2005）提出从市场需求与经济增长、社会稳定与经济运行方面分析，公平意味着效率，这是从公平角度看公平与效率关系的一个本质规定。进一步地，李福安（2006）认为从初次分配按要素分配公平和按劳分配公平角度，政府参与再分配的三大职能的角度，以及从公平与效率关系的理论分析和实践角度出发，为了让效率在公平中不断提高，让公平在效率中更好地实现，国民收入分配的两个环节都应坚持公平与效率并重。

2.2.4　小结

从国内学者研究来看，对于国民收入分配格局的判断基本是一致的，大都认为居民部门收入在三部门中占比过低并有下降趋势，劳动报酬在初次分配中占比偏低并有下降趋势，而且这两者之间有着明显的关联，即劳动报酬的占比偏低直接导致了居民部门的占比过低。但事实上，也有一些学者的研究发现，我国劳动报酬占比的趋势并非是逐年降低，而是稳定在一个较低的水平上，如张车伟（2012），这也启发我们对于国民收入分配的格局的判断还需要做进一步的研究，进而关注分配格局与功能性分配（即要素分配，劳动报酬占比）之间的关系，为财税调节收入分配的机理研究打下基础。对于居民收入分配差距的问题，不同学者的观察视角和测算方法虽然不同，但都认同收入分配差距过大已经是个不争的事实。同时，一些学者在论述收入分配差距过大的原因时将劳动报酬份额的下降作为一个必然的影响因素，认为劳动份额的下降必然导致居民收入分配差距的扩大，但这在逻辑上是否成立需要严谨的论证和研究，即功能性收入分配（要素分配）与规模性收入分配（居民收入分配）之间的逻辑关系仍需进一步考察。

通过以上文献的梳理可以发现，要实现调整收入分配格局，提高两个比重，缩小收入分配差距的目标，财税制度和政策在这其中具有重要的作用。从学界的研究和我国政策实践来看，财税制度对收入分配的影响主要体现为财政支出、转移支付和税收制度三方面。因此，有必要从这三方面对财税制度与收入分配的相关理论进行研究梳理。

2.3　财政支出与收入分配

政府财政支出对收入分配的两个环节都具有调节作用，初次分配环节增加居民收入，再分配环节缩小差距、促进公平。学术界关于财政支出调节收入分配的相关研究，可以从财政支出对收入分配的效应、财政支出结构对收入分配差距的调节作用、有助于缩小收入分配差距的财政支出结构三个方面进行梳理。

2.3.1 财政支出对收入分配的两个效应

财政支出对收入分配的作用主要体现为两个效应：在初次分配环节对增加居民收入有着重要的"收入效应"，同时在再分配环节对增加居民消费有着重要的"挤入效应"。

寇铁军、金双华（2002）的研究结果显示，在 1988～1999 年间，我国财政支出对低收入群体的补助支出直接提高了其收入水平；对教育和医疗保健的支出为每一个公民创造了起点公平的条件，财政补贴支出给低收入群体带来比较大的收入效应。金双华（2011）认为财政支出具有缩小收入差距的功能，但是由于财政支出与经济发展水平的关系比较密切，造成各地区人均福利支出存在较大的差异，使得财政支出、福利支出缩小收入差距的作用十分有限。

刘尚希、王宇龙（2008）认为社会公正与公平的最终指标，是基本消费（包括基本营养、基本教育、基本医疗、基本住房等）的平等化，可以将"消费水平"作为衡量居民收入分配差距的指标之一。李广众（2005）以消费者最优消费选择欧拉方程为基础，构建政府消费支出与居民年消费的关系模型；杨子晖（2009）采用面板协整检验的方法，对 27 个国家和地区进行研究，经过实证分析发现：改革开放以来，我国政府消费支出与居民消费之间存在互补关系，并指出政府消费支出对居民消费具有拉动作用，而且主要表现是启动城镇居民的消费。李永友、丛树海（2006）认为财政政策有效性的微观基础是居民消费水平是否提高，进而以一生效用最大化作为居民最优决策行为，构建了一个总社会消费函数，并用经验数据进行验证，发现我国财政政策的调整不仅没有对私人部门的消费产生"挤出效应"，反而具有"挤入效应"，因而政府支出与居民消费之间是正相关的、互补的关系。

2.3.2 财政支出结构对收入分配差距的调节作用

高亚军、王丹（2011）对我国财政对收入分配的影响进行实证分析，结果表明财政相关因素对居民收入分配差距的影响是显著的，因此政府应运用包括财政体制和财政政策在内的各项改革和调控措施对现阶段我国居民收入分配差距进行调节。寇铁军和金双华（2002）的研究结果显示，在 1988～1999 年间，我国财政支出水平与基尼系数是负相关的关系。潘敏、张依茹（2012）运用马尔科夫区制转换向量自回归模型对 1994 年第一季度至 2010 年第三季度我国财政支出的经济增长和收入分配效应进行检验得出：我国财政支出结构中社会性支出的增速高于经济性支出的增速时，在保证经济增速的同时，财政支出还抑制了居民收入分配差距的过分扩大。

然而，樊胜根和姚毅（2006）认为财政均等化政策在内陆地区公共服务均等化上是有效的，但却不能产生显著的收入均等化效果。沈坤荣和张境（2007）认为国家财政支出中用于农村的支出项目对农民收入增长虽起到了一定的促进作用，但其作用在统计上并不显著，公共财政支出在降低城乡收入差距上的作用不甚明显。莫亚琳和张志超（2010，2011）运用动态面板数据模型实证分析得出城乡二元结构背景下的政府财政投入的增加，将会导致城乡居民收入差距的不断扩大。金双华（2011）、吕冰洋（2011）的研究成果也显示，我国财政支出的扩大是造成收入分配不平衡的原因之一。潘敏、张依茹（2012）的研究得出，当我国财政支出结构中经济性支出的相对增速更快时，尽管此时财政支出对宏观经济的刺激作用更为显著，但是居民收入分配状况却明显恶化。

2.3.3　有助于缩小收入分配差距的财政支出结构

刘尚希、王宇龙（2008）认为公共消费的实现形式是财政支出，在调整支出结构的过程中，应以公共消费为导向，以社会性公共消费为重点，不断提高教育、医疗、社保等领域的即期消费支出和相关的消费性投资。以此，尽力提高公共消费对居民消费的带动作用，促进居民之间消费水平差距的缩小。陈安平（2010）认为在财政分权的背景下，即使财政投入总量增加了，城乡收入差距也未必会缩小，只有倾向于农业投入以及科教文卫支出的政府财政支出结构才能有效缩小城乡收入差距。潘敏、张依茹（2012）认为在我国财政支出结构中，偏重于社会性支出，将会抑制居民收入分配差距的过分扩大。但是，陆铭、陈钊（2004）认为科教文卫事业在财政支出中的比重增加会扩大城乡收入差距。李永友和沈坤荣（2007）认为，基础教育支出和医疗卫生支出对相对贫困的减缓作用并不显著，而且医疗卫生支出在某种程度上反而扩大了相对贫困水平。

2.3.4　小结

政府支出在初次分配环节中通过促进经济增长的效应，可以提高居民收入水平，有效地实现居民收入的增长；在再分配环节中通过拉动居民消费的效应，促进私人部门的消费水平的增长。也就是说，财政支出可以通过增加居民收入、提高消费水平的两个正相关效应，有效地促进居民收入分配差距的缩小。但进一步研究发现，财政支出的结构不同会对其收入分配调节效果产生明显差异。社会性支出比重大的财政支出结构有利于缩小收入分配差距，而经济性支出比重大的财政支出结构则会加剧收入分配差距。同时，财政支出结构中经济性支出、社会性支出两部分相对增速的不同也会对是否缩小收入分配差距产生类似的效应。总体而言，大部分学者认为提高公共性方面的财政支出，不仅可以促进居民消费的增长，也可以有效地缩小城乡收入分配差距与居民内部的收入分配差距，其中，医疗卫生、教育、社会保障等方面的财政支出，在促进居民收入分配差距缩小方面具有更明显的作用。以医疗、教育、社会保障为重点的支出结构，不仅可以实现"民生财政"的目标，也可以促进居民收入分配差距的不断缩小。

2.4　转移支付与收入分配

政府间转移支付的长期目标，是促进公共服务水平均等化，保障公民享受基本的公共服务，着力缩小城乡差距和地区差距，以此为基础从根本上实现居民收入差距的缩小。从国际经验看，20世纪90年代OECD国家转移支付规模变动与基尼系数变化有较强相关性，中央财政加大转移支付力度，鼓励地方财政增加福利性支出，有助于缩小因市场机制导致的收入分配差距。因此，规范、科学的转移支付制度，不仅是缩小地区财力差距，调节各级政府之间纵向不平衡、横向不平衡和解决公共产品外部性的重要手段，同时也是缩小收入分配差距的重要工具。

2.4.1 转移支付对地区差距的调节作用

从实证研究的角度，很多学者通过计量建模的方式，实证分析了转移支付制度对地区差距的影响。曾军平（2000）较早对分税制实施后几年的转移支付效应作了实证分析。结论是由于税收返还的作用，中央对地方的转移支付反而加大了地区间人均财政收入的差距，人均GDP高的省份所获得的人均净转移比人均GDP低的省份要高。刘溶沧、焦国华（2002）采用传统指数法分别考察全国各地区的人均财政收入和支出差距以及各地税收努力程度和财政支出成本差异，并就转移支付前后的各地收入、支出进行对比，最后得出的结论是各地区在接受中央转移支付补助后地区间财政能力差距没有明显变化。马拴友、于红霞（2003）利用1995~2000年的数据进行实证分析表明，政府帮助落后地区发展的转移支付，在该时期并没有起到有效促进区域经济协调发展的目的。曹俊文、罗良清（2006）通过对我国三大经济区域的财政均等化效果的分析指出，转移支付在各经济区域内部的均等化效果有所不同，转移支付对东部地区内部均等化效果较好。东部地区内部财政均等化效果系数小于1，均等化效果系数基本在0.18左右徘徊，相比较而言，由于对中西部地区转移支付资金分配的不合理，转移支付在缩小中部和西部地区内部财力差距方面要差一些。

同时，也有学者从理论研究的角度，对我国现行转移支付模式影响地区间差距的机理，以及存在的问题进行了分析。李齐云（2003）认为按照"基数法"确定的税收返还数额的转移支付模式，导致了不规范的分配模式，如此不但不能解决长期以来形成的各地区间财力的不均问题，而且使这种财力的地区间的不均衡分布在分税制的名义下以税收返还的形式固定下来。刘晨、刘晓璐（2010）提出由于地方政府的支出主导着政府的行为，并对居民收入状况产生直接的影响，中央政府若想通过政府间转移支付这一财政手段实现缩小贫富差距的政治目标，其必须依赖地方政府的行为支持而地方政府是否具备充足的财政收入来执行中央收入分配政策则是问题的关键。李万慧（2012）认为由于中央政府政策可以显著地影响地方政府再分配服务的提供和税收收入，所以中央政府向地方政府的财政转移支付对地方政府选择再分配政策起到重要的影响。

2.4.2 转移支付对城乡差距的调节作用

从事权和财权的分配角度来看，世界银行报告（2002）称自从1994年财政改革后，省级政府，从下级政府税收收入中攫取更大的份额，并且同时委派更多的财政支出责任。许多县乡级政府，尤其是欠发达地区的政府不得不拖欠公务员的工资（包括当地学校和公共卫生机构的雇员）。在支付完政府机关人员工资后，只剩下很小一部分被用于地方公共物品和服务。因此，贫穷地区财政资源不充裕的负面作用进一步放大地作用于贫困农民。余世喜、李喆（2006）分析我国转移支付制度对城乡差距的影响，认为我国财政体制中的缺陷，主要是我国的县乡财政承担了大量的公共事务，但财权却很少，导致了城乡公共服务差距的不断扩大。陶然、刘明兴（2007）根据中国 270 个地级市从1994 年到 2003 年 10 年间的面板数据，估计了地方财政开支对城乡收入差距的影响，并发现了中国地方财政体系有着严重的城市倾向。而且由于税收集权导致地方政府更加依赖于上级政府的财政转移，地方政府通过加大转移支付来增加农村收入的效果被削弱。也就是说，1994 年财政税收集权后，通过对欠发达地区支付更多的转移支付非但没有减少地区间财政差距，反而导致了整个国家公共服务提供方面地区差距的进一步扩大，而这尤其不利于欠发达地区的农村地区。

从城乡公共品供给均等化的理念出发，李华（2005）考察了我国转移支付制度中存在的问题，李华认为由于转移支付制度的均等化导向不明确，纵向的转移支付制度不完整，受援条件需要配套资金等三方面的原因，形成了农村获得转移支付的门槛，使农村基层政府处于转移支付制度的受益边缘，因而现存的转移支付制度不利于实现公共品供给均等化的目标，还会进一步扩大地区间的财力差距。解垩（2007）基于 1995 ～ 2004年间省级面板数据进行计量建模，其研究结果显示，税收返还对各地的城乡公共品差距扩大起了强化作用，财力性转移支付和专项转移支付对各地城乡公共品差距的缩小作用不大。

2.4.3 我国转移支付制度存在的问题

中国的政府间转移支付制度存在的诸多问题，严重制约了转移支付对收入分配差距的调节作用。杨之刚（2004）指出，政府间转移支付制度存在的问题是：均等化转移支付总量偏小；转移支付结构不尽合理，表现为均等化比重偏小而专项比重偏高。张明喜（2006）运用计量方法分析了 1994 年分税制改革以后转移支付与地区经济收敛的关系，得出的结论是：收入的收敛模式在全国范围内没有绝对收敛，也没有条件收敛，转移支付总体上没有达到缩小地区收入差距的效果，并且突出表现在中部和西部地区。安体富（2007）认为，中国的政府间转移支付制度总体设计存在缺陷，形式过多，结构不合理；转移支付资金分配办法不规范、不公开、不透明；省以下转移支付制度尚不完善。李齐云、马万里（2012）认为转移支付分配权分散，如专项转移支付，一般按部门归口管理，各相关部委都有分配权，导致转移支付"政出多门"，且专项转移支付所属项目繁杂，只能专款专用，无法纳入地方财政预算的统筹安排。王振宇（2013）认为，我国现行的转移支付制度，其特征表现在以下几个方面：具有浓重的过渡色彩；属于中央政府单一主导的纵向模式；体现出较强的专项化倾向。

2.4.4 优化转移支付结构以缩小地区、城乡差距

众多学者提出了改进政府间转移支付模式以促进地区差距、城乡差距缩小的理论主张。李齐云（2001）提出了转移支付改革的具体构想，即用因素法代替基数法来确定各

地的转移支付额；以一般性转移支付为重点，以专项转移支付相配合，以特殊性转移支付作补充；逐年降低直至取消税收返还，逐年扩大一般性转移支付量，清理现行分散在各预算科目中的专项补助，将其规范为"整块拨款"和"配套拨款"。王雍君、李民吉（2002）认为，应建立一个以公式为基础的、均等化拨款和专项拨款并重的转移支付体系，这两类转移支付都非常重要，不可偏废；同时，考虑在政府行政系统内部建立一个专门的、层级较高的、具有权威性的政府间转移支付政策委员会与强有力的财政管理信息系统。李齐云（2003）进一步指出，从今后发展趋势看，我国应采取纵向为主、纵横交错的转移支付制度，我国实行横向转移支付具有一定的基础。虽然我国目前还没有直接的、规范化的、公式化的横向转移支付方式，但是多年前实行过的发达地区对欠发达地区的对口支援，其实质就体现了一定的横向转移支付的性质，并且取得了一定的成效，这表明在我国实现地区之间的财政横向转移支付是完全有可能的，是应当积极尝试的一项制度创新。彭月兰（2003）提出应完善中央财政转移支付制度，逐步增加对中、西部地区的财政支持。逐步改变现行的中央专项拨款和在中央设立扶贫专项基金，实行因素法财政转移支付制度，要在努力提高财政"两个比重"（财政收入占国民生产总值的比重，中央财政收入占全国财政收入的比重）的基础上，扩大中央财政对经济不发达地区的税收返还和转移支付的数额，作为对区域经济发展的横向调节。马海涛（2004）、张启春（2005）等都提出要优化转移支付的结构，逐步缩小具有逆均等化作用的税收返还等转移支付方式，增大一般性转移支付规模，建立以一般性转移支付为主、专项转移支付为辅的转移支付制度。王振宇（2013）认为，财政转移支付制度改革是一项系统长期的工程，应该在"两个新凡是"（凡是公民能自行解决的，政府就要退出；凡是市场能调节的，政府都要退出）的前提下，科学构建事权与财力匹配机制，合理确定转移支付规模，整合转移支付资源，优化转移支付结构，探索多元化转移支付形式，改进转移支付办法，提高转移支付绩效。

2.4.5 小结

现有研究从理论上分析了转移支付对缩小收入分配差距的作用机理，并实证检验了转移支付对地区差距和城乡差距的调节效果。在现行的转移支付制度体系中，由于税收返还等非财力性转移支付所占比重较大，导致资金大量流向发达地区，不利于均衡不同地区之间的财力差距，不利于公共服务水平均等化目标的实现，各地方政府的城市偏好加上税收返还内在的缺陷扩大了城乡公共品的差距。另外，由于大多财力性转移和专项转移支付需要配套资金，农村地方政府财政困难使得一些本应建设在农村地区的项目无法得到，影响了转移支付目标的实现。我国现行转移支付制度中存在的主要问题有：转移支付的测算标准、转移支付的系数和特殊因素的处理等在各个省份之间大不相同；从资金分配来看，转移支付在分配过程中的人为因素多，随意性大；转移支付分配权分散，所属项目繁杂，只能专款专用，无法纳入地方财政预算的统筹安排；从结构来看，专项转移支付比重过高，一般性转移支付比重过小，且其中很多项目已逐渐演变为一般性的专项拨款，导致地方财政难以形成有效的可支配财力。因此，现阶段我国需要逐步规范政府间转移支付方式，优化转移支付结构，逐步取消不规范的专项补助和维护地方政府既得利益的税收返还方式，并重点关注对贫困落后地区的均等化转移支付，以切实解决好贫困地区由于客观因素所造成的纵向、横向财政能力不均衡的突出矛盾，缩小地区差距和城乡差距，改善收入分配。

2.5 税收与收入分配

2.5.1 税制结构对收入分配的影响

税制结构是指一国税收体系的构成及其地位关系，各税类、税种的配比决定着税制系统的整体功能。一般而言，以直接税（所得税）为主体的税制结构具有较强的累进性，收入分配功能较强；以间接税（流转税）为主体的税制结构则具有累退性，收入分配功能较弱。

1. 国外研究

国外学者通过将直接税转向间接税或所得税转向流转税等模拟方法研究了不同类型税制结构的收入分配效应。如德科斯泰（Decoster，2006）等运用微观模拟模型，通过减少25%的社会保障缴费，提高间接税税率（主要是增值税）以补偿社会保障缴费的下降额，分析降低直接税比重和提高间接税比重的再分配效应，研究结果表明，高收入者因此受益，低收入者将受损失，整个税制的再分配功能将减弱。卡梅伦和克里迪（Cameron and Creedy，1995）考察了从所得税转向带有税收减免政策的消费税对于降低不平等现象的作用，研究结果表明，在整个生命周期内，这种税制改变并不能改善不平等现象，因此，要保持再分配功能不变，税制转向间接税时必须提高直接税的累进程度。

2. 国内研究

财政部科研所课题组（2003）指出我国税制在调节收入分配方面的问题在于过于注重对货币收入的调节，忽视对财富的调节，调节个人财富的税种几乎没有。李林木、汤群群（2010）根据1994～2008年历年收入不良指数估计值和税收收入中各项直接税所占比重的时间序列数据进行的实证分析结果表明，我国现行的个人所得税和财产税等在一定程度上拉大了税后收入差距，建议改革个人所得税和财产税，提高税制的总体累进性。赵福昌（2011）在分析税制结构与收入分配调节的关系基础上，剖析了我国税制结构在收入分配调节方面存在的问题，建议通过建立直接税为主体的税制结构、改革个人所得税、完善财产税、合理确定间接税负担等方面完善税制，促进收入分配公平。刘华等（2012）利用世界银行WDI的横截面数据，实证研究了税制结构与收入不平等的关系，结果表明，在控制其他因素后，流转税比重越高，收入越不平等。李香菊、刘浩（2014）选用1997～2011年全国30个省、自治区和直辖市的面板数据，通过分解基尼系数研究发现间接税比重过大、直接税不完善甚至残缺致使税收调节收入分配功能弱化。

国内研究侧重于实证分析现行税制结构与收入分配差距的关系，并由此提出税制改革的建议，而国外研究侧重通过税制转换模拟不同税制结构的收入分配效应，一者着眼现在，一者着眼未来，体现了研究思维的差异。

2.5.2 个人所得税对收入分配的影响

一般认为，具有累进性的个人所得税有助于缩小收入分配差距，但其作用机制和效果仍需要理论和实证检验。

1. 国外研究

对发达国家个人所得税收入再分配效应的研究，较有代表性的是瓦格斯塔夫等（Wagstaff et al.，1999），该研究对 12 个 OECD 国家的个人所得税收入再分配效应进行了系统的测量和考察，测量结果在各国之间具有可比性。韦尔比斯特（Verbist，2004）考察了欧盟 15 国直接税制，发现在所有国家个税都是累进的，并且是最重要的缩小收入差距的源泉，进一步对个人所得税缩小收入差距的原因从税率结构、免税、宽免、扣除、抵免 5 个方面进行分解，发现税率结构的累进性是缩小收入差距的主要原因，免税和宽免有助于增进税制累进性，但扣除和抵免的效果不确定。伯德和索尔特（Bird and Zolt，2005）对发展中国家的研究发现，由于多数国家的个人所得税制度并没有被广泛地贯彻下去，使个人所得税对减轻收入分配差距的作用较小。

2. 国内研究

（1）个人所得税制度设计与收入分配。胡鞍钢（2002）认为我国居民收入差距扩大的重要原因是现行个人所得税及其征收办法的"制度失效"，不能有效发挥"公平分配、调节差距"的作用，具体表现为城镇居民实际缴纳个人所得税税率远低于名义税率、个人所得税占税收收入和 GDP 的比重均低于发展中国家，个人所得税主要来自工薪收入，来自经营所得和劳务报酬的比例很小，私营经济的税收贡献低于经济贡献，偷逃税现象相当普遍。汤贡亮（2007）认为个人所得税的税基、税源难以准确界定和掌握，是影响个人所得税调节功能发挥的首要原因，并指出影响个人所得税税基拓宽的主要因素包括居民的收入水平、收入差距、征收力量和征收成本以及人们对纳税的理解和认同。

（2）个人所得税累进性的讨论。刘小川（2008）研究发现地区间工薪所得的个人所得税税负累进性已达到发达国家水平，而财产性所得与经营性所得的个人所得税地区税负差异问题较严重，公平性存在较多缺失，呈累退性。万莹（2008）发现我国各地区的个人所得税负担率确实存在明显差异，与经营性收入和财产性收入相比，工薪收入的相对税负最轻且地区差别相对较大；三类收入的个人所得税均未能呈现出清晰的累进性特征。岳树民等（2011）以 2007 年抽样调查数据计算和模拟了在不同免征额条件下个人所得税的 MT 指数及 K 指数，并对 K 指数分解，计算了税率结构和免征额对个人所得税累进性的贡献程度，研究发现个人所得税累进性随免征额的上升呈现"先上升、后下降"的规律，这意味着在我国现行税制和城镇居民收入分布状况下，能够寻找到一个令个人所得税累进性达到最优的免征额。

（3）个人所得税收入再分配效应的研究。仅有累进性并不足以刻画个人所得税对收入分配的影响，还需要分析个人所得税再分配效应，代表性的研究有万莹（2011），彭海艳（2011），岳希明、徐静（2012），岳希明等（2012），徐建炜等（2013）。他们均通过将再分配效应分解为平均税率和累进性两个方面，得到了基本一致的结论：我国个人所得税累进性较高，但平均税率过低，导致再分配效应较小，即平均税率是我国个人所得税收入再分配效应的主要影响因素。岳希明等（2012）对2011年9月1日实施的个人所得税改革的收入分配效应进行了考察，发现免征额的提高虽然提高了税制累进性，但却降低了平均税率，因此弱化了本就十分微弱的收入分配效应；同时研究发现，个人所得税的整体累进性指数随工资薪金所得费用扣除的提高呈倒"U"型，这与岳树民（2011）的研究结论类似，为保持个税整体累进性，不可一味提高工薪所得税的免征额。徐建炜等（2013）认为之前的研究由于使用家庭收入分组数据，导致测算的收入分配效应并不准确，因而利用微观住户调查数据考察了1997年以来我国个人所得税的收入分配效应。研究发现，1997~2005年，在税制保持不变而居民收入增长时期，个人所得税累进性逐年下降，但由于平均有效税率上升，个人所得税收入分配效应仍在增强；2006~2011年，在税制改革时期，尽管三次免征额提高和2011年的税率层级调整提升了个人所得税累进性，但同时降低了平均有效税率，恶化了个人所得税的收入分配效应。

（4）有关累进性的新讨论。石子印（2013）认为应当进一步区分结构累进性和有效累进性，以区分税收制度和收入分布在累进性上的不同贡献。石子印（2014）运用中间累进性指标将个人所得税有效累进性的变化分解为标准税率和收入分布的影响，实证分析了我国2005~2011年个人所得税累进性及再分配效应的变化，发现收入分布改变对有效累进性的变化发挥主导作用，平均税率对再分配效应的变化非常关键。

有关个人所得税是否具有累进性或是否应该具有累进性，也有不同的声音。李宇、刘穷志（2011）通过构建个人所得税的再分配效应评估模型，估计个人所得税从1997年到2006年的再分配功能，研究发现个税呈现累退性，在逃税的情况下，税收再分配可能增加实际收入不平等。而刘尚希（2004）立足我国税制环境，对累进税率与单一税率在发挥个人所得税调节功能方面的差异做了比较分析，认为累进税率强化了偷逃税动机、增加了征收成本、减低了税收征管的透明度，反而加剧了收入分配的不公平，单一税率是实现我国个人所得税调节功能的现实选择。

我国个人所得税对收入分配影响的研究主要是围绕个税制度设计与征管条件、累进性和再分配效应的实证分析而展开的。在实现个人所得税调节功能上，都强调税收征管的重要性；对个人所得税累进性和再分配效应的判断上，都强调平均税率的重要性，而平均税率既与征管条件密切相关，又与免征额等导致税收规模的变化直接相关。因此，要加强个人所得税调节功能，必须全面考量制度设计对分配效应的现实影响并着力加强征管。

2.5.3 企业所得税对收入分配的影响

1. 国外研究

哈伯格（Harberger，1960）开创性地运用一般均衡方法构建了两部门公司所得税税负归宿的分析框架，并对美国公司税归宿加以检验，研究发现，不仅公司资本负担了公司所得税，而且非公司资本也承担了公司所得税，即全行业的资本要素所有者均在负担公司所得税。佩奇曼（Pechman，1972）研究发现，公司税对收入分配的影响很大程度上取决于对公司税税负归宿的假设，但不论假设公司税由公司资本所有者承担还是由全体资本所有者承担，公司税的累进程度都显著高于个人所得税。然而，佩奇曼（1986）对美国家庭负担公司税情况的修正研究发现，如果假设公司税一半由资本所得承担，一半由消费者承担，公司税的分布则呈现累退性，尤其是在中低收入阶段具有明显的累退性。哈伯格（1995）重新审视了开放经济体中的公司税归宿，发现公司税的税收负担不仅全部转嫁给了劳动者，而且因公司税而增加的劳动者负担可能达到公司税收入的 2 ~ 2.5 倍之多。费利克斯（Felix，2007）分析了 19 个发达国家的税收数据后发现，在开放经济下，由于税负能转嫁给劳动，公司税税率上升将导致所有劳动者工资收入下降，且下降总量大大超过公司税收入，公司税不利于收入再分配。

2. 国内研究

席卫群（2005）根据建立的投资课税模型测算了企业的资本使用成本和资本实际承担的企业所得税税负，得出我国资本课税重于劳动课税的结论。张阳（2005，2008，2009）把居民按要素所有者分组，运用两部门 CGE 模型，研究我国企业所得税税负在不同要素所有者之间的最终分布：在生产要素总供给不变的短期情况下，资本要素几乎承担了全部的企业所得税税负；但在生产要素总供给可变的长期情况下，资本要素只承担了大约 60% 的企业所得税，另有 40% 转嫁给了劳动要素。研究同时发现我国企业所得税是累退的，但累退程度小于流转税。宋春平（2011）使用引入实际收入的哈伯格模型，结合两部门同时征收资本要素税的情形，研究发现资本要素至少承担了 76.94% 的企业所得税税负。

2.5.4 间接税对收入分配的影响

间接税对收入分配影响的研究是从税负归宿视角，考察间接税负担在不同收入群体间的分布情况。由于间接税对商品或服务课税，税负容易通过消费转嫁，而高收入群体边际消费倾向较低，所负担的间接税占收入比重较低，因而通常认为间接税具有累退性。对于间接税收入分配效应研究的基本思路即是围绕间接税负担在不同收入群体间的分布讨论累退（累进）性。

1. 国外研究

卡瓦尼（Kakwani，1977）通过对澳大利亚收入数据的研究发现，税收体系中最重要的累退因素来自间接税，对奢侈品和必需品的课税均呈现累退性，全部间接税使收入不平等程度提高了约 4%。但近年来也有一些间接税归宿的研究成果认为间接税的累退性也许并没有早期研究结论所认为的那么大。如扬格（Younger，1999）利用消费者支出调查数据研究了马达加斯加的间接税对收入分配的影响，发现间接税随收入变化并不总是累退的。

2. 国内研究

王剑峰（2004）提出了流转税影响个人收入分配的理论模型，并以我国城镇居民的收入和消费数据为例，计算了各不同收入组消费结构差异对三大流转税税收负担率的影响。于洪（2008）分析了我国城镇居民的消费支出数据，发现不同收入群体对不同商品消费弹性不同，应在深入分析消费者行为并把握价格变化及弹性状况的基础上，确定消费税最终税收归宿。张阳（2008）运用可计算一般均衡模型，通过对比我国城乡居民负担间接税的比例与可支配收入的比例，计算我国间接税体系的累退程度，结果显示，我国间接税在城镇和农村都具有较强的累退性。万莹（2012）对 2002～2009 年我国增值税、消费税和营业税在不同收入户城镇居民间的分布及其对收入分配的影响进行综合分析，发现增值税呈累退性，消费税不明显，营业税呈累进性，全部流转税呈现非常轻微的累退性，而影响流转税调节效果的主导因素是消费品的需求收入弹性。

刘怡、聂海峰（2004）利用城市住户调查资料考察了三大间接税在不同收入群体的负担情况，通过计算 Suits 指数发现整个间接税接近比例负担，对收入分配状况的恶化并不显著。刘怡、聂海峰（2009）通过比较 1995～2006 年城市不同收入组人均增值税和营业税负担的 Suits 指数，发现增值税一直累退，而营业税一直累进，间接税扩大了收入分配差距，但近年来影响有所下降。聂海峰、刘怡（2010a）运用微观模拟法考察间接税对不同收入家庭的最终归宿影响，发现间接税是累退的，且从 2000～2005 年，所有家庭的税收负担比例都增加了，但税收累退程度没有变化。聂海峰、刘怡（2010b）以中国住户调查数据为基础，使用实际征收税收计算税率，利用投入产出法考虑税负转嫁，估算了间接税在城镇居民不同收入群体的负担情况，研究发现，从年度收入看，各项税收都显著累退；从终身收入看，所有税收呈累退性减弱，营业税呈现累进性；整体来看，间接税接近比例负担。聂海峰、岳希明（2012）使用全国城乡家庭消费和收入微观数据考察间接税对于城乡收入差距和收入分配的影响，研究发现，不论从全国范围看还是分别从城乡内部看，间接税都呈现累退；间接税增加了城乡内部不平等，降低了城乡之间不平等。间接税对低收入群体影响较大，略微恶化了整体收入不平等。

这一系列研究成果反映了间接税负担与收入分配研究的四个方面的进展：方法上从使用 Suits 指数到使用微观模拟法、投入产出法、一般均衡分析，数据上从使用城市住户调查资料到全国城乡家庭消费和收入微观数据，研究对象从城镇居民到城乡全体居民，衡量纳税能力的指标从年度收入到以消费为代表的终身收入。

2.5.5 总结

学界普遍认同税收是调节收入分配的重要手段，通过个人所得税、企业所得税和间接税的合理搭配可以改善收入分配。但同时应注意，税收只是收入分配的调节手段之一。钱晟（2001）指出我国收入差距扩大的根本原因在于初次分配阶段上的不规范，税收调节只能是一种事后调节，只能起到一种矫正作用，更有可能挂一漏万。王春雷（2002）强调放弃税收调控的观念和做法不足取，但任意夸大税收公平收入分配作用，企图单纯通过税收政策实现收入分配公平的目标也不现实。调节收入分配，需要的不仅是税收，还需要转移支付和财政支出的协调配合。

事实上，国外早已对税收与其他调节手段的收入分配效应进行过比较研究。如卡瓦尼（1977）通过对美、英、加、澳四国税收和政府公共支出再分配效果的比较，指出任何级次政府的公共支出不仅是有利于缩小收入差距的，而且效果均优于税收。希莫尔等（Immeroll et al.，2005）分析并比较了欧盟15国的所得税、社会保障税和现金转移支付的再分配效果，发现总体上各国的税收—转移支付体系都是重要的收入再分配机制，其中公共养老金支出再分配效果最为明显，其次是个人所得税，再次是专门面向低收入群体的补助支出，最后是社会保障缴款。金和兰伯特（Kim and Lambert，2009）分析了美国1994~2004年的收入分配，认为尽管总的收入不平等在增长，但政府税收和转移支付合计减少了大约30%的收入不平等，而在全部收入再分配净效应中，转移支付贡献的份额约占85%，税收贡献的份额只有15%左右。巴尔干和卡兰（Bargain and Callan，2010）研究税收—支出制度的收入分配效应发现只有综合考虑税收与支出的分配效应才能全面评价财政政策的收入分配效应从而构建最优税制。

因此，必须充分考虑财政支出、转移支付和税收的综合协调作用，构建完善的财税机制和制度，以更好地缩小收入差距，改善收入分配。这也正是本篇要解决的核心问题。

第 3 章 财税政策调节收入分配的工具及其作用机理

财政税收政策是调节收入分配的重要工具。这种工具不仅体现在再分配环节,还体现在初次分配环节。具体来说,财税可以从收入和支出两个方向影响收入分配。收入端又可具体分解为税收收入和非税收入因素;支出端可以分解为转移性支出和购买性支出因素。本章将从这四个方面来看财税影响收入分配的作用机理。

3.1 税收政策工具及其作用机理

税收政策调节收入分配主要是为了实现税收公平。所谓公平有横向公平和纵向公平之分。横向公平意指同等纳税能力缴纳同等程度的税收;纵向公平指的是不同纳税能力缴纳不同的税收。然而,具体衡量纳税能力时,可以使用客观标准,也可使用主观标准。就客观标准来看,可以根据所得、支出和财产等几个维度来评判;就主观标准来看,可以使用因为纳税而感受到的牺牲程度来评判。除此之外,评判税收公平时还可以采用受益原则,即多受益,多缴税;少受益,少缴税。

税收政策在调节收入分配中的作用可以通过若干税种体现出来。按照调节收入分配作用的大小不同有个人所得税、遗产税和赠与税及财产税等。流转税的筹集固然主要目的在于筹集财政收入,但是,在其征收过程中,客观上会起到影响收入分配的作用。不少研究者认为,流转税在许多国家的征收具有累退作用。

3.1.1 个人所得税的调节作用机理

个人所得税调节收入分配的作用突出地表现在其累进税率设计上。按照累进税率的设计不同,可以进一步将累进税率分为全额累进税率、超额累进税率、全率累进税率和超率累进税率等几种。全额累进税率指的是只要超过某一临界点,无论临界点上的数额还是临界点下的数额均按照更高的税率来进行征税;超额累进税率指的是仅对超过临界点以上的数额按照较高的税率征税,临界点以下的数额按照原来的税率进行征税;全率累进税率的设计往往会设计一个扣除基准和增值额,在此基础上设置几个增值比率,只要增值额超过扣除基准一定的增值比率就适用更高的税率进行征税;超率累进税率仅对超过比例的增值额采用较高的税率,低于该比例的增值额依旧按照原来的税率进行计算。

目前,绝大多数国家的个人所得税采取的是超额累进税率。目前,我国实行的是 7

级超额累进税率，最低级距的税率是 3%，最高级距的税率是 45%（见表 3 - 1）。美国实行的 7 级超额累进税率，最低级距的税率是 10%，最高级距的税率是 39.6%（2015年，见表 3 - 2）。美国 1944 年联邦个人所得税边际税率最高时为 94%，税率级距达到 24 级。级距最多的年份是 1932 年，为 55 级（见表 3 - 3）。

表 3 - 1 我国个人所得税工资薪金税目超额累进税率表

级数	全月应纳税所得额	税率（%）
1	不超过 1500 元	3
2	超过 1500 元至 4500 元的部分	10
3	超过 4500 元至 9000 元的部分	20
4	超过 9000 元至 35000 元的部分	25
5	超过 35000 元至 55000 元的部分	30
6	超过 55000 元至 80000 元的部分	35
7	超过 80000 元的部分	45

表 3 - 2 2015 年美国联邦个人所得税税率表 单位：美元

边际税率	单身	家庭合并纳税	已结婚但分别纳税
10%	0 ~ 9225	0 ~ 18450	0 ~ 9225
15%	9226 ~ 37450	18451 ~ 74900	9226 ~ 37450
25%	37451 ~ 90750	74901 ~ 151200	37451 ~ 75600
28%	90751 ~ 189300	151201 ~ 230450	75601 ~ 115225
33%	189301 ~ 411500	230451 ~ 411500	115226 ~ 205750
35%	411501 ~ 413200	411501 ~ 464850	205751 ~ 232425
39.60%	413201 +	464851 +	232426 +

注：表中数额为应纳税所得额；美国以年度为一个纳税区间。

表 3 - 3 1913 年至今美国联邦个人所得税税率及级距调整历史

年份	税率级距个数	最低级距税率（%）	最高级距税率（%）	最高级距收入边界（美元）	备注
1913	7	1	7	500000	永久开征联邦个人所得税
1917	21	2	67	2000000	第一次世界大战提高税收
1925	23	1.50	25	100000	第一次世界大战后降税
1932	55	4	63	1000000	大萧条
1936	31	4	79	5000000	

续表

年份	税率级距个数	最低级距税率（%）	最高级距税率（%）	最高级距收入边界（美元）	备注
1941	32	10	81	5000000	第二次世界大战
1942	24	19	88	200000	1942 年收入法案
1944	24	23	94	200000	1944 年个人所得税法案
1946	24	20	91	200000	
1964	26	16	77	400000	越战降税
1965	25	14	70	200000	
1981	16	14	70	215400	里根时期降税
1982	14	12	50	85600	里根时期降税
1987	5	11	38.50	90000	里根时期降税
1988	2	15	28	29750	里根时期降税
1991	3	15	31	82150	1990 年综合预算调节法案
1993	5	15	39.60	250000	1993 年综合预算调节法案
2003	6	10	35	311950	布什时期减税
2011	6	10	35	379150	
2013	7	10	39.60	400000	2012 年美国纳税人减税法案

　　同样是累进税率，制度设计的不同将影响调节个人收入分配的力度。根据一个国家收入分配程度设计的个人所得税税率的累进程度和速度将决定个人所得税调节收入分配的力度。以美国为例，根据美国国会管理和预算办公室估计，家庭收入最低的 20% 的家庭，联邦个人所得税的有效税率是 -9.2%；家庭收入在 20%~40% 分位数的家庭，联邦个人所得税的有效税率是 -2.30%；家庭收入前 1% 的家庭，联邦个人所得税的有效税率是 20.10%（见表 3-4）。随着家庭收入的提高，个人所得税的税负显然是累进的。当然，在税率级距的变化、税率调整、经济形势发生变化后，个人所得税在不同群体之间的分配会进一步调整。

表 3-4　　　　　　　　　2010 年美国税前家庭收入分等及有效税率

五分法	税前家庭收入（美元）	有效税率（联邦个人所得税/税前家庭收入）（%）
最低 20%	24100	-9.20
20%~40%	44200	-2.30
40%~60%	65400	1.60
60%~80%	95500	5.00

五分法	税前家庭收入（美元）	有效税率（联邦个人所得税/税前家庭收入）（%）
80%～100%	239100	13.80
81%～90%	134600	8.10
91%～95%	181600	10.70
96%～99%	286400	15.10
最高1%	1434900	20.10

注：美国联邦个人所得税还有一些可返还税收抵免（Refundable Tax Credits）。譬如子女抵免（the Child Tax Credit），联邦政府规定每个子女最多可以享受1000美元（该标准会根据收入水平递减）的抵免。如果抵免额大于每年应纳个人所得税，则将超额部分返还给纳税人，导致实际应纳税额为负数。

资料来源：https://www.cbo.gov/publication/44604。

对于我国个人所得税的累进程度，有不少专家学者进行过估计。代表性的如岳希明和徐静（2012）的研究。他们通过使用 MT 指数的估计值及分解结果看，我国的个人所得税确实降低了收入分配不均等，但是，效应非常小，甚至可以忽略不计。他们认为，个人所得税的平均有效税率过低是阻碍个人所得税发挥收入分配功能的关键。

3.1.2 遗产税和赠与税的调节作用机理

遗产税和赠与税是调节存量财富在居民中分配的重要工具。遗产税的课税对象为遗赠或继承的财产。按照遗产税是对被继承人总遗产为课税基础，还是对继承人分得的遗产为课税基础，可以分为总遗产税（Estate Tax）和分遗产税（Inheritance Tax）。为了防止被继承财富者通过生前赠与财产而规避死后的遗产税，开征遗产税的国家会并行开征赠与税（Gift Tax）专门对生前赠与进行课税。遗产税和赠与税的开征对于促进公平、鼓励慈善捐赠等具有重要的作用。遗产税和赠与税还是个人所得税的重要补充，尤其是对未实现的资本收益进行课税（Gale，Hines and Slemrod，2011）。

不少国家开征遗产税和赠与税，但是，出于某些原因，一些国家停止征收了该税。目前，开征遗产税的国家有美国、英国、日本、德国、西班牙、瑞士、意大利、法国、巴西等。一些国家或地区之前有遗产税和赠与税，但是后来取消了。这些国家或地区如新加坡、俄罗斯、挪威、新西兰、瑞典，以及中国香港地区。有些国家虽然取消了遗产税和赠与税，但是，通过其他形式，如资本利得税对财产增值予以课税。这些国家如澳大利亚和加拿大等。

开征遗产税和赠与税的国家通常会设置起征点或免征额。最终，缴纳遗产税和赠与税的情况往往只是小概率事件，即遗产税和赠与税往往仅针对一小部分富人的遗产进行课税。按照美国税法规定，只有总遗产超过一定标准之后才需要申报纳税。这个总遗产标准会在年度之间进行调整（见表3-5）。以公立2015年为例，2015年只有在总遗产达543万美元的被继承者去世时才被要求申报遗产税和赠与税。据美国税收政策研究中心的估计，在被继承人死亡后，只有0.13%的比例才涉及缴纳遗产税和赠与税（2011）。[1]就联邦政府取得的遗产税和赠与税税收总收入来看，2011年中有51.2%的遗产税和赠与税来源于收入前0.1%的人；27.2%的遗产税和赠与税来源于收入前99%～99.9%的人；27.2%的遗产税和赠与税来源于收入前95%～99%的人。[2]

表3-5　　　　　　　　美国需申报缴纳联邦遗产税和赠与税的起点　　　　　单位：美元

年度	总遗产（Gross Assets）
2003	1000000
2004	1500000
2005	1500000
2006	2000000
2007	2000000
2008	2000000
2009	3500000
2010	暂停征收
2011	5000000
2012	5120000
2013	5250000
2014	5340000
2015	5430000

资料来源：http://www.irs.gov/Businesses/Small-Businesses-&-Self-Employed/Estate-Tax。

美国的遗产税和赠与税税率设置是按照超额累进税率设计的，在扣除掉丧葬费用、捐赠等费用后的遗产净值基础上进行课税。目前最低级距的税率是18%，最高级距的税率是40%（见表3-6）。显然，遗产税和赠与税对于财富再分配起到了不小作用。

表3-6　　　　　　　　　　　　遗产净值和超额累进税率

级距	遗产净值下限（美元）	遗产净值上限（美元）	税率（%）
1	0	10000	18
2	10000	20000	20
3	20000	40000	22
4	40000	60000	24

[1]　资料来源：http://www.taxpolicycenter.org/taxfacts/displayafact.cfm? Docid=52&Topic2id=60。
[2]　资料来源：http://www.taxpolicycenter.org/taxtopics/estatetax.cfm。

级距	遗产净值下限（美元）	遗产净值上限（美元）	税率（%）
5	60000	80000	26
6	80000	100000	28
7	100000	150000	30
8	150000	250000	32
9	250000	500000	34
10	500000	750000	37
11	750000	1000000	39
12	1000000	无上限	40

注：本表自 2009 年 12 月 31 日后执行。

3.1.3 间接税的累退效应

一个国家税制的设计最好是既公平又有效率的。对于间接税来说，通常可以用超额负担（Dead-weight Loss）来衡量税制的效率。有效率的间接税意味着筹集多的税收收入，同时，产生较少的超额负担。其最终的政策启示就是对税基宽且供求弹性较小的商品或服务征收，这样对生活必需品的征税称为可以减少超额负担的必需。然而，经验告诉我们，穷人生活必需品方面支出的比例比富人要大。这就意味着穷人负担的流转税占其收入的比重较高。这样间接税的设计在过分考虑效率时就会忽视公平。从而有了间接税具有累退（Regressivity）效应说法，即收入越低的群体承担的间接税税负比例（占收入）越高；收入越高的群体承担的间接税税负比例（占收入）越低。为了追求税制设计的公平，不少国家在税制设计过程中对生活必需品实行低税率或免税，从而力图降低间接税的累退性。

对于间接税在我国的累退效应，典型的如刘怡和聂海峰（2004）研究。他们利用城市住户调查资料考察了中国增值税、消费税和营业税这三项主要的间接税在不同收入群体的负担情况。他们的研究表明，低收入家庭收入中负担增值税和消费税的比例大于高收入家庭，但高收入家庭收入中负担营业税的比例大于低收入家庭。整个间接税是接近成比例负担的。间接税恶化了收入分配，但并不显著。聂海峰和岳希明（2013）又进一步深入研究了间接税归宿对城乡居民收入分配影响。他们发现，不论在全国范围来看还是分别在城乡内部看，间接税负担都呈现累退：低收入的负担率高于高收入的负担率。在城乡之间，城镇居民的税收负担率高于农村居民的税收负担率。间接税增加了城乡内部不平等，降低了城乡之间的不平等。间接税主要对低收入群体影响较大，略微恶化了整体收入不平等。岳希明、张斌和徐静（2014）进一步研究了我国税制整体的累进或累退程度。他们根据传统税收归宿分析方法，使用具有全国代表性的住户调查数据和资金流量表，计算每个家庭承担的税负总额，观察它与收入水平之间的关系，结果显示：中国税制整体是累退的，个人所得税等累进性税收，在一定程度上减弱了间接税的累退性，但因其规模小，不足以完全抵消间接税的累退性。有效税率与收入之间的关系在城乡之间存在明显的差异，税收的累退性在农村较城镇更为明显。

3.2　非税收入政策工具及其作用机理

3.2.1　财政供养人员和国有企业员工工资政策对收入分配的影响

我国是政府主导型经济，有着庞大的财政供养人员规模和国有企业。国有企业主要分布在烟草、电信、电力、石油加工、金融、铁路运输等重要行业，并处于支配地位（垄断或寡头）。显然，针对财政和国有企业的收入分配政策的制定对收入分配起着重要作用。近年来，针对垄断企业高薪的争论一直是一个热点。经过这些年来国有企业的改革，国有企业特别是中央大型国有企业的资金雄厚，利润大增。由此，出现了相关行业和企业的高工资、高福利和高管高薪问题，成为扩大收入差距、社会分配不公的一个重要原因（安体富，2010）。更有甚者，有人认为，"垄断国企是一种全员寻租"（张维迎，2006）。[①]

姜付秀和余晖（2007）估计了我国几个国有垄断企业造成的福利损失，9 年（1997~2005 年）平均损失为 6022 亿~9388 亿元。不仅如此，行业收入差距也大大拉开。罗楚亮和李实（2007）根据第一次全国经济普查资料，从企业和行业的角度讨论了收入分配的基本特征。不同企业之间人均工资水平具有较大的差距，而福利补贴分布比工资分布的不均等性程度要更高，并且后者起着加大收入差距的作用。他们发现垄断程度比盈利能力在工资与补贴的决定中具有更为重要的影响。

岳希明、李实和史泰丽（2010）又进一步了估计垄断行业的收入合理性程度问题。他们使用 Oaxaca - Blinder 分解方法，把垄断行业高收入分解为合理和不合理两个部分。他们发现，垄断行业与竞争行业之间收入差距的 50% 以上是不合理的。他们认为这主要是行政垄断造成的。由于目前收入统计未能反映垄断行业的高福利，该结果低估了垄断行业高收入中的不合理部分。岳希明和蔡萌（2015）继续分析垄断企业内部的薪酬的不合理性。他们认为国有企业管理层有动机而且也可能实施对自己有利的薪酬方案，这将导致高管人员的薪酬与普通职工相比更加不合理。他们发现，与普通职工相比，垄断国有企业高管人员的高薪酬更加不合理。这就要求政府部门在从整体水平上管控垄断国有企业高收入的同时，应该重点管控管理层的高收入。

3.2.2　隐性收入对收入分配的影响

定义"隐性收入"概念比较困难，与隐性收入相类似的有"灰色收入""黑色收入""非法收入"等几种。这几种概念内涵和外延上各有差异，且不同专家的看法各异。从外延上看，隐性收入主要是因钱权交易、以权谋私、公共投资与腐败等产生的

---

① http://finance.stockstar.com/SS2006123030523082.shtml.

现金和非现金收入。很显然的是，这种定义下的隐性收入与权力密切相关。与权力越是接近，越易获取隐性收入的好处。

与隐性收入相伴而来的是腐败现象。在任何从传统社会向市场经济转轨的过程中，腐败（经济上称为"寻租"，Rent-seeking）行为基本有上升趋势，我国也是这样。根据国际反贪污腐败研究组织"透明国际"（Transparency International）设置的"清廉指数"（Corruption Perceptions Index，CPI），我国在 2010 年 178 个国家和地区排名中列第 78 位，清廉程度处于中上等。[①] 我国目前仍处在转轨过程中，政府对稀缺资源的配置权力过大和对微观经济活动的干预权力过大是市场发育缓慢、腐败难以消除的最重要原因（吴敬琏，2004）。至今，腐败成为导致收入差距过大的一个重要原因。王小鲁等（2010）组织进行了城镇居民家庭收支调查（采集的数据为 2008 年全年数据），他们的结论是：2008 年占 10% 的城镇居民最高收入家庭，人均可支配收入应为 13.9 万元，而不是国家统计局显示的 4.4 万元。两者相差 3.2 倍。占 10% 的城镇居民最高收入家庭没有包括在统计数据中的隐性收入占城镇居民隐性收入总量的 63%；城镇 20% 高收入居民的隐性收入，占全部城镇居民隐性收入总量的 80% 以上。据此推算城镇居民收入分配差距，按城镇居民家庭 10% 分组，2008 年城镇最高收入家庭与最低收入家庭的实际人均收入分别是 5350 元和 13.9 万元，差距是 26 倍，而按国家统计局计算只有 9 倍。他们认为，这些没有统计出来的收入主要是围绕权力产生的，是与腐败密切相关的，往往是来自凭借权力实现的聚敛财富、来自公共资金的流失、来自缺乏健全制度和管理的公共资源，或者来自对市场、对资源的垄断所产生的收益。这种收入的大量存在严重扭曲了国民收入分配。

3.3 转移性支出政策工具及其作用机理

政府的转移性支出主要是各项社会福利计划和社会保障制度形成的支出。由于这种支出的对象主要是退休、老、弱、病、残人士，因而，这种财政支出的规模、分布及支出对象会影响社会的收入分配和减贫的状况。不少国家的学者实证研究了转移性支出对收入分配的减贫的具体效应。这些研究有跨国性的比较研究，也有针对某个具体国家的研究，还有针对某个具体转移支付项目的研究。

跨国性的比较如王和卡米纳达（Wang and Caminada，2012）的研究。他们的主要研究对象集中在欧洲国家。在研究过程中，他们分离了所得税和转移支付制度的影响。他们发现老年人退休金计划对缩小收入分配效应比较明显。但是，这一效应在不同国家的具体体现不一样。在南欧地区，老年人退休金计划对缩小收入分配的贡献度达到80%。然而，对于一些北欧国家，这一计划对缩小收入分配计划的影响相对较小。

---

① "清廉指数"在 0 ~ 10 之间，数值越大越意味着清廉。中国 2010 年的清廉指数为 3.5。当然，不少人对"清廉指数"存在不少异议，但这是能找到国际清廉（或腐败）程度排行的唯一研究。更多内容参阅"透明国际"网站：Transparency International，"CORRUPTION PERCEPTIONS INDEX 2010"，http：//www. transparency. org/policy_research/surveys_indices/cpi/2010/in_detail#1。

苏亚雷斯和梅德罗斯（Soares and Medeiros）研究了巴西退休金计划和残障补助计划对收入分配的影响，他们发现，这两个计划 74% 的资金被转移到贫困线以下的人群，这两个计划降低基尼系数 28%。丹齐格和罗伯特（Danziger and Robert，1981）等研究了美国政府 1965～1981 年收入资助计划对基尼系数和减贫的影响。他们将收入支持计划分为因特定事件，如老年、伤残等而产生计划和以低于收入标准而产生的计划。他们发现这两个计划对于减贫产生了 75% 的贡献度；对于降低基尼系数，产生了 19% 的贡献度。

目前来看，限于数据的缺失，尚没有发现转移支付项目对缩小收入差距的实证分析。然而，从其他国家实证分析来看，转移支付计划确实对缩小收入差距和减贫起到了积极作用。

3.4 购买性支出政策工具及其作用机理

购买性支出与转移性支出相对应。转移性支出是一种货币或实物的无偿转移，然而，购买性支出指的是政府有偿的购买货物或劳务的行为。不仅转移性支出能够影响收入分配，购买性支出也能在很大程度上影响收入分配。

有不少专家认为，仅研究税收对收入分配的作用是不够的，必须把财政支出的分配（Fiscal Incidence）和税收的分配结合起来，才能更客观地反映财政的分配作用。这里的财政支出不仅指的是转移性支出，更应当包含国防、一般性公共服务之类的购买性支出。雷克托和金（Rector and Kim，2008）将政府支出和税收联系在一起来观察这两个方面在美国不同收入阶层的分配情况。他们将国民按照收入从低到高分为五个群体。对于收入低的三个群体来看，他们获取的公共服务收益大于他们的税收贡献；对于收入较高的两个群体来看，他们获取的公共服务收益小于他们的税收贡献。利用 2004 年统计数据的计算，收入最低群体获取的收益是 29015 美元，然而，这一群体缴纳的税收是 4251 美元。这样，财政对这一类家庭的平均净补助为 24764 美元。收入最高群体获取的收益是 21515 美元，然而，这一群体缴纳的税收是 69704 美元。平均来看，财政对平均每个家庭的净盈余为 48189 美元。

杰拉尔德和张伯伦（Gerald and Chamberlain，2014）对美国 2004 年三级政府财政和税收的分配进行了估计。他们同样将国民按照收入由低到高分为五等分。他们的结论是：收入最低的群体花费 1 美元税收对应于获取价值 8.21 美元的公共财政收益；对于收入最高群体，他们花费 1 美元税收对应于获取 0.41 美元的公共财政收益。他们认为，税收和公共财政的分配是收入分配中同时需要考虑的两个方面。

对于中央集权制国家和指令性色彩较强的国家，财政支出在不同群体的分配似乎比税收在收入分配中的作用更应当加重分析力度。我国也有财政支出分配方面的研究，但是，量化方面的研究比较少。万伦来、周莹和高翔（2013）以安徽省农业综合开发产业化经营财政支出为主题研究财政归宿问题。他们基于边际受益归宿分析方法，论证了农业综合开发产业化经营财政支出同其他公共财政支出一样，其受益归宿的效率和公平是不可兼得的。要实现农业综合开发产业化经营支出的效率，就必须以牺牲公平为代价，发展加工业的财政支出向富裕地区倾斜，而发展种植业和养殖业的财政支出向贫困地区倾斜。安徽省农业综合开发产业化经营的经验证实，无论是发展加工业的财政支出，还是发展种植业和养殖业的财政支出，都明显偏向于富裕地区。这表明，安徽省农业综合开发产业化经营财政支出的受益归宿不仅缺乏公平，而且也缺乏效率。安体富和任强（2012）分析了中国省际基本公共服务均等化水平的变化趋势，他们继续使用综合评价理论对从 2000~2010 年中国省际公共服务均等化水平的变化趋势进行评价，得出的基本结论是：10 多年来，省际视角的公共服务均等化水平没有缩小。

总之，购买性支出的分配同样是收入分配政策中必须考虑的重要问题，仅仅研究税收在收入分配中的作用显然是不全面的。

第4章 西方发达国家财税政策调节收入分配的实践（上）

4.1 自由竞争资本主义时期的收入分配与财税政策

4.1.1 自由资本主义时代的收入分配背景

自由资本主义是亚当·斯密在《国富论》中提出的观点，也叫早期资本主义和殖民资本主义，具体而言，资本主义在发展初期进行资本原始积累的过程，叫作自由资本主义时期。后随着第二次工业革命的进行，生产力水平和能力急剧提高，主要资本主义国家完成了资本原始积累。之后，主要资本主义国家的行业竞争进入白热化，经过大范围的残酷竞争和淘汰，各个主要行业被一家或者几家超级企业控制，进入了垄断资本主义时期，自由资本主义时期结束。

从时间上来看，自由资本主义开始的时间是19世纪五六十年代，最早二三十年代；结束的时间是20世纪的初期，即在第一次世界大战前后，最早在1910年前后。具体到国家层面：英国和法国的资产阶级革命较早，英国资产阶级革命开始于16世纪40年代，此后经过复辟和反复辟的几次较量，在1688年资产阶级稳定了自己的统治。法国的资产阶级革命爆发于1789年，在1794年大资产阶级获得政权以后，又出现过两次封建王朝的复辟，两个帝国时期和三次革命高潮，前后经历了80多年的革命和反革命、复辟与反复辟、共和制与帝制的斗争，直到1875年第三共和国颁布了新宪法，资产阶级才巩固了自己的统治。这样看，英国资本主义的自由竞争最早开始于17世纪中叶，如果从资产阶级政权稳定算起，应该从17世纪80年代末开始。法国资本主义的自由竞争最早开始于18世纪80年代末，从资产阶级政权稳定算起，应该是19世纪70年代。美国的资产阶级革命虽然在18世纪70年代打响了第一枪，但中间经历两次独立战争和内战与重建之诸多艰难，直到19世纪70年代才建立稳定政权。德国在1848年革命失败后，到1871年完成了国家的统一。

在自由资本主义阶段，亚当·斯密的古典经济理论成为社会的主流经济思想，大力推行私有化，强调私有制经济的优越性和重要作用，突出和强调市场的作用，提倡经济运行的自由化，要求政府放弃对经济的管制，避免国家干预经济。同时，注重资本的原始积累，通过剥夺劳动者剩余价值和对外殖民扩张，不断积累资本和财富。

自由资本主义时期，大部分国家秉持放任自由，政府不干预经济实务的原则，整个资本主义经济把效率放在首位，资本家拥有绝对数量的土地和机器，通过资本主义生产方式，不断扩大生产获得大量财富；而底层社会大众作为被剥削者在为资本家创造剩余价值的同时，享受不到资本主义大生产带来的财富的增加。社会收入不平等保持在一个比较高的水平上，同时，财产的继承在很大的程度上使这种不平等结构得到固化，如果没有战争因素的介入，这个结构很难被打破。

这一时期的税制结构，主要是以关税为中心的间接税，一方面对国内生产、销售的消费品课征国内消费税，以替代原先对工商产业直接征收的工商业税，从而减轻了资本家的税收负担；另一方面，为保护本国资本主义工商业，对国外制造和输入的进口工业品课以关税。由于该时期奉行自由放任的经济政策，税收政策主要遵循中性原则，把追求经济效率作为首要目标，因此，该时期调节收入分配的税收政策也较少，发挥作用不大。

总之，在自由资本主义时期，社会的贫富差距很大，收入的不平等问题比较严重，而该时期的主流思想是政府放任不干预，无论是税制结构还是财政手段，对调节收入、改善收入不公平的作用很微弱。此处，我们主要分析该时期美、英、法、德四个发达国家的收入分配状况和相关财税政策发展。

4.1.2 美国自由竞争资本主义时期的收入分配与财税政策

美国作为新大陆国家，在发展初期土地成为最重要的生产资料。北美洲幅员辽阔，人均土地面积远远高于同时期的欧洲，但由于美国的人口中有很大一部分是移民，创建国家之初并没有带来自己的房屋、工具或者机械等资产，经历了较长的时间才积累起产业资本，因此，相比较欧洲，美国的财富集中度较低，拥有大量财富的人较少，资本仍较为稀缺。在经历了殖民地独立和废除农奴制之后，美国的社会阶层结构发生了很大的改变。一方面，北美地区土地面积大、价值低，任何人都能轻易成为地主，这为之后的资本积累奠定了基础；另一方面，在农奴制废除之前，大农场和大工厂作为主要的生产组织结构，特别是南方黑奴制度，为部分资本家积累了大量的原始资本，并且随着时间推进，在代际间继承下来，而底层人民特别是黑种人，生活穷困，社会不公平现象突出。我们从图 4-1 中的财富集中度可以明显看出，美国前 10% 人群财富比重在 1810 ~ 1910 年间一直处于上升的状态，1910 年甚至超过 80%，社会的财富两极分化比较严重，1910 年以后，该比重逐渐下降，维持在 60% ~ 70% 之间。

该时期，美国调节收入分配的政策主要为与个人所得税、财产税和遗产税相关的政策。美国的直接税制度在当今一直受到多数人的推崇，特别是所得税作为调节社会收入分配的税收手段，吸引了很多国家学习借鉴，而在自由资本主义时期，相关的直接税如财产税和个人所得税，却有其特定的时代背景。

个人所得税

个人所得税是美国联邦政府的第一大税种，其税收制度是目前世界上公认的比较完善的，其税收立法也对世界税制改革影响巨大。美国的个人所得税最早开征于 19 世纪 60 年代，当时主要是为了筹集战争经费，1913 年 2 月 25 日，美国《宪法》第十六条修正案被正式批准，授权国会对个人收入征收个人所得税，明显体现出用个人所得税调节收入分配的思想。

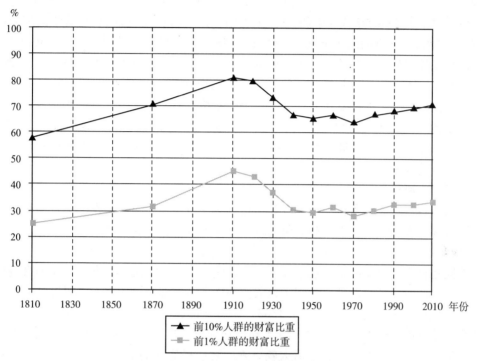

图 4 - 1 1810～2010 年美国财富集中度

资料来源：piketty. pse. ens. fr/capital21c。

美国历史最初的 70 年，联邦政府的主要收入来源是关税、国内消费税以及遗产税。内战爆发后，巨额的战费开支迫使国会通过了所得税法案。最初规定的征收范围是：年收入超过 600 美元低于 10000 美元者，需纳税 3% ；超过 10000 美元者，需纳税 5% 。这一法案被修改了多次。到 1864 年，由于利率增加，工资最高限额降低，所以规定年收入在 600～5000 美元之间者纳税 5% ，超过 5000 美元者纳税 10% 。作为应急措施，第一次所得税的征收对国家的统一起到了很大的作用。在 1862～1864 年内战期间，政府的年收入增加了 550 万美元，纳税被看作是最高的爱国行为之一。内战时期实施的所得税征收制度在战争结束后并没有立即取消，一直到 1872 年才被宣布失效。

内战后的 30 年间，美国经济、社会发生了巨大的变化。美国经济得到飞速发展，工业成为国民经济的主导力量和国民生活水平的主要依托。随着工业资本的加速积累和集中，垄断资本主义形成，大的托拉斯相继涌现，成为美国工商业的主导形式。极少数暴富起来的大垄断资本家们作为社会的特权阶层，通过贿赂政府官员、打击竞争对手等种种非法手段垄断行业，侵占国家资源，聚敛起巨额财富，控制着美国的经济命脉。而另外，占美国社会人口绝大多数的贫民大众处境艰难。这些贫困者主要集中在城市，以劳工为主体。按当时的物价，中等以上城市的五口居民每年的基本生活开支在 600～

800 美元之间，但是研究表明，美国当时每年至少有 60% 的成年工人年收入不足 600 美元。[1] 众多的劳工家庭入不敷出，再加上经济危机的频繁发生，造成工人生活的极度贫困。

1889 年，美国 6250 万人中的 20 万人控制了这个国家 70% 的财富，1% 的家庭控制了 67% 的财富，贫富的两极分化十分严重。[2] 1893 年金融恐慌横扫美国，总统、民主党以及民主党控制的参众两院都力求一种缓解的办法，期望在不提高关税的同时增加联邦收入。在几次要求修改税收制度的提议之后，国会在 1894 年开始把制定所得税宪法修正案提到议事日程上来。支持者认为富人们应该纳税，他们比穷人有更多的钱，更需要政府的服务来保护他们的财富。1894 年 8 月 28 日，《威尔逊—戈尔曼关税法》通过，其中有一条款规定，允许联邦政府征收所得税，美国人第二次开始缴纳所得税。虽然其涉及的征收范围不大，6500 万的美国人中，只涉及 8.5 万人。[3] 但是，这次的修订明显体现出了个人所得税调节收入分配，缩小贫富差距，促进社会公平的思想。

之后，各派别围绕所得税议题展开了长时间的争论，同时也引发了社会上对所得税的争议，伴随着当时的经济形势，所得税法案走走停停，步履艰难。

财产税

美国是世界上重要的财产税征收国，有着完善的财产税制度，财产税作为直接税的一种，以财产作为征收对象，体现了纵向公平原则，对缩小贫富差距，促进社会公平有着一定的积极作用。图 4-2 显示了 1800~1996 年间，财产税在美国州政府收入中所占的比重。从该图可以看出，1830~1875 年这段时期，财产税在州政府财政收入中的比重总体呈大幅度上升的趋势，之后大幅下降。财产税比重的上升，主要由于 1839 年经济形势恶化，在金融市场崩溃，土地价格暴跌，通货紧缩引发的经济衰退席卷全国，印第安纳、伊利诺斯、密歇根、路易斯安那、密西西比、堪萨斯、马里兰、宾夕法尼亚州和佛罗里达州等州政府先后对他们的债务违约，刺激了 1840~1850 年的美国政治与宪法改革，过半数的州修订了宪法。在新修订的宪法中，财产税被要求包含普遍性条款和统一税率条款，即全部财产应按公平价值和统一税率征税，即财产税对全部的财富，包括不动产和动产，有形财产和无形财产，按照相同的税率征收。此时，州销售税和州货物税还没有开征，而所得税被认为不合法，债务限制使财产税变成了这一时期州和地方政府收入的最主要来源。

18 世纪中期，杰克逊主义唤起的关于平等和民主的改革在财产税制度中得到了强有力的推行。其中，民主体现在财产税征管方式的变革。对权威的否定和对上级政府官员的不信任导致财产税由当地民主选举产生的官员评估并管理，当地官员计算应征收的税额和税率，每一件财产的应缴纳税收，并收集这些税收，把它们汇给相应层级的政府。平等则体现在税收的纵向公平上。财产税按统一税率对全部财富征收，使每一个纳税者根据其财富的相同比例支付政府为其提供的服务。虽然 20 世纪之后，财产税在州

---

① 李剑鸣：《大转折的年代——美国进步主义运动研究》，天津教育出版社 1992 年版，第 33 页。
② 艾伦·P·格里姆斯：《民主与宪法修正案》，莱克星顿出版社 1978 年版，第 168、70 页。
③ 艾伦·P·格里姆斯：《民主与宪法修正案》，莱克星顿出版社 1978 年版，第 69 页。

政府财政收入中的比重逐年下降，甚至触底，同时，自由资本主义时期财产税的征收主要还是源于当时的经济衰退，征收的出发点是增加政府收入，但在自由资本主义时期财产税的存在仍有一定的促进社会公平的意义。

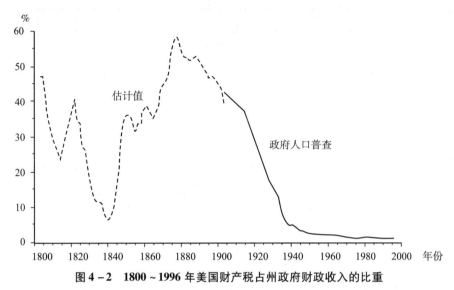

图 4 - 2　1800 ~ 1996 年美国财产税占州政府财政收入的比重

资料来源：Wallis, JJ. American Government Finance in the Long Run：1790 to 1990 ［J］. *The Journal of Economic Perspectives*, 2000：pp. 61 - 82。

遗产税

在美国，联邦和州两级政府均开征遗产税。联邦政府的遗产税首次开征于 1797 年，其目的是为美国海军的发展筹集资金，以应付当时美国与法国的紧张关系。但仅隔 5 年，即 1802 年美国国会就废除了遗产税。直到 1862 年，出于为南北战争筹措军费的需要，国会又决定重新开征遗产税。随着南北战争的结束，国会于 1870 年再度废除遗产税。遗产税的第三次开征则是 1898 年，起因是美国与西班牙的战争亟须军费，与以往一样，此税种随着这场战争的结束而再次被停征。直到第一次世界大战的来临，遗产税于 1916 年在美国重获新生而直到今日。由此不难看出，美国联邦遗产税在"二战"之前始终是与战争密不可分的，是军事战争的衍生物。

4.1.3　英国自由竞争资本主义时期的收入分配与财税政策

英国作为一个老牌资本主义国家，凭借工业革命和资本主义革命，确立了 17 ~ 19 世纪的世界霸主地位。作为近代文明的发源地，在自由资本主义时期，英国的经济发展迅速，积累的财富数量前所未有，同时，英国国内的财富不平等问题也是非常突出的。从图 4 - 3 可以看出，在"一战"之前，英国的财富两极分化十分严重，财富分配严重不平等，收入前 10% 人群占有财富总量的比重在 1810 ~ 1870 年为 85%，到 1900 ~ 1910 年超过了 90%；收入前 1% 人群占有的比重则从 1810 ~ 1870 年的 55% ~ 60% 上升到

1910～1920 年的 70%。19 世纪英国的财富是高度集中的，而且在 1914 年之前没有显现出财富集中度下降的态势。

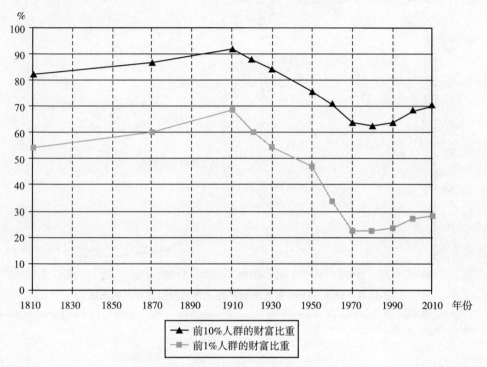

图 4－3　1810～2010 年英国的财富集中度

资料来源：piketty. pse. ens. fr/capital21c。

　　在自由资本主义时期，税收是缓解社会财富分配不公平最主要的手段，虽然很多制度最初的出台往往与解决战争军费问题相挂钩，但是在这个时期实行的一些财税手段往往为以后的发展奠定了基础。英国在调节收入分配方面的政策主要为与济贫有关的财政政策，与个人所得税、遗产税有关的税收政策。

财政政策

　　该时期调节收入分配的财政政策主要为济贫政策。早在 1795 年伯克郡的治安官决定，根据家庭的大小和面包的价格对当地的农业工人增加工作补贴，这就是所谓的伯克郡生活补助或斯必汉姆兰制度。在战争期间，整个英格兰南部地区普遍采用了这一补助形式，以保障农业劳动者摆脱战时物价的影响，战争结束后这一制度继续维持了下去。有关济贫政策的争论持续了几十年，政府不断对济贫政策进行修改，主要争论焦点在于财政济贫是否助长了部分工人的懒惰，背离了古典经济思想。19 世纪 30 年代，政府对财政济贫方案进行了改革，新的法律规定农业工人以工资补助方式得到救济，而不是以单纯的救济形式，但对于不能挣钱养活自己的群体如老人、儿童、病人、疯子、盲人或跛子，新的法律并没有改变救济形式，他们或在家中接受救济，或在新济贫院中以旧的方式接受救济。新的法律还改变了救济制度的管理办法，中央政府从此开始集中地对救济进行管理，对地方救济实施国家和中央监督，行使这一职责的是济贫法委员会，1847年由济贫法部取代，国会中有相应的负责首脑，1871 年政府又成立一个新部门地方自治部管理救济贫民和公共卫生事宜，该机构存续至 1919 年，由卫生部接管。

税收政策

在个人所得税方面，英国于 1799 年开征所得税，是最早开征所得税的国家。开征该税的直接原因是英法战争带来的巨大财政压力，因而也被称为战争税。在以后的几十年中，所得税多次随着战争结束而废止，又随着战争的爆发重新开征。1874 年，所得税终于成为英国一个稳定的税种，并进行了大幅度的减免，个人所得税的最高边际税率由过去的 83% 降为 40%。1907 ~ 1908 年开始区分劳动所得税和非劳动所得税，要求收入较多者支付较高税率的累进税制直到 1909 ~ 1910 年方才施行。

在遗产税方面，英国是欧洲实行遗产税较早的国家之一，早在 1796 年就开始征收遗产税。其部分原因是 1789 年法国大革命引发的双重刺激：一方面，英国与拿破仑的战争带来庞大军费开支，需要增加国库收入；另一方面，源于法国大革命平等、博爱、互助的思潮也波及英国，许多法国启蒙学者都认为不受限制的继承权导致"富者愈富、贫者愈贫"的恶性循环，因而必须对富人遗产进行再分配。到 19 世纪中叶，英国阶层分化变得非常严重，传统贵族及新兴工业家拥有大量地产，出现大量不需劳动便衣食无忧的食利阶层，而大量农民却失去土地，工人也一贫如洗，社会矛盾极其尖锐。1889年，法国对价值在 1 万镑以上的个人财产，不管是动产还是不动产，加征 1% 的税收。1894 年则更进一步，决定放弃以前的所谓动产与不动产继承的多种税收，及对同一物品的多重税收，改按统一的原则进行征收，并取消产与不动产的区分，只剩下两种税——财产税和遗产税，从而建立累进的达 11 级之多的税收等级体系，从价值在 100 ~ 500 镑之间的 1% 的财产税，到 100 万镑以上的征收 8% 的财产税不等。[①]

在遗产税的征收范围上，对动产与不动产都征收遗产税，从长远来看，它极大地削弱了地产主的势力与影响。这样所得税与遗产税在英国财政收入中占有越来越重要的地位，1841 ~ 1842 年度，英国的直接税只占财政总收入的 27%，而 1861 ~ 1862 年度增长到 38%，1895 ~ 1896 年度则高达 48%，几乎是国民收入的半数。[②]

4.1.4　法国自由竞争资本主义时期的收入分配与财税政策

法国有着很悠久的社会阶层历史，在法国大革命时期，社会等级森严，主要有三个等级：第一等级是教士，第二等级是贵族，第三等级是其他社会阶层，如中产阶级、商人、官僚、农民、城市工人等。随着资本主义的发展，生产力不断提高，资产阶级不断发展壮大，成为法国社会重要的一个组织阶层，同时资本家的财富在自由资本主义时期也不断积累。由于教士和贵族两个特权阶层对资本主义发展的制约，法国

---

① Mallet, Bernard C. B. . *British Budgets* 1887 – 1888 *to* 1912 – 1913. London：Macmillan, 1913, P. 74.
② Smith, T. B. . *Creating the Welfare State in France*, McGill-Queen's Press, 2003. pp. 5 – 6.

的革命运动也此起彼伏，在经历了多次的革命与复辟的斗争之后，确立了资产阶级的统治地位。

在资本主义自由竞争时期，资产阶级积累了大量的财富，包括机器厂房、金融资产等，而贵族等特权阶层在封建时期积累的巨额财富，部分世袭继承下来成为新贵族阶层的资本。表4-1中的数据显示，1807～1913年，前10%的人口拥有96%以上的财富，充分说明了当时财富分配严重两极分化，贫富差距悬殊。从图4-4中可以看出，前1%的人口拥有的财富数量在1807～1913年总体呈上升趋势，从1807年的51.2%到1913年的72.1%，中间也存在一定的波动。主要原因是，政权的反复更替造成财富出现一定范围内的转移，使得财富结构重新构建。图表都反映出当时财富分配极端不公平，资产阶级和贵族集团通过代际间的世袭继承，掌握巨额的社会财富，而另一方面，底层人民成为被剥削的对象，无论是剩余价值还是直接的政治剥夺，财富极少，生存条件极其恶劣。

表4-1　　　　　　　　　　1807～1994年巴黎财富集中程度　　　　　　　　单位：%

年份	前10%人群财富比重	前1%人群财富比重	前0.1%人群财富比重
1807	96.0	51.2	17.9
1817	97.6	57.3	22.8
1827	97.3	49.5	14.8
1837	97.7	50.1	14.8
1847	98.3	55.8	21.3
1857	96.9	51.0	13.4
1867	97.1	53.0	16.3
1877	96.9	58.9	24.6
1887	97.1	55.4	20.1
1902	99.1	64.8	26.1
1913	99.6	72.1	32.8
1929	94.9	63.1	26.4
1938	90.4	53.6	24.1
1947	76.7	38.1	14.8
1956	75.0	34.6	11.7
1994	66.9	23.7	6.5

资料来源：Piketty, Thomas, Gilles Postel-Vinay, and Jean-Laurent Rosenthanl, Wealth Concentration in a Developing Economy: Paris and France, 1807－1994, *American Economic Review*, Vol. 1: pp. 236－256。

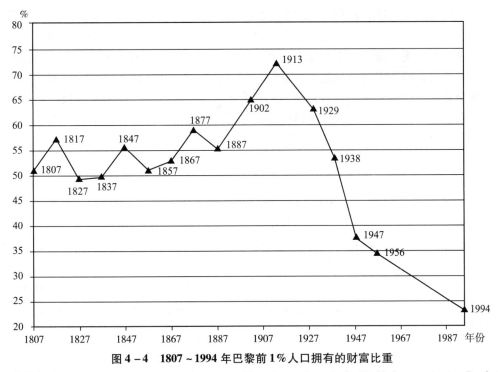

图 4 - 4　1807～1994 年巴黎前 1% 人口拥有的财富比重

资料来源：Piketty, Thomas, Gilles Postel-Vinay, and Jean-Laurent Rosenthanl, Wealth Concentration in a Developing Economy: Paris and France, 1807 - 1994, *American Economic Review*, Vol. 1: pp. 236 - 256。

财政政策

该时期法国关于收入分配的财政政策较少，主要依赖教会等慈善机构发展。该时期，法国教会团体的力量不容忽视，在财富两极分化的情况下，扮演着当今社会三次分配过程中的角色。早在 15 世纪、16 世纪，法国就存在一些社会保护方式，例如由教会主持的慈善赈济活动、中世纪以来形成的行业互助组织、由国家对特殊行业成员例如残疾军人和海员等给予的补偿，以及政府对流落街头的贫民提供的劳动培训、儿童教育、集中财源、统一管理等，但这些方式都带有道德上的救济意义，不是被看成是国家和社会的责任。在 19 世纪的法国，教会通过慈善事务管理局来实施慈善救助，在社会救助中发挥着其他组织无法比拟的功能。慈善事务管理局理论上由地方政府控制，但由于地方政府很少能提供足够的行政资源来维持它们的运作，它们只得依赖各种慈善组织和施善者的援助，加之 19 世纪法国有一半的市镇没有设立慈善事务管理局，因此教会依然在社会救助网络中发挥着最主要的作用。[①] 随着工业化的推进，19 世纪上半期法国开始出现许多互助会，它们提倡一种不同于慈善救济的团结互助理念，在很大程度上改变了教会的垄断地位。拿破仑三世上台后建立了帝国互助会体系，要求互助会必须得到国家授权才能成立，并在每一个市镇建立强制性的互助组织，互助会的组织边界必须与政府

---

① Smith, T. B.. *Creating the Welfare State in France*, McGill-Queen's Press, 2003. pp. 5 - 6.

的行政管理边界相一致，从而将国家权力延伸到社会末端。到 1870 年为止，大部分互助会都经过国家授权，极大地削弱了教会在社会救助领域的地位。进入 19 世纪末，经济萧条进一步暴露了资本主义制度的矛盾，当失业和贫困从道德问题变成一个普遍的社会问题时，教会的作用进一步收缩并让位于国家行政的适度干预。

教会和社会团体的这类救济，与当前社会上三次分配有一定的相似，通过社会力量促进社会公平。在当时的政治经济环境下，初次分配片面追求经济效率，再次分配受时代影响，对收入分配的调节功能微乎其微，这种举措在一定程度上体现出了"三次分配"的现实意义。

税收政策

该时期调节收入分配的税收政策主要为遗产税和赠与税的开征。1791 年，在贵族的财政特权被废除之后不久，遗产税和赠与税开征。遗产税的适用范围很广：第一，它适用于所有类型的财产，农地、城市和农村其他不动产、现金、公共和私人债券、其他类型的金融资产（如股份、合伙关系）、设备、贵重物品等；第二，它适用于所有财富拥有者，无论是贵族还是贫民；第三，它适用于所有财富规模，无论大小。法国特有的这种遗产税和赠与税，并没有现实意义上财产税的相关社会功能，它仅仅是满足私人财产的权利。

4.1.5 德国自由竞争资本主义时期的收入分配与财税政策

德国由于历史的原因，长期处于分裂状态，领土多次变迁，1871 年才完成了国家的统一，同时德国没有建立殖民帝国，因此德国的资本主义发展比较延后。从 19 世纪 70 年代到 20 世纪初，德国借助第二次工业革命，实现了由农业国向工业大国的转变，积累起资本。德国的自由资本主义时期延续时间比较短，只有三四十年的时间，没有详细的数据来阐明德国的财富集中程度和贫富差距。

当代在研究收入分配问题时，对于缩小收入差距、促进社会公平的途径选择上，发展教育受到各方面的拥护，而德国在教育方面的经验值得学习。德国义务教育始于 1763 年，它是世界上实行义务教育最早的国家之一，义务教育的经费由政府承担早在 16 世纪中期，德国各公国就开始颁布了有关普及义务教育的法令。18 世纪后，政府强制性实行义务教育。19 世纪初，德国颁布了《初等义务教育法》，义务教育得到切实贯彻。到 19 世纪末，德国的初等教育入学率已达到百分之百。教育不仅能带来国家科学技术的发展和国家实力的增强，另外，公平的教育在国民经济初次分配中具有基础性的调节作用，对促进初次分配公平就有重要的意义。

4.1.6 发达国家自由竞争资本主义时期的收入分配与财税政策总结

综观自由资本主义时期，主要发达资本主义国家在制定调节收入分配的财税政策时，主要有以下特点：第一，从调节收入的财税政策分类来看，18 世纪税收制度的发展多半是与迫在眉睫的战争危机联系在一起的，19 世纪的税收制度则源于政府职能扩大、行政管理机构的健全和公共开支的增长，而财政制度对收入分配的介入较少；第二，从调节收入分配的分配领域来看，自由资本主义主张经济自由放任，市场意识强烈，经济活动效率优先，因此，初次分配中的调节手段几乎不存在，主要集中在再分配领域，利用税收政策如所得税、遗产税等，三次分配的效果也是微乎其微；第三，从调节收入分配的效果来看，虽然主要发达资本主义国家都进行了一定程度的收入调整，但从该阶段的财富集中程度来看，效果很不理想，财富集中度在整个时期都是趋于上升的形势，财富集中度出现下降的时期则是"一战"之后，更明显的是"二战"。由此可见，世界性的战争对财富的冲击力度最大，造成了财富结构的重建，一定程度上也缓解了财富的两极分化和贫富差距悬殊问题。

4.2 "二战"后到20世纪80年代前的
收入分配与财税政策

4.2.1 "二战"后到20世纪80年代前的收入分配背景

第二次世界大战以后，西欧各国的社会民主党迅速发展壮大，如英国工党、法国社会党等，民主社会主义思想潮流盛行，并普遍以凯恩斯主义为其主要的经济思想基础。英国工党在其《民主社会的目标和价值的声明》中就宣言：企业主的行为必须由公众以多种方式加以调节，也就是由国家干预。同时，由于战争的破坏，也使得人们对于战后建立稳定的生产环境有着迫切的愿望。在此思想背景下，国家社会职能日益加强，国家有意识地使用公共权力扩大收入分配的规模，通过宏观经济调控强化财政预算规模、公债、货币发行对实现收入在分配的主导作用，国民收入分配的主持者由企业为主变为企业和国家两个主体，并且国家分配占据了主导地位，微观主体的分配权力已经被政府的收入政策、最低工资立法、保障立法等大大限制。在初次收入分配方面，国家制定了各种政策和规则影响初次收入分配，主要表现为国家大规模参与生产过程，使国家以产品生产者和资本所有者的身份理所当然地参与初次分配，此外，还通过最低工资法，最高工时立法、收入政策等干预企业内部的初次分配。在收入再分配方面，国家通过规模空前的税收、公债以及货币发行极大地扩大收入再分配的过程，比较突出的是大力发展社会保险和社会福利事业，各国筹集巨资，通过国营、国私共营或私营机构和组织，迅速发展老残保险、医疗保险、教育补助、失业救济、贫困津贴等社会保险和社会福利项目，使得本属于个人事务范围内的事情相当程度上由社会负担。这一时期形成了以"国家财政分配和社会福利制度"为核心内容的收入再分配制度，并发挥着刺激经济增长、缓和各种社会矛盾、稳定社会的作用，影响了社会扩大再生产的过程，实现了较高水平的社会公平，提高了效率，促进了社会发展。三次分配方面，主要是通过遗产税或者对慈善机构减免税的方式，鼓励个人捐赠和第三方慈善机构的发展。

4.2.2 美国"二战"后到20世纪80年代前的收入分配与财税政策

1. 杜鲁门时期（1945～1953年）和艾森豪威尔时期（1953～1961年）

"二战"后的时代是自由时代，美国民主党人上台，民主党的主要思想是努力催促福利国家的扩张。战后的第一个总统，民主党人杜鲁门（Truman）主张通过提高最低工资、增加社会保障、联邦住房补贴、联邦强制医疗保险和建设工厂来增加社会福利，促进收入分配。

财政政策

在财政支出方面，美国通过价格补贴的财政手段调节农业的收入再分配，保障农场主的收入水平。1949年，农业部长布兰南（Brannan）宣布了赔偿金计划，允许农产品在市场上寻找自认价格水平，将市场价格与现代化平价之间的差额由财政部直接补贴给农场主，其潜在好处是，剩余的农产品将被淘汰，节省仓储成本，而公众，特别是穷人，将可购买到便宜的食品，但是赔偿金计划一直没有得到执行。

在社会保险方面，1957年通过了伤残福利保险。

税收政策

在早期，政府对社会的救济和福利活动很少，再加上免税的数量不大，许多非营利性慈善机构可以免交所得税，即使采用公司的形式也可以免交公司所得税，这一举动促进了非营利性慈善机构的发展，有利于收入三次分配。但是随着政府在福利救济活动中担任了主要角色，免税数量也越来越大，政府财政赤字严重，因此1950年开始对其无关所得征收所得税，使得国家财政收入的比重上升，限制了非营利性慈善机构的发展，使其在收入分配方面的作用大大减弱。

2. 肯尼迪时期（1961～1963年）和约翰逊时期（1963～1969年）

由于人均收入增长、失业率持续下降以及始于罗斯福时代的社会保险和福利措施，到1960年美国的贫困问题已经缓解了。但是，由于"二战"刚刚结束时，贫困主要指农业人口多的南方，而随着移民的进行，却把贫困带到了城市，使得贫困现象日益明显，电视也不断将社会消极面戏剧化，收入差距问题引起了人们的重视。同时，在20世纪60年代自由主义继凯恩斯主义分支之后的另一个分支——加尔布雷斯主义，试图改变由消费者支出形成的生产格局，只要他们认为政府干预可以实现，政府就应当干预，因此他们渴望加强政府对经济的控制和收入再分配，这也为20世纪60年代的管制计划和反贫困计划浪潮提供了动力。基于该背景，肯尼迪时期主要通过财政补贴进行转移支付，增加教育机会，促进机会平等，干预要素分配，并通过提高贫困和失业者的社会保障水平，调节收入再分配，也通过对税制结构和某些税种征税对象的调整，调节收入初次分配和再分配。同时，由于当时民权运动的兴起，也通过立法手段保护妇女、黑种人、工人的合法权益，要求同工同酬等。两位总统都主张福利政策，反对贫富差距。

财政政策

该时期十分重视对要素分配的调节，主要表现为，为贫困地区提供财政援助为教育项目提供补贴，为农民和小企业提供活动资金，此时还兴起了社区的反贫困活动。

1961 年，阿巴拉契亚和其他贫困地区的贫困状况导致了《区域再开发法案》（Area Redevelopment Act）通过，其中规定为企业提供低成本的贷款和培训职工资金，以及利用财政资金支援地方建设。肯尼迪还通过其他法规为医疗教育、高校建设项目提供资助，以及给受联邦项目不利影响的地区提供救济，还专门设立了对于儿童教育和成人教育的项目资助，但是成人教育部分运行缺乏效率。

1963 年，约翰逊（Johnson）在肯尼迪总统遇刺后就职，他继承了肯尼迪（Kennedy）的执政思想，宣布了"向贫困开战"计划。约翰逊于 1964 年通过《经济机会法》（Economic Opportunity Act of 1964），旨在创造相对平等的要素分配机会。[1] 该法规定政府在农村和城市地区创办训练营，特别是为出身贫困的年轻人提供培训机会，防止机会不均等导致的贫困循环；它为农民和小企业提供资助，提高整个社会的生产力，从而提高人们的生活水平；为社区的反贫困活动提供资金；在地区发展不均衡的问题上，用于阿巴拉契亚山区改善土地和公路及提供健康中心的 10 亿美元的款项也得以投票通过，住房及城市发展部得以建立。

1965 年美国通过一项法律，规定由联邦政府负责向有关学区提供资金，以资助在其中就学的贫困家庭顺利完成中、小义务教育。突出的例子是启蒙计划（Head Start Program），其专门向 4~5 岁的贫困家庭子女的学前教育提供资助，目的是为了使贫困家庭的子女的学前教育能够和其他家庭的子女一样正常学习生活。

这些政策都旨在通过财政资金支援缺乏发展资源的要素主体，促进机会平等，干预要素分配，其中最关注的要素即为教育资源、地区基础公共设施建设，以期改变收入分配不断扩大的恶性循环。

农业问题也一直是这段时期比较重要的问题，国家通过转移支付手段，提高农产品价格，从而间接增加农民的收入。如 1961 年《紧急饲料粮议案》（Emergency Feed Grain Bill of 1961），通过向减少 20% 土地耕种面积的农场主提供大量的款项，鼓励大幅度减少玉米和高粱的耕种面积，从而提高这两种农作物的价格。这个计划整体有效，饲料谷物产量首次下降，农民的收入也得到一定的提高。1965 年又制定了《粮食和农业法》（Food and Agriculture Act of 1965），这一法案手段与《紧急饲料粮议案》相似，使得美国纳税人每年付出 50 亿~60 亿美元支持农产品价格，促进农民收入增加，但其结果是使富裕农场主更富裕，仅惠及一小部分贫困农场主。

该时期，政府还注重采用补贴的辅助手段，给予贫困线以下的家庭以食品补贴，在社会保障方面也增加了医药和医院保险，社会福利的名目也不断扩大，以促进收入再分配。

从 20 世纪 60 年代开始，美国就采用生计检验的方法，对于某些社会福利支出项目的受益者的收入来源检验，只有当收入来源低于某个水平时，才有资格享受补贴。该水平为"贫困线收入水平"，其计算方法为，首先估算能够满足营养标准所需食品的最低费用，然后计算不同规模家庭中用于食品消费的收入比例，最后用这一比例系数的倒数

---

① 加里·M·沃尔顿、休·罗考夫：《美国经济史》（第十版），中国人民大学出版社 2011 年版，第 725 页。

乘以最低食品费用,得出的即为贫困线收入水平,大致相当于满足食品所需费用的3倍。1968年美国通过生计检验资助的社会福利金额占GDP的1.8%。[①]

社会保障方面,1966年,国会在OASDI制度中加入了医药和医院保险,并为65岁以上者增加了医院和医疗福利,费用缴纳由工人和业主向信托基金支付,利息带入信托基金平衡账目,而福利则根据工人们过去的工薪收入确定。对于未参加这项保险的人由原来总预算基金支付。[②]

此外,美国还出台了一个新的住宅条例为穷人提供联邦租金补贴,这是福利立法的新起点。

在这个阶段,总体来说,社会福利支出的名目不断扩大,约翰逊领导的向贫困开战的社会开支计划出乎意料地增长。由于没有预料到人们预期寿命的增长,健康计划和保险计划中所取得的廉价免费的医疗照顾使得医疗费用远远超过预期数,对医疗服务的需求也大幅度增加,申请人数也大幅度增加,因此对财政支出也带来较大的困难。1965年在联邦财政支出中,占首位的就是向贫困开战的各项社会计划开支,约为300亿美元,占预算的25%,美国社会保障福利开支从1965年开始每年以10.02%的速度增长。[③]

虽然,从结果来看,许多穷人从社会福利中获得的好处远远大于其在工作时所缴纳的薪工税,但是,绝大多数钱没有流入贫困者手中,而是通过老年保险和健康计划险流入中等收入者的腰包,或者通过教育援助流入执行这些计划的官员手中。

税收政策

该时期较多地采用税收手段调节收入再分配,主要表现在财产税的开设、遗产税和消费税的改革。

1964年初,威斯康星州率先开征了财产税,此后该税种逐渐也被其他州采用。对于财产税,各州都有规定的免税额,当财产税纳税人的收入跌落到一定的水平以下,该免税额就被触发,尤其是对于老年人和贫困家庭有额外的照顾。有些州还规定只有房产所有者是老年人,才有资格享受免税,有些州对租赁财产费用的某一百分比设定财产税免税,这个项目形成的福利只相当于财产税形成收入的20%。虽然设立了种种优惠政策,但财产税依然被认为具有累退性,并有人认为这种累退性正是优惠政策造成的,他们认为,对于交不起财产税的财产所有者,可以通过分期付款的方式解决问题。

另外,由于财产税本身的税基估值和税率设计,使得多数人也认为财产税是一种高度不公平税:一是由于财产的市场价格波动,造成财产税的课税基础——估定值不能真实反映财产的真实价值,造成同类财产的所有人税负有别,不同财产的所有人的税负也因此产生很大的不公平;二是财产税是单一税率,减免扣除范围有限,不考虑纳税能力;三是其中的房产税可以通过提高租金转嫁给贫困家庭,因而具有累退性。该税税收

---

① 财政部财政制度国际比较课题组:《美国财政制度》,中国财政经济出版社1998年版,第50页。
② 拉弗等:《税率、生产要素之运用以及市场生产》,引自《现代国外经济学论文选》第五辑,商务印书馆1984年版。
③ 财政部财政制度国际比较课题组:《美国财政制度》,中国财政经济出版社1998年版。

收入的很大部分用于构建公共学校，所以富人区收入较多，学校质量较高，穷人区子女得不到好的教育。另外，财产税在征收上也有技术弊端。

遗产税方面，有一点与所得税有明显不同，即从遗产税和赠与税的基数中扣除慈善性遗产和馈赠数额没有任何限制，这表明了遗产税具有鼓励慈善捐赠的作用，既有收入再分配的作用，也有收入三次分配的作用。1957 年和 1959 年，略过半数的百万富翁遗产税申报中，大约有 15% 的转让总额交给了慈善机构。但是，遗产税却引起了私人基金的大规模增长。控制公司的所有者把股票分割成两部分来逃避遗产税，一部分是由家族持有的投票权股，另一部分是转移到基金中的无投票权股。通过这种办法，私人基金的部分可由家族控制，而且这种控制可以代代相传下去。

遗产税总体来说，是具有一定积极作用的。第一，遗产税可以看作对遗产所有人一生的资本所得课税的另一种形式，因此以遗产税代替高度累进的资本所得税，可减少对储蓄和投资产生的消极作用；第二，从社会公平的观点来看，为了使财富分配得更加公平，对于死者的遗产及其继承进行课征是完全必要的，承认继承权是导致财富集中的重要原因之一，对其后果应该加以制约。但是，遗产税在美国的地位一直比较低，靠税收来使财富分配平均化的思想在美国不被接受，这是因为在某些国家各阶层的经济地位趋于合理，在代代相承中变动不大，而在美国阶层成员是流动的，对于一个靠辛苦劳动和克勤克俭富裕起来的家庭来说，遗产税是额外的负担。

在消费税方面，通过取消对部分生活必需品征税，增加对普通家庭难以承受的服务性消费征税，调整征税消费品的结构，从而调整收入再分配。为了减轻贫困家庭的负担，有的州对消费税中的食品免税，有的州也对药物免征销售税，同时消费税课税基础向普通家庭难以承受的劳务扩展。"二战"之前，只有加利福尼亚和俄亥俄州对食品免税，战后开始征收消费税的 22 个州，有 17 个州对食品免征，几乎所有的州都对药物免征销售税，某些州还免征家用燃料税，少数州对衣服也免征税，联邦政府允许纳税人所缴纳的州和地方销售税在联邦申报缴纳个人所得税时给予扣除。各州课税基础自 20 世纪 60 年代以来开始向普通穷人难以负担的劳务消费扩展，包括旅馆、修理以及干洗等少数服务性行业，家庭劳务、保险支出及比较高的教育费用等。

在产品税方面，1965 年取消了联邦国内产品税，以改变不同收入阶层及国家与个人、企业的支出份额，改变收入分配。1965 年以前，大部分国内产品税是对被消费者使用的商品和劳务征收的，还有一部分是针对主要或者单独由企业使用的项目征收的，这些成本最终要在高价格中反映出来，且由于低收入阶层人们的开支占所得比重大于高收入阶层，因此进入营业成本的税收是累退的。而在 1965 年，除了少数回收劳务或设施成本的调节税和公路税依然征收外，大多数联邦政府征收的国内产品税都被取消，人们购买产品的价格下降，从而间接弥补了个人和企业收入。

个人所得税方面，1967 年以后，取消了医药费用扣除的最高限额规定，使得医药费用扣除的目的和作用更为明显，大大减轻了贫困家庭的负担。

3. 尼克松总统时期（1969～1974 年）

1969 年尼克松（Nixon）上台，尼克松政府的经济顾问委员会怀疑政府干预，相信自由企业制度，他们不认同约翰逊对于贫困者的态度，认为约翰逊采取的政策过多地干预了贫困者的生活，尼克松主张把钱直接给穷人，让他们自由支配。这一时期主要通过税收政策和转移支付手段调节收入再分配，但是由于执政思想的改变，其方式已与以前大不相同，强调减少干预。

财政政策

在财政补贴方面，1974 年，美国国会通过了新的住房补助计划，联邦政府每年出资 13 亿美元支持私人住房。如果居住条件符合要求，租金也可以被列为补贴对象，政府可以直接向愿意加入这项计划的私人房主支付租金补贴，而低收入家庭的租户只需支付家庭收入的固定比例为房租，其余部分由政府补贴。

在社会保障方面，1970 年，国会通过一项永久立法，提高自动延长的福利补助期限，当失业严重时可以超过 26 周，这项被延长的补助由州和联邦工薪税各付一半。1972 年，美国开始实施补充性保障收入（SSI），通过向老年人、盲人、残疾人按月发放生活补助的方式，为他们提供最低生活保障。同年，由于通货膨胀的影响，社会保险金的支付额根据生活费用的上升自动调整。

税收政策

在财产税方面，政府开始使用税收手段干预基金运行，防止财富累积，调节收入分配。20 世纪 60 年代以来，尤其由于遗产税和财产税的开征，出现了很多私人基金，它们由垄断巨头划出大量的财产成立，由指定的委员会来管理这些财产，在法律上具有法人地位，这些基金成了富人分散财产逃避所得税的主要途径。为了防止财富积累，1969 年，政府只做了表象性的限制，规定基金每年的所得必须分配掉，如果所得小于基金总额的 5%，则分配额不得小于后者，并且要征收 4% 的私人基金投资收入税。政府在 1969 年的税改法案中还加进了禁止基金向捐赠者、管理人员、董事会成员贷款，防止收益积累及运用基金财力影响立法等规定，这一规定有利于防止富人的财富聚集，禁止基金向有关关联方捐款，有利于初次分配的公平。同年，对于逃避遗产税和财产税的基金组织的投资收入征收投资税，也有利于收入再分配。

在所得税方面，这段时期，由于石油输出国产量限制，导致了油价上涨，引发了通货膨胀，直接税和个人所得税率从 1967 年的 10.8% 上升到 1974 年的 11.8%，使得中等收入和高收入者负担加重，实际利润负担加重，因此，尼克松曾提出包括延长战争附加税、取消投资减免税、最低所得税额以及低收入津贴在内的一揽子税收计划。国会还要求 3 年内逐步分段提高个人所得税减免额，给予低收入者和中等收入者救济，但是由于该政策会导致财政收入下降较多引起了很多反对意见，直到 1973 年才提高个人所得税减免额。

这段时期还出现了一个比较重要和新颖的调节收入分配的概念，叫负所得税，由托宾和弗里德曼于 20 世纪 60 年代末提出。负所得税即个人和家庭用他们的所得减去宽免扣除额，如果计算结果为负，就有权从政府领取税收补助，这笔补助金的数量随着所得的减少而增加，一直到纳税人的所得为零。理查德·尼克松总统和吉米·卡特总统也提出了负所得税的概念，提倡应按照负所得税的一套新税率，但是国会没有通过，部分原因是这是一个新概念，另一部分原因是美国公众不支持对于所得高于贫困线的人进行补贴。

4. 福特总统时期（1974 ~ 1975 年）

1974 年底通货膨胀大幅度下降，福特（Ford）政府上台。福特时期主要利用税收手段调节收入分配，包括个人所得税和工薪税抵免、财产税减免等，此外还通过鼓励员工持股计划促进了初次分配的公平。

在个人所得税方面，1975 年以前，对纳税人及其抚养人口采用的所得税宽让，以在计算所得税时从所得中减去宽免额的形式进行。1975 年和 1978 年，国会提出了以相对较小的个人抵免，也称为可返还勤劳所得税抵免，来代替个人宽免的增长，该税收抵免在 1975 年为 30 美元，1976 ~ 1978 年调整为 35 美元。这种抵免具有负所得税的性质，对于低所得水平的家庭比较慷慨，减轻了最低劳动阶层的社会保险工薪税负担，提高了他们工作的积极性，对于较高所得税等级的不同家庭税收水平减小了差别。这说明美国的个人所得税已经突破了传统的为政府筹集资金的作用，收入再分配制度也不再局限于税收收入和财政支出两条渠道分工，税收征收就开始带有社会福利制度的色彩。[①] 另外，个人所得税是低收入阶层支付税收中极为重要的部分，为了缓解其负担，1975 年国会决定对于工薪收入在 4000 美元以下的带孩子的单身个人实行 10% 所得税抵免，收入从 4000 ~ 8000 美元之间抵免渐次递减到 0。

在财产税方面，1975 年全美已有 47 个州及哥伦比亚特区政府实行对老年人的房地产税减免，有些州还把这种照顾减免扩大到穷人与残疾人。房地产税减免最常用的有两种，一种叫住宅宽免，通常指免除合格纳税人的部分住宅的房地产税，另一种减免叫断路器，对于贫困家庭减免部分房产税，保护家庭免受过度财产税负担，就像电路中对过载电流的断路保护。

5. 卡特总统时期（1976 ~ 1981 年）

1975 年，美国失业率高达 9%。1976 年，卡特（Carter）当选总统之后，由于越南战争的影响，经济表现恶化，生产率增长放缓，通货膨胀加速，失业率保持在较高的水平。尽管卡特也支持传统民主党的方案，但是他更加强调经济和政府的效率，强调解除许多经济领域的管制。20 世纪 70 年代的后半期，卡特政府目光由短期转为长期，不再单独强调扩大需求，提高实际产出而忽视潜在生产能力的提高，而是主张盈余预算，扩大长期增长，以及提供私人企业投资所需要的资金。卡特时期的收入分配政策主要集中各种政府补贴和社会福利，改进了个人所得税和遗产税，使其更有利于低收入者。

财政政策

卡特政府热衷增加社会保障福利、退伍军人福利、农业补贴、公务员退休基金、州补助金、福利计划及其他预付款开支。

税收政策

个人所得税方面，之前的个人所得税一直采用最低限度税收的计算方法，虽然按通

---

① 孙仁江：《当代美国税收理论与实践》，中国财政经济出版社 1987 年版，第 11 页。

常方法计算应交个人所得税金额可能较大，但对于能够合理避税的纳税人来说纳税金额则可能很小。1978 年，财政收入法又规定了另一种替代性的最低限度税收，如果替代性最低限度税收计算结果大于外加的税收与通常的税收之和，则必须按替代性最低限度税收缴纳。替代性最低限度税收将两项最重要的应税所得并入通常的应纳税所得中计算，即长期资本增益的不予列计部分和分项扣除超过标准扣除的部分，只有当纳税人的长期资本增益大于普通应税所得时，才会根据替代性的最低限度税收纳税。这项税收增加了对富人持有较多的资本收益的征税。[①]

遗产税方面，小企业主和农民一直感觉遗产税是种额外的负担，沉重的税负及要求所有者立即交付税款的规定，使得许多企业不得不被清算出让从而使企业主失去控制权。1976 年和 1981 年，美国立法允许小企业和农户核计遗产时的评估作价明显低于市场价，条件是遗属在死者去世后使用这些资产满一定年限，可以把遗产税的一大部分按照 14 年的年限分期支付，对于直接掌握财产的第一个百万美元按照 4% 特殊利率征税，最初四年支付利息，此后则把税收同利息加起来分别在 10 年内等额支付。这种由指定遗嘱人操作的办法，只有在该企业资产超过遗产总额 35% 时方可选用。政府还专门为递延付税设置了留置权，当纳入留置权处理程序以后，遗嘱执行人的个人义务即解脱。[②] 该政策的目的是为了减轻农户和小企业主的纳税负担，但因为富人开始购买大量的土地，伪装成农户，从而递延缴税甚至利用该政策逃避遗产税，该政策最后不得不取消。

6. 美国"二战"后到 20 世纪 80 年代以前的收入分配与财税政策总结

"二战"以后，美国运用了多种财政政策和税收政策手段调节收入分配。在财政政策方面，主要是通过财政直接投资、财政补贴教育、培训、地方建设的方式调节要素分配，通过财政价格补贴、社会保障体系构建和住宅补贴、食品补贴等方式调节再分配。税收政策方面，主要通过对所得税税收宽免额的调整、财产税开征、遗产税估价方式改变、消费税税目的调整等方式调节收入再分配。

在财政支出上，支出的规模一直在增长，在这一时期，美国的转移支付占比越来越大，而且 1970 年左右开始超过传统的商品和劳务支出，这与当时的大政府思想密切相关。在这段时期，教育支出每年增长 13.0%，健康、医疗、保健服务等支出每年增长 16.3%。社会保障方面，突出体现在医疗保险建设方面，政府建立了三类主要的医疗保险项目，即医疗保险、医疗补贴和通过联邦所得税制对私人保险的隐含补贴。医疗保健支出在 20 世纪 60 年代约为 5%，70 年代为 8%，80 年代约为 10%。社会保障其他项目也迅速建立和完善，包括老年、医疗、盲人、残疾人以及供养儿童补助（统称公共资助）、退伍军人福利（包括每月支付给退休、残疾、遗属的福利金）、失业救济及社会保险支付。50 年代以来，这些项目的支出增长很快，从 50 ~ 70 年代，政府福利性转移支付的增长速度是同期国民生产总值的两倍。在个人所得税中，这类开支不列入计税范围。

---

① 孙仁江：《当代美国税收理论与实践》，中国财政经济出版社 1987 年版，第 11 页。
② ［美］佩契曼：《美国税收政策》，北京出版社 1994 年版，第 3 页。

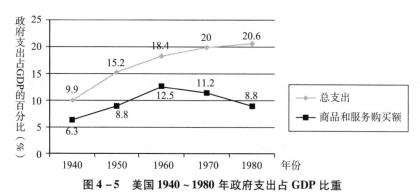

图 4 - 5　美国 1940 ~ 1980 年政府支出占 GDP 比重

资料来源：加里·M·沃尔顿、休·罗考夫：《美国经济史》（第十版），中国人民大学出版社 2011 年版，第 593 页。

　　总体而言，从收入分配的结果来看，战后时期家庭收入分配从 1947 年到 1980 年已经有了一定的改善（见表 4 - 2）。从"二战"到 1968 年，收入分配公平性逐渐提高，1968 年是最公平的，自此以后，公平性逐渐下降，收入分配的差距扩大。其中一部分原因也是由经济发展本身即劳动力市场结构变化造成的，在该时期经济发展背景下，有良好教育水平的较高技能的工人实际收入上升，反之低端市场工人的实际收入下降。

表 4 - 2　　　　　　　　　美国 1947 ~ 1980 年货币收入在家庭之间的分配　　　　　　　　单位：%

年份	最低的 1/5	次低的 1/5	中间的 1/5	次高的 1/5	最高的 1/5
1947	5.0	11.9	17.0	23.1	43.0
1957	5.1	12.7	18.1	23.8	40.4
1967	5.5	12.4	17.9	23.9	40.4
1980	5.2	11.5	17.5	24.3	41.5

资料来源：加里·M·沃尔顿、休·罗考夫：《美国经济史》（第十版），中国人民大学出版社 2011 年版，第 824 页。

4.2.3　英国"二战"后到 20 世纪 80 年代前的收入分配与财税政策

1. 第一阶段：战后工党首次执政时期（1945 ~ 1951 年）

　　在 20 世纪 20 年代和 30 年代，庇古的"福利经济学"和凯恩斯的经济学相继诞生，为福利国家的建立提供了理论上和经济政策上的依据。30 年代的经济危机使得英国失业人数居高不下，社会保障问题日益突出。"二战"前英国的社会福利虽已经具备一定的规模，但是有关社会福利的各项法案、法令和规定缺乏统一的原则和标准，管理机构各行其是，因此大大妨碍了实施的效果。第二次世界大战爆发造成了大量的伤病患者需要有效的治疗，战争使得妇女和儿童从城镇转移到乡村难以得到保障，已有的健康医疗保险只对该制度的参加者提供医疗和保健津贴服务，而不覆盖被保险人的亲属，因此社会福利政策受到迫切的关注，并成为政党竞选的重要砝码。战后工党首次执政时期，确实把社会福利的改革和完善作为收入分配调节的主要手段，同时，也掀起了国有化浪潮改变了初次收入分配的结构，增强了国家在收入分配中的主导作用。

财政政策

该时期英国主要通一系列立法，建立了较为完善的社会保障和社会福利体系，福利国家的基础初步建立起来。

社会保障方面，在第二次世界大战还在进行时，丘吉尔（Churchill）就怀着必胜的信心委托威廉·贝弗里奇（William Beveridge）起草一个在战后实施的社会保障计划，许诺要在英国建立一套从摇篮到坟墓的社会福利。1942年，贝弗里奇起草了《社会保障和有关福利问题》的报告，贝弗里奇报告认为，社会福利是社会集体应尽的责任和公民应享受的权利，应该把救济改为保障全社会人民最低生活标准，抛弃济贫的概念。报告还规定人人都必须参加社会保险，人人都按统一标准缴纳社会救济，使得贫困者的生活不低于国家规定的国民最低生活标准。该报告得到了主张通过扩大社会福利建立福利国家的英国工党政府的批准，并且英国政府在此基础上通过了一系列社会保险法案，这些法律以及相应的措施共同构成了英国战后完整的社会保险体系。1946年的《社会保险法》和《国民健康服务法》规定对医院实行国有化，对国民实行免费医疗，同时允许医生开设私人诊所。在1945年《家庭补贴法》中，提出从1946年开始，向每个孩子提供平均每周5先令的家庭补贴。战后房荒问题比较严重，1945年工党上台，宣布凡有空余私房者，应主动出租并限制将住房改作工商业经营等他用，此外还紧急建造了25万套临时住宅，并决定1945~1947年先建造永久住宅30万幢，其结果是，政府在1946~1948年间，建成48万套住房解决了数百万居民的困难。1946年《住房法和住房管执法》对私人出租房屋租金实行管制以利于低收入者。1948年颁布的《国民救济法》是对国民保险法的重要补充，当时预计社会上将有少数人因为种种原因无力缴纳国民保险金，因而不能享受国民保险的各项待遇，故规定对于没有收入或者收入太低者，没有缴纳国民保险金的人，可以通过领取国民救济金使自己的生活达到国家规定的最低标准，他们在患病、伤残和住房方面还可以申请救济，但金额会少于参加保险的人。1948年《儿童法》颁布，政府成立了专业的儿童委员会——柯蒂斯委员会，负责对被遗弃和被忽视的儿童所应该得到的服务的工作情况进行广泛深入的调查。1949年颁布了《住房法》，充分扩大了住房补贴的适用范围，取消了地方当局对工人阶级提供住房的限制。

战后的英国建立了国民健康服务体系，设立了国民保险税，为保健、退休和疾病福利提供资金，更重要的是，其建立起一套比较完善的社会福利体系。英国人在未成年时期享受母婴补贴、家庭补贴以及免费学校餐的待遇，成年时期享受失业保险、健康保险、工伤保险等，年老时享受养老金保障。在正常情况下享受社会保险，特殊情况下享受国民救济，失业时享受失业保险和失业救济，生病时享受健康保险，受工伤时享受工伤保险。

1950年艾德里工党政府很自豪地宣布，福利国家的基础已经很好地真正地确立起来。1950年英国各种社会保障总支出达到6.57亿英镑，占当年英国国内生产总值的 5.6%。

税收政策

从 1945 年至 60 年代中期，国家补助金和税收制度在经济增长中占主要地位，在税收制度中主要通过加速折旧和区别对待税率刺激资本积累，增加企业的分配份额。

1946 年，财产税的起征点提高，这是 50 多年的第一次提高财产税起征点，也使得许多小额财产免于征税，但对高于 200 万英镑的财产的最高税率却增至 75%。

2. 第二阶段：战后保守党首次执政（1951～1964 年）

保守党主要通过财政政策提高社会福利，促进收入再分配。

工党和保守党为了在竞选中获得选民的支持，纷纷向选民许诺各种社会福利，如果哪个政党想要削减福利，无异于一种政治自杀，但是两党的态度不同，工党更倾向于扩大，主张社会福利的普遍化，保守党则倾向于限制社会福利的规模和发展速度，主张实施有选择性的社会福利，把工人可以享受到的社会福利集中给予非常贫困的阶层。

社会福利方面，1952 年 9 月颁布新的家庭补贴标准，规定从 1956 年开始，第一个孩子的补贴为每周 8 先令，其他孩子每周补贴 10 先令，但是 1959 年，英国又对家庭补贴进行了改革，不仅取消了第一个孩子的补贴，还将第二个孩子的补贴降低到 8 先令，其他孩子的补贴依然每周 10 先令。

3. 第三阶段：工党再次执政，产业结构调整（1964～1970 年）

财政政策

该时期在收入分配方面主要通过财政政策中财政补贴、财政支出，特别是对解决儿童贫困和教育问题方面的财政政策进一步完善社会福利体系，进行收入再分配。

1964 年以前，工党连续三届失利。哈罗德·威尔逊（Harold Wilson）1964 年在竞选宣言中承诺要实现社会保障现代化，才使得工党在大选中一改困境，险胜保守党。工党一直把社会保障制度、提高工人阶级的生活水平作为自己的主要争斗目标，同时也是作为争取自己政治利益的主要手段。另一方面，虽然 20 世纪 60 年代前期各项社会保障制度的实施使得英国民众的实际生活水平有了一定的提高，但是 1965 年埃布尔·史密斯和汤森（Abel Smith and Townsend）发表了《贫民与最贫困者》一书，书中的调查显示，有 23% 的家庭依靠各种年金生活，23% 的家庭依靠其他类型的国家津贴生活，只有 41% 的家庭依靠工资收入生活，实际仍有 100 万退休者以及 50 万其他人口没有得到国民救济。生活在国民救济生活水平以下的人，以及那些好像已经具备领取国民救济的资格却没有领取此类救济的人，需要政府对整个社会保障制度进行更加激进的改革，英国有近 1/3 的贫民是儿童也表明应该对整个社会保障计划的范围与发展做出调整。[①] 此外，附带家庭收入情况调查的国民救济制度也越来越受到人们的抨击。由于社会保险难以覆盖全体社会成员，社会津贴难以充分满足参与者的需要，因此国民救济制度成为社会保险制度的补充，对于无法参加社会保险没有资格领取津贴的人具有重要意义，但是家庭收入调查使得领取者有一种羞辱感，并且也使国民救济不能及时发放，因而基本生

---

① Abel-Smith and Townsend. *The Poor and the Poorest* ［M］. London. 1965, pp. 50－67.

活难以得到保障。

在此背景下，工党政府于 1965 年成立儿童贫困行动小组，督促政府通过增加国家补贴的方法解决儿童贫困问题。在住房方面，采取了减免收入所得税、为个人偿还抵押借款本息提供支持和要求房东向租户提供补贴金的措施。在社会上，一系列反映不同社会群体利益的社会团体与组织者纷纷建立起来，主要有代表和反映丧失劳动能力者利益的"丧失劳动能力者组织"，代表老年人利益的"关心老年人组织"。

1966 年英国颁布了社会保障管理法，该法的重要内容是以补充救济金代替国民救济制度下的附带家庭状况调查的国民救济金，对那些因不能全天工作而收入较低者发放补充救济金，同年颁布《贫民救济税法》，准许扣除一部分贫民救济税作为紧急用项经费。1966 年还颁布了《国民保险法》，将原来仅在养老保险制度方面实施的与收入相联系原则的适用范围扩大，规定实施与收入相联系的疾病、失业与寡妇津贴，津贴总额相当于参加者在一定工资收入段工资的 1/3，但这些津贴只能支付 6 个月。至此，英国政府将收入相关的给付延伸到了失业、疾病、寡妇给付，将国民救助委员会名称改为补充津贴委员会，取消了非缴费型的津贴申领人，使得收入决定救济的权利更加明确。1968 年将国民健康部和社会保险部合并，实现了统一的管理，最后形成了"国民保险""国民医疗保健""社会救济""社会福利"为核心的"四位一体"的保障框架。

在财政支出方面，增加了中央政府在教育支出上的份额。义务教育是地方行政当局的职责，1965 年以后，中央政府在义务教育总开支中的份额由 50% 上升到 60%，以调节地区教育资源不公的状况，通过政府财政调节使得低收入家庭的子女能够享有高收入家庭子女所能享受到的教育资源和教育机会。

伴随着巨大的财政赤字和严重的失业，工党的政绩不佳，但是工党的努力还是被少数人肯定，毕竟他们在儿童和教育方面开创了一个新局面。

税收政策

英国中央政府主要采取"税收资助拨款"的一揽子税收补贴形式，包括减免税款和大笔拨款，不指定资金的用途。

1965 年在《财政法》中决定开征资本税。

英国 20 世纪 60 年代将社会保障税的平均税制改为等级社会保险税。

4. 第四阶段：保守党执政时期（1971～1974 年）

财政政策

财政补贴方面，在家庭补贴上进展不大，该时期提出家庭收入补充计划以及"绿皮书计划"对母亲的进行补贴，但是均遭到反对。1972 年残疾人护理津贴和寡妇津贴得到了进展。

税收政策

该时期的税收政策主要集中在对家庭财产税的调整。

在家庭财产税部分，政府对自有自用住房进行税收减免，对当地租住者有津贴，对私人租房租金进行控制，建立了财产税减税制度。此外，英国在 1963 年和 1973 年对于财产重新做过两次估计，希望增加财产税税基的合理性，但却导致了人们对财产税更加不满。艾伦委员会（Allen Committee）在 1965 年指出，财产税存在累退性，主要表现在低收入者（尤其是靠养老金生活的人）方面，大多数低收入者居住的房屋只反映其过去的收入而不能反映其现在的收入状况，而在高收入者方面，应税财产价值的增长速度慢于房屋资本价值或者房屋居住者的收入增长速度，从而高收入者税负没有相应增加。根据艾伦的报告，英国建立了财产税减税制度，降低低收入者的税负，1974 年扩大了减税的实施范围，其中 1974 ~ 1975 年对 220 万申请者实施了减税，减轻了低收入者家庭负担。

这一时期财产税的不利影响也表现出来。财产税的工商财产税部分有负面的影响，主要原因是，财产税表现为资产价格额外的附加，实际税负按照某种不确定的比例在工商业主、雇员、产品顾客和财产所有人之间分摊，导致办公室和厂房更加狭窄，装修更差，坐落位置更差。这种情况下，税负往往主要落在消费者身上，但是由于消费者不愿意为高额财产税地区生产的商品付更高的价格，因而财产税在各地区差异表现为各地产品利润水平、工资水平和就业机会的差异。[①]

5. 第五阶段：工党执政时期（1974 ~ 1979 年）

财政政策

该时期，调节收入分配的财政政策，主要为财政补贴和社会福利体系的完善。

财政补贴方面，英国政府主要通过提供教育支持和职业培训补贴的方式促进要素分配公平，防止收入分配差距的恶性循环。

英国政府长期以来一直为 5 ~ 16 岁的儿童提供初等和中等义务教育。政府还为毕业后寻找工作的人提供专门的职业培训，培训由各行业的雇主负责，由政府提供资金，并给予接受培训者一定数量的津贴，津贴随着国内生活费用变化而定。政府还对于不适应工作的 19 岁以上的成年人提供各种补充培训，使其有获得新技术成为熟练工人的机会。

在社会福利方面，随着经济形势不断恶化，政府开始寻找既能降低政府支出又能为民众提供尽可能充分的社会保障目标。

1974 年英国政府放宽了养老金收入规则，根据收入增减决定领取养老金的水平，使得长期养老津贴的年度评定与收入总水平联系，而不是与物价水平联系。1975 年颁布了《社会保障养老金法》，建立和实施了国家收入养老金制度，养老金水平与总体物价水平和收入水平相联系，附加养老金仅与物价水平相联系，并规定已达到领取养老金年龄的人不再缴纳费用。1976 年《补充福利法》规定，16 周岁以上的成年人在达到国家养老金领取年龄前，生活难以维持的可以申请补充养老金。该法还对于妇女领取养老金、失业救济和失业保险儿童福利方面也都做了补充。

此外，工党政府采取了诸如增加牛奶补贴，提高免费校餐标准的财政政策。但是这些社会福利政策的实施效果并不令人满意，贫困问题依然存在，还加重了英国政府的财政负担，影响经济的复苏和发展。贫困人口尤其是低收入者贫困现象，不但没有减少，反而在 20 世纪 70 年代末和 80 年代初有增加的趋势（见表 4 - 3）。

---

① 财政部税收制度国际比较课题组：《英国税制》，中国财政经济出版社 2000 年版，第 25 页。

表4-3   1977~1981年英国低收入家庭及人口数量情况调查表

年份	收入低于补充津贴水平		领取补充津贴		收入高于补充津贴水平但在40%以内		总计		占总人口的百分比（%）
	家庭	个人	家庭	个人	家庭	个人	家庭	个人	
1975	1090	1840	2430	3710	3270	6990	6790	12540	23.1
1977	1260	2020	2650	4160	3730	7840	76460	14020	25.3
1979	1420	2130	2590	3980	2910	5470	6920	11580	21.3
1981	1760	2810	3010	4840	3580	7350	8350	15000	27.3

资料来源：A. H. Hill. *British Economic and Social History*, 1700-1982. Arnold, 1985, P. 293。

税收政策

在消费税方面，1975年政府开始对奢侈品征税，税率为25%，1976年预算中将高税率削减到12.5%。

个人所得税方面，1979年，英国劳动所得的最高边际税率高达83%，5500英镑以上的非劳动所得要缴纳15%的投资所得附加税，对于有些人来说，最高边际税率可能达到98%。

在保险税方面，"二战"后，英国的国民保险税主要分为四类，第一类是对雇员的工资薪金所得征税，纳税人包括雇主和雇员，第二类对自营者各种所得定额征收，第三类自愿缴纳，可以是非就业者，第四类是对自营者的经营收入征税。1978年以前，国民保险税实行单一税率，1977~1978年雇员税率为工资总额的5.57%，工资所得最高应税额为每周105英镑，超过部分不再征税，雇主税率为8.75%，而1978年4月，英国政府制定了国家退休金计划，对国民保险税进行了改革。该计划把雇员分为两部分，一部分包括在国家退休金计划之内，另一部分不包括在计划之内。前者雇员税率为9%，雇主税率为10.54%，应税所得最高为每周235英镑，后者每周收入32.5英镑，雇员和雇主均不需要缴纳保险税，超过32.5英镑的部分，雇员税率为6.85%，雇主税率为6.35%，235英镑以上的部分不再征税。此外每个雇主还要缴纳1.5%的国民保险税和附加。这种改革之后的保险税，减轻了收入较低的雇员的税收负担。[①]

6. 英国"二战"后到20世纪80年代以前的收入分配与财税政策总结

"二战"后，英国通过多种财税政策，对收入分配进行干预，并建立了较完善的收入分配体系。在财政政策方面，英国通过财政资金补贴儿童教育和职业培训调节要素分配，通过家庭补贴、住房补贴以及构建完善的社会保障与福利体系的方式调节再分配。在税收政策方面，通过对财产税和资本税等的调整调节收入再分配。

英国财政收入在国民生产总值中的比重不断提高，这一比例在1825~1910年为11%~14%，而在1985年已经达到了43.12%，说明英国政府在"二战"后到20世

---

① 财政部税收制度国际比较课题组：《英国税制》，中国财政经济出版社2000年版，第147页。

80年代前这一段时间内，强化了国家对收入分配的主导作用。该时期收入分配的整体特征是工业化阶段人口和产业双重聚集。居民劳动和经营收入高，企业收入高，政府生产税净额比重小，这主要由于工业化阶段人口和产业双重聚集。

在社会福利上，内容有新的重大发展，涉及个人与家庭经济生活的方方面面，实施范围扩大到所有英国国民并成为国民社会权利的重要组成部分，妇女受到重视，福利标准明显提高，对战争造成的寡妇、孤儿和残废者以及日益增多的高龄老人、离婚妇女、私生子和单亲家庭都规定了相应的福利。该时期的福利政策以国民保险和国民保健为两大支柱并与个人福利、教育、住房福利同时实施，个人有选择社会福利种类的自由，协助官方福利机构工作的民间自愿团体组织有极大的发展。

战后时期，劳动人民在改善生活水平方面取得了成就，居民收入差距也逐渐缩小，但是幅度不大，最低10%收入阶层的收入份额略有提升。财富集中现象依然存在，收入方面有很大的差距，最高10%收入阶层的收入依然是最低10%五倍左右（见表4-4），财产和社会的不平等依然是英国社会最突出的特征。

表4-4　　　　　　　1961~1980年英国的收入十等分份额（10%）

年份	最低的10%	第二个10%	第三个10%	第四个10%	第五个10%	第六个10%	第七个10%	第八个10%	第九个10%	第十个10%
1961	3.71	5.69	6.90	7.81	8.62	9.51	10.69	11.84	14.01	21.21
1965	4.10	5.82	7.06	7.92	8.73	9.63	10.71	12.05	14.01	20.08
1970	4.04	5.72	6.77	7.66	8.55	9.43	10.60	11.90	13.97	21.31
1975	4.29	5.90	6.86	7.82	8.67	9.69	10.75	12.18	14.00	19.83
1980	4.11	5.62	6.62	7.62	8.59	9.62	10.74	12.13	14.26	20.69

资料来源：洪丽：《经济发达国家居民收入差距研究》，人民出版社2013年版，第42页。

4.2.4　法国"二战"后到20世纪80年代前收入分配的财税政策

"二战"后尽管法国左翼和右翼政党不断轮换执政，但是历届政府都十分重视再分配的作用，干预和维持社会平衡发展，主张"自由、公正、自助"等社会民主主义传统价值观。法国社会党多次上台执政，从而推动了法国再分配政策的实施。

1. 戴高乐临时政府时期（1945年6月~1946年1月）

戴高乐（De Gaulle）政府时期，左翼力量获得了发展，人民共和党是最强大的政治力量，他们批判资本主义自由经济，允诺通过法律的途径进行革命，主张结构性变革以解决社会问题，并鼓吹"劳动、领导和资本的联合"，吸引工人参加对企业的管理，甚至标榜是劳动者的党。

在社会福利方面，法国1944年3月发表"抵抗宪章运动"，明确提出要进行社会改革，并建立一种机制，以保证所有公民获得最低标准的福利，实现较为公平的国民收入再分配，走福利国家的道路。

1945 年社会保障法令指出，为确保劳动者及其家庭免受所有足以削弱其收入能力的社会风险的影响，并减轻其生育与家庭的负担，必须建立社会保障制度，涵盖所有社会保险机构。社会保险机构不仅应对工商业劳动者提供除了失业保险以外的社会保障，且应该对除农业人口以外的所有人口发放家庭补贴。

养老保险制度在 1945 年前就建立起来了，分为基本养老保险制度和特殊养老保险制度，1945 年 10 月 4 日法令明确规定特殊养老退休金主要适用于公共服务人员、国家雇用人员、社区管理人员、海员、矿工、铁路工人、电力工人、煤气工人、供水工人、法兰西银行职员、歌剧演员、戏剧演员等。法令还提出了在一个特定区域建立统一的社会保障管理机构，管理社会保险、工伤事故险和家庭补贴，但因遭到了来自管理者的强烈反对而放弃，因此仍为区别管理模式。1945 年 10 月 19 日，法国政府规定所有雇员不论收入水平都要参加一般社会保障制度，这一规定引起了社会的强烈反对。同年还建立了医疗保险制度，也分为基本制度人员医疗保险和特殊制度人员医疗保险。

2. 第四共和国——多党执政时期（1946 年 1 月 ~ 1948 年 7 月）

"二战"后，法国进入法兰西第四共和国时期（1946 ~ 1958 年），第四共和国是议会制共和制国家，1946 年，三党（共产党、社会党和人民共和党）联合执政，戴高乐下台。1947 年法国共产党被逐出政府，三党执政变为两党执政。其中，社会党在宣言中称，其目的是要把个人从束缚他的一切桎梏中解放出来，以保证每个男子、妇女和儿童都能在一个以平等和友爱为基础的社会中自由地使用它们的权利和天赋的才能。

在社会保障方面，社会保障制度得到完善，并增加了对农民和部分贫困家庭的补贴。

1946 年 5 月，法国将社会保险适用范围扩大到居住在法国领土的所有公民；同年 8 月 22 日建立了家庭补贴，补贴项目日益扩大，种类繁多，其适用范围扩大到全体人口；9 月规定退休金制度扩大到全体经济活动人口，老年农民也可以获得退休金；10 月的法令将工伤事故保险归并到整个社会保障制度中。1947 年法国建立起了管理者群体的补充退休金制度。1948 年 1 月 17 日法令不得不为自我雇用者建立起特殊退休金，此后其他社会群体纷纷效仿，又很快建立起了工商业工人、手工业工人、自由职业者以及农业从业者的各自特殊退休金。

"二战"后初期，法国社会保障制度发展的综合性趋势旨在打破社会保障中传统的行业保障格局，但事实上，行业的差别性却仍在增加。

总体来看，该时期致力于改善人民的生活状况的目标在一定程度上实现了，工商部门工资增长了 80%，农业工人工资增长了 25%，退休金和家庭补助增长了 80% ~ 130%。在农村，佃农在分成制中所占的比重从每年分成的 1/2 增加到 2/3。[①]

3. 第四共和国——激进党时期（1948 年 7 月 ~ 1958 年 12 月）

1948 年 7 月激进党上台，该政府受到以共产党为首的左翼和以法兰西人民联盟为首的右翼的两面夹击，只能依靠被称为"第三势力"的松散多数的支持，显得软弱无

---

① 金重远：《20 世纪的法兰西》，复旦大学出版社 2004 年版。

力。在此政治背景下，激进党致力于寻求左右平衡，支持经济自由主义和世俗教育，迎合不同社会阶层的需要。该党派与农民和垄断集团有着紧密和广泛的联系。

财政政策

社会福利方面，1951 年法国建立了重工业者的特殊退休金制度，1958 年建立了失业保险的雏形，不过当时失业保险在国家统筹范围之外，保险金分摊的比例和福利水平由雇员和雇主共同确定。

税收政策

1958 年法国对所得税法进行了重大改革，其中主要是改分类所得税制为综合所得税制度，使得所得税在调节贫富差距方面的作用更加明显。

4. 第五共和国时期（1959 年 1 月～1969 年 4 月）

1958 年 9 月，法国通过的新宪法宣告第五共和国成立，同年 12 月戴高乐当选总统，此后权力中心由议会转移到总统，但是其本质不变，只是对资产阶级内部各阶层或利益集团权力关系进行了重新调整。该政治体制下，戴高乐总统的权力大大加强，议会至上的时代一去不返。戴高乐在 20 世纪 60 年代早期制定经济发展计划，内容包括对于不同利益团体分配政策的讨论，声称其反对资产阶级，宣称自己与金钱是敌人，但是在实际中与资产阶级和财团关系密切。戴高乐政府在 1962～1965 年和 1966～1970 年间，加大本土工矿企业投资力度，通过企业间资产并购等形式，消灭小型工业企业，组建大型企业集团实现强强联合，与此同时加大对社会公共设施投入，将社会福利体系的完善纳入政府议事日程。

财政政策

财政补贴方面，国家根据需要为年轻人提供职业训练和教育，对于私立农业教育给予补贴。1968 年表决通过关于农业教育的法律。

1968 年 6 月 1 日在适用范围内实行统一的最低工资标准。

社会福利方面，主要体现在扩大社会福利对象的范围。

该时期在对于农民的福利方面取得了较大的进展。1960 年成立了独立机构农业社会互助会负责社保管理工作，农业社会保护的一部分预算费用由国民互助项提供。医疗保险的覆盖范围逐步扩大，1960 年覆盖了农业从业人员和非农业部门的非领薪者。1961 年法令为农场主建立了疾病和生育保险制度。1962 年农业补充法使年老的农民也可以领取退休补充金。该时期还建立了保证金基金，对于农业灾害问题进行补偿。1966 年将工伤事故保险制度扩大到农场主。

在医疗保险方面，政府承诺所有法国人享有医疗保险，贫困线以下者享受免费的医疗服务。在家庭补贴方面，法国家庭保险有多子女家庭补助，住房补贴、家庭补充收入等多种形式。

1966 年法令将原来适用于管理者群体的补充养老金制度扩大到全体雇用人员，建立了一个补充养老金机构协会，以协调各种机构之间的关系并保持其相互之间的财政公平，扩大补充养老金的范围。1966 年法令还建立了从事工商业的自我雇用者、手工业者以及自由职业者的疾病和生育保险制度，并于 1967 年、1970 年和 1973 年进行了多次修改，以减轻这些自我雇用者的缴费责任，使其获得与一般社会保障制度下雇用工人同样的疾病与生育保险待遇。

1967 年起政府创立了四个国家级社会保障管理机构及其地区性的分支机构，有主要负责社会保障资金的筹集支付和管理工作的全国社会保障联合会，主要负责筹集共同制度和特殊制度的养老、医疗、家庭津贴三项保险基金，并将所筹集的资金分配给下面三个专门基金会：全国养老保险基金会——负责管理和支付养老金、全国医疗保险基金会——负责管理和支付医疗保险金、全国家庭津贴保险基金会——负责管理和支付家庭津贴。

1967 年还建立了普通养老金制度，这是一种由工业、商业领薪者参加的养老保险制度。凡满 60 周岁的投保者在停止一切职业活动之后均可领取养老金。依据服务期限和退休前的工资决定。

该时期的政策确实给收入分配带来了影响，主要表现为工资收入增长，社会津贴增长，家庭收入在 1959~1973 年间平均增长率为 10.9%。[①]

税收政策

"二战"后，法国紧围绕经济计划制定宏观调控政策，国家运用税收优惠、国家贷款、加速折旧等，对产业结构进行积极调整，同时发挥市场经济体制调节作用。1966 年增值税征税范围扩大到商品零售环节，并规定农民可以自愿选择是否缴纳增值税。1968 年增值税范围包括产制、批发和零售各个环节，形成了完整的增值税制度。

该时期所得税税率较高，一般在 16%~21% 之间，但高收入家庭最高税率高达 56.8%，高收入者成了所得税的主要税源。

自戴高乐执政以来，法国经济发展良好，1960~1969 年法国国内生产总值年均增长为 5.2%，但是也积累了很多矛盾，采取的收入分配调节措施作用不大，收入分配依然不均，贫富差距越来越大。

5. 蓬皮杜时期（1969 年 6 月~1974 年 5 月）

1969 年，蓬皮杜（Panpidou）任法国总统，沙邦·戴尔马（Chaban Delmas）任总理。蓬皮杜指出旧社会的痼疾，即经济的脆弱，国家活动的不完善和社会结构的陈旧及保守性，并提出新社会方案，对于社会问题给予重视，提倡在国家、企业主和工会之间展开对话，建立契约政治，以便使各社会伙伴能更公正地分配经济增长成果。在经济领域，主张把工业发展的重心放在创新上，同时鼓励出口，在政治领域，打算下放中央权力，扩大地方政府职能。在改善人民生活方面，计划提高最低工资。社会福利领域，主张在工资、退休金、家庭补助上做出让步，使得工人阶级和资本主义制度融为一体。此外还提出国营企业每年为工人增加工资，而工人则应该停止罢工。该时期经济发展较快，行业继续集中，与戴高乐时期相似，农场继续大规模化，大量的农民离开土地。

① ［法］费尔南·布罗德尔、欧内斯特·拉布罗斯：《法国经济与社会史：50 年代至今》，复旦大学出版社 1990 年版。

财政政策

20 世纪 70 年代为各行各业确定"可增长最低工资"，目的是为了避免最低工资同工人平均小时工资之间的差距扩大，并且一直实行至今。为了确保工资的增长，在 1970～1981 年间，通过三种机制增加最低工资：一是各行业可增长最低工资增长率根据消费价格指数每月超过 2% 时自动提高；二是每年 7 月 1 日由政府根据国民经济增长情况作一次调整提高；三是每年政府提高各行业可增长最低工资的购买力，每年提高幅度有所不同。1970 年议会还通过设立"工人股票"的法案，规定在雷诺工厂和航空工业部门将增加对贫困工人的补助，并保证最低工资与物价相适应。

社会福利方面，1972 年失业保险法开始对 60 岁以上的失业者提供相当其原工资收入 70% 的收入保障。该年还将工作中的事故伤害保险制度扩大到农业雇用人员，还规定所有雇用人员以及此前已参加补充养老金制度必须属于某一补充养老金机构。1976 年的法律强化了非农业雇用者的工伤事故预防措施。

税收政策

1971 年法国政府将个人所得税法改为所得税法，改革后，法国所得税制度发展很快。政府对动产和不动产实行双重征税，即除对总收入根据 0～54% 的税率计征一次所得税外，还要对其中的动产和不动产收入加征 10% 的税，而这部分加征的税收，不进入国家预算，直接划归社会保障基金，由专门机构管理。[①]

总体来看，在蓬皮杜时期，人们认为其改革措施与戴高乐的思想相违背，因此种种设想和措施受到了保守派的反对和质疑，导致了各种分配调节措施没有得到有效的实施。

6. 德斯坦时期（1974 年 5 月～1981 年 5 月）

1974 年，吉斯卡尔·德斯坦（Giscard d'Estaing）任总统，其在内阁上谨慎行事，表示只打算不冒风险的进行变革，内容也局限于改善人民的劳动条件，扩大妇女和青年的权利，禁止国家干预人民的私生活。1976 年希拉克（Chirac）总理辞职，巴尔（Barre）上台，推行"二战"后经济领域中从未有过的新自由主义方针，提出了反通胀计划，内容包括临时冻结商品价格及价格中商业利润比重，暂缓提高职工工资和其他收入，增加石油税，汽车税、居民所得税，由国家支持的企业一律依靠自己的力量谋求生存，对另一些企业则完全取消限制他们自由的各种措施。在收入分配方面，主要措施包括将养老金及家庭补助提高 5%～10%，加速住宅学校和儿童设施的建设，并十分重视失业者的福利问题。

该时期的财政政策主要体现在社会保障以及对家庭的补贴，由于该时期通货膨胀与失业问题严重，在失业保险和失业补贴方面有比较多的补充。

在福利制度方面，20 世纪 70 年代中期以来，以职业为福利基础的福利制度遇到了许多困难，很多长期失业者、贫困人口和移民边缘人群被排斥在社会保障体系以外，为

---

① 周俊：《论法国的收入再分配机制中对中国构建和谐社会的启示》，载于《法国研究》2006 年第 2 期，第 76～79 页。

此法国政府不断增加以公民权为基础的社会保障措施，例如最低收入保障、对老年和疾病津贴以及失业者的扶持，将没有进入劳动力市场的人纳入社会保障体系中，同时还改革养老金、医疗和就业政策中的社会分摊金制度，启用收入税作为非缴纳性福利的资金来源，降低对于职业福利的依赖。[①] 1975 年法令，重新确定了残疾人养老金标准，并将其纳入社会救助制度中。

在应对失业问题方面，20 世纪 70 年代中期以后，随着失业率持续上升，社会出现了社会排斥，社会保障赤字以及新贫困阶层等问题，失业保险正式进入社会政策。1974 年的失业保险法为了改善人民的生活状况，提出由政府为失业者提供一年的生活保障费用，失业保险法还提出帮助残疾人，并把失业保险制度适用范围扩大到农业工人。1975 年医疗保险，覆盖了失业青年。1979 年法国再次颁布实施失业保障法，不仅建立起有关独身者的失业补偿计划而且实施了统一的失业保险津贴制度，失业救济包括基础救济、特别失业救济、权益末期救济、针对自愿停止工作的妇女、已服兵役的待业者以及毕业后正在待业的青年提供失业救济以及针对 60 岁以上的老年失业者提供收入保障。1979 年 3 月，政府建立了统一的失业津贴制度，其失业津贴包括基本津贴、特别津贴形式。

在财政补贴方面，主要为对家庭补贴的调整以及增加了特种教育补贴。1970 年以后，家庭补贴重点改为帮助低收入家庭和多子女家庭，需要具备的条件是：在法国居住，有 2 个以上孩子，并由本人抚养，子女年龄必须为 16 岁以下。家庭津贴经费全部由雇主负担，雇主的缴费率为工资总额的 9%。上学补贴开始于 1974 年 4 月，补贴对象是有子女上学的低收入家庭，补贴额为家庭基数的 20%。此外，法国在税收制度上对有子女负担的家庭还实行减免税或在税额计算方法上给予照顾的政策。对残疾儿童的特种教育补贴开始于 1975 年 6 月，凡是残疾程度达到 50% ~80%，并且在某个学校或在某个家庭中受到特殊教育的儿童，不论家庭收入多少，都能领取到这种补贴，补贴额为家庭补助基数的 24% ~72%。1979 年 1 月 16 日，法国实行了统一的事业补贴制度，调整了雇主、职工和国家对失业保险费用承担的比重。

7. 法国"二战"后到 20 世纪 80 年代前的收入分配与财税政策总结

第二次世界大战结束后，特别是从 20 世纪 50 年代末到 70 年代初，法国经历了一个快速发展时期，成为西方主要发达国家之一，从闭关自守、垄断财团控制和增长速度缓慢的经济社会转变为非常开放、极具国际竞争力和增长速度较快的经济社会。1950 ~1960 年间，法国国民生产总值的平均增长率为 4.5%，1960 ~1973 年间，年平均增长率为 5.9%。该时期在收入分配方面也取得了一定的进展。尤其自 1958 年法兰西第五共和国建立以来，法国政府注重通过税收制度、社会保障、失业保险和农业补贴等办法调节收入分配差距，对于保持法国社会近半个世纪的稳定发展起到了一定作用。

在财政补贴方面，对农业实行政策性补贴已经成为法国财富再分配的重要组成部

---

① 李姿姿：《法国社会保障制度改革及其启示》，载于《经济社会体制比较》2010 年第 2 期，第 108 ~114 页。

分，这些补贴包括生产领域的补贴、流通领域的补贴和生活领域的补贴三种。对农业和农民的财富再分配已经占到法国农民年均收入的 25%。

社会保障方面，"二战"后，法国成立了半总统制的政治制度，进一步强化了国家的自主性，进入了传统福利国家阶段。左派政党和工会组织的力量不断成长，保守派的力量削弱，战后左翼在新的政治和经济制度安排中发挥了重要影响。经历了战争的创伤，社会团结和稳定成为各种政治力量的共识，一致认为建立全国性的社会保障体系是实现社会稳定的重要保障，但在具体安排上，不同政治社会力量持不同的看法。工会（CGT）主张维持职业保险模式，增加工人对社会政策的参与，已经获得相关保险的行业协会和互助会也表示反对，担心纳入全国性的福利框架会降低自己现有的福利水平。因此，法国建立了一个具有贝弗里奇和俾斯麦模式特点的社会保障体系：在指导原则上，确认社会保障是一种权利，所有公民，不论就业还是非就业人口都应得到基本的生活保障，在具体操作上维持职业福利模式，社会保险由相关阶层自行管理。

整个时期的社会保障体系呈现碎片化，由不同的社会保险机构和风险的社会保险制度组成。最重要的是一般制度，包括工业、商业和服务业中的劳动人口，被分成社会保险、工伤保险和家庭给付三个部分，覆盖 2/3 的人口，占社会保障支出的 60%。除此之外是针对特殊群体的保险方案，它们大部分在"二战"前即已存在，包括专门和特别制度（主要涵盖公共领域雇员，占社会保障支出的 20%）、独立制度（非农领薪者制度，包括商人艺术家职业自由人士等非农业领域非领薪者，占社会保障支出的 10%）、农业制度（属于农业人口，包括雇主和领薪者的一个专门的系统，占社会保障支出的 10%），各个制度独立运行但是采用共同缴付的社会保险原则。在退休金体制上，主要包括一般退休金制度和特殊退休金制度，特殊退休金制度具有重要地位，各种退休金往往奉行参加者利益至上，从而导致各种退休金制度参加者的退休权益存在很大的差别。①

战后的混合型社会保障制度，基本特征形成与法国社会结构、政治理念、政治传统以及行业互助传统密切相关，在满足法国不同社会群体的社会保障需求的同时，对法国社会保障制度的发展与改革也有不利影响，是导致社会保障支出负担加重的制度因素，并成为不同社会群体实现和维护自身利益的经济乃至政治工具，不断爆发的罢工运动使得法国社会保障制度改革举步维艰。此外，国家提供的非缴纳性社会救助被大大压缩。法国的社会保障制度逐步建立起一个维持劳动者再生产能力的社会保险体系，而不是解决一般贫困问题的社会保障体系，仅在地方层面保留由地方政府管理的社会救助，来覆盖那些不能进入社会保险体系的人，比如最低老年人福利、残疾福利、单亲父母福利和疾病保险。在缴费方面，由雇员和雇主共同缴纳的分摊金作为社会保障的主要资金来源，占 70% ~80%，国家仅提供不足部分。社会保障支出比重不断上升，说明社会保障在收入分配中的作用也越来越大。1953 ~1959 年法国社会保障支出占社会支出的比例为 35.6%，1959 ~1969 年为 37.2%，1969 ~1971 年为 42.4%，1971 ~1981 年为 47.1%，

---

① 李姿姿：《法国社会保障制度改革及其启示》，载于《经济社会体制比较》2010 年第 2 期，第 108 ~114 页。

1981～1987 年为 51.6%。[①]

4.2.5　德国"二战"后到 20 世纪 80 年代前的财税政策与收入分配

1. 调整时期（1945～1948 年）

1945～1948 年，不同学派围绕德国经济体制的未来进行了激烈争论，最后选择了"社会市场经济"。社会市场经济制度是一种试图在保证自由市场竞争和自由企业制度的同时，把竞争的经济增长纳入为全体人民带来福祉为轨道的社会制度。通过这一制度，德国既希望从根本上避免无节制的自由资本主义给社会贫困阶层带来的痛苦，以及由此产生的社会问题，也希望避免无所不包的统治经济给生产增长和经济效率带来的损失和经济问题。其本质是国家通过维持市场竞争秩序来实现市场公平竞争，通过社会保障克服市场经济竞争可能导致的社会福利分配不公，是一种私有制为基础的市场经济。

2. 第一阶段——阿登纳和艾哈德时期（1949～1966 年）

1949 年基督教民主联盟—基督教社会联盟在首届全国大选中获胜，组成了首届政府，并连续执政长达 18 年。该时期是社会市场经济初步形成时期，从货币改革起步，经过开放价格，战时管制经济体制最终消除。1959 年通过反竞争法，市场经济框架基本形成。随着经济奇迹的形成，联邦德国经济得以恢复。在此基础上战后社会福利制度的框架初步形成。

以阿登纳（Adenauer）和艾哈德（Erhard）为首的政府都把经济复兴放在首位。占人口大多数的工人阶级和知识分子在饱尝战争之苦后都希望能够获得永久的职业、新的住房、平稳的物价和逐步提高的生活水平，阿登纳政府为了获得大多数选票，也把为全体人民谋求福利以及满足他们的需要作为目标之一。关于收入分配政策，社会市场经济的基本思想是追求社会平等，而在机会均等的前提下，公平竞争可能达到收入的平等，因此艾哈德设计思想是经济制度在鼓励和维持市场竞争的同时，必须采取措施，在一定程度上矫正由市场竞争带来的社会收入分配的巨大差距。艾哈德提出了把"蛋糕"做大，要提高生活水平就要先增大国民收入，同时收入合理化，即工人生活改善不能超过一定的限度，工资增长超过了生产率的增长会导致物价上涨。在再分配过程中，越来越多地通过财政支出，增加国家采购，国民收入中，通过国家预算和社会保险基金渠道进行再分配的份额相当巨大，政府消费迅速增长。不过，由个人支配的部分被纳入了政府预算或社会保障统一使用渠道，个人的选择弹性大大减少。在社会保障方面，艾哈德认为，社保原则是因人而异的自救，应将个人能力和责任联系起来。德国社保制度覆盖了全体公民，所有最低收入和无收入者都可以从国家那里得到住房补贴和困难救济。

财政政策

财政支出和财政补贴方面，主要体现为对教育和储蓄的鼓励。

社会市场经济政策有一条原则是自由和财产密不可分。国家制定了鼓励家庭、鼓励教育和资助私人积累财富的财政政策，通过这些手段使全体社会成员在竞争中尽量站在

---

① John, S. Ambler, *the French Welfare State*. New York, 1991, P. 81.

平等的同一起跑线上，加强社会各阶层成员的协调合作，积累更多的财富以不断发展国家经济。在联邦德国，小学生可以得到补助，大学生可以得到贷款，这一贷款在学生毕业就职后分期偿还，包括大学教育在内的整个教育都是免费的。国家还鼓励储蓄，1948年实行了人寿保险奖励和对建筑储蓄存款予以税收优惠的政策；1952 年制定《住房建设奖励法》，居民可以在国家奖励储蓄与建筑储蓄享受减税优惠之间选择；1959 年颁布《储蓄奖励法》，国家对储蓄支付奖金；60 年代创立了《624 马克》法，纳税人年收入在 2.4 万马克以下，已婚家庭年收入在 4.8 万马克以下的雇员，每年进行 624 马克的置产储蓄，便可以获得国家 14% 的置产储蓄奖；1969 年以来，对低收入的储蓄者实行附加奖的鼓励措施。

社会保障方面，"二战"后初期的德国人民生活在贫困状态中，食品住宅极其匮乏，因此，保障每个公民维持当时条件下一般的生活是社保初期的经济目的。这个时期对于社会保障的要求并不高，而且没有充足的资金，因此为福利计划提供的活动余地也不可能很大，只能用少量资金解决最紧迫的问题。"二战"后，德国在原有的养老金保险、疾病保险和失业保险制度基础上对社会保障进行了广泛的改革，推行包括给失业工人发放补贴、给退休和丧失工作能力的职工发放退休金和养老金、医疗保险等在内的社会福利制度，大规模兴建住房，改善居民特别是工人的居住条件。制定了 1952 年《战争损失补偿法》、1957 年《农民老年救济法》、1960 年《联邦住宅补贴法》和《民防法》、1961 年《联邦社会救济法》、1964 年《联邦儿童补贴法》等法律。

1957 年养老金制度改革，使得养老金和雇员的工资收入挂钩，对福利制度形成起到关键性作用。在此以前，养老金制度只是职工退休后生活开支的一种补充，但是这项改革将养老金定义为就业时工资的替代，应当满足退休后全部生活需要。按照这一原则设计的养老金，其数额随一般收入和生产率的上升而动态变化。这标志着福利原则开始替代基本社会保障原则，这次改革在很大程度上支配着后来德国社会福利政策的基调，也对后来联邦德国患上福利病负有不可推卸的责任。

1957 年德国把农民纳入养老保险。农民养老保险主要包括普通养老保险和土地转让养老金，主要为老年农民和过早丧失劳动能力的农民提供基本的生活保障。领取养老保险的主要有三种人：年满 65 岁、已缴纳保险费 15 年以上、丧失劳动能力交保险费 5年以上的农民。到 1957 年 10 月为止，已从事农业经营活动 15 年以上，一旦他们不再从事农业经营活动，就可以享受普通养老金。由于农民人数较少且收入较低，所以他们只缴纳少量保险费，养老金的 80% 由政府负担。但是农民养老保险的给付水平也低，仅相当于城市职工的 1/3。同年还建立了农民法定老年补助。

1963 年颁布了工伤事故保险立法并一直施行至今。该法规定，对工伤事故实行义务保险，以向因职业劳动期间、上下班途中发生意外事故以及职业病造成伤病或残疾的投保人提供保护和救济。按规定，全体工人、职员、独立劳动者、小企业雇主、农民、家务雇工、援外人员以及犯人都必须参加保险。

税收政策

20 世纪 50~60 年代，为了增加普通居民住宅的总供给，国家对住房建设实施了多种优惠政策，其中主要政策为无息贷款和税收优惠。住宅商建造福利住宅可以享受土地税（一般为 10 年）和土地交易税免税优惠。

1959～1960 年前后，开始对一半左右的雇员（约 1150 万人）实行免征工资和个人所得税的政策。

该时期也有专门面向农民的收入调节政策，规定农民只向国家缴纳个人所得税，但大多数农民达不到起征点，达到的可以通过农民协会向政府申请减免。在农民中推行养老、医疗、意外事故保险是政府农业部门的一项主要工作，三项保险每户大约每月要缴纳 250 马克，但是 90% 是政府补贴的。

这一系列政策调节的结果是，20 世纪 50 年代、60 年代上半期，联邦德国的社会经济秩序比较安定，收入差距问题并没有凸显出来。

3. 第二阶段——社会民主党时期（1966 年以后）

1965～1966 年，由于经济衰退，艾哈德下台，取而代之的是社会民主党和基督教民主联盟大政府。1969 年德国社会民主党与自由民主党组成联合政府上台执政十多年，社会民主党上升为执政党。这一阶段的基本特征是自由主义思潮在联邦德国的秩序政策中占主导地位。社会市场经济实现现代化，雇员共同决策制度深化和普遍化，社会福利国家形成。

财政政策

转移支付方面，20 世纪 60 年代以后，州与州之间的转移支付的横向平衡有两种方法：一种是根据地方收入的基础来确定州与州之间的共同税收分配比例；另一种是根据各州的人均基础分配营业税收入。居民数越多财政需求越多，同时也要考虑人口密度。大城市还发挥地区中心的作用并向周边地区提供服务，所以要给予大城市必要的财政收入。70 年代以来，州与州之间的财政平衡主要补偿那些人均税收收入达不到联邦平均水平 92% 的州。1969 年税制改革重新确定了联邦、州和地方的税收分配关系，形成了联邦税、州税、地方税和联邦与州共享税体系。50 年代开始建立财政转移支付制度，使得各政府之间、各州之间和各地政府之间的财政实力保证基本一致。[①]

社会保障方面，德国政府 1965 年和 1969 年对《联邦社会救济法》进行了两次修改，1969 年又颁布了《联邦教育法》《劳工促进法》《职业培训法》，形成了一整套社会保障制度。工伤险方面，1971 年以来，保费全部由雇主缴纳，保费高低视投保人的劳动收入和有关企业发生事故危险的等级而定，同时要求大、中、小学生和幼儿园的儿童也要参加工伤保险，学生和幼儿的保险费由政府负担。1972 年再次进行了养老保险金的改革，意味着 1951～1973 年，这一制度已经大大完善了，能够满足各种职业和各阶层居民的需求。1974 年颁布了失业救济条例。1975 年规定子女补贴不受家庭收入的限制，所有家庭第一个孩子每月补贴 50 马克，第二个孩子每月 100 马克，第三个孩子起每个孩子每月 200 马克。

---

① 朱正圻、林树众：《联邦德国的发展道路——社会市场经济的实践》，中国社会科学出版社 1988 年版，第 213 页。

20 世纪 60 年代中期由于国内经济危机，大量工人失业，大批农业劳动力转向工业，市场不能提供足够的就业机会。1969 年联邦政府颁布了《就业促进法》，规定了劳动市场政府的主要内容，包括职业咨询、职业介绍、工人培训、进修、转业训练和失业保险，对异地安置就业的青年，提供路费和搬迁补助。对于一些暂时因为订货减少等原因不得不缩减生产的企业实行短工补贴，这可以解决企业因解雇工人后又恢复生产而导致的重新招工带来的缺少熟练工人和增加新培训工人和增加新培训费用的问题。一般是使企业减少工人工作时间，对工人实行减少工时后的短工补贴，补贴为工人原工资的63% ~68%，由政府和企业共同承担，一般支付 6 个月，特殊情况下可以延长。

此外，1970 ~1978 年，联邦还在公共康复机构范围内为残疾人资助了价值为 6.3 亿马克的康复设施，包括 21 家职业促进工厂，28 个为残疾青年进行初级培训的职业培训工厂。

这一整套社会保障制度成为建立安定的经济增长环境的重要因素，解决了劳动力的后顾之忧，保证了劳动力再生产，也促进了第三产业如医疗、保健、职业培训、旅游等的发展，因此，该时期的社会福利开支迅速增加，接近甚至超过国民生产总值增长率。对投资有消极影响，进而也影响了后期经济的发展。

税收政策

税收一直是德国财政收入的重要来源，税制主要是个人所得和私人消费征税的混合制，两大支柱是个人所得税和企业营业税，对个人所得税实行累进制度。

在个人所得税方面，从 20 世纪 70 年代开始，个人所得税的最低税率为 22%，最高税率为 56%。大量补贴收入都可以从个人总收入中扣除。

遗产税方面，唯一和直接服务于社会福利的向本国人和法人的捐赠可以免除遗产税。

4. 德国"二战"后到 20 世纪 80 年代以前的收入分配与财税政策总结

社会保障方面，在战后，德国比较完善地建立起社会保障系统，这个体系是多元化的，既包括政府有关部门，又包括各种保险机构、社会慈善机构以及私人保险机构，能够满足各个阶层的各种不同需求，对于保障社会安全产生了巨大的作用。同时，为提高生产力发展水平而形成和完善的社会保障制度也促进了经济发展。其创造了稳定的社会环境，促进了劳动力再生产，也带来了第三产业的发展。

在税收政策方面，德国注重采取减免税的方式缩小不同阶层的贫富差距，并鼓励个人和法人捐赠。大量的补贴收入都可以免税，也有利于收入分配政策的发挥。

总体来看，德国的收入差距历史变迁没有像英国、美国那么明显的先缩小后扩大的趋势。自 20 世纪 50 年代以来，德国的收入差距有微微缩小的趋势，基尼系数出现平缓的下降，20 世纪 80 年代中期以后，基尼系数趋于平稳。1950 ~1984 年的 30 多年间，基尼系数下降了 6.2 个百分点。布兰多里妮（Brandolini，1998）基于每户家庭可支配收入计算的德国基尼系数如表 4－5 所示。在 20 世纪 70 年代以后收入差距逐渐缩小，截至 1989 年，10% 的上层家庭拥有的收入占全国家庭收入的 18%，10% 的下层家庭拥有的收入占全国家庭收入的 5.6%，财产的分配较为均衡。另外，从联邦德国家庭收入十等分份额情况也可看出德国收入差距逐渐缩小的趋势（见表4-6）。

表4-5 　　　　　　　　　1950~1980年间联邦德国基尼系数 　　　　　　　单位：%

年份	1950	1955	1960	1964	1968	1970	1973	1975	1978	1980
基尼系数	39.6	38.4	38.0	38.0	38.7	39.2	37.0	36.6	36.4	36.6

资料来源：洪丽：《经济发达国家居民收入差距研究》，人民出版社2013年版，第47页。

表4-6 　　　　　　　　　1936~1985年联邦德国收入十等分份额 　　　　　　　单位：%

年份	最低的10%	第二个10%	第三个10%	第四个10%	第五个10%	第六个10%	第七个10%	第八个10%	第九个10%	最高的10%
1936	1.00	2.00	4.00	4.00	7.00	8.50	9.50	11.00	14.00	39.00
1950	1.00	3.00	4.00	4.50	7.50	9.00	11.00	12.00	14.00	34.00
1955	1.70	2.90	3.90	5.00	5.90	7.10	8.30	9.20	12.00	44.00
1960	2.00	3.00	4.40	5.60	5.90	7.10	8.00	9.00	11.50	43.50
1964	2.10	3.20	4.70	5.40	6.50	7.20	8.40	9.60	11.50	41.40
⋮										
1984	3.59	5.28	6.29	7.16	8.08	9.17	10.36	12.00	14.69	23.33
1985	3.40	5.06	6.11	7.10	8.06	9.14	10.33	12.01	14.68	24.97

资料来源：洪丽：《经济发达国家居民收入差距研究》，人民出版社2013年版，第51页。

第 5 章　西方发达国家财税政策调节收入分配的实践（下）

5.1　20 世纪 80 年代至今的收入分配背景

20 世纪 60 年代中期，科技革命使西方主要国家经济高速发展，大规模的固定资产投资使工业生产能力迅速膨胀，工业产值每年以 5%[1]甚至更高的速度增长。但好景不长，1973 年底因受石油价格的冲击，美、英、法、意以及当时的联邦德国等主要西方国家几乎同时爆发了经济危机，次年初，日本和几乎所有发达国家都卷入其中，形成第二次世界大战后最严重的一次经济危机。1975 年危机过后，各国经济开始回升，但一改过去危机过后经济由萧条迅速转入复苏旋即高速发展的常规，经济增长缓慢，失业压力增大，消费物价飞涨。直到 1976 年底甚至更晚，生产才恢复到危机前的最高水平，但固定资本投资增长率直到 1978 ~ 1979 年才达到危机前的最高水平。就在主要资本主义国家经济重新步入高速增长之际，又爆发了新一轮严重的经济危机，即 1979 ~ 1982 年的经济危机。20 世纪 70 年代初到 80 年代初，整个西方世界的经济处于一种通胀与失业并存的"滞胀"状态，同时，此时收入差距拉大已经成为一种全球性现象。OECD 国家 2008 年一篇题为"失衡——OECD 国家收入分配和贫困"（Growing Unequal-Income Distribution and Poverty in OECD Countries）的报告指出，在这个代表 34 个发达市场经济体的组织中，自 80 年代以来，有 24 个国家的收入差距拉大了，其中收入差距拉大增长最快的是美国。自 1979 年之后的 29 年里，美国前 10% 最富有人群所占总收入的比重再次飙升，并在 2007 年超过 1929 年的水平，达到 50%，1% 最富有人群所占比重更是达到 24%。[2]虽然美国经济自 80 年代以来也有不俗表现，但经济增长带来的实惠并未能为广大美国大众所享有，而是其中 80% 的增长归了占人口 1% 的最富有人群。[3]

20 世纪 80 年代以来，石油危机引发资本主义国家经济危机，通货膨胀加上失业率高升引发经济滞胀，劳动者工资增长停滞不前，收入分配差距的进一步增大，税制本身的不适应性也暴露出来，高边际税率大大挫伤了人们储蓄、劳动供给的积极性，抑制了企业家精神，还导致普遍的逃税和避税现象，税负不公平。因此，从 20 世纪 80 年代以

---

① 冯守东：《20 世纪 80 年代以来美国税收政策的变化及其启示》，载于《税务研究》2004 年第 10 期，第 61 ~ 64 页。
② 全球最高收入数据库。
③ MIT 收入研究报告。

来，美国里根政府进行了以降低边际税率为主要措施的税制改革，并引发了历史上规模最大、持续时间最长的世界性税制改革的浪潮。为了促进经济增长，提高国际竞争力，西方各发达国家也纷纷围绕着大幅降低税率、减少级次和增进横向公平展开了较深较广的个人所得税改革。

进入20世纪90年代，经济全球化提高了地区间的资本流动，优化了储蓄和资本在国际上的配置，增强了企业投资的积极性，以跨国公司、跨国银行为代表的国际经济组织的活动迅速发展，其组织结构有所变化，活动内容更为丰富，国际经济协调能力亦有所增强。经济全球化对税收的影响主要表现为税基愈加多变，导致经营决策，特别是投资决策和融资决策对各国间的税收差异更加敏感，国际上的税收竞争日益激烈。此时，发达国家越来越强调税收中性，力图减少税收对经济行为的扭曲，加上同时出现了世界性的通货紧缩，使经济学家意识到，应在供给学派理论与凯恩斯理论之间寻求最佳结合点，这一结合点可能随各个时期经济形势的变化不停地发生变动。以美国政府为例，克林顿政府以此为出发点，灵活运用了凯恩斯学派和供给学派的思想，主张政府对经济进行适度干预，相应扩大政府对市场的指导作用。同时，欧洲主要发达国家从1990年开始，在相对良好的经济运行环境中，实施了以财政健全化为目标的财税体制改革。这一改革成效显著，2000年财政状况得到了明显的改善。英国除了努力削减财政支出以外，在1994年、1995年和1997年分别颁布实行了以调整所得税税基为主要内容的增税政策，从而将1993年高达7.8%的财政赤字成功地扭转为1998年的财政盈余。德国通过财政收入和支出两个方面的改革将1996年的财政赤字转变成2000年的财政盈余。同样，法国的经济和财政收入也得到了稳步增长。但是，从2001年开始，受IT泡沫破灭和"9·11"恐怖事件的影响，各国经济发展速度明显放缓，英德法等欧洲主要发达国家出现了财政赤字日益扩大的现象。

针对经济和财政运行中出现的新问题，各国政府纷纷制定了符合自己国情的税制改革方案。在调整国内的收入分配差距上，各国政府虽然在具体的做法上有差异，但都是通过税收政策和一系列的财政政策，主要是增减所得税、调整最低工资、改革国内的社会保障制度等来调节国内的贫富差距。

5.2　美国20世纪80年代至今的收入分配与财税政策

1. 里根时期（1981~1989年）和老布什时期（1989~1993年）

20世纪70年代，美国经济全面走向低谷，能源危机、通货膨胀、经济衰退结合在一起，令美国人忧心忡忡。这意味着历时40年的罗斯福秩序的终结，而跃居经济政策舞台中心的新秩序是保守主义主张，即对"更少"的要求：更少的政府支出、更少的赋税、更少的赤字、更少的货币扩充，简而言之，更少的政府干预。里根（Reagan）上台标志着美国经济政策指导思想的"转折"。他在第一任就职演说中提出改革税制，减少政府的作用，要缩减联邦机构的规模和权力。第二任就职演说总结了改革的成绩，肯定把联邦政府的权力交回州政府、使经济摆脱政府控制的做法，并进一步冻结了下一年的政府开支计划。

里根总统和老布什（George Herbert Walker Bush）总统都奉行自由主义的经济政策，这里主要介绍里根总统时期的调节收入分配的财税政策。

财政政策

里根总统上台后致力于减轻政府干预的经济负担，其中很重要的一方面就是削减费用，包括大幅度削减社会保障津贴。他提出至少在十年间减少社会保障津贴，反对支付津贴给老年高收入者，认为如此高的津贴是不必要的。管理和预算办公室提议对任何早于 62 岁退休的人减少 20% 的津贴，对在 62～65 岁之间退休的人的津贴则酌情少减。20世纪 80 年代被称为美国社会保障制度的"分水岭"：以强化工作动机、提高工作能力和自救能力、强化社会保险为特征的美国现代社会保障制度的基本轮廓已经成型，以市场化取向为核心的美国社会保障体系日益完备起来。

从总体上来看，里根总统的改革在取得成果的同时造成了巨额的财政赤字和国债，更为重要的是，极大地扩大了美国的贫富差距。里根的税制改革使全体美国人平均减少税额 6.4%，而超富裕阶层则平均降低 16%，低收入者的实际税率下降不多，甚至略有增加。而里根政府所削减的开支，以 1984 年为例，其中 60% 集中在低收入补助项目上。据美国国会预算办公室统计，里根第一任期间，年收入在 1 万美元以下的 2020 万贫穷家庭，平均每家减少津贴 400 美元；年收入 8 万美元以上的 140 万富有家庭，则因减税平均每家增收 4800 美元。因此，有人称里根的经济政策是"劫贫济富"的政策。①

税收政策

里根政府最突出的税收政策即是减税政策。20 世纪 70 年代的通货膨胀使得十年里消费价格水平上涨了近一倍，是驱动 80 年代税制改革的主要压力。1980 年个人最高边际税率是 70%，10 年后削减到低于 35%。中等收入的纳税人的边际税率削减了 1/3。②同一时期，中产阶层和高收入者受惠于一系列缩小应纳税收入范围的特殊条款，因而他们的税负实质上减轻了。

在房地产税和所得税方面，在 20 世纪 70 年代反对征收这两种税收的运动大多发生在州层面，1981 年上升至联邦层面。1981 年税法将个人所得税税率降低了 23%，并且制定了比以前更加优惠的加速折旧补贴（除投资税收抵免之外，这是对实物投资最重要的税收优惠）。随后，在 1982～1987 年间，包括《1986 年税制改革法案》（Tax Reform Act of 1986）在内，所得税经历了比历史上任何时期都广泛的变革过程，主要内容是扩大税基和对传统税制进行改革。1986 年税制改革法案的焦点是降低个人所得税税率，高收入人群组比低收入人群组获得了更大的税收削减，他们的法定税率几乎被削减了将近一半。税制改革的设计者因此采用提高个人费用扣除额，作为削减低收入纳税者税收的途径。1986 年税制改革法案通过以下三个变化减少了穷人和低收入者的税收负担：（1）将所有纳税人及其受抚养者的个人税收抵免从 1986 年的 1080

---

① 韩捷：《评里根的经济政策》，载于《黑龙江教育学院学报》2005 年第 2 期，第 110～111 页。
② 胡莹：《美国的收入分配与当代资本主义的经济矛盾》，中国社会科学出版社 2013 年版。

美元增加到 1989 年的 2000 美元；（2）减少了那些没有利息收入的纳税人的应税收入额；（3）极大地增加了对有子女的低收入工人的所得税抵免（the Earned Income Tax Credit，EITC）。

2. 克林顿时期（1993~2001 年）

20 世纪 90 年代，当日本和欧盟各国陷入增长减速、萎靡不振的困境之时，美国却风景这边独好，进入健康运行、突飞猛进的经济发展阶段，创造了低通胀、低失业、高增长的"新经济"神话。克林顿（Clinton）一上台就强调"变革"，提出要"结束这个僵持停顿、放任自流的时代"，并明确继承罗斯福的精神。此时在美国新凯恩斯主义兴起。

财政政策

克林顿政府在调节收入分配方面最突出的政策是以"工作"为中心的福利政策，其中包括最低工资制度、扩大劳动所得税抵免、工作资助体制和社会保障制度的改革等。

在最低工资制度方面，克林顿主张提高最低工资标准以实现劳有所得。全国最低小时工资于 1996 年 10 月 1 日从 4.25 美元提高到 4.75 美元，此后又于 1997 年 9 月 1 日提高到 5.15 美元。有关证据表明，1996 年和 1997 年最低工资的提高达到了支持者们所期望的效果：在不严重影响就业增长的同时，提高了低工资劳动者的收入。

在社会福利制度改革方面，1994 年克林顿政府提出了一项福利改革法案，要求福利接受者在享受福利的同时立即参加培训或寻找工作机会，并对现金资助设定了两年的时间限制，但是某些活动可以不受此限制。两年后，福利接受者被要求参加工作。如果他们找不到工作，那么政府将提供一份有资助的工作。各州被赋予了更大的灵活性，但是福利仍然是政府的特定资助计划，这表明所有有资格享受福利的人都有获得资助的保证。1996 年福利法案在经济扩张最强劲的时期得到实施，成为美国历史上最成功的服务于穷人的社会政策之一，明显提高了单亲母亲家庭的劳动参与率和家庭收入。克林顿政府还出台了各种支持低收入贫困工作家庭的联邦和州福利计划，其中包括食品券、医疗补助计划、儿童照料、儿童税收抵免和劳动所得税抵免。

另一个令 1996 年福利改革受欢迎的因素是工作资助体制。大约从 20 世纪 70 年代开始，国会创造了一系列计划为有工作的家庭提供福利。初始的动机和绝大多数计划得到扩张也许可以更多地归因为仅仅为低收入家庭提供福利而不是提供工作激励的愿望。而克林顿政府要着手创建的是一个基于工作而不是基于依赖社会的新社会契约，即通过奖励工作来调节机会平等，但同时要求民众承担一定责任的契约。克林顿政府想提供正确的激励措施和价值，使每一份工作的薪酬都要高于福利，但同时要求所有能工作的人都参加工作。工作是最有效率的，大部分参加工作的人都得到了较其失去的福利更多的收入。

克林顿总统还提出了指导社会保障改革的五项原则：（1）21 世纪加强和保护社会保障；（2）维持普遍性和公平性；（3）为人们提供可以依赖的受益金；（4）为低收入和残疾受益人保留经济保障；（5）维持财政约束。

税收政策

克林顿政府为减少财政赤字推出了全民增税的紧缩政策，主张对富人征税进行再分配，增税的范围主要是个人所得税和公司所得税。克林顿执政期间是美国有史以来经济增长最长久的时期，在此期间美国居民的整体收入水平都随之提高，贫困率也下降了。

在劳动所得税方面，税收抵免则在 1990 年和 1993 年两度增加，1997 年实施的儿童税收抵免也在生活上帮助了数以百万计的中低收入家庭。其中 1993 年颁布的扩大劳动所得税抵免条款是 20 世纪最后 15 年里在低收入计划方面最大的扩张之一。在 1996 年的福利改革法生效时，劳动所得税抵免可以为一个在最高抵免收入范围内的家庭提供约 3600 美元的最高抵免额。

3. 小布什时期（2001～2009 年）

美国经济在克林顿当政时期得以高速发展，但 2001 年 3 月扩张期结束，出现消费与投资需求不旺、工业生产连续下滑、失业率快速上升、股票市场暴跌等衰退现象。从小布什（George Walker Bush）总统开始，美国进入了一个新的阶段。其奉行凯恩斯主义与自由主义相结合的"混合型"经济政策，基本特点是重市场、减开支、降赋税、增就业。小布什政府的收入分配政策集中体现为社会保障制度改革和税制改革。

财政政策

小布什总统在社会保障方面的改革主要体现在医疗保险方面。2003 年小布什政府通过了一项法案，建立药品保险并将其纳入医疗保险体系之内。根据这一法案的规定，从 2007 年开始，高收入者将不得不支付一项新的建立在收入基础上的保险费，这意味着把很多高收入的老年人推向在私人市场中购买保险的行列。但是这使得 21 世纪美国面临社会保障计划的危机，主要是因为政府把社会保障基金与联邦的财政赤字相联系，而私人保障不能为不同性别和社会等级的老人提供足够的福利金，所以对私人提供老年保障方面的严重依赖趋势将使已存在的不均现象更加恶化。

税收政策

在小布什时期，1981 年曾经出现过的对税率的大幅度削减再次上演，成为其任内政策的主导，在其任期内发生了 2001 年和 2003 年的两轮大规模减税浪潮。与 1981 年的减税不同的是，小布什政府建议对低收入阶层的减税幅度要大大高于高收入阶层。小布什提议把对纳税人的儿童抵免从 500 美元增加到 1000 美元，最终的议案规定这一抵免将分阶段在收入达 1 万美元以上的人身上实施。他还主张对所有收入，不论是工资、红利、资本所得还是利息，都只征一次税，并且把医疗保险制度列为其重要施政方针，提出用税制刺激引导人们去购买享有高额课税扣除的保险单。

4. 奥巴马时期（2008～2016 年）

2008 年美国遭遇三十多年来最严重的经济危机，奥巴马（Obama）临危受命，其后在向国会提交的一揽子刺激经济计划中，提出创造就业、减税、为失业者延长救济时间和医疗保障的具体措施。

财政政策

奥巴马政府面临的一个最艰巨的问题就是降低失业率，所以其上台后采取了一系列措施，主要包括：投入巨额资金，加强基础设施建设，修建高速公路；开发新能源，发展绿色经济；促进出口，限制进口，等等。并且还延长了长期失业者领取救济的时限，帮助在美国经济转向复苏过程中的较弱势人群。

在社会救助方面，2010 年 3 月，奥巴马签署法案，将医疗救助的标准降低到贫困线的 133% （2009 年美国多数州贫困线为：一口之家年收入 10830 美元，两口之家年收入 14570 美元，三口之家年收入 18310 美元），这样将有更多的人被纳入医疗救助体系。①

税收政策

奥巴马政府强调税收政策应该彰显社会公正，因此其主张劫富济贫的税收政策，减税成为财政刺激方案的主题。奥巴马政府推出"中产阶级减税"计划，主要是向年收入低于 25 万美元的大多数家庭和中小企业实行减税，而对年收入超过 25 万美元的高收入群体实行增税。根据美国税收政策中心（TPC）的估计，此计划可以帮助美国家庭在 2009 ~ 2012 年间减少税收总计 6690 亿美元。② 他在一次新闻发布会上也宣称，新的中产阶级减税计划将会使 95% 的工人受益。此外，奥巴马政府还为小企业主和购房者提供了税务方面的激励。

5. 美国 20 世纪 80 年代至今的收入分配与财税政策总结

美国自 20 世纪 80 年代开始，新自由主义占据统治地位，其发展模式历经里根、老布什、小布什三位总统，其间虽有克林顿 8 年的插曲，出现了一些不同的政策，却没有从根本上动摇它的统治地位。也正是这些政策导致了美国自 80 年代收入差距的急剧扩大。正如加尔布雷斯（J. K. Galbraith）所言："里根与布什政府在这方面的政策——减少福利支出，对富人减税，反对加税，财政赤字，实在难辞其咎。这些政策对穷人缺乏同情，对美国整体经济造成伤害，甚至不是政治上的明智之举。"③ 根据 2005 年 2 月美国人口普查局（US Census Bureau）网站的统计资料，基于每户家庭总货币收入计算的基尼系数，在 1979 年已经突破 0.4，到 1997 年达到 0.455，1998 ~ 2004 年，美国的基尼系数继续上升，从 1998 年的 0.453 上升到 2004 年的 0.4641。另外，从收入百分比份额的演变方面来看，1980 年以后，人均收入最低的 20% 的人口在总收入中的比重逐步下降，从 1980 年的 4.3% 降至 2004 年的 3.4%，下降了 0.9 个百分点；而人均收入最高的 20% 的人口在总收入中的比重则呈现快速上升的趋势，从 1980 年的 43.7% 增至 2004 年的 50.1%，上升了 6.4 个百分点。④ 由此可见，80 年代以来美国的居民收入差距呈现出扩大的趋势。

---

① 张国华：《从美国收入分配调节看我国收入分配调节机制的完善》，载于《科学发展》2012 年第 4 期，第 101 ~ 108 页。
② 雷达、包婷婷：《奥巴马救市政策的经济学解读》，载于《理论视野》2009 年第 4 期，第 38 ~ 41、37 页。
③ 加尔布雷斯，杨丽君、王嘉源译：《自满的年代》，海南出版社 2000 年版。
④ 世界收入不平等数据库最新修订版 WIID2c。

5.3　英国20世纪80年代至今的收入分配与财税政策

1. 撒切尔夫人时期（1979～1990年）和约翰·梅杰时期（1990～1997年）

撒切尔夫人的保守党在1979年上台执政，面临长期停滞不前的英国经济，其全面推行货币主义为主的经济政策，提出要把英国从一个呆板、日趋暗淡的福利国家变成一个繁荣富强和生机勃勃的自由市场社会，要努力建立一个人人都拥有财产和股票的"人民资本主义"社会。

财政政策

撒切尔上台后即进行大刀阔斧的改革，其采取的主要措施中就包括了削减福利开支这一项。撒切尔政府改变英国社会保障制度的"普遍性原则"，而是实施了"选择性原则"，即在基本社会保障制度方面仍坚持普遍性原则，在其他相关社会福利方面推行选择性原则。其实行的一系列社会保障改革措施，核心内容就是把相当比例的福利责任从国家转移到社会和个人。

养老保障方面，撒切尔政府强调国家养老金数额不会高，只能提供最低限度的生活保障，鼓励企业推行职工养老保险制度，鼓励个人通过银行储蓄，参加保险等方式为自己补充养老金。

住房保障方面，撒切尔夫人认为住房问题不像疾病和失业那样具有高风险，它是日常生活中的一种基本需要，因此应当像其他生活必需品一样，首先依靠市场解决，应当将住房视为市场所提供的一种商品。而大量公共住房的存在会给政府财政造成很大压力，在英国经济面临困难的背景下显然是不合时宜的。1980年，英国颁布了《住房法》，推行"民有其屋"或"购买权"计划，实行公房私有化，并不再向私房住户发放救济金。上述政策减少了住房保障的国家责任，通过发挥市场的作用，凸显个人责任。

在社会服务方面，撒切尔夫人主张民营化，压缩政府责任。她认为，要推动慈善团体、志愿服务团体等非正式部门服务的发展，扩大营利主义企业的活动范围，鼓励家庭主妇专业化，以照顾儿童、老人和残障者。

虽然撒切尔夫人通过削减社会福利支出来刺激经济成效显著，但是却导致社会保障制度在促进社会公平方面的作用的发挥大打折扣。较之改革之前的福利制度，服务于经济发展、强调个人责任和实施选择性原则的社会保障制度在缩小收入分配差距方面的作用无疑较差。20世纪80年代，英国经济相对繁荣，但是贫富差距呈现加剧趋势，1980～1990年，英国基尼系数从0.28上升到0.36。[①]

撒切尔政府还进行了国有企业私有化改革，其中包括让公司职工购买股票，成为公司的所有人和扩散股份拥有权，让社会上更多的人拥有股票的政策，最大限度照顾到了工人阶级，使他们的利益得到了较好的尊重和保护，同时也确保了股东收入的合理性，这些政策都起到了缩小收入差距的作用。

---

① 世界银行WDI数据库。

税收政策

撒切尔时期最重大的一项税收制度改革，是进行社区收费，即开征了人头税。社区收费从 1989 年 4 月 1 日开始取代家庭财产税在苏格兰首先实行，并于次年 4 月 1 日在英格兰和威尔士全面推开，同时开征了独立的统一商业税，按全国统一标准征收，实收款项全部集中在一起，并按成年人的人头分配到各个地方当局。除了那些被监禁的犯人、住院的病人和 19 岁以下的在校学生以外，所有成年人，包括外国人都是征收对象，有两个家的居民，则需支付相当于两个成人的服务费。社区收费约占地方政府总收入的25%，而同时又承载着任何支出增加的重担，因此产生了乘数效应，即地方公共支出每增加 1 个百分点，社区服务费就会平均增加 4 个百分点，随着社区收费制度的进一步推行，高收入家庭缴纳的地方税将降低 50%。人头税在英国极不受欢迎，因为虽然人头税的效率高，但是最不公平，撒切尔夫人的财政大臣尼格·罗森（Nigel Rosen）觉得用人头税代替原来的财产比例税简直令人恐怖，他认为，人头税将使住在伦敦市内的一对普通靠养老金生活的夫妇支付相当于他们 22% 收入的税收，而一对富裕的夫妇家庭只支付他们收入的 1%，这将大大加大国内的收入分配差距，是一场政治灾难。

同时，撒切尔夫人认为在西方国家中，英国的所得税率最高，起着"惩罚个人主动精神"的作用。其主张改革税制，降低税率，认为"按支出多少来缴纳税款"，而不是"按挣钱多少来缴纳税款"，通过税制改革来"奖励工作努力的、有成绩的人"，并借此刺激私人投资增加。因此，撒切尔政府把主要由富人负担的所得税的基本税率由 33% 降低到 30%，最高税率由 83% 降到 60%，把主要由劳动人民负担的增值税税率从原先的三级，即 8%、10%、12.5%，提高到统一征收 15%。

约翰·梅杰（John Major）上台以后，即取消了人头税这一不合理的税收，并且在 1994 年、1995 年和 1997 年分别颁布实行了以调整所得税税基等为主要内容的增税政策。

总体来看，撒切尔时期的经济社会政策，使得失业率居高不下，贫富差距加大，社会矛盾激化。在 20 世纪 80 年代初的 8 年里，占英国总人口 10% 的最贫困的人的实际收入下降了 9.7%，其中有子女者的实际收入下降了 15.7%，而占英国人口 5% 的最富有的人的实际收入在同期内却增加了 22%，[①] 贫富之间的鸿沟正在不断扩大。另外，保守党还废除了最低工资标准，使低工资劳动者的平均工资水平比欧洲其他发达国家要低，人数也多，占全国人口 10% 的最低工资收入层与 10% 的最高工资收入层的工资收入差距进一步拉大。在这种情况下，英国社会贫富对立加强，中下层人民的无保障情绪日益严重。

2. 布莱尔时期（1997～2007 年）和布朗时期（2007～2010 年）

1997 年 5 月，工党领袖布莱尔（Blair）上台执政，从而结束了保守党执政 18 年的历史。在此之前，撒切尔夫人的"自由放任主义"创造了英国经济增长的神话，经济

---

① 周定滨：《货币主义的理论与撒切尔夫人的经济政策》，载于《南充师院学报》1988 年第 2 期，第 106～111 页。

运行状况总体上呈现上升趋势，但是自由放任政策同时导致贫富差距扩大、社会道德沦丧等社会问题。面对国内的经济现状，布莱尔政府提出了"新混合经济"政策。

财政政策

在政府支出方面，布莱尔政府加强了公共投资。布莱尔认为英国公共投资水平与其他国家相比存在差距，应当采取政府投资或者是政府与私营部门合作的方式加强在医疗、交通、通信、社会服务等领域基础设施的投资。布莱尔领导的新工党政府为了帮助单身母亲和失业青年就业，投入了 40 亿英镑，创造了 25 万个岗位；为了使单身母亲能够放心参加工作，政府还决定在未来的 5 年内拨款 3 亿英镑，增加 3 万个托儿所和改善托儿所设施。

同时布莱尔政府也特别重视教育和培训。新工党一直把教育当作"最大的经济问题"，把提高英国教育水平视为政府的首要目标。新工党承诺："扫除人们进步的各种障碍，创造真正的向上流动机会，建立一个开放的、真正以个人才能和平等价值为基础的社会。"新工党政府不仅把教育置于自己经济社会治理的重要位置，同时也认识到此前的保守党政府过于依靠市场力量办教育的政策，导致教育资源的投入严重不足，教育不平等现象也日益突出，贫困家庭和贫困地区教育资源和教育质量受到更大影响。因此工党政府认为必须加大国家对教育的干预，为未来经济的长期发展奠定人力基础。

工党教育政策的首要方针是尽可能为每个人提供平等的受教育机会，特别着力解决教育中的"社会排斥"问题，即主要是因为贫困、种族、社会地位等原因不能接受平等的教育机会。"终身教育"可以说是新工党一个标志性的口号。新工党执政以来制订和实施了一系列的政策和计划，覆盖了从婴幼儿阶段的看护到学前教育、中小学教育、高等教育和职业教育、岗位培训等人生各个重要阶段，并明显倾向贫困人口和贫困地区。1999 年英国额外投资教育费用 300 亿美元，教育开支占预算比重的 2.9%，以后几年又有所增加。牛津大学在 1998 年获得科研经费 1.92 亿美元，创下英国高校科研经费的新纪录。[①]

在劳动力技能方面，主要存在的问题是英国高技能劳动力比例偏低，劳动力的技能也明显不足，尤其是低收入者的技能不足，而新进入劳动市场的高校毕业生与对手并不存在差距。这些问题不仅不利于英国经济的发展，而且也会拉大国内的贫富差距。因此政府通过"新政计划"（New Deal）等一系列政策措施提高劳动力技能，如提供免费的国家二级职业技能资质（NVQ）培训、免费的基本文化素质教育和信息技术知识教育，并加强国家与企业间在职工培训方面的合作和对企业培训的资金支持，共同承担起提高员工技能的责任。

税收政策

布莱尔政府的财政税收政策框架建立在透明、稳定、责任、公平和效率五大基本原则之上，并以《财政稳定法》来约束各原则的顺利执行。布莱尔在上台不久，在 1998 年 3 月财政大臣布朗（Brown）向政府提交的预算报告中并没有增加税收和开支，反而

---

① 安东尼·吉登斯：《第三条道路——社会民主主义的复兴》，北京大学出版社 2000 年版。

声称主张实行"谨慎"和"稳定"的开支政策，放弃传统工党政府以增加税收和开支来实现福利政策的目标，转而降低了税收负担和削减了政府开支，以求刺激投资，确保经济增长。其具体的措施有：

第一，新工党政府放弃了高税收政策，实行了较为公平的累进税制，不再向富人征收高税收，进一步减轻了中产阶级的税收负担。削减了公司税税率，大企业的所得税税率由33%削减到30%，中型企业的所得税税率由23%削减到20%，对利润在1万英镑以下的小企业实行10%的新的起始税率。

第二，保证五年内不增加税率，并且不会将价格附加税扩展至食品、儿童服务、书、报纸以及公共交通费用领域。

第三，英国对中小企业实行优惠税率，中小企业公司税税率为20%，比大企业低10个百分点。此外，英国地税部门对中小企业，特别是失业人员开办的自谋职业型的微型企业，实行了自开办之日起免征1～3年企业所得税的优惠政策，对其他类型，特别是按国家产业优先发展政策建立起来的为高新技术产业服务的小企业，也实行了不同形式的减免税政策。①

布莱尔政府在2006年又进行了一次大规模的税制改革，同时涉及直接税和间接税方面的改革。其中，涉及调节国内收入分配差距的主要是直接税方面的改革措施，主要包括：

个人所得税方面，调整个人所得税是2006年英国税制改革的重点内容。改革方案的主要内容为：第一，调整个人所得税累进级次，仅调整了各等级应纳税所得额的上限和下限，税率仍采用三级超额累进税率；第二，提高宽免额，尤其是对老年人适用的宽免额的调整幅度较大；第三，增加工资、薪金所得的税前扣除标准。

公司所得税方面，从2006年4月开始，将原先适用于小规模纳税人的两档优惠税率（0%，19%）统一为一档低税率，即年利润额在0～30万英镑的中小企业统一适用19%的低税率，而基本税率仍维持在30%的水平上。

遗产税方面，2006年起，英国遗产税零税率适用限额（Inheritance Tax Threshold），即遗产税起征点，从275000英镑上升为285000英镑，提高了3.6个百分点。此外，从2007年到布莱尔政府卸任之前，遗产税零税率适用限额每年都会有小幅提高。今后几年的遗产税零税率适用限额是：2007年为300000英镑；2008年为312000英镑；2009年为325000英镑。②

3. 卡梅伦时期（2010～2016年）

卡梅伦（Cameron）联合政府上台伊始，面对金融危机的影响和经济低迷的形势，采取了近乎休克疗法的财政紧缩政策，大幅削减福利、提高高校学费上限、改革中学体制，并试图重组英国人引以为傲的国家医疗服务体系（NHS）。这些政策实施的三年来，紧缩计划在促进经济宏观经济稳定和可持续发展的同时，也对英国传统的福利国家理念

---

① 安东尼·吉登斯：《第三条道路——社会民主主义的复兴》，北京大学出版社2000年版。
② 崔景华：《欧洲主要发达国家近期税制改革及其对中国的启示》，载于《经济与管理》2007年第10期，第58～62页。

形成冲击，加剧了社会阶层间的分化。

财政政策

在社会福利方面，联合政府进行了一系列福利改革。联合政府认为从摇篮到坟墓的面面俱到的福利制度的弊端使社会中的个人产生不负责任的懒惰、大量的浪费和过分依赖政府的心态，而且节节攀升的巨额成本支出使政府财政入不敷出、濒临破产。所以联合政府借金融危机和经济衰退之机实施了紧缩政策，以削减英国的福利开支。联合政府为此出台了一系列措施遏制或削减过高的养老金支出，具体措施是将每人每年可以存入自己养老金账户的资金额度（免税）从 25.5 万英镑减少到仅 5 万英镑或者年收入工资额（以低者为准）。个人可领取的养老金总额也从 180 万英镑减少到 150 万英镑，高于上限的部分需要交税。据英国税务部门估算，此举可为政府节省约 40 亿英镑的税收收入。另外，福利改革法案还对其他福利项目进行了缩减，例如对残疾人的福利补贴和个人住户的住房福利。虽然此次福利改革得到了利益相关阶层的抗议和反对，但是多数民众支持政府缩减开支，对不必要的福利进行改革的措施。

在社会医疗方面，对国家医疗服务体系（NHS）进行了改革。国家医疗服务体系建立于 1948 年，以其全面覆盖所有公民的高质量免费国家医疗服务著称于世，是英国人最引以为傲的国家福利制度的核心部分。但是，随着人均寿命的延长和老龄化的加剧，英国的国家医疗服务体系费用越来越高，服务质量也呈下降趋势。所以联合政府对医疗服务改革问题于 2010 年发表了题为《公平与优质：解放国家医疗服务体系》的白皮书，宣称将患者与公众放在第一位，提高医疗服务的成效，强调医生的自主权和责任，精简管理机构以提升效率。以此为蓝图，联合政府于 2011 年出台了《医疗与社会保健服务法案》，计划对国民医疗服务体系进行改革，将医疗支出在本届政府任期（2011 ~ 2015）内削减 40 亿英镑。此改革法案的要点是：第一，在英格兰地区建立新的全科医生组织，并由其全权负责所辖病人的医疗保健，同时享有对相应医疗预算的管理权；第二，建立一个全新独立的医疗保健组织，负责调查投诉并审查地方医疗保健服务提供者的表现，旨在提升国家医疗服务体系对患者和公众的责任感；第三，成立全新的"公共卫生英格兰"组织，旨在改善公共卫生，缩小富人区与穷人区在公共卫生方面的不平等；第四，到 2013 年，废除总数约为 150 个的初级医疗保健单位和 10 个地区医疗管理机构，代之以"国家医疗授权董事会"（National Commissioning Board），以达到精简官僚管理机构并减少国家医疗服务体系 45% 管理费用的目的。但是该法案遭到了医生、医院、公众甚至联合政府内部广泛且持续的争论和批评，因此，政府不得不暂停推进医改立法。[①]

在教育方面，英国联合政府教育大臣迈克尔·戈夫（Michael Gove）对教育体制进行了改革。在高等教育领域，因为全球金融危机和英国经济衰退，英国的失业率居高不下，在 8% 上下徘徊，政府部门的裁员和紧缩更使大学毕业生的就业雪上加霜。所以联

---

① Legislation. gov. uk, Heath and Social Care Act 2012, 29 Mar 2012, http：//www. legislation. gov. uk/ukpga/ 2012/7/pdfs/ukpga_20120007_en. pdf.

合政府将工党政府时开始实行的高校学费收费的数额从每年3000英镑提高到9000英镑，以减少政府支持并给予高校更多自主权。这一改革同样也引起了很大的争论，支持者认为大学经费不足会使英国领先的高等教育落后于人，而反对者则力挺教育公平的原则。在中等教育方面，政府的改革旨在让中学摆脱地方政府的控制，在预算和教学方面拥有更大的自主权。

税收政策

卡梅伦上台后，采取紧缩的财政政策，虽然其提高了销售税和增值税，但是政府极力维护中产阶级和中小型私营企业，具体包括逐步提高个人所得税的费用扣除额、逐年降低企业所得税税率、对中小企业提供系列雇用补助等。

4. 英国20世纪80年代至今的收入分配与财税政策总结

英国自20世纪80年代起，实施的调节收入分配差距的政策主要有税收政策、社会福利、社会保障、教育制度改革、医疗服务制度改革等，基尼系数的变化可以反映英国这30多年来国民收入差距的变化情况：基于可支配收入计算的英国的基尼系数，1980年为0.252，1983年增至0.263，1985年为0.277，1986年为0.284，1987年突破0.3，1990年达到0.335，随后的1990~2002年，基尼系数比较稳定，大多在0.34左右徘徊，如1992年为0.338，1997年为0.336，2002年为0.342。[①] 通过以上的数据可以看出，英国国内的收入分配差距在撒切尔夫人执政期间不断拉大，这与其采取的一系列措施有关，在20世纪90年代以后贫富差距则呈现一种平稳的状态。

5.4 法国20世纪80年代至今的收入分配与财税政策

1. 密特朗时期（1981~1995年）

密特朗（Mitterrand）是社会党人，其是在法国经济出现严重衰退的情况下上台执政的，上台后即实施了多项改革经济的措施。密特朗政府提出了法国社会长期发展的目标——实现"法国式社会主义"，加强了政府对国家经济生活的干预，强调经济计划化，采取了扩大国有化、改革税收制度、扩大就业、增加社会福利、按生产系列调整工业结构、鼓励投资与革新、增加科研经费、发展高精尖技术等一系列措施。但是，在1982年，法国经济形势日益恶化，密特朗政府通过削减公共支出转回自由主义的政策。

财政政策

在20世纪80年代初，大多数西方国家实行以反通胀为主的紧缩的财政政策，但是，法国反其道而行之，实行了刺激需求、振兴经济的膨胀的财政政策。相对应其膨胀的财政政策，其主要采取的调节收入分配的财政政策有：

首先是失业问题的解决。密特朗在任期间采取了国有化改革，这是解决失业问题的重要途径之一。1974~1975年经济危机之后，法国失业问题相当严重，到密特朗就任总统时，失业人数已经达到160多万人。社会党执政后，把解决失业问题放到优先地

---

① 世界收入不平等数据库最新修订版 WIID2c。

位，采取的措施除了规定缩短工时、降低退休年龄和加强对青年的培训等来增加就业机会外，同时把扩大国有化看作是对付失业和扩大就业的重要途径。国有化法案还规定国有化的企业不能随意解雇职工，这样，就使在国营企业工作的职工排除了失业的危险，就业得到了保证。另外，私人企业实现国有化以后，不管企业生产的好坏，每年都要按照国家规定招收一定数额的新职工，从而扩大了就业，减少了失业。

其次密特朗政府还采取了大力提高最低工资，把退休年龄降低到 60 岁，削减法定工作时间，扩大社会福利和社会保障费等一系列措施，来调节国民收入以实现社会正义。上述政策取得了一定成果，从 1981 年 5 月到 1982 年 12 月的 18 个月内，法国的最低工资提高了 31%，实际购买力提高了 10.5%。[①]

1982 年，因为上述膨胀的财政政策，使得法国的经济形势日益恶化，密特朗政府通过削减社会福利支出转回自由主义的政策。在 1982 年 6 月和 1983 年 3 月，法国分别进行了两次经济政策的大变革。1982 年 6 月，政府将原来的反失业优先的目标改变为反失业和反通胀并重的目标，1983 年则采取了更为严厉的紧缩政策。但是，政府并没有一味地采取不顾失业和社会公平的紧缩政策，在大力压缩开支的情况下，政府紧缩的项目都是些与解决就业无关的项目，而且尽量保证科研经费的均衡增长。在紧缩的财政政策下，政府也没有降低低收入者的收入水平，只是降低了某些补助标准，如失业补助标准，并采取了一些节流措施。在提高社会保险分摊额方面，政府依然贯彻多收入者多缴税的原则，尽量不增加低收入者的负担。

税收政策

密特朗总统特别强调社会的公平正义，上任初期通过给富人增税来减少赤字，此举虽然考虑到了广大中产阶级和低收入者的利益，但是却遭到了高收入者的一致反对。虽然 1982 年密特朗政府转变了政策，实行严厉的紧缩政策，但是在税收征收方面，还是坚持低收入者少缴税的原则，最大限度地保护低收入者的利益，保证整个社会的公平。

2. 希拉克时期（1995 ~ 2007 年）

希拉克（Chirac）总统竞选时的口号就是"变革"，1995 年上台伊始，宣布其主要任务是"同失业做斗争"。希拉克总统上台初期面临的首要问题就是失业问题，法国失业人数 330 万人，失业率高达 12.6%，其中长期失业人数达 120 万人，而青年的失业率更高达 25%，整个国家笼罩在失业的阴影之下。[②] 因此，该阶段政府调节收入分配政策的重点是解决失业问题。

财政政策

在解决法国的失业问题上，希拉克政府采取了一系列的措施。第一，推行就业合同制。其一是实施"促进就业合同"，政府对签订合同的企业主两年内免收福利分摊金，并每月补贴 2000 法郎，其目的是解决长期失业者的问题。其二是实施"青年就业合同"，解决青年人的失业问题，凡签订该合同的企业主也将被免除社会福利分摊金并享

①　数据来源于法国经社委员会相关资料。
②　陈桂林：《试析希拉克政府的经济政策》，载于《世界经济研究》1996 年第 4 期，第 24 ~ 27 页。

受政府补贴。第二，减轻企业税收，促进企业扩大投资，以增加招工人数。特别是减收中小企业低薪职工支付的社会福利分摊金，减收企业的继承税和转让税，并加强企业贷款保障机制，以利招工，在失业现象严重的城镇设立"免税区"。第三，开辟新的就业领域，如创造环境保护方面的职业，发展对个人（老年人、残疾人、婴幼儿）的服务等。第四，改革教学体制，发展职业和技术教育，加强学校和企业的联系，鼓励企业开展有针对性的职业培训，为失业者创造就业条件。除去以上措施外，政府还鼓励企业灵活安排时间，实行部门就业，还特设了直属总理领导的专门负责就业的国务秘书处，并在中央和地方建立各级"就业委员会"。

在最低工资和政府支出方面，希拉克政府也采取了一定的措施。主要包括：第一，从 1995 年 7 月 1 日起法定最低工资提高 4%，每小时法定最低工资从目前的 35.56 法郎提高到 36.98 法郎，即每月的法定最低工资从 6009 法郎增加到 6250 法郎，每月增加241 法郎，增加法定最低工资的人数达 150 万人。第二，对所有工资不到法定最低工资的一半的职工减免社会福利费，这一措施将能使雇主为每个这样的职工少开支 10% 的费用。第三，从 1995 年 7 月 1 日起，老年人的最低生活费增加 0.5%，同时这一措施也适用于对残疾人的补贴，国家在 1995 年和 1996 年增加了 1100 万人的退休金。第四，增加学徒津贴，设立就业补助金和初次就业补助金。第五，增加失业赔偿费，使失去工作的人恢复工作。

在社会保障方面，积极推动社会保障的改革。法国的社会保障体系因经济不景气、失业率提高、人口老龄化和自身的经营不善，债务累累并连年告急。1995 年 10 月，希拉克政府的朱佩总理提交了一个改革社会开支的计划，要求人民紧缩开支两年，政府对每份收入增收 0.5% 的还债税，同时还考虑把公务人员领取全额退休金的工资年限由原来的 37.5 年提高到 40 年，减少退休金支出。但是这些措施损害了人民的福利，把本该由经营者（政府）负责的亏损转移到每个纳税人的头上，引发了人民的强烈不满。

税收政策

该时期，法国的财政赤字几乎占国内生产总值的 6%，远远高于"马约"的 3% 的标准，所以希拉克政府所追求的除去降低失业率的又一目标就是减少财政赤字。希拉克政府除采取私有计划、压缩行政部门的行政开支以外，也开始提高各种税率，将增值税税率从 18.6% 提高到 20.6%，公司税税率提高了 10%，在 1995 年，法国税收占国内生产总值的比例达到 44.1%，创下了历史最高纪录。

希拉克政府在 2006 年也进行了一次大规模的税制改革，当年税制改革的目标是：第一，促进就业；第二，保护国内购买力；第三，应对石油价格上升；第四，增强法国企业的竞争力；第五，简化个人的纳税手续，强化政府与纳税人之间的信赖程度。据统计，通过 2006 年的税制改革可增加税收收入约 1.96 亿欧元。

2006 年税改涉及调节居民收入分配差距的政策主要体现在直接税方面的改革，其主要措施有：

在个人所得税方面，第一，所得税的通货膨胀调整（所得税指数化政策）。为了减少通货膨胀对税制的影响，对所得税累进级次上下限作了指数化调整，累进级次上下限提高幅度平均约为 1.8%，上调比率相当于除了香烟价格以外商品的价格上涨率。在此基础上，2007 年全面推进所得税减税政策，改革目标是通过简化税率表、降低税率来减轻中产阶级的税收负担，故 2007 年的减税方案将原先的 6 级超额累进税率改为 4 级，最高和最低边际税率分别为 40% 和 5.5%。第二，设置了税收负担上限（"税收盾牌"）。为了降低纳税人的直接税负担水平，并使纳税人负担的各种直接税总额占其收入的比重不超过 60%，在设计新税制时制订了负担上限（Bouclier Fiscal），形象地比喻为"税收盾牌"。这里的直接税主要是指所得税、财产税（中央税部分）、不动产税、居住税（地方税部分），其中不包括为提供各项社会保障而征收的一般社会保险税。第三，其他措施。除此之外，法国政府还扩大了税收优惠政策适用范围和优惠幅度，如提高就业补贴（PPE）、增加与再就业相关的搬迁费税前扣除额度、实施因更换工作而取得的不动产收益税收减免政策等。

在财产税方面，主要调整内容有：第一，缩短了遗产税与赠与税的累计课税时间；第二，对于兄弟姐妹之间的继承、赠与行为设定了基本扣除制度；第三，对个人财产税实施了通货膨胀（财产税指数化）调整。[①]

虽然希拉克政府采取了一系列的措施，但是由于对经济形势的错误估计和政策选择上的摇摆不定，并没有使法国的经济形势变好，反而使得国内社会加重了对政府的不信任，劳资关系不和，罢工频繁，收入分配差距拉大，经济几乎到全面衰退的边缘。

3. 萨科齐时期（2007～2012 年）和奥朗德时期（2012 年～2017 年 4 月）

萨科齐（Sarkozy）总统支持自由市场经济，主张降低企业社会福利和税收负担，以刺激经济发展和降低失业率，改革现行的社会福利和劳工制度，鼓励员工延长工作时间以增加收入。由于萨科齐当选之后，即爆发了全球金融危机以及稍后的欧债危机，其政策主要是通过削减国内开支以减少赤字。而奥朗德（Hollande）总统则被称为"欧洲的罗斯福"，信奉凯恩斯主义，主张政府对经济生活的干预，奥朗德政府的工作重点也是促进就业、改善公共经济、重振法国的经济，奥朗德同密特朗同属社会党，社会党更加注重公平，保护中产阶级的利益。

财政政策

萨科齐上任后，对法国经济进行大刀阔斧的改革，最主要的还是刺激国内经济发展，降低失业率。在解决国内的就业问题上，奥朗德在 2012 年就任法国总统以来，采取了一系列措施，包括将部分法国工作人口的退休年龄由 62 岁提前到 60 岁，提高最高工资保障，增加新就业岗位等。

萨科齐主张削减社会福利支出，将法国工作人口的退休年龄上调到 62 岁，增加国内医疗自费的比例等，但是这些改革引起了人民的强烈不满。

税收政策

该时期，法国政府所采取的有关税收措施主要是：减少对超时工作以及社会保险费

[①]　崔景华：《欧洲主要发达国家近期税制改革及其对中国的启示》，载于《经济与管理》2007 年第 10 期，第 58～62 页。

用的征税，在 2012 年 1 月，宣布提高增值税税率，征收金融交易税等措施，目的是减少赤字。

奥朗德当选之后，法国经济低迷，没有走出欧债危机的困境，国内赤字严重，失业率居高不下。奥朗德政府为了减少赤字，采取了大规模的增税政策。同时，在 2014 年 1 月 14 日，奥朗德政府承诺法国企业 300 亿法郎工资税的削减。

4. 法国 20 世纪 80 年代至今的收入分配与财税政策总结

法国自从 20 世纪 70 年代以来，失业率一直居高不下，而且国内赤字严重，所以除去密特朗总统执政前期的"法国社会主义"政策，80 年代以后的历任政府的主要经济目标是降低失业率和减少赤字。政府主要通过各种税收改革、社会福利改革、改革最低工资和退休年龄等政策来刺激国内经济，调节本国的贫富差距，但是在这些政策实施的同时，法国国内的收入差距呈现一种变大的趋势，从收入百分比份额来看，法国人均收入最高的 20% 的人口占总收入的比重 2001 年为 39.34%，到 2003 年上升到 41.48%。①

5.5 德国 20 世纪 80 年代至今的收入分配与财税政策

1. 科尔时期（1982~1998 年）

科尔（Kohl）总理上台时期，德国正经历"滞胀"的经济危机，面对困难的经济形势，科尔提出联邦政府的迫切任务是"缓和过高的失业率和振兴经济"。为此，科尔提出如下施政口号：减少国家干预，增加市场调节；取消集体负担，发挥个人作用；抛弃僵化结构，引进和加强竞争机制。

财政政策

科尔政府采取了紧缩的财政政策，平衡收支，减少社会福利，其涉及收入分配的主要财政政策包括以下几方面：

在解决失业的问题上，首先，科尔政府投资 210 亿马克用于环境保护、中等企业的邮电事业的发展。其次，调整了劳工和社会政策，把社会救助的资金用于真正需要救助的人，并且鼓励、支持失业者重新进入职业生活，具体的规定有：凡拒绝接受介绍工作的，将强制减少社会救助；社会救助增长率不得超过在职人员的纯工资（总工资减去各种税收和保险费）增长率；在职人员中的低工资者收入与获得社会救助的人员收入之间应保持适当差距，鼓励积极参加劳动和自立，等等。最后，采取措施缓解经济结构困难地区的就业问题，特别是农业地区，鼓励农民从事农业以外的副业。

在养老保障方面，1984 年科尔政府颁布《关于提前退休的福利金资助法》，规定："联邦劳动部保证，在雇主对于年满 58 岁即结束就业生涯的雇员支付提前退休金时予以补贴。补贴数额相当于支付提前退休金所用款项的 35%，以保证提前退休雇员可得相当于原工资 65% 的提前退休金，直到提前退休雇员年满 65 岁，有资格领取老年退休金

---

① 根据中国国家统计局网站相关数据计算得出。

为止。"[1] 1989 年，联邦德国又要求年满 58 岁的雇员每周减少一半劳动时间，同时领取原工资的 70%，政府将补贴另外的 20%，而法定的退休保险中，保险金提升到原工资的 90%，迫使更多的人提前退休，让出更多的工作岗位，以解决国内的失业问题。在 1992 年和 1999 年的养老金改革法中，政府将退休年限从 60 岁推迟到 65 岁，妇女及伤残者到 63 岁，并规定了提前退休要削减给付待遇的惩罚措施。

在改革医保体制方面，科尔政府以医保改革法为基础，分别于 1988 年、1992 年和 1996 年开始进行改革，具体措施有：（1）控制进入医保的签约医生人数；（2）制定药品的费用定额，同组药品中鼓励开低价处方，规定药品和辅料的品种范围，提高患者自费比例，降低补贴费用，改革医院筹资机制，压低医生报酬的上涨；（3）提高预防和康复的比重；（4）以投保者可自由选择基金会来增加竞争，提高配置效率；此外，改革还反复要求患者自付附加费，承担更多的自我责任。

在地区转移支付方面，科尔政府为德国东部地区提供巨额财政援助，振兴东区的经济，而且委托"托管局"负责东部地区国有企业的私有化工作，最后，联邦政府在 1991 年对西部居民征收统一附加税，并逐步提高了税率，以缩小东西部的收入差距。

税收政策

科尔政府分步进行了税制改革，科尔政府决定从 1983 年起提高消费品的税率，然后又从 1986 年开始逐步降低所得税特别是降低中小企业的税收，以鼓励个人投资，增加公民的就业机会。为弥补国家对投资者减免的税收，增加国家收入，科尔政府决定从 1983 年 7 月 1 日起把增值税从 13% 提高到 14%。到 1986 年科尔的税收改革完成第一步，联邦德国公众从这一改革中大约获得了 100 亿马克的好处。

2. 施罗德时期（1998～2005 年）

施罗德（Sohroder）总理上台之后采取"新中派"的经济政策，是不同于英国首相布莱尔和美国总统克林顿的第三条道路。

财政政策

在政府支出方面，众所周知，德国是一个高福利国家，所以施罗德上台之后的一个很大任务就是削减福利支出，提高个人和企业的投资能力，施罗德主要的改革措施是：削减法定附加工资，把 1998 年的 42.3% 的法定附加工资降低到 2000 年的 40% 以下；降低养老金支出和养老金保险，从 1999 年 4 月 1 日起，德国的养老金保险金额从 20.3% 降至 19.5%，到 2003 年再降 0.5% 个百分点，同时还规定 2000 年和 2001 年这两年的养老金不同最后工资挂钩，而是和通货膨胀率挂钩；削减失业救济金，同时规定失业保险金额以失业救济金的实际发放额为依据。

这些削减福利支出的经济政策引起了广大民众的不满。为了抑制民众的不满情绪，施罗德政府决定把子女津贴费从每人每月 220 马克先提高到 250 马克，接着又提高到 270 马克；把照看 16 岁以下子女的免税金额统一提高到 3024 马克，残疾子女不受年龄限制。

---

① Das Bundesarbeitsministerium. Das Bundesarbeitsgesetz ［Z］. Bonn，1988.

在增加就业方面，因为进入 20 世纪 90 年代后，德国的失业率扶摇直上，失业大军主要由长期失业者、年龄偏大的失业者、低能力失业者、残疾人和妇女等组成，于是，施罗德政府上台即通过与绿党签订《联盟协定》宣布"降低失业是新联邦政府的最高目标"，[①] 同时发表《伦敦宣言》，强调"国家必须主动推动就业，而不应成为那些经济失调牺牲品的被动赡养人"。[②] 其采取的主要措施有：成立由政界、经济界和工会高层代表组成的"劳动、培训和竞争力联盟"，协调劳动市场政策；加大经济结构改造的步伐，降低结构性失业，尤其是依靠高新技术和 IT 来加快结构改革的步伐；加大积极劳动市场政策的投入，推广"萨尔模式"和"美因茨模式"（前者以补贴福利保险的方式来减少雇主需支付的雇员附加工资；后者以补贴进修的方式来削减福利保险费）；加大开业资助，扩建现有企业，增大就业面；修改企业章程法，废除阻碍雇主的各项规定，使劳动组织现代化；颁布青年就业"紧急计划"，在此后的两年中已有 25 万青年参与；为年龄偏大的失业者提供更多的就业机会，对他们不再提倡提前退休；引进并加大部分时制工作，扩大妇女的就业机会；引进低工资工作，提供"入门打工"机遇，减免纳税负担，使低能力失业者也能获得适当工作；为长期失业者和其他受歧视者制定专门计划，使其能够融入劳动市场；调查一切依靠吃劳保生活的适龄工作者，弄清他们究竟是否还有赡养自己的能力，各部门要给具有劳动能力的失业者提供劳动机遇；推进残疾人就业，到 2002 年使 5 万名残疾人获得就业机会；引进终身学习机制，增加培训、进修和改行培训的机会，提高失业者的适应能力，以利于获得新的工作；削减失业救济，取消特殊失业救济，增大就业吸引力等政策。

最后，施罗德总理还是中产阶级的维护者，在他在任期间，出台了一系列保护中产阶级利益的措施。其最重视的中小企业主、商人和手工业者，制定了包括降低中小企业税收、资产折旧率等改革措施。

税收政策

施罗德政策的一大特点就是减税，其提出了三阶段减税方案。方案规定第一阶段为 1999 年，减税总额为 140 亿马克，普通 4 口之家平均每家减税 1000 马克；第二阶段为 2000~2001 年，进一步减税，总额为 160 亿马克，普通 4 口之家平均每家每年再减税 1800 马克；第三阶段为 2002 年，减税总额为 140 亿马克，到 2002 年应减税 570 亿马克。与 1998 年相比，一个普通四口之家要减税 2500 马克。减税政策取得了实效，到 2000 年实际减税已达 454 亿马克。于是便对原计划作了修订，将第三阶段提前到 2001 年来执行，同时制定了 2001 年、2003 年和 2005 年第二个三阶段税改计划。

3. 默克尔时期（2005 年至今）

默克尔（Merkel）总理上台以后政绩卓著，使德国成功避开了 2008 年金融危机的影响，目前经济发展势头良好，失业率较低。

财政政策

德国总理默克尔为应对全球金融危机，采取的与收入分配有关的财政政策主要有以

---

① 社民党—绿党：《联盟协定》，1998 年。
② 施罗德—布莱尔：《伦敦宣言》，1999 年。

下几个方面。

在降低失业的方面，一是实施短时工资制，规定因受金融危机影响而任务量减少的企业可以采用短时工资制度，企业仅仅支付给员工实际工作时间的工资即可，其余部分由国家补足。德国规定，国家补偿的最高比例可以达到 60%，如果有孩子，最高可以达到 67%，最长期限可以达到 18 个月。二是由国家负担费用，利用任务量不足的空余时间对员工进行培训，这也是为危机过后企业迅速恢复生产做准备。三是降低政府和企业共同承担的保费中企业所承担的比例，同时将失业保险费由原来的 3.2% 降低到 2.8%。

在政府支出方面，德国联邦政府拨款 100 亿欧元，用于公共投资。该公共投资资金只能用于教育方面，包括建设和改造学校和非学校的培训机构，以及基础设施建设，包括修建医院、地方道路建设、农村基础设施改善等，并且用于教育的投资不得低于总投资的 65%。

在德国 2005 年的税制改革中，取消了住房补贴制度。德国的原税法中规定，对于新购入并居住用的住宅，在购入后 7 年之内，户主可以得到免税的住房补贴，但从 2006 年开始取消了此住房补贴政策。作为此项改革的过渡性措施，《有关废除住房补贴的法案》中规定，在 2006 年 1 月之前购入的住房则继续给予补贴。这项措施为德国政府带来了可观的财政收入。

税收政策

德国在 2005 年进行了一次税制改革，由于德国经济一直未能走出持续低迷的萧条态势，2005 年 2 月其失业者人数超过了 500 万，是"二战"以来失业率最高的一年。在此背景下，此次税制改革的主要目的为：减轻企业（雇主）的负担，增加就业岗位，降低失业率；减少税前扣除等免税规定，增加财政收入。两党联盟政权的主要税制改革措施主要是调整若干税收优惠政策，主要的内容是：

废除与解雇补偿金相关的税收优惠措施。德国原税法中规定，企业按照合法程序解雇雇员时支付的解雇补偿金（也叫退职金），在考虑被解雇员工年龄和工龄的基础上设置税前宽免额。例如，年龄在 55 岁以上且工龄超过 20 年的雇员税前可从退职金中扣除 11000 欧元；年龄在 50 岁以上且工龄未满 15 年的雇员的税前扣除限额为 9000 欧元；其他人员扣除限额为 7200 欧元。但从 2006 年开始彻底废除了这一税前优惠措施。

取消与结婚以及生育补贴相关的税收优惠措施。原税法中规定，雇员可以享受雇主对其支付的结婚以及生育补贴的一次性税前扣除优惠政策，最高限额为 315 欧元，但《税制紧急计划法》规定，从 2006 年开始废除此项优惠措施。

在 2005 年税制改革的基础上，政府又在 2007 年对税制进行了进一步的调整。为了履行 1996 年以原德国财政部长魏哥尔为首的欧盟领导人制定的欧盟《稳定与发展协定》中控制赤字率的义务，近两年德国政府的财政政策主要致力于改善财政赤字状况，这在 2007 年的税制改革方案中得到了充分的体现。这次改革方案的主要措施是：

提高增值税的基本税率，2007 年 1 月开始将增值税基本税率由 16% 提高至 19%。

提高所得税的最高边际税率，即由 42% 提高至 45%，新的最高边际税率适用于年收入超过 25 万欧元的单身户主和年收入超过 50 万欧元的夫妇。[①]

2008 年爆发了全球性的金融危机,为应对此次危机,德国政府也采取了一系列的救援政策。在税收方面,在 2009 年第二套经济刺激计划中,将所得税的征收门槛由 7664 欧元提高到 8000 欧元,废除未经通货膨胀率调整的收入税征收模式。

4. 德国 20 世纪 80 年代至今的收入分配与财税政策总结

德国的居民收入分配差距历史变迁不同于英、美,没有明显的先缩小后扩大的趋势,20 世纪 80 年代初期,基尼系数一直呈现平缓下降的趋势,到 80 年代中期以后,基尼系数趋于稳定,稳定中又略微有所上升,这与政府采取的经济政策有很大关系。2004 年全德国的基尼系数为 0.311,比起 1992 年的 0.3076,只上升了 0.34 个百分点。[②] 德国政府一直注重维护社会公平,即使是在 2008 年金融危机爆发之后,在全世界都采取削减政府支出的紧缩政策时,默克尔总理没有大幅度削减社会福利支出,一直注重保护低收入者的福利。所以,从世界范围来看,德国的居民收入差距是相对较小的,处于中等偏下水平,甚至可以说德国和北欧国家一起处于收入差距的低端水平。

---

① 崔景华:《欧洲主要发达国家近期税制改革及其对中国的启示》,载于《经济与管理》2007 年第 10 期,第 58 ~ 62 页。

② 世界收入不平等数据库最新修订版 WIID2c。

第6章 "金砖国家"的财税政策调节收入分配的实践

6.1 "金砖国家"的收入分配与财税政策——巴西

6.1.1 巴西经济发展和收入分配背景

巴西是西半球最大的发展中国家，也是世界上发展最快的国家之一。"二战"结束后，巴西历届政府通过推行"进口替代战略""高增长战略""综合平衡战略"，顺利地实现了经济的起飞，经过几十年的努力，巴西已由一个传统的农业国转变为一个现代工业化国家。巴西 1960 年人均 GDP 就已达到 1049 美元，与中国目前的水平（2003 年底为 1090 美元）基本相当，到 1980 年达到 2486 美元，2000 年为 3604.48 美元，2004 年约合 3330 美元，但与此同时，巴西也是一个财富分配两极分化现象极其严重的国家。世界银行有资料表明，20 世纪 90 年代中期，巴西 1% 的最富有阶层拥有的总收入甚至超过了最贫困的 50% 人口的总收入；10% 的最富有阶层的平均收入相当于占人口 40% 的最贫困阶层平均收入的 30 倍。巴西的基尼系数由 1960 年的 0.50 上升到 2004 年的 0.60，远超过国际公认 0.40 的警戒线。2003 年巴西全国贫困人口为 5390 万，占总人口的 31.7%，赤贫人口 2190 万，占总人口的 12.9%，14% 的人口尚未解决温饱问题。[①]

经过一段高速的经济发展期，自 20 世纪 80 年代起，巴西在以所谓的"新自由主义理论"的经济模式为指导思想进行经济改革后，经济发展一直停滞不前，经济增长乏力，而贫富差距日益扩大，社会治安混乱，经济社会发展失衡，政局动荡，使巴西正经历着"拉美现象"的严酷考验。

进入 21 世纪以来，是巴西重视收入分配的重要战略转型期，在经历了 20 世纪 60 ～ 90 年代的"经济奇迹"以后，巴西具备了通过转移支付和各项财政税收政策加强对国民收入再分配的实力，收入差距下降的主要原因是其中产阶级队伍的扩大。巴西近年来在再分配领域所采取的措施是重在缩小低收入阶层和特高收入阶层的比例，扩大中产阶级队伍，使社会呈现"橄榄型"的收入分配格局。

---

① 陈锋正：《中国、巴西：城市反贫困的比较及其启示》，载于《经济与管理》2009 年第 6 期，第 37～41 页。

6.1.2　巴西调节收入分配的财政政策

"家庭补助金计划"和普及教育

大多数学者认为巴西之所以出现如此严重的收入分配不公的问题,很大程度上根植于教育的不公平,20 世纪 90 年代中期以后,巴西政府实施的相关政策改变了这一现象,平均教育水平的上升,导致无技能工人相对稀缺,劳动力市场技能溢价出现下降,因此工人工资的差别下降,调节了收入分配。

巴西现代教育起步晚,这是由其独特的历史和文化决定的。早在 1500 年,当葡萄牙探险家到达南美大陆时,这些欧洲来的新移民主要关心的是从当地获取"巴西木"并运回欧洲修建他们的庄园,而不是对新大陆进行有效的属地治理。因此,对土著人采取了极为残暴的殖民统治,导致大量土著人死亡,后来从非洲引入大量黑种人劳动力。即使 1822 年巴西独立后,这种对劳动力素质(健康和受教育机会)漠视的现象也未曾改观。因此,直到废除奴隶制度前夕,不仅全部奴隶没有接受正规教育,而且自由民的文盲率也高达 85%。[①] 直到 1930 年,巴西才建立了教育文化部,但教育管理权限仍然保留在州及地方政府手里,没有全国统一的义务教育计划和保障措施,导致大部分适龄儿童没有受到正规教育。同时,巴西在 1934 年和 1937 年成立了圣保罗州立大学和里约联邦大学(后者是由几所已经存在的院校合并而成),但巴西经济的发展在很大程度上仍然依靠原材料和大宗商品的出口,对工人素质的提高没有那么迫切,劳动力受教育程度没有明显改观。即使到了 20 世纪 50 年代,超过 50% 的巴西人仍然是文盲,在此后几十年里,虽然人口规模迅速扩大,城市化进程也出现了加快发展,但巴西人口的平均受教育程度仍然较低。

进入 20 世纪 60 年代以后,巴西经历了军人政府独裁统治时期(1964 ~ 1985 年),政治对话受到压制,大批知识分子离开巴西。回归民主体制后,巴西制定了一部具有重大意义的宪法——《1988 年联邦宪法》,旨在建立公平公正的社会制度,其中教育公平成为其中的一项主要内容。该宪法规定建立八年制义务教育,并赋予 7 ~ 15 岁儿童获得免费教育的权利;还要求州和地方政府财政收入的至少 25%、联邦政府收入的至少18% 用于教育。20 世纪 90 年代初,巴西结束了对国内经济部门的高度保护政策,而全球化带来了巨大的竞争压力,于是政府开始鼓励发展新技术和新工业,这就需要大量受过良好教育的工人,因此,教育改革已势在必行。

1996 年,巴西颁布了《国民教育基础与指引法》,界定了联邦、州和市政府在国民教育方面的权责分配,推动学校治理的民主化进程,让学校在资金使用和课程选择上享有更多自主权。同一年,联邦宪法第 14 号修正案建立了"基础教育发展基金"(FUNDEF),要求改变财政向教育的拨款原则。原来是按照人口占比原则确定教育经费的分配,大城市可分配到较多资金,而贫困地区和一些小城市分配到的资金较少;改革后通过新建立的基金对东北部和北部贫困地区进行倾斜性融资支持。随后几年,巴西联

---

① 齐传钧:《巴西收入分配问题与相关政策评析》,载于《拉丁美洲研究》2014 年第 4 期,第 27 ~ 34、80 页。

邦和地方政府开始进行全面的教育系统转型：一是教育融资均等化；二是绩效测度；三是降低贫困家庭教育成本。对于教育融资均等化，巴西联邦政府在教育融资上的职能转型是革命性的变化，其首要政策目标是消除地区间教育支出的极端差异。

2004 年，巴西政府合并了之前存在的许多针对健康和营养的有条件现金转移计划，将其整合成一个单一项目，即前面提到的"家庭补助金项目"，提高了补贴标准。2006 年，巴西国会将原来的"基础教育发展基金"更新为"基础教育发展和维护基金"（FUNDEB），资助范围从原来的初等教育和中等教育扩大到儿童早期教育、校外年轻人和成人教育。"家庭补助金项目"和"基础教育发展和维护基金"使得高级中学教育在供给和需求两方面都取得了优先权。这些政策的推出无疑降低了贫困家庭子女的教育成本，扩大了教育普及程度。通过有条件现金转移计划的引入，提高了贫困家庭子女的入学率和受教育机会。同时，巴西的公共教育支出占 GDP 比重也从 2000 年的 4% 持续增加到 2010 年的 5.8%。

巴西这些教育改革的效果是显著的。例如，巴西国内 15 岁及以上人口的识字率从 2000 年的 86.4% 增加到 2011 年的 90.4%。2012 年巴西全部人口的文盲率为 8.7%，男性和女性分别为 9.0% 和 8.4%。具体到每个年龄段而言，文盲率就有了明显的差异，特别是随着年龄的提高，这种差异就越突出。例如，15～24 岁人口的文盲率仅为 1.4%，35～44 岁人口的文盲率为 6.6%，而 60 岁及以上人口的文盲率则高达 24.3%，且女性的文盲率高于男性。

虽然巴西教育已经取得了明显的改进，特别是近 20 年，巴西初等教育和中等教育普及率有了显著提高，但仍没有消除与其他中等收入的拉美国家和 OECD 国家之间的差距，教育质量还面临着特别大的挑战。例如，OECD 国际学生评估项目（PISA）2012 年的评估结果显示，在 65 个接受评估的国家和经济体中，巴西的学生在数学、阅读和科学的综合测试中得分都非常靠后，例如数学得分仅排在第 58 位，近乎垫底。目前，巴西政府也意识到这一问题，提高教育质量不仅需要持续的财政投入，甚至需要在目前基础上大幅增加财政投入，另外，学校基础设施和教师队伍的优化也很难在短期内立竿见影。

养老金制度

巴西的公共养老金制度属于现收现付制，主要由两个制度体系组成，即公共部门养老金制度和私人部门养老金制度。公共部门养老金制度是由分属联邦、州和市政府管理的诸多分散的计划组成，由联邦政府相关部门统一协调，其收入来源于雇员缴费。私人部门养老金体系是一个全国统一的制度，收入来源于雇主和雇员缴费，国家通过消费税和其他财政转移弥补待遇支付不足的部分。虽然这两种养老金制度结构基本相同，但实施起来的实际效果却大相径庭，其对收入分配的负面影响也广为诟病。具体来说，巴西公共养老金制度存在着以下主要问题：

首先，虽然巴西已经进行了改革，但不同养老金制度给公共部门雇员和私人部门雇员造成的收入分配不公问题并没有得到根本解决。具体来说，私人部门养老金制度有缴费上限，从而限制了雇员的缴费，也限制了养老金待遇水平，而公共部门养老金制度却不受这个上限的限制，这就导致了私人部门雇员的养老金待遇可能远不如公共部门的雇员。2003 年和 2005 年，巴西对公共部门养老金制度进行了改革，对改革后新入职的政府机构雇员增加缴费上限，但是，考虑到改革的巨大阻力，这次改革的过渡期非常长，需要 30 年时间才能实现两个制度的最终并轨，因此其效果需要很长时间才能体现出来。此外，该项改革还给公共部门雇员引入了自愿性养老金计划，用于补充基本养老保险待遇的降低，虽然此次引入的自愿性补充养老金计划的待遇计发原则相对公共部门养老金制度更为严格，但该计划仍然可以获得部分财政补贴，这更减弱了改革的效果。

其次，养老金制度缴费和待遇之间缺乏精算联系，不仅恶化了制度的财务可持续性，对公共财政的健康运行带来了巨大隐患，更为严重的是它还带来了财政资源分配不公问题。虽然这两个制度养老金待遇标准的下限都是定期调整的最低工资，但是在公共部门养老金制度中获得这个下限待遇的退休者并不多，与之相反，私人部门养老金制度中却有多达 2/3 的参保退休人员所得养老金待遇位于最低工资标准。从 20 世纪 90 年代中期开始，最低工资标准根据社会工资的实际增长情况每年进行调整，这就导致养老金缴费和待遇已经失去联系，所以可以看作是缴费型养老金和非缴费型养老金制度的混合模式。这种模式的确立给巴西政府财政支出带来巨大负担，因为养老金待遇与缴费失去联系，那么企业和个人缴费对退休后待遇的贡献将大大下降，逃避缴费或降低缴费水平必然成为人们的一种理性选择，从而削弱养老金制度的收入能力，而这种收入能力的下降并没有在待遇水平上体现出来，收支差额部分就不得不动用财政资金进行补贴，一旦经济增长出现困难，财政收入受限，那么出现公共财政危机就成为一种可能。即使不出现财政危机，给这些受雇于正规部门工人的退休金进行补贴也很难找到资金支持，最终必然对收入分配产生负面影响。

最后，养老金待遇调整机制的差异同样带来了严重问题。对于私人部门退休者而言，养老金待遇要么随着最低工资标准的提高而增加，要么根据通胀水平向上调整，而对于公共部门退休者而言，养老金待遇基本都是跟着工资增长率的提高而向上调整。一般来说，工资增长与经济增长基本保持一致，但是高于通胀水平，这就导致了在经济高速增长时期，公共部门退休者可以分享经济增长成果，而私人部门中待遇超过最低工资的退休者却与此无缘。因此，如果仅通过养老金制度这个渠道，巴西的经济增长并不能改善收入分配状况。21 世纪初巴西已经对公共养老金制度进行了改革，取消了新入职的公共部门雇员这项特权，但改革前的雇员却仍继续按照工资增长率调节养老金待遇，因此，要解决养老金导致的收入分配不公问题，必然需要一个非常长的改革过渡期。

社会救助

巴西的社会救助政策可以追溯到 1938 年，当时创立了"国民社会服务委员会"（CNSS），旨在通过社会慈善组织向最贫困人口提供社会救助，因此政府在社会救助上贡献不大。此后的几十年里，巴西先后针对儿童、农业工人、残疾人和没有足够收入的老年人建立了社会救助制度，但这些制度普遍存在两个问题：一是给予的待遇标准较低；二是满足救助的资格条件非常苛刻。以 1974 年建立的"终身每月收入项目"（RMV）为例，救助对象为残疾人和年龄在 70 岁以上且每月收入低于最低工资的 60%，同时还要求受益人必须是加入缴费型社会保障制度且有一定的缴费年限，因此大多数穷人很难满足这种苛刻的条件。

随着《1988 年联邦宪法》的颁布，社会救助成为巴西人的一项基本社会权利，巴西政府开始建立面向家庭、妇女、儿童、残疾人和老年人等弱势群体的全方位社会救助体系。例如，1996 年，巴西在此前的"终身每月收入项目"基础上建立了"连续现金福利项目"，这是一个不附带资金用途的现金转移项目，只要伤残或年龄 65 岁及以上，且家庭人均收入低于最低工资的 1/4 就可以获得救助，救助的最高标准为最低工资，但不能与其他社会救助项目累计。2005 年有 270 万人从这个项目中受益。该项目因其可能产生负激励效应而遭到批评，然而，考虑到受益年龄要求较高，这种影响应该是不显著的。[①]

进入 21 世纪后，巴西政府先后通过"零饥饿计划"和"没有贫困的巴西计划"，整合了此前建立的分属各地区和各部门管理的碎片化社会救助体系。"零饥饿计划"创立于 2003 年，包括很多有关食物保障和减贫的政策，其中最有影响力的是属于有条件现金转移性质的"家庭补助金项目"。"零饥饿计划"实施 7 年来取得了很大进展，但仍然有很多人处于极端贫困状态，且没有被"家庭补助金项目"和其他非缴费型项目覆盖进来。因此，2011 年巴西政府又推出了"没有贫困的巴西计划"，继续整合巴西的社会救助体系，重点是识别贫困家庭并给予公共服务和社会救助。目前该计划通过"家庭补助金项目"保证每月人均收入不低于 70 雷亚尔（约合 39 美元），如果家庭有未成年子女（视子女数量而定）还可以获得最高 160 雷亚尔的额外人均补贴。2012 年，巴西又在"没有贫困的巴西计划"下引入了"巴西关爱项目"，旨在对那些已经获得"家庭补助金项目"资助但仍未摆脱极端贫困状态的家庭提供额外的现金补助。

积极的就业政策

巴西高速的经济增长，对劳动力产生更大的需求，加之政府采取积极的就业政策，使巴西失业率明显下降，从而为缩小收入差距起到重要的推动作用。其中，"易拉罐就业"也称"第一次就业计划"，是政府采取的较为有效的扩大就业计划。该政策是专为 16～24 岁、第一次就业的低学历青年人准备的。青年失业是巴西失业问题中较为突出的现象之一，在失业人员中，该年龄段的比例占到约 45%。该项目主要通过部分减免税收或发放补贴等方式鼓励企业招聘无工作经验的年轻人，享受政府资助的企业必须保证在 12 个月内不解雇年轻人，如有违反，每解雇一人将被处以 345 雷亚尔的罚款。如果符合要求的年轻人想自己创业，政府还会提供低息贷款及经营方面的指导和培训。

6.1.3 巴西调节收入分配的税收政策

税收作为国民财富的第二次分配的重要调节工具，对调节收入分配起到杠杆作用，通过税率的高低变化可减少高收入者的工资收入从而缩小国民之间的贫富差距。在个人所得税方面，巴西提高个人所得税的费用扣除额，以避免低收入者和工薪阶层缴纳个人

---

① 齐传钧：《巴西收入分配问题与相关政策评析》，载于《拉丁美洲研究》2014 年第 4 期，第 27～34、80 页。

所得税。巴西近年来连续调整个人所得税费用扣除额和税率级距,2008 年底,巴西就增加了个人所得税两档税率,并提高了 2010 年个人所得税的费用扣除额和税率级距。2011 年初,再次提高了 2011~2014 年的费用扣除额和税率级距,并按照年份的递增逐年增大了各年度的费用扣除额和税率级距。同时,巴西还运用了减免预提所得税等措施,不断降低个人所得税税负。此外,巴西政府还鼓励企业和慈善者进行社会捐赠,其社会捐赠部分不计入纳税收入,以此来实现财富从富裕者手中向贫穷者手中的转移,从而达到缩小贫富差距的目的。

6.1.4 巴西调节收入分配的结果

巴西主要采取的调节收入分配的政策主要有教育制度改革、社会救助、养老金制度改革还有个人所得税制度改革等,这些政策取得了不错的成果,使得巴西国内的贫富差距不断缩小,巴西的基尼系数自 1989 年以来有不断下降的趋势,从收入分配组内结构来看,从 1989 年到 2009 年最高收入 20% 所占比重下降,而最低收入 20% 呈上升趋势(见表 6-1),同样反映出巴西收入差距正在缩小。

表 6-1 　　　　　　　　　巴西基尼系数变化:1989~2009 年 　　　　　　　单位:%

年份	各组占全部收入或消费的比重				
	最低的 20%	第二个 20%	第三个 20%	第四个 20%	最高的 20%
1989	2.1	4.9	8.9	16.8	67.5
1995	2.5	5.7	9.9	17.7	64.2
1996	2.5	5.5	10.0	18.3	63.8
1997	2.6	5.7	10.3	18.5	63.0
1998	2.2	5.4	10.1	18.3	64.1
2001	2.4	5.9	10.4	18.1	63.2
2003	2.6	6.2	10.7	18.4	62.1
2004	2.8	6.5	11.0	18.7	61.1
2005	2.9	6.5	11.1	18.7	60.8
2007	3.02	6.85	11.78	19.62	58.73
2009	3.34	7.17	11.94	19.49	58.06

资料来源:世界银行 WDI 数据库和《中国统计年鉴》。

6.2 "金砖国家"的收入分配与财税政策——俄罗斯

6.2.1 俄罗斯经济发展和收入分配背景

俄罗斯在经济发展中带有深刻的制度烙印,由计划经济到市场经济的过渡也同样是俄罗斯短期内难以完全摆脱的另一个桎梏。俄罗斯制度变迁对国民收入初次分配格局的影响可划分三个阶段：

第一阶段，从 1989 年东欧剧变到 1991 年 12 月 25 日苏联宣布解体后俄罗斯联邦的成立，这一阶段是动荡的。俄罗斯虽是苏联解体后的最大主权国家，但受苏联一直以来严格的计划经济影响，其经济困境不言而喻。时任俄罗斯总统的叶利钦（Yeltsin）为解决苏联时期留下来的一系列问题，进行了激进式改革，称为"休克疗法"。"休克疗法"的改革内容包括一次性全面放开价格、实行紧缩的财政政策、实行紧缩的货币政策、对外经贸自由化、以行政手段强制推行大规模私有化等措施。然而，尽管"休克疗法"的事实有着很深的政治和历史文化背景，但是，其实施的结果并不理想，本来希望能起到抑制通货膨胀，改善经济发展状况的一系列政策执行的结果却适得其反。首先，通货膨胀恶性发展，1992 年的通货膨胀率高达 2510%；社会生产大幅度下降，1992 年的国内生产总值下降 14.5%，1995 年下降 5%，1992 年的工业产值减少 18%，1991 年的工业产值下降 8%，外汇空前短缺，卢布汇率狂跌不止；人民生活急剧恶化，1992 年居民实际货币收入下降 47.5%，贫困线以下人口增加到占总人口的 1/3；同时这一时期的国民收入初次分配格局出现了巨大波动，在 1992 年俄罗斯的劳动份额达到 1989～2011 年的最低点，仅 36.76%，企业份额高达 59.8%，政府份额不足 4%。[①]

第二阶段，认识到"休克疗法"这种激进式的改革方式对俄罗斯经济产生的危害，随后的切尔诺梅尔金（Chernomyrdin）政府、普里马科夫（Primakov）政府、普京（Putin）政府都采用渐进式经济转型方式，包括改变转轨目标模式，实行社会市场经济，加强国家宏观经济调控，把解决社会问题和发展生产放在首位；降低税率、扩大税基；注重发展民族经济等。这些政策使得经济发展展现活力，切实增加了居民收入，同时为经济发展提供了一个日渐稳定的大环境。政府加大对宏观经济的调控难免使得俄罗斯初次分配中政府份额不断攀升达到较高水平。同时，劳动份额由前期波动不稳到逐渐呈稳定状态，企业份额总体波动呈下降趋势。

第三阶段，2008 年的金融危机后，俄罗斯将经济现代化作为反危机的重要措施，并致力于摆脱"资源依赖型"经济发展模式，向"创新型"经济发展模式转型。俄罗斯受苏联时期经济发展"重重工业，轻轻工业"思想的影响深重，并且国家资本主义盛行，政府对经济的控制权不断增大，企业生存空间不足，造成转变经济发展方式困境重重，现存的发展压力和普京政府的经济现代化政策结束了俄罗斯经济发展的迷茫。该时期，普京政府采取了一系列措施：加大对教育和科研的投资力度，推动技术创新；限制资源出口，鼓励境内产品深加工，努力实现进口替代；整合行业资源，建立超大型国家公司，提升产业竞争力；建立各种类型经济特区和科技园区，为发展高新技术产业和招商引资搭设平台等。这些措施取得了一定成果，包括劳动生产率有所提高，人力资本质量得到发展，居民平均寿命从 2005 年的 65.5 岁提高到 2010 年的 67.2 岁。在此期间居民收入增加，政府份额依然保持较高水平，企业份额略微下降。

---

① 喻璐：《金砖国家国民收入初次分配格局的比较研究》，河南师范大学，2014 年。

6.2.2 俄罗斯调节收入分配的财政政策

社会保障政策

从 1992 年开始,俄罗斯在继承苏联时期社会保障制度的同时,又对这种体制实行改革。其基本思路是,从普遍的福利制度转向为最贫困居民提供一张安全网,社会保险资金由主要靠国家预算拨款的现收现付制改为由企业、个人和国家合理分担的制度,并建立个人储蓄账户。在改革中,俄罗斯建立了失业保险制度,实行了强制性医疗保险制度,确定了养老金制度等。近 10 多年来,俄罗斯投入大量资金用于居民的社会保障,对社会公平产生了积极影响。2000 年,俄罗斯用于社会政策的支出为 1268 亿卢布,占联邦预算支出的 6.8%;2010 年用于社会政策的支出为 6.1777 亿卢布,占联邦预算支出的 35.1%;2011 年用于社会政策的支出为 6.5122 万亿卢布,占联邦预算支出的 32.5%。[①]

俄罗斯社会保障制度改革的方向是符合市场经济发展要求的,改革取得了一些积极成果。第一,社会保障的广泛性,即俄罗斯联邦的所有公民均有权享有社会保障;第二,社会保障的全面性,即社会保障几乎涉及所有情况下公民需要的各种形式的救济、帮助和服务;第三,国家对社会保障实行监督,即俄罗斯在社会保障的组织、制度方面实行中央和地方两级管理体制;第四,保护无劳动收入者或没有条件获得劳动收入者的权利等。

收入政策

作为直接控制要素收入的宏观经济政策,俄罗斯 2000 年以来实行的收入政策是成功的。俄罗斯把反贫困和提高居民实际收入作为政策的优先方面:一是对国家公务员实行不断提高薪水的政策;二是对企业职工工资实行指数化;三是保证退休者退休金稳定增长,并实行有针对性的社会帮助;四是实行最低工资制度。1992~2011 年的 20 年间,俄罗斯居民实际工资先降后升:1999 年之前,除了 1997 年增长 5% 之外,其他年份均为下降;2000~2011 年,除 2009 年下降 3% 之外,其他年份均为增长,其中 2010 年增长 5%,2011 年增长 3%。退休者实际退休金在 1992~1999 年呈持续下降趋势,此后持续增长,其中 2009 年增长 11%,2010 年增长 35%,2011 年增长 1%。实际最低工资在 1992~1999 年基本呈下降趋势,此后基本呈增长态势,其中 2009 年增长 68.6%,2010 年下降 6.4%,2011 年下降 4.8%。[②] 俄罗斯实际工资、实际退休金和实际最低工资增长速度同经济增长速度大体保持一致。

在肯定俄罗斯收入政策的同时,需要指出的是,俄罗斯在对收入进行初次分配方面也存在不足,暴露出一些问题,如社会群体之间收入差距扩大。苏联时期基尼系数一般在 0.25 左右。经济转轨以来,俄罗斯的基尼系数从 1992 年的 0.26 升至 2011 年的 0.416。总的来看,收入差距比较明显,已进入国际警戒区。

---

①② 马蔚云:《俄罗斯收入分配政策评析》,载于《俄罗斯中亚东欧市场》2012 年第 11 期,第 1~7 页。

最低生活保障制度

俄罗斯还制定了最低生活保障制度或贫困线制度，此项制度的发展，从 1992 年 3 月叶利钦发布《俄罗斯联邦最低消费预算体系》的总统令算起，已经有 20 多年的历史。根据本国国情，俄罗斯在实践中采用标准预算方法，即根据人们生存的需要来制定贫困线。标准预算方法亦称标准方法，是传统的计算贫困线的方法。俄罗斯在采用这种方法确定贫困线时，以 10% 的最贫困家庭最低食品、非食用商品和服务的消费、税收和缴费占支出的结构为基准，确定基本生活品的种类和标准。

慈善机构发展

除去以上在税收和财政方面的主要政策以外，俄罗斯还在国民收入的第三次分配上采取了一定的措施。在俄罗斯传统文化中，反映慈善美德的思想非常普遍。俄罗斯人有着浓厚的东正教信仰。东正教倡导一种行善积德的理念，提倡以慈悲为怀、关爱生命，把乐善好施当作美德。俄罗斯慈善事业的发展，从 1995 年 8 月政府出台的《俄罗斯慈善活动和慈善组织法》（1997 年 9 月 19 日由国家杜马通过）算起，已经有 20 年的历史。

俄罗斯的慈善机构大致可分为三类：一是企业慈善机构，主要由俄罗斯企业开办，由大型商业集团或银行提供活动资金，活动目的带有纯慈善性。在俄罗斯，成立此类慈善机构企业不多，基本上是大型企业，如俄罗斯通讯公司、卢克石油公司、尤科斯石油公司及一些银行。二是基金会，主要由西方在俄罗斯成立，活动经费一般来源于富人或富裕家庭提供的私人基金运转资本产生的利息，如索罗斯基金会、福特基金会和卡内基基金会等。近年，俄罗斯开始出现本国私人基金会，数量不多，如波塔宁慈善基金会等。三是中介组织，由于缺乏管理和组织经验，俄罗斯政府所属的基金会常常邀请包括从事慈善活动机构在内的国内外非政府组织（中介组织）参与政府拨款计划的实施。这些机构主要有世界学会和国际研究与交流理事会等。

俄罗斯慈善机构资金主要来自以下四条途径：一是外国政府财政拨款，如美国国际开发署开办的欧亚基金会；二是政党资助；三是大型企业捐助，如"微软""苹果""麦当劳"等大型跨国企业；四是个人捐助，如索罗斯、巴菲特等跨国公司的老板。

相对于美国等西方发达国家，俄罗斯的慈善事业起步较晚，但在聚集和分配社会财富、支持社会福利以及参与其他社会活动方面扮演了重要角色，在缓和社会矛盾、保障弱势群体方面发挥着重要作用。

6.2.3　俄罗斯调节收入分配的税收政策

俄罗斯调节收入分配的税收政策主要表现为对个人所得税的改革。2001 年以前，俄罗斯个人所得税税制设计并不合理，主要表现为累进税率级距过多，大部分边际税率不适用。累进税率的结果是，高收入纳税人偷逃税现象严重，使得个人所得税是累退的。

2000 年，俄罗斯国家杜马通过了政府的税制改革方案，改革的主要目标是简化并改善税收结构，降低整体税收负担水平。改革力度相当大，税种从200多种减为28种。其中，最引人注目的是对个人所得税实施单一税制，即从2001年1月1日起，取消原有的12%、20%和30%的三档累进税率，对居民纳税人获得的绝大部分收入（如工资、薪金等）实行13%的单一税率，这是欧洲范围内最低的个人所得税税率水平。此外，还针对非居民纳税人和某些高收入者设置了30%和35%两档补充税率。为照顾低收入者和纳税人的一般生活需求，新税制还设定了标准扣除额。从效果来看，个人所得税改革基本上是成功的，在实施个人所得税单一税制改革的下一年，政府收入中来自个人所得税部分同比增长约46%（名义上，实际税收收入增长约26%），从个人所得税收入占GDP的比重上来看，增长了近20%，所得税收入增长在很大程度上是高收入纳税人偷漏税规模下降所致。[①] 在实施个人所得税单一税率和降低公司税率的同时，俄罗斯还取消了绝大部分减免税政策，使得很多暴富者和高收入者不再享受税收优惠。总体来看，俄罗斯通过税收调节收入分配差距的做法取得了较好的效果，既减轻了穷人的税负，又使得高收入者能够缴纳较多的税款。

6.2.4　俄罗斯调节收入分配的结果

俄罗斯经济转型以来主要采取了社会保障制度改革、个人所得税单一税制改革、一系列收入政策和大力发展慈善事业等调节收入分配的措施，取得了一定的成效，使得国内居民的收入水平提升，但是，俄罗斯国内的贫富差距却呈现出拉大的趋势。从基尼系数的情况来看，俄罗斯1992年的基尼系数为0.289，1993年猛增至0.398，1994年突破警戒为0.409，而1995~1998年基尼系数略有缩小，分别为0.387、0.385、0.390和0.394，但是1999年又回到0.4的水平，2000~2004年分别为0.396、0.398、0.40和0.407。[②] 由以上基尼系数的变化可以看出，俄罗斯经济转轨时期的贫富差距有不断拉大的趋势。

6.3　"金砖国家"的收入分配与财税政策——印度

6.3.1　印度经济发展和收入分配背景

印度是一个人口众多的发展中大国，独立60多年来，印度的经济发展取得了巨大成就，然而，其反贫困的绩效却并不十分明显，印度至今仍是世界上贫困人口比例最大的国家，约有1/3的农村人口生活在日均消费不足一美元的贫困线以下。

表6-2显示的是印度20世纪70~90年代贫困人口在城乡之间的分布数量和比例。明显可见，该时期无论在农村地区还是城市地区，贫困人口比例均逐渐下降，但截至1993~1994年，该比例仍然维持在35%以上，且农村的贫困比例一直高于城市。贫困问题的背后，也反映出印度收入分配不公和贫富差距过大的问题。

---

①　Anna Ivanova. Michael Keen. Alexander Klemm. The Russian Flat Tax Reform. IMF Working Paper.
②　《俄罗斯统计年鉴（2004）》，俄罗斯统计信息出版中心2004年版。

表6-2　　　　　　　　　　印度1973~1994年贫困人口数量及比例数量　　　　　　单位：千万人

时间	农村地区		城市地区		总和两地区	
	数量	比例（%）	数量	比例（%）	数量	比例（%）
1973~1974年	26.13	56.4	6.00	49.0	32.13	54.9
1977~1978年	26.43	53.0	6.46	45.2	32.89	51.3
1983年	25.20	45.7	7.09	40.8	33.29	44.5
1987~1988年	23.19	39.1	7.52	38.2	30.71	38.9
1993~1994年	24.40	37.3	7.63	32.4	32.03	36.0

资料来源：Hashim, S R. Economic Growth and Income Distribution: the Indian Experience of Development [J]. Economic and Political Weekly, 1998, pp. 661-666。

印度如此严重的贫困问题，特别是农村贫困问题，主要源于其土地制度。印度独立后，印度政府在农村进行过数次土地改革。由于多种原因，土地改革并不彻底，土地问题始终没有得到根本的解决，无地和少地农民仍然大量存在。这些无地和少地农民成为农村中的贫困人口，约占农村人口的3/4，由于没有土地，使得他们难以摆脱贫困。

在印度，除了这种无地和少地的农民生活贫困之外，还存在着为数不少的为法律所禁止的"契约劳工"，他们是"契约劳动"制度的产物，是印度农村中最为贫困的人。所谓"契约劳工"，就是一个人向另一个人借钱时，订立书面或者口头合同，债务人同意通过为债权人劳动的方式偿还债务。契约劳动制度的可恶之处在于，债权人不仅通过这种方式肆意剥削债务人，并且其契约对债务人的直系亲属（包括直系亲属中的长辈）也形成约束力，由此，债务人的子女生来有可能成为契约劳工，而且可能由于债权人的无理剥削而导致形成世世代代还不清的债务，导致了贫困的恶性循环。早在1976年印度政府就颁布了《契约劳动制度（废止）法案》，但是直到今天，印度仍然存在着不少的契约劳工。契约劳动不仅存在于农村，在各行业中，甚至在家庭中都存在着，但以农村中最为严重。

此外，农村人口所面临的各种问题还包括各种不可再生的自然资源的短缺，如饮用水、燃料等生活资源在某些地区严重短缺；得不到适当的医疗服务；生产或生活性资金短缺；受教育水平低；信息闭塞等。这些因素致使印度农村的贫困问题日益加重，由此带来的社会贫富差距问题也使得印度政府采取各项措施，改善农民境遇，解决农村贫困问题。

6.3.2　印度调节收入分配的财政政策

为了解决农村地区的贫困问题，缓解社会贫富差距，印度政府加大了对农村地区的财政支出。印度政府在每一个五年计划中都为解决农村和落后阶层问题，建立许多专项资金用于农村开发。表6-3显示的是20世纪90年代印度政府中央计划支出用于农村开发的主要项目和金额（千万卢比）。其中，"英迪拉之声计划"的主要内容是向处于贫困线以下的表列种姓和表列部族以及自由契约劳工免费提供住所，这个计划在

1997～1998 年度扩大了其涵盖范围，将农村中非表列种姓和表列部族中的贫困者也包括在可以享受此项福利的范围之内。

表 6 – 3   20 世纪 90 年代印度政府中央计划支出用于农村开发的主要项目和金额

单位：千万卢比

项目	1990～1991 年	1994～1995 年	1995～1996 年	1996～1997 年	1997～1998 年
用于农村发展总金额	2975	7320	8248	7775	8290
A）Jaw ahar 就业计划	2001	3535	2955	1655	1953
B）就业保障计划	—	1140	1816	1840	1905
C）社会援助国家工程	—	—	550	550	490
D）农村发展综合计划	356	675	656	646	552
E）农村供水和环境卫生	421	870	1170	1155	1402
F）"英迪拉之声"计划			492	1194	1144
G）"百万水井"计划			211	388	373

资料来源：印度第九个五年计划，转引自王晓丹：《印度贫困农民的状况及政府的努力》，载于《当代亚太》2001 年第 4 期，第 8 页。

另外，印度政府通过财政支持粮食供应、医疗、高等教育、养老保险以及流浪儿童管理，提高居民特别是农民的生活水平。具体政策如下：

粮食供应

无论是分裂时期还是统一时期，是殖民地时期还是独立以后，贫困和饥荒一直困扰着印度社会，提高人民生活水平，最首要的是要保证口粮供应。长期以来，印度政府为了实现粮食安全目标、维持粮食价格稳定以及提高贫困人口的福利水平，对粮食等基本消费品实行定向分配制度。各邦政府以低于印度食品公司经济成本的中央发行价格向印度食品公司购买粮食，从而构成了定向公共分配系统的粮食库存，然后，这些购买来的粮食通过大约 47.5 万个国营平价商店网络出售给全国的消费者。这种保障措施具有全民性，印度国民无一例外地都有享受的权利，所有的印度国民不分贫富、不分乡村农民和城市居民，不分种族和职业，只要本人愿意登记领取粮食定量供应卡，均可从平价粮店买到政府补贴价粮食。2013 年 8 月 26 日，经过 6 个小时的辩论和 300 处修正后，印度人民院（议会下院）通过了印度执政联盟（印度国民大会党为首）提出的《粮食安全法案》，法案的通过是对印度粮食供应的又一大保障。

医疗保障

印度虽然不太富裕，并且人口众多，但为了保证广大民众病有所医，仍然推行全民免费医疗制度，建立了一套政府医疗服务体系。这一体系包括国家级医院、邦（省）级医院、地区级医院、县级医院和乡级医院，除此之外还有各级医疗中心。据统计，印度共有 1.2 万所医院、2.2 万个初级医疗中心、2000 多个社区医疗中心和 2.7 万个诊疗所。这些遍布全国的政府医疗机构满足了大多数国民的基本医疗需求。

印度的农村医疗网络也很健全，自 1947 年独立以来，印度政府一直致力于建设农村医疗体系，提供免费医疗服务。1996 年以后，政府推出了社区医疗中心的规划，每 10 万名农村居民配备 1 个社区卫生中心，一个中心约设 30 张病床和 4 名医生，并配有化验室和基本检查设备等。目前，占印度人口 72% 左右的农村居民和城里人一样，享受国家提供的免费医疗。

尽管印度政府已建立较完善医疗服务网络，但由于财政投入少，缺医少药现象仍很严重，且城乡医疗资源分布不平衡。贫困人口集中的农村地区医疗资源供不应求，常常出现公立免费医院人满为患。对于城镇居民而言，公立医疗机构也难以满足日益灵活性、多样化的医疗服务需求，因而许多人只能求助于收费较为昂贵的私营医院。同时，免费医疗也还局限在最基本的医疗保障，如果病情严重也需要患者负担一部分费用。

高等教育福利化

印度高等教育发展走的是福利化的道路，并且取得了显著的成绩，背后是政府对其巨大的财政支持。印度高等教育经费来源大体分为政府投资和非政府投资。政府投资来自中央、邦和地方政府，非政府投资指学费、家庭教育支出和社会捐款。在印度，高等教育投资在不同层次和类型的高等院校中几乎没有什么不同，所有高校基本上依靠政府的投资，依赖程度占经费的比例从 78% 到 92%。

印度通过中央和地方财政按不同的类分别对不同的高校进行拨款。印度于 1976 年通过关于高等教育由联邦和邦共同管理的宪法修正案后，高等教育财政经费的主要拨付机构"大学拨款委员会"原则上对所有的高等院校提供经费，包括中央大学、地方大学以及它们的附属学院。印度高等教育经费主要来源为中央及邦政府的投入，地方政府也有少量的投入，且中央及邦政府投入的比例还在逐年提高，而学费所占经费的比例不高，且有逐年下降的趋势。虽然政府对教育拨款在一定程度上有利于调节初次收入分配，但是国家财政对高等教育的倾斜，也造成了基础教育发展畸形的问题，不利于贫困的农村地区的发展。表 6-4 显示的是印度高等教育经费来源的比例。

表 6-4　　　　　　　　　印度高等教育经费来源　　　　　　单位：%

年份	中央及邦政府	地方政府	学费	其他
1950	49.1	0.3	36.8	13.8
1960	53.1	0.4	34.8	11.7
1970	60.4	0.5	25.5	13.5
1980	72.8		17.4	10.8
1987	75.9		12.6	11.5

资料来源：刘立柱、钟磊：《印度高等教育福利化对我国的启示》，载于《世界教育信息》2007 年第 2 期，第 42~45 页。

社会养老保障制度

印度的社会保障系统在很大程度上受到了福利国家理念的影响，养老保障主要分为正式部门和非正式部门的养老保障两大部分。正式部门养老保障体系主要包括公务员养老保障体系、公共部门企业的养老保障体系、银行和保险公司的养老金计划；非正式部门养老保险体系主要包括公共公积金、社会救助计划、印度农村寿险业。具体来说，印度的社保制度主要由六大部分组成：政府公务员社保基金计划、私营部门雇员公积金计划、公营部门企业社保计划、职业养老金计划/退休离职金计划、自愿储蓄养老计划和非组织部门社会救助计划。

印度的社会养老保障对公务员存在明显的福利导向，公私营雇员社保差距过大，覆盖面不足，因此近年来也进行了养老社保制度的改革，如公务员养老金改革。印度政府在 2003～2004 年度预算中颁布了公务员养老金改革方案，改革措施为，新进入中央政府部门的雇员（军人除外），如果参与缴费额固定的养老金计划，需由雇主和雇员分别承担 50% 的保费。这在一定程度上，改善了以往政府公务员无须缴费就能享受养老保障与普通员工差距过大的局面。

流浪儿童救助

印度政府为流浪儿童提供了多个救助项目，包括：流浪儿童融合项目、根除贫困项目、儿童融合发展项目。其中，儿童发展项目主要由两部分组成，它的主要功能是为母亲尤其是正在哺乳的母亲、六岁以下儿童提供营养支持，每一个六岁以下的儿童都有权通过这个项目来免费获取食物，另外，还为贫民、残疾人、老年人、被拐卖的女孩提供帮助。这个项目在地区级层次上开展，如西孟加拉邦共有 16 个地区，每一个地区都有一个项目官员，负责 30 个左右的项目。同时，社会还存在非政府性的救助组织，如蝴蝶组织、德里儿童权利俱乐部等，这些项目和组织为流浪儿童提供食物和住宿，更重要的是还为其提供教育、职业培训等，使其掌握一定的知识和技能，摆脱贫困的局面。

6.3.3　印度调节收入分配的税收政策

印度在 1757 年以后逐步沦为英国殖民地，1886 年从英国引入的所得税制成为印度税收制度的雏形。1947 年独立以后，随着经济逐步自由化，印度开始对税制进行补充和完善，逐步开征了遗产税和赠与税、财富税以及超额利润税，并在 1986 年实施了有限度增值税。1991 年，印度政府对税制进行了系统的改革，取得了显著成效，形成了目前一整套完善的税收体制。

所得税

根据印度财政统计报告，2004～2005 年度的公司所得税收入和个人所得税收入分别占当年直接税的比例为 61% 和 35%，两者几乎构成了印度直接税收入的全部。[1] 一般

---

① Economic Division of the Department of Economic Affairs. Indian Public Finance Statistics（2004 - 2005）. Ministry of Finance, India, 2005, pp. 11 - 13.

来讲，印度所得税的征税范围包括工薪所得、房产所得、营业或职业利润及收益、资本利得和其他来源所得这五类，纳税人根据不同的居民身份和取得应税所得或收入凭证的时间不同，确定不同征税范围下的所得额，再与以前年度的亏损进行调整，得出所得总额，以此作为税基缴纳所得税。

印度的个人所得税在经历了 1991 年大刀阔斧的改革之后，税率降低、扣除额标准提高。印度的个人所得税税率只有三级，由于印度的所得税税率不是按所得税法案规定的，而是由每年的财政法案确定，因此所得税税率由每年 4 月 1 日的所得税条款得到，并且每年都在变化，扣除额标准逐步提高。2005～2006 年度个人所得税费用扣除标准为 10 万卢比，2008～2009 年度提高到 15 万卢比（见表 6 - 5），之后 2010～2011 年度上升为 16 万卢比（见表 6 - 6）。在税前扣除项目上，印度个人所得可扣除的项目包括医疗支出、向慈善机构的捐赠、住房工程的利润和收益和某些证券的利息等 20 多项；公司所得可扣除的项目包括给特定研究或农村发展计划的捐赠、国外工程和出口的利润和收益等 10 多项。

表 6 - 5　　　　　　　　　2008～2009 财年印度个人所得税税率表

个人年收入	税率（%）
15 万卢比以下（含）	0
15 万卢比至 30 万卢比（含）	10
30 万卢比至 50 万卢比（含）	20
50 万卢比以上	30

印度财政年度：每年 4 月 1 日至次年 3 月 31 日。
资料来源：http：//finmin. nic. in/。

表 6 - 6　　　　　　　　　2010～2011 财年印度个人所得税税率表

个人年收入	税率（%）
16 万卢比以下（含）	0
16 万卢比至 50 万卢比（含）	10
50 万卢比至 80 万卢比（含）	20
80 万卢比以上	30

印度财政年度：每年 4 月 1 日至次年 3 月 31 日。
资料来源：http：//finmin. nic. in/。

财富税

印度的财富税是在每个核定年度，对个人、印度联合家庭、公司在相应估价日超过一定数额的财富净值征收的一种税。财富税的征税资产包括客房，住房或商业建筑，汽车、珠宝、城市土地等。根据财富税法案，对不同资产按照其估价方法和程序确定价值缴纳税款。财富税的税负随纳税人的身份不同而不同，根据国籍分为印度籍和外国籍，按居民身份分为印度居民和常住居民、非常住居民、非居民三类。印度籍的个人、联合家庭和公司，如果属于印度居民和常住居民身份，应税财富包括印度境内财富净值和境外财富净值；其余身份的纳税人应税财富仅包括印度境内财富净值。所有纳税人都必须向核税官员填写一份财富净值申报表。

遗产税和赠与税

印度的遗产税是对遗嘱执行人和遗产管理人或取得人，因财产所有人死亡而转移的纯遗产额征收的一种税。它采用超额累进税率制，设置了从应税遗产额为 10 万卢比时税率为 5%，直到应税遗产额超过 200 万卢比时，税率为 85% 的多级税率。遗嘱执行人和遗产管理人或取得人应在财产所有人死亡后的一定时期内，向法院和遗产检查官分别提交记载全部遗产的内容和有关抄件，经核定后缴纳遗产税。

赠与税是对自愿转让现有动产或不动产行为所征收的税，较之其他税种相对简单。赠与税的纳税义务人包括自然人和非自然人，但不适用于公众持股的公司、合并公司以及公共慈善机构。

在税收管理上，印度强制执行个人永久账号制度，凡纳税人必须向税务机关申请一个个人永久账号，就如同个人的身份证、社会保障号一样，会伴随其一生。这样，印度政府就能更好地监视个人财务往来，如医院记录、饭店消费、银行账户、电话账单、股市交易等，有效防止纳税人隐瞒、谎报应税所得、逃避纳税的可能。这对有效规范收入秩序、调节收入分配起到了非常重要的作用。

6.3.4 印度调节收入分配的结果

减少贫困人口始终是印度政府工作的重点，也是调节收入分配的有效途径。虽然当前印度的贫困人口比例在国际上仍处于较高水平，但印度政府的反贫困工作取得了一定的成效。按照印度计划委员会的贫困线标准，城市地区为日均收入 33 卢比以下，农村地区为 27 卢比以下。表 6-7 显示印度的贫困人口比例从 2005 年的 37.2% 降低到 2012 年的 21.9%，由此可见，印度政府通过一系列的财政税收手段，加大对农村贫困人口基本生活保障的投入，积极推动了印度反贫困和促进收入分配公平的进程。

表 6-7　　　　　　　　　　　　　印度贫困人口比例

年份	比例（%）
1994	45.3
2005	37.2
2010	29.8
2012	21.9

资料来源：世界银行。

6.4 "金砖国家"的收入分配与财税政策——南非

6.4.1 南非经济发展和收入分配背景

南非在种族隔离时代实行自给自足的封闭发展政策,由于三个多世纪殖民主义者的种族主义统治,南非成为世界上贫富差距最严重的国家之一,种族间经济社会地位极其悬殊。根据联合国发展计划署的人类发展报告,1994年的南非,2/3的总收入集中在最富有的20%人口手中,而最贫困人口的收入仅占2%,近2/3的劳动者月收入不到250美元,白种人大部分由于具有比较高的知识技能和财产,收入远高于黑种人水平。

1994年,非国大政府成立后,废除了种族隔离制度,实行对外开放政策,并采取新的重振经济发展战略。1996年,非国大出台了"增长、就业和再分配战略",简称GEAR。GEAR的核心内容是通过加快经济增长来解决就业和公平分配问题:一是通过推进私有化和自由化加快经济增长,以增加就业;二是实施审慎、稳健的财政货币政策,努力改善宏观经济环境,将通货膨胀率控制在10%以下,财政赤字占GDP的比重控制在4%以内。GEAR的实施,使得南非的经济状况明显改善,种族间收入分配差距较大的问题得到了缓解。2004年,非国大提出执政第二个十年内的指导性指标之一是到2014年将贫困率和失业率减半。2006年南非政府公布了"加速增长、成果共享倡议"(ASGISA),确定了南非2006~2009年GDP保持年均4.5%、2014年前达到年均6%的较高增长率的中长期加速发展计划。

总体来看,南非在成功实现政治变革的同时,保持了宏观经济的稳定,对旧制度造成的种族之间资源占有和经济收入的巨大悬殊进行了改革和调整,经济社会呈现良好的发展势头。2009年南非人均国民收入为5780美元,国内生产总值为2854亿美元,占撒哈拉以南非洲的30%。目前,虽然南非还没有加入万亿美元经济体,但是其近十年年均增长率在3%左右,多数年份高于发达国家。2010年底,南非正式提出申请,加入"金砖国家",2010年12月,中国作为"金砖国家"合作机制轮值主席国,与俄罗斯、印度、巴西一致商定,吸收南非作为正式成员。目前,南非已经被世界银行列入中上等收入国家。①

6.4.2 南非调节收入分配的财政政策

为了调节种族隔离制度造成的种族差距,以及减轻贫困,南非政府主要通过政府的财政政策和扶助黑种人的相关经济社会发展计划,纠正种族隔离制度造成的资源和机会不平等,通过社会保障和社会福利体系完善,调节收入再分配。南非政府还特别注重基础设施建设和社区支持计划,设立了专门的基金。南非政府财政预算中用于贫困群体特别是黑种人的公共服务开支不断增加。20世纪90年代,用于黑种人的社会支出占总支

---

① 林跃勤、周文:《金砖国家经济社会发展报告》,社会科学文献出版社2011年版。

出的 80%。① 南非自废除种族隔离制度后,调节收入分配的财政政策具体如下:

纠正生产资料与就业机会不平等,提供就业培训计划

在种族隔离时期,政府对白种人实行就业保留政策(即为白种人保留高工资收入的就业机会),限制黑种人从事技术性工作。南非新政府为了纠正对"非白种人"在生产资料与发展机会的剥夺,颁布了"肯定行动"(Affirmative Action),2003 年制定了《黑种人经济支持法》(Broad based – Black Economic Empowerment Act, BEE),其目的是"使所有权和管理结构的种族构成实现实质性变化",强调资源的合理分配,便于使黑种人获得发展的条件和机会,并为他们提供必要的条件。其确定的目标包括七个方面:(1)促进经济改革,以使黑种人能够实质性参与经济活动;(2)使所有权和管理结构的种族构成发生实质性变化;(3)扩大社区、工人、合作社和其他集体企业管理企业的程度,增加其获得经济活动、基础设施和技术培训的机会;(4)扩大黑种人妇女管理企业的程度,以及其获得经济活动、基础设施和技术培训的机会;(5)推动投资项目,使黑种人广泛参与经济活动,以实现经济的可持续发展和普遍繁荣;(6)通过获得经济活动能力、土地、基础设施、所有权和技术,来帮助农村和基层社区;(7)为支持黑种人经济发展争取资金,此外,该法还规定私人公司必须在各个阶层雇用一定数量的残疾人和黑种人。总体来看,该计划确实造成一批黑种人中产阶层崛起,但事实上,该计划却使得更多南非黑种人失业。部分白种人因为该计划排挤失去发展机会,移民他国,同时带走了一部分财富,使得原有的一些就业机会消失,导致占人口绝大多数的黑种人民众仍生活在贫困中。该计划也因其在解决贫困问题上进展缓慢而受到多方指责。

2004 年,南非财政部发布了预算报告数字。报告中指出,在 2004 年以前,南非共为黑种人建造 160 万套住房,新建 700 所卫生所,使 900 万人得到灌装饮用水,为 640 万人提供了新的卫生设施,450 万儿童从小学营养计划实施中收益,社会救济款项覆盖人群从 290 万增加到 740 多万。但是黑种人的经济地位还比较低,失业率上升也加重了贫困人口的困难,因此,南非政府确定今后消除黑种人贫困的首要任务是为他们创造就业机会。

2005 年 3 月,南非在全国技术大会上启动了 2005~2010 年的五年技术开发战略。该项目共拨款 219 亿兰特,为了实现平等就业的目标,该战略要求技术培训的受益者当中 84% 为黑种人,54% 为妇女,4% 为残疾人。② 根据南非 2009~2010 年度指南,南非国家财政部的财政政策和预算改革的重点是加强基础设施的投资和维护,使更多人参与经济活动,改进社会服务质量,支持政府的"促进和分享增长计划",为了避免企业大规模裁员,政府对企业实行救助计划,准许企业对工人停职 3 个月以下,同时政府拨款 24 亿兰特,用于对工人培训并提供工资补贴,金额相当于工人月工资的 1/2,月补贴最高达到 6239 兰特。2010 年公布的中期财政预算中,还计划在未来 3 年投入 24 亿兰特于失业人员培训项目。2013 年,南非共通过了 93 个促进就业项目、4960000 兰特专项补

① Kanbur, Ravi, Bhorat, Haroon. "Poverty and Well-being in Post-Apartheid South Africa: An Overview of Data, Outcomes and Policy". University of Cape Town; Cornell University. P. 6. 6 March 2012.

② 杨立华:《列国志——南非》,社会科学文献出版社 2010 年版。

助、培训计划 160651 份，共有 5173 人从培训中受益。① 除此以外，青年就业和专业培训也是政府重点支持的就业计划内容。2010 年 7 月，南非农村发展和土地改革部启动了农村地区青年就业计划，决定在两年内为 1 万名农村地区青年进行培训，并安排他们到地方上的社会发展部门工作。该计划已为 7000 名青年提供工作机会。②

祖马政府成立后，还吸收了大量的黑种人进入公务员队伍。在新的就业制度下，政府部门规定，各部门（尤其是公共部门）雇员的比例要逐渐反映南非的种族构成，这使得白种人中缺乏专业技能的人在就业竞争中处于弱势地位，非洲人占一定优势，而实际上印度人由于其教育和技能方面条件较好，在公共部门任职的比例超过其在南非人口中的比例。

提供农业补贴

南非虽然有高度发达的商品农业，但是存在双重结构问题，即白种人农业区较发达，而在非洲人传统农村地区即"黑种人家园"，农业生产依然落后。1994 年种族隔离废除以后，新政府开始实施扶助小农场发展的计划，旨在为刚刚进入商品农业领域的黑种人提供服务。2001 年制定了《南非农业战略计划》，其中一个重要的目标是农业的平等进入和参与，意图进行土地改革和充分分配土地，帮助正在兴起的黑种人农场，使其有能力进入南非主流农业经济。在这个发展战略中受益的，除了新兴和黑种人商业农场主之外，还有很多是黑种人农业工人和佃户。2002 年南非土地和农业发展银行法令颁布，成立了土地银行，向农场主、合作社和法定农业机构发放贷款，为农民提供资金支持，特别是对残疾人给予一定的优惠，支持农业发展，推动土地分配改革。祖马政府也非常重视农业的发展，把促进非洲人聚居的农村地区发展列为农业发展重点。2009 年 8 月 17 日，祖马政府宣布启动"全国农村综合开发计划"，政府拨款 26 亿兰特，用于各省的农业基础设施建设、农业专业人才培训和提高农业院校的水平，黑种人家园地区是该计划关注的重点。

扩大社保覆盖范围，提高社会补助和社会救济在贫困人口收入中的比例

由于历史原因，在种族隔离制度下，以白种人群体为主的社会保险业比较发达，而广大黑种人群体由于就业率低，收入水平低，参与社会保险的比例很低，同时社会救助制度也具有种族歧视性质。1994 年，南非实现种族平等的民主变革，社会保障制度也相应地改革，新制度下社会保障制度的特点是：一是以宪法和相关立法为依据；二是部分种族和区域的全民覆盖；三是社会救助在国民收入和财政预算中的比例比较高。其中，政府的社会救助政策，成为缓解贫困，特别是广大黑种人的贫困状况的主要措施，较健全的社会救济制度，也为很多贫困家庭提供了帮助。2000 年以来，政府扩大了社会福利金的发放范围。2004 年南非颁布《南非社会保障机构法》和《社会援助法》，统一管理全国的社会补助金。2007 年南非政府分别向儿童、老人、残疾人、退伍军人提供补助金。其中，80% 以上的老年人都可以获得养老补助，补助金额是黑种人人均工资

---

① National Treasury Republic of South Africa Annual Report 2013/2014.

② 祖马总统：《2011 年国情咨文》，2011 年。

的两倍。对于 1/3 以上黑种人家庭来说，这是一项重要的收入。儿童专项补助对不满 15 周岁的儿童每人每月补贴 270 兰特。退伍军人补助为参加"二战"和朝鲜战争的退伍军人们每人每月提供 1190 兰特补贴。当年共有 1210 万人从中得到帮助，救济金额为 610 亿兰特，占当年南非国内生产总值的 3.3%。2007~2008 年度，社会救助金占国内生产总值的比例上升到 7.39%，约占政府财政预算的 15%。根据南非国家统计局《2009 年家庭经济情况普查》数据，到 2009 年，南非的社会救济覆盖人口超过 1300 万，覆盖南非全国人口的 28.3%，其中非洲人占 31.6%，有色人占 21.8%，印度裔人占 14.6%，白种人占 9.8%。健全的社会救助体系在调节收入分配方面发挥了显著的作用。南非政府公布的社会发展指标指出，南非最贫困的 10% 人口人均月收入从 1993 年的 783 亿兰特增加到了 2008 年的 1041 亿兰特。根据 SSA2012 年发布的数据，政府补助占穷人收入的 47.5%，而对于其他人口来说，仅占 13.6%。对于最贫穷的阶层，2008 年政府补助占其收入的 73%，而在 1993 年该比例仅为 15%。

2013 年南非颁布了收入划分法令（Division of Revenue Act）。该法令规定，地方政府对收入金额不足养老补贴两倍的家庭提供免费的基础服务，约占 59%，对失去工作能力的人，如老年人、残疾人和有疾病的人，提供补贴。南非社会救助制度与世界水平相比，在救助金占 GDP 的比例和受益人口占总人口比例方面，在发展中国家居于前列，甚至可以与发达国家媲美。

增加社会福利开支，健全社会福利体系

2008 年 8 月，南非正式启动"向贫困宣战"行动。2008 年 10 月 21 日，时任南非财政部部长的特雷弗—曼纽尔在发布年中预算政策时声明，要增加社会福利开支。2010 年政府提出要建立全民健康保险系统，并力争于 2012 年前在全国普遍推行这一政策。该计划将在 2014 年内分阶段实施，预计第一年将耗资 1280 亿兰特，到 2025 年将增加至每年 3760 亿兰特。

南非还十分重视低收入者住房问题。南非政府从 1994 年开始实施为贫困人口解决住房问题的计划，补贴新建低价住房，已经持续十多年。在 1994~2003 年间，住房建设投入共 142.2 亿兰特，共提供 19.85 亿兰特的住房补助金，截至 2005 年 3 月，提供补贴建设的新住房共 183.1 万套。南非住房部还制定了一个可承受的租房计划，使低收入者可以住在以前政府部门提供的住处，或住在公共企业以前给流动劳工提供的单身宿舍，或建设新的高层住宅租给低收入家庭居住。为了使得房屋普及化，人人能够居有其屋，南非还实行了 RDP 计划（Reconstruction and Development Programme），使南非人能拥有自己的房屋，但目前进展不大。根据 SSA2012 年发布的数据表明，2008~2009 年，仅有 9.1% 的南非人和 8.8% 的穷人在该计划帮助下拥有房屋。

改善基础设施建设，支持社区发展计划

1994 年新制度建立以后，政府在改善黑种人区基础设施和提高全国交通运输效率方面，制定了相关发展计划。颁布的法律主要有 1999 年的《南非运行战略》和 2000 年的《全国陆地交通过渡法》，主要内容是改进和扩大基础设施，提高交通运输效率，对公共交通给予补贴，减少公共交通成本。由于绝大多数黑种人居住在远离中心城市的黑种人城镇,他们每天上下班的交通费用支出约占收入的 1/3,因此,交通补贴政策对黑种人上班族是减少交通费负担的重要措施。

南非政府在消除贫困方面,还注重社区发展计划。南非政府建立了"独立发展基金",负责实施对社区发展项目的支持,社区发展项目包括青年发展、妇女合作社、艾滋病防治、食品安全、老年服务和社会融资。在基础设施服务方面,南非特别在改善贫困人口居住区的清洁饮用水和卫生设施方面给予大量投入,取得的成效得到了联合国认可。南非得到清洁水供应的家庭在 1995 年占全国的 60%,到 2003 年增加到 85.5%,到 2004 年,有 1000 万人受益于清洁饮用水供应计划,2006 年,南非已提前完成联合国为民提供基本饮用水的目标,至少 3570 万人(占南非人口的 78%)可以得到免费的基本饮用水。为了改变南非不平等的卫生保健制度,南非卫生部对卫生服务体系开展彻底改造,其中包括增加基础卫生保健服务开支。2013 年,南非实施了城市支持计划(City Support Programme),对地方政府经济增长和消除贫困提出要求,目前主要集中在城市基础设施和服务建设方面。[①]

从财政支出结构来看,如表 6 - 8 所示,南非政府自 1994 年结束种族隔离制度之后,新政府开支侧重点是使广大黑种人受益的社会服务项目,如公共服务、社会公益服务、医疗健康、社会保障、其他社会服务等。用于教育的公共支出下降,这是由于,废除种族隔离制度以后,黑种人和白种人可以上一所学校和一个班级,因此学校数量有所减少,公共支出也相对减少但更加集中了。

表 6 - 8   政府支出占 GDP 比重(1995 年、2001 年、2007 年)   单位:%

支出项目	1995 年	2001 年	2007 年
公共服务	4.2	3.1	5.5
国防	5.3	4.5	4.8
社会公益服务	15.0	14.8	15.6
教育	7.0	6.2	5.8
医疗健康	3.1	3.1	3.2
社会保障	3.2	3.5	4.5
其他社会服务	1.7	1.9	2.2
经济服务	5.2	3.1	3.2
公共债务	4.7	4.9	2.8
总计	34.4	30.3	32.1

资料来源:Bernhard Leubolt. Social Policies and Redistribution in South Africa. Global Labour University, Working Paper. No. 25(May 2014)P. 9。

---

① Bernhard Leubolt. Social Policies and Redistribution in South Africa. Global Labour University. Working Paper. No. 25 (May 2014)。

6.4.3 南非调节收入分配的税收政策

南非自1994年以来，对税制进行了一系列改革，主要包括统一个人所得税结构，降低个人所得税税率，降低公司税税率，引入"退休基金税""资本收益税"等新税种，简化各种税收工具，降低交易税，引入战略投资税收优惠等。这些税收政策，使得南非的初次分配向居民和企业倾斜，也具有一定的累进性，有利于调节收入分配差距。总体来看，其现行的税收制度相对完善、税种设置也比较合理，其主要税种为公司所得税、个人所得税、赠与税和增值税。

个人所得税

南非的个人所得税实行综合税制，对不同来源的收入加总在一起后计算应纳税额，按年度计算纳税，并且每年都对免征额、税收返还和各应税所得额级次进行调整，实行税收指数化，应纳所得税的范围包括提供服务所受到的所有雇用所得，包括红利、津贴、退税、各种实物补贴。1994年，南非对税收体制改革，统一个人所得税税收结构，并将十级税级减至六级（见表6-9），几次较大规模降低个人所得税，以促进公平。为了照顾低收入者的利益，自2009年3月起将起征点提高到年收入54200兰特，65岁以上个人免征税起点提高到年收入84200兰特。

表6-9　　　　　　　　　　　　南非2013年个人所得税税率　　　　　　　　单位：%

应纳税所得额（兰特）	税率
165600以下的部分	18
超过165601至258750的部分	25
超过258751至358110的部分	30
超过358111至500940的部分	35
超过500941至638600的部分	38
超过638600的部分	40

资料来源：中国国家税务总局。

企业所得税

政府通过对投资和科研给予税收优惠的方式，调节初次收入分配。南非政府从1996年起调整产业开发鼓励政策，对于投资总资产超过300万兰特的项目减税；为鼓励企业进行科研开发，企业每年用于科研开发的固定资产投资可以减税25%，但如果中止研究，减免的税额应补缴。税制改革还体现了减贫和促进公平的目标。企业所得税由1999年的35%降到了2006年的29%，企业按其规模大小适用多个所得税税率，而且，为鼓励小企业发展，南非政府给予其低税率的优惠政策。[①] 2011年2月，总统祖马

---

① 牟岩：《南非税制改革及启示》，载于《税务研究》2006年第10期，第85~88页。

（Zuma）宣布，政府提供总额为 200 亿兰特的税收优惠政策，促进制造业领域的投资、扩建和升级，新投资企业最多可以获得 9 亿兰特的税收优惠，升级和扩建企业将获得 5.5 亿兰特的优惠。[①]

南非 2013 年公司所得税税率如表 6 - 10 所示。

表 6 - 10　　　　　　　　南非 2013 年公司所得税税率　　　　　　单位: %

应纳税所得额（兰特）	税率
67111 以下部分	0
超过 67112 至 365000 的部分	7
超过 365001 至 550000 的部分	21
超过 550000 的部分	28

资料来源: 中国国家税务总局。

增值税

南非对于提供进口货物和服务，一律按照 14% 的税率征收增值税，但对 18 种基本食品与照明用煤油免征增值税。税收内部结构的调整原则主要是将消费税减免，适用于对贫困人口影响最大的产品。

消费税

消费税实行从量计征和从价计征的双原则。使用从价计征的大部分是高等用品和奢侈品，如高档摩托、爆竹、香水、化妆品、办公用品，除办公用品和摩托车的消费税税率为 5%，其他产品的消费税税率为 7%。

资本利得税

资本利得税于 2001 年 10 月 1 日起开征，主要目的是扩大税基，对资产增值部分征税，在资本处置环节实现，对居民自用的居所、摩托车、家具、收藏以及捐赠、国家竞赛获奖等免税，而对于其他资产，针对不同的个人和企业有不同的税率。对个人和特定信托公司，税法规定只对增值部分的 25% 征收税率为 10% 的资本利得税，对公司和一般信托公司，对增值部分的 50% 征收 15% ~20% 的资本利得税。

赠与税

该税种由南非居民个人缴纳。当居民每一纳税年度的赠与累计超过 2.5 万兰特时，对其赠与财产价值按 20% 的比例税率征税；对于公司来说，比例税率为 20%；对于偶然赠品，累计每年免税 5000 兰特。

遗产税

南非对自然人死亡的应税财产征收遗产税，在确定财产价值时允许从财产净值中扣除 100 万兰特。遗产税税率为 20%。

---

① 裴光江:《南非启动"创造就业之年"》，载于《人民日报》2011 年 2 月 12 日。

保险税

南非通过征收薪资税解决了一定的社会保险问题。雇主必须为年报酬不超过 88140 兰特的雇员支付劳动者赔偿保险，若雇员年薪不超过 76752 兰特，雇主和雇员双方都必须向国家缴纳失业保险基金。此外，如果企业员工失业，企业主还要在一定期限内缴纳一种具有社会保障性质的技能开发费与一笔事业保险基金。

6.4.4 南非调节收入分配的结果

自 1994 年以来，南非采取的一系列调节收入分配的措施，使得种族间收入差距缩小，贫困现象减轻。如表 6－11 所示，2001～2009 年，南非国际贫困线以下人口比例下降了 10% 左右。根据南非贸工部 2005 年的数字，黑种人在企业主中已经占到 10%，在技术人员中占 15%。2000～2003 年，有 39 万人上升到中产阶级行列，其中 70% 为黑种人。在消费人群的种族构成方面，黑种人在南非 450 万高收入者中占 180 万，约占 40%。根据 2005 年《世界财富报告》，南非占非洲百万美元富翁（7.5 万人）的一半以上。[①] 开普敦大学 2011 年发布的一项研究表明，南非最富有的前 10% 的人中，有 40% 是黑种人，之前几乎全部是白种人。[②]

表 6－11   2001～2009 年南非国际贫困线以下人口比例   单位：%

年份	按 2.00 美元/天标准	按 1.25 美元/天标准
2001	42.9	26.2
2002	41.2	25.1
2003	40.0	24.6
2004	39.6	23.5
2005	36.5	22.3
2006	35.6	22.0
2007	33.3	19.8
2008	32.5	18.6
2009	31.2	17.8

资料来源：世界银行数据库。

种族隔离后的经济增长确实使得贫穷现象减轻了，可收入分配差距却拉大了；同时种族之间的收入差距缩小了，但是种族内部的收入差距却增大了。南非的基尼系数从 1993 年的 0.66 增长到 2008 年的 0.7。许多黑种人依然生活在贫困线以下，不论在哪条

---

① Sunday Times, July 17, 2005.

② Conway-Smith, Erin (17 October 2011). Black South Africans Moving up the Wealth Ladder. Globe and Mail (Toronto). 17 October 2011.

贫困线，黑种人比有色人种、印度人、白种人更加贫穷。[①] 南非的人均收入从 1993 年的 10741 兰特增长到 2008 年的 24409 兰特，但是同期黑种人的人均收入只是从 1993 年的 6018 兰特增长到 2008 年的 9718 兰特，而有色人种从 7498 兰特增长到 25269 兰特，特别是白种人人均收入则从 29372 兰特增长到 110195 兰特。而且收入的增长也主要集中在最高阶层，南非的平均收入总体增长了 130%，但中等收入阶层仅增长了 15%，大多数收入增长集中在富人手中。[②]

---

① Trends in South African Income Distribution and Poverty since the Fall of Apartheid-Papers-OECD Library

② Murray Leibbrandt；James Levinsohn. "Fifteen Years On：Household Incomes in South Africa". University of Cape Town；Yale University；NBER. P. 7. 6 March 2012.

第7章 中国社会主义市场经济体制的收入分配与财税政策

7.1 改革开放之后收入分配制度的演变

自改革开放以来，中国发生了翻天覆地的变化，中国共产党领导中国人民在中国特色社会主义道路上大胆、积极探索、创新，成功实现了从计划经济到市场经济体制的转轨，找到一条适合中国国情的改革道路。收入分配制度的演变也是循着市场经济体制改革的道路不断完善。从阶段上来划分，具体包括以下阶段。

7.1.1 回归按劳分配原则：1978 年改革开放至 1986 年

1. 这一时期收入分配制度的指导思想

1978 年 12 月，党的十一届三中全会召开，会议将全党和全国人民的工作重心转向经济建设上来。这次全会之后，全国上下也开展了收入分配领域的改革，一个明显的趋势是改革了传统计划经济体制，中央政府逐渐向地方政府放权，地方政府和企业有更多的经营管理自主权，开始引入公有制经济以往的所有制经济，与经济体制改革相适应，收入分配体制也有着明显的转变。分配方式上，也开始出现了按劳分配方式下的不同分配方式。

第一，党的十一届三中全会提出要克服收入分配体制上的平均主义。党的十一届三中全会公报指出："应该坚决实行按经济规律办事，重视价值规律的作用，注意把思想政治工作和经济手段结合起来，充分调动干部和劳动者的生产积极性""公社各级经济组织必须认真执行按劳分配的社会主义原则，按照劳动的数量和质量计算报酬，克服平均主义"。党的十一届三中全会提出要明确克服分配上的平均主义，实行按劳分配，我国的收入分配体制改革得以启动。

第二，1982 年 9 月 1 日中共十二大提出"计划经济为主、市场调节为辅"的原则。中共十二大报告《全面开创社会主义现代化建设的新局面》提出："为了发挥企业和劳动者的积极性，无论在国营企业或集体企业中，都必须认真实行经营管理上的责任制。"它还提出"社会主义国营经济在整个国民经济中居于主导地位""在农村和城市，都要鼓励劳动者个体经济在国家规定的范围内和工商行政管理下适当发展，作为公有制经济的必要的、有益的补充"。这意味着，党的十二大已经开始对政府与市场之间的关系进行了重新认识，在所有制成分上，也由以往坚持国营经济的主导地位下，发展多种经济形式，相应的是，收入分配体制也有了一个转变。

第三，中共十二届三中全会提出了"社会主义市场经济是公有制基础上的有计划的商品经济"，它有力指导了收入分配体制改革。1984 年 10 月，召开了十二届三中全会，《中共中央关于经济体制改革的决定》提出，"建立自觉运用价值规律的计划体制，发展社会主义商品经济"。由此确立了中国经济体制改革的目标是建立"社会主义有计划商品经济"。这个时期要充分借鉴农村承包责任制的成功经验，增强城市企业的活力，建立"责、权、利相结合，国家、集体、个人利益相统一，职工劳动所得同劳动成果相联系"的承包责任制，它还对贯彻按劳分配原则的各项措施作出全面部署，明确反对平均主义。

2. 这一时期收入分配体制改革的主要做法

这一时期，在重新确立按劳分配原则的前提下，我国在农村地区和城市地区均开展了扎实的改革，主要有以下内容：

第一，农村地区的改革做法。在农村地区，这个时期，最引人注目莫过于农村家庭联产承包责任制改革的大胆尝试。1978 年底，安徽凤阳县小岗村 18 位农民冒着极大风险推行家庭联产承包责任制，从根本制度上打破平均主义分配体制。1982 年 1 月 1 日，中共中央批转了《全国农村工作会议纪要》，它指出："目前，全国农村已有 90% 以上的生产队建立了不同形式的农业生产责任制，包括小段包工定额计酬，专业承包联产计酬，联产到劳，包产到户、到组，包干到户、到组，等等，都是社会主义集体经济的生产责任制。"这个文件的出台，正式确立了家庭联产承包责任制。这项制度将农村土地产权划分为所有权和经营权，集体拥有所有权，经营权则分给农民自主安排经营，它一下子激发了农民从事农业生产的积极性，从而带动了"三农"领域的全面改革，农村生产力得到极大的释放。这直接成为 1984 年我国农业大丰收、农业产值全面高速增长、农民收入大幅增加的重要原因。

第二，城市部门的改革做法。1984 年十二届三中全会《中共中央关于经济体制改革的决定》中专门提到城市部门的收入分配改革方向："……必须在企业内部明确对每个岗位、每个职工的工作要求，建立以承包为主的多种形式的经济责任制。这种责任制的基本原则是：责、权、利相结合，国家、集体、个人利益相统一，职工劳动所得同劳动成果相联系""今后还将采取必要的措施，使企业职工的工资和奖金同企业经济效益的提高更好地挂起钩来""国家机关、事业单位也要改革工资制度，改革的原则是使职工工资同本人肩负的责任和劳绩密切联系起来"。

在这次全会之后，对企业和国家机关、事业单位的收入分配体制进行了改革。首先是推动"利改税"，规范了政府和企业的分配关系，这是在企业内部建立按劳分配体制的基础。1983 年实施了第一步"利改税"，决定自 1983 年 1 月 1 日起，对全国大部分国有企业课征所得税，根据不同企业的情况采取不同的缴纳办法；1984 年实施了第二步"利改税"，在对国有企业课征所得税的基础上，对税后利润再开征一道调节税。经过了两步"利改税"，政府和企业之间的分配关系就以税收关系确定下来。其次是改革国家机关、事业单位工资制度。1985 年下发《关于实施国家机关和事业单位工作人员工资制度改革方案若干问题的通知》，新工资制度结束了以往职务等级工资制的历史，实行以职务工作为主要内容的结构工资制度。结构工资分成了职务工资、基础工资、工龄工资和奖励工资四个部分。这项制度的实施既贯彻了按劳分配原则，又能够突出职务和贡献，并考虑到了行政机关和事业单位工作人员的工作时间，成为当时收入分配改革的重要体现。

7.1.2 探索建立与社会主义市场经济体制相适应的收入分配体制：1987～2002年

1. 这一时期收入分配制度的指导思想

这个阶段主要是探索建立社会主义市场经济体制的阶段，相应的是，收入分配体制的改革也在不断适应社会主义市场经济体制。具体包括以下方面：

第一，1987年10月党的十三大。这次会议提出，"社会主义有计划商品经济的体制，应该是计划与市场内在统一的体制""新的经济运行机制，总体上来说应当是'国家调节市场，市场引导企业'的机制"。会议还提出，"在公有制为主体的前提下继续发展多种所有制经济""除了全民所有制、集体所有制以外，还应发展全民所有制和集体所有制联合建立的公有制企业，以及各地区、部门、企业互相参股等形式的公有制企业"。与经济体制改革相适应的是，这次会议所确定的收入分配体制是"以按劳分配为主体，其他分配方式为补充"。在这种指导思想下，企业的债券利息、股份分红、企业经营者的风险补偿收入以及私营企业的非劳动收入都得到了承认。

第二，1992年邓小平同志南方谈话。1992年1月18～21日，邓小平同志赴武昌、深圳、珠海和上海视察，发表了重要讲话。他指出："计划多一点还是市场多一点，不是社会主义与资本主义的本质区别。计划经济不等于社会主义，资本主义也有计划；市场经济不等于资本主义，社会主义也有市场。计划和市场都是经济手段。社会主义的本质，是解放生产力，发展生产力，消灭剥削，消除两极分化，最终达到共同富裕。"这次南方谈话的论断为进一步推进社会主义市场经济体制改革提供了支持，在理论上打破了人们将计划经济和市场经济看成社会基本制度范畴的思想观念束缚，使得人们对计划与市场之间的关系问题有了重大突破，为我国建立社会主义市场经济体制提供了强大的动力。由此，我国收入分配体制改革也进入了一个全新的阶段，它推动了收入分配制度不断完善。

第三，党的十四大。这次会议明确提出："我国经济体制改革的目标是建立社会主义市场经济体制，以利于进一步解放和发展生产力""在所有制结构上，以公有制包括全民所有制和集体所有制经济为主体，个体经济、私营经济、外资经济为补充，多种经济成分长期共同发展，不同经济成分还可以自愿实行多种形式的联合经营"。因此，在收入分配制度上，以按劳分配为主体，其他分配方式为补充，兼顾效率与公平。

第四，十四届三中全会。1993年11月，中国共产党召开了十四届三中全会，这次会议作出了《中共中央关于建立社会主义市场经济体制若干问题的决定》，它以邓小平同志南方谈话和党的十四大为基础,对如何贯彻实施党的十四大提出的建立社会主义市场经济体制的目标,提出了具体指导原则规定,这大大推进了建立社会主义市场经济体制的实践。该决定还进一步提出:"建立合理的个人收入分配和社会保障制度""个人收入分配要坚持以按劳分配为主体、多种分配方式并存的制度,体现效率优先、兼顾公平的原则。劳动者的个人劳动报酬要引入竞争机制,打破平均主义,实行多劳多得,合理拉开差距。坚持鼓励一部分地区一部分人通过诚实劳动和合法经营先富起来的政策,提倡先富带动和帮助后富,逐步实现共同富裕"。这标志着中国经济体制改革和收入分配体制改革进入了一个新阶段,它将市场机制引入了收入分配体制,强调克服收入分配中的平均主义,显然能够激发广大人民群众的劳动热情,为社会主义市场经济体制改革提供了较好的基础条件。

第五,党的十五大。党的十五大提出了社会主义初级阶段的基本路线和纲领,提出:"……坚持和完善社会主义公有制为主体、多种所有制经济共同发展的基本经济制度;坚持和完善社会主义市场经济体制,使市场在国家宏观调控下对资源配置起基础性作用;坚持和完善按劳分配为主体的多种分配方式,允许一部分地区一部分人先富起来,带动和帮助后富,逐步走向共同富裕……""公有制为主体、多种所有制经济共同发展,是我国社会主义初级阶段的一项基本经济制度"。与之相适应的收入分配体制是"坚持按劳分配为主体、多种分配方式并存的制度""把按劳分配和按生产要素分配结合起来,坚持效率优先、兼顾公平……"。总之,党的十五大首次提出要把按劳分配和按生产要素分配结合起来,对生产要素能否参与到收入分配过程中这个理论命题进行了肯定,这是对以按劳分配为主、多种分配方式并存的收入分配制度的具体阐释和发展。

2. 这一时期收入分配体制改革的主要做法

这一时期,收入分配体制改革涉及城乡各个领域,其中主要比较大的方面包括:

第一,1993年工资制度改革。这次改革针对国家行政机关和事业单位的工资制度进行了改革,实现了机关工作人员和事业单位工资制度脱钩。根据《国务院关于机关和事业单位工作人员工资制度改革问题的通知》的文件精神:机关工作人员(除工勤人员外)实行职级工资制。其工资按不同职能,分为职务工资、级别工资、基础工资和工龄工资四个部分;根据事业单位特点和经费来源的不同,对全额拨款、差额拨款、自收自支三种不同类型的事业单位,实行不同的管理办法。此外,根据事业单位工作特点的不同,其专业技术人员分别实行五种不同类型的工资制度。

第二,对国有企业扩大内部分配自主权的改革。1993年10月,国务院办公厅转发《劳动部关于加强企业工资总额宏观调控意见的通知》提出,按照"国家宏观调控、分级分类管理、企业自主分配"的原则和要求,加强对企业工资总额的宏观调控,从1993年起,国家对地区和部门实行动态调控的弹性工资总额计划。根据这个文件,劳动部出台了《关于加强企业工资总额宏观调控的实施意见》,对工资总额进行了界定,并对工资总额与企业经济效益挂钩、弹性计划等相关问题进行了明确规定。此外,这一时期还对国有企业厂长(经理)奖惩、国有企业经营管理者年薪制度进行了改革,初步建立起了国有企业经营管理者的收入分配激励和约束制度。

第三，1994 年分税制改革改革了个人所得税制度。完善收入再分配调节的税收手段，初步建立起有利于发挥调节个人收入差距的个人所得税体系。

第四，社会保障制度改革。这一时期，社会保障制度改革措施较多。自 1995 年起，陆续实行了社会统筹与个人账户相结合的养老保险制度，建立了社会统筹和个人医疗账户相结合的医疗保险制度，实施了失业保险制度改革，进行了社会救济和社会福利制度方面的改革。

7.1.3 探索建立与完善社会主义市场经济体制相适应的收入分配体制：2003 年至今

党的十六大的召开，开启了社会主义市场经济体制的新阶段，收入分配体制改革也进入了一个新阶段。

1. 这一时期收入分配制度的指导思想

第一，党的十六大。党的十六大提出："本世纪头二十年经济建设和改革的主要任务是，完善社会主义市场经济体制，推动经济结构战略性调整，基本实现工业化，大力推进信息化，加快建设现代化，保持国民经济持续快速健康发展，不断提高人民生活水平"。这次会议又提出："坚持和完善公有制为主体、多种所有制经济共同发展的基本经济制度""充分发挥个体、私营等非公有制经济在促进经济增长、扩大就业和活跃市场等方面的重要作用"。相应的是，在收入分配领域，坚持"深化分配制度改革，健全社会保障体系""确立劳动、资本、技术和管理等生产要素按贡献参与分配的原则，完善按劳分配为主体、多种分配方式并存的分配制度。坚持效率优先、兼顾公平，既要提倡奉献精神，又要落实分配政策，既要反对平均主义，又要防止收入悬殊"。这次全会首次提出了确定劳动、资本、技术和管理等生产要素按贡献参与分配的原则，是我国收入分配体制改革的重大突破。

第二，党的十六届三中全会。2013 年底召开的党的十六届三中全会通过了《中共中央关于完善社会主义市场经济体制若干问题的决定》，提出："推行公有制的多种有效实现形式。坚持公有制的主体地位，发挥国有经济的主导作用""大力发展和积极引导非公有制经济"。在收入分配体制方面，该决定提出："完善按劳分配为主体、多种分配方式并存的分配制度，坚持效率优先、兼顾公平，各种生产要素按贡献参与分配。"这标志着建立一套与完善社会主义市场经济体制相适应的收入分配体制。

第三，党的十七大。党的十七大报告提出："坚持和完善公有制为主体、多种所有制经济共同发展的基本经济制度，毫不动摇地巩固和发展公有制经济，毫不动摇地鼓励、支持、引导非公有制经济发展……"报告又提出："坚持和完善按劳分配为主体、多种分配方式并存的分配制度，健全劳动、资本、技术、管理等生产要素按贡献参与分配的制度，初次分配和再分配都要处理好效率和公平的关系，再分配更加注重公平。"这是对"按劳分配为主体、多种分配方式并存的分配制度"的坚持和深化。

　　第四，党的十八大和十八届三中全会。党的十八大提出："要坚持和完善按劳分配为主体、多种分配方式并存的分配制度，健全劳动、资本、技术、管理等生产要素按贡献参与分配的制度，初次分配和再分配都要处理好效率和公平的关系，再分配更加注重公平。逐步提高居民收入在国民收入分配中的比重，提高劳动报酬在初次分配中的比重。"党的十八届三中全会提出："公有制为主体、多种所有制经济共同发展的基本经济制度，是中国特色社会主义制度的重要支柱，也是社会主义市场经济体制的根基。公有制经济和非公有制经济都是社会主义市场经济的重要组成部分，都是我国经济社会发展的重要基础。"与之相适应的收入分配体制改革措施是"形成合理有序的收入分配格局。着重保护劳动所得，努力实现劳动报酬增长和劳动生产率提高同步，提高劳动报酬在初次分配中的比重"。事实上，到了党的十八大之后，我国收入分配体制改革的重点由建立并完善收入分配体制已经转向优化收入分配体制的阶段。

　　2. 这一时期收入分配体制改革的主要做法

　　第一，2006 年工资制度改革。2006 年 6 月，国务院出台《国务院关于改革公务员工资制度的通知》，实施了一次大规模的公务员工资制度改革，实行职务与级别相结合的工资制度。这次改革与清理规范津贴补贴相结合，将公务员的基本工资结构由职务工资、级别工资、基础工资、工龄工资简化为职务工资、级别工资两项，加大级别工资权重。将公务员级别数由 15 个增加至 27 个，加大向基层公务员倾斜的力度，建立正常调整工资的制度。此外，这次工资改革也包含了事业单位，在深化事业单位体制改革的前提下，建立与其相适应的工资制度，在工资设计时，将其与其岗位职责、工作绩效相结合，充分调动事业单位工作人员的积极性。

　　第二，社会保障制度改革。这个阶段可以说是社会保障制度突飞猛进的阶段，特点是覆盖面的不断扩大，从城镇不断扩展到农村地区，先后建立了新型农村合作医疗、农村医疗救助、农村五保。此外，2007 年建立了农村最低生活保障制度。2009 年建立了新型农村社会养老保险制度，实现了养老保险的全覆盖。

　　第三，个人所得税改革。个人所得税制改革主要体现在工资薪金所得免征额的变动上，2006 年 1 月 1 日，工资薪金所得的免征额从每月 800 元提高到 1600 元；2008 年 3 月 1 日，继续从 1600 元提高到 2000 元；2011 年 9 月 1 日，从 2000 元提高至 3500 元。虽然个人所得税免征额的提高能够将部分纳税人排出税基之外，但从个人所得税纳税人的结构来看，免征额提高之后，个人纳税人的数量不断减少，这事实上不利于发挥个人所得税在收入分配领域的功能。

7.2　我国财税制度影响收入分配的机制和实际效果

　　由于现行收入分配方式和分配主体呈现多元化的特点，因此，财税制度对于收入分配有着重大影响。财税制度领域影响收入分配的机制包括财政收入和财政支出两个方面，本节将一一分析。

7.2.1 税收制度

1. 税收制度影响收入分配的机制

大多数情况下，在一国税制体系中，包含了流转税、所得税和财产税三大体系。三种税对收入分配的影响机制和影响环节是有所不同的。

流转税是在货物与劳务价值流转环节的税种，如增值税、营业税等一般流转税，还包括消费税、资源税、车辆购置税等特殊流转税。流转税主要是影响初次分配环节的收入分配，流转税负会一定程度地转嫁到产品价格之中，从而引发价格的上涨，降低居民实际收入水平。当征收流转税后，所有类型产品的价格上涨幅度相同时，这种效果相当于征收所得税。但是这种情况往往较为少见，更多的是由于不同群体面对不同产品的需求价格弹性不同，流转税转嫁所导致的不同产品价格上涨幅度不同，因此，流转税对收入分配的影响便显现出来。

而所得税则是对纳税人的经营成果课征的税收，属于再分配环节的税种。所得税的课征会影响居民的可支配收入水平。所得税的税率设计遵循量能负担原则，一般采取累进税率形式，不同收入水平群体所面临的平均税率和各收入档次的边际税率有所差异。应税所得水平越高，所面临的平均税率和边际税率越高，那么所得税能够缩小不同收入水平群体的税后可支配收入差距。

财产税则是对存量财产环节针对财产价值课征的税收。它是在分配环节结束之后在财产存量环节对收入分配的调节，一方面能够缩小不同群体拥有财产水平的差距，另一方面能够影响不同群体通过财产获取财产性收入的能力。

由此可见，三种类型的税种对收入分配的影响作用不同，三者之间的相对结构也会影响收入分配的效果。

2. 我国现行税制结构对收入分配的影响

在实际经济运行中，由于税制结构有着我国自身的特征，因此影响了我国税制对于收入分配调控的效果。从总体特征来看，我国的税制结构呈现"流转税等间接税为主体，所得税和财产税等直接税比重偏低"的特点。

2014 年，国内增值税、国内营业税、消费税三大流转税占全部税收收入的比重达到 48.26%。如果将进口环节流转税考虑进来，那么流转税的比重更高。企业所得税和个人所得税总和所占比重则为 26.87%。而个人所得税的收入规模仅为 7376.61 亿元，占全部税收收入的比重仅为 6.19%，因此，个人所得税的收入规模无法充分发挥调节收入分配差距的作用；房产税的收入规模仅为 1851.64 亿元，占全部税收收入的比重仅为 1.55%。[①]

此外，在流转税体系内部，不同类型流转税之间的结构也有着一定特点。一般流转税的比重较高，而特殊流转税的比重偏低。以消费税为例，2014 年全国国内消费税收

---

① 数据来源于财政部 2014 年全国财政决算；即使在直接税体系中，企业所得税的类型归属也有着争议。有观点认为，从精确含义上来说，企业所得税不应该属于直接税。

入为 8907.12 亿元, 占全部税收收入的比重仅为 7.47%, 而且消费税的收入集中度较大, 成品油、烟、酒、小汽车四类应税消费品收入占全部消费税收入比重高达 95% 以上。

即使在直接税体系中, 直接税的间接税趋势也非常明显, 即使在个人所得税制度中, 大部分个人所得税也是通过以源泉扣缴为主要方式的间接征管模式, 缺乏一种直接面向纳税人的征管机制。

当然, 我们也看到, 我国税制结构正在经历着缓慢的转变, 随着经济发展水平的不断提高, 居民收入水平显著增长, 直接税的比重在不断提高。

从目前税制结构对收入分配的影响来看, 各方面都是显著的。从广义角度来看, 收入分配既包括 "做蛋糕" 的过程, 也包括 "分蛋糕" 的过程。所以说现行税制结构对于收入分配的影响既包括对初次分配环节的影响, 也包括对再分配环节的影响。

第一, 就税制对初次分配环节的影响来说, 现行税制结构呈现累退性特征, 不利于收入分配。一般流转税采取比例税率, 导致不同收入水平的群体消费同一类货物或劳务的税负是同一的, 然而, 其收入水平不同, 导致高收入群体的平均税率水平低于低收入群体的平均税率水平。而特殊流转税虽然有利于缩小收入分配差距, 然而, 目前特殊流转税在整个流转税体系中所占的比重较低, 这种税制结构特征总体是不利于收入分配的。

第二, 现行税制结构对市场资源配置过程有一定的干扰作用, 税制整体的中性作用需要强化。增值税在初次环节应避免产生非常明显的干扰市场资源配置的作用, 但现行增值税制度的非中性现象较为明显, 具体表现在:

一是虽然 "营改增" 已经取得了较大的成绩, 但是目前这项改革仍需要进一步推进, 建筑安装、不动产、金融业和生活性服务业仍需要纳入增值税征税范围, 否则将导致交易环节之间的抵扣链条断裂, 一定程度上会影响社会分工。增值税一般纳税人在购进非增值税应税劳务时, 无法抵扣其中的营业税税款; 同时, 营业税纳税人在从上游购进货物或者劳务时, 其中所含的增值税进项税款和营业税款均无法扣除。当然, 随着 "营改增" 的进一步推进, 这个问题会逐步得到解决。二是增值税的税率档次过多也对交易过程产生影响, 出现了一些所谓的高征低扣、低征高扣的问题。虽然产业链条上的增值税款总额没有受到影响, 但会对产业链条的增值税税负分配产生影响。三是进出口税收制度的一系列问题也对市场资源配置过程产生影响。部分产品出口退税不彻底, 导致其以含税价进入国际市场, 对公平竞争产生了严重影响。此外, 由于营业税制度的原因, 部分劳务出口无法退税, 当然, 这随着 "营改增" 的进一步深化会得到解决。四是过多的增值税优惠政策也会影响市场资源配置过程, 虽然税收优惠制度能够发挥促进某些特定领域发展的作用, 但是增值税制度本身的定位不适合设计太多的税收优惠。然而, 现行增值税制度中大量的税收优惠显然会对市场资源配置过程和企业生产经营产生不利影响。例如, 增值税的免税优惠割裂了增值税抵扣链条, 对企业正常生产经营产生不利作用。一些增值税先征后返、即征即退的优惠制度既破坏了产业链条的抵扣机制, 也容易产生税收征管的问题。五是征管问题带来的非中性。一方面, 增值税的税款抵扣机制在企业处于成熟时期是较为顺畅的，企业可以通过货物与劳务的流转环节将税负转移给下游。但一旦企业尚未进入成熟期，如企业处于基本建设期，就无法将税负及时转移出去，这种情况下会出现销项税款较小而进项税款较大的问题。企业大量投入中的所含进项税款无法及时得到抵扣，产生规模相当的留抵税款，相当于占压了部分企业资金，本来企业融资就难，这将进一步对企业的生产经营过程产生影响。另一方面，为了便于征管，按照企业规模大小和核算制度是否健全，将增值税纳税人分成一般纳税人和小规模纳税人，对后者来说，按照营业额和征收率的简易征收方式课征增值税，这事实上造成了小规模纳税人的交易链条的断裂。

第三，居民取得收入环节的个人所得税规模偏小，导致个人所得税对取得收入的流量环节发挥的收入调节作用较弱。虽然个人所得税等能够从流量环节发挥调节收入分配的作用，但是我国个人所得税占全部税收收入的比重较低，无法显著发挥调节收入分配差距的作用。而且，近年来，随着个人所得税工资薪金所得扣除费用的不断提高，纳税人人数反而出现进一步减少的现象，按照财政部的公开口径，2011年工资薪金所得税免征额提高至3500元之后，工资薪金个人所得税的纳税人数量由8400万人减少至2400万人。[1]

第四，由于对居民个人住房的房产税仅在上海、重庆两地试点，大部分居民个人住房未纳入房产税征收范围，而且在财产存量环节尚未开征遗产税与赠与税，因此，居民在财产存量环节的税负较轻，无法充分发挥调节收入分配的作用。

7.2.2 财政支出

财政支出是一个重要财税制度领域，其总量和结构均会影响居民收入分配。在财政支出中，有一些显性的直接财政支出机制，如对于各地区公共服务的投入不均等导致的分配问题。同时也有一些非常隐性的内在机制影响收入分配，其中一个角度是关于我国财政分权下的地方政府行为。

1. 财政支出影响收入分配的机制

财政支出的总量和结构均能对收入分配产生显著影响作用。它会从两个方面影响收入分配：一方面，对于人民群众来说，享受基本公共服务的过程就是接受财政支出受益的过程，就是他们付出税收收入的"对价"，人民群众实际享受基本公共服务之间的差异意味着彼此获取利益的差异；另一方面，基本公共服务和私人产品之间往往存在互补性和替代性，例如，即使私人消费水平较高，但由于没有相应的公共服务作为支撑，它的福利水平也不会提高很快。此外，有些基本公共服务本身就能够替代私人支出，政府提供的基本公共服务越充分，那么这种替代作用越大，显然更能够发挥增加居民福利的作用。

2. 基本公共服务非均等化导致的收入分配问题

近年来，我国财政支出在促进基本公共服务均等化方面发挥了巨大作用，教育、医

---

① 资料来源于新华网：《全国只有2400万人缴纳个税纯属误读》，http：//news. xinhuanet. com/fortune/2011 - 09/07/c_121998114. htm。

疗卫生、社会保障、科技、文化体育等地区间、城乡之间差距不断缩小，但是基本公共服务的非均等化问题仍然存在。

第一，支出结构偏向问题较为突出。过去相当长的一段时间内，由于地方政府的目标以经济发展和 GDP 为导向，为了在招商引资中获胜，地方政府的财政支出便有着非常显著的特征，即偏向于经济建设。但地方政府也要面临着民生考核的压力，甚至有些民生支出领域属于"一票否决"，在这种情况下，地方政府会在保障民生支出领域达标的前提下，将剩余财力用于经济建设。这种情况下，地方政府用于满足基本民生的部分达到最低水平即可，而大部分用于经济建设，特别是满足招商引资等领域的支出需要。这也就是支出结构偏向的根源。这种情况下的支出结构是短期内不利于收入分配的，但是经济建设水平的提高，又能带动地方经济发展，却提高了"做蛋糕"的能力，能够提高当地居民的收入水平。所以说，从精确的角度来看，我们需要更加深入地探究财政支出结构偏向对收入分配的影响。

第二，区域之间的基本公共服务不均等问题仍然较为突出。虽然区域之间的基本公共服务差距呈现不断缩小的趋势，但是各地区基本公共服务差距仍然较大。一个重要原因是对基本公共服务均等化的理念仍然存在一定模糊之处。就基本公共服务均等化来说，有两个含义：一是起点均等，即财政投入的均等化。从本质上来说，这种均等化是一个较低水平的均等化，因为没有充分考虑各地区的成本因素。例如，西部高原地区即使和东部平原地区实现人均财力的均等，但由于其基本公共服务成本存在巨大差异，前者远高于后者，那么在公共服务提供的最终成果方面，显然前者会低于后者。二是结果均等。这种均等化是较高水平的均等化，因为考虑了基本公共服务提供过程中的成本因素，是一种最终结构的均等。而从目前我国基本公共服务均等化来说，究竟定位于起点均等还是结果均等，仍然没有一个统一的目标。

引发区域之间的基本公共服务不均等的重要原因之一是政府间的支出责任不明晰。很多类型公共服务的支出责任仍然没有得到清晰界定，导致这些基本公共服务的支出责任下沉到基层地方政府，然而，各基层地方政府的财力差距非常大，导致有些财力充足地区的基本公共服务提供较为充分，而财力贫乏地区的基本公共服务提供不足。

此外，在目前我国经济结构条件下，区域间基本公共服务差距出现了新的趋势。在我国当前人口流动仍然大范围存在的情况下，基本公共服务的投入仍然按照户籍为标准，导致东部沿海发达地区流动人口输入地的基本公共服务支出压力较大，使得流动人口无法充分享受到基本公共服务。例如，媒体常常报道一些东部地区农民工子弟入学难的问题；而中西部地区流动人口输出地的基本公共服务由于流动人口外出，出现了配置不匹配的问题。这种区域间的财政资源配置问题愈发显得突出。

第三，城乡间基本公共服务的不均等问题。长期以来，我国对于城乡公共服务的财政投入存在一定程度的不均等问题，农村地区的各个领域公共服务水平滞后于城市水平。但是，随着我国城镇化水平和财政保障水平的不断提高，这种局面正在不断改变。

3. 财政分权下的农村土地"剪刀差"导致的收入分配问题

自从 1978 年改革开放以来，中央政府将党和国家的工作重心转向了经济建设，中央政府逐步对地方政府放权。为了鼓励"以经济建设为中心",中央政府鼓励地方政府发展经济,扩大地区经济总量,为了考核地方政府发展经济的成绩,中央政府设置了政绩考核机制来对其进行考核。一个普遍接受的观点是政绩考核机制的主要内容是经济总量考核,如果一个地区经济总量增长越快,那么地方政府官员越容易得到升迁。这种机制激发了地方政府发展经济的热情,但由于自身的经济基础较为薄弱,而且增值税共享机制的设计,使得地方政府热衷于吸引外来资本,于是,各地区纷纷开展了"招商引资"竞争。为了吸引稀缺的工业资本,各地区纷纷出台各种各样的优惠政策,以在竞争中获得优势。优惠政策包括各种各样的税费优惠、土地优惠以及自然资源优惠等,为了分析方便,本部分将着重考虑土地优惠。

（1）农村土地的产权制度。

在过去30多年快速工业化和城市化过程中,农村土地也发生了巨大的价值增值,然而现行农村土地产权制度的不完善却没有让广大农民充分享有工业化和城市化过程中的土地收益。

第一,农村土地产权缺乏一个清晰的权能主体,导致农民在土地征用时其合法、合理的所有权收益无法得到充分保证。《宪法》规定,"农村和城市郊区的土地,除由法律规定属于国家所有的以外,属于集体所有;宅基地和自留地、自留山,也属于集体所有。"虽然农村土地属于集体所有,但是农村土地缺乏一个"人格化"的产权代表来行使所有权权能,因此,导致农民对农村土地产权的变动缺乏知情权、参与权,所以很多情况下,农民权益往往受到侵犯。此外,在农村土地被征收时,对农村土地的补偿是按照土地作为农业用地的价值,并没有按照土地用于非农用途的市场价值。现行《土地管理法》规定:"征收土地的,按照被征收土地的原用途给予补偿。征收耕地的补偿费用包括土地补偿费、安置补助费以及地上附着物和青苗的补偿费。"因此,农民在土地被征收时,集体土地所有权的权益无法得到充分保障。

第二,农村土地所有权的收益权和处置权无法充分实现。我国农村土地的流转方式受到严格限制,它只能通过国家征收或者征用的方式来实现流转,现行《土地管理法》规定,"建设占用土地,涉及农用地转为建设用地的,应当办理农用地转用审批手续。"因此,农民无法自由将农村土地投入市场活动,这无法让农民形成规模化经营获得市场价值,不利于农民收入的快速增长。此外,现行《土地管理法》规定,"国家为了公共利益的需要,可以依法对土地实行征收或者征用并给予补偿。"地方政府经常利用这些条款对农村土地进行征用,一定程度上损害了农村土地集体所有权的利益。

（2）地方政府通过农村土地"剪刀差"对工商业资本的补贴。

由于农村土地产权的各种问题,导致地方政府在进行招商引资竞争过程中,往往通过低价征用农村土地,而高价将其出让,以获得规模巨大的国有土地使用权出让收入。可以说,农村土地在成为建设用地时,经历了两次"出售",然而,两次"出售"价格之间存在着巨大的"剪刀差"。

第一次"出售"是指政府征收农村土地,使得农村集体土地转变为国有建设用地,然而,这种情况下,政府只将较低的征收补偿费用支付给农民;而第二次"出售"过程就完全不同，政府将国有土地使用权通过市场化方式来出让，获得规模巨大的国有土地使用权出让收入，这部分收入大大高于第一次"出售"时农民获得的补偿收入规模。

但是，在第二次"出售"过程中，地方政府基于招商引资竞争的考量，对工商业用地和居住用地的出让策略是大有不同的。对于工商业用地来说，为了吸引外部工商业资本，地方政府往往对工商业用地采取低价，甚至零地价的出让方式，在这种土地优惠下，外部工商业资本纷纷进入地方辖区投资。虽然国家已经意识到这个问题，出台了一系列文件禁止这种做法，要求建设用地必须按照招拍挂等市场方式来出让，但这些文件的执行非常不理想。而对于居住用地来说则有所不同，地方政府往往通过"招拍挂"市场方式来出让居住用地，各地方纷纷出现的"地王"，正是对这个现象的写照。由于居住用地中包含了国有土地使用权出让成本，使得房地产中开发成本大大增加，这些出让成本必然会体现在房地产售价中，显然会提高房价。

所以说这其中存在利益转变机制，地方政府在出让工商业用地时并没有获得较多的财政资源，而在出让居住用地，却获得了规模惊人的财政资源（主要是国有土地使用权出让收入）。事实上，地方政府对工商业资本给予了大量财政补贴。

一旦这种机制固化，还会进一步对国民经济结构和收入分配产生显著影响。居住用房价格的上涨会引发一系列后果，典型的就是房价上涨造成了劳动者的实际收入大大下降，劳动者要透支其收入和财富后才能进行住房消费，甚至耗费一生的收入和财富。这其中，隐含着工商业资本获得了财政补贴，而劳动者因此付出了代价，显然对收入分配是大为不利的。

进一步说，由于劳动者过度耗费了收入或财富进行住房消费，从而导致预防性储蓄提高的后果。各项研究均表明，我国居民的储蓄倾向处于较高水平。一个重要原因就是居民通过住房消费过度透支了收入和财富。由于储蓄率居高不下，这也导致了另外一个后果，就是使得资金供给不断增加。在资金需求不变的情况下，资金成本呈现下降趋势，工商业资本通过较低的资金成本就能获得金融系统的大量资金，更加剧了新一轮的投资热潮，特别是房地产投资。所以，地方政府差别性土地出让策略加剧了这种内生强化的机制。因此，从本质上来看，这其中事实上蕴含了资本和劳动收入分配之间的关系，在当前农村土地产权制度和地方政府行为的共同作用下，事实上我国经济发展过程中，工商业资本受到补贴，而劳动却要承受对工商业资本补贴带来的负担。

（3）地方政府对资本的直接财政补贴。

除了上述较为隐性的补贴机制之外，地方政府还对工商业资本给予显性的财政支出补贴。一个常见的现象是在招商引资过程中，地方政府往往以大量财政支出的方式来优化区位环境，吸引外部资本进入。地方政府重要的投资领域就是基础设施等领域。例如，地方政府为了吸引资本进入，往往会提前投资将工商业用地的配套基础设施建好，将"生地"变为"熟地"，并建设完善的学校、医院、文化体育设施、污水垃圾处理等。这些基础设施的建设均会耗费大量地方财力。地方政府之所以有这种行为，是因为它们希望快速实现既定的经济发展目标。当然，在地方政府的考核中，虽然地方政府的政绩考核机制以经济总量考核为主要内容，但是并不是意味着其他方面的考核不重要，除了经济发展目标外，民生目标也要实现，特别是上级政府往往对下级政府提出一些"一票否决"的指标，如计划生育、公共安全等，因此，地方政府的发展目标是一个多元化的体系，它们是在追求非经济发展目标达标的前提下，尽可能实现最快的经济发展。因此，这种情况下，地方政府支出将被分成两大部分：一部分是经济性支出，如上所言的用于基础设施投资的财政支出；另一部分是非经济性支出，用于实现某些考核指标的达标。很多学者已经注意到，在这种政绩考核目标模式的激励下，地方政府在安排财政支出时必然要偏向经济性支出，有时候，仅将非经济性支出控制在一个相对较低的水平即可。

企业生产除了需要资本要素和劳动要素之外，还需要基础设施等要素，而基础设施事实上大部分由政府来承担，由此一来，企业生产经营过程的成本趋于降低。这本质上反映了地方政府对工商业企业形成了直接补贴，而且这种补贴规模是巨大的。

总之，在过去我国快速的经济增长时期，农村土地"剪刀差"成为经济增长重要动力之一。正是由于农民在工业化和城镇化中仅获得较少的成本补偿便放弃了大量土地，使得国家在兴建各种基础设施过程中的成本也处于较低水平。然而，由于农民获得补偿不足，导致这个群体的生存和发展也出现了较为突出的问题，收入分配问题是其中一个重要内容。

7.2.3 国有资本和国有资源

国有资本和国有资源是国家资产的重要形式，全体人民拥有国有资本和国有资源的所有权，而全体人民委托政府代理行使所有权，因此，任何国有资本和国有资源的占用、处置、收益等应该体现全体人民的意志，这是所有权权能的体现。然而，国有资本和国有资源的所有权制度存在着多方面的问题，也成为引发收入分配问题的重要原因。

1. 国有资本经营收益制度

就国有资本来说，我国现行国有资本收益上缴比例仍处于较低水平。在1994年分税制改革时，为了保障改革顺利进行，《国务院关于实行分税制财政管理体制的决定》规定"逐步建立国有资产投资收益按股分红、按资分利或税后利润上交的分配制度。作为过渡措施，近期可根据具体情况，对一九九三年以前注册的多数国有全资老企业实行税后利润不上交的办法。"到了2007年，国务院出台了《关于试行国有资本经营预算的意见》，其中规定了"国有资本经营预算的收入是指各级人民政府及其部门、机构履行出资人职责的企业上交的国有资本收益""中央本级国有资本经营预算从2008年开始实施，2008年收取实施范围内企业2007年实现的国有资本收益。2007年进行国有资本经营预算试点，收取部分企业2006年实现的国有资本收益"。

至此，中央国有资本收益的收取才得以恢复，但从现行制度和收取比例来看，比例仍然偏低。根据现行最新《关于进一步提高中央企业国有资本收益收取比例的通知》中的规定，分成了五类中央企业分别实行不同收取比例：第一类企业为25%，仅有中国烟草总公司在此列；第二类企业为20%，中石油等14家企业在此列；第三类企业为15%，中国铝业公司等70家公司在此列；第四类企业为10%，中国核工业集团公司等

23 家企业在此列；第五类企业免交当年应交利润，包括中储粮和中储棉两家企业。由此看来，即使按照最高的中国烟草总公司，其国有资本收益收取比例仍然较低，离党的十八届三中全会所提到的 30% 仍然有差距。

此外，国有资本经营预算基本处于封闭运行状态，与公共财政预算之间的统筹程度较低，这一定程度上影响了全体人民可以充分享受国有资本经营带来的经营成果的程度。另外，在国有企业的内部，高级管理人员和普通职工之间的收入差距也有着较为明显的距离，特别是一些垄断性国有企业的内部差距更是较大，这也成为引发收入分配问题的重要原因之一。

2. 国有资源收益制度

现行国有资源收益制度包括税、费、租三种类型，分别体现不同类型的法律权利、义务关系，包括资源税、矿产资源补偿费、矿区使用费、探矿权、采矿权使用费和价款，此外，还有石油特别收益金、矿产资源勘查登记费、采矿登记费等类型。然而，现行国有资源收益制度存在一系列问题，对收入分配有着显著影响：一是我国国有资源的补偿比例并不高，无法充分保障国家作为国有资源所有者的权益；二是资源税覆盖范围仍然不够，没有充分覆盖到所有资源，无法对所有资源的级差收入形成调节作用；三是很多垄断性国有企业掌控了国有资源，由于资源成本补偿标准较低，很多垄断性国有企业因此获得了高水平利润。

总之，由于国有资源收益制度存在诸多不完善之处，导致国有资源收益制度没有严格按照所有权制度的原则，国家作为国有资源所有者的权益没有得到充分体现。部分企业或者个人以低成本获得国有资源开采权，随着我国经济发展水平的不断提高，矿产资源的需求不断上升，矿产资源价格不断上涨，这部分企业或者个人就将获得超额暴利。这事实上导致国有资源所有权收益转化为部分企业或者个人的利益。

第8章 中国调节收入分配的财税政策框架与基本内容

8.1 中国收入分配政策框架下财税政策的地位和作用

改革开放以来，我国经济持续了长达三十多年的增长，创造了世界增长历史上的奇迹，即使我国进入新常态，经济增长率在不断趋缓，我国的增长率仍然处于一个较高的速度。我国又是一个区域发展严重不平衡的国家，进入新常态并不意味着我国所有地区同步进入新常态，我国广大的中西部地区仍然有着非常可观的增长潜力，我们仍需要通过保持一定水平的经济增长率，拉动中西部地区的增长，创造就业机会，做大经济总量，实现地区间的公共均等化，圆满实现"十三五"规划确定的发展目标。此外，收入分配政策需要充分考虑生产要素的变化趋势，顺应一定发展阶段下各类生产要素的供求关系变化。所以说，收入分配政策必须适应于经济发展阶段，兼顾生产要素的供给特征变动，服务于一定时间经济发展的实际需要。

财税政策是收入分配政策体系的重要组成部分，它能够从初次分配环节和再分配环节两个维度同时影响收入分配状况。因此，财税政策的选择也应与经济发展阶段相适应，根据经济发展的不同阶段来研究调节收入分配的财税政策。

8.1.1 改革开放后新常态前财税政策的地位和作用

改革开放以来，我国实施了全面的经济体制改革，各个领域的市场化改革推进迅速，特别是消费品领域。改革彻底激发了社会生产力和市场活力，人民群众收入水平不断提高，消费水平也随之快速提高。事实上，改革开放后，特别是改革开放初期，我国总体是在短缺经济下来推进经济体制改革，谋求生产力的发展。这种情况下，改革开放前由于实行"低工资、高积累"政策导致了人民群众的消费水平被严重抑制的现实状况，在改革开放条件下，得到了不断缓解，围绕着消费水平的不断提高，有力带动了基础设施、制造业、服务业的快速增长，我国工业化水平随之不断提高，经济增长率和财政收入增长率也随之走高。所以说，从经济增长的阶段性来考量，这个时期的经济增长是在短缺经济条件下，具有鲜明的"补偿性"特征，甚至可以称为补偿性红利。更为形象的一个判断是，改革开放之后新常态前，我国一直处于"基本建设期"，在不断弥补改革开放之前的消费以及相关基础设施的"欠账"。这种格局下，我国的经济增长率和财政收入增长率不仅包含了现期经济发展的成果，还包含了一部分改革开放前被抑制经济发展能力的"补偿"。进一步说，我国经济增长战略的选择，取得这些骄人的增长成绩，一定程度上还依赖于以下生产要素禀赋条件：

第一，"人口红利"对经济增长的巨大贡献。我国改革开放之后，丰富的劳动力人口为经济增长提供了源源不断的动力，这个情况甚至接近于刘易斯所提到的劳动力无限供给的状态。这种生产要素的禀赋特征，决定了我国劳动力工资报酬水平在相当长的一段时间内是处于一个较低水平。在工业化的带动下，我国的城镇化率在快速提高。但近年来，人口红利在逐渐消失，蔡昉等学者认为 2013 年人口红利消失的年份①，劳动力供给形势的巨大变化也对经济运行产生了非常显著的影响。

第二，地方政府发展经济的积极性也成为推动经济增长的重要动力。改革开放之后，我国实行了分权化改革，地方政府在"以经济建设为中心"的指挥棒下，激发了发展本地经济的巨大热情，为了吸引稀缺的外部资本，他们之间纷纷开展了招商引资活动，也引发了激烈的竞争。改革开放初期，土地资源相对较为丰裕，为了在竞争中获得先发优势，各地方都出台了各有特点的优惠政策，诸如土地优惠、税收优惠、财政返还等，这些优惠政策显著发挥了吸引外部资本的效果，各地方的"招商引资"行为事实上降低了工业开发成本，推动了各地的工业化和城镇化水平。从某种意义上说，改革开放之后发挥了地方政府在拉动经济增长的积极性，本身就是一种制度红利，是适应于当时经济环境的制度安排。

第三，我国采取了由东至西"梯度开发"的区域发展战略。邓小平同志提出，"允许和鼓励一部分人、一部分地区先富起来，先富带动后富，逐步达到共同富裕"。在这个方针的指导下，我国在改革开放之后实行了由东至西、由沿海地区至内陆地区，逐渐递进的区域发展战略。

与经济增长战略相适应，这个时期的财税政策具有非常明显的"增长导向"特征，本部分称为"增长导向型的财税政策"。它的最显著特点是财税政策的选择为实现既定的经济增长目标服务，这个时期经济政策（包括税收政策）的主要功能是促进经济增长、做大经济总量。从这个发展阶段财税政策调节收入分配状况来说，由于功能是服务于经济增长战略，因此调节收入分配功能无法充分强化。因为这个发展阶段面临的重要问题是在"如何把蛋糕做大"，这才能为以后的调节收入分配创造一个良好的内外部制度环境。这个阶段，与收入分配相关的财税政策特点主要包括：

一是与梯度发展战略相适应，实施了区域财税优惠政策，特别是税收制度。改革开放之后，我们在部分地区（特别是东南沿海地区）实行了区域优惠政策，推动了生产要素的集聚程度，也有助于改革开放初期发展出口导向型经济战略。随着经济形势发生变化，以区域为导向的优惠政策也在不断动态调整、优化，例如 2008 年的企业所得税"两法合并"将优惠导向转向"行业优惠为主，区域优惠为辅"。

二是对外商投资实行较大幅度的优惠政策。为了更好地利用外资，吸引外商投资进入国内，促使国内企业学习国外先进的技术和管理经验，我们对外资实行了较大幅度的

---

① 相关资料来源于人民网理论版，http：//theory. people. cn/n/2012/0824/c49154 - 18827942. html。

优惠政策，例如企业所得税和个人所得税。事实表明，这些优惠政策在经济发展初期在促进经济增长方面发挥了十分显著的作用。当然，随着我国经济发展阶段的不断跨越，产业结构不断升级，国内企业不断做大做强，部分领域的外资作用在不断被内资企业所替代，而且为了创造一个起点公平的市场竞争环境，我们对外商投资优惠政策进行了改革，如2008年的企业所得税"两法合并"实现了内外资企业所得税的统一。

三是经济发展初期，由于我国经济发展水平的限制，个人收入水平处于一个较低水平，直接面向个人征收的税收收入的增长受到发展阶段的限制，直接面向个人的征管水平仍然停留在与收入水平相应的阶段，这也限制了收入分配功能的充分发挥。从国外的经验来看，所得税和财产税比重会随着经济发展水平的提高而不断发生变化。在我国当前的发展阶段，对增值税等间接税的依赖程度仍然较高，然而，某些间接税具有累退性特征，不利于缩小收入分配差距。但随着国内经济发展水平和居民收入水平的不断提高，直接面向个人征收的各类税收收入的增长将有一个可观的预期，相应的是，税制的收入调控功能将得到不断强化。

四是这个阶段，由于地方政府招商引资的需要，在既定财税体制的格局下，税收对收入分配的调节一定程度上存在逆向调节的效果。例如，在地方政府招商引资中，由于工业资本会滚动投资，不断扩大投资规模，会某种程度上形成了"再投资规模越大，得到的财政返还和税收减免越多"的局面，这事实上会加剧财产收入者和劳动收入者的收入差距，但是从长期经济增长的效果来看，前期收入分配的不断扩大正是为中长期经济的可持续增长提供了条件。

总之，改革开放后新常态前，我国财税政策的主要功能在于服务于经济增长战略的大局，作为政府主导型经济增长的重要政策工具。财税政策所筹集到的财政收入和安排的财政支出紧紧围绕着我国经济增长和保障人民民生的基本需要，而税制在发挥收入分配功能方面并不强，需要在未来深化改革中加以强化。

8.1.2 经济进入新常态后财税政策的地位和作用

近年来，随着我国经济发展阶段的不断变化，生产要素的供给特征发生了显著变化，政府和市场的关系得以不断明晰，市场在资源配置中发挥决定性作用。与之相适应，财税政策也应该适应经济新常态的变化趋势，作出适时变革。

第一，人口红利逐渐消失，我国劳动力成本在不断提高。前面也提到，近几年，我国人口结构发生了巨大变化，老龄人口占全部人口的比重不断上升，青壮年劳动力的供给特征发生变化，人口红利逐步消失。据公开数据显示，我国制造业劳动生产率在2006年为88.72元/小时，而到了2010年则上升至149.24元/小时，期间累计提高68%，然而，同时期的制造业平均工资水平从7.27元/小时，提高至12.79元/小时，期间累计提高76%。[①] 在劳动力成本不断提高之时，部分劳动密集型企业出现了向东南

---

① 《影响就业的基本因素已发生重大变化》，载于《上海证券报》，（2014 - 09 - 05）［2016 - 02 - 19］. http://news.xinhuanet.com/fortune/2014 - 09/05/c_126957638.htm。

亚等廉价劳动力地区转移的情况。[①]

第二，当前我国工业领域的产能过剩问题仍然较为突出，成为影响今后一个时期经济运行特征的重要因素。经历了过去多年的产能扩张，随着经济增长率减速等经济运行特征的影响，煤炭、钢铁等部分行业的化解产能、结构调整任务非常艰巨。这也影响了我国政策选择的思路，传统依靠扩大投资规模的扩张性政策手段的空间在不断趋紧，我们需要寻找一条利用技术创新化解产能过剩的新路。

第三，新兴业态发展十分迅速，在传统产业转型升级过程中，成为重要的推动力量。随着互联网技术的快速发展，政府也在不断优化职能和简政放权，促进了"互联网＋""大数据""云计算""智慧工程"等新兴业态的快速发展，同时也不断激发了服务业需求的快速增长，这些行业的发展将成为未来带动经济增长的新动力。

第四，"大众创业、万众创新"带动了中小微企业的快速发展，也将成为带动经济增长的重要动力。在推动经济转型升级的大背景下，我国倡导实施了"大众创业、万众创新"。伴随着各级政府的简政放权政策，新一轮的制度红利将被释放出来，新涌现出来的中小微企业将进一步优化经济结构，成为推动经济增长的多元化"引擎"。

事实上，这些新趋势的出现对收入分配产生正向影响，例如劳动力成本的上升缩小财产收入者和劳动收入者的收入差距，创业热情地激发将有助于培育小微企业发展，也会改善收入的流动性，对收入分配差距的缩小带来促进作用。新兴业态发展十分迅速，带动人力资本和技术回报率显著提高，有助于改善收入分配，等等。这恰恰印证了收入分配和经济发展的关系——库兹涅茨曲线。根据这个理论，随着经济发展水平的不断提高，收入分配差距呈现先扩大、后缩小的倒"U"型趋势，也就是说，达到一定的临界点之后，经济发展阶段的不断跃迁有助于缩小收入分配差距。从我国经济发展的实践来看，我国已经成功验证了倒"U"型趋势的左半侧，但至于是否已经达到倒"U"型趋势的右半侧，仍然有着争议。但从近期的数据显示，收入分配差距正在不断收窄，从国家统计局公布的 2003～2014 年的基尼系数来看（见表 8-1 和图 8-1），2003～2008 年收入分配差距呈现逐步上升趋势，但 2008 年以来收入分配差距则出现了逐步回落。

表 8-1　　　　　　　　　　2003～2014 年中国基尼系数

年份	2003	2004	2005	2006	2007	2008
基尼系数	0.479	0.473	0.485	0.487	0.484	0.491
年份	2009	2010	2011	2012	2013	2014
基尼系数	0.490	0.481	0.477	0.474	0.473	0.469

---

① 近年来，一些官方主流媒体对此作了很多报道。

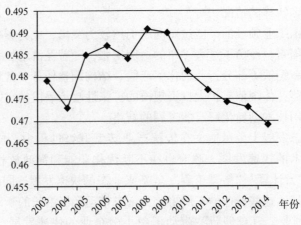

图 8 - 1　2003 ~ 2014 年我国基尼系数的变化趋势

由此看来，我们需要把握上述经济运行和收入分配的新结构性趋势。按照供给侧管理的要求，我们当前的经济环境已经由"短缺"变成了"过剩"，所以经济增长目标的实现方式也要随着与之相适应，未来要追求一种更有质量的经济增长。更有质量的增长意味着广大人民群众能够充分享受经济增长带来的成果，是一种公平导向的经济增长。当然，公平导向的经济增长既包含社会领域的公平正义，也包含经济公平，例如政府要确保各类市场主体享受起点公平和机会公平。所以说，不仅要重视保持中高速的经济增长，顺应经济结构升级的需要，激发创新、创业活力，推动新技术、新产业、新业态蓬勃发展，加快实现经济发展动力转换，有助于发挥市场在资源配置中的决定性作用。还要重视财税制度在调节社会公平和经济公平方面的功能，通过转变税制结构，强化收入分配领域的财税调节，同时让所有市场主体实现起点公平和机会公平。

8.2　中国调节收入分配财税政策的目标、约束与基本框架

在经济进入新常态后，调节收入分配财税政策目标需要围绕收入分配的目标来设定，在当前和今后一个时期，我们所要面临的目标是非常复杂的。一方面，要保持中高速的经济增长率，需要适度的收入分配差距作为激励，来激发市场主体的活力；另一方面，在当前发展阶段，需要将收入分配差距控制在可控范围之内，以防止社会不同群体之间出现尖锐矛盾，影响社会经济稳定的大局。因此，党的十八届三中全会提出："紧紧围绕更好保障和改善民生、促进社会公平正义深化社会体制改革，改革收入分配制度，促进共同富裕，推进社会领域制度创新，推进基本公共服务均等化，加快形成科学有效的社会治理体制，确保社会既充满活力又和谐有序。"

8.2.1　确立收入分配目标的思路

收入分配的目标是指未来一段时间内所要实现的收入分配结构。这个问题已经成为

全面深化改革所迫切需要解决的重要问题之一，值得我们深入思考、细细思量。在考虑收入分配目标时，需要考虑到以下主要内容：

第一，收入分配目标应该体现区间思维和底线意识。收入分配问题事关社会经济稳定发展，与经济发展阶段密切相关，从社会经济的角度来看，收入分配差距过大或者离开实际过多都不可取。收入分配差距过大会引发各种社会矛盾，而追求脱离实际经济发展水平过高的收入，会对经济增长动力造成损害，不利于社会经济的可持续健康发展，导致新的横向不公平问题。所以说，从一个国家所处的历史发展阶段和经济发展水平，把握收入分配结构处于一个合理的区间范围，这要求我们在处理收入分配问题时，既不能盲目追求高福利分配，又必须有底线意识，强化社会政策托底。

第二，收入分配的目标应该定位于实现人类生存权利和发展权利的起点公平。著名经济学家阿马蒂亚·森认为，贫困人口和贫困现象的产生源于部分群体生存权和发展权利的缺失或者不均等，所以说贫困和收入分配问题不仅是一个经济问题，更是一个政治、社会甚至伦理问题，政府需要做的是，破除一切影响人们自由生产、交换的体制机制，为所有群体提供均等化的生存权和发展权利，实现起点公平，保护基本人身权利和财产权利不受侵犯、提供起点公平的市场环境，这是激发人类创新能力和主观能动性的重要基础。

第三，经济新常态是优化收入分配结构的机遇期。在新常态下，人口结构不断变化，劳动力供给出现了结构性矛盾，企业基于生产要素相对价格的考量，会使用更多的技术创新替代劳动力和传统物质要素投入，特别是随着新技术的不断成熟，新兴业态进发出强大活力，大众创业、万众创新渐渐成为一种经济新常态下的就业常态特征。纵观历史发展轨迹，人类每一次社会进步都与技术创新带来的产业革命密切相关，它不断创造新的供给和需求，促进社会分工创新。此外，就业和收入的区域性变化出现一些新特征，劳动力回流现象较为突出。由于我国城镇化的不断推进，东部沿海发达地区的劳动力正在不断回流至中西部地区，一线城市地区的劳动力不断回流二、三线城市。收入的区域性转移，能够缓解收入分配差距。总之，经济新常态下，经济结构将不断得到优化调整，制度和技术创新为经济增长提供了新的动力，经济新常态是解决收入分配问题的战略机遇期。

第四，收入分配目标所要考虑的重要内容仍然是如何权衡公平和效率之间的关系。根据"十三五"规划建议，实现到 2020 年国内生产总值和城乡居民人均收入比 2010 年翻一番。这意味着，我们仍然需要快速的经济增长来提高我国综合国力，提高广大人民群众的生活水平。整个"十三五"时期，国内生产总值必须要达到年均增长 6.5% 以上，才能实现"十三五"规划所确定的发展目标，我们需要通过实现经济结构转型升级，来实现这一目标，为收入分配奠定一个良好的外部环境。在做大经济总量的同时，强化收入分配功能，经济发展和收入分配之间是一个重要的政策组合。

第五，收入分配目标的设定需要考虑到人民群众获得公共服务均等化和财产存量状况，而不仅仅是收入流量。常用的估计收入分配的方法，大多数是从收入流量的角度来综合考虑，然而，一旦将人民群众获得的公共服务水平和所拥有的财产存量水平考虑进来，可能收入分配状况更加突出。收入分配更为丰富的内涵是不同群体所实际享受福利水平的差异，而影响福利水平的因素非常多，仅仅考虑收入流量是不够的。很多政府提供的公共服务直接让人民群众获得效用，还会形成对私人物品的替代作用。财产存量会影响代际收入分配的起点公平，严重形成不同群体发展能力之间的差异。所以说，我们一旦考虑到公共服务均等化和财产存量差距，我们国家的收入分配差距可能会更大。

综合以上分析内容，我国现阶段收入分配的目标应该定位于形成"中间大、两头小"的橄榄形收入分配结构，而坚决避免形成"金字塔形"的分配格局。在我们保持可持续经济增长的过程中，实现收入分配目标，按照"限高、扩中、提低"的思路，逐步走出一条限制特高收入群体、扩大中等收入群体、缩小低收入群体的收入分配路径。

从这一目标引申出来的政策方向是要努力实现经济领域的起点公平和社会领域的结果公平，并将两者加以协调、融合。经济领域的起点公平是指政府减少对初次分配环节的过度干预，适度放松对某些行业的行政管制，引入公平竞争机制，同时充分保护财产权利和构建一个良好的市场公平环境，使得市场主体都能够获得起点公平的地位，给每个市场主体提供创造自身价值的机会和平台；社会领域的结果公平是指政府应该加大收入再分配的力度，丰富、完善再分配环节的调控方式、方法，为所有人民群众提供均等化的公共服务，确保实现社会成员获得公共服务机会的均等，实现社会公平正义的目标。

从实现路径上来说，可以考虑采取渐进式改革路径：短期内，暂且维持目前高收入群体的收入格局，通过政府实施"兜底"或者"托底"，保证最低收入群体能够实现基本的生存权和发展权利，确保"十三五"目标顺利如期实现；中期内，通过激发市场活力，帮助最低收入群体不断成长，提高收入水平，扩大中等收入水平群体的规模；长期内，稳定中等收入群体的收入水平，采取切实措施鼓励这个群体成长为高收入群体，不断扩大高收入水平群体的规模。

总之，收入分配所要实现的目标是涉及涵盖政治、经济、社会、文化等各个领域的复杂综合问题，依赖于某一个国家在某个发展阶段对于社会公平的价值判断，更是涉及每个人民群众的切身利益，对推进国家治理现代化、实现社会经济长治久安产生影响作用，对这个问题的解答一定程度上决定着中国未来全面深化改革的方向。

8.2.2 实现收入分配目标的约束

虽然我们深入分析了收入分配所要实现的目标，但仍然存在一些约束条件，一定程度上影响了目标的实现。主要体现在以下方面：

一是我国城乡二元经济结构的约束。长期以来，我国实现的城乡二元户籍制度，在特定历史时期内发挥了相应的作用，但随着经济体制改革的不断深入，这种制度渐渐显现出了一些问题。我国在城乡实行了二元投入的模式，成为区域发展和城乡发展不平衡的重要因素之一，也成为未来推进改革、实现收入分配目标的约束因素之一。例如，社会保障领域，相对于城镇居民的社会保障体系，农村社会保障体系的建立时间较晚，而且保障标准与城镇居民也有差别。再比如，教育，城乡的教育投入差别也是较为明显。当然，我国现在正在推进新型城镇化的建设，城乡二元经济结构对收入分配的约束会不断降低，但是这个过程可能会需要一段时间。

二是改革开放以来，不同群体拥有的财富存量差距也会对收入分配产生非常明显的影响。在改革开放以来的接近 40 年的时间内，不同群体收入流量的差异逐渐形成了拥有财富存量的差异。所以说，流量层面的收入分配政策能够完全发挥效果，不同群体的收入分配调控仍然会出现很多困难。一个非常典型的逻辑是，劳动收入者和财产收入者，即使能够实现起点公平，然而财产收入者凭借财产权利，基本不需要付出任何劳动，就能够实现较高福利水平。而劳动收入者则要付出较多的劳动，才能实现与财产收入者相近的福利水平。进一步说，如果这种特征能够通过代际传承下去，必然会对代际收入分配产生不利影响。所以，改革开放以来所积累的巨大财富存量差距，成为影响收入分配的重要因素之一，需要从调解财富存量政策手段的整体格局来综合推进收入分配改革。

三是我国处于多元复合转型时期，所面临的社会矛盾较为复杂，这对我国调控收入分配也有着非常大的影响。当前我国处在一个特殊的社会转型期，面临着多元复合转型的要求，传统农业社会向工业社会的转型，分散的农村向新型城镇化转型，计划经济体制向市场经济体制转型，传统技术向现代技术转型，社会结构由科层体系向扁平化的组织体系转型，传统文化向现代文化转型。社会各领域都不可避免积累了一些矛盾，甚至激化引发群体性事件。而收入分配的过程就是调解各个不同群体利益格局的过程，势必会引发一定矛盾，成为困扰收入分配改革的重要影响因素。

总之，我们需要精确把握调节收入分配的约束因素，从更宽的视野来综合"辨证施治"，从社会经济发展的制度根源来推进收入分配体制机制改革，将收入分配合理结构的范围扩展到流量、存量的范围。

8.2.3　调节收入分配财税政策的基本框架

未来，我们需要以收入分配目标为导向，综合考虑各方面的因素，设计相应的财税政策框架，从初次分配环节和再分配环节两个方面同时有效发挥调节作用，从这个意义上来说，现代财政制度便是能够实现收入分配目标的制度体系，以建立现代财政制度为基础确立现代化国家治理体系和能力，无疑是兼顾调节收入分配和其他目标的最佳路径选择。

图 8 - 2 是现代财政制度的基本框架，在确定调节收入分配的财税政策框架时，我们按照现代财政制度的各个部分分别分析、说明。

第一，明确政府与市场在调节收入分配中的职能边界。在传统的政府职能理论中，调节收入分配职能本身就是政府职能的一个部分，但是这并不意味着，不需要在收入分配领域明晰政府和市场的职能边界。在调解收入分配中，建立、规范良好的收入分配秩序是政府的首要职能。然后，才是在行业准入、市场监管和规范运行、制定透明的市场

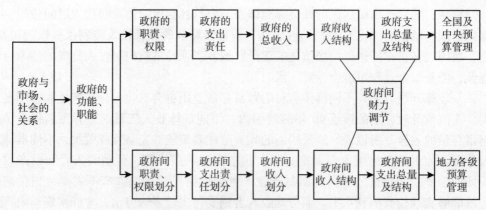

图 8-2　现代财政制度的基本框架

规则方面，政府要主动承担监管职能。除此之外，政府应通过建立税收制度来强化收入再分配的调控作用，而降低对初次分配环节市场资源配置过程的干预作用。除了这些职能之外，如果市场能够做到的，尽可能放给市场去做。市场做不到的，才由政府承担替代职能。关于这一点，政府要尽可能减少对生产要素市场的过度干预。

第二，建立与调节收入分配相适应的税收制度。未来调节收入分配的税制改革方向是在稳定宏观税负的前提下，提高直接税比重，强化税制整体的调节收入分配功能。有三项改革要推进：一是推进个人所得税综合制改革；二是推进房地产税改革；三是建立遗产税制度。

第三，建立与调节收入分配相适应的财政支出结构。围绕着调节收入分配功能的发挥和政府职能的定位，优化支出结构的方向是政府通过建立均等化的基本公共服务水平，保障人民群众的基本生存和发展需要，发挥人民群众的主观能动性，激发他们成为市场主体的活力。但是鉴于各地区发展水平的差异，中央按照全国各地的情况，制定了一个适合于全国的基本公共服务标准；在此基础上，各地区可以根据自己的发展水平，制定稍高于全国基本标准的标准。如果地方缺乏足够财力完全提供基本标准的公共服务，那么中央政府应该予以补贴。与之对应的是，各级政府的积极性应该转向如何实现基本公共服务均等化，这也成为推进市场在资源配置中发挥决定性作用的基础。

第四，完善与调节收入分配相适应的政府间财政体制。完善财政体制的根本在于如何在中央和地方政府间分权，划分事权和支出责任。中央政府的事权和支出责任应定位于听取地方政府对市场秩序监管的意见，制定收入分配的市场规则和监督地方执行绩效，监督考核地方政府。地方政府则负责监管本辖区市场公平竞争情况。按照政府的事权和支出责任来配置财力，以财权划分为主、转移支付手段为辅。转移支付的功能应该定位于各地区财力均等化，不仅要实现起点均等（财政投入的均等），还要追求结果均等（财政投入效果的均等），甚至对中西部等欠发达地区进行倾斜。

8.3　中国调节收入分配财税政策的基本内容

8.3.1　推进直接税改革，优化税制结构

推进直接税改革是我国优化税制结构，强化税制整体的收入分配调节功能的重点和关键，在推进个人所得税综合制改革和房地产税改革，同时，以中性原则为基础推进流转税改革（特别是增值税）。

第一，推进个人所得税综合制改革。在现行分类所得税制的基本框架保持基本稳定的情况下，一开始保持现行分类所得税的基本框架不变，现行税制框架下各分类所得项目的费用扣除、适用税率等规定保持基本不变。以年所得 12 万元以上自行申报制度为基础，仅对年所得超过 12 万元纳税人的部分所得项目年终适用累进税率进行综合计征。随着个人所得税征管条件和征管机制的逐步完善，将不断深化落站基础方案，继续积极创造条件不断扩大纳入综合计征的范围，不断"健全"综合与分类相结合的税制，推动个人所得税制度的持续完善。

第二，继续推进房地产税改革。坚定不移地推进个人房地产税改革，采取"小步快走"的渐进式改革路径，依赖于现有征管手段，谋求税收征管模式的转变，"先落户、再拓展"，"先城镇、后农村"。为了避免引发较大的矛盾，在设计免征额时，充分考虑到中等收入者的合理住房需求，避免低收入者纳入税基。制定中长期房地产税改革时间表，通过大规模税务宣传，帮助广大人民群众形成理性预期。此外，保持宏观税负不变，其他结构性减税措施要并行不悖、同时推进。

第三，以税制中性为基本原则推进增值税改革。强化增值税中性作用，减少它对初次分配资源配置的过度干预。在全面"营改增"的基础上，还要思考增值税制度是否与知识经济文明的适应性。这是因为，增值税的进项税额中，劳动力和人力资本是无法抵扣的。此外，还要在单一税率、缩小增值税优惠范围、解决增值税留抵对生产环节的影响等问题上，做些改革突破。总之，要根据知识信息经济下的市场运行规律来改革增值税制度，进一步增强其中性效应，发挥税制在市场起点公平中的作用，让创业的门槛更低。

8.3.2　优化财政支出结构

财政支出的重点转向构建均等化的基本公共服务体系，加大对基本民生领域的投入力度。这是因为，如果实现市场在资源配置发挥决定性作用的目标，必然要大力培育市场主体，要让全体人民群众，不分城乡、不分区域，解决了基本生存的后顾之忧后，才能不断发展、成长。由政府解决基本生存问题，才会激发人民群众成为市场主体的活力。从这个意义上来说，应该在教育资源、医疗卫生、社会保障等领域加大均等化力度，着眼于我国经济结构转型、供给侧管理的需要，为推进工业化和城镇化做好要素储备。

政府适度干预市场运行，适度扶持新兴业态、小微企业发展和创业领域，但要仍然坚持市场在资源配置中发挥决定性作用的基本原则。财政资金要发挥四两拨千斤的作用，利用金融和财政相结合的方式来创新支持方式，按照市场机制来精确确定支持环节。例如可以支持相关的基础设施建设，降低企业的社会交易成本或者运行成本；此外，可以采用"补供给"和"补需求"相结合的方式，让需求和供给结合更加紧密。

8.3.3 努力解决"三农"发展的问题

我国收入分配差距的最集中体现就是城乡差距，未来调节收入分配的重要内容就是如何解决"三农"领域的发展问题，让农民有着稳定的收入。事实上，随着经济发展水平的不断提高，农民收入水平不断提高，但这是由于城市产业部门的快速增长带来的现象，它受到产业部门效益的影响，例如如果一个农民工由于经济下行，失去了工作机会，那么他还不得不回到农村，依靠土地生存。所以说，解决"三农"问题的根源在于如何确保农民的基本生存和发展权利得到充分保障。

事实上，城乡发展差距的产生源于城市居民和农村居民所享受的发展权利的不均等，其背后就是政府对于基本公共服务的投入差异。例如城市居民由于社会保障，可以毫无后顾之忧地去成为市场竞争主体。而农民基本生存权的保障是由土地来保障的，土地收成状况决定了农民的生存保障水平，农村土地牢牢地把农民约束了起来。

所以，如何破解"三农"发展问题，关键在于将农民从土地约束中解脱出来，给予他们享有城市居民同样的发展权利，可以成为市场主体。未来的改革方向在于：一是政府要提供与城市部门均等化的基本公共服务，用基本公共服务体系剥离农村土地的社会保障功能。二是实施农村土地产权制度改革，不仅让农民享受承包土地的用益权，还能够享受与实际所有权相当的权能报酬。三是用财政补贴的方式促进农民向小城镇聚集。

8.3.4 将收入分配导向融入地方政府积极性之中

正确发挥地方政府积极性的关键是要将调节收入分配融入地方政府积极性之中，用政绩激励的方法来"搞对激励"。

一个方向就是激励地方政府由更多关注投资规模不断转向更加关注投资效益，做好基本公共服务，这实际上也是市场在资源配置中发挥决定性作用的重要体现。这种导向下，地方政府会改变以往重视引入大项目、扩大投资规模的做法，转向关注创业、关注小微企业发展、关注居民收入和消费水平、关注企业效益。所以说，按照这个思路去推进未来的财税体制改革，发挥财税体制对地方政府积极性的激励作用，着实是一个至关重要的方向。

第二篇

居民收入分配与财政支出结构优化

第9章 分 导 论 二

9.1 研究主题

党的十八大报告在收入分配制度方面，明确提出了要规范收入分配秩序，完善收入分配调控体制机制和政策体系，保护合法收入，调节过高收入，清理规范隐性收入，取缔非法收入，增加低收入者收入，扩大中等收入者比重，努力缩小城乡、区域、行业收入分配差距，逐步形成橄榄型分配格局的总体目标。党的十八届五中全会通过的《关于制定国民经济和社会发展第十三个五年规划的建议》，又系统化地表述了发展新理念。其中，强调了"共享"是中国特色社会主义的本质要求，要求发展成果由人民共享，朝着共同富裕的方向改革转变。中国的居民收入分配问题由来已久，分配不公、分配差距过大已是不争的事实，国家统计局2013年公布的全国居民收入基尼系数为0.473，在0.47以上的高位已经连续运行11年，2014年为0.469，2015年为0.462，开始呈现缓慢下降趋势，但仍然高于国际警戒线0.40。

客观地说，导致分配不公、分配差距过大的因素是综合性的、复杂的。既有经济转轨过程中因市场体制机制不完善，导致的初次分配不公、分配差距大，也有政府财政分配体制机制不完善、不合理，导致居民的财政负担归宿以及财政支出的受益归宿不公平、不合理，进而直接或者间接地传导到居民收入分配差距上。政府作为调节收入分配的主体，应当担当起怎样的责任，财政支出结构应如何调整完善，才能在保证经济增长的同时，努力缩小居民收入分配差距，这是本篇需要研究的基本内容。

9.2 财政支出结构与居民收入分配差距文献综述

中国出现了经济增长市场，在这个买方垄断的市场上，地方政府官员为增长而竞争，进行着政治锦标赛（徐现祥，2007；张军，2005，2007；周黎安，2004，2007）。傅勇和张晏（2007）也指出，中国财政分权以及基于经济增长政绩考核下的地方政府竞争，导致了地方政府公共支出结构"重基本建设、轻人力资本投资和公共服务"的明显扭曲。特诺夫斯基和塞西莉亚（Turnovsky and Cecilia，2007）通过构建劳动弹性供给的内生增长模型，发现偏重经济增长率的财政政策会导致收入更不公平的分配，显示出增长与收入不公平的正相关。卢洪友（2003，2010）比较系统地研究了统筹中国城乡公共品供给的制度路径与技术路径。刘穷志（2007）利用中观面板数据进行了实证检验，发现穷人获得了较多的见效快的经济服务，而基于长远经济利益的公共服务比较少。陈斌开等（2009）对中国城镇居民劳动收入差距演变的原因进行了研究，通过夏普里值分解方法和赫克曼（Heckman）两步法的纠正选择性偏误，他们发现，地区因素和教育因素对居民收入差距扩大的贡献不断上升；政府要重视基本义务教育提供均等化和质量均等化问题，并加大对落后地区的基础建设投资支出。有学者研究了1993～2002年中国农村财政支出、地方税收和地区收入分配情况，认为财政均等化政策有助于内陆地区的公共服务均等化提供，但却不能产生显著的收入均等化效果（Shenggen Fan and Yi Yao，2006）。同样的结论也见于李实、丁赛（2003）、杨俊等（2008），罗楚亮、李实（2007）利用全国经济普查法人单位数据进行的对人力资本与收入差距的研究中。

在城乡收入差距和农村贫困问题上，陆铭、陈钊（2004）认为基本建设支出、支持农业生产和事业的支出的比重上升均有助于缩小城乡收入差距，文教科学卫生事业的财政支出比重增加将提高城乡收入差距。林伯强（2005）发现农村教育、农业研发和包括水利、公路、电力和通讯在内的农村基础设施等方面的生产增进型公共投资都提高了农村生产率，减少了地区不均等和贫困，但不同类型的公共支出的边际效应在不同阶段和不同地区存在很大差异。沈坤荣、张璟（2007）采用多变量回归法和格兰杰因果检验法对中国农村公共支出、农民收入增长以及城乡收入差距之间的关系进行了实证检验，特别考虑了农村公共支出与其他生产要素变量之间的协调效应。研究发现，由于政府重视程度不够和目标偏差，使得政府公共支出在降低城乡居民收入差距上的作用并不显著。林光彬（2004）认为中国公共支出和财政资源在城乡之间的分配存在严重的不平等是城乡收入差距扩大的经济基础之一。

现有国内外研究存在以下两个特点：一是多通过对收入差距来源的分解发现影响收入差距扩大的因素，并从逻辑上推导对应的政府支出政策转变，对公共支出如何影响收入差距的内在机理和实证检验的研究明显不足；二是在探究公共支出与收入分配格局演变过程中，对不同类型的财政支出效应考察不够细致，更多地侧重于将公共支出政策放在经济转型的大环境中去考察。

9.3　研究内容与思路

本篇致力于研究财政支出的居民收入分配调节机制和效应，目的是揭示出财政支出制度安排如何对收入不平等进行影响，通过对财政支出制度安排的收入分配效应进行量化评估，有针对性、有重点地调整财政支出结构，深化财政体制改革。重点研究以下问题：

（1）财政支出的居民收入分配调节机制研究。构建动态理论模型和均衡经济周期模型，分析转移性支出、民生性支出、投资性支出对家庭消费和投资的分配产生影响，分析这一调节作用的内在机制。

（2）我国财政支出制度变迁研究。梳理中国改革开放以来在收入分配上的财政理念与财政实践，分析公共服务供给制度的市场化改革的基本内容及其对不同社会群体的影响。

（3）财政支出结构优化问题研究。构建计量经济分析模型，检验财政支出结构对收入分配的影响效应，重点检验转移性支出、教育支出、科学技术支出、农林水事务支出等对收入不平等的影响，检验中国现有财政支出安排是否具有降低不平等的作用，从而为进一步优化财政支出结构指明方向。

（4）政策效果建议。探讨矫正财政支出结构失衡，特别是公共品供给结构失衡的制度技术路径，并通过财政体制机制创新与重构，实现最大程度降低收入分配不平等的政策目标。

研究思路（技术路线图）参见图 9-1。

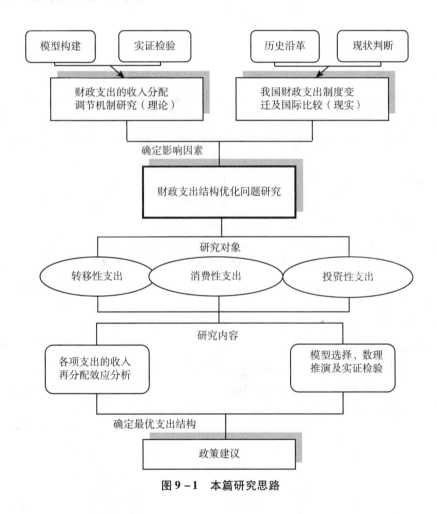

图 9-1　本篇研究思路

本篇的创新性主要体现在通过系统采用理论建模和实证分析，揭示出财政支出结构影响收入分配的内在机理、现实效应和最优路径，为政策设计提供了理论基础和定量依据，提高了政策建议的针对性、有效性和科学性。

需要说明的是，政府的财政支出，可以根据不同的需要、按照不同的标准加以分类。财政支出的分类，可以按不同标志进行多项分类，常用的分类方法主要包括：按支出功能分类、按支出经济性质分类，以及按财政支出的具体用途分类等。上述财政支出分类，只是粗线条的，实际上，在各自的内部，还可进行多层次的分解，例如，按照经济性质分类，社会保障支出属于转移性支出，而社会保障支出内部既可分为社会保险、社会救济、社会福利等结构，又可按照城乡、地区等标准进行分类研究。由于财政支出规模庞大、结构复杂，不同的财政支出项目对居民收入分配的影响机理及效应不同，不同层次的财政支出结构对居民收入分配的影响也就必然不同，因此，要想对财政支出的每个项目以及多层次结构对居民收入分配的影响效应都揭示出来，是十分困难的，现实中，通常的做法是选择具有代表性的支出项目，分析其内部结构及其如何调整变化，更为有助于改善居民收入分配的不平等。

按照这样的想法，我们首先按照财政支出的经济性质，将全部财政支出划分为转移性支出和购买性支出两大部分，并将购买性支出细分为投资性支出与消费性支出。在三大类支出的基础上，再分别选择具有代表性的支出项目加以分析研究，以期"一叶知秋""窥一斑而知全豹"。其中，转移性支出是政府无偿地、单方面转移给特定居民户或者个人的支出，广义的转移性支出包括社会保障、财政补贴、捐赠、债务利息支出等内容，其中，社会保障支出的居民收入再分配影响效应最为重要，由于中国的社会保障迄今还是城乡"二元化"的，农村社会保障又是重中之重，因此，我们选择通过实证评估农村社会保障支出的减贫效应，以期揭示转移性支出影响居民收入分配的内在机理，分析存在的问题，设计优化调整的制度路径和技术路径；消费性支出主要是政府用于为社会公众提供各种公共服务的支出，主要内容包括公共教育、公共卫生、公共文化以及就业公共服务、环境公共服务等，其中，提供公共教育服务的支出，在消费性支出中占比最大，同时，公共教育服务提供与分享的均等化程度对社会公众的影响巨大，因此，在政府消费性支出中我们选择教育支出作为分析对象，以期通过揭示公共教育支出的居民收入分配影响机理及效应，来观察整个政府财政消费性支出的居民收入分配效应及其优化路径；投资性支出是政府（或其授权单位）以投资者身份进入投资市场所发生的支出，包括生产性投资与非生产性投资，按照现行政府预算支出分类科目，我们选择基本建设支出、企业挖潜改造支出、科技三项费用支出等，实证评估投资性支出的居民收入再分配影响效应，揭示其影响机理，研究优化调整路径。

第10章 中国居民收入分配差距程度测量

经济学研究收入分配有两个角度：一是要素收入分配或国民收入分配，是指国民收入在企业、政府、住户等部门间的分配；二是居民收入分配，是指国民收入在居民个人之间的分配。两种角度考察的收入分配侧重点并不一样。要素收入分配从宏观上考察了企业、居民和政府这三大部门的可支配收入在国民收入分配中的比例关系，以及劳动要素报酬和资本要素报酬的变动关系，揭示了居民收入与政府收入、通货膨胀、就业、内需、垄断、技术进步、金融发展、经济周期等一系列宏观经济问题的运行机理与深刻关系。居民收入分配则从微观上考察了住户部门总收入在各收入组居民之间、城乡之间、区域之间的分布及变动情况，用基尼系数表示收入差距，是目前国内研究较为普遍的思路。二者在回答中国收入差距问题上各有贡献，本章从这两方面考察中国的收入分配问题。

10.1 再分配前后的国民收入分配状况考察

官方发布要素收入分配的数据主要有三个：一是《中国统计年鉴》国民经济核算的"资金流量表（实物交易）"；二是按收入法核算的省际 GDP，它可以分解为劳动者报酬、生产税净额、固定资产折旧、营业盈余和净出口五项；三是投入产出表，官方逢二、七年份编制。考虑到数据的可得性和连续性，本部分不使用投入产出表，仅从资金流量表实物交易部分的初次分配和再分配测算我国的国民收入分配差距。

初次分配主要是增加值在劳动要素、资本要素和政府之间的分配。将增加值分解为劳动者报酬、生产税净额、固定资产折旧、营业盈余，即个人获得劳动者报酬，企业获得固定资产折旧和营业盈余（资本收入），政府获得生产税净额（生产税扣除付给企业的生产性补贴后的余额）。各部门初次分配收入的另一来源是财产收入。财产收入是进行金融投资、土地出租、专利权出让而获得的利息、红利、土地租金、专利使用费等收入，是使用这些财产的部门的支出。收入初次分配的结果形成国内各机构部门的初次分配总收入，它们之和为国民总收入。收入再分配是在收入初次分配基础上进行的单方向的收入转移，包括：各部门上缴所得税和财产税等经常税，同时各部门之间还会发生经常性转移收支，如社会保险付款、社会保险福利、社会补助和其他经常转移等。经过以上对收入的分配和再分配，最终形成各机构部门可支配总收入，即各部门可自由支配的可用于最终消费和投资的收入。

从形态上看，要素收入最终形成三大部分：劳动要素收入、资本要素收入和政府税收。劳动要素收入指的是劳动者报酬；资本要素收入不仅包括企业获得的固定资产折旧和营业盈余，还包括三部门的财产收入。考察再分配前后的要素分配份额的变化，就是以各要素初次分配收入为起点，经收入税、社会保险缴款或福利、社会补助，以及其他经常性转移等再分配项目后，劳动、资本要素和政府税收分配份额的变化情况。在资金流量表中，初次分配的劳动要素收入等于劳动者报酬，资本要素收入等于初次分配总收入扣除劳动者报酬与政府部门的生产税净额后的差额。再分配的劳动、资本要素收入等于政府对初次劳动、资本要素收入进行直接税和转移支出调整后的收入净额。

由于资金流量表并未将所得税、财产税等经常税分别列示，在计算税后劳动要素收入时需要进行分拆调整。所得税包括了企业所得税和个人所得税，前者是对企业资本收入征税，后者包括对个人劳动收入和财产收入征税。对劳动要素的税后收入进行调整时，需要将个人所得税中对劳动征税和对财产征税分别开来，前者计入劳动要素收入的税收，后者计入资本要素收入的税收。在个人所得税 11 个税目中，参照吕冰洋、郭庆旺（2012）的做法，把工资薪金所得、个体工商业户生产经营所得、劳务报酬所得、稿酬所得、特许权使用费所得等 5 个税目纳入对个人所得中的劳动收入征税，其余 6 个税目则是对个人所得中的财产所得征税。个人所得税分项目收入数据来源于历年《中国税务年鉴》。调整后的要素收入计算如下：

再分配劳动要素收入 = 初次分配劳动要素收入 + 社会保险福利与社会补助
　　　　　　　　－ 社会保险缴款 － 个人所得税中劳动收入征税

再分配资本要素收入 = 初次分配资本要素收入 － 资本要素缴纳的所得税
　　　　　　　　－ 社会保险、补助等支出

再分配的政府收入 = 国民可支配总收入 － 再分配后劳动和资本要素收入

各要素收入占比是指剔除了国外部门后，各要素收入占国内初次分配总收入和可支配总收入的比重。由此测算了 2000 ~ 2012 年国民收入分配份额。

图 10 - 1 是劳动要素收入（也即生产者报酬）占国民总收入的比重。劳动要素收入占比的初次分配和再分配变化趋势几乎一致，在 2002 年达到约 54% 的峰值后一路下滑，在 2008 年降低到约 47%，随后短暂回升，2011 年再次跌回约 47%，2012 年约为 50%。说明自 2000 年以来，国民收入中劳动者报酬分配的比重持续下降。吕冰洋和郭庆旺（2012）运用更多统计数据测算了自 1983 年以来全国的整体情况，也发现税前和税后劳动分配份额呈长期下降趋势。从初次分配和再分配之间的差距来看，再分配后劳动要素收入略高于初次分配的要素收入，但差距非常细微，2000 ~ 2012 年间的再分配收入仅比初次分配平均高 0.28%。个别年份（2006 ~ 2007 年间）的再分配收入甚至低于初次分配收入。从中大致能够推断，政府的转移支付支出和税收调节手段并未能够有效提高劳动者报酬。在这样一个劳动密集型产业结构为主的经济形态下，劳动要素的相对收入持续走低，直接拉大了劳动要素收入与资本要素收入之间的分配差距，非常不利于安置新增劳动力，也阻碍了社会整体福利水平的提高。

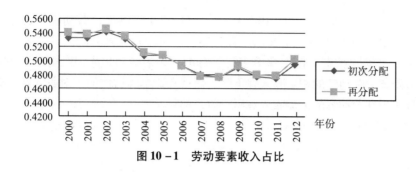

图 10 - 1　劳动要素收入占比

图 10 - 2 是资本要素收入占国民总收入的比重。资本要素收入自 2000 年以来有明显的上升趋势，在 2008 ~ 2011 年达到峰值，占国民收入的 40% 左右，与劳动要素收入在此阶段的下降走势形成鲜明对比。在整个观察期，再分配后资本要素收入都明显低于初次分配，平均低 3.49%。反映出政府通过税收和转移支付手段对资本要素收入的调节力度比较有力。但这种调节是一把"双刃剑"，政府对资本的盘剥会导致资本外流，资本所创造的经济增速和就业岗位也会减少。吕冰洋和郭庆旺（2012）补充了 1983 ~ 1994 年分税制改革前的资本收入变化，发现税前和税后资本分配份额呈长期上升趋势，之后上升趋势变缓，且税后分配份额一直低于税前分配份额。

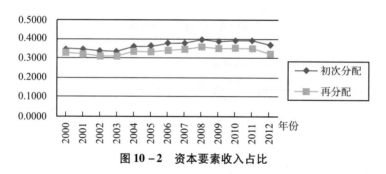

图 10 - 2　资本要素收入占比

图 10 - 3 描述的是自 2000 年以来政府收入占国民总收入的比重。除了 2008 ~ 2010 年国际经济形势衰退导致国内政府收入下降以外，无论是初次分配还是再分配，政府收入占比在观察期内都呈现稳定的上升趋势。经过再分配后，政府收入占比有了较大的提升，平均提高 3.21%。

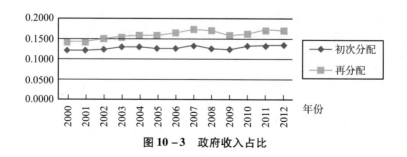

图 10 - 3　政府收入占比

结合图 10 – 1、图 10 – 2、图 10 – 3 来看，自 2000 年以来，劳动收入占比呈下降趋势，资本收入和政府收入占比呈波动上升趋势，说明国民收入分配从劳动者转向了资本和政府。对于遵循"按劳分配、多劳多得"分配规则的劳动力来说，劳动回报开始与资本回报拉开距离，劳动者的相对收入在下降，而持有资本的群体的相对收入在上升。这种情形也同样出现在劳动者的劳动收入和财产收入的对比关系中。图 10 – 4 和图 10 – 5 分别是劳动者报酬和财产收入在居民总收入中的占比。尽管劳动收入在税前和税后都是居民的主要收入来源，但劳动收入占比呈下降趋势，财产收入占比反而不断攀升。从个人所得税前后来看，劳动者报酬的税后收入比税前收入平均降低了 1.7%，财产的税后收入则仅降低了 0.5%。这说明个人所得税主要调节了居民的劳动收入，对财产收入反而调节力度不大。

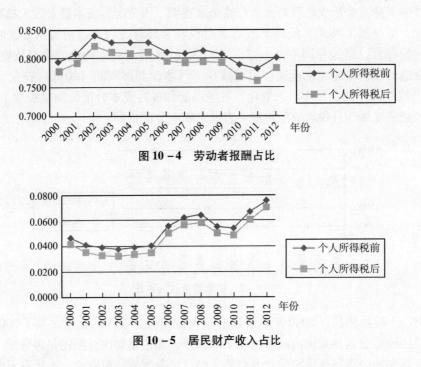

图 10 – 4　劳动者报酬占比

图 10 – 5　居民财产收入占比

此外，政府的收入再分配职能效果也应当加以审视。再分配并未明显的保护劳动要素，反而是通过税收和社会保险缴款[①]将一部分的劳动和资本要素收入转移到政府收入中。要素收入分配向资本倾斜会拉大居民收入分配差距，而且，国民收入中税后劳动要素分配份额的持续下降，也导致了城乡居民收入比和城乡居民消费比的不断扩大（郭庆旺，2012）。

[①]　我国的社会保险制度在执行中一直秉承"收大于支"的方针，除 1998 年外，社会保险缴款一直高于社会保险支出。

10.2　城乡居民收入分配状况考察

居民之间的收入分配状况考察从城乡之间、城镇内部和农村内部三个层面展开，分别就可支配收入、消费与储蓄、社保福利等进行考察。

10.2.1　城乡之间的收入、消费与社会福利差距

在我国经济社会面貌已发生巨大变化，社会生产力和综合国力已有明显提高的情况下，城乡二元经济结构依然十分突出，尤其是城乡居民之间的收入差距，长期居高不下并不断扩大，成为全国居民收入分配不均等的重要原因。按照城镇居民人均可支配收入和农村居民人均纯收入口径，罗楚亮（2006）利用住户调查数据，根据 Theil 指数分解，发现城乡之间的居民收入差距在总体居民收入差距中所占比重在 1995 年为 37.41%，而到 2000 年、2007 年，这一比重处于 40% 左右。城乡之间收入差距在总体收入差距中所占份额在 1995～2002 年表现出了上升趋势，而在 2002 年以来，这一比重基本稳定在较高的水平。

图 10-6 给出了我国城乡人均收入水平差距的长期变动趋势。从图 10-6 中可以看出，城乡名义收入差距（农村=1）一直处于较高水平，2002 年以来城乡名义收入比达到 3 倍以上，2009 年更是达到峰值 3.33 倍。仅在个别年份（1978～1985 年，1994～1997 年，2010～2013 年）城乡名义收入差距有下降的势头，其余年份均呈上扬态势。总体来看，年平均增速达到 3.6%，这也是我国居民收入分配差距的一个重要特征。城乡收入指数差距（农村=1，1978 年价格）考察的是城乡实际人均收入的增速。城乡收入指数比仅在 2006～2010 年超过 1，其余年份都小于 1，且变化平稳。这说明当扣除物价因素后，农村居民人均纯收入的同比增速在大部分年份都要快于城镇。究其原因，一方面是农村人均收入基数小，另一方面也反映出政府的"三农"政策起到了实质性效果，提高了农民的实际收入，有助于缩小城乡实际收入差距。

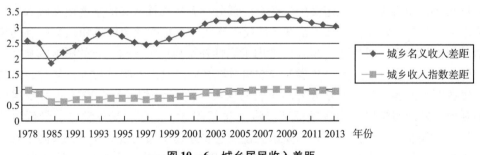

图 10-6　城乡居民收入差距

衡量城乡居民福利差异的另一个重要指标是居民消费。如图 10-7 所示，城乡消费比指的是按当年价格计算的城镇与农村居民消费水平的比值（农村=1）。可以看出，

城乡消费水平比值在经历了改革开放至20世纪80年代的快速下降，以及90年代的快速上升后，始终保持着较高水平，2010年后有缩小趋势，但仍保持着3倍以上的差距。消费指数城乡比（农村=1，1978=100）反映的是以1978年消费水平为基数，城乡消费水平相对于基期的实际增长对比情况。该比值在1980~1990年小于1，其余大部分年份都大于1，与图10-6的城乡收入指数差距变化趋势一致，说明农村居民消费水平的增幅较大，实际收入增幅影响了消费增幅，收入水平与消费水平具有高度同步性。国内也有学者持同样观点。朱琛（2012）运用VAR模型考察了我国城乡居民收入差距与消费差距的动态相关性，也发现二者之间存在显著的关联性。樊纲、王小鲁（2004）的消费条件模型表明，在影响消费的诸多因素中，收入水平对消费水平的影响最大，其贡献率达54.1%。

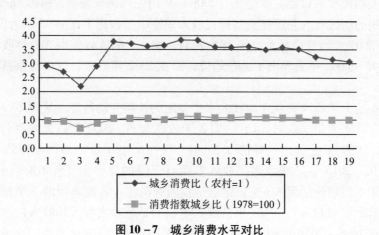

图10-7　城乡消费水平对比

现有研究文献在估计收入差距时，除了使用国家统计局住户调查中的城镇可支配收入或农村纯收入以外，还遵循卡恩（Khan）的收入定义，将公有住房的实物性租金补贴、私有住房的归算租金、各种实物收入（如单位发放的食品、日用品等实物和有价证券）的市场价值等加入收入定义中。还有一部分学者从福祉含义的角度定义收入，它是在卡恩的住户收入定义上增加了给城乡居民带来实际福祉的社会保障和社会福利的市场价值。例如，李实、罗楚亮（2007）考虑了隐性补贴与地区价格差异的影响，从享用社会保障、公有住房以及其他公共服务等方面对城乡居民收入差距重新进行估计，发现城镇居民所获得的各类隐性补贴远远高于农村居民。他们大体匡算了2005年城乡居民的福利规模，发现城镇居民中各项福利保障（包括养老、医疗、义务教育、最低生活保障、住房、就业、生育）的收入与支出无论从总量还是从人均量上都要大大高于农村居民。人均福利相当于人均收入的比重，城镇居民是29.66%，农村居民是8.85%；占GDP的份额，城镇是9.55%，农村是1.17%。[1]

---

① 见丛树海等著：《收入分配与财政支出结构》，人民出版社2014年版，第12页。

10.2.2　城乡内部的收入差距与分化

自 2000 年以来，城乡内部的收入差距也在不断拉大。图 10-8 利用收入五等份分组的城镇居民人均可支配收入和农村居民人均纯收入数据，分别计算了城镇和农村内部20% 高收入户和20% 低收入户之间的收入差距。从图 10-8 中可知，除了个别年份出现暂时性波动外，城乡内部居民收入差距均在逐渐拉大，而且农村高低收入之间的差距显著高于城镇。2013 年农村 20% 高收入户的人均收入是低收入户的 8.23 倍，几乎接近峰值，同期城镇居民高收入户是低收入户的 4.93 倍。从动态发展来看，农村居民高低收入之间差距在持续拉大，城镇居民自 2008 年以来反而有缩小的趋势。

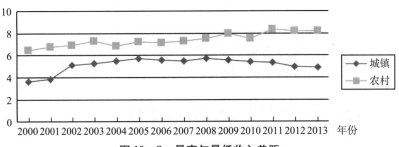

图 10-8　最高与最低收入差距

根据《中国居民收入差距年度报告（2011）》发布的年度城乡居民收入基尼系数来看（见图 10-9），城乡内部居民收入的基尼系数都在快速上升。农村内部居民收入基尼系数从 1978 年的 0.21 上升到 2010 年的 0.38，而城镇居民收入基尼系数也从 1978 年的 0.16 上升到 2010 年的 0.33。农村居民内部的收入差距程度一直都高于城镇居民，这一结论也与图 10-8 吻合。造成这一现象的原因，一方面是由于农村经济发展具有更强的非匀质性，农村不同地区之间的资源禀赋、经济发展程度差异较大（丛树海等，2014），再加上城镇化推进使大量农民脱离传统农业进城务工，农民收入来源出现分化，差距拉大。另一方面，前任国家统计局局长马建堂曾在一次发布会上也解释说："靠我们现在的城镇住户调查而计算出来的城镇居民收入基尼系数偏低，原因主要是难以获取高收入阶层居民真实的收入信息。"[①]

图 10-9 显示出自改革开放以来，城镇居民内部收入差距上升很快，一方面是因为国有企业的激进改革使大量国企职工下岗失业，被迫去市场寻求社会保障，无法分享经济发展成果；另一方面则是因为价格双轨制改革和企业所有制属性的转型，产生了旺盛"倒爷经济"，某些部门的垄断性得以强化，灰色收入剧增，并逐步成为经济发展过程中的既得利益集团。这两方面因素导致了城镇居民内部基尼系数的飞速上升。这种上升趋势自 2008 年以后反而变得稳定甚至下降，这说明调节城镇居民收入差距的财税政策

---

① 京华时报：《高收入者收入不透明致数值偏低》，2012 年 1 月 18 日，http://epaper.jinghua.cn/html/2012-01/18/content_753446.htm。

发挥了作用，特别是个人所得税对城镇居民的收入展开全面的监控。但结合现实中众多的贪腐案例和仇富冲突来看，也有令人担忧的一面，城镇部分高收入人群和既得利益者的收入变得非常隐蔽了，能够逃离税收和银行的监控，并未被纳入收入差距的统计范畴。收入差距也许只是表面上开始缩小了。

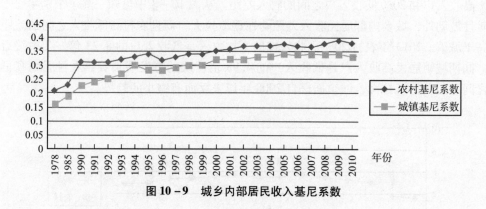

图 10 - 9　城乡内部居民收入基尼系数

10.2.3　行业与单位之间的收入分配状况考察

就行业之间最高工资与最低工资的差距来看，2003 年相差 4.5 倍，2007 年上升到峰值 4.7 倍，此后逐渐回落，2013 年是 3.9 倍，仍处于较高的差距水平。在以工资作为居民收入主要构成的现阶段，劳动者报酬对居民收入的贡献度高达 82%，行业间巨大的工资差距直接拉大了居民收入差距。而且令人惊讶的是，农林牧渔业在 10 年中一直处于最低工资行业，2013 年工资比十年前增长仅为 2.75 倍，略高于全国平均增速的 2.69 倍；而信息传输和软件信息服务业在 2003~2008 年一直居于最高工资行业，2009 年后被金融业取代。金融业也是工资增长最快的行业，10 年内增长 4 倍，远远高于全国平均水平。毋庸置疑，农林牧渔业垫底的行业工资水平和偏低的增速更加剧了城乡居民收入差距，农民通过辛勤务农发家致富的道路变得异常艰难。在教育、医疗、文化、住房等刚性需求品面前，农民比城市居民的消费能力更差，负担更重，而这又制约着农村劳动力素质和健康的提升，落后的农村劳动力再生产水平又进一步制约了农民的预期收入提升和自由选择工作的能力，更加拉大城乡收入差距。如此恶性循环，农民阶层的社会地位就被固化在最底层，试图通过个人努力向上流动的难度非常大。另外，偏低的行业工资也无法吸引生产要素向农林牧渔业流动，不利于维持第一产业的基础地位和粮食安全的国家政策。

从不同类型的城镇单位[①]就业人口年均工资的角度来看，1998~2013 年的 16 年间，外商投资公司有 12 年都位居年均最高工资行列，而城镇集体单位则长达 15 年都处于最低工资位置。最高工资与最低工资的差距尽管呈缓慢缩小趋势，由 1998 年的 2.4 倍缩

---

　　① 按登记注册类型分，可以将城镇单位分为国有单位、城镇集体单位、股份合作单位、联营单位、有限责任公司、股份有限公司、私营企业、港澳台商投资公司，以及外商投资公司。

小到 2013 年的 1.6 倍，但仍处于高位运行。图 10 – 10 描述了 2013 年城镇单位就业人口占比与年均工资偏离全国平均数①的对比关系。不难发现，超过全国平均工资的只有国有单位、股份有限公司和外商投资公司，三类单位吸纳的就业人口比重分别为 16.7%、4.5% 和 4.1%，加起来也只有城镇就业人口的 1/4。高达 3/4 的就业人口年均工资未达到全国平均数。在不同单位之间，就业人口占比相对较少的股份有限公司和外商投资公司，其单位工资相对最高；而就业人口占比最多的私营企业，年均工资反而最低。这就意味着，承担着吸纳城市闲置人口和低技能劳动力重担的私营企业，并不能给就业人员提供相对较好的劳动报酬，高工资反而聚集在进入门槛相对较高（可能需要较高的学历水平、较多的社会资源等，且新增岗位较少）的国企、外企和股份公司。两头富中间穷的锥形结构只会更加拉大居民收入差距，无法实现共同富裕的社会目标。

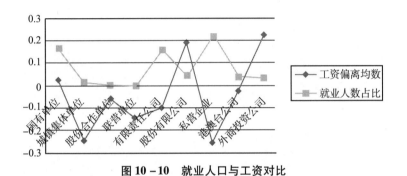

图 10 – 10　就业人口与工资对比

10.2.4　收入增速和代际流动性

收入公平不仅体现在贫富差距的大小，还要考虑是否存在足够高的从贫到富的机会。如果当前较高的收入差距伴随着较高的收入流动性，那么从长远看来，收入分配并不会恶化。章奇等（2007）运用农业部农村固定观察点的调查数据，从中国 10 个省份（安徽、甘肃、广东、浙江、河南、湖南、江苏、吉林、山西、四川）中采取分层随机抽样的方法，按照收入的高低顺序选取若干样本县，在每个样本县中再选取一个具有代表性的村庄，最后按照村庄规模的大小在每个村庄随机抽取 40～120 个农户进行入户调查。他们发现：最穷的 25% 的人口中越来越多的人提高了他们的相对收入地位，最富的 10% 的人口成功地巩固了他们的相对收入地位，且其收入占总体收入的份额越来越大。与他们相比，其余的人（即农村中的中等收入人群）的收入向上流动性变化并不那么令人满意，其中多数人的收入地位发生了下移而非上升。收入分配差距的扩大，很大一部分反映了原本经济地位较低但成功实现了经济地位上升的那部分人的收入的增加，正是这部分人收入的大幅增长（而不仅仅是原来就已经是富人的那一部分人的收入的增加）拉大了收入差距。这种由于收入流动性所导致的收入分配格局的变化，显然是

---

① 高于全国平均数的视为正偏离，低于全国平均数的视为负偏离，计算公式为：（某单位工资 – 全国平均数）/全国平均数。

不应该被谴责的。更多的人力资本积累、非农比较优势的发挥、农业生产率的提高以及较少地依赖人口比例更有助于农民摆脱收入陷阱，改善自己的相对收入地位。龚锋（2015）通过对居民收入分配机会的不平等程度进行数量测度，发现中国居民收入分配不平等中近30%的部分源于个体特征和所处外部环境的不同，近70%的收入不平等则源于个体努力程度的差异。这说明中国的收入分配不平等中，存在较高比例的合理成分，社会群体接受这一合理的不平等，并将其作为激励自己努力工作、争取成功的积极因素。这一结论也从另一个侧面印证了一部分人通过个人努力实现经济地位上升的事实。

第 11 章　财政支出的居民收入分配调节机制分析

根据调节经济的着力点不同，可以将财政支出大致划分为转移性、民生性和投资性三大类。转移性支出是政府将一部分财政资金无偿地转移给同级、下级政府或者居民，包括政府的社会保障支出、财政补贴、中央补助拨款、税收优惠和税收返还等。民生性支出是政府为满足民生需求而提供的教育、文化、医疗卫生、国防、行政管理等基本公共服务。投资性支出是政府以投资者身份进入投资市场所发生的支出，如基础设施建设、"三农"投入等，以改善经济发展的薄弱环节。不同类型的财政支出对家庭的预算约束影响不同，进而影响到收入分配的结果。

11.1　家庭多期预算约束方程推导

11.1.1　家庭预算约束方程

家庭将获得的收入用于储蓄和商品服务的购买，总的资金来源等于总的资金使用。首先考虑家庭收入。家庭可以从四个方面获得收入：来自家族企业的利润、工资收入、租金收入和利息收入。

家庭来自家族企业的利润 = 销售收入 – 工资和租金支付，可以写成：

$$\prod = PA \cdot F(K^d, \ L^d) - (wL^d + RK^d)$$

其中，P 是物价水平；$A \cdot F(K^d, \ L^d)$ 为每年从销售中得到的名义收入；w 为名义工资率；L^d、K^d 为家庭使用的劳动和资本的数量；R 为资本的名义租赁价格。

家庭每年向劳动市场提供 L^s 数量的劳动，获得的名义工资收入是 wL^s，假设劳动供给的数量 L 是固定的，家庭名义工资收入也可以写成 wL。

家庭每年向租赁市场提供 K^s 数量的资本，由于家庭向租赁市场提供给所有他们可获得的资本 K，所以 $K^s = K$。家庭获得的净名义租金收入 = $RK - \delta PK$，其中，δ 为资本折旧率。

家庭每年的利息收入是 iB，其中，B 为名义债券持有额，i 为名义利率。

四种类型的收入合并起来就是家庭名义收入，即

$$\text{家庭名义收入} = \prod + wL + (R/P - \delta) \cdot PK + iB \tag{11.1}$$

$$\text{家庭的名义消费} = PC \tag{11.2}$$

其中，P 是物价水平，为了简化分析，此处忽略不计通货膨胀；C 是家庭每年消费的商品数量。

如果将家庭的收入和支出与家庭的资产联系起来，那么，家庭以三种形式持有资产：货币 M、债券 B、资本所有权 K。货币没有利息，债券按每年 i 的利率付给利息，资本所有权每年产生 $(R/P - \delta) \cdot PK$ 的收益率。假设家庭能按他们希望的任何方式在这三种形式之间对他们的资产进行分配，且为了流动性需要而持有固定金额的货币，即 $\Delta M = 0$。在不考虑债券或资本收益的风险问题时，这两种资产的收益率必定相等，所以有：

$$i = R/P - \delta \tag{11.3}$$

将方程（11.3）代入方程（11.1），得到：

$$\text{家庭名义收入} = \prod + wL + i \cdot (B + PK) \tag{11.4}$$

在某个时点上，一个家庭拥有以货币、债券和资本所有权为形式的资产，其名义价值 $= M + B + PK$。一段时间内资产名义价值的变化即为名义储蓄，有：

$$\text{家庭的名义储蓄} = \Delta(\text{名义资产}) = \Delta M + \Delta B + P \cdot \Delta K = \Delta B + P \cdot \Delta K, \ \Delta M = 0 \tag{11.5}$$

因为消费 + 实际储蓄 = 实际收入，故整合方程（11.2）、方程（11.4）、方程（11.5），并考虑物价水平 P，得到家庭预算约束等式：

$$C + (1/P) \cdot \Delta B + \Delta K = \prod /P + (w/P) \cdot L + i \cdot (B/P + K)$$

因为当劳动市场和租赁市场出清时，企业实际利润 $\prod /P = 0$[①]，所以可以将第 t 年的家庭预算约束写成以下方程：

$$C_t + (1/p) \cdot \Delta B_t + \Delta K_t = (w/P)_t \cdot L_t + i_{t-1} \cdot (B_{t-1}/P + K_{t-1}) \tag{11.6}$$

11.1.2 收入对消费的影响

根据消费 + 实际储蓄 = 实际收入的等式，家庭会在某个时点上对消费和实际储蓄做出选择。假设一个单独的家庭会接受给定的实际工资率 w/P 和利率 i，先考察两时期的消费。对于当年，即第一年，我们可以根据方程（11.6）将预算约束写成：

$$C_1 + (B_1/P + K_1) - (B_0/P + K_0) = (w/P)_1 \cdot L + i_0 \cdot (B_0/P + K_0) \tag{11.7}$$

同理，第二年的预算约束也可以写成：

$$C_2 + (B_2/P + K_2) - (B_1/P + K_1) = (w/P)_2 \cdot L + i_1 \cdot (B_1/P + K_1) \tag{11.8}$$

方程（11.7）可以改写为：

$$B_1/P + K_1 = (1 + i_0) \cdot (B_0/P + K_0) + (w/P)_1 \cdot L - C_1 \tag{11.9}$$

同理，

$$B_2/P + K_2 = (1 + i_1) \cdot (B_1/P + K_1) + (w/P)_2 \cdot L - C_2 \tag{11.10}$$

将方程（11.9）代入方程（11.10），两边各除以 $(1 + i_1)$，整理可得到家庭两时期

---

① 详细推导过程请参见罗伯特·巴罗：《宏观经济学：现代观点》，上海人民出版社 2008 年版，第 149 页。

预算约束：

$$C_1 + C_2/(1+i_1) = (1+i_0)(B_0/P + K_0) + (w/P)_1 \cdot L + (w/P)_2 \cdot L/(1+i_1) - (B_2/P + K_2)/(1+i_1)$$

将两时期扩充到多期，可以得到家庭的多期预算约束方程：

$$C_1 + C_2/(1+i_1) + C_3/[(1+i_1) \cdot (1+i_2)] + \cdots = (1+i_0) \cdot (B_0/P + K_0) +$$
$$(w/P)_1 \cdot L + (w/P)_2 \cdot L/(1+i_1) + (w/P)_3 \cdot L/[(1+i_1) \cdot (1+i_2)] + \cdots$$

$$(11.11)$$

以两时期预算约束为例，假设 C_1 或 C_2 上升，家庭效用就增加，且家庭喜欢在不同时点按相似的水平消费。临时性的和持久性的收入变化对家庭的消费策略影响并不相同。对临时性的收入变化来说，例如，第一年工资收入增加 1 个单位，而初始资产和其他年份的工资收入保持不变，在方程（11.11）中，家庭不会在第一年将额外收入全部花掉，而是在以后的几年平稳消费。也就是说，第一年收入的额外增加所能提高的第一年的消费倾向是很小的，第一年的储蓄倾向几乎接近于 1。当收入是持久性增加时，家庭会通过每年增加 1 个单位的消费对收入增加作出反应，此时的储蓄倾向是很小的。总之，消费取决于持久性收入，而不是当前收入，如果收入的变化是临时性的，消费的变化就相对较小。

11.2　转移性支出调节居民收入分配的机理分析

政府的税收和转移支付影响到每个家庭的预算约束。将政府税收 T 和转移支付 V 加入方程（11.6），家庭在 t 年的预算约束条件变为：

$$C_t + (1/p) \cdot \Delta B_t + \Delta K_t = (w/P)_t \cdot L_t + i_{t-1} \cdot (B_{t-1}/P + K_{t-1}) + V_t - T_t \quad (11.12)$$

家庭多期预算约束为：

$$C_1 + C_2/(1+i_1) + \cdots = (1+i_0) \cdot (B_0/P + K_0) + (w/P)_1 \cdot L + (w/P)_2 \cdot L/(1+i_1)$$
$$+ \cdots + (V_1 - T_1) + (V_2 - T_2)/(1+i_1) + (V_3 - T_3)/[(1+i_1) \cdot (1+i_2)] + \cdots$$

实际转移支付扣除实际税收后的现值的下降减少了家庭资金来源的总额。收入效应的强度取决于扣除实际税收后的实际转移支付的变动是暂时性的还是持久性的。如果这种下降是暂时性变动，家庭每年的消费会小幅减少，劳动供给会小幅增加。如果这种下降是持久性的，则家庭每年的消费会大幅减少，劳动供给会大幅增加。

扶贫济困的转移性财政支出只是针对特定群体展开，并不具有普惠性，这类支出直接增加了该群体的家庭收入。如果这种资金收入的增加是持久性的，并配合施以照顾性的税收政策，则该类群体的家庭收入相对于其他群体而言就是持久性的上升，他们的每年消费也会同比例的增加，储蓄倾向很小。贫困阶层消费水平的提升比储蓄水平的提升更加有利于提高他们的生活质量，缩小贫富之间的消费差距。

11.3　消费性支出调节居民收入分配的机理分析

消费性财政支出主要是政府购买性支出中用于满足各种基本公共服务支出的部分。

这些服务为家庭提供了效用，与私人的消费者支出结合起来就确定了家庭的总效用。假设每个家庭都将1单位的政府采购G在效用上视为等价于λ单位的私人消费C，且λ≥0。在方程（11.12）的两边加上λG，得：

$$(C + \lambda G) + (1/p) \cdot \Delta B + \Delta K = (w/P) \cdot L + i \cdot (B/P + K) + V - T + \lambda G$$

新项λG是免费或补贴的公共服务的隐含价值，等式左边的C + λG是有效消费：私人消费C和从公共服务得到的效用λG之和；等式右边是实际可支配收入与公共服务的隐含价值之和，也称为有效的实际可支配收入。

如果不考虑公共债务，并假设名义货币量为常数，不考虑印制货币的收入；实行一次性税收，不考虑税制的替代效应，则政府预算约束方程为：G + V = T。为简化分析，此处考虑政府采购G每年上升1单位的情况，即ΔG = 1，实际转移支付与实际税收之差（V - T）每年下降1单位，所以有：

$$\Delta(V - T + \lambda G) = \Delta(V - T) + \Delta(\lambda G) = -1 + \lambda, \quad \lambda \geq 0$$

先考虑λ < 1的情况。由于有效实际可支配收入每年下降1 - λ单位，家庭的有效消费C + λG每年大约减少1 - λ单位。也就是说，有效消费的变化幅度接近于有效实际可支配收入的变化幅度。为确定C的增量，利用条件：Δ(C + λG) = -1 + λ。

分解左边的两个增量，得：

$$\Delta C + \lambda \cdot \Delta G = -1 + \lambda$$

将ΔG = 1代入，得到：

$$\Delta C = -1$$

这意味着持久性地增加1单位政府采购G就挤出了1单位的私人消费C。这个结果对任意值的λ都成立：当公共服务毫无价值（λ = 0）时；当1单位公共服务带来的效用少于1单位的私人消费（0 < λ < 1）时；当公共服务与私人服务被认为价值相同（λ = 1）时；当公共服务更有价值（λ > 1）时。这些情况之间唯一的区别是，政府扩大G时，λ的值越大，家庭成员越高兴。

因此，持久性地增加民生性财政支出，就挤出了私人在这些方面的消费，私人可以将被挤出的资金用于他处。在选取支出项目时，应当从满足居民的基本公共需要入手，才能带给居民最大的效用λ。在缩小居民收入差距方面，民生性财政支出应更加瞄准低收入人群的公共需要，挤出低收入人群在这些基本需求上的私人消费，以扩大他们的更高层面的消费水平。

11.4　投资性支出调节居民收入分配的机理分析

投资性财政支出作为政府采购G的组成部分，主要对经济发展施以影响。政府采购G的持久性和暂时性变化对资本服务的需求以及实际GDP的影响并不相同。首先考虑政府采购G的持久性变化。假设G每年上升1个单位，V - T每年就下降1个单位，进而家庭的有效实际可支配收入每年会下降1个单位，收入效应相应地预期每年的消费C减少，每年的劳动供给L^s上升。为了简化分析，我们不考虑各种实际形式的税收产生的替代效应，并假设每年的 L^s 等于常数 L。实际 GDP 的决定公式可写成：

$$Y = A \cdot F(\kappa K, \ L)$$

其中，κ 为资本利用率。由于短期内资本存量 K、技术水平 A 和劳动投入量 L 都是固定不变的，资本服务的供给量 $(\kappa K)^s$ 只随资本利用率 κ 的变化而变化。政府采购 G 的增加并未使资本服务的需求曲线或供给曲线移动，所以市场出清的实际租赁价格 $(R/P)^*$ 与资本服务量 $(\kappa K)^*$ 不变①，在 A 和 L 固定不变的假设下，Y 也不变。由此得出，政府采购的持久性增加不影响实际 GDP。再来考察对实际利率的影响。实际利率 $r = (R/P) \cdot \kappa - \delta(\kappa)$，这里的 $(R/P) \cdot \kappa$ 是每单位资本的实际租金收入，$\delta(\kappa)$ 是资本折旧。政府采购的持久性增加不影响 R/P 或 κ，也不影响实际利率。由于我们假设短期内劳动供给为常数 L，对于给定的 L，G 的上升不影响 MPL，也就不会影响实际工资率。

政府采购暂时性变化的许多分析与持久性变化的分析相同。暂时性变化仍然不影响资本的实际租赁价格 R/P、资本服务量 κK、实际 GDP、实际利率 r 和实际工资率。但它影响了消费与投资的对比关系。Y = C + I + G，实际 GDP 不变，政府采购 G 在第一年提高了 1 个单位，消费 C 下降的远少于 1 个单位，投资 I 的下降就较多。也就是说，第一年 G 的暂时性变动，主要是减少了 I 而不是 C，挤出了私人投资。随着时间的推移，投资的下降意味着资本存量 K 将会低于本来可以达到的水平，K 的下降减少了资本服务的供给，从而导致市场出清的实际租赁价格 R/P 的上扬，实际利率 r 会提高。所以，虽然短期实际利率没有变动，但长期利率会上升。

投资性财政支出（政府采购 G 的一部分）对收入分配差距的影响比较复杂。暂时性的投资支出增加会引起投资 I 的减少，挤出私人投资，并推动长期利率上扬，不利于企业扩大生产和市场充分就业。持久性的投资支出增加主要引起消费 C 的同等减少，如果支出偏向于低收入地区和经济薄弱环节，会"挤出"本该这些受益对象承担的消费，其效果类似于对他们发放财政补贴，有利于特定受益对象的经济实力的提升。

---

① 需求曲线没有移动，是因为对于给定的资本服务投入量 κK，G 的上升不影响 MPK。供给曲线没有移动，是因为 K 是给定的，且 G 的变化不影响资本利用率 κ 的选择。

第12章 我国财政支出调节居民收入分配的制度安排

12.1 财政支出调节居民收入分配的制度变迁

改革开放以来，全党工作重心向社会主义现代化建设上转移，揭开了我国经济体制改革的序幕。在此过程中，财政体制改革一直充当着排头兵，先行一步，推动市场逐渐向社会主义市场经济体制深化。这些年的财政改革与发展可以大致划分为以下三个阶段，不同时期的财政支出调节居民收入分配的侧重点也各有不同①。

12.1.1 1978～1992年的财政支出：放权让利

党的十一届三中全会以后，党中央提出对经济体制逐步实行全面改革，并要求以扩大地方和企业的财权为起点，以财政体制改革为突破口。从1980年的"分灶吃饭"、1985年的"分级包干"、1988年财政包干体制，一直到1992年分税制财政体制改革，都对传统的财政体制产生了重大变革，打破了原来高度集中财政体制的僵化局面，充分调动了地方和企业的积极性。在税收制度改革方面，由于出现了多种经济成分不断发展，国营企业两步"利改税"和"税利分流"改革，以及生产、流通和分配结构发生的明显变化，企业职工和居民个人的收入水平开始增长，个人收入差距开始拉大等新情况、新问题，国家开始改革以往过度简化的税制，经过改革工商税制、建立健全所得税制、建立涉外税制和完善税收体系，初步建立了以流转税和所得税为主体、其他税种相配合的复合税制体系。国民经济发展也被提上了重要日程，提出了"调整、改革、整顿、提高"的八字方针，采取了一系列措施，如控制预算内固定资产投资规模，保证能源、交通等国家重点建设，增加发展轻纺工业的资金，较大幅度提高农副产品收购价格，对农业生产资料实行价格补贴，增加农业投入，减免部分农业税收，有计划地推进价格改革，支持工资制度改革，推进社会保障体系建设，支持企业改革和多种经济成分发展等，为改善国民经济状况，提高人民生活水平，推进改革开放提供了有效的财力保障。对内搞活经济的同时，对外实行开放，外贸出口规模迅速扩大，外汇储备大幅增加，我国的产业装备技术水平也逐渐升级，产业结构明显优化。

---

① 参见谢旭人：《中国财政60年》（上、下卷），经济科学出版社2009年版；余斌、陈昌盛：《国民收入分配困境与出路》，中国发展出版社2011年版。

对地方和企业的放权让利思路也改革了收入分配制度内容。1978 年党的十一届三中全会提出"克服平均主义",以农村为突破口,推行了家庭联产承包责任制,"交够国家的、留足集体的、剩下的都是自己的",从此拉开了分配制度重大改革的大幕。党的十二届三中全会提出深化分配制度改革,进一步贯彻落实按劳分配的社会主义原则,并作出了若干具体规定。一是改革国有企业工资管理体制,实行企业工资总额同经济效益挂钩的制度;二是改革了机关事业单位的工资制度,实行结构工资制;三是开征个人收入调节税。党的十三大明确指出,社会主义初级阶段的分配方式不可能是单一的,必须实行以按劳分配为主体的多种分配方式和正确的分配政策。第一次在党的代表大会报告中提出了以按劳分配为主体、以其他分配方式为补充的原则,提出了允许合法的非劳动收入,要在促进效率的前提下体现社会公平等政策主张。党的十四大提出,在分配制度上,以按劳分配为主体,其他分配方式为补充,首次提出在分配制度上要兼顾效率与公平。运用包括市场在内的各种调节手段,既鼓励先进,促进效率,合理拉开收入差距,又防止两极分化,逐步实现共同富裕。

针对该时期出现的居民收入差距拉大的现象,财政采取的制度安排主要有以下方面:

一是大力支持农村经济改革。首先,提高粮、棉、油、麻、甘蔗等 18 种农副产品的收购价格,平均提高 24.3%,1979 年当年农民收入增加 70 多亿元。对于商业部门由于农副产品收购价格提高而形成的购销价格倒挂,财政给予价格补贴。其次,减免贫困地区农业税,对低产缺粮地区规定农业税起征点,对农村社队企业适当提高工商所得税的起征点,切实减轻了农村税收负担,减少了农村贫困人口。最后,对农业生产资料实行价格补贴,并设立乡镇企业发展专项资金、农业发展基金,多渠道、多层次增加农业投入,不断加大财政支农力度,农业发展和农民增收的效果较为显著。

二是支持工资制度改革。重新确立按劳分配原则,结合实行利改税和多种形式的经营责任,进行多种工资分配改革试点,探索企业工资改革与经济效益挂钩的方法。为确保工资制度改革顺利实施,国家财政安排了大量资金,给予有效的财力保障。为支持企业职工工资制度改革,财政会同有关部门积极改进和完善企业工效挂钩办法和其他形式的工资分配制度,使企业经济效益不断提高的同时,职工工资收入水平也有了大幅度的提高。

三是支持扶贫攻坚工作。1979 年增设多项专项补助,支持"老、少、边、穷"地区发展。对民族自治区的财政体制,其规定比一般地区享有更多的财权和财力上的倾斜,并制定一系列支持贫困地区发展的优惠政策。经过十来年的扶贫,尤其是 1984 年开始将扶贫方式变为开发性扶贫后,扶贫工作成效显著。全国农村没有解决温饱问题的贫困人口从 1978 年的 2.5 亿人减少到 1993 年的 8000 万人。

四是推进社会保障体系建设。实行国营企业和部分集体企业职工养老保险基金社会统筹;建立国营企业职工待业保险制度,实行待业保险基金统筹;进行医疗制度改革试点。财政部门积极提供资金保证。"七五"时期国家和企业支出的社会保障性费用总额高达 3162 多亿元,其中国家财政直接支出约占 24%,比"六五"时期增加了 2000 多亿元，有力地支持了社会保障制度建设，稳定了社会、经济秩序。

12.1.2　1993～2002年的财政支出：公共财政

1992年10月，党的十四大明确提出，我国经济体制改革的目标是建立社会主义市场经济体制，中国财政开始从生产建设财政向公共财政模式转变。实施分税制改革和税制改革后，政府着眼于满足社会公共需求，履行提供公共品、调节收入分配、促进经济稳定增长的财政职能。立足于非营利性，从解决政府"越位"与"缺位"问题入手，调整优化支出结构，更多地向基础设施建设、农业、教育、医疗卫生、社会保障、环境保护等方面倾斜，逐步减少和退出对一般竞争性和经营性领域的财政直接投资和补贴，促进改变政府调控经济的方式，更多地使用间接和规范的财政手段支持国有企业和经济发展。

这一时期的收入分配制度继续延续效率与公平原则。党的十四届三中全会提出了收入分配制度的11项基本原则，如个人收入分配要坚持以按劳分配为主体、多种分配方式并存；个人收入分配要体现效率优先、兼顾公平的原则，这是党的文献首次提出处理效率与公平关系问题上应坚持的原则。党的十五大突破了以往的分配制度，明确提出要把按劳分配和按生产要素分配结合起来，第一次把其他分配方式科学地概括为"按生产要素分配"。党的十六大确立了劳动、资本、技术和管理等生产要素按贡献参与分配的原则，解决了其他生产要素能不能和怎么样参与收入分配的问题。党的十六大还提出，我国的分配制度改革要以共同富裕为目标，扩大中等收入者比重，提高低收入者收入水平，这指明了今后的收入分配新格局是中等收入者居人口的多数，并占有大部分收入和财富。从这种政策态度和收入分配格局的发展可知，非劳动收入形式逐渐成长并开始成为劳动者收入差距的来源。

针对该时期出现的居民收入差距拉大，财政采取的制度安排主要有以下方面：

一是巩固和加强农业基础地位，推进农村税费改革。大幅增加财政支农资金，大力改善农村基础设施，完善财政支农机制和方式，非常有利于增强农业发展后劲，推动农村经济社会的协调发展。2000年起进行的农村税费改革，实行"三取消、两调整、一改革"，也有效减轻了农民的税费负担。

二是加大农村教育投入力度。在对基础教育的财政投入中，中央与地方财政共同组织实施了国家贫困地区义务教育工程、农村中小学危房改造工程、西部地区农村寄宿制学校建设工程等重大项目，改善了贫困地区义务教育办学条件。在探索农村义务教育经费保障机制方面，2001年国务院确定对农村义务教育实行"在国务院领导下，由地方政府负责，分级管理，以县为主"的管理体制，帮助解决农村义务教育经费投入不足问题。

三是探索建立新型社会保障体系。首先，大力支持企业职工基本养老保险制度改革，财政支持力度不断加大，从1998年的21.55亿元增加到2002年的517.29亿元，4年时间增长了23倍。其次，逐步建立失业保障和促进就业的政策体系，将国有企业下岗职工基本生活保障向失业保险并轨。最后，在城市和农村均建立低收入人群基本生活保障制度。1998～2004 年，全国财政用于企业养老保险基金补助、国有企业下岗职工基本生活保障补助和城市居民最低生活保障费的支出，由 123 亿元增加到 1035 亿元，年均增长 42.6%，累计安排支出 4464 亿元。如果加上行政事业单位医疗经费、抚恤和社会福利救济、行政事业单位离退休经费及补充全国社会保障基金等方面的支出，全国财政社会保障经费支出已由 1998 年的 775 亿元增加到 2004 年的 3410 亿元，年均增长 28%，明显高于同期财政总支出的增幅；占财政总支出的比重也由 1998 年的 7.2% 上升到 2004 年的 12.4%。[①]

12.1.3　2003～2014 年的财政支出：民生支出不断加大、均等化水平不断提升

党的十六大报告提出，全面建设小康社会，开创中国特色社会主义事业新局面。自此，中国的改革和发展进入了遵循科学发展观、以人为本、统筹兼顾、实现全面协调可持续发展的新时期。财政围绕"五个统筹"和社会主义和谐社会建设，不断调整优化支出结构，持续加大对经济社会发展薄弱环节的投入力度，向社会主义新农村建设倾斜，向保障和改善民生倾斜，向困难地区、基层和群众倾斜，向结构调整和促进经济发展方式转变倾斜，财政支出的公共性日趋显现。

这一时期的收入分配制度继续坚持按劳分配为主体、多种分配方式并存的原则。党的十七大首次提出，在初次收入分配中也要实现公平与效率的统一，健全劳动、资本、技术、管理等生产要素按贡献参与分配的制度，逐步提高居民收入在国民收入分配中的比重，提高劳动报酬在初次分配中的比重。创造条件让更多群众拥有财产性收入。保护合法收入，调节过高收入，取缔非法收入，逐步扭转收入分配差距扩大趋势。党的十八大强调必须坚持维护社会公平正义，加大再分配调节力度，使发展成果更多更公平惠及全体人民。党的十八届三中全会进一步提出，努力实现劳动报酬增长和劳动生产率提高同步，健全资本、知识、技术、管理等由要素市场决定的报酬机制。增加低收入者收入，扩大中等收入者比重，努力缩小城乡、区域、行业收入分配差距，逐步形成橄榄型分配格局。

针对该时期出现的居民收入差距拉大，财政采取的制度安排主要有以下方面：

一是加大"三农"投入，促进城乡协调发展。在巩固农业基础地位方面，对农业生产实行直接补贴，实施对产量大县奖励政策；加大农业综合开发力度，支持农田水利基础设施建设，支持农业科技创新和推广应用；支持农业防灾、减灾。在社会主义新农村建设方面，加大农村基础设施、义务教育、医疗卫生和社会保障的投入。在促进农民增收方面，加大对种粮农民的四项补贴投入，落实粮食最低收购价政策，支持开展农民培训，支持扶贫开发，以及完成农村税费改革等。

二是大力支持优先发展教育。加大财政投入，确保城乡免费义务教育的全面实施，帮助改善接受进城务工农民工随迁子女学校的办学条件，建立健全家庭经济困难学生的

[①]　数据来源于国家统计局网站相关统计数据。

资助政策体系；支持职业教育发展并建立中等职业教育贫困学生资助制度。

三是完善社会保障体系。加大社会保障和就业投入，完成国有企业下岗职工基本生活保障及其向失业保险并轨工作。先后出台一系列财税优惠政策和就业扶持补贴政策，中央安排资金完善担保基金的风险补偿机制和贷款奖励机制，支持下岗失业人员、复转军人、高校毕业生、失地农民等实现再就业；制定地震灾区就业援助和灾后恢复重建对口就业援助政策，促进灾区群众就业和恢复生产。推进城乡养老和医疗保障制度建设，支持社会救助，完善如农村最低生活保障、农村五保户供养、城市居民最低生活保障、自然灾害生活救助等制度建设。

四是建立廉租住房保障制度。在支持经济适用房、抗震安居房、棚户区改造等的同时，重点支持建立廉租住房保障制度，形成以财政预算资金为主、稳定规范的住房保障资金来源，实行以发放租赁补贴为主、实物配租和租金核减为辅的保障方式，切实解决城市低收入家庭的住房困难。

12.2　财政支出调节居民收入分配的现行制度安排

2012年党的十八大报告提出坚持维护社会公平正义、促进社会和谐、走共同富裕道路等基本要求。在收入分配格局方面，要求着重保护劳动所得，努力实现劳动报酬增长和劳动生产率提高同步，提高劳动报酬在初次分配中的比重，多渠道增加居民财产性收入。在收入分配制度方面，明确提出要规范收入分配秩序，完善收入分配调控体制机制和政策体系，建立个人收入和财产信息系统，保护合法收入，调节过高收入，清理规范隐性收入，取缔非法收入，增加低收入者收入，扩大中等收入者比重，努力缩小城乡、区域、行业收入分配差距，逐步形成橄榄型分配格局。

党的十八大以来调节收入分配的制度安排的最大亮点是，突出强调居民收入增长应当和经济增长同步、劳动报酬提高和劳动生产率提高同步，最终形成完善的市场评价要素贡献并按贡献分配的机制。强调市场评价的核心地位，意味着向打破行业垄断、地区垄断和城乡分割方面迈开了清晰的一步，而各种垄断与分割正是造成我国居民收入分配差距不断拉大的最主要原因。这一时期缓解居民收入差距过大的制度安排具体有：

一是大力促进教育公平。健全家庭经济困难学生资助体系，构建利用信息化手段扩大优质教育资源覆盖面的有效机制，逐步缩小区域、城乡、校际差距，统筹城乡义务教育资源均衡配置。推动义务教育均衡发展，普及高中阶段教育，逐步分类推进中等职业教育免除学杂费，率先从建档立卡的家庭经济困难学生实施普通高中免除学杂费，实现家庭经济困难学生资助全覆盖。

二是规范招人用人制度，消除城乡、行业、身份、性别等一切影响平等就业的制度障碍和就业歧视。完善城乡均等的公共就业创业服务体系，增强失业保险制度预防失业、促进就业功能，促进以高校毕业生为重点的青年就业和农村转移劳动力、城镇困难人员、退役军人就业。

　　三是完善以税收、社会保障、转移支付为主要手段的再分配调节机制,加大税收调节力度。完善慈善捐助减免税制度,支持慈善事业发挥扶贫济困积极作用。

　　四是加大对革命老区、民族地区、边疆地区、贫困地区的转移支付。实施脱贫攻坚工程,实施精准扶贫、精准脱贫,分类扶持贫困家庭,探索对贫困人口实行资产收益扶持制度,建立健全农村留守儿童和妇女、老人关爱服务体系。

第13章 转移性支出的居民收入再分配效应实证研究：以农村社会保障为例

13.1 引言与文献综述

　　农村贫困问题是中国二元经济社会体制的历史遗留问题，也是制约城乡统筹发展的"瓶颈"。农村贫困问题的解决对于缩小城乡差距、促进农村地区公平共享发展具有重要意义。1983年中国民政会议确定实行了开发式扶贫制度，通过改造传统农业等帮扶贫苦对象消除贫困。国务院印发《国家八七扶贫攻坚计划》《中国农村扶贫开发纲要（2001~2010）》和《中国农村扶贫开发纲要（2011~2020）》，以深入推进扶贫开发。党的十八届五中全会及2015年中央扶贫开发工作会议明确指出，坚持"精准扶贫、精准脱贫"，到2020年实现农村贫困地区脱贫摘帽。国家的政策支持及扶贫力度的不断增强为农村贫困状况的改善奠定了坚实基础。图13-1表明，2010年以来，中国农村贫困人口数量呈现出逐年下降的趋势，农村的绝对贫困状况得到明显改善。国家统计局发布的《2014年国民经济和社会发展统计公报》显示，按照年人均收入2300元（2010年不变价）的农村扶贫标准计算，2014年国家的农村贫困人口为7017万人，较2010年减少9550万人；贫困发生率为7.2%，较2010年降低了10个百分点。

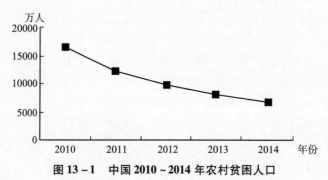

图13-1　中国2010~2014年农村贫困人口

资料来源：国家统计局：《中国统计年鉴（2015）》，中国统计出版社2015年版。

　　与缺乏获取某种生存机会的可行能力所导致的绝对贫困不同（Sen，1985），相对贫困仅与社会的收入分配状况有关，其实质是"社会成员这种相对劣势的概念化"①。通过对比农村居民间的收入差距发现，相对贫困程度在不断加剧。如图 13－2 所示，2004年，最低收入组农村居民人均纯收入为 1007 元，最高收入组农村居民人均纯收入为6931 元，二者相差 5.9 倍；而 2013 年，最低收入组农村居民人均纯收入为 2583.2 元，最高收入组农村居民人均纯收入为 21272.7 元，二者的差距增加到 7.2 倍。发展经济学和福利经济学理论认为，政府可以通过为贫困人口提供医疗、教育和住房等保障性服务来增强其收入能力，促进国民收入分配朝着均等化发展（阎坤、于树一，2008）。在实现农村贫困人口脱贫中，农村社会保障制度承担兜底作用，为此，政府在农村低保、五保、医疗救助等方面的社会保障性支出也在逐年加大。那么，当下中国的农村社会保障制度究竟是否有利于减缓农村相对贫困呢？从定性的角度阐述农村社会保障对农村相对贫困的影响较为笼统，本书选取 2004～2013 年中国大陆地区 8 省市的面板数据，通过面板门槛回归模型实证评估了农村社会保障水平对农村相对贫困深度的影响效应。研究发现，随着农村社会保障水平的提升，农村相对贫困程度仍在不断扩大。该结论为完善中国农村社会保障和扶贫政策提供了借鉴。

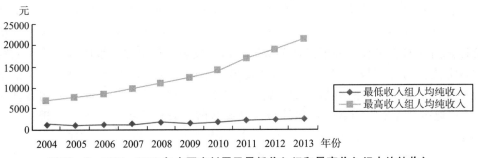

图 13－2　2004～2013 年中国农村居民最低收入组和最高收入组人均纯收入

资料来源：国家统计局：《中国统计年鉴（2014）》，中国统计出版社 2014 年版。

在国外，已有诸多学者对社会保障与贫困之间的关系进行研究。研究结论主要包含以下两个方面：一是认为社会保障有助于减少贫困。科列尔和多拉尔（Collier and Dollar, 2001）通过建立一个政府援助内生模型发现，有效的政府援助可以大大减少贫困地区的贫困程度。斯库菲亚斯和马络（Skoufias and Maro, 2008）对墨西哥政府的援贫政策效应进行评估发现，政府救助力度越强，越有助于减缓贫困。王和卡米纳达（Wang and Caminada, 2011）基于 LIS 数据对政府转移支付等支出的减贫效应进行了分析，发现转移性支出可以有效缩减居民收入差距。二是认为社会保障的减贫效应并不明显。摩恩和沃勒斯坦（Moene and Wallerstein, 2001）研究发现，社会保障等收入再分配的效应是劫贫济富，加剧了分配不公。埃利斯和巴希格瓦（Ellis and Bahiigwa, 2003）的研究发现，财政分权导致了政府减贫的低效。沃尔（Walle, 2004）考察了越南福利

---

① 李永友、沈坤荣：《财政支出结构、相对贫困与经济增长》，载于《管理世界》2007 年第 11 期，第 26 页。

项目对贫困人口脱贫的影响，发现社会安全网并未有效减贫。

国内有关农村社会保障与贫困的文献可以分为两类：一类是定性研究；另一类是定量研究。其中，定性研究主要是从政府职能和公共财政的视角来分析减贫机理，定量研究则主要利用计量模型来实证评估公共政策的减贫效果。在定性研究方面：阎坤和于树一（2008）对减贫目标下政府与市场的关系定位、公共财政的减贫职能进行了理论分析，并在总结发展中国家和发达国家减贫经验的基础上，提出公共财政减贫的对策思路。王海（2013）指出，财政支出可以通过转移支付和促进经济增长来减缓贫困，认为财政政策应兼顾直接减贫和间接减贫，通过消除劳动力障碍、加强直接减贫的瞄准机制等充分发挥其减贫功能。

在定量研究方面，学者们对公共服务及公共支出在国家（城市/农村）层面发挥的减贫作用进行了评估，多数研究认为公共服务水平及公共支出水平的提高有助于减缓贫困。王娟和张克中（2012）通过联立方程组评估了社会救济支出、基本建设支出和农业性公共支出对农村贫困发生率的影响，发现三者的减贫效应显著。曾福生和曾小溪（2013）对湖南省基本公共服务的减贫效应进行实证研究发现，基本公共服务水平的提高有助于减轻贫困。卢盛峰和卢洪友（2013）基于 CHNS 入户调查数据，实证评估了政府救助对居民户贫困状况的影响效应。结果表明，保障性公共服务能够直接和间接发挥缓解贫困的作用。郑舒文等（2015）利用四川省的面板数据分析了社会保障对农村居民收入分配的调节效应，研究发现，社会保障性收入缩小了农村居民收入分配。与之相较，也有少数学者提出了不同的观点。刘玮（2011）实证检验了公共支出对城市贫困的影响，发现增加的公共支出的减贫效应为负。谢勇才和杨斌（2015）通过计算不良指数来衡量社会保障调节前后农村居民收入差距发现，由于投入不足、覆盖面偏低和瞄准偏差等原因，社会保障进一步拉大了农村居民收入分配差距。陶爱萍等（2015）通过总量回归模型发现，财政支出总量的增加导致贫困发生率的增加。

上述研究大多集中讨论绝对贫困的减缓效应，而对相对贫困的关注甚少。李永友和沈坤荣（2007）基于中国的经验数据实证分析了中国的相对贫困问题，研究发现，中国的相对贫困水平呈逐步上升的趋势，医疗卫生支出在一定程度上扩大了相对贫困水平。秦建军和戎爱萍（2012）利用相对贫困指数对农村贫困状况进行测算，并通过 GLS 线性回归方法对不同财政支出与农村相对贫困的关系进行实证检验，研究结果显示，针对农村低收入群体的基础教育支出和医疗卫生支出对缓解农村相对贫困具有重要意义。

既有研究大多从绝对贫困视角切入，且研究的是公共支出总体或单项支出的减贫效应，而对农村社会保障减缓相对贫困的效应关注较少。储德银和赵飞（2013）通过建立面板门限回归模型实证考察了中国财政分权及政府转移支付对农村贫困的影响，研究发现政府转移支付对农村贫困存在非线性门槛效应。在未跨越门槛值时，中央对地方政府转移支付的增加有利于缓解农村贫困，当超越门槛值时，将不利于减少贫困。那么，农村社会保障对农村贫困的影响是否也存在门槛效应呢？我们将通过面板门槛回归模型检验并评估农村社会保障与农村相对贫困的非线性影响效应，在农村相对贫困程度日益加深的背景下，对这一问题的研究具有积极意义。

13.2　模型设计

我们将通过门槛回归模型（Panel Threshold Regression Model）来评估农村社会保障对农村居民相对贫困的非线性影响。借助该模型，能有效识别出不同区间的农村社会保障水平对农村居民相对贫困的影响趋势。

为研究农村社会保障对农村贫困水平的影响，我们在借鉴李永友和沈坤荣（2007）提出的衡量社会贫困状况的相对贫困深度指标的基础上，结合中国农村实际，建立面板门槛回归模型如下：

$$\text{Pov}_{it} = \mu_i + \alpha_1 \text{SSE}_{it} I(\ln sse < \gamma_1) + \alpha_2 \text{SSE}_{it} I(\gamma_1 \leqslant \ln sse < \gamma_2) + \cdots$$

$$+ \alpha_{n+1} \text{SSE}_{it} I(\ln sse \geqslant \gamma_n) + \sum_{m=n+2}^{M} \alpha_m X_{it} + \epsilon_{it} \tag{13.1}$$

其中，Pov_{it} 为农村相对贫困深度，代表农村贫困水平。SSE_{it} 表示农村社会保障支出，代表农村社会保障水平；X_{it} 为控制变量的集合。μ_i 反映地区的个体效应，ϵ_{it} 为随机干扰项。$I(\cdot)$ 为示性函数，γ 为门槛值。需要说明的是，在描述贫困状况方面，国内诸多学者选用了基尼系数和贫困发生率等指标，但这两者都无法刻画农村社会相对贫困者的劣势程度，因此，这里采用相对贫困深度指标。依照本章的研究思路，我们将取自然对数后的农村社会保障支出 lnsse 作为门槛变量，进行分段估计。

13.3　数据与指标

基于数据的可获得性和完整性，本章选取了 2004～2013 年中国北京、上海、江苏、江西、广西、重庆、四川和福建 8 个省（市）的相关数据资料，数据均来源于历年国家和地方的统计年鉴和《中国人口年鉴》。面板门槛回归的计量模型为方程（13.1）。

模型的被解释变量为农村相对贫困深度，用加权平均后 40% 最高收入组和 60% 以下收入组的收入水平的比值来衡量。解释变量为农村社会保障水平。由于农村社会保障涉及内容较多，现有的国家和地方统计年鉴也仅仅对农村社会救济或低保等项目进行统计，无法准确反映农村社会保障整体情况，本章在参考李晓嘉（2013）等相关研究的基础上，选择农村居民人均转移性收入来衡量农村社会保障水平。《中国统计年鉴（2015）》中指出，转移性收入包括养老金或退休金、社会救济和补助、政策性生产补贴、政策性生活补贴、救灾款、报销医疗费等。由此可以看出，本章使用的农村居民转移性收入指标可以基本涵盖农村社会保障支出的内容。

为控制可能影响农村居民相对贫困的其他因素，模型还设置了农村居民人均可支配收入和城镇化率作为控制变量。其中，农村居民人均可支配收入为农村居民纯收入中除转移性收入以外的其他收入，与农村居民的贫困水平密切相关；城镇化率代表了一个地方的城镇化水平，城镇化率越高，经济发展越快，农民收入越高。实证分析中，变量均做了取自然对数的处理（见表 13 - 1）。

表 13 - 1 变量定义及描述性统计

变量	定义	平均值	标准差	最小值	最大值	观测值
相对贫困	取对数后的农村相对贫困深度	0.8453	0.0949	0.5596	1.0116	80
转移性收入	取对数后的人均转移性收入	6.1273	1.0147	3.9639	8.4861	80
可支配收入	取对数后的人均可支配收入	8.6583	0.5049	7.7144	9.6086	80
城镇化	取对数后的城镇化率	3.9540	0.3671	2.9156	4.4954	80

13.4 实证结果分析

13.4.1 门槛效应检验

在进行面板门槛回归之前，需要确定门槛值和门槛数量。这里我们使用汉森（Hanson，1999）的方法对门槛效应进行检验，结果如表 13 - 2 所示。单一门槛效应检验在 1% 的显著水平拒绝原假设，即存在单一门槛效应。在此基础上继续搜索，看是否存在第二个门槛。检验结果显示，双重门槛效应在 10% 水平下显著。与之相反，三重门槛效应未通过显著性检验，表明不存在三重门槛效应。

表 13 - 2 门槛估计值

单一门槛模型		双重门槛模型		三重门槛模型	
门槛估计值	F 值	门槛估计值	F 值	门槛估计值	F 值
7.131	52.554 ***	5.463 7.537	14.254 *	5.463 6.218 7.537	0.000

注：(1) 自助法（Bootstrap）抽样次数设定为 500 次；(2) ***、** 和 * 分别表示在 1%、5% 和 10% 的显著性水平下通过显著性检验。

为直观呈现门槛效应，下面给出似然比函数图（单一门槛模型）。如图 13 - 3 所示，农村社会保障对农村贫困的影响效应中存在着显著的门槛效应，门槛值为 7.131。门槛效应检验得出的门槛值为接下来的门槛回归模型提供了基础。

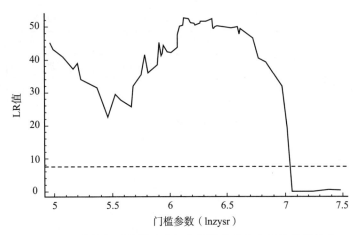

图 13 - 3　农村相对贫困深度与农村社会保障水平的门槛效应

13.4.2　面板门槛回归模型估计

本部分将在上述门槛效应检验得出的门槛值的基础上，选取农村相对贫困深度指标作为农村贫困水平的度量指标，对农村社会保障的影响效应进行评估。我们采用固定效应模型（FE）对方程（13.1）进行门槛回归分析，此外，我们还通过稳健性标准误下的固定效应模型（FE_robust）对参数估计结果进行对比，以保证估计结果的有效性。

从门槛效应检验结果来看，方程（13.1）在 1% 显著性水平下通过了单一门槛检验，在 10% 显著水平下通过了双重门槛检验。其中，单一门槛效应检验的门槛值为7.131，双重门槛效应检验的门槛值分别为 5.463 和 7.537。将其分别代入方程（13.1），进行面板门槛回归，估计农村社会保障对农村居民相对贫困的影响，模型结果如表 13 - 3 所示。

表 13 - 3　　　　　　　　　　门槛模型估计结果

变量	单一门槛模型		双门槛模型	
	FE	FE_robust	FE	FE_robust
转移性收入 （lnzysr ≤ γ_1）	0. 0913 *** （3. 01）	0. 0913 ** （2. 75）		
转移性收入 （lnzysr > γ_1）	0. 0632 ** （2. 19）	0. 0632 * （2. 15）		
转移性收入 （lnzysr ≤ γ_1）			0. 0654 * （1. 92）	0. 0654 （1. 62）
转移性收入 （γ_1 < lnzysr ≤ γ_2）			0. 0409 （1. 29）	0. 0409 （1. 17）

续表

变量	单一门槛模型		双门槛模型	
	FE	FE_robust	FE	FE_robust
转移性收入 （lnzysr > γ_2）			−0.00867 （−1.61）	−0.00867 （−1.42）
可支配收入	−0.0952 （−1.54）	−0.0952 （−1.45）	−0.0820 （−1.33）	−0.0820 （−1.39）
城镇化	0.0147 （0.25）	0.0147 （0.21）	0.0099 （0.17）	0.0099 （0.16）
常数项	1.085 *** （3.19）	1.085 ** （2.96）	1.154 *** （3.40）	1.154 ** （3.24）
年份固定效应	控制	控制	控制	控制
省份固定效应	控制	控制	控制	控制
R^2	0.444	0.444	0.465	0.465

注：（1）括号内为 T 值；（2）***、** 和 * 分别表示在 1%、5% 和 10% 水平下显著。

面板门槛模型估计结果显示，代表农村社会保障水平的农村居民人均转移性收入在单一门槛模型下都通过了显著性检验，但双重门槛模型并不显著。表明农村社会保障对农村居民相对贫困存在较强的一重门槛非线性影响。

在单一门槛模型下，当 lnzysr 低于门槛值 7.131（农村人均转移性收入为 1250 元）时，农村居民相对贫困深度对农村居民人均转移性收入的弹性系数为 0.0913，当 lnzysr 高于门槛值 7.131 时，弹性系数下降为 0.0632。由此可以看出，随着农村社会保障水平的提升，农村居民相对贫困深度会加深，且当农村人均转移性收入跨越门槛值 1250 元时，农村相对贫困加深的速度会减缓。

造成这一现象的原因主要包括以下四个方面：第一，初次分配和再分配环节不公。李永友和沈坤荣（2007）研究发现，初始分配中要素报酬的差异是造成相对贫困的主要原因，且在再分配环节中，财政支出对缓解相对贫困的作用非常有限，其中，医疗卫生支出在某种程度上还扩大了相对贫困的水平。第二，农村社会保障资金配置效率较低。"分配不当的财政支出将削弱贫困减少的效果甚至不能产生减贫效应"[1]。在农村低保等扶贫资金的使用中，地方政府具有较大随意性，加之监管和绩效考核制度不完善，挪用滥用资金现象时有发生。第三，瞄准定位不精准。由于贫困评价标准不统一、家庭统计信息不完全、公众参与度不高、扶贫体制不透明等原因造成保障对象瞄准偏误，将诸多本应纳入扶贫范围的低收入农村居民排除在外，降低了保障效率。第四，农村社会保障

---

① 陶爱萍、班涛、张淑安：《地方财政支出减贫效应的省际差异比较——基于中部五省经验数据的分析》，载于《华东经济管理》2015 年第 7 期，第 64 ~ 70 页。

支出大多来源于上级的专项转移支付，而"专项转移支付的边际分配与公平目标也出现了一定的偏差"[①]。尹恒和朱虹（2009）研究发现，上级政府专项转移支付大多是基于财政责任均等化，而非财政公平和地区间公共服务的均等化，这就导致转移支付资金的边际分配在一定程度上更多地流向财政支出责任更高的富裕地区，从而使转移支付的均等性大打折扣。值得注意的是，当农村人均转移性收入跨越门槛值时，农村相对贫困深度的弹性系数有所下降。这是因为，随着农村社会保障水平的提升，部分保障项目发挥的正向的减贫效应中和了扩大居民收入差距的不利因素的影响，从而使得农村居民相对贫困深度的增速减慢。

表13-4列出了2004~2013年中国农村居民转移性收入。通过观察发现，2004~2013年，农村转移性收入都位于一重门槛值的左侧，即农村社会保障水平的提升会加剧农村相对贫困深度。由此可以看出，中国农村社会保障及相关扶贫制度亟须完善，以缩小农村贫富差距，促进农村社会公平可持续发展。

表13-4 　　　　　　2004~2013年中国农村居民人均转移性收入 　　　　　单位：元/人·年

年份	2004	2005	2006	2007	2008	2009	2010	2011	2012	2013
转移性收入	115.54	147.42	180.78	222.25	323.24	397.95	452.92	563.32	686.70	784.50

资料来源：整理自2005~2014年《中国统计年鉴》。

13.5 进一步讨论

13.5.1 新农合对农村相对贫困的影响研究

从中国目前医疗卫生资源的使用情况来看，富人享用的医疗服务在数量和质量均优于穷人。健康作为人力资本的重要组成部分（Grossman，1972），对提高劳动生产率、增进社会福利具有重要作用。为保障农民的健康权，避免穷人陷入"疾病—贫困—疾病"的恶性循环，政府应一视同仁地为贫困地区农村居民提供医疗保障服务，促地区间医疗服务均等化。

从医疗服务对农民减贫效应的研究来看，一类研究认为医疗保险费用会加剧贫困。恩索尔（Ensor，1996）经研究发现，在现付制下，即便是小额的医疗支出也会加剧弱势群体的贫困程度。斯卡宾斯基（Skarbinski，2002）和吉尔森（Gilson，2005）的研究也得到了一致的结论。解垩（2008）基于CHNS数据估计了医疗保险的反贫困效应，研究发现，医疗保险补偿后，患病家庭的贫困并没有减轻，医疗保险的减贫作用很小，对减少收入不平等作用微弱。另一类研究则持相反意见，认为医疗保险可以作为平滑医疗

[①] 卢洪友、陈思霞：《谁从增加的财政转移支付中受益——基于中国县级数据的实证分析》，载于《财贸经济》2012年第4期，第24~32页。

支出风险的财务机制,保费分担制度有效降低了医疗支出,减轻了医疗群体的医疗负担(Manning et al.,1987;Pauly,2005)。本部分将通过新农合人均筹资水平对农村相对贫困的影响来检验新农合制度的减贫效应。

1. 模型设定

为研究新农合对农村相对贫困的影响,建立面板门槛回归模型如下:

$$\text{Pov}_{it} = \mu_i + \alpha_1 \text{NRC}_{it} I(\text{lnnrc} < \gamma_1) + \alpha_2 \text{NRC}_{it} I(\gamma_1 \leq \text{lnnrc} < \gamma_2) + \cdots$$

$$+ \alpha_{n+1} \text{NRC}_{it} I(\text{lnnrc} \geq \gamma_n) + \sum_{m=n+2}^{M} \alpha_m X_{it} + \epsilon_{it} \tag{13.2}$$

其中,Pov_{it} 为农村相对贫困深度,代表农村贫困水平。NRC_{it} 表示新农合人均筹资,代表新农合保障水平;X_{it} 为控制变量的集合。μ_i 反映地区的个体效应,ϵ_{it} 为随机干扰项。$I(\cdot)$ 为示性函数,γ 为门槛值。需要说明的是,在描述贫困状况方面,国内诸多学者选用了基尼系数和贫困发生率等指标,但这两者都无法刻画农村社会相对贫困者的劣势程度,因此这里我们使用了相对贫困深度指标。依照本部分的研究思路,我们采用取自然对数后的新农合人均筹资 lnnrc 作为门槛变量,进行分段估计。

2. 数据与指标

基于数据的可获得性和完整性,我们选取了 2008~2013 年中国北京、上海、江苏、江西、广西、重庆、四川和福建 8 个省(市)的相关数据资料,数据均来源于历年国家和地方的统计年鉴和《中国人口年鉴》。面板门槛回归的计量模型为方程(13.2)。

模型的被解释变量为农村相对贫困深度,参考李永友和沈坤荣(2007)的做法,用加权平均后 40% 最高收入组和 60% 以下收入组的收入水平的比值来衡量。解释变量为新农合人均筹资。

为控制可能影响农村居民相对贫困的其他因素,模型还设置了城镇化率和产业结构作为控制变量。其中,城镇化率代表了一个地方的城镇化水平,城镇化率越高,经济发展越快,农民收入越高;产业结构为第一产业占比,由于农村产业主要以第一产业为主,因此,不同的产业结构对农村居民收入分配也具有一定影响。实证分析中,对新农合人均筹资和城镇化率做了取自然对数的处理(见表 13-5)。

表 13-5　　　　　　　　　　　　变量定义及描述性统计

变量	定义	平均值	标准差	最小值	最大值	观测值
相对贫困	农村相对贫困深度	2.3625	0.2383	1.7500	2.7500	48
新农合人均筹资	取对数后的新农合人均筹资	5.5580	0.7694	4.3519	7.3738	48
城镇化	取对数后的城镇化率	4.0386	0.2904	3.6217	4.4954	48
产业结构	第一产业占 GDP 的比重	9.0515	6.0111	0.6000	20.3000	48

3. 实证结果

门槛效应检验。在进行面板门槛回归之前,需要确定门槛值和门槛数量。这里我们使用汉森的方法对门槛效应进行检验，结果如表 13－6 所示。单一门槛效应检验和三重门槛效应检验均未通过显著性检验，即不存在单一门槛效应和三重门槛效应，与之相反，双重门槛效应在 10% 水平下显著。

表 13－6 门槛估计值

单一门槛模型		双重门槛模型		三重门槛模型	
门槛估计值	F 值	门槛估计值	F 值	门槛估计值	F 值
5.441	0.829	5.441 6.320	9.742 *	5.441 5.696 6.320	0.000

注：（1）自助法（Bootstrap）抽样次数设定为 500 次；（2）***、** 和 * 分别表示在 1%、5% 和 10% 的显著性水平下通过显著性检验。

为直观呈现门槛效应，下面给出似然比函数图。如图 13－4 所示，新农合对农村贫困的影响效应中存在着显著的双重门槛效应，门槛值为 5.441 和 6.320。门槛效应检验得出的门槛值为接下来的门槛回归模型提供了基础。

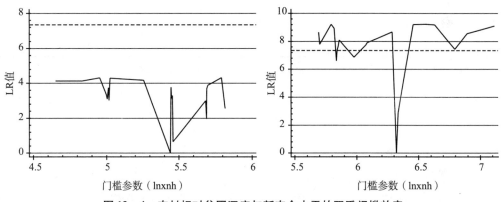

图 13－4 农村相对贫困深度与新农合水平的双重门槛效应

面板门槛回归模型估计。我们将在上述门槛效应检验得出的门槛值的基础上，选取农村相对贫困深度指标作为农村贫困水平的度量指标，对新农合的影响效应进行评估。我们采用固定效应模型（FE）对方程（13.2）进行门槛回归分析，此外，我们还通过稳健性标准误下的固定效应模型（FE_robust）对参数估计结果进行对比，以保证估计结果的有效性。

从门槛效应检验结果来看，方程（13.2）在 10% 显著水平下通过了双重门槛检验，门槛值分别为 5.441 和 6.320。将其分别代入方程（13.2），进行面板门槛回归，估计新农合对农村居民相对贫困的影响，模型结果如表 13－7 所示。

表 13 - 7   门槛模型估计结果

变量	双门槛模型	
	FE	FE_robust
新农合人均筹资 （lnnrc ≤ γ₁）	- 0. 196 ** （ - 2. 19）	- 0. 196 ** （ - 2. 75）
新农合人均筹资 （γ₁ < lnnrc ≤ γ₂）	- 0. 197 ** （ - 2. 31）	- 0. 197 ** （ - 3. 21）
新农合人均筹资 （lnnrc > γ₂）	- 0. 236 *** （ - 2. 99）	- 0. 236 *** （ - 4. 12）
城镇化	1. 912 ** （2. 20）	1. 912 *** （9. 71）
产业结构	- 0. 0176 （ - 0. 85）	- 0. 0176 （ - 0. 86）
常数项	- 4. 064 （ - 1. 21）	- 4. 064 *** （ - 4. 19）
年份固定效应	控制	控制
省份固定效应	控制	控制
R^2	0. 584	0. 584

注：（1）括号内为 T 值；（2）***、** 和 * 分别表示在 1%、5% 和 10% 水平下显著。

面板门槛模型估计结果显示，代表新农合水平的农村居民新农合人均筹资在双重门槛模型下通过了显著性检验，表明新农合对农村居民相对贫困存在较强的双重门槛非线性影响。

在双重门槛模型下，当 lnnrc 低于门槛值 5. 441（新农合人均筹资为 231 元）时，新农合人均筹资每增加 1%，农村居民相对贫困深度会降低 0. 00196，当 lnnrc 高于一重门槛值 5. 441 而低于二重门槛值 6. 320（新农合人均筹资为 231 ~ 556 元）时，新农合人均筹资每增加 1%，农村居民相对贫困深度会降低 0. 00197，当 lnnrc 跨越二重门槛值时，随着新农合水平的提升，农村居民相对贫困深度会以更大程度下降，在这一阶段，新农合人均筹资每增加 1%，农村居民相对贫困深度会降低 0. 00236。这一结论表明，新农合保障能力的提升可以显著缩小农村居民的收入差距。齐良书（2011）研究发现，新农合具有明显的减贫效果，而且有利于通过改善农民的健康状况来促进农民增收，缩小收入差距。斯米丁和穆恩（Smeeding and Moon，1980）对政府医疗转移支出与贫困的关系进行了研究，得出了一致的结论，认为政府的医疗卫生支出可以显著降低贫困。

表 13 - 8 列出了 2008 ~ 2013 年中国农村居民新农合人均筹资。通过观察发现，2008 ~ 2010 年，新农合人均筹资都位于一重门槛值的左侧，2011 ~ 2013 年，新农合人

均筹资水平不断提升，上升至两个门槛之间的区域，表明，当前中国的新农合正发挥着正向的减贫功效。应进一步提升新农合保障水平，以减缓农村地区的相对贫困。

表 13-8　　　　　　　　2008～2013 年中国新农合人均筹资水平　　　　　单位：元/人·年

年份	2008	2009	2010	2011	2012	2013
人均筹资	96.3	113.4	156.6	246.2	308.5	370.6

资料来源：根据《中国统计年鉴（2014）》整理。

13.5.2　农村社会养老保险对农村相对贫困的影响

随着农村家庭结构、土地结构和人口结构的转变，传统的家庭养老功能在逐渐弱化。养老负担已成为农村致贫的重要因素。《贝弗里奇报告》中指出，"消除贫困，首先要改进国家保险"，并提出从"扩大覆盖对象范围、扩大覆盖风险范围和提高待遇标准"三个方面来防止贫困。具体到农村，可以通过农村社会养老保险来预防贫困。

国内外有诸多研究对养老保险的福利效应进行实证检验。从国外来看，迪弗洛（Duflo，2000）研究发现，养老金制度有助于提高儿童的健康和营养水平。凯斯（Case，2001）对南非养老金的福利作用进行了研究，发现养老金可以通过改善生活条件、提高营养水平和减少家庭内部谈判压力来提升人们的健康水平。巴里恩托斯（Barrientos，2003）对巴西和南非养老保险的减贫效应进行了研究，发现，非缴费型养老金对减贫和预防贫困具有重要意义。菲利欧（Filho，2012）研究了巴西社会保险制度对 10～14 岁儿童入学率的影响，发现养老保险有利于增加儿童入学率，家庭每增加 100 雷亚尔（巴西货币单位）的养老金收入，10～14 岁女童的入学率将提升 9.7%，劳动参与率也随之降低。国内也有学者对这一问题进行了研究，发现农村社会养老保险具有正向的减贫效应，可以缩小贫富差距（刘远风，2012；薛惠元，2013），但因当前的保险缴费水平和养老金收入水平较低，新农保对农村贫困脆弱性的影响作用有限（李齐云和席华，2015）。这些研究表明，养老保险制度有利于改善老年人及家庭内部成员生活水平，提升人力资本，减少贫困发生。那么，农村社会养老保险的减贫效应如何呢？本部分将对农村社会养老保险对农村相对贫困的缓解效应进行实证检验。

1. 模型设定

为研究农村养老保险对农村贫困水平的影响，建立面板门槛回归模型如下：

$$\text{Pov}_{it} = \mu_i + \alpha_1 \text{RSO}_{it} I(rso < \gamma_1) + \alpha_2 \text{RSO}_{it} I(\gamma_1 \leq rso < \gamma_2) + \cdots$$
$$+ \alpha_{n+1} \text{RSO}_{it} I(rso \geq \gamma_n) + \sum_{m=n+2}^{M} \alpha_m X_{it} + \epsilon_{it} \tag{13.3}$$

其中，Pov_{it} 为农村相对贫困深度，代表农村贫困水平。RSO_{it} 表示农村养老保险覆盖率，代表农村养老保险水平；X_{it} 为控制变量的集合。μ_i 反映地区的个体效应，ϵ_{it} 为随机干扰项。$I(\cdot)$ 为示性函数，γ 为门槛值。需要说明的是，在描述贫困状况方面，国内诸多学者选用了基尼系数和贫困发生率等指标，但这两者都无法刻画农村社会相对贫困者的劣势程度，因此这里我们使用了相对贫困深度指标。依照本章的研究思路，我们采用农村养老保险覆盖率 rso 作为门槛变量，进行分段估计。

2. 数据与指标

基于数据的可获得性和完整性，本部分选取了 2007~2011 年中国北京、上海、江苏、江西、广西、重庆、四川和福建 8 个省（市）的相关数据资料，数据均来源于历年国家和地方的统计年鉴、《中国劳动统计年鉴》和《中国人口年鉴》。面板门槛回归的计量模型为方程（13.3）。

模型的被解释变量为农村相对贫困深度，参考李永友和沈坤荣的做法，用加权平均后 40% 最高收入组和 60% 以下收入组的收入水平的比值来衡量。解释变量为农村养老保险水平，这里用农村养老保险覆盖率表示。表示方法与前面相同，我们使用农村社会养老保险供款人数占农村劳动年龄人口比重的指标来衡量农村社会养老保险覆盖率。

为控制可能影响农村居民消费的其他因素，模型还设置了农村居民人均可支配收入和城镇化率作为控制变量。其中，农村居民人均可支配收入为农村居民纯收入中除转移性收入以外的其他收入，与农村居民的贫困水平密切相关；城镇化率代表了一个地方的城镇化水平，城镇化率越高，经济发展越快，农民收入越高。实证分析中，可支配收入和城镇化均做了取自然对数的处理（见表 13-9）。

表 13-9　　　　　　　　变量定义及描述性统计

变量	定义	平均值	标准差	最小值	最大值	观测值
相对贫困	农村相对贫困深度	2.3600	0.1990	1.8600	2.7400	40
农村社会养老保险覆盖率	农村社会养老保险供款人数占农村劳动年龄人口比重	25.1760	22.7212	3.4200	82.7700	40
可支配收入	取对数后的人均可支配收入	8.7081	0.4171	8.0492	9.4426	40
城镇化	取对数后的城镇化率	4.0000	0.3098	3.5723	4.4920	40

3. 实证结果

门槛效应检验。在进行面板门槛回归之前，需要确定门槛值和门槛数量。这里我们使用汉森的方法对门槛效应进行检验，结果如表 13-10 所示。单一门槛效应和三重门槛效应检验均未通过显著性检验，而双重门槛效应在 10% 水平下显著。表明存在双重门槛效应。

为直观呈现门槛效应，下面给出似然比函数图。如图 13-5 所示，农村养老保险对农村贫困的影响效应中存在着显著的双重门槛效应，一重门槛值为 8.75，二重门槛值为 28.11。门槛效应检验得出的门槛值为接下来的门槛回归模型提供了基础。

表 13－10　　　　　　　　　　　　　　门槛估计值

单一门槛模型		双重门槛模型		三重门槛模型	
门槛估计值	F 值	门槛估计值	F 值	门槛估计值	F 值
28.11	4.977	8.75 28.11	4.064 *	8.75 28.11 66.040	－5.325

　　注：（1）自助法（Bootstrap）抽样次数设定为 500 次；（2）***、** 和 * 分别表示在 1%、5% 和 10% 的显著性水平下通过显著性检验。

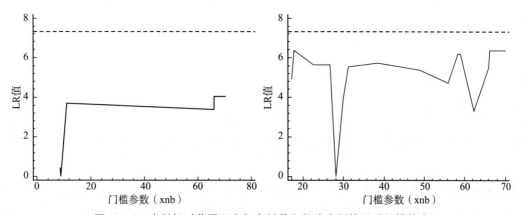

图 13－5　农村相对贫困深度与农村养老保险水平的双重门槛效应

　　面板门槛回归模型估计。在上述门槛效应检验得出的门槛值的基础上，我们选取农村相对贫困深度指标作为农村贫困水平的度量指标，对农村养老保险的影响效应进行评估。我们采用固定效应模型（FE）对方程（13.3）进行门槛回归分析，此外，我们还通过稳健性标准误下的固定效应模型（FE_robust）对参数估计结果进行对比，以保证估计结果的有效性。

　　从门槛效应检验结果来看，方程（13.3）在 10% 显著性水平下通过了双重门槛检验。其中，门槛值分别为 8.75 和 28.11。将其分别代入方程（13.3），进行面板门槛回归，估计农村养老保险对农村居民消费的影响，模型结果如表 13－11 所示。

表 13－11　　　　　　　　　　　　　门槛模型估计结果

变量	双门槛模型	
	FE	FE_robust
农村养老保险覆盖率 （rso≤γ_1）	－0.0242 ** （－2.59）	－0.0242 ** （－3.09）
农村养老保险覆盖率 （γ_1＜rso≤γ_2）	－0.00955 ** （－2.53）	－0.00955 *** （－3.81）

续表

变量	双门槛模型	
	FE	FE_robust
农村养老保险覆盖率 （rso > γ_2）	- 0.00212 （- 1.36）	- 0.00212 ** （- 2.47）
可支配收入	- 0.877 *** （- 3.09）	- 0.877 （- 1.78）
城镇化	3.872 *** （4.40）	3.872 ** （2.75）
常数项	- 5.351 *** （- 2.98）	- 5.351 ** （- 3.06）
年份固定效应	控制	控制
省份固定效应	控制	控制
R^2	0.511	0.511

注：（1）括号内为 T 值；（2）***、** 和 * 分别表示在 1%、5% 和 10% 水平下显著。

面板门槛模型估计结果显示，代表农村养老保险水平的农村养老保险覆盖率在双重门槛模型下通过了显著性检验，表明农村养老保险对农村居民消费存在较强的双重门槛非线性影响。

双重门槛模型的估计结果为我们清晰地呈现出由两个门槛值所分割而成的三个区间上，不同的农村养老保险覆盖水平对农村居民消费的影响。当 rso 低于第一重门槛值 8.75 时，农村养老保险对农村居民相对贫困深度的减缓作用显著，农村养老保险覆盖率每增加 1 个单位，农村居民相对贫困深度下降 0.0242；当 rso 位于第一重门槛值 8.75 和第二重门槛值 28.11 之间时，减贫效应仍然显著，但减贫幅度下降。在此区间内，农村养老保险覆盖率每增加 1 个单位，农村居民相对贫困深度下降 0.00955；当 rso 跨越第二重门槛时，农村养老保险覆盖率每增加 1 个单位，农村居民相对贫困深度下降 0.00212。这就意味着，随着农村养老保险水平的提升，农村相对贫困深度将会减弱。龙玉其（2015）研究了民族地区农村养老保险对农村贫困的影响，得出了一致结论，他认为农村养老保险在预防和缓解农村老年贫困方面发挥了积极作用。这是因为，第一，农村养老保险可以提高老年人的收入水平，减少了贫困的发生（张川川等，2014；范辰辰和陈东，2014）；第二，新农保能显著降低参保家庭的贫困脆弱性，且参保人数越多，贫困脆弱性下降得越明显（李齐云和席华，2015）。

此外，从表 13 - 11 还可以看出，在控制变量方面，城镇化水平对农村居民相对贫困深度有着显著的正向影响。表明城镇化水平的提高会加剧农村社会不公。表 13 - 12 列出了 2007 ~ 2011 年中国东部、中部和西部地区的农村养老保险覆盖率。通过观察发现，2007 ~ 2010 年的农村养老保险覆盖率都位于第一重门槛值和第二重门槛值之间，农村养老保险具有较强的减贫效应。2011 年的农村养老保险覆盖率跨越了第二重门槛，即可以发挥更大的减缓贫困的作用。由此也可看出，中国的农村养老保险覆盖率还应继续提升，以在更大程度上促进农村社会公平发展。

表 13－12　　　　　　　　　中国农村社会养老保险覆盖率　　　　　　　　单位：%

地区	2007 年	2008 年	2009 年	2010 年	2011 年
东部	12.23	14.27	15.24	14.82	45.20
中部	10.28	13.34	13.48	11.91	45.24
西部	9.05	9.21	11.11	14.74	45.44

资料来源：通过对相关统计年鉴整理计算而得。

13.6　研 究 结 论

随着经济和社会的发展，农村绝对贫困状况有所改善，但相对贫困问题愈加严重。在公平共享的发展思路下，政府应着力解决相对贫困问题。本章选取 2004～2013 年中国 8 个省（市）的面板数据，采用面板门槛回归模型实证评估了农村社会保障制度对农村相对贫困的影响效应。研究发现，随着农村社会保障水平的增加，农村相对贫困程度在不断加深。农村社会保障对农村相对贫困的影响具有显著的门槛效应：当农村人均转移性收入低于 1250 元时，农村相对贫困深度的弹性系数为 0.0913，即农村人均转移性收入每增加 1%，农村相对贫困程度增加 0.0913%；当农村人均转移性收入超出 1250 元时，弹性系数下降为 0.0632。

本章进一步考察了新农合和农村社会养老保险的减贫效应，从新农合减贫效应来看，当新农合人均筹资低于 231 元时，新农合人均筹资每增加 1%，农村居民相对贫困深度会降低 0.00196，当新农合人均筹资位于 231～556 元之间时，新农合人均筹资每增加 1%，农村居民相对贫困深度会降低 0.00197，当新农合人均筹资跨越第二重门槛值时，随着新农合水平的提升，农村居民相对贫困深度会以更大程度下降，在这一阶段，新农合人均筹资每增加 1%，农村居民相对贫困深度会降低 0.00236。

从农村社会养老保险的减贫效应来看，当农村社会养老保险覆盖率低于第一重门槛值 8.75 时，农村养老保险对农村居民相对贫困深度的减缓作用显著，农村养老保险覆盖率每增加 1 个单位，农村居民相对贫困深度下降 0.0242；当农村社会养老保险覆盖率位于第一重门槛值 8.75 和第二重门槛值 28.11 之间时，减贫效应仍然显著，但减贫幅度下降。在此区间内，农村养老保险覆盖率每增加 1 个单位，农村居民相对贫困深度下降 0.00955；当农村社会养老保险覆盖率跨越第二重门槛时，农村养老保险覆盖率每增加 1 个单位，农村居民相对贫困深度下降 0.00212。这就意味着，随着农村养老保险水平的提升，农村相对贫困深度将会减弱。

　　研究结论表明，总体来看，我国农村社会保障未能有效发挥减贫的再分配作用。但从新农合和新农保来看，这两项制度发挥着正向的减贫效应，基于此，应该进一步优化农村社会保障支出结构，增加新农合和新农保的支持力度，以缓解农村相对贫困，有效发挥社会保障促进农村社会公平可持续发展的职能作用。

第 14 章　民生性支出的居民收入再分配效应实证研究

民生性支出包括的内容十分丰富、繁杂，因不同类型的民生性支出的居民收入分配效应，其传导机制不同、影响程度不同，因此，要想准确地测度出"一揽子"民生性财政支出的居民收入分配效应是十分困难的，尤其是在中国财政经济体制改革期间，各项民生性支出推出的时间节点前后不一，各种民生性支出的标准不断调整。因此，这里只是选择了教育作为分析的对象。教育通过提高劳动者的技能来增进劳动收入，教育普及的过程就是平均分配教育机会的过程，理论上也会带来收入差距的收敛。在研究民生性财政支出时，我们着重选取教育财政支出，考察中国公共教育的居民收入再分配效应。

14.1　中国教育财政投入：政策回顾与典型事实

目前中国建成了世界最大规模的教育体系，保障了亿万人民群众受教育的权利，每年接受从学前教育到高等教育的儿童、青少年和其他公民稳定在 2.6 亿人，同期还有 1.85 亿从业人员接受继续教育和培训。中国致力于把沉重的人口压力转化为人力资源优势。从国际组织以全民教育为重点的指标分析来看，当前中国的教育事业总体上处于发展中国家较好水平。为什么教育的普及没能带来居民间收入差距的缩小？公共教育在我国是否如内生增长理论所说的那样，能够增进人力资本回报，进而缩小居民收入差距？本章试图从实证角度，分析 1997 年以来我国公共教育这一最为基本的民生性支出与居民收入差距之间的变动关系，以此窥视民生性支出对居民收入分配的影响机理、传导机制及实际影响效应。

14.1.1　中国的教育财政投入体制和政策变革回顾

教育投入是支撑国家长远发展的基础性、战略性投资，是公共财政的重要职能。进入 21 世纪，中国政府将增加教育投入作为落实教育优先发展战略地位的根本措施，明确规定了财政教育投入目标。中国政府一贯坚持把教育优先发展摆在公共财政的突出位置予以重点保障，制定了一系列加大财政教育投入的政策和规定，为各级教育快速发展提供了基本投入保障和经费支撑。2001～2010 年，中国公共财政教育投入从约 2700 亿元增加到约 14200 亿元，年均增长 20.2%，高于同期财政收入的年均增长幅度。同期，中国财政教育支出占财政支出的比重从 14.3% 提高到 15.8%，教育已成为中国公共财政的第一大支出。

虽然中国的财政教育支出比重存在上升的趋势，但是该比重在国际比较中还是处于较低的水平，不仅落后于大部分 OECD 国家，表 14－1 显示出这一比重在东亚和大洋洲经济带内也落后于很多国家，这提示我们教育支出在现代社会中占据着重要的地位，无论是出于缩小收入差距还是提高综合国力的考量，我国都应该着力增加财政教育支出占财政支出的比重。

表 14－1　　　　东亚和大洋洲经济带主要国家公共教育支出比例　　　　单位: %

年份		2005	2006	2007	2008	2009	2010	2011	2012	2013	2014
公共教育支出，总数（占政府支出的百分比）	澳大利亚	13.59	13.18	13.03	12.60	13.42	14.33	13.50	13.22		
	日本	10.29	10.15	10.04	10.33		9.46	9.71	9.48	9.58	
	新西兰	19.49	18.06	17.69	16.83	18.11	19.48	17.87	18.67		
	文莱						5.29	9.18	9.73		9.99
	新加坡	23.85			22.82	17.53	16.56	20.62	20.90	19.95	
	斐济	18.76	19.33	21.42	16.74	15.35		14.89			
	马来西亚		16.75	16.12	14.04	18.46	18.41	20.98			
	泰国	20.55	22.00	18.48	17.54	17.56	16.46	21.95	20.74		
	印度尼西亚	15.15		14.94	13.67	19.31	16.65	18.06	18.09		
	老挝	13.73	17.48	17.36	13.96		11.89				15.35
	蒙古国			13.29		14.51	14.71	12.15			
	菲律宾	12.42	13.27	13.67	14.44	13.21					
	所罗门群岛			22.17	18.84	16.79	17.48				
	东帝汶				9.86	15.53	12.89	9.62			
	越南				18.05		20.94		21.44		
	瓦努阿图				21.41	18.72					

2012 年，中国的国家财政性教育经费占 GDP 的比例为 4.28%，首次实现了"4%"的目标，这标志着教育财政新阶段的开始，中国教育投入逐步形成了以财政投入为主，通过多渠道筹措教育经费的体制。近 30 年来，中国的教育财政投入政策变革大致有五个关键节点：

一是 1985 年《中共中央关于教育体制改革的决定》拉开了教育投入体制改革的序幕，首次提出保证教育投入"两个增长"，即政府教育拨款的增长要高于财政经常性收入的增长，并使按在校学生人数平均的教育费用逐步增长。1993 年的《中国教育改革和发展纲要》在"两个增长"的基础上增加了"切实保证教师工资和生均公用经费逐年有所增长"，并提出国家财政性教育经费支出到 20 世纪末达到占国民生产总值 4% 的目标。

二是 1995 年颁布的《教育法》，对政府教育投入增长和教育投入所占比例做出了进一步明确规定：国家建立以财政拨款为主、其他多种渠道筹措教育经费为辅的体制；国家财政性教育经费支出占国民生产总值的比例应当随着国民经济的发展和财政收入的增长逐步提高；各级政府教育财政拨款的增长应当高于财政经常性收入的增长，并使按在校学生人数平均的教育费用逐步增长，保证教师工资和学生人均共用经费逐步增长。从而以立法形式确定了国家建立以财政拨款为主、其他多种渠道筹措教育经费为辅的教育投入体制。

三是 1999 年《中共中央国务院关于深化教育改革全面推进素质教育的决定》提出，要进一步完善教育投入体制，加大教育投入力度，并再一次重申"4%"的目标。为此，中央政府决定，自 1998 年起至 2002 年的 5 年中，提高中央本级财政支出中教育经费所占的比例，每年提高 1 个百分点。各省级政府也要根据本地实际，增加本级财政中教育经费的支出。这是在增加财政性教育投入方面的一次重大举措。

四是 2001 年《国务院关于基础教育改革与发展的决定》确立了"由地方政府负责、分级管理、以县为主"的基础教育管理体制，基础教育的重心上移到县级政府，标志着农村基础教育经费的供给由"乡村自给"过渡到"以县为主"。2005 年底发布《关于深化农村义务教育经费保障机制改革的通知》，进一步建立了中央和地方"分项目、按比例"分担的农村义务教育经费保障机制，明确规定新增教育经费主要用于农村，并确定了各级政府对义务教育的财政责任关系。

五是 2011 年《国务院关于进一步加大财政教育投入的意见》对加大政府教育投入做出了进一步规定，要求严格落实教育经费法定增长要求，提高财政教育支出占公共财政支出的比重，提高预算内基建投资用于教育的比重，统一内外资企业和个人教育费附加制度，全面开征地方教育附加，从土地出让收益中按比例计提教育资金。

从近 30 年中国教育财政投入的体制和政策变革可以看出，中国政府充分肯定了教育投入的重要战略地位，并努力实现财政教育经费的逐年有效增长；在教育经费分配上明确提出向农村偏移，加大农村义务教育的经费保障，促进教育公平的实现。联合国开发计划署测算的中国"人类发展指数"（HDI，核心指标是大中小学入学率和成人识字率）从 1950 年的 0.225 提升到 2010 年的 0.8 左右，充分反映了中国教育财政投入取得的显著成绩。

14.1.2　中国教育财政投入的典型事实

（1）我国人均财政教育经费缩小了教育不均等程度，但对收入差距的缩小没有明显改善。从图 14 - 1 可知，我国人均财政教育经费在 1992 ~ 2002 年增幅比较平缓，2002 年后出现了大幅提升。这种快速增长的变化趋势主要应归功于政府教育政策，1999 年《中共中央国务院关于深化教育改革全面推进素质教育的决定》发布后，财政性教育投入提升很快。与之对应的是，图 14 - 2 中衡量教育不均等程度的教育基尼系数①在 1992~2012 年呈下降趋势，在 2005 年后也下降较快，大致能够说明人均财政教育经费的不断投入缩小了居民的教育不均等程度。但结合收入基尼系数②来看，2003年以后的收入基尼系数呈现上升趋势，尽管 2010 年后出现小幅下降，但并不明显，说明 2005 年以后人均财政教育经费的快速增长带来了教育不均等程度的改善，但并没有带来收入差距的明显缩小。从图 14-2 的图形上看，教育基尼系数与收入基尼系数两条曲线之间的距离也呈现分散趋势，二者并未同步发展。

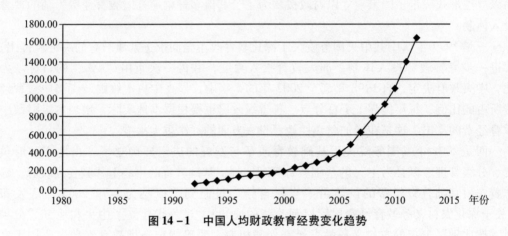

图 14-1　中国人均财政教育经费变化趋势

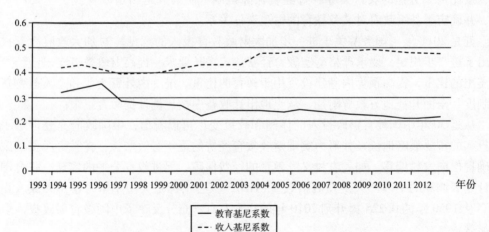

图 14-2　教育基尼系数与收入基尼系数的变化趋势

（2）地区间的财政教育投入差距逐步拉大，地区教育发展不均衡趋势明显。图14-3 反映的是中国各省区 1997~2012 年人均财政教育经费投入的标准差变化趋势，从

---

① 教育基尼系数是根据托马斯（Thomas，2003）、杨俊（2007）给出的公式计算得到，文章第三部分详细介绍了计算方法。

② 1993~2002 年的收入基尼系数来源于程永宏：《改革以来全国总体基尼系数的演变及其城乡分解》，载于《中国社会科学》2007 年第 4 期，第 45~60 页；2003~2012 年数据来源于国家统计局。

图 14 - 3 中可知，地区人均财政教育经费投入差异总体上呈现拉大趋势，说明地区间的财政教育投入能力差异较大，地区间的教育发展水平和教育均等化程度也会相应地存在较大差异。

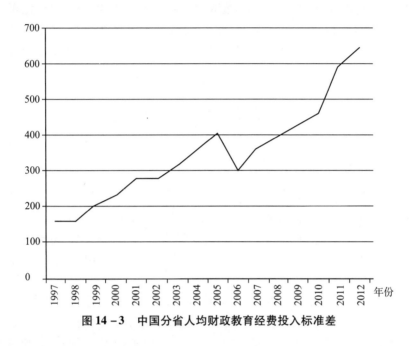

图 14 - 3　中国分省人均财政教育经费投入标准差

这种不均衡的发展趋势并未同步反映在中国各省份平均受教育年限标准差趋势中（见图 14 - 4）。一个可能的原因是，由于市场经济的不断深化和劳动力市场的逐渐放开，

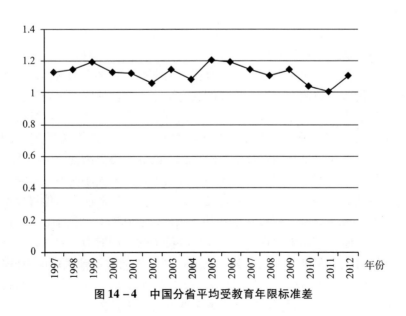

图 14 - 4　中国分省平均受教育年限标准差

人口流动开始频繁，劳动力的教育接受地和工作所在地出现了分离，从大样本上来看，由要素比较优势带来的劳动回报率会在各省份之间趋于收敛，劳动者的受教育年限与劳动回报之间存在着大致稳定的关系，所以各省份的平均受教育年限也会趋于一致，标准差波动并不大。从图 14-4 中，我们还发现各省平均受教育年限的差异化程度在 2005 年达到峰值，随后数值开始缩小，时间节点上与各省人均财政教育经费投入变化趋势一致，说明财政教育经费的大力投入能够提高劳动者的平均受教育年限，进而缩小教育不均等程度。

14.2　理论机制与文献综述

14.2.1　教育影响收入分配的理论机制

人力资本理论认为，个人的经济能力绝大部分不是与生俱来的，后天接受的教育有助于提高其知识的认知能力，增加其人力资本，具备更高的劳动生产率并带来更高的收入（Schults，1961）。教育与个人收入是通过"教育—劳动生产率—劳动收入"的方式取得联系的。韦尔奇（Welch，1970）在研究美国农业资源利用时，将教育对劳动生产率的促进作用进一步分解为"认知效应"与"配置效应"。前者指教育所培养的认知能力对提高工人个人素质的作用，即"在其他因素保持稳定的情况下，因教育的每项变革而增加的生产"；后者指教育增强了个人在变化的经济环境中处理不均衡状态的能力，如获取和分析有关成本和其他生产投入的信息、重新配置资源，特别是评价和采用能够获利的新技术，从而提高了生产效率。舒尔茨（Schults，1975）进一步指出，教育的作用应主要归功于它能够增强个人在变化的经济环境中处理不均衡状态的能力，这些能力包括获取和分析信息、重新配置资源等。

筛选理论（Screening Hypothesis）对教育与劳动生产率的关系提出了全新的假设，该理论产生于 20 世纪 70 年代初期，其背景是六七十年代美国教育的大发展没有带来劳动生产率的相应提高，甚至有所下降，教育机会的平等并未如人力资本理论所预言的带来收入分配不均衡状况的改变，而大规模的教育扩张不仅没能降低失业率，反而出现了大批高学历的失业者，"过度教育"问题严重（曲恒昌，1998）。该理论认为：首先，教育成本对每个人是一样的，但个人的潜在能力不同，从而教育能够带来的收益也不同，潜在能力高的人在付出相同教育成本的情况下能够获得更高的收益，更高的教育水平意味着更高的劳动生产率，教育水平充当了反映个人能力大小的有效信号。其次，在信息不充分的劳动力市场上，雇主不能直接了解求职者的生产能力，但可以通过教育水平这一信号作出是否录用及工资设定的决定（Spence，1973）。新员工入职后，雇主可以观察他们的生产能力，如果发现工资不能反映员工的生产能力，雇主将对原有的教育程度—工资等级对应关系进行不断调整，直至达到工资能够反映生产能力的均衡状态。根据上述思想，阿罗（Arrow，1973）指出，雇主以教育水平作为雇用标准将诱使求职者追逐更高的学位，因此，我们可能有了太多的教育而不是太少的教育，而且如果大学仅是一个筛选装置，那么废除高等教育或至少废除收费才能提高经济效益。思罗（1972，1975）认为工资由工作的特点而非工人的特点决定，受教育程度高的人被认为有较高的"可训练性"，在进入工作岗位后不会花费很多培训成本，因而处于就业大军中排序靠前的位置。总之，筛选理论承认教育与收入的正相关关系，但它否认了人力资本理论认为的教育能够提高劳动生产率的观点，而把教育的作用归因为能够确认一个人固有的能力或可训练性。

产生于 20 世纪 60 年代的劳动力市场分割理论通过对美国城市低收入人口的研究，对将劳动力市场划分为两类：一类是工资高、福利丰厚、工作和培训条件优越、晋升靠资历、就业有保证；另一类是工资低、福利少、培训和晋升机会少、工作条件差、容易遭到解雇，而且次一级劳动力市场的劳动者很难进入高一级的劳动力市场。正如多林格和皮奥尔（Doringer and Piore，1971）的"内部劳动力市场"所言，在企业中存在着一个内部劳动力市场，一旦进入，劳动者便得到一些特殊待遇，包括优于外部劳动力市场的聘用权、培训权、提升权和职业发展权。关于教育对收入的作用，该理论认为：首先，个人教育水平的高低很大程度上决定了它将进入何种类型的劳动力市场，从而决定他能获得多少收入，而不在于它能提高个人的认知能力。其次，教育水平与工资收入的正向关系只在主要劳动力市场存在，而在次要劳动力市场，这种关系弱得多或者不存在，这是因为主要劳动力市场的工作不但需要一定的专业知识技术和业务能力，还需要认同企业的文化和价值目标，教育能够培养这两方面的素养，特别是后一种；而生产技术的简单化、风格化和规范化使得次要劳动力市场的工作技能要求低，只需要较低的教育水平或根本不用接受教育。因此，被困于次要劳动力市场的工人（主要是妇女、有色人种和年轻人），即便有较高的教育水平，教育的价值也无从体现，无法改变其低收入的状况。狄更斯和朗（Dickens and Lang，1985）对 1980 年美国成年男性的研究证实，在主要劳动力市场，工资水平同人力资本理论的预测相一致；在次要劳动力市场，其工资水平完全低下。

分层理论从社会学角度分析了教育与收入分配的关系（Bowles and Gintis，1976），即学校教育制度和企业生产制度存在多层次的一致性（在经济中是工资等级制度，在教育中则是分数等级系统）：最低层次遵守规章制度，中间层次强调可靠性和自觉性，高级层次强调目标认同、独立和创新。教育体系通过它与生产体系之间在结构上的一致性把年轻人整合到经济体系中，为不同层次的工作岗位培养相应的个性特征，再生产出等级化的资本主义生产结构。由于教育制度是被动的、服务于生产的，改变收入分配的格局不可能通过单方面的教育改革和教育扩展实现，必须诉诸经济结构和生产关系的变革。卡诺伊和莱文（Carnoy and Levin，1985）对上述观点提出了异议，他们认为，教育还是被统治阶级争取向上流动和社会经济平等的工具，学校教育受到资本主义生产力量和民主力量的共同支配，始终处于再生产不平等和生产平等这一对矛盾的对抗和斗争中，教育与个人收入的关系也必须在这一矛盾的发展变化过程中才能得到全面的阐释。

综合以上理论，我们发现教育对收入分配的影响机制有两个渠道：一是当劳动力市场是充分竞争且不存在地区分割时，教育通过提高劳动生产率来增进劳动收入，教育程度更高的劳动者拥有更多的教育回报收益；如果劳动力市场出现了分割，或者因为某些外来的经济社会历史因素使得劳动力的向上流动渠道不畅通，劳动力分层就会出现固化，由劳动力级别定位带来的劳动收入也不能随着受教育程度的提高而改变，此时教育对收入分配改善的影响就不再显著。二是教育增强了受教育者的"可训练性"，教育程度高的员工能够更快地熟练工作，或者进入主要的、高级的劳动力市场，但工资收入是由工作的特点决定而不是由工人的特点决定，所以教育并不是改善收入分配状态的主动且有效的工具，经济结构和生产关系的调整对收入分配的改善更加有效。越来越多的实证研究也顺着这些思路蓬勃开展。

14.2.2 教育与收入分配的实证研究

通过把教育年限作为自变量纳入收入方程（Mincer，1972），难以计数的实证研究证明了通过教育积累起来的人力资本的确能够增加个人收入（Psacharopoulous and Partrinos，2002）。教育是促进收入分配趋于平等的重要因素，人口总体的平均受教育程度和教育分布状况都会影响收入分配状况（Schultz，1960；Mincer，1974；Becker，1975）。贝纳布（Benabou，1996）、阿吉翁（Aghion，1998）通过再分配对人力资本积累从而对经济增长产生影响这一途径，也得出相似的结论。贝克和奇克斯威（Beck and Chiswick，1966）、西斯（1971）、丁伯根（Tinbergen，1972）、温加登（Winegarden，1979）均以方差反映教育不平等程度，选择的样本包括美国各地区，9个国家的截面数据，美国、加拿大、荷兰3国的跨国数据以及32个国家的截面数据。研究得出，教育不平等与收入不平等显著正相关，即教育不平等程度的减小，有益于收入不平等的改善。萨卡罗普洛斯（Psacharopoulos，1977）以不同层次教育入学人数的差异系数衡量教育不平等，对49个国家的截面数据进行研究，实证发现在不同的回归方程中，教育不平等变量均与收入基尼系数显著负相关，且教育不平等程度能解释收入分配23%的变异。帕克（Park，1996）分别以劳动者平均受教育年限的标准差和变异系数作为教育不平等变量，以基尼系数、收入最低的40%人口所占的收入份额和收入最高的20%人口所占的收入份额作为收入不平等变量，采用59个国家的截面数据进行实证研究，证实了教育不平等程度的加深将扩大收入不平等程度。格雷戈里奥和李（Gregorio and Lee，2002）以巴罗和李（Barro and Lee，1997）计算出的15岁以上人口平均受教育年限为基础数据，计算得到每一国家1960～1990年时隔5年的教育标准差，以其作为教育不平等变量，并选取基尼系数和收入的5等份分布为收入分配变量，运用SUR估计技术，对跨国混合数据进行计量估计，实证结果均表明，教育不平等有碍于收入分配状况的改善。陈玉宇（2004）对工资收入分配的变化方程进行分解，发现1995～1999年我国城镇居民的收入分配变化中，主要是教育和工资相关性以及教育回报率的增加导致了工资收入不平等的增加，教育不平等的下降起到了缓解工资收入不平等的作用。刘生龙（2008）认为教育和经验对于中国居民的收入有正面的促进作用，教育的回报率随着收入的增加而下降，而经验的回报率随着收入的增加而上升。李实（2007）发现高等教育的收益率要明显高于初等和中等教育收益率，而且其差距越来越大，不同受教育程度人群之间的收入差距不断扩大。李实（2003）利用抽样调查数据对 1990～1999 年期间我国城镇的个人教育收益率的动态变化进行了经验估计，发现个人教育收益率是逐年上升且递增的，通过估计教育对个人收入增长的直接效应，他发现教育对收入增长的影响作用在很大程度上是通过就业途径的选择来实现的。

另一部分研究并不认为教育扩展和教育均等化能显著缩小居民收入差距。拉姆（Ram，1984）分别以受教育年限的方差与收入最低的 80% 人口所占的收入份额和收入最低的 40% 人口所占的收入份额作为教育不平等变量和收入不平等变量，在对 28 个国家的跨国研究中，发现教育不平等程度与收入分配的关系不具有统计上的显著性。罗楚亮（2007）用城镇住户调查数据为基础，发现教育收益率随着收入等级的提高而下降，教育扩张只是有助于低收入人群的收入增长，受教育程度对收入差距拉大的解释力度还不如就业特征和职业获得这两个因素（罗楚亮，2007）。杨俊（2007a，2008b）认为，以平均受教育年限代表的教育扩展能显著改善我国教育不平等和收入不平等状况，地区间的教育不均等改善有助于缩小地区经济差异，但不能促进收入分配差距的改善，当前的教育投入水平和城市化进程也未能有效地改进教育不平等（杨俊等，2007，杨俊等，2008）。宁光杰（2009）运用中国健康与营养调查（CHNS）2006 年的数据发现，教育水平只解释了个人收入以及不同群体间收入差距的较小部分，单纯教育扩张并不必然缩小收入差距，不同教育水平的收益率变化比教育水平本身的变化对收入分配有更大的影响，与教育水平相关的劳动时间、就业单位也对收入产生较大的影响（宁光杰，2009）。

越来越多的实证研究还发现，教育与收入分配之间并不是单一的线性关系，它们之间存在倒 "U" 型关系。朗多罗（Londono，1990）和拉姆（1990）率先提出教育分配存在库兹涅茨倒 "U" 关系：即随着教育水平的提升，教育不平等程度先升高至达峰值后，再转为逐步降低，平均受教育年限为 7 年时达到拐点。法尔（Farre，2000）、托马斯等（Thomas et al.，2003）得出了类似的结论。格雷戈里奥和李（2002）认为平均受教育年限在 4.2 年时出现拐点。赖德胜（1997）认为在教育扩展初期，收入不平等会扩大，只是到教育扩展后期，收入不平等才会缩小。这种教育扩展与收入不平等之间的倒 "U" 型变动是教育扩展之扩张效应与抑制效应共同作用的结果，扩张效应源自教育供给小于教育需求所导致的不同水平教育者之间工资差距的扩大，而抑制效应则源自教育供给增大之后的竞争效应和渗漏效应。孙百才（2009）发现教育扩展与收入分配的倒 "U" 型关系没有得到充分验证，但他认为我国平均受教育年限已到达拐点附近，优先发展教育事业是缩小收入分配差距的有效公共政策。

国内外已有研究在以下三方面成果颇丰：（1）运用国别数据计算教育不平等水平，通过分析得出教育不平等与收入不平等之间存在线性或倒 "U" 型关系；（2）用平均受教育水平表征教育扩展，并分析了教育扩展与收入不平等之间的倒 "U" 型关系，也即平均受教育水平对收入差距缩小的影响存在受教育水平时间上的拐点，优先发展教育事业仍是有效的公共政策；（3）运用微观数据分析个人的教育回报率，并结合就业领域、工作经验等因素进行综合考察，发现工作性质和工作经验比教育程度更能影响劳动者的收入水平。但已有研究比较缺乏从宏观视角对政府公共教育政策与教育支出水平的衡量与评估，没有研究公共教育支出是否促进收入分配差距的缩小，以及公共教育对收入分配的作用发挥是否依赖于经济社会等因素。本章拟从教育政策改善的角度出发，评估我国各地区政府教育投入对地区收入分配状态的影响效应，并结合地区差异和资源禀赋等条件，考察政府教育投入的有效性和公平性，以期不断完善中国政府的公共教育政策。

本章接下来的安排如下：第三部分是变量选择和估计方法，第四部分是实证结果分析，第五部分是政策建议。

14.3　变量选择和估计方法

为了考察公共教育支出是否缩小了城乡收入差距，文章设定如下实证方程：

$$INEQ_{i,t} = \alpha INEQ_{i,t-1} + \beta EDUG_{i,t-n} + \gamma X_{i,t} + \varepsilon_{it}$$

基尼系数是国内外公认的测算收入分配公平程度的指标，但省际的收入基尼系数测量存在极大困难，目前没有全国统一且公开的省一级收入差距数据。故文中借鉴陆铭等（2005）、魏尚进等（2001）的做法，用消除通胀后的各省份城乡人均收入之比作为省际收入差距 INEQ 的代理变量。根据世界银行（World Bank，1997）的报告，城乡收入差距可以解释中国 1995 年总体收入差距的一半以上，而城乡收入差距的变动则可以解释 1984～1995 年总体收入差距变动量的 75%。由于城乡居民收入差距的形成有很强的延续性和固化性，正如周天勇（2010）所言，收入分配和财富分布差距的形成有一部分历史原因，并且财富的再收益和积累在时间过程中出现了"马太效应"。上一期的居民收入差距格局一定会影响到下一期不同阶层居民的收入回报，进而影响并固化了下一期的收入差距形态，所以实证方程在解释变量中加入了居民收入差距指标的滞后一期。

公共教育支出水平是核心解释变量，本章使用各省国家财政性教育经费支出占 GDP 的比重 EDUG 来衡量各省份在公共教育投入上的重视程度。正如其他公共政策一样，公共教育支出对城乡收入差距的影响也有时滞性，故本章会同时考察滞后几期的公共教育支出水平对城乡收入差距的影响。

矩阵 X 包括了一系列与收入分配差距有关的控制变量：

（1）6 岁以上人口平均受教育年限（ays），该指标以受教育程度作为分组的依据，以受过各级教育的人数占总人数的比重为权重系数，计算平均受教育年限。i 为以受教育程度为标准而分组的组数，i = 1，2，3，4，5 分别代表文盲半文盲、小学、初中、高中、大专以上的不同学历；Y_i 为各组受教育程度的年数，我们定义文盲半文盲的教育年限为 0 年，小学 6 年，初中 9 年，高中 12 年，大专以上为 16 年，计算公式为：$AYS = Y_i \cdot L_i$，L_i 表示的是各组人数占总人数的比重。

（2）教育不均等程度（eineq），用以测量各地区教育资源分布的改善程度，也称作教育基尼系数 EL，是在收入基尼系数的基础上发展而来的，与收入基尼系数一样，教育基尼系数的取值范围为 [0，1]，取值越大，教育不平等程度越高，取值越小就越平等。在指标选取上，托马斯（2003）认为，准确地测量教育基尼系数，需基于教育成就这一存量指标。萨卡罗普洛斯（1986）认为最能测量教育发展成就的指标是平均受教育年限。教育基尼系数是以 6 岁以上人口平均受教育年限为基础进行计算，托马斯（2003）、杨俊（2007）给出了计算公式：

$$EL = \left[\frac{1}{\mu}\right] \sum_{i=2}^{n} \sum_{j=1}^{i-1} p_i |y_i - y_j| p_j$$

其中，EL 是教育基尼系数，μ 代表平均受教育年限，y_i、y_j 是上文定义的不同学历受教育程度的年数，p_i、p_j 是不同学历组人数占总人数的比重。

（3）城市化水平（urban），用各省非农业人口占比来计算。城市化对城乡居民收入差距的影响很难事前判断，一方面城市化将更多的农村劳动力转移到农村，有利于提高这部分劳动力的收入水平，缩小城乡居民收入差距；另一方面，城市化也让农村劳动力逐渐失去赖以生存的土地，得不到充足的土地拆迁补偿，在城市又不能完全享受与城里人均等的基本公共服务，城市中较高生活成本可能令这些"农民工"更加贫穷，进而拉大城乡居民收入差距。

（4）农林水支出占 GDP 的比重（agrg），农林水支出主要面向农村地区，该指标可以从侧面反映政府对农村基本生产生活的支持力度，理论上有利于弥补城乡居民收入差距。

（5）私有化程度（priva），用各省私营个体从业人数占地区总人口的比重来反映。私有化对于城乡居民收入差距的影响是不确定的，农村乡镇企业的大力发展有利于提高农民收入；城市中私有化的推进也有利于改进城市的资源配置效率，激发经济活力，增加城市人均收入。但城市中私有化的推进也可能造成职工就业不稳定，增加低收入者和失业者。

（6）各地区经济开放度（trade），衡量各地区的经济条件与资源禀赋的利用程度。经济开放度越高的地区，经济自由度和市场化程度会更高，会给拥有较多经验技能资源胆识的人群带来更高的收入，也可能会拉大收入差距。

陆铭等（2005）使用联立方程组发现各省份城市化水平、经济私有化程度和地区财政农业支出能够显著缩小城乡居民收入差距，而经济开放度则显著拉大了收入差距。本章继续沿用这些指标，并在考虑了公共教育水平及其滞后项的基础上，观察对收入差距的综合影响。

（7）在校学生数，包括小学、中学、高等学校[①]在校人数（gre1、gre2、gre3），并取自然对数。该指标用来间接衡量教育经费在三级教育结构之间的配置。由于各省大部分年份的高中入学率和高等教育入学率数据缺失，此处用学生在校人数代替毛入学率，衡量人力资本新增流量，区别于平均受教育年限表示人力资本存量。添加在校学生人数

---

① 中学包括中等专业学校、普通中学和职业中学，高等学校包括普通高等学校和成人高等学校。

指标是为了剔除因为入学率升高而导致公共教育支出增加的可能性，让公共教育支出更真实地反映教育的质量和数量。数据来源于历年《中国统计年鉴》"每十万人口各级学校平均在校生数"。

（8）地区人均生产总值的自然对数 lgdp 及其平方项 sqlgdp，巴罗在 1994 年使用过该指标。文章对人均 GDP 消胀后采用了 Holt – Winters（no seasonal）方法进行平滑处理，加入人均生产总值的平方项是为了考察收入水平与收入不平等之间是否存在非线性关系。

（9）人均生产总值增长率 gr，表征地区宏观经济稳定性，参照了莱文和雷内特（Levine and Renelt，1992）的研究。

此外，我们还控制了地区规模（取地区人口的自然对数 lpop，Sylwester，2002）对收入差距的影响，以及区域和时间虚拟变量。

实证方程中解释变量包含被解释变量的一阶滞后项，属于动态面板模型。纳洛夫（Nerlove，1971）和尼克尔（Nickell，1981）研究表明，对于样本 N 很大、T 很小的数据而言，常用的针对固定效应模型 FE 的最小平方虚拟变量估计量（LSDV）是有偏的。对于这一类的动态面板数据，文献中提供了多种获得一致估计量的方法，其中的多数方法都是在 GMM 框架下进行的。阿雷拉诺和邦德（Arellano and Bond，1991）提出了"差分 GMM"，然而，在一阶差分方程中，如果内生变量具有单位根特性，水平变量的滞后项往往都是弱工具变量，这使得该估计量可能存在严重的小样本偏误。为此，阿雷拉诺和博韦尔（Arellano and Bover，1995）以及布伦德尔和邦德（Blundell and Bond，1998）进一步提出了"系统 GMM"，在差分方程基础上引入水平方程构成方程系统，采用差分变量的滞后项作为水平值的工具变量。研究表明，相对于差分 GMM，系统 GMM 估计量小样本偏误明显降低。本章采用系统 GMM 方法对方程进行估计。

本章使用的分省面板数据主要来自 1997～2012 年历年的《中国统计年鉴》《中国人口和就业统计年鉴》《中国财政年鉴》《中国教育经费统计年鉴》，以及《新中国五十年统计资料汇编》。1997 年前由于部分城市行政区划变动频繁，地域统计口径不一致，我们不予考察。2007 年统计年鉴中财政收支分类科目进行调整，导致财政支农支出统计口径前后不一致，本章根据财政支农的政策含义，并参照 2007 年前的财政支农范围，对 2007 年后的财政涉农数据进行了合并与调整。

14.4 实证结果

14.4.1 基准模型结果分析

由表 14 – 2 结果可知，第（1）列 FE 模型 LSDV 估计下，除了滞后 3 期的公共教育支出、人均 GDP 对数和经济增长率之外，其他变量均不显著；第（3）列 Sys – GMM 估计出的调整系数介于 FE 和 OLS 之间，比较合理，可见，使用 LSDV 估计所得到的结果很可能会误导。因此，本章将基于 Sys – GMM 的估计结果进行分析。从有关模型设定检验统计量可以看到，AR（1）和 AR（2）检验结果显示各个方程的残差均存在 1 阶自相关而不存在 2 阶自相关，符合模型基本假定；工具变量检验结果都是接受原假设，说明工具变量选择是合理的。

从第（3）列的估计结果可以看到：

（1）当期的公共教育支出（edug）与收入差距显著正相关，滞后 1～2 期（L. edug，L2. edug）的公共教育支出与收入差距显著负相关，滞后 3 期（L3. edug）的公共教育支出与收入差距显著正相关，意味着当期的公共教育支出显著拉大了城乡居民收入差距，滞后 1 期和滞后 2 期的公共教育支出缩小了城乡收入差距，而滞后 3 期的公共教育支出又开始显著拉大收入差距。① 说明公共教育政策大致具有两年的时滞性，但缩小收入分配差距的政策效果并不能一直保持。

（2）平均受教育年限（ays）与收入差距负相关，尽管不显著，但也反映出提高平均受教育年限可以在一定程度上缩小收入差距这一事实。罗楚亮（2007）曾用城镇住户调查数据证实了教育扩张有助于低收入人群的收入增长，而结合我国实情来看，提高低收入人群的收入水平才能显著缩小城乡收入差距，这也是个人所得税不断提高起征点、养老医疗保险强制拓宽保障范围等公共政策制定的出发点。

（3）人均 GDP（lgdp）与收入差距显著负相关，其平方项（sqlgdp）与收入差距显著正相关，说明我国的经济增长与收入差距之间存在倒"U"型的库兹涅茨曲线，即随着经济的发展，收入差距呈现先缩小后扩大的趋势，曲线拐点位于我们的数据范围内部。当前我国还处于拐点的左侧，努力发展地区经济、提高人均 GDP 水平还是能够缩小城乡收入差距的。地区经济增长率（gr）与收入差距显著负相关，也肯定了我国当前发展经济能够缩小收入差距的结论。这可能是缘于经济增长带动就业，吸引农村劳动力向非农产业转移（王小鲁等，2005）。

（4）财政涉农支出（agrg）与收入差距显著负相关，说明政府对农村基本生产生活的支持力度越大，越能够缩小城乡收入差距，印证了我们之前的猜测和已有的观点（陆铭等，2005）。

（5）城镇化水平（urban）和私有化程度（priva）与收入差距正相关，各地区经济开放度（trade）与收入差距负相关，但系数都不显著，一个可能的解释是，单纯地加快地区城镇化和市场私有化进程，而不做任何诸如社会保障、经济权利保护等配套措施的话，可能会拉大城乡居民收入差距。地区经济开放度越高，越能创造出就业机会，鉴于我国的经济结构以劳动密集型产业为主，新增就业机会主要分配给了大学毕业生、年轻人、外来务工人员和城市基层劳动者，也就是分割理论中所说的"次要劳动力市场的工人"，增加这部分人群的收入非常有利于缩小城乡收入差距（Doringer and Piore，1971）。

---

① 本章还做了滞后四期的公共教育支出与收入差距的关系，发现仍然是显著为正，由于整个样本期只有 16 年，滞后变量选择过多会导致更多的工具变量产生，损失更多的自由度，进而影响到估计量的无偏性和有效性，综合考虑后我们把公共教育支出的滞后期选择为 3。

表 14 - 2   基准模型：公共教育支出与收入分配 FE、OLS 与 Sys - GMM 估计结果比较

	(1) FE	(2) OLS	(3) Sys - GMM
收入不均等滞后 1 期 （L. ineq）	0.6 *** (0.111)	0.831 *** (0.043)	0.723 *** (0.26)
教育支出 （edug）	9.626 (7.881)	9.198 ** (4.425)	15.535 *** (3.268)
教育支出滞后 1 期 （L. edug）	-1.925 (6.57)	-2.198 (4.109)	-1.646 (1.813)
教育支出滞后 2 期 （L2. edug）	-5.785 (8.254)	-8.778 *** (3.384)	-8.729 *** (2.604)
教育支出滞后 3 期 （L3. edug）	20.271 ** (9.248)	15.755 *** (3.615)	26.669 *** (3.044)
平均受教育年限 （ays）	-0.018 (0.11)	-0.013 (0.024)	-0.063 (0.043)
地区人口占比 （lpop）	-0.046 (0.892)	0.053 ** (0.023)	0.358 (0.24)
地区人均 GDP （lgdp）	-2.450 * (1.485)	-1.772 *** (0.483)	-3.635 ** (1.683)
人均 GDP 平方项 （sqlgdp）	0.124 (0.079)	0.098 *** (0.026)	0.185 ** (0.089)
农业支出 （agrg）	-4.654 (4.677)	-4.588 *** (1.449)	-6.015 *** (1.333)
城镇化 （urban）	-0.034 (0.969)	-0.336 * (0.179)	0.346 (0.78)
经济开放度 （trade）	-0.954 (2.01)	-1.353 *** (0.496)	-0.666 (2.905)
私有化 （priva）	0.749 (1.783)	-0.066 (0.447)	0.467 (3.558)
经济增长率 （gr）	-0.965 *** (0.248)	-0.914 *** (0.241)	-1.187 *** (0.156)
AR(1)			0.0011 ***
AR(2)			0.2821
Sargan			1

注：括号中为标准误；***、** 和 * 分别代表在 1%、5% 和 10% 水平上显著；检验统计量报告的是 P 值，其中 AR(1)、AR(2) 检验残差的自相关，Sargan 统计量检验工具变量的有效性。以下各表同此。

14.4.2　扩展模型结果分析

表 14-3 综合考虑了教育财政投入、教育均等化与收入差距的地区变化。第（1）列是基准方程，考察的是地区公共教育支出及其滞后 3 期对收入差距的影响。

第（2）列方程加入了在校学生数指标（gre1、gre2 和 gre3），目的是为了剔除因入学率升高而导致公共教育支出增加的可能性，让公共教育支出更真实地反映教育的质量和数量。从结果来看，在校学生数指标的加入并未影响公共教育支出水平的显著性。从在校学生数指标的符号上来看，小学和高等教育在校学生数与收入差距正相关，中学在校学生数与收入差距负相关，尽管系数不显著，但仍有一定的合理性。我国不同学历水平的教育回报率差异可以印证这一点。普遍的观点认为个人教育回报率随着教育水平的提高而递增（李实，1994a，2003b；诸建芳，1995；陈晓宇，1998；张俊森，2002）。李实（2007）还进一步发现高等教育的收益率要明显高于初等和中等教育收益率，而且其差距越来越大，这导致不同受教育程度人群之间的收入差距也不断扩大。在我国，接受教育的人口规模随着教育等级的不断提高而递减。义务教育成功实现了脱盲，小学在校生也是三级教育中最多的；高等教育学生规模最小，除了个人能力因素以外，较高的学费和贫乏的助学金政策也让不少贫困学生望而却步；中等教育在校生规模居中，2012年大约是高等教育的 3 倍。大规模的中学在校人数和居中的中学教育回报率就能够解释中学在校学生数与收入差距负相关这一结果。至于高等教育在校学生数与收入差距正相关的结果，劳埃德—埃利斯（Lloyd-Ellis，2000）采用不同的研究方法给出了解释，他在充分考虑微观经济主体职业选择影响的基础上，指出教育资源向高等教育倾斜会产生"涓滴（Trickle-down）效应"，但它会被基础教育质量下降带来的负面影响所抵消，从而导致收入差距增大（郭庆旺等，2009）。

第（3）列方程用教育不均等指标替换公共教育支出指标，结果显示：（1）教育不均等程度的当期和滞后 1 期值与收入差距正相关，滞后 2 期和 3 期值与收入差距负相关，滞后 1 期和 2 期的系数显著。这说明当期和滞后 1 期的教育均等化程度的改善能够显著缩小收入差距，滞后 2～3 期的教育均等化程度的改善会拉大收入差距。这种回归结果从系数符号上看大致与公共教育支出对收入差距的影响相反，从时间上看符号变化大致滞后公共教育支出指标一年。可能的解释是，第一年的公共教育支出大约会在第二年改善教育不均等程度，并在第三年开始缩小收入差距。当然，这是个理想状态，并未考虑影响收入差距的其他因素，诸如工作经验、个人禀赋、行业性质、起始机会等。如果将这些公共教育政策无法改变的因素考虑进来以后，公共教育投入通过缩小教育不均等程度，从而影响收入差距的渠道和机制就不再清晰，这也是滞后 3～4 期的公共教育支出反而扩大了收入差距的原因。（2）从教育不均等程度指标及其平方项的估计系数符号相反来看，教育不均等与收入差距之间存在着倒"U"型的关系，也就是说，随着教育不均等程度的改善，收入差距呈现出先缩小后扩大的趋势。

第（4）列方程考察了公共教育支出的地区差异。教育支出与东部地区的交互项edugeahe 教育支出与中部地区的交互项 edugce 系数为正但不显著，教育支出与西部地区的交互项 edugwe 系数显著为正。相比较而言，西部地区的教育财政投入政策对收入差距的调节作用更为显著。

表 14 - 3 的四个方程都没有改变公共教育支出 edug、平均受教育年限 ays、人均国内生产总值 lgdp 及其平方项、经济开放度、私有化程度和经济增长率等指标的符号，说明这些因素对收入差距的影响具有较好的稳定性。

表 14 - 3　　　　　　　　　扩展模型：教育均等化与收入差距

	(1)	(2)	(3)	(4)
收入不均等滞后 1 期 （L. ineq）	0. 723 *** (0. 260)	0. 639 * (0. 364)	0. 670 *** (0. 189)	0. 654 *** (0. 238)
教育支出 （edug）	15. 535 *** (3. 268)	16. 969 *** (4. 367)		
教育支出滞后 1 期 （L. edug）	- 1. 646 (1. 813)	- 4. 119 (4. 055)		- 0. 497 (4. 189)
教育支出滞后 2 期 （L2. edug）	- 8. 729 *** (2. 604)	- 8. 299 ** (3. 446)		- 7. 159 *** (2. 565)
教育支出滞后 3 期 （L3. edug）	26. 669 *** (3. 044)	26. 524 *** (4. 604)		27. 270 *** (2. 939)
教育不均等 （eineq）			7. 145 (6. 017)	
教育不均等滞后 1 期 （L. eineq）			9. 697 ** (4. 227)	
教育不均等滞后 2 期 （L2. eineq）			- 10. 455 *** (3. 826)	
教育不均等滞后 3 期 （L3. eineq）			- 2. 923 (3. 232)	
教育不均等平方项 （sqeineq）			- 7. 846 (7. 340)	
平方项滞后 1 期 （L. sqeineq）			- 10. 681 (7. 164)	
平方项滞后 2 期 （L2. sqeineq）			7. 288 (5. 924)	
平方项滞后 3 期 （L3. sqeineq）			2. 789 (4. 123)	

续表

	（1）	（2）	（3）	（4）
平均受教育年限 （ays）	−0.063 （0.043）	−0.058 （0.054）	−0.029 （0.145）	−0.060 （0.057）
地区人口占比 （lpop）	0.358 （0.240）	0.516 （0.427）	−0.466 （0.624）	0.337 （0.283）
地区人均 GDP （lgdp）	−3.635 ** （1.683）	−2.755 （2.586）	−3.428 （2.446）	−2.588 （2.205）
人均 GDP 平方项 （sqlgdp）	0.185 ** （0.089）	0.139 （0.139）	0.170 （0.132）	0.129 （0.118）
农业支出 （agrg）	−6.015 *** （1.333）	−6.880 *** （1.590）	3.146 （3.721）	−5.458 ** （2.143）
城镇化 （urban）	0.346 （0.780）	0.189 （1.879）	−0.067 （1.631）	0.704 （1.061）
经济开放度 （trade）	−0.666 （2.905）	−0.261 （2.792）	−0.205 （2.954）	−0.433 （3.196）
私有化 （priva）	0.467 （3.558）	0.787 （3.869）	1.552 （4.385）	0.062 （3.828）
经济增长率 （gr）	−1.187 *** （0.156）	−1.215 *** （0.178）	−1.136 *** （0.243）	−1.321 *** （0.199）
小学在校人数 （gre1）		0.245 （0.626）		
中学在校人数 （gre2）		−0.125 （0.641）		
高校在校人数 （gre3）		0.025 （0.118）		
教育支出（东部） edugea				11.484 （12.120）
教育支出（中部） edugce				12.721 （8.157）
教育支出（西部） edugwe				13.025 ** （6.184）
AR（1）	0.001 ***	0.0004 ***	0.003 ***	0.001 ***
AR（2）	0.2821	0.336	0.3275	0.231
Sargan	1	1	1	1

14.4.3 稳健性检验

文章从两个方面展开稳健性检验：一是借鉴巴罗（1999）和塞尔韦斯特（Sylwester，2002），用获得中等和高等教育学历的人口在地区 6 岁以上总人口中的比例 secp 和 higp，用来替代平均受教育年限 ays 进行回归，以检验人力资本存量的衡量方式不同是否会影响公共教育支出的收入分配效果，如表 14 - 4 第（1）列方程所示。二是用人均公共教育支出（ledux，取对数）替代公共教育支出占比（edug），以检验地区教育财政投入的衡量指标不同是否也能得出一致结论，如表 14 - 4 第（2）列方程所示。回归结果显示，替换平均受教育年限指标并未改变公共教育支出的系数符号和显著性，且中等和高等教育学历人口比重指标 secp 和 higp 也同平均受教育指标一样，系数为负，意味着能够缩小收入差距；而改用人均公共教育支出表征的地区教育财政投入水平（ledux），也得到了与公共教育支出占比（edug）一致的系数符号和显著性，充分说明公共教育支出对收入分配的回归效果是稳健的。

表 14 - 4　　　　　　　　　　　稳健性检验

	（1）	（2）
收入不均等滞后 1 期 （L. ineq）	0.646 ** （0.282）	0.572 ** （0.223）
教育支出 （edug）	15.363 *** （3.351）	
教育支出滞后 1 期 （L. edug）	−1.813 （2.360）	
教育支出滞后 2 期 （L2. edug）	−7.699 *** （2.737）	
教育支出滞后 3 期 （L3. edug）	25.819 *** （3.965）	
中等学历人口占比 （secp）	−0.862 （0.651）	
高等学历人口占比 （higp）	−1.420 （1.234）	
地区人口占比 （lpop）	0.341 （0.281）	0.656 （0.871）
地区人均 GDP （lgdp）	−3.076 （2.303）	0.848 （1.665）

续表

	（1）	（2）
人均 GDP 平方项 （sqlgdp）	0.157 （0.125）	−0.106 （0.088）
农业支出 （agrg）	−5.860*** （1.479）	−9.507*** （3.117）
城镇化 （urban）	0.482 （0.873）	−0.232 （1.944）
经济开放度 （trade）	−0.453 （2.857）	1.735 （1.667）
私有化 （priva）	0.540 （3.521）	1.630 （1.911）
经济增长率 （gr）	−1.176*** （0.170）	−2.324*** （0.208）
人均教育支出 （ledux）		0.447*** （0.131）
人均教育支出滞后 1 期 （L. ledux）		−0.153 （0.143）
人均教育支出滞后 2 期 （L2. ledux）		−0.549*** （0.095）
人均教育支出滞后 3 期 （L3. ledux）		1.295*** （0.143）
AR（1）	0.001***	0.002***
AR（2）	0.31	0.32
Sargan	1	1

14.5　结论与政策建议

本章基于 1997 ~ 2012 年我国分省数据建立动态模型，考察地方财政教育投入对地区收入分配差异的影响。实证结果发现：

（1）公共教育支出在当期水平上会显著拉大收入差距，但滞后 1 期和 2 期的水平会显著缩小收入差距，说明财政教育投入政策的收入分配效应有时滞性。结合教育不均等指标来看的话，大致能够说明公共教育政策的收入分配效应实现路径：即"教育财政投入—教育均等化程度改善—收入差距缩小"。从三级教育结构上看，偏向中等教育的经费投入政策相比而言能够缩小收入差距。若考虑到地区差异，西部地区的教育财政投入政策对收入差距的调节作用更为显著。

（2）代表教育扩展的另一指标——平均受教育年限在整个考察期内都与收入差距负相关，说明提高民众的平均受教育年限也能够缩小城乡收入差距。

（3）从教育不均等程度指标及其平方项的估计系数符号相反来看，教育不均等与收入差距之间存在着倒"U"型的关系，也就是说，随着教育不均等程度的改善，收入差距呈现出先缩小后扩大的趋势。目前我们尚未到达拐点，所以实现教育公共服务均等化的目标非常有助于缩小城乡收入差距。

（4）本章还检验了影响收入差距的非教育指标，如人均 GDP、财政涉农支出、城镇化水平、私有化程度以及各地区经济开放度，回归结果不仅证实了已有成果提出的"经济增长与收入差距之间存在倒'U'型关系"的观点，还意味着，提高人均 GDP、加大财政涉农支出、加快地区经济开放度都能够缩小收入差距，而单纯地推进城镇化和经济私有化而不做任何社会保障措施则可能拉大城乡收入差距。

上述结论对于我国未来公共教育政策选择具有重要意义。本章的政策建议有以下几点：

一是在缩小居民收入差距的目标下，继续加大财政教育经费投入，并特别注重教育支出结构优化。不仅在总量上要严格按照《国务院关于进一步加大财政教育投入的意见》，落实教育经费法定增长要求，不断提高财政教育支出占公共财政支出的比重，提高预算内基建投资用于教育的比重；还要关注教育经费的资源配置效率，应该将有限的教育资源更多地向基础教育倾斜（郭庆旺等，2009），改变目前教育经费一窝蜂扎堆高校尤其是重点高校的局面，有助于缩小劳动力工资乃至收入分配差距。

二是对财政教育经费投入的效果考察应侧重于教育均等化的实现。对教育均等化的考察不能仅等同于各省人均财政教育经费投入的均等。从"三维"视角看，均等化包含"投入—产出—受益"三个维度，对教育经费的绩效评估也应该从三维角度去全面展开。财政教育政策最终应保证居民受教育机会的均等，包括进入教育系统的机会均等、参与教育的机会均等、教育结果均等和教育对生活前景机会的影响均等，让全体公民都能够从教育公共服务的大致均等化消费中受益，提升人的"可视"行为能力，促进人的全面发展（卢洪友，2012）。

三是打破劳动力市场的地区分割和行业垄断，实现劳动力特别是农村劳动力的自由迁徙，实现"同工同酬"，将干扰教育回报率的非市场因素降至最低，并辅以完善社保体系，改革户籍制度，扩大城市公共服务覆盖范围，惠及流动人口和外来务工人员，让"教育—劳动生产率—劳动收入"的运作机制能够发挥实效。

第15章 投资性支出的居民收入再分配效应实证研究

15.1 引　言

随着改革开放以来经济的不断发展，收入分配作为一个经济社会共同的问题开始越来越多地暴露在学界和政策制定者面前。虽然居民收入水平均有了显著提高，但由于收入增长速度不同，导致收入差距不断扩大，不同地区、不同行业、城镇与农村之间的贫富差距问题越来越严重。我国基尼系数自改革开放以来一直处于上升态势，这一势头直到近年来才有所逆转。但我国的基尼系数自 2003 年以来就一直处在国际警戒线 0.4 以上，甚至在 2008 年一度达到 0.491，虽然近几年有所回落，但是仍保持在 0.46 之上。收入分配公平是社会公平的重要体现，也是经济平稳运行的重要条件，如果收入差距过大，就会激发各种社会矛盾，引起社会动荡，同时影响我国经济社会的发展。而在我国长期以来的城乡二元经济体制下，城乡收入分配不均既是一个有历史原因的"老问题"，同时也是我们优化经济结构，促进社会公平公正的"新问题"，其重要性就不言而喻了。

政府投资性支出一直以来被认为是一项促进经济增长的必需，但在我国发展地区、乡间不平衡的背景下，通过政府投资进行收入再分配，缩小城乡收入差距，则成了政府投资性支出的另一项重要使命。我国近年来已经采取了"一揽子"政策以促进城乡收入差距的缩小，如城乡基本公共服务均等化；我国政府也建立了财政转移支付制度以更直接地调整城乡收入不均，加强对农村的财政支出倾斜度等。在这些政策中，政府投资性支出都扮演了关键的角色。基于此，本章通过空间计量技术使用我国 1997～2006 年 10 年间的省级面板数据验证了我国政府投资性支出对于城乡收入不均等的效应，测度了政府投资性支出的空间溢出效应，并基于实证结果提出了相应的政策建议。

15.2 文 献 综 述

15.2.1 政府投资性支出（公共投资）的界定和度量

1. 界定

阿罗和库兹（Arrow and Kurz, 1970）最早将公共资本存量划分为生产性和消费性两类，考察公共投资对经济增长的贡献；特诺夫斯基和费舍尔（Turnovsky and Fisher，1995）以及巴罗（1990）则考虑的是公共投资流量。不论是流量还是存量，都包括公共物质资本投资和公共人力资本投资两类。但由于数据的可获取性的限制，本章只分析公共物质资本投资流量。

2. 度量

一是全社会固定资产投资中的国家预算资金（廖楚晖，2005；郭庆旺、贾俊雪，2006）；包括全社会固定资产投资，全社会固定资产投资（不包括农户），按资金来源分全社会固定资产投资：国家预算内资金、国内贷款、利用外资、自筹资金及其他。

二是财政生产性支出（金戈，2010；于长革，2006；尹恒，2011；等等），2007年以前我们将财政生产性支出主要归于财政支出中的基本建设支出、企业挖掘改造资金、科技三项费用（余静雯、郑少武、龚六堂，2013）三项。

15.2.2 理论研究

政府投资性支出在国内外已经吸引了非常多的理论和实证的关注。可以解释为什么政府性投资可能会对穷人的收入有不同的影响，甚至超过了其对总收入的影响——政府投资中基础设施投资占据了非常大的比重，而基础设施促进了穷人获得生产性机会，提高了他们的资产价值。它还可以改善他们的健康和教育成果，从而提高他们的人力资本。更广泛地，政府投资性支出会给予这些获得和使用基础设施服务——包括电信、电力、道路、安全的水和卫生设施——的个人和家庭融入社会和经济生活发挥重要作用（World Bank，2003）。

班纳吉和纽曼（Banerjee and Newman，1993），加洛尔和蔡拉（Galor and Zeira，1993），皮凯蒂（Piketty，1997）等人试图建立公共投资和不平等之间的关系：主要是由于市场缺陷的存在从而导致对财富分配的分配不公，从而产生了收入不平等。而穷人对于公共品的依赖性要强于富人。因此加强生产性服务方的可获得性，如教育、健康和基础设施：这些可能不仅能够提高效率，也有助于减少不平等。在此基础上，费雷拉（Ferreira，1995）在资本市场不完善的环境下，建立了一个具有私人公共资本互补性的模型。政府参与生产的某些商品和服务，政府具有比较优势（例如，在基础设施、教育和健康等方面）——因为只有更高的收入个人可以购买私人替代品的公共服务。在这种情况下，扩大公共基础设施服务减少了企业家之间的机会不平等，增加了投资回报，并提高了那些不受社会青睐部门的创业积极性。

在这个框架上，最近的文献将政府投资性支出、增长和不平等动态地结合在一般均衡与异构代理模型当中，这些模型中包含了不同初始禀赋的私人资本。在这些模型中，纯粹的公共物品或服务（例如，基础设施）与私人资本在其他商品的生产过程中相互作用。格塔丘（Getachew，2010）提出了经济增长和资本市场的两部门模型：社会资本不仅有助于商品的生产，而且促进了私人资本的积累（人力资本）。并且与早期模型一样，收入不平等阻碍了经济增长。同时，生产性公共服务供给的增加不仅促进了经济增长，但当公共服务提供不均等时，它也会影响收入分配（从而进一步对增长施加了间接影响)。具体而言，更大的公共基础设施使穷人们获得了多于他们所占比例的好处，因为他们有着更少的机会可以获得私人替代品。

查特吉和特诺夫斯基（Chatterjee and Turnovsky，2012）同样检验了公共资本作为增长引擎和不平等决定因素的双重作用。在他们的设定中，公共资本影响生产力和劳动休闲的选择——即公共资本会影响到劳动的供给。更大的公共投资通过生产力渠道提高要素收入，同时也影响相对要素收益以及收入和福利的分配，通过劳动休闲的选择。然而，要素收入份额和收入不平等的公共投资问题的融资方式。这一模型的数值模拟表明，如果公共投资是通过非扭曲性税收资助，任何分配的收益都可能只是暂时的。另一方面，当长期和短期公共投资来源于对资本征税时，收入分配将会改善。

政府投资性支出可能会影响的收入不平等的另一个维度是政府投资基础设施而导致的技术溢价。皮和周（Pi and Zhou，2012）构建了一个静态的多部门模型，分析了熟练和非熟练的劳动力的情况。公共基础设施是一种在不同的商品的生产都要用到的投入品。更大的公共基础设施的供应，提高了熟练和非熟练的劳动力的边际生产率，从而提高了他们各自的薪酬。技能溢价的影响取决于要素的密集程度：如果使用非熟练劳动力的部门的公共基础设施服务更加密集，那么将产生从熟练到非技术部门的资金流出。因此，熟练劳动力的工资率将下降，非熟练工人的工资水平将增加。这降低了熟练的、非熟练的工资不平等。如果使用熟练的劳动力是在公共提供的基础设施投入使用更密集，则会加剧不平等程度。

影响因素上，主要包括了地区配置、融资方式以及融资来源：

如果将其配置在较为发达的地区，这些地区政府投资性支出回报率高，经济总体增长快，因而在就业机会、市场发展、价格等方面也利于贫穷地区发展，这是一种间接效应；当将基础设施配置到贫穷地区，这则可以提高贫穷地区及低收入群体的基础设施与公共服务可获得性，是直接效应。有学者认为，区域性再分配政策可以被调整成为"一揽子"最优政策的一部分，这种政策在事后分配的可行程度上存在非常多的限制。这种政策的最优程度依赖于遗留了再分配时的地区性不平等的程度、社会对不平等的厌恶程度、不直接受益于基础设施投资的人口比例（Angel de la Fuente，2004）。

融资方式上，也有文献特别关注了提供给私营部门可以参与的开放式基础设施在收入分配方面的影响。这种影响可能会通过改变就业而施加在政府投资性支出的构成以及穷人的获得路径和基础设施服务能力上（Estache et al.，2000）。在就业方面的影响存在较大争议，因为以前由私人取得的公共企业往往可以通过裁员提高其利润（Estache et al.，2002）。反过来，裁员在收入分配方面的影响取决于基础设施劳动力构成中的低收入工人的比例，以及对下岗工人的货币补偿。此外，如果投资的新的改革提供基础设施促进经济增长和就业，在公共基础设施领域的裁员可能会抵消其部门创造的就业（Benitez，Chisari and Estache，2003）。

融资来源的不同也会导致基础设施投资对不平等产生不同的影响：

萨塔奴等（Santanu et al.，2016）认为虽然政府投资性支出倾向于减少预防性储蓄动机，但其他类型的公共支出可能会增加这一点。而前人在这方面的工作，忽视了政府投资性支出很可能显著超过最优公共债务水平。

国内研究方面：

卢洪友（2011）提出通过矫正财政分配失衡以减小收入不平等，通过加强政府投资性支出在农村和落后地区的倾斜度以再平衡财政支出，从而矫正收入不平等。刘生龙、周绍杰讨论了政府性支出的基础设施投资和基础设施可获得性对于中国农村居民收入增长的影响。同时，近年来对于中国城乡收入扩大这一问题研究也出现了不同的观点：一方面中国农村人口进入城镇时有着非常明显的"半城市化"现象，他们虽然进入了城镇，但在经济上享受到的公共服务无法与城镇居民一致，政府投资性支出对他们的覆盖非常有限（魏后凯，1998；王春光，2006）；另一方面，近年来出现了"用工荒"和"农村仍然有大量剩余劳动力并存的现象"（李宏彬和李蕾，2011；卢锋，2012）。

15.2.3 实证研究

对于政府投资性支出的实证研究一般集中在某个专项的投资上面，其中以对基础设施投资的研究最多。

一些研究直接考察在总体水平上基础设施差距的影响：通过基尼系数的回归和类似的不平等度量方法与跨国面板数据之中的基础设施发展指标。其中，洛佩兹（López，2004）通过固定电话密度作为基础设施发展的代理变量，而卡尔德隆和冲（Calderón and Chong，2004）分别单独和总体考虑数量和质量不同的基础设施行业（电信、能源、公路和铁路），按照赫尔滕（Hulten，1996）的思想采用定性的综合指标。反过来，卡尔德隆和赛文（Calderón and Servén，2004，2010a，2010b）通过主成分方法建立基础设施的数量和质量相结合的多个基础设施领域的综合指标。这些研究发现，在其他条件不变的情况下，收入不平等与基础设施的投资存在负相关。在类似的条件下赛纳维拉特纳和孙（Seneviratne and Sun，2013）发现东盟国家存在相同的结果，但他们也发现，公共投资与不平等没有显著的关系。他们也认为，政府投资性支出数据是对基础设施的发展的一个不完美的代理变量。

在微观层面上，另一个方面的文献使用匹配的技术，结合样本的受益者，从定期的家庭调查（作为对照组）的样本，探讨政府投资性支出干预措施的贫困影响。这些研究通常是评估对收入的影响，一个特定的干预影响一个给定的家庭或一个特定的地区。这一方法隐含的思想是，如果类似影响确实存在，那么类似针对贫困家庭或者低收入地区的干预措施可以减少贫困和不平等。

这种类型的一些研究发现，道路和通讯在空间上的路径和信息流能够提高劳动力的流动性，促进农村非农经济，并减少在这些地区的贫困发生率（Jalan and Ravallion，2003；Zhu and Luo，2006；Reardon et al.，2007）。他们还表明，公共基础设施的提供促进了当地社区和市场的快速发展。例如，孟加拉通过修复乡村公路提高了非农就业户数，培育了当地市场，影响了家庭的收入分配情况（Khandker and Koolwal，2007，2010）。这种类型的干预也被证明是成功的——在越南的贫困社区中增加了工人工资，也发展了当地市场（Mu and van de Walle，2007）。

来自如中国和印度这种较大的新兴市场的证据。例如，在农村公路和电气化的政府投资性支出促进了中国地区农业生产的快速增长。然而，对贫困和不平等的影响，促进基础设施扩张时，伴随着在教育、科学和技术方面的公共投资（Fan and Zhang，2004；Zhang and Fan，2004）。同时发现，区域基础设施的扩展（如电力和道路）在印度的某些地区改进了平均生活水平并且降低了贫困线以下的人口份额，即使当基础设施投资是伴随着教育和健康的剥离（Majumder，2012）。

国内相关的实证研究近年来开始逐渐增多：

刘晓光等（2015）、邵燕斐和王小斌（2015）分别采用空间面板数据考察了政府投资性支出方面的基础设施投资和交通基础设施的城乡收入分配效应。刘晓光（2015）等人探讨了基础设施缩小城乡收入差距的原因和机制。

15.3 中国财政投资政策发展变迁历程

财政投资政策是一个国家财政政策的重要组成部分，同时也是最直接作用于经济的财政政策，具有直接性和时效性的特点，体现了一定时期政府对宏观经济形势和未来走势的看法与态度，跟该时期国际国内经济形势和政府财力密切相关，可以作用于供给与需求两端，起到了宏观调控的作用。一般来说，财政政策分为"积极的财政政策""紧缩的财政政策""稳健的财政政策"，而直接的体现就是财政投资规模（财政投资数额占当年 GDP 的比重）的大小。新中国成立以来，我国财政投资政策随着经济形势和政府职能的变化而不断变化，为宏观经济的有序健康发展做出了重大贡献。我国财政投资政策的发展主要历经以下几个阶段：

15.3.1 新中国成立初期"借助私人投资"

1949 年新中国成立时，国家刚刚结束了 1840 年以来一百多年被侵略的历史，饱经战乱的土地百废待兴，特别是重工业极度落后，如毛主席所言"连一台拖拉机都造不出来"。此时我国急需各个行业的财政投资，但是国家财政刚刚建立没有能力进行必要的建设，因此在完成"三大改造"确定社会主义经济制度之前，我国采取的是借助资产阶级发展经济的政策，财政投资的规模相对较小并且主要依靠私人投资。

15.3.2 "三大改造"完成后"完全的政府投资"

在 1956 年"三大改造"完成之后，我国正式确定了公有制的社会主义经济制度，资产阶级已经被消灭了，相应的资产阶级进行的私人投资也消失了，政府成为社会投资的唯一主体，社会投资基本上都是通过行政部门规划决定之后由政府直接投资。企业虽然作为社会经济的微观主体承担着社会投资的职能，但是以国有制和集体所有制为产权基础的特点决定了在该阶段企业不是一个独立的经济单位，而是附属于政府而存在，政府的财政拨款直接作用于企业进而影响社会投资和经济。在公有制刚刚建立之时，完全依靠政府投资，既是巩固政权的需要，也在最大化社会资源配置进行基础设施建设和调动全社会人民积极性方面起到了重要作用，该时期政府大规模投资建立的工业化基础不仅在物资匮乏的时期确保了供给，也成为之后中国经济腾飞的重要保障。但是在国家政权稳定之后，过度依赖于政府投资就越来越显现出限制私人投资阻碍经济增长的弊端，在实行改革开放后，我国财政政策开始逐步向现代化体制方向发展。

15.3.3 1979 年"推动改革进程的财政投资政策"

1979 年，我国又开始了新一轮的经济建设，特别是在以经济建设为中心、坚持四项基本原则、坚持改革开放"一个中心两个基本点"思想的指导下，我国财政投资规模出现了大规模的增加，社会经济快速发展。但在农业和轻工业领域，人民的生活水平和消费需求逐步增加，但是农产品和日常消费品产量明显不足，呈现出供不应求的状况，供需矛盾也引发了物价指数的上涨和通货膨胀的现象。为了推动改革进程，提高农产品和日常消费品的供给，我国采取了扩大对农业和轻工业基础设施财政投资的政策，着力提高农产品和日常消费品的供给，维持供需平衡。在农业方面，仅 1979 年和 1980 年中央财政就相继安排了 175 亿元和 150 亿元的支农资金支出；在轻工业方面，中央财政也大幅增加了轻纺工业的挖潜改造和专项贷款，用于提高轻纺工业的生产能力。在这些政策的作用下，农产品和日常消费品的供给得到显著增加，供需矛盾逐步缓解，物价也逐渐平抑。

在改革开放初期出现的财政问题除了农业和轻工业领域的供需矛盾外，我国经济总体呈现出过热的态势，投资需求大幅增加，财政赤字加剧，通货膨胀现象不断加重。在此背景下，中央政府于 1979 年制定了针对国民经济的"调整、改革、整顿、提高"的八字方针，对国民经济过热的现象和财政投资中存在的风险进行了干预。针对国内基建投资规模扩大速度过快导致的财政赤字和通货膨胀现象，财政部于 1979 年发布了《关于加强基本建设财务拨款管理的通知》，严格控制投资规模，规范投资审批程序，叫停了不符合规定的基本建设投资项目。通过控制投资总体规模，过于旺盛的投资需求得到了平抑，由此产生的通货膨胀与财政赤字现象也得到了缓解，经济出现过分依赖投资需求导致波动较大的风险也得到了很大程度的规避。这些财政投资政策在改革开放初期适应了当时的国情，为改革开放的顺利推行、人民生活水平的持续提高和经济的良性发展起到了保驾护航的作用。

15.3.4 1988 年"紧缩的财政政策"

改革开放初期的财政政策虽然在基础建设领域呈现收紧的态势，但是在农业和轻工业领域还是加大了财政投入，对于消费需求和投资需求高涨的回应是"一松一紧"，总体上财政政策还是主要着眼于国民经济恢复。但是在 20 世纪 80 年代末，我国财政投资政策开始逐渐收紧，开始实行紧缩的财政政策，其主要标志是从 1988 年下半年开始，中央政府开始严格控制固定资产投资项目，特别是大规模减少预算外资金规模。

这一政策实施的背景是，伴随着我国经济的快速发展和固定资产投资的爆炸式增长，从 1984 年开始我国经济又开始出现了过热的迹象，通货膨胀愈演愈烈，社会供需矛盾较为突出，纸币不断贬值，人民开始出现囤货现象。各级政府为满足逐渐增长的投资需求也不断扩大财政赤字，预算外资金规模越来越大，各级政府的财政收支也越来越失衡，政府财政和社会经济状况都出现了恶化的现象。为此，中央政府采取了紧缩的财政政策和货币政策（即"双紧"政策）。主要内容有：（1）减小社会固定资产投资规模。从 1988 年开始收紧固定资产投资项目审批的半年内，固定资产投资项目就减少了 1800 多个。政府鼓励能增加供给的生产类固定资产投资项目，严格限制引发投资需求进一步膨胀的非生产类固定投资项目，从而缓解社会总供给少于社会总需求的现象。值得一提的是，后一类项目的主体就是商品房，这也被认为是中国避免出现日本楼市崩盘导致经济下滑现象的重要举措。（2）控制财政支出，减少赤字规模。针对投资需求主要来源于预算外资金的情况，中央政府压缩预算外资金规模，并引导预算外资金流向能增加社会总供给的领域。同时整个财政支出规模也被削减以防止财政赤字的进一步扩大，财政收支失衡的问题初步得到了缓解。对于长期亏损并且扭亏无望的国有企业政府进行了整顿、关闭或重组，财政投资政策只从国有企业这一微观经济主体作用于社会经济的现象开始出现改变。

这一时期紧缩的财政政策缓解了社会总供给和总需求失衡的问题，财政收支不平衡的问题也得到了初步解决，虽然收缩财政投资也带来了经济增长的短暂低迷，但这也是我国在恢复国民经济正常运行之后对财政政策的一次积极的探索。该阶段财政政策还是以计划指令为主要手段，但是已经开始尝试用多种政策工具调控经济运行，尝试使用财政政策和货币政策的协调配合来达到预期政策目的。

15.3.5　1993 年"适度从紧的财政政策"

从这一阶段开始，我国正式进入建设社会主义市场经济体制的新阶段，财政投资政策也越来越向现代市场经济方向发展。1993 年适度从紧的财政政策实施的背景是我国经济发展中出现的新一轮过热现象，以 1992 年邓小平同志南方谈话提出"发展才是硬道理"的重要思想和党的十四大倡导加快改革开放步伐为契机，我国经济发展进入了发展的新时期。这一时期固定资产投资高速增长，基础设施建设已经无法满足不断增加的投资需求，投资需求的快速膨胀又带动消费需求的增长，社会供需矛盾又开始逐渐显现，通货膨胀现象越来越严重。

在此背景下，中央政府采取了适度从紧的财政政策，控制投资需求的过快增长，解决经济增长的"瓶颈"问题。这一时期财政政策的主要目标是实现经济增长的"软着陆"，即通过宏观调控使过度扩张的经济平稳地回落到适度的增长区间，财政支出主要采取适当压缩增长率调整支出结构的手段调控支出方式。同时适度从紧的财政政策还搭配了适度从紧的货币政策，不仅经济在 1996 年实现了"软着陆"，我国固定资产投资增长率也处于改革以来的较低水平，到 1997 年物价已基本实现零增长，这一时期财政政策最终达到了高增长低通胀的政策目标，基本实现了经济的稳定增长。

15.3.6　1998 年"积极的财政政策"

在改革开放之后的很长一段时间内，我国财政政策都是较为紧缩的，这主要是因为改革开放解放生产力的政策使得我国经济运行一直处于高位，固定资产投资热情和社会消费品需求高涨，通货膨胀多次出现加重的迹象，因此政府的投资政策在经济运行过热时都是收紧的。但是 1997 年东南亚金融危机爆发，我国与东南亚国家经济往来密切，对外贸易量受到较大冲击，经济出现增长放缓的迹象。为了应对这一问题，保证 8% 的经济增长率，我国政府采取了积极的财政政策，力图扩大国内需求，化解外部经济的负面冲击。

为筹集资金加强基础设施建设拉动内需，我国增发了 1000 亿元长期国债，主要用于大江大河的治理、交通运输条件的改善等，有效刺激了国内市场，同时政府引导银行增发贷款，保障了社会投资的资金需求。这一时期我国的财政投资还用于大幅增加科教文卫支出，特别是科教领域的支出不断增加，教育经费占财政支出的比例自 1998 年的五年内每年增加 1 个百分点。同时国家加大了对西部地区的投资，促进地区生产力布局优化，支持产业升级发展，促进产业结构的优化，调整收入分配政策，提高城乡居民收入。有资料显示，积极的财政政策对于 GDP 增幅的贡献率，1998 年为 1.5 个百分点，1999 年为 2 个百分点。2000 年相较 1996 年的基础设施支出增长 131%，文科卫支出增长 61%，社会保障支出增长 731%。[①] 这一阶段积极的财政支出最终保障我国成功抵御了东南亚金融危机的冲击，不仅利用扩大内需抵销了出口减少的影响，保持了较快的经济增长速度，还以此为契机优化了经济结构。

15.3.7　2004 年"稳健的财政政策"

上一阶段实行的积极的财政政策对于化解国民经济运行周期低迷阶段压力，保持经济社会平稳发展起到了至关重要的作用，但是随着 2003 年以来我国经济走过相对低迷恢复高速增长的发展势头，扩张的财政政策带来的投资需求膨胀的现象就产生了越来越多负面的影响，特别是供需水平的失衡带来了新一轮的通货膨胀，经济又一次面临投资过旺带来的过热压力。为此，我国从扩张性的积极的财政政策转变为中性的稳健的财政政策。

这一阶段稳健的财政政策可以概括为"控制赤字、调整结构、推进改革、增收节支"这十六个字，主要措施是调整国债筹集资金的流向，主要投资于西部建设、农业发展和环境治理方面，引导社会资金流向投资需求较大的领域，促进较为落后地区和需要资金产业的发展，并且严格控制总量的增长，缓解了经济过热的现象。同时大规模推迟预算内建设性投资的时间，缓解投资过热，控制固定资产投资规模。财政支出对于经济结构调整的作用也进一步得到了强化，农业基础设施建设支出和科教文卫支出的比例得到进一步增加，我国"三农"建设和科教水平发展得到了有效支持。稳

---

① 数据来源于国家统计局网站相关统计数据。

健的财政政策控制了经济过热的现象，稳定了社会经济，同时保持了较高的经济增长速度，促进了经济结构的进一步优化，为我国建立现代意义的中性财政制度提供了宝贵的经验。

15.3.8　2008 年"新一轮积极的财政政策"

2007 年，比 1998 年东南亚金融危机更严重的美国次贷危机爆发，此次经济危机被认为是 1929 年大危机以来最为严重的全球性经济危机，全球经济都受到了大规模冲击，我国也不例外，对外贸易需求大幅下滑，国内投资需求不振，经济下行压力较大，在此背景下我国实行了新一轮积极的财政政策。在 2008 年初，国际经济环境还是比较利于我国经济发展，因此防止经济增长由偏快转为过热、防止价格由结构性上涨演变为明显通货膨胀的"双防"成为 2008 年上半年宏观调控的首要任务，我国实行的是稳健的财政政策和适度从紧的货币政策。到了 2008 年下半年，全球金融危机进一步蔓延，我国逐渐开始受到经济危机的大规模波及，宏观经济政策从"双防"转向保持经济平稳较快发展、控制物价过快上涨的"一保一控"政策，抑制通胀和防范系统性金融风险成为该阶段主要任务。到了 2008 年末，世界金融危机日趋严峻，我国经济遭受冲击越来越严重，我国开始实行积极的财政政策和适度宽松的货币政策，4 万亿元投资计划应运而生，强力启动内需、摆脱经济危机、促进经济稳定增长成为首要任务。

这一阶段财政政策的主要内容就是增加基础设施建设规模，拉动国内投资需求。在外部经济持续低迷的环境下，提振内需成为稳定经济的主要手段，为此国家投入上万亿元用于城乡基础设施建设，包括建设农田水利设施、城镇化建设、城市公共服务设施建设等，通过大规模的基础设施建设促进就业，拉动内需，提振经济。同时为拉动国内消费需求，科教文卫支出规模得到又一次显著增加，培育内需、扩大消费需求成为财政支出的一大目标。政府加大了对民生的投资，投资范围宽、力度大，为解决收入不平衡的问题，更多地向弱势倾斜。同时货币政策中首次使用"宽松"的说法，配合积极的财政政策扩大投资规模、启动国内需求成为宏观经济政策的主要目标。通过积极的财政政策，我国成为世界主要经济体中最先走出经济危机的国家，经济增长速度保持在较高水平，失业率维持在较低水平，有效需求不足的问题得到了解决。但是我国财政赤字不断增加，投资效率有所降低，社会投资需求也出现了过热现象，我国财政政策现在已经逐渐向稳健的财政政策方向发展，不再进行"大水漫灌"方式的大规模财政投资刺激成为最新财政投资政策的理念，通过调整财政支出结构控制政府投资规模稳定社会经济成为改革的新方向。

15.4　中国投资性支出的规模和结构分析

（1）我国投资性支出的支出力度较为欠缺，增长速度明显滞后于经济发展和社会固定投资总额，这可能会造成政府在投资领域的宏观调控力度较差。本章将我国投资性支出分为财政生产性支出和固定资产投资中的国家预算内资金。财政生产性支出占地方财政支出的比例一直不高，如图 15 - 1 所示，该比例在 2000 年之前缓慢增长，从 2001 年开始出现明显的减少，2006 年财政生产性支出占地方财政支出的比例比 1995 年还要低，在投资需求旺盛的时期这种支出规模的增长速度是明显较低的。而固定资产投资中的国家预算内资金投资规模也较小，图 15 - 2 显示了我国固定资产投资规模的快速增加，但国家预算内资金占固定资产投资总额的比例却一直较小，通过图 15 - 3 可以清晰地看出，2002 年和 2009 年甚至出现了比较严重的下滑，到 2004 年这一比例仅为 5%，相较于 20 年前仅仅增长了两个百分点，国家宏观调控的能力难以得到保障。同时图 15 - 2 显示了我国固定资产投资总额和城镇固定资产投资额出现了增长同步、数值相仿的现象，说明我国固定资产投资对农村地区的关注一直很有限，这也是我国未来固定资产投资的一个重要方向。

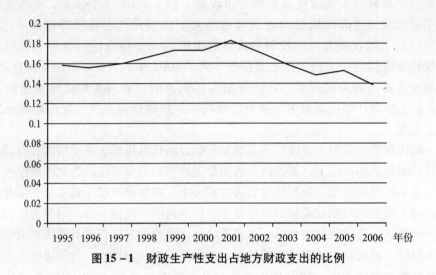

图 15 - 1　财政生产性支出占地方财政支出的比例

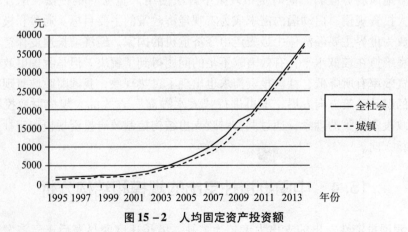

图 15 - 2　人均固定资产投资额

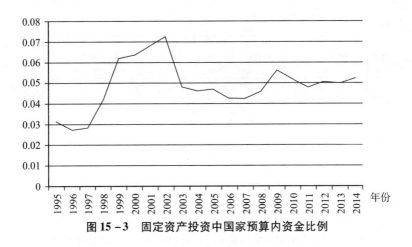

图 15 - 3　固定资产投资中国家预算内资金比例

（2）地区之间固定资产投资差距较大，并且这一差距呈现逐渐加大的趋势，而固定资产投资中的国家预算内资金地区间差距较小，但对与缓解地区间固定资产投资差距的效果不明显。在 1995 年，各省全社会固定资产投资的标准差仅为 545.038488（投资单位为亿元），并且这一数字在之后的几年内增长一直较为缓慢，1995～2004 年的 10 年间各省标准差增长了 1260 个单位，而 2005～2014 年的 10 年间标准差却增长了 8287 个单位，后者是前者的 6.5 倍多，由此可知地区间固定资产投资发展的不均衡程度越来越严重。这一趋势在图 15 - 4 可以很清晰地显现出来。但我们也可以看到，为了缓解这种地区间固定资产投资的巨大差距，政府做了很大努力，国家预算内资金的投资越来越向固定资产投资较为匮乏的地区倾斜，如新疆、西藏、宁夏等地区，各省国家预算内资金的标准差增长幅度较为平缓，在一些年份还出现了缩减（见图 15 - 5）。但反过来看，虽然政府试图通过财政手段缩小固定资产投资的地区差距，效果却不太显著。这主要是囿于投资规模的限制，固定资产投资中来源于国家预算内资金的数额远远小于自筹资金、贷款、利用外资等其他筹款方式，一般只占总投资额的不到 10%（见图 15 - 3），特别是

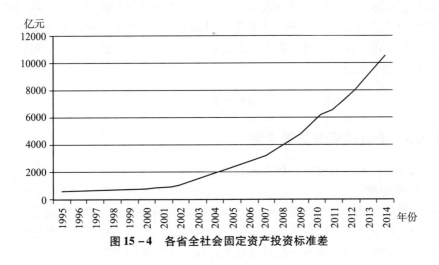

图 15 - 4　各省全社会固定资产投资标准差

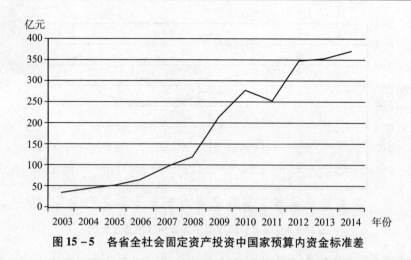

图 15 - 5　各省全社会固定资产投资中国家预算内资金标准差

自筹资金的数额往往可以达到国家预算内资金的几十倍，地方政府的投资冲动使得有能力自筹资金的地方政府在固定资产投资方面迅速发展，而缺乏能力的地区固定资产投资增长速度就相对较慢，造成了地区间固定资产投资额差距越拉越大。

15.5　模型设定与变量选取

15.5.1　模型设定

根据文献和相关理论，本章借鉴张宗益（2007）等人的思想构建以下模型：

$$GAP_{it} = \alpha + \beta_1 inv_{it} + \beta_2 X_{it} + \varepsilon_{it} \tag{15.1}$$

其中，i 和 t 分别表示地区和年份；α 表示省份个体固定效应；GAP 为城乡收入差距；inv 为政府投资性支出；X 为影响城乡收入差距的控制变量；ε_{it} 为误差残差项。投资性支出可以促进一个地区的经济发展，并带动其周边地区的经济发展，从而对城乡收入差距产生直接影响和间接影响，这就是"涓滴效应"。因此，有必要进一步考虑邻近地区的投资性支出对地区间城乡收入差距的空间影响，将投资性支出的空间影响纳入其中，据此构建如下模型：

$$GAP_{it} = \alpha + \beta_1 inv_{it} + \beta_2 X_{it} + \varepsilon_{it} + \rho \sum_{i-1}^{N} inv_{it} \tag{15.2}$$

15.5.2　变量说明与数据来源

根据文献综述和模型设定，我们选取以下指标：

1. 被解释变量

被解释变量为城乡收入差距（gap）。基于数据的可获得性，本章将城镇居民人均可支配收入与农村居民人均纯收入的比值作为被解释变量。该指标虽然在衡量城乡收入差距上存在众多缺陷，但是基本上能反映城乡居民收入水平的差距。

2. 核心解释变量

核心解释变量为投资性支出，主要有以下几个指标：

人均固定资产投资国家预算内资金（fdi_budg）采用当年固定资产投资额中国家预算内资金除以当年年末总人口。

人均投资性支出（invest）：采用基本建设支出、企业挖掘改造资金、科技三项费用之和除以当年年末总人口。

人均基本建设支出（infra）：采用基本建设支出除以当年年末总人口。基本建设支出是我国改革开放初期的一项重要的生产性财政支出项目是财政专户中核拨的用于部门和单位基本建设的支出。

人均企业挖掘改造资金（poten）：采用企业挖掘改造资金支出除以当年年末总人口。企业挖潜改造资金指国家预算内拨给的用于企业挖潜、革新和改造方面的资金，是中国国营企业固定资产更新改造资金来源之一。

人均科技三项费用（tech）：采用科技三项费用支出除以当年年末总人口。科技三项费用是指国家为支持科技事业发展而设立的新产品试制费、中间试验费和重大科研项目补助费。科技三项费用是国家财政科技拨款的重要组成部分，是实施中央和地方各级重点科技计划项目的重要资金来源。

3. 控制变量

城镇化率：采用各省当年城镇人口占总人口的比例。城镇化率体现了劳动力从非农业部门向农业部门的运动以及人口从农村向城市的迁移。这对于研究城乡收入差距具有重要的意义。

金融发展规模（fir）：采用各省当年存贷款总额与 GDP 的比值作为金融发展规模的代理变量，我国金融城乡二元化趋势一直在加深，因此，城乡金融发展差距是导致城乡居民收入差距扩大的重要原因。

经济增长率（growth）。我们采用各省每年 GDP 增幅表征经济增长率。经济发展是居民收入的源泉。改革开放以来，东部地区的经济发展速度远超中西部地区，其城镇化速度和水平也高于中西部地区。因此，地区间经济发展速度的巨大差异也是造成城乡居民收入扩大的原因之一。

农业劳动生产率（agri）：采用农业机械总动力与农业就业人口的比值表征农业劳动生产率。农业劳动生产率直接决定着农民收入的高低，从而直接影响到城乡收入差距。

对外开放程度（open）：

政府规模（gov）：采用财政支出与 GDP 比值作为政府规模的代理变量。政府规模越大，政府对于经济影响就越大，而我国政府投资又具有非常强的城镇倾向，这也是影响城乡居民收入差距的一个重要因素。外贸会对本国劳动力市场产生影响，从而影响国内居民收入。

$$对外开放度 = (进出口总额 + FDI)/GDP$$

时间上，我们选择了 1997 ~ 2006 年的面板数据进行空间回归分析。由于重庆市

1997 年正式直辖，故我们的起始时间选在 1997 年，而由于 2006 年我国财政统计口径发生变化，基础设施建设、企业挖潜改造资金、科技三项费用统计截至 2006 年，故我们面板数据的终了年份选在 2006 年。

本章所用数据来源于 1998 ~ 2007 年《中国统计年鉴》，各省、直辖市、自治区统计年鉴，中国固定资产投资统计年鉴以及《新中国 60 年统计资料汇编》。

15.6 实证结果分析

15.6.1 空间相关性检验

本章构建了 0 - 1 式空间权重矩阵，该权重矩阵的构建原理是根据地理上有无公共边界判定是否相邻，从而建立 0 - 1 空间权重矩阵，即：

$$W = \begin{cases} 1, & i \text{ 地区与 } j \text{ 地区相邻（有公共边界）} \\ 0, & i \text{ 地区与 } j \text{ 地区不相邻（无公共边界）} \end{cases} \tag{15.3}$$

在进行空间计量分析之前，我们首先要检验被解释变量的空间自相关性。全局空间自相关检验指标主要有三种，即 Moran 指数（Moran's I）、全局 G 统计量、2. Geary 指数 C。在本章中，我们主要汇报指数 Moran's I 以反映省级城乡收入差距在空间上的相关性。Moran's I 的取值一般为 [-1，+1]，大于零时，表现出正空间自相关，即相似的观测值在空间集聚；小于零时，表现出负空间自相关，即相似的观测值在空间分散；当数值等于 1 时，表现出无空间自相关，即观测值在空间分布上没有规律（完全随机），此时采用空间计量方法则是不必要的。

Moran 指数（Moran's I）的计算公式为：

$$I = \frac{n \sum_{i=1}^{n} \sum_{j=1}^{n} W_{ij}(X_i - \bar{X})(X_j - \bar{X})}{\sum_{i=1}^{n} \sum_{j=1}^{n} W_{ij} \sum_{i=1}^{n} (X_i - \bar{X})^2} = \frac{\sum_{i=1}^{n} \sum_{j=1}^{n} W_{ij}(X_i - \bar{X})(X_j - \bar{X})}{S^2 \sum_{i=1}^{n} \sum_{j=1}^{n} W_{ij}}$$

$$\left(S^2 = \frac{\sum_{i=1}^{n} (X_i - \bar{X})^2}{n}; \quad \bar{X} = \frac{\sum_{i=1}^{n} X_i}{n} \right) \tag{15.4}$$

注：W 为二进制权数。

表 15 - 1 列出了我国 1997 ~ 2006 年 10 年间城乡收入差距（gap）的 Moran's I，我们发现 Z 值大于零且在统计学上显著，这表明在 10 年间，我国每一年的城乡收入差距均有着显著的空间自相关性。从图 15 - 6 散点图的第一象限中可以看出，城乡收入差距高值聚集的省份有：新疆、青海、甘肃、西藏、四川、云南、贵州、广西；城乡收入比低值聚集的省份主要有北京、天津、上海、河北、辽宁、山东、浙江、江苏、江西、河南、重庆、黑龙江、吉林、福建；处于第二、第四象限及其边界上的只有湖南、湖北、宁夏、海南、陕西五省，仅占全样本量的 16%。

表 15 − 1   我国 1997 ~ 2006 年城乡收入差距 Moran's I 值

年份	0、1 空间权重矩阵		
	Moran's I	Z 值	P 值
1997	0. 521	5. 223	0. 000
1998	0. 561	5. 415	0. 000
1999	0. 592	5. 604	0. 000
2000	0. 580	5. 588	0. 000
2001	0. 625	5. 856	0. 000
2002	0. 592	5. 481	0. 000
2003	0. 553	5. 029	0. 000
2004	0. 553	4. 982	0. 000
2005	0. 527	4. 712	0. 000
2006	0. 523	4. 68	0. 000

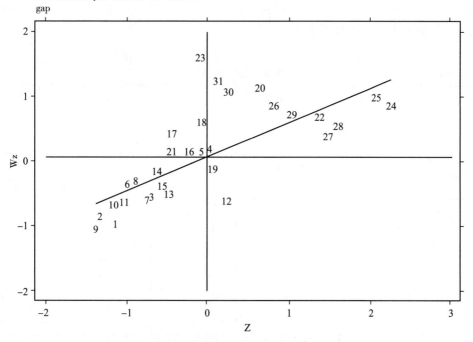

图 15 − 6 城乡收入差距空间 Moran 散点图 (2012 年)

注：途中编号 1 ~ 31 为《中国统计年鉴》中除香港、澳门、台湾之外所有省份的编号，如 1 对应北京，2 对应天津等。

这说明，我国统筹城乡发展，共享发展改革成果工作深入的省份在跨省的空间上有聚集效应，而这方面工作较为薄弱的省份在跨省的空间上也存在着聚集的情况。综上描述性统计和分析，在空间效应中讨论中国城乡收入差距问题是更加可靠和准确的。

15.6.2 实证结果及分析

我们首先对数据进行空间滞后模型（SAR）、空间误差模型（SEM）、空间杜宾模型（SDM）回归，之后采用似然比检验得出空间杜宾模型（SDM）较为适合本章的经济理论。其中被解释变量的空间滞后项的回归系数 ρ 值在 1% 的显著性水平下不为零，反映了样本观测值之间的空间聚集性，即空间上相邻的观测值对于本省城乡收入差距有一定程度的影响，这与 Moran's I 的结果得出的结论一致。

从表 15-2 中可以看出，核心解释变量人均固定资产投资国家预算资金、人均投资性支出以及分项生产性支出的系数均为负数，这说明我国投资性支出对于缩小城乡居民收入差距具有积极意义；同时除人均挖潜改造支出之外，所有主要解释变量的回归系数都在 1% 水平下显著。即人均固定资产投资国家预算资金每提高 1 元，城乡居民收入差距可以缩小 0.0003，人均投资性支出每增加 1 元，我国城乡居民收入差距也可以缩小 0.0004；在生产性支出方面，基本建设支出和挖潜改造支出每增加 1 元，城乡居民收入差距可以缩小 0.0003；而科技三项支出每增加 1 元对于城乡居民收入差距的减小作用较为明显，可达 0.0051。但还需要注意到的是，除科技三项费用外，其他投资性支出对于收入差距的缩小作用相对有限。

表 15-2　　　　　　　　　　　　　　空间计量回归结果

变量	(1)	(2)	(3)	(4)	(5)
fdi_budg	-0.0003 *** (-10.10)				
invest		-0.0003 *** (-6.97)			
infra			-0.0003 *** (-5.35)		
poten				-0.0005 * (-2.43)	
tech					-0.0051 * (-3.93)
urb	-0.4252 * (-1.66)	0.0204 (0.08)	-0.1373 (-0.51)	0.0454 (0.16)	0.4068 (1.38)
fir	0.0623 (1.35)	0.0329 (0.68)	-0.0349 (-0.80)	-0.0306 (-0.65)	-0.0807 (-1.76)

续表

变量	(1)	(2)	(3)	(4)	(5)
growth	0.0219 *** (2.77)	0.0315 *** (3.75)	-0.0293 *** (3.59)	0.0299 *** (3.47)	0.0346 *** (4.04)
agri	-0.0452 *** (-1.07)	-0.1726 *** (-4.54)	-0.0978 *** (-2.64)	-0.1441 *** (-3.52)	-0.1230 *** (-3.19)
open	0.0096 *** (2.80)	0.0083 ** (2.28)	-0.0978 *** (-2.64)	0.0084 ** (2.25)	0.0080 ** (1.99)
gov	0.6241 *** (2.97)	0.6579 *** (2.92)	0.8557 *** (4.46)	0.8140 *** (4.06)	0.9986 *** (4.82)
Wfdi_budg	0.2166 (-1.80)				
Winvest		-0.0003 ** (-3.97)			
Winfra			0.0001 (1.15)		
Wpoten				-0.0003 (-0.74)	
Wtech					0.0001 (5.56)
Wurb	-0.5149 * (-1.31)	0.1793 (-2.25)	0.8148 ** (-0.26)	0.7394 ** (2.02)	0.3024 (0.78)
Wfir	-0.3424 (3.69)	0.0885 (0.87)	-0.2424 (-0.26)	0.0088 (0.11)	-0.0300 (-0.36)
Wgrowth	0.0149 *** (0.95)	0.0331 * (1.94)	0.0164 (1.32)	0.0185 (1.43)	0.00110 (0.86)
Wagri	-0.1320 (1.14)	0.0022 (1.14)	0.1250 ** (2.13)	0.1536 *** (5.55)	0.1588 *** (2.64)
Wopen	0.0031 (5.95)	0.0247 (2.63)	-0.0064 (1.16)	-0.0054 (-0.56)	-0.0164 * (1.18)
Wgov	-0.6690 (5.95)	-0.2579 (-0.47)	0.0403 (-0.79)	0.0904 (0.30)	0.0403 *** (-1.95)
_cons	0.2359 (-1.62)	0.0213 (12.25)	0.0073 (-0.02)	-0.1006 *** (-0.26)	-0.2434 (5.56)

续表

变量	(1)	(2)	(3)	(4)	(5)
rho	0.2793 *** (0.39)	0.3586 *** (4.93)	0.5955 *** (10.94)	0.5829 *** (10.42)	0.0403 *** (5.56)
R - squared	0.2719	0.6253	0.6305	0.6041	0.6128
LogL	174.3491	42.7986	44.3262	32.8598	38.5305
sdm 似然比检验	***	***	***	***	***
时间虚拟变量	包括	包括	包括	包括	包括
观测值	310	310	310	310	310

但为何我国投资性支出对于城乡收入差距会产生这样的一个效应？其原因可能有两个：第一，生产性投资可以提高生产部门的边际劳动生产率，我国自改革开放以来长期面对着一个"效率"和"公平"之间的权衡。1996 年我国城乡居民可支配收入之比为 2.51，到 2006 年我国居民可支配收入之比增长到了 3.28，可见在改革开放初期，由于经济水平普遍较低，城乡收入差距本身不算大，因此我国那时主要面对的是"效率"问题；但随着社会经济的发展，我国城乡收入差距有逐步扩大的趋势，政府则越来越注重"公平"，这里的关系显著和影响较弱可能包含了一个政策变动的综合效应。第二，固定资产投资能够吸引大量进城务工人员就业，以增加农民的收入，从而缩小城乡收入差距，而第一次全国农业普查数据显示，1996 年进城务工人员数量为 7223 万，到了 2009 年这一数据达到了 2.2 亿，也就是说，这个 10 年是进城务工人员数量大幅增加的时期，这也从侧面缩小了城乡收入差距。

城镇化水平与城乡收入差距的关系并不明确，这是由于我国客观的国情以及户籍制度决定的。虽然我国进城务工人员在 2009 年已经达到 2.2 亿人，但从统计口径上来说，其身份依然是农民，他们依然不属于"城镇居民"，无法享受到城镇居民相应的公共服务。但进城务工人员的收入较农民确实有着较大程度的提高。所以城镇化水平对于城乡居民收入差距的影响是不明确的。

金融发展规模在总体上扩大了城乡收入差距。其原因在于农村金融的可获得性和成本高于城镇，农村居民和农业生产融资渠道狭窄，资金匮乏，信贷约束远远紧于城镇居民。

经济增长扩大了城乡居民收入差距，这也是符合客观实际的。因为中国居民收入的增长总是"跑不赢"GDP 增长率，而农村居民纯收入的增长率则更慢，这导致在 10 年内甚至更长的一段时间内，城乡居民收入差距不断扩大。

农业生产率与城乡居民收入差距负相关，即农业生产率提高会缩小城乡居民收入差距。对外开放程度的提高则会扩大城乡居民收入差距。

对于我国而言，政府规模越大，城乡收入差距越大。其原因在于我国长期以来的城乡二元经济导致政府财政支出更加倾向于城镇，农村的基本公共服务长期落后于城镇，这严重制约了农村生产力的发展，限制了农民收入的增加，从而加大了城乡居民收入差距。

表15-3列出了几个模型中核心解释变量的空间杜宾模型（SDM）的效应分解。实证结果显示，人均固定资产投资国家预算内资金每提高1元，直接缩小区域内城乡收入差距0.0003，间接缩小其他区域城乡收入差距0.0003；人均投资性支出每提高1元，直接缩小区域内城乡收入差距0.0004，间接缩小其他区域城乡收入差距0.0005；人均基本建设支出每提高1元，直接缩小区域内城乡收入差距0.0004，间接缩小其他区域城乡收入差距0.0005；人均挖潜改造支出每提高1元，直接缩小区域内城乡收入差距0.0006，间接缩小其他区域城乡收入差距0.0013；人均科技三项支出每提高1元，直接缩小区域内城乡收入差距0.0059，间接缩小其他区域城乡收入差距0.0041。这说明我国政府生产性投资产生了较大的"向下涓滴"效应，政府生产性投入经过了较为发达的地区，确实通过"先富"带动了"后富"，从而更好地促进经济增长，缩小了城乡收入差距。

表15-3   空间杜宾模型中的空间溢出效应分解

模型	核心解释变量	直接效应	间接效应	总效应
（1）	fdi_budg	−0.0003 *** （−10.79）	−0.0003 *** （−3.15）	−0.0006 *** （−6.28）
（2）	invest	−0.0004 *** （−7.30）	−0.0005 *** （−3.14）	−0.0009 *** （−4.62）
（3）	infra	−0.0005 *** （−7.82）	−0.0005 *** （−2.82）	−0.0009 *** （−4.61）
（4）	poten	−0.0006 *** （−2.59）	−0.0013 *** （−1.62）	−0.0019 *** （−1.95）
（5）	tech	−0.0059 *** （−4.39）	−0.0041 *** （−0.96）	−0.0099 *** （−2.03）

15.7 结论及政策性建议

本章使用空间计量方法，构建0-1空间权重矩阵检验了政府投资对城乡收入差距的影响以及空间溢出效应，实证结果表明：

第一，相邻省份的政府投资性支出与城乡收入差距呈现出显著的负向的空间集聚。对于投资性支出而言，东部沿海地区是的高值集聚区，西部地区是低值集聚区；对于城乡收入差距而言，东部沿海地区是低值集聚区，西部地区是高值集聚区。第二，空间上相邻对于省级的城乡居民收入差距具有显著影响，政府投资性支出对于城乡收入差距具有显著的影响。第三，投资性支出能够显著缩小城乡居民收入差距，优化收入分配，但其能起到的作用仍然有限。同时我国政府投资性支出确实存在"向下涓滴"的效应，"先富"带动"后富"的效应较为显著。第四，金融发展规模、经济发展水平、政府规模、对外开放程度对于城乡收入差距具有扩大作用，而农业生产率的提高对于缩小城乡收入差距具有显著而且较为明显的作用。

根据以上结论，我们提出以下几点建议：

第一，投资性支出能够帮助缩小城乡收入差距，但作用不明显。这就要政府将投资性支出的水平稳定下来，同时改变投资性支出的结构，加大诸如农业基础设施建设、农业科技三项费用等支农投资性支出在整个投资性支出中的比例，充分发挥其作用。

第二，加大投资性支出尤其是科技三项支出的比重，注重农业技术的推广来自政府资金方面的扶持力度。同时也要继续推行农村公共服务均等化，加强农村的基础设施建设投资支出。

第三，虽然我国政府投资存在着"向下涓滴"效应，但我们也应当意识到，这种效应非常薄弱；我国基础设施建设和投资性支出仍然存在着较大的地区差异和城乡差异，既要在关键地区投资充分利用好辐射带动作用，又要补强薄弱地区的投资性支出的不足。重视城乡之间的地理联系、地区之间的地理联系，充分发挥投资性支出在缩小城乡收入差距中的作用。

第四，要提高支出效率，减少重复建设、要杜绝政府性支出使用当中的寻租腐败现象。政府投资性支出目前效率仍然较低，同时，党的十八大以来，政府基建等方面也成了腐败的"重灾区"，这就要求加强对于政府性投资支出从立项到使用各个环节的监督工作，提高效率，杜绝腐败。

第五，在政府引导下引入民间资本，保证低收入群体对于政府投资性支出成果的可获得性。政府投资性支出可以考虑多方融资，鼓励社会资本进入；但在另一方面要警惕社会资本的逐利性，防止老少边穷地区的群众难以获得甚至根本无法获得政府投资性支出带来的收入分配红利。

第三篇

收入分配制度改革与完善
政府间转移支付制度研究

第16章 分导论三

16.1 研究主题

在市场经济条件下，由于各经济主体或个人投入的生产要素不同、资源的稀缺程度不同以及各种非竞争因素的干扰，各经济主体或个人获得的收入必然会出现较大的差距。如果任由市场自由发展将导致收入差距持续扩大，从而引起社会需求的不满，为经济稳定和发展以及国家的长治久安埋下隐患。在我国经济转型与经济发展过程中，收入分配一直被视为对经济主体形成有效的激励与约束机制从而促进经济效率提高的重要途径，因此，不当的收入分配机制将成为阻碍经济发展的重要因素。现阶段收入分配状况主要表现在两个方面：（1）收入差距大且处于高位波动的水平；（2）调节收入分配的相关制度或政策的缺失。而转移支付作为调节收入再分配的手段之一，通过中央政府及上级政府对下级政府的转移支付有助于缓解地方财政资源短缺、弥补公共服务供给短缺等问题以达到调节收入分配的目的。因此，本项研究所做的主要工作就是分析收入分配与政府间转移支付之间的关系，系统构建了政府间转移支付对收入差距影响机理的研究体系，最后根据理论分析与实证检验从更深层次客观地提出缓解收入差距的对策建议。

16.2 文献综述

政府间转移支付的长期目标，是促进公共服务水平均等化，保障公民享受最低标准的各种基本服务，着力缩小地区差距、城乡差距，以此为基础从根本上实现居民收入差距的缩小。所以，规范、科学的财政转移支付制度，不仅是调节各级政府之间纵向不平衡、横向不平衡和解决公共产品外溢性的重要手段，同时也是缩小收入分配差距的重要工具。因此，政府间转移支付对收入分配的调节作用，可以从地区差距调节、城乡差距调节两个方面进行考察。

16.2.1 政府间转移支付对地区差距的调节作用

从理论研究的角度，很多学者通过分析现行转移支付模式对地区差距的影响机理以及对转移支付政策在缩小地区差距中发挥的作用、存在的问题进行了研究。

现行转移支付模式对地区差距的影响机理。特雷西·斯诺登（Tracy Snoddon，

2003）通过对联邦政府现有的财政转移支付研究，认为公共服务支出模式合理化的原因得益于分类补助和配套补助这两种模式的相辅相成。他指出分类补助的优点是增加地方政府（如州政府）可支配收入，配套补助则可以约束地方政府使用可支配收入，使对公共服务的支出模式变得合理化，不会产生滥用和过度支出。这样，既减少了联邦政府的预算风险，又督促了地方政府的合理支出。哈拉尔德（Harald，2004）分析了澳大利亚的转移支付状况，他认为由于澳大利亚东部沿海与西部地区之间经济发展水平差距悬殊，且联邦政府财力大部分是来自东部地区。鉴于这种较为特殊的经济情况，为了防止这种经济不平衡而导致的社会动荡，澳大利亚在60多年前就开始对财政转移支付制度进行研究并运用。他们的衡量标准非常透明，联邦拨款委员会根据各州财政收支间的差额对其进行拨款，这种转移支付的方式很好地使地区以及公民公共需求得到了满足。罗森菲尔德（Rosenfdd，2007）对德国的转移支付模式进行了研究，他认为德国现在采取的是纵向支持横向转移的支付方式；他还指出德国转移支付的特点是横向均衡，中央政府会根据各地区经济水平的情况，将财政从财力强的州定向转移给财力较弱的州。根据计算，通过这种财政转移支付的方式，使得公共服务均等化指数达到了99.5%。然而，刘溶沧、杨之刚（1995）在研究德国1995年的转移支付制度时发现，德国一般忽略了支出需求这个因素，因为支出需求会使得各州政府的支出过度和政府间的支出攀比。因此，财政转移支付不仅要使各政府的事权清晰明了，更要关注各州政府基本公共服务水平的均衡化，基于德国本身的情况，他们只需要考虑税收能力和财政收入这两个因素制定转移支付模式。与德国财政转移支付相比，中国首先也要明确事权，但由于中国地域、人口、民族等差异，中国还必须考虑支出因素，然后根据中国特有的国情，制定出几项关键的基本公共服务项目。荀盼（2008）认为转移支付的均等化效果与上级政府的政策目标高度相关。他指出不同类型的转移支付由于政策目标不同，其均等化效果也不尽一致；过多、过高的配套支出要求影响专项转移支付的均等化效果。同时，他还指出如果专项转移支付指向明确，其均等化效果可能会超过一般性转移支付。这一点得到了张丽微（2008）的肯定，她认为专项转移支付在实现各地区财力均等化过程中起到了举足轻重的作用。如果专项转移支付用于实现公共服务均等化，其在公共服务均等化中的调节作用甚至可以超过一般性转移支付的均等化调节作用。刘晨、刘晓璐（2010），李万慧（2012）曾指出由于地方政府的支出主导着政府的行为，并对居民收入状况产生直接的影响，中央政府若想通过政府间转移支付这一财政手段实现缩小贫富差距的政治目标，其必须依赖地方政府的行为支持，而地方政府是否具备充足的财政收入来执行中央收入分配政策则是问题的关键。

关于我国政府间转移支付政策在缩小地区差距中发挥的作用，不同学者的观点有明显分歧。目前，主要有三种观点。第一种观点认为政府间转移支付应该在广泛的领域内实现缩小地区差距的目标。胡鞍钢等（1995）认为政府间转移支付除了要实现使全社会各地区人民在享受主要公共服务方面基本平等外，还应该通过加大对贫困地区的扶持力度来缩小各地区之间在经济社会发展方面上的差距。第二种观点认为政府间转移支付应当实现缩小地区间在公共服务供给和个人收入水平方面的差距。朱玲（1997）指出财政转移支付在我国所能够发挥的最基本的功能有两个：其一是保障各地以及各级政府至少提供最低标准的公共服务；其二是保障最低收入人群最基本的生存需求得以满足。实现以上两个目标，仅仅有可能缩小地区间在公共服务供给和个人收入水平方面的差距，而难以直接惠及"地区差距"这一概念所包含的其他内容。她认为尽管财政转移支付具有缩小地区差别的作用，但这种作用只是局部的、间接的，因而也是有限的。第三种观点认为政府间转移支付的主要目标应该是实现各地区公共服务的均等化。刘尚希（2003）认为现阶段我国财政转移支付制度的目标不应该设定多个目标，应实行单一目标，即实现各地公共服务的大致均等；朱之鑫（2006）认为缩小地区差距的内涵不是指经济总量上的差距，重要的是要缩小各地区间在公共服务和生活水平方面的差距。

现行转移支付模式存在的问题。李齐云（2003）认为按照"基数法"确定的税收返还数额的转移支付模式，导致了不规范的分配模式，如此不但不能解决长期以来各地区间财力不均问题，而且使这种财力地区间的不均衡分布在分税制的名义下以税收返还的形式固定下来。黄佩华（2003）指出我国 1994 年的分税制改革先天具有对地区间收入分配产生非均等化效应的特点，因为转移支付中存在的税收返还将收入分享原则从以前的收入再分配改变为来源地原则，将更多的收入返还给富裕地区而不是贫困地区，最终影响了财政转移支付均等化效果的发挥。除此之外，影响转移支付发挥均等化作用的其他因素也比较多。如孟春、苏志希（2007）指出我国政府间事权财权划分不明晰，很多事项难以在上下级政府间得到区分，本应该由地方财政负担的支出却由中央政府承担，而本应该由中央财政负担的支出，却由地方政府负担。这种事权划分不清晰的局面容易造成基层政府不履行其应提供的公共服务的职能。同时，现行的转移支付制度缺乏法律权威性。世界上大多数国家都以法律形式对政府间转移支付事宜作出明确规定，使其具有较高权威性和可操作性。然而，目前我国财政转移支付制度实施的主要依据是 1999 年财政部制定的《过渡期转移支付办法》，其立法层次低，缺乏法律权威性。从地区分配结构看，杨之刚（2006）认为转移支付的地区分配结构加剧了地区间财力差距，主要是因为东部地区获得了更多的专项拨款，中西部地区享受的大多是均等化的转移支付，而专项拨款的数额远远高于均等化转移支付的数额，所以地区间财力差距进一步扩大。荀盼（2008）认为专项转移支付过多地要求地方财政有相应的配套资金导致真正需要专项拨款的中西部地区因为没有地方配套资金而无法获得专项拨款，影响了专项目标的实现。综上，倪红日（2003）、杨之刚（2006）、安体富（2007）将这些总结为我国转移支付制度总体设计存在缺陷，形式过多，结构不合理；转移支付资金分配办法不规范、不公开、不透明；省以下财政转移支付制度尚不完善等问题。

同时，也有学者从实证研究的角度通过计量建模的方式，实证分析了转移支付制度对地区差距的影响。较早的分析有：曾军平（2000）通过对分税制实施后转移支付的效应做了实证分析，结果发现由于税收返还的作用，中央政府对地方政府的转移支付不仅没有缩小地区间人均财政收入差距，反而造成地区差距的扩大，人均 GDP 高的省份所获得的人均净转移比人均 GDP 低的省份要高。刘溶沧、焦国华（2002）采用传统指数法分别考察全国各地区的人均财政收入和支出差距以及各地税收努力程度和财政支出成本差异，并就转移支付前后的各地收入、支出进行对比，最后得出的结论是各地区在接受中央转移支付补助后地区间差距没有明显变化。尤其是政府通过转移支付在对落后地区帮助时，转移支付并没有起到有效促进区域经济协调发展的目的。倪红日（2003）通过比较东、西部地区的 GDP 增长率差距变化及东、西部地区的人均 GDP 增速差距得出，我国地区间经济发展差距不但没有缩小，反而呈现继续扩大的趋势。至于均等化的程度，曹俊文、罗良清（2006）发现转移支付对东部地区内部均等化效果较好。东部地区内部财政均等化效果系数小于1，基本在 0.18 左右徘徊；相比较而言，由于对中西部地区转移支付资金分配的不合理，转移支付在缩小中部和西部地区内部财力差距方面要差一些。关于税收返还、一般转移支付以及专项转移支付是否起到了缩小地区差距的作用，王磊（2006）通过建立政府间转移支付与地方公共产品供给模型，发现税收返还扩大了地方公共服务不均等的程度；一般性转移支付对缩小地方公共服务供给水平的作用非常弱，甚至在一些省份造成公共服务供给差距的扩大；专项拨款基本上起到了缩小地方公共服务供给差距的作用。余珊、丁忠民（2008）则认为加大对一般性转移支付的拨付力度非常有必要。其通过研究 1995～2006 年我国政府间一般性转移支付的数据验证了我国一般性转移支付的"粘蝇纸效应"，得出相比税收削减而言，一般性转移支付更能激励地方政府加大对地方公共产品和服务的支出。

不论是从理论研究的角度，还是从实证研究的角度，政府间转移支付对地区间财力的均衡、公共服务的均等化都有着重要的作用，特别是中央政府对地方政府的转移支付直接影响到地方政府提供公共服务与公共品的供给能力与水平。

16.2.2　政府间转移支付对城乡差距的调节作用

我国当前的转移支付方式有税收返还、原体制补助、专项补助、过渡期转移支付补助（2002 年改为一般性转移支付）、各项结算补助和其他补助六种，但是除过渡期转移支付按照均等化公式计算属于真正意义上的财政均等化转移支付，专项拨款属于有条件转移支付外，其余的皆属于原有体制的延续，都是以保证地方既得利益为前提，基本上起不到均等化的作用。

从事权和财权的分配角度来看，世界银行报告（2002）称自从 1994 年财政改革后，省级政府，从下级政府税收收入中攫取更大的份额，并且同时委派更多的财政支出责任。许多县乡级政府，尤其是欠发达地区的政府不得不拖欠公务员的工资（包括当地学校和公共卫生机构的雇员）。在支付完政府机关人员工资后，只剩下很小一部分被用于地方公共物品和服务。因此，贫穷地区财政资源不充裕的负面作用进一步放大地作用于贫困农民。余世喜、李喆（2006）在分析我国转移支付制度对城乡差距的影响时，认为我国财政体制中的缺陷，主要是我国的县乡财政承担了大量的公共事务，但财权却很少，导致了城乡公共服务差距的不断扩大。陶然、刘明兴（2007）根据中国 270 个地级市从 1994 年到 2003 年 10 年间的面板数据，估计了地方财政开支对城乡收入差距的影响，并发现了中国地方财政体系有着严重的城市倾向。而且由于税收集权导致地方政府更加依赖于上级政府的财政转移，地方政府通过加大转移支付来增加农村收入的效果被削弱。也就是说，1994 年财政税收集权后，通过对欠发达地区支付更多的转移支付非但没有减少地区间财政差距，反而导致了整个国家公共服务提供方面地区差距的进一步扩大，而这尤其不利于欠发达地区的农村地区。

从城乡公共品供给均等化的理念出发，李华（2005）考察了我国转移支付制度中存在的问题，李华认为由于转移支付制度的均等化导向不明确、纵向的转移支付制度不完整、受援条件需要配套资金等三方面的原因，形成了农村获得转移支付的门槛，使农村基层政府处于转移支付制度的受益边缘，因而现存的转移支付制度不利于实现公共品供给均等化的目标，还会进一步扩大地区间的财力差距。解垩（2007）基于 1995～2004 年省级面板数据建立计量建模，其研究结果显示，税收返还对各地的城乡公共品差距扩大起了强化作用，财力性转移支付和专项转移支付对各地城乡公共品差距的缩小作用不大。

在现行的转移支付制度体系中，由于税收返还等非财力性转移支付所占比重较大，导致资金大量流向发达地区，不利于均衡不同地区之间的财力差距以及公共服务水平均等化目标的实现，各地方政府的城市偏好加上税收返还内在的缺陷均扩大了城乡差距。另外，由于大多财力性转移和专项转移支付需要配套资金，农村地方政府财政困难使得一些本应建设在农村地区的项目无法得到，影响了转移支付目标的实现，进一步扩大了城乡差距。

16.2.3 优化转移支付结构以缩小地区、城乡差距

众多学者提出了改进政府间转移支付模式以促进地区差距、城乡差距缩小的理论主张。李齐云（2001）提出了转移支付改革的具体构想，即用因素法代替基数法来确定各地的转移支付额；以一般性转移支付为重点，以专项转移支付相配合，以特殊性转移支付作补充；逐年降低直至取消税收返还，逐年扩大一般性转移支付量，清理现行分散在各预算科目中的专项补助，将其规范为"整块拨款"和"配套拨款"。王雍君、李民吉（2002）认为，应建立一个以公式为基础的、均等化拨款和专项拨款并重的转移支付体系，这两类转移支付都非常重要，不可偏废；同时，考虑在政府行政系统内部建立一个专门的、层级较高的、具有权威性的政府间转移支付政策委员会与强有力的财政管理信息系统。李齐云（2003）进一步指出，从今后发展趋势看，我国应采取纵向为主、纵横交错的转移支付制度，我国实行横向转移支付具有一定的基础。虽然我国目前还没有直接的、规范化的、公式化的横向转移支付方式，但多年前实行过的发达地区对欠发达地区的对口支援，其实质就体现了一定的横向转移支付的性质，并且取得了一定的成效，这表明在我国实现地区之间的财政横向转移支付是完全有可能的，是应当积极尝试的一项制度创新。彭月兰（2003）提出应完善中央财政转移支付制度，逐步增加对中、西部地区的财政支持。逐步改变现行的中央专项拨款和在中央设立扶贫专项基金，实行因素法财政转移支付制度，要在努力提高财政"两个"比重（财政收入占国民生产总值的比重，中央财政收入占全国财政收入的比重）的基础上，扩大中央财政对经济不发达地区的税收返还和转移支付的数额，作为对区域经济发展的横向调节。马海涛（2004）、

张启春（2005）等都提出要优化转移支付的结构，逐步缩小具有逆均等化作用的税收返还等转移支付方式，增大一般性转移支付规模，建立以一般性转移支付为主、专项转移支付为辅的转移支付制度。这一点也得到了安体富（2007）的认可，他指出应该将税收返还并入一般转移支付形式，因为返还是为了维护既得利益，是旧体制的延续，有违公平原则，也不利于财政均等，而纳入一般转移支付形式中，必然会使财政均等化功能大大加强。从财权与事权的角度看，审计署财政司课题组（2001）认为，政府的事权是建立完善转移支付的前提，而财权的划分是政府间转移支付的经济基础。靳友雯、罗捷（2008）通过对德、日等国的研究表明，各国转移支付额的确定，都是在考虑中央与地方的事权界定及地方拥有的财力状况基础上进行的。王振宇（2013）指出财政转移支付制度改革是一项系统长期的工程，应该在"两个新凡是"（凡是公民能自行解决的，政府就要退出；凡是市场能调节的，政府都要退出）的前提下，科学构建事权与财力匹配机制，合理确定转移支付规模，整合转移支付资源，优化转移支付结构，探索多元化转移支付形式，改进转移支付办法，提高转移支付绩效。

现阶段我国需要逐步规范地方政府间纵向转移支付方式，优化转移支付结构，有步骤直至完全取消不规范的专项补助和维护地方政府既得利益的税收返还方式，并重点用于对贫困落后地区的均等化转移支付，以切实解决贫困地区由于客观因素所造成的纵向、横向财政能力不均衡的突出矛盾，达到缩小收入差距的目的。

16.3　基本内容

本篇一共分为 7 个章节。第 16 章分导论三，主要介绍本篇的研究主题，相关研究的文献综述，结构与创新等；第 17 章为收入分配与政府间转移支付调节机制的理论分析，为本篇的研究奠定理论基础；第 18 章主要回顾了我国政府间转移支付制度变迁；第 19 章是从收入分配公平化的视角对政府间转移支付制度进行考察；第 20 章与第 21 章分别运用统计分析方法，使用变异系数、基尼系数、泰尔指数等指标，分析政府间转移支付对地区以及城乡居民间收入分配的效应；第 22 章结合我国的实际情况，尝试建立科学、规范、有效的政府间转移支付制度进而调节收入分配差距。

16.4　主要创新

本篇的创新点主要有三点：一是梳理政府间转移支付与收入分配之间的内在联系，厘清政府间转移支付对收入分配的影响路径，从而通过政府间转移支付有效解决收入差距问题。本篇认为地方政府作为国民经济和社会发展的重要影响主体，对于收入分配具有重大影响，可以有效调节收入差距，但前提在于地方政府必须具有充足的财力作为物质保障。政府间财政转移支付主要的功能在于弥补因政府间财力分配和地区经济发展水平差异所导致的纵向和横向财政非均衡，通过政府间转移支付的调节实现各地方财政能力水平的大体一致，为地方政府调节收入差距和实现基本公共服务均等化提供财力支持。

二是在明确政府间转移支付与收入分配之间的内在逻辑关系基础上，进一步分析和检验政府间转移支付各组成项目对收入分配的影响。例如，深入分析一般性转移支付、专项转移支付与"税收返还"等项目对收入分配的具体影响，寻找财政转移支付影响收入分配的结构性因素，从而为制度改革提供更加具体明确的政策建议。

三是在以上的基础上建立对促进收入分配合理化的最优转移支付规模与结构以及设计均等化财政转移支付计算公式。

第17章　收入分配与政府间转移支付调节机制的理论分析

　　较大的居民收入差距不利于经济的可持续发展，转移支付作为调节收入再分配的重要手段之一，同时又作为财政支出的主要来源，既可以直接调节收入水平，也可以通过促进经济增长，缩小地区间经济发展差距，最终实现缩小收入差距的目的。

　　政府间转移支付（Intergovernmental Transfer），也称财政转移支付（Fiscal Transfer），经常也被简称为转移支付（Transfer Payment），指财政资金在各级政府或同级政府之间的无偿转移，是在政府间既定的支出责任和收入划分的框架下，为调节地区间财力差距、实现基本公共服务均等化、贯彻上级政府政策意图、解决地区间效益外溢等特定政策目标而施行的一种财政再分配制度。作为分级财政管理体制的重要组成部分，政府间转移支付制度是在市场经济条件下处理高层级政府与低层级政府之间的财政分配关系，实现财力均衡的基本手段，它在很大程度上影响着一个国家的经济发展与财政体制的效率和公平，并在一定程度上影响了不同地区收入分配的水平与效果。

　　与之相近的概念转移性支出，也称转移支付，是财政支出中与购买性支出相对应的支出类型，是指不用于购买任何商品与劳务，而是针对个人和企业的单方面的财政无偿性支出（包括补贴）。由于各级政府之间的转移支付与政府对个人、企业的转移支付，都经常被简称为转移支付，所以二者很容易被混淆。实际上，二者在收入分配方面的差异还是很明显的。它们的共性在于，无论是政府对个人和企业的收入转移还是一级政府对另一级政府的收入转移，都具有无偿性特征。二者的不同之处在于，相比于政府间转移支付，政府针对企业和个人的转移具有更强的收入分配效应，原因有二：一方面，就作用目标而言，针对个人的转移支付通常反映了政府对公民权利和福利的关切，针对企业的转移支付（补贴）主要反映了政府对特定产业的扶持，总之，其收入分配导向更为明显；相比之下，政府间转移支付通常基于多元化的不同的政策目标，主要包括维持低层级政府的正常运转、缩小基本公共服务水平的地区差距，以及鼓励地方政府提供中央意愿水平的特定公共服务等。另一方面，就作用路径而言，针对企业和个人的补贴等转移支付项目可以直接作用于微观主体，直接增加补贴接受者的收入水平，所以其影响居民收入分配的效果更显著；相反，政府间转移支付的作用对象是某一级政府，而政府作为宏观或中观主体，一般都是"过路财神"，会将获得的转移支付资金分别汇入不同的财政支出项目加以使用，所以影响当地居民收入分配的效果是间接而有限的。由于针对企业和个人的转移支付已在本篇的公共支出部分进行了分析，所以本篇只研究政府间转移支付对收入分配的调节和影响。

17.1 政府间转移支付对公平收入分配的调节机理

实施政府间转移支付制度后，各个地区所获取的转移支付资金存在差距，如果经济落后地区相对于经济发达地区获得了更多补助金，则一方面可直接缩小地区间的财力差距，并实现公共服务均等化的效果；另一方面政府在使用转移支付资金后可能起到促进经济增长的作用，从而缩小地区间的经济发展差距，为实现公平收入分配创造可能性①。

17.1.1 政府间转移支付有利于直接缩小地区间的财力差距

某一级地方政府（尤其是基层政府）作为宏观政策的执行者和影响者，对本辖区居民的公共服务需求偏好以及收入差距情况有着比上级政府更准确的了解，因而在区域性公共品的配置、宏观调控政策落实和收入分配政策的执行等方面作用无可替代，但其作用发挥的前提在于地方政府必须具有充足的财力作为物质保障。而作为财政分权理论的主要内容之一，政府间财政转移支付的主要功能在于弥补因政府间财力分配和地区经济发展水平差异所导致的纵向和横向财政非均衡，通过政府间转移支付的调节实现各地方政府财力水平的大体一致，从而为调节收入分配和实现基本公共服务均等化提供财力支持。也就是说，在政府间转移支付影响收入分配的路径中，财力均衡是在两者之间起传导作用的一个重要媒介。

1. 转移支付是推动财力均衡的重要手段

财力均衡分为纵向财力均衡和横向财力均衡，高层级政府和低层级政府之间的财力均衡是纵向的财力均衡，同级地方政府之间的财力均衡是横向的财力均衡。纵向的财力不均衡表现为各级政府之间财政收入能力特别是税收能力的差别，主要是因为高层级政府和低层级政府在财权划分时的税种归属造成的，财政收入能力的差别导致了各级政府在财政支出能力上的差别，即当某一级政府财政面临赤字，而其他级次政府却出现盈余时，纵向财力不均衡问题便产生了。既然是财政管理体制的安排（主要是政府间收支划分不对称）造成的，就应该通过均衡性转移支付（也叫财力性转移支付），将财政收入的一部分在不同级次的政府间进行转移。横向的财力不均衡表现在不同地区的同一级次政府财政收入能力、财政支出水平以及公共服务能力上所存在的差异，这主要是各地经济发展水平不平衡造成的，其实质反映了地区间财政净收益水平的差异与保持基本一致公共服务水平的矛盾。当横向财力不均衡现象存在时，需要高层级政府对低层级政府、富裕地区对贫困地区实行财政转移支付。

由此看出，实行完善的转移支付制度，可以从纵向与横向上进行规范的转移支付，弥补政府间财力不均衡，进行以财力与事权相匹配为目标的财政管理体制优化，有利于

---

① 之所以强调政府间转移支付为公平收入分配的实现创造了可能性，是因为国内外学者做的大量相关研究表明，转移支付制度对收入分配的影响存在两种可能性：一是转移支付制度有效缩小了收入差距；二是转移支付制度不但没有缩小收入差距，反而加剧了收入不平等，即转移支付对收入分配存在逆向调节。

财力均衡的实现。

但是,不同的转移支付形式促进政府间财力均衡的效应不同。从理论上讲,无条件转移支付(也称一般转移支付、财力性转移支付或均衡性转移支付)对于低层级政府获取的转移支付补助不指定用途,也不要求提供配套资金,低层级政府可以自由支配,对于低层级政府而言,相当于政府本级一般财政收入的有益补充,可用来增强财力,增加可支配的财政资源,按照本地区的状况自主调节居民收入水平,灵活性最大。有条件转移支付就是专项转移支付,是指高层级政府向低层级政府提供的指定用途的资金,低层级政府在收到有条件转移支付时,必须按照上级部门规定的用途支出使用,并按规定提供配套资金,着眼于解决地区间具有外溢性的公共服务提供问题,以政府宏观调控、促进各地协调发展和调整产业结构、优化资源配置等为政策目标,实行专款专用,相对于无条件转移支付,对调节收入分配的影响较弱。

从实践层面来讲,各国在处理纵向不均衡和横向不均衡的问题上,有着三种不同的政策反应[①]:

第一,用不同的政策措施纠正不同的不均衡。先用税收分享或拨款安排解决每一级的纵向不均衡。然后把税款从财政能力较高的地区转移支付到财政能力较低的地区,一次解决横向不均衡。德国采用这种办法。

第二,制定一套综合性的均等化拨款制度,同时解决纵向和横向不均衡问题。既有无条件的均等化拨款,又有有条件的专项拨款。澳大利亚和加拿大采取这种办法。

第三,政策设计主要用于纠正纵向不均衡,忽略横向不均衡。通过分享税收和拨款安排主要用于解决纵向不均衡问题,但不采取措施纠正横向不均衡。横向不均衡的解决主要依赖市场力量,如资本和劳动力的自发流动(可以视为"用脚投票")即为一个资源在不同区域间合理配置的过程,会对地区间的劳动所得和净财政收益自动作出反应。此外,专项拨款既可以服务于中央政府的目标,同时也可能减少横向不均衡,至少可以减少某些领域内的地区差距。美国大体采用这种方法。

2. 财力均衡是调节收入分配差距的重要条件

财力的均衡为调节收入分配差距目标的实现提供了物质保障,使资金分配向财力较弱地区倾斜,使低层级政府有财力、有能力提高低收入者收入水平,缩小地区间财力的差距,进而缩小地区间居民收入差距。财力均衡与调节收入分配差距之间存在着紧密的联系,财力的均衡对调节收入差距具有促进作用,转移支付制度不仅能促进财力的均衡,而且是影响收入分配的重要手段。地区间财力均衡与缩小收入差距之间是一种递进的关系,财力的均等化是有效调节收入差距不可或缺的一步,是缩小收入差距的前提和重要条件。

3. 调节收入分配是政府间转移支付的重要目标之一

党的十八大报告提出,调整国民收入分配格局,着力解决收入分配差距较大问题,

---

① 特里萨·特尔—米纳什:《政府间财政关系理论与实践》,中国财政经济出版社 2003 年版,第 82~83 页,转引自李齐云:《建立健全与事权相匹配的财政体制研究》,中国财政经济出版社 2013 年版,第 124 页。

使发展成果更多更公平惠及全体人民，朝着共同富裕方向稳步前进。深化收入分配制度改革，要坚持注重效率、维护公平。初次分配和再分配都要兼顾效率和公平，初次分配要注重效率，创造机会公平的竞争环境，维护劳动收入的主体地位；再分配要更加注重公平，提高公共资源配置效率，在分配中允许拉开合理差距的同时，采取有效措施，缩小收入差距，防止两极分化。政府转移支付是国家宏观分配政策的重要组成部分，肩负着促进各地区共同富裕、防止两极分化的重要使命，虽然政府间转移支付的目标是多元化的，但调节地区间收入分配是转移支付的重要目标之一。

17.1.2　政府间转移支付有利于促进经济增长，缩小地区间的经济发展差距

转移支付促进经济增长主要是通过乘数效应和促进内生经济增长而发生作用的。

1. 转移支付的乘数效应

转移支付乘数效应是指政府对企业和个人转移支付的变动对国民收入变动的倍增作用，即转移支付的变动引起的国民收入变动的倍数。在理论上，可通过 IS – LM 模型中的各个方程计算出转移支付乘数。以 K_{TR} 代表转移支付乘数，则：

$$K_{TR} = \frac{MPS}{1 - MPS(1 - t)}$$

其中，MPS 为边际消费倾向。

政府间转移支付也会对国民收入产生乘数效应，只不过这种效应不太容易通过理论模型说明。因为如本章开篇所述，针对企业和个人的转移支付项目可直接作用于微观主体，而政府间转移支付的作用对象是某一级政府，政府作为宏观或中观主体，一般都是过路财神，会将获得的转移支付资金分别汇入不同的财政支出项目加以使用，或用于经济建设，或用于公共服务和民生项目，或沉淀于行政系统之中，再加上支出效果的时滞和行政效率的影响，所以其对经济增长的乘数效应不容易确定。

2. 转移支付与经济增长的关系

巴罗（Barro，1990）运用公共产品模型和拉姆齐模型研究政府活动对经济增长的影响时，得出：政府支出的增加提高了资本的税收边际产品，从而促进了经济增长。龚六堂等（2000）则进一步推广了巴罗（1990）的模型，在分析转移支付与经济增长率关系时，通过参照发达联邦制国家高层级政府与低层级政府的税收划分情况，选取了如下参数税率，即：高层级政府所得税税率 $T_f = 0.2$；低层级政府所得税税率 $T_s = 0.1$；低层级政府消费税税率 $T_c = 0.05$；低层级政府财产税税率 $T_k = 0.02$，由此得出结论：当转移支付率 g 处于（0，0.2）区间时，随着转移支付率 g 的提高，经济增长率 γ 反而缓慢下降（见图 17 – 1）。究其原因，低层级政府收入来源主要是所得税、消费税和财产税，此时高层级政府向低层级政府实施转移支付对经济刺激不大。

然而，考虑到中国 1994 年和 2002 年分税制改革后高层级政府与低层级政府财政收入划分情况，重新选取了参数，转移支付率 g 与经济增长率 γ 之间的关系发生改变。选取的技术参数不变，假定实行分税制后低层级政府所得税与消费税都归高层级政府，因

此低层级政府所得税税率与消费税税率均为 0，财产税税率为 0.02，把重新假设的数据代入进行检验可以得到转移支付率 g 与经济增长率 γ 之间的关系式：

$$\gamma = 0.048 \{ [0.2 - 0.02g/(1-g)]^{0.5} + 3 \}^2 - 0.075$$

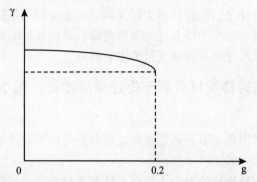

图 17-1　转移支付率 g 与经济增长率 γ 之间的关系

此时得出的结论恰恰相反，即随着转移支付增长，经济增长率上升，尽管增长速度相对比较缓慢，如图 17-2 所示。究其原因，高层级政府把所得税以及消费税划归高层级政府，从而控制了绝大部分财政收入，而经济困难的低层级政府从低层级政府财产税中所获收入远远不能满足支出需要，此时高层级政府转移支付对低层级政府维持基本行政事务运转、投资于基础设施建设等效用巨大，从而在促进经济增长方面发挥了重要作用。

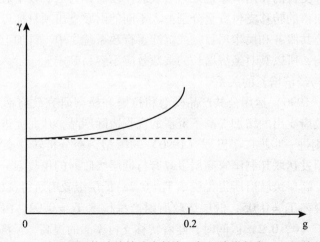

图 17-2　分税制后估计的转移支付率 g 与经济增长率 γ 之间的关系

值得一提的是，政府间转移支付对经济影响程度的大小与高层级政府对低层级政府转移支付的规模成正比关系，即获得转移支付越多的地区其经济增长越快。因此，如果在制度上能够保证落后地区以及农村获得更多的转移支付，则此时转移支付就可有助于缩小地区以及城乡经济发展差距，进而为实现公平收入分配创造可能性。

17.2　政府间转移支付对公平收入分配的调节方式

从理论上来说，政府间转移支付对公平收入分配的调节方式分为四种：无条件拨款方式、有条件的非配套拨款方式、有条件不封顶的配套拨款方式以及有条件封顶的配套拨款方式。

17.2.1　无条件拨款方式

无条件转移支付，也称一般性转移支付，指高层级政府在对低层级政府转移支付时不规定资金的使用用途。由于未对转移支付资金的使用加以限制，因此不改变低层级政府的财政偏好，所以只存在收入效应，没有替代效应。

无条件拨款在增加区域性公共产品的同时也影响着私人产品。如图 17 - 3 所示，CD 为低层级政府接受来自高层级政府转移支付款后的预算线，AC 为转移支付额，此时该地区消费的公共品为 OH，比转移支付前增加了 FH；OJ 为该地区消费的私人产品，比转移支付前增加了 JG。

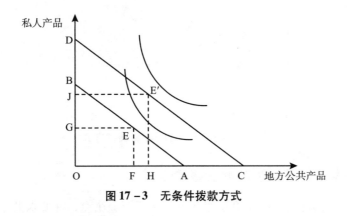

图 17 - 3　无条件拨款方式

可以看出，无条件拨款具有以下效应：

（1）收入效应。在不改变公共产品与私人产品相对价格的情况下，增加了公共产品和私人产品的需求。其中，私人产品需求增加的作用机理在于，通过降低低层级政府税收可以使部分转移支付资金变为私人消费。

（2）漏出效应。低层级政府财政在公共产品上的支出增加额小于高层级政府的拨款额。

（3）主要用于弥补低层级政府财政缺口。无条件拨款不直接干预低层级政府财政的决策内容，因此不改变低层级政府的财政偏好。

（4）降低了低层级政府征税的积极性。在图 17 – 3 中，由于私人产品的消费从 OG 上升到 OJ，税收量从 GB 下降到 JB。

17.2.2　有条件的非配套拨款方式

有条件的非配套拨款指高层级政府对资金的使用作出明确规定，指明用于某一方面，但不要求低层级政府提供配套资金。如图 17 –4 所示，低层级政府将款项用于特定项目后，预算线外移变成 BFC，虽然接受补助的公共产品大量增加至 OH，但其他产品并没有大量增加。可见，有条件的非配套拨款也有补助金转移到其他产品中去的情况。总体来说，有条件的非配套拨款效应包括：

（1）由于有高层级政府的补助，低层级政府可以把原来用于受补助项目的支出用于其他项目，从而会改变低层级政府的决策；

（2）接受补助的公共产品数量大幅增加，能明显体现高层级政府的意图，补助效果比较明显；

（3）有条件的非配套拨款具有间接的漏出效应。

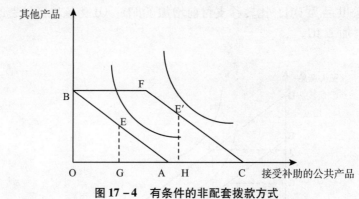

图 17 –4　有条件的非配套拨款方式

17.2.3　有条件不封顶的配套拨款方式

有条件不封顶的配套拨款指高层级政府规定了资金用途，并要求低层级政府拿出一定比例或数额的资金。从图 17 – 5 可以看出，引入配套率为 AC/OC 的配套拨款后，公共产品和私人产品的消费分别为 OH 和 OJ。此时，公共产品消费增加了 FH，私人产品消费增加了 GJ。在拨款前，消费 OF 的公共产品要放弃 BG 的私人产品，拨款后消费 OH 的公共产品，只需要放弃 BJ 的私人产品，税率由 GB/OB 下降为 BJ/OB，区域内公共产品的价格相对于私人产品来说有所下降，区域内社会福利提高了。因此，有条件不封顶的配套拨款具有下列效应：（1）有助于降低低层级政府税率，提高低层级政府社会福利；（2）收入效应和替代效应；（3）可以矫正外部性。

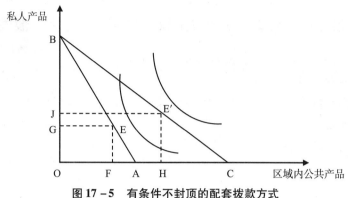

图 17 - 5　有条件不封顶的配套拨款方式

17.2.4　有条件封顶的配套拨款方式

有条件封顶的配套拨款，是指规定了资金的用途和最高界限，并要求低层级政府承担一定比例或数额的配套资金。

如图 17 - 6 所示，低层级政府接受拨款后，预算线变为 BCF。在 BC 段，高层级政府按照 FD/OD 的比例拨款；在 CF 段，低层级政府承担全部成本。接受拨款后，受补助的公共产品消费量为 OH，增加了 KH。因此，有条件封顶的配套拨款具有下列效应：（1）拨款用完后，就失去了对受补助产品消费的进一步刺激；（2）有利于上级政府对预算的控制，在实践中上级政府更乐于采用这种方式；（3）如果受补助产品消费低于最高限额，那么最高限额就会失去应有的作用。

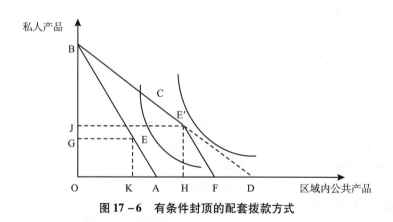

图 17 - 6　有条件封顶的配套拨款方式

17.3　政府间转移支付对公平收入分配的作用形式

现实中，政府间转移支付对公平收入分配的作用形式多种多样，根据不同的标准，可以划分为不同的形式。

17.3.1 根据低层级政府使用资金权限的大小，分为一般性转移支付和专项转移支付

1. 一般性转移支付

一般性转移支付，又称为无条件转移支付，是指高层级政府对低层级政府进行转移支付时，不规定该项资金的用途，低层级政府可以自主决定如何使用这些资金。它有效地实现了高层级政府财力向低层级政府的转移，而且这部分转移支付资金对保证低层级政府的公共服务能力具有重要的作用，是实现地区间公共服务水平均等化的主要手段[①]。

一般情况下，一般性转移支付是政府间转移支付的主要组成部分，在整个转移支付中占据主要比重；同时，一般性转移支付还是高层级政府为了扶持经济相对落后和财政能力较差地区的财政不足而由高层级政府给低层级政府提供的支出性补助，是缩小地区间经济发展不平衡导致的财政收入差距的重要手段。

2. 专项转移支付

专项转移支付，又称为有条件的转移支付，是指高层级政府向低层级政府进行转移支付时附加一定的限制条件，或者要求低层级政府提供配套资金，或者制定了这笔资金的用途，或者二者同时指定，低层级政府只有满足这些条件才可以获得这笔转移支付资金。也就是说，专项转移支付可简单理解为专款专用的、不得挪作他用的转移支付形式，高层级政府通过专项转移支付来完成某些统一规划性目标的实现，重点应用领域为教育、卫生等服务事业项目，不仅增强了高层级政府的宏观调控能力，在一定程度上干预了低层级政府的自主权，而且提高了广大群众共享经济发展的收益度。

17.3.2 根据财政转移支付的拨款形式，分为对称补助、一般性补助和专项补助

1. 对称补助

对称补助，又称为配套补助，是高层级政府对低层级政府实施转移支付时，同时要求低层级政府拿出相应的配套资金，其主要目的在于加强高层级政府与低层级政府之间的合作，共同承担提供公共产品和服务的职责。

值得一提的是，配套数额或比例的确定，依照具体情况的不同而变化。在低层级政府较为拮据的情况下，补助金的配套数额或比例会低一些；对于比较富裕的低层级政府，配套数额或比例会高一些，这也在一定程度上体现了公平收入分配的出发点。

---

① 值得注意的是，本部分对一般转移支付和专项转移支付的机理和作用描述，基本来自经典理论和西方各国的实践。由于国情差异，不一定完全符合中国的情况。比如，当各级政府只对上级政府负责、不对本辖区居民负责，且资金的使用随意并缺乏透明度时，增加地方政府可自主支配的一般转移支付的比例，有可能导致资金被用于缺乏效率的当地人员开支，而非公共服务，其结果是均等化效果反而大打折扣。

2. 一般性补助

一般性补助，也叫无条件补助，在给予低层级政府时并不附件任何使用要求，因此这无异于对低层级政府的"赠款"。高层次政府一般不加任何限制与干预，从而赋予低层级政府较大的自由度，使其能够按照本地情况灵活地安排资金投向。

3. 专项补助

专项补助，是一种制定专门用途的拨款，补助金不得挪作他用。专项补助的主要功能在于，保证各地区的居民享有大致同样的公共产品与公共服务。

在具体实践中，三种补助方式各有千秋，孰优孰劣，不可简单比较。高层次政府对补助形式的选择，主要是依据具体情况（尤其是干预程度）而定，其各种补助的基本功能可以通过表 17－1 来展示和比较。

表 17－1　　　　　　　　各种补助形式的功能比较

目标	对称补助	一般性补助	专项补助
体现高层级政府的意图	强	弱	强
行政干预的成分	弱	弱	中
影响低层级政府的决策	中	弱	强
低层级政府运用补助金的自由度	中	强	弱
促进特定效果的提高	中	弱	强

17.4　公平收入分配的转移支付体系基本模式

17.4.1　世界各国的三种基本模式

从世界各国政府间转移支付的实践来看，高层级政府对低层级政府的转移支付主要有三种基本模式：

第一种模式是以美国为代表的补助金制度。与许多发达国家不同，美国联邦政府对州和地方政府转移支付的绝大部分是有条件拨款（即专项拨款），而非无条件拨款。尽管会采用三种形式的有条件拨款（如前所示，非配套拨款、不封顶的配套拨款、封顶配套拨款），但是最常用的是有条件的封顶配套拨款。20 世纪 90 年代，有条件拨款占联邦政府的 90% 以上，其中大约 2/3 拨给州政府，其余拨给地方政府（县、市）。联邦政府的拨款主要用于卫生、社会保障、教育、交通四个方面。

第二种模式是德国的财政平衡法。分为纵向平衡和横向平衡，其中纵向平衡也叫纵向转移支付，是指联邦政府对州政府的转移支付，主要靠调整增值税在中央与地方之间的分成比例来调剂，各州享受的分成比例也不同；横向平衡也叫横向转移支付，是指州际的平衡，富裕州要专门上缴一部分收入，专门补助贫困州。

第三种模式是日本的税收返还制度。日本的转移支付主要有三种类型：地方交付税

（地方交付税不是一种税，而是一种拨款）、国库补助金和地方让与税。地方交付税是将国税中的个人所得税、法人税和酒税，按收入的一定比例拨给地方，是一种无条件的转移支付，用以平衡各地方预算；国库补助金是一种专项拨款。地方让与税共有五种，由中央统一征收，按一定比例下拨地方使用，专用于航空交通。其中，地方支付税和国库补助金最重要，占从中央向地方转移支付的90%左右。

17.4.2　中国基于公平收入分配的转移支付模式选择

1. 实行一般性转移支付为主，专项转移支付为辅的转移支付模式

实行分税制以来，在中国式财政分权和增长竞争的约束下，我国政府最初选择了"专项转移支付为主、一般性转移支付为辅"的模式，但是从实施效果来看，这种模式显然存在一定的问题[①]：首先，专项转移支付资金可能被挪用。地方政府在本级财力紧张的情况下，不配套、少配套、截留挪用专项资金现象屡见不鲜。汪冲（2007）以1998～2001年中央政府对地方的教育专项转移支付为例进行了实证检验，结果表明专项转移支付并没有用在指定项目上，而是被转移到其他用途，存在相当比例的漏损[②]。其次，专项转移支付不能成为地方的可支配财力，其配套要求甚至加大地方财政压力，不利于地方缓解财政压力。在这种情况下，财力紧张、不能提供配套资金的地方政府无法获得专项转移支付。再次，中央政府处于信息劣势，并不了解地方真实情况，加上受寻租行为、人情因素的影响，使得立项审批、项目确定和范围选择不尽合理，具有很强的随意性，从而出台一些明显不符合地方实际情况的补助项目。最后，种类庞杂，项目交叉重复，覆盖面过宽，资金分配零散，使用效率不高。根据审计署2011年对90个县的财政资金审计，专项资金设置交叉重复、部门多头管理和分配的县乡普遍存在，而由于监管分散，多头申报、套取和挪用财政资金金额高达3.32亿元。

正是因为如此，再加之一般性转移支付和专项转移支付的政策目标不一致，在转移支付多重目标约束和中央政府转移支付资金总量一定的情况下，可能就存在相互竞争乃至相互矛盾。同时，按照传统财政分权 TOM 理论，相比中央政府，地方政府具有信息优势，更加了解辖区居民的偏好，由其提供地方性公共产品更有效率，因此从这个角度出发，转移支付应采取"以一般性转移支付为主、辅之以专项转移支付"的模式，近年来我国一般性转移支付在转移支付总额中的比例不断上升，即是这种模式的体现（具体数据详见第3章）。

从公平收入分配的角度来看，现有这种模式对缓解地区之间的收入分配差距方面起到了一定的效果。例如，对于财力比较薄弱的中西部地区来说，中央对地方的转移支付成为地方极其重要的财政收入来源，已占其财政收入的60%以上。可以说，一般性转移支付的稳定增长，大大提升了中西部地区的财力水平，缓解了中西部地区的财政收支

① 董再平：《论我国政府财政转移支付模式的选择》，载于《税务与经济》2013年第5期，第16～20页。
② 汪冲：《专项转移支付漏损的理论分析与实验检验》，载于《财经研究》2007年第12期，第58～67页。

矛盾。

　　然而，我们也应该看到，分税制在使得财政收入向中央集中的同时，也使得地方政府成为相对独立的利益主体，从而引发了地方政府的财政竞争。由于我国的财政分权是建立在政治集权框架下并内生于经济社会转轨的需要，中国高度的行政垂直集权使得地方主要领导由上级政府任命，官员晋升必须投入到"晋升锦标赛"中，这样，地方官员就有强烈的激励为实现中央政府考核其绩效的标准而努力。在这种情况下，为了赢得 GDP 和财政收入增长锦标赛，地方政府纷纷出台各种政策，千方百计招商引资，同时也把有限的财政资金投向改善本地投资环境如能源、通讯、道路、机场、港口、码头等基础设施等生产性公共投入，以提高公共资本的生产力，吸引流动性税基；而且，基础设施本身也是最易观测、最好度量的政府治理绩效。然而，对于能够提高本地居民福利、需要较长时间才能显现其政治绩效的民生性公共产品如教育、医疗、社会保障投入却相对不足。这虽然可能在一定时期内加快了经济发展速度，但却阻碍了人力资本的积累，拉大了居民收入分配差距和城乡差距而不利于经济的长远增长。

　　综上所述，选择"以一般性转移支付为主、专项转移支付为辅"的政府间转移支付模式，扩大一般性转移支付规模，实现地方政府的财力与事权的匹配，进而达到地区间财力的相对平衡，不失为一种基于公平收入分配的转移支付模式。但是这个转变需要时间，不会是一蹴而就的。因为在资金使用缺乏监督且透明度不高，各级地方政府只对上级政府负责、不对本辖区居民负责的大环境下，中央政府担心地方政府滥用资金，所以不敢大规模扩大由地方自主支配的一般转移支付或均衡性转移支付的比重，即便是一般转移支付，也大多规定了使用方向和条件。在这个转变过程中，必须加强以下几个方面的改革：一是地方政府绩效考核体制的转型，从注重 GDP 和财政收入增长导向的考核体制向注重民生和可持续发展的考核体制转变，从而影响地方政府的支出偏好。二是明确专项转移支付目标，大幅归并项目种类，压缩项目数量，集中资金进一步向教育、医疗、社保和"三农"等民生领域倾斜，避免"撒胡椒面"而降低资金的使用效益。同时，项目调整必须经过科学论证和法定审批程序，防止受"寻租"和"人情"因素的影响。三是加紧推出以基本公共服务均等化为立法宗旨的《转移支付法》，对转移支付目标原则、模式选择、资金来源、分配办法、监督管理等做出相应的法律规范性要求，把对转移支付的监督纳入法制轨道。四是考虑在人大财经委中设立"拨款委员会"，直接对人大负责，负责审批转移支付项目、资金的申请，监督资金使用情况，评估资金使用效益，并对转移支付中的违法违规行为依法提出处理意见，必要情况下移送司法部门予以查处。五是充分发挥社会公众和新闻媒体的力量，加强社会监督，建立专项转移支付项目实施的社会公示制度，搭建社会公众和新闻媒体监督转移支付资金使用的平台，以期建立起纵横交错、衔接有序的立体监督网络体系，确保转移支付资金分配的公正性和使用的有效性，从而使我国政府间的转移支付模式真正能够起到公平收入分配的作用。

2. 学习德国模式，实行纵横结合的转移支付模式

众所周知，转移支付分为纵向转移支付和横向转移支付。长期以来，我国一直实行以高层级政府对低层级政府的纵向转移模式，而忽略了横向转移支付模式的运用。实际上，横向转移支付主要用于解决同级地方政府间因提供公共服务的能力或成本差异所导致的地区间财力不均衡问题。横向转移支付主要是在同级政府之间展开，资金的贡献方与接受方彼此都明确资金的去向和来源。在地方公共服务主要由基层政府提供，人口流动以省内为主，人口红利逐渐消失，各地区对劳动力展开竞争的综合背景下，省域内的财政协调日益重要。一省之内发达地区对于欠发达地区提供一定的财政援助用于资助当地的教育和社保等公共服务，同时可为发达地区的经济发展提供劳动力资源，这种横向财政协调的转移支付的结果具有双赢的特征。因此，横向转移支付有其存在的价值①。

17.5　本章小结

转移支付制度是分级财政管理体制的重要组成部分，是在市场经济条件下处理高层级政府与低层级政府之间的财政分配关系实现财力均衡的基本手段，它在很大程度上影响着一个国家的经济发展与财政体制的效率和公平，并在一定程度上影响了收入分配的水平与效果。

从政府间转移支付对公平收入分配的调节机理来看，实施政府间转移支付后，各个地区所获取的转移支付资金存在差距，这一方面直接缩小了地区间的财力差距，另一方面政府在使用转移支付资金后可以起到促进经济增长的作用，从而缩小地区的经济发展差距，为实现公平收入分配创造有利条件。

从政府间转移支付对公平收入分配的调节方式来看，政府间转移支付对公平收入分配的条件方式分为无条件拨款、有条件的非配套拨款、有条件不封顶的配套拨款和有条件封顶的配套拨款四种，其收入效应和替代效应各不相同。

从政府间转移支付对公平收入分配的作用形式来看，根据不同的标准，可以划分为不同的形式。其中，根据低层级政府使用资金权限的大小，分为一般性转移支付和专项转移支付；根据财政转移支付的拨款形式，分为对称补助、一般性补助和专项补助。这些作用形式各有千秋，孰优孰劣，不可简单比较，高层次政府可依据具体情况（尤其是干预程度）进行选择。

从世界各国政府间转移支付的实践来看，高层级政府对低层级政府的转移支付主要有三种基本模式：以美国为代表的补助金制度、德国的财政平衡法与日本的税收返还制度。对于中国而言，我国政府最初选择了"专项转移支付为主、一般性转移支付"为辅的模式，但是从实施效果来看，这种模式存在专项资金被挪用、专项项目过于随意、

---

① 刘大帅、甘行琼：《公共服务均等化的转移支付模式选择——基于人口流动的视角》，载于《中南财经政法大学学报》2013 年第 4 期，第 13 ~ 20 页。

使用效率不高、不可成为地方政府财力等问题。近年来，我国一般性转移支付在转移支付总额中的比例不断上升，反映出我国政府间转移支付向"以一般性转移支付为主、辅之以专项转移支付"模式转变的趋势。当然，目前来看，不附带任何条件且完全由地方政府自主支配的转移支付（即均衡性转移支付）比例并不很高，这反映了中央政府因对地方政府不放心从而加强控制的意图。这种新模式在具体实施时尚需要一定的配套措施，才能逐步发挥促进公平收入分配的作用。

第18章 我国政府间转移支付制度变迁

18.1 政府间转移支付制度的历史演变

1994年之前，虽然我国还没有明确的财政转移支付概念，但实际上，中国各级政府之间一直存在着不同形式的转移支付，既有上级政府对下级政府的财政转移，也有下级政府对上级政府的财政转移。其中，中央对补贴省的转移支付形式一直存在，大部分是一种近似一般性转移支付的模式，而正式提出将财政转移支付作为财政体制的一部分则始于1994年分税制改革。

18.1.1 计划经济体制下的转移支付

1978年经济体制改革之前，我国一直实行与当时计划经济相匹配的财政上解和补助制度。由于各级政府之间的财政关系，实行的是高度集中的管理体制，权力高度集中在中央政府手中，地方政府的财政权限十分有限，因而缺乏规范的转移支付制度。

在这一阶段，政府间转移支付制度的演进又可细分为两个时期：第一个时期是1958年以前实行的转移支付制度，这一时期主要处于新中国成立初期，每年地方政府的财政收支都必须由中央政府来核算，并由中央对地方政府按照一定收入比例的分配资金空缺进行补助调节；第二个时期是1958年之后，中央政府开始逐步将部分财权下放地方政府。也就是说，地方政府的收支由地方自行支配，当出现财政资金缺口时，由中央财政给予补助，当出现财政支出富余时，则按比例进行上缴。所以这一时期，我国中央政府财政收支所占比重大幅减少，致使财政资金在各级政府间的使用方面效率不足。平均而言，地方财政支出中15%~30%的部分来自中央政府的转移支付[①]。

18.1.2 "过渡时期"的转移支付

1980~1993年，我国转移支付制度进入了所谓的"过渡时期"。在这一阶段，中央政府为了调动地方政府经济建设的积极性，实行了中央政府与地方政府财政分级包干制。财政分级包干，是指地方政府根据自身财政支出实际需要，计算出地方收入基数和收入能力两个财政指标，据此确定中央与地方财政收入的分配比重。地方政府可对本地区分配获得的财政资源自行预算和支配。这段时期，中央对地方的转移支付有所增长，

---

① 王雍军著：《中国公共支出实证分析》，经济科学出版社2000年版，第230页。

但规模仍然不大。1990～1993 年，中央对地方政府的补助支出数额分别为 582 亿元、555 亿元、597 亿元和 545 亿元，占当年地方财政支出比重分别为 28.0%、24.2%、23.2% 和 16.4%；扣除地方对中央的上解收入外，中央对地方的净转移数额分别为 100 亿元、65 亿元、38 亿元和 55 亿元，占当年中央本级收入比重分别为 10.1%、6.9%、3.9% 和 5.7%[①]。虽然这一时期的分级包干体制在一定程度上促进了地方政府积极推动经济发展以增加财政收入，但是中央政府的宏观调控能力却因中央财政收入弹性不足而受到了削弱，各地方政府慢慢地取得了对地方财政收入的一定控制权，而且在财政资金净流出的地方出现了比较强烈的地方保护倾向。

18.1.3　分税制改革之后的转移支付

自 1993 年年底中央政府发布了建立分税制财政体制方案之后，每隔一段时间都会有关于转移支付方面的新办法出台。从发展线索来看，我国政府间转移支付制度的历史沿革和发展变迁是随着中央政府与地方政府财政资源分配方式的改变而改变的，大到财政体制上的改革，如"分税制"，小到"增值税""消费税""营业税""所得税""农业税"税种上的调整或废弃，只要地方与中央收入权力发生重大变更，相应的转移支付制度也会做出改变。

1994 年我国实施分税制改革，为了保证新体制的顺利运行，并在一定程度上照顾发达地区的既得利益，建立了税收返还制度，即中央政府与地方政府开始逐步实行"分支出、分收入、分设税务机构、实行税收返还"的"三分一返"的分级分税财政管理体制。所谓税收返还，是指中央政府从 1994 年起将从地方净上划的财政收入全部返还给地方政府，并在以后年份使税收返还数额随增值税、消费税收入的增长而以 1∶0.3 的系数相应地增长。因此，税收返还实际上由基数返还与递增返还两部分组成。税收返还的具体办法是：根据税制改革和分税制对税种的划分，以 1993 年为计算基期，核定中央财政从地方净上划的收入数额（即消费税 + 75% 增值税 − 从中央下划地方的财政收入），1994 年将这一净上划收入全额返还地方政府，并从 1994 年起每年对某个地区的税收返还额在 1993 年基数的基础上逐年递增，递增率按该地区增值税和消费税的增长率和 1∶0.3 的系数确定。计算某个地区的税收返还额的公式如下：

$$\frac{1994\,年税收}{返还额} = \frac{1993\,年核定的}{净上划中央收入} \times (1 + 该地区增值税和消费税的增长率 \times 0.3)$$

$$\frac{以后年份税收}{返还额} = \frac{该地区上一年的}{税收返还额} \times (1 + 该地区增值税和消费税的增长率 \times 0.3)$$

1995 年为了加强中央政府对地区间财政差异的调节作用，建立了一般性转移支付制度，最初称为过渡时期转移支付制度，其目的是为了弥补税收返还制度无法调整地区财政差异的缺陷而制定的临时性制度。在这个过程中，我国制定了《过渡期财政转移支付办法》，首次引用了"标准收入和支出"的概念，建立了一般性转移支付、中央专项

---

① 资料来源于各年度《中国财政年鉴》。

补助拨款等一系列基本上与分税财政体制相配套的转移支付体系和制度，并在改革的实践中不断完善和规范，奠定了地区间财政资源均衡机制的基础（2002 年以后并入一般性转移支付）。2002 年我国制定了《关于印发所得税收入分享改革方案的通知》，增加了所得税基数返还，还就一般性或财力性转移支付等相关的概念作了较为系统的调整、规范和说明，对一般转移支付的内容进行了调整①。用于一般性转移支付的资金主要来源于中央财政每年的收入增量部分和所得税分享改革所增加的财政收入。一般性转移支付额的确定依据是各地标准财政收入与标准财政支出的差额以及转移支付系数。地方政府标准财政收入大于或等于标准财政支出的地区不享受中央政府提供的转移支付资金；地方标准财政收入小于标准财政支出的地区，按下列共识计算其应享受的转移支付额：

转移支付额 =（当地标准财政收入额 - 当地标准财政支出额）× 转移支付系数

2005 年推出了缓解县乡财政困难转移支付；2009 年为弥补地方政府因取消公路收费的收益损失，又推出了成品油税费改革转移支付，并增加了成品油税费改革税收返还。专项转移支付方面，我国在 1998 年实施积极财政政策以后，专项转移支付项目大幅增加，规模迅速扩大，随之出现了过多过滥的问题，带来了诸如地方财政职能被中央部委肢解、地方政府通过跑"部""钱"进和"样子工程"等显示政绩的方式来争取资源、预算软约束等诸多问题。近年来，各级政府通过对专项拨款的清理整顿，同时加大一般性转移支付的比重，使得政府间转移支付的结构日趋合理。

回顾 20 多年的改革，1994 年前，受制于自身财力，中央每年从自己负责征收的收入中，只能拿出 4% ~10% 用于对地方的转移支付；1994 年后，随着分税制带来的财权上移，以及中央财政自给能力的增强，中央每年可以从本级组织征收的收入中，拿出高达 40% ~60% 用于对地方的转移支付，成为地方财政的重要来源。就总量而言，中央政府给予地方政府的转移支付从 1994 年的 590 亿元增加到 2014 年的 46613 亿元，年均增长接近 23.13%，超过了同一时期中央财政收入的增长幅度，并在调节地区差异，保证地方政府提供公共服务方面发挥了相当重要的作用。

然而，我国政府间转移支付制度历史演进的背后也隐藏着一些深层次的问题和矛盾，值得认真反思。其中最大的问题是，我国地方政府主要对上级负责，而不主要对下级政府乃至辖区百姓负责的大背景下，上级政府在政府间财政关系上始终占绝对主导地位，这使得各级政府之间的财权和支出责任始终有利于高层级政府，同时高层级政府有很大的自由裁量权去单方面更改既定的财政体制和转移支付办法。其结果：一方面，透明且具有规则的财政体制很难建立并稳定运行；另一方面，转移支付更大程度上被高层级政府用作控制地方的工具，而非实现财政均等化的手段。比如，在 20 世纪 80 年代的分级包干时期，中央就至少有三次调整，让地方扩大固定上缴额度，甚至还出现过某些年份中央因财政困难找发达省份借钱，但次年不仅不还钱，反而要求按上年借款水平来上调固定上缴额度。又如，分税制改革初期，中央曾承诺未来相当时期内政府间财政关

① 从 2009 年起，将原财力性转移支付更名为一般性转移支付，将原一般性转移支付更名为均衡性转移支付。

系将保持稳定。但当 21 世纪初中央发现地方所得税增加较快后，又于 2002 年开始推动所得税分成，目前，所得税的中央分享比例高达六成。再比如，随分税制后中央财政收入集权，省以下各级政府也上行下效，一级级不断"收权卸责"，结果是不同层级政府间的纵向财政不平衡日益扩大，县乡政府、事业部门、村集体的运转经费紧张，基层财政供养人员、村干部的工资待遇得不到保障。纵向不平衡还会让地方预算内支出日益依赖转移支付，进而加重了地方软预算约束问题。

18.2　政府间转移支付制度的现状分析

18.2.1　政府间转移支付体系的具体构成

如前所述，经过一系列调整，目前我国政府间转移支付主要可以分为三大类：一般性转移支付、专项转移支付和税收返还，如表 18 - 1 所示。由于税收返还具有收入分配上的累退性（越是税源丰富的省市获得的税收返还越多）和不规范性，且近年来其相对于中央对地方的转移支付的比重不断缩小，所以本章基本上省略对税收返还的分析，而只着重研究一般性转移支付和专项转移支付。

表 18 - 1　　　　　　　　　我国政府间财政转移支付体系的构成

转移支付类型	范围
一般性转移支付 （原财力性转移支付）	主要包括：均衡性转移支付（原一般性、转移支付）；民族地区转移支付；调整工资转移支付；农村税费改革转移支付；缓解县乡财政困难转移支付；资源枯竭城市财力性转移支付；工商部门停征两费转移支付；成品油税费改革转移支付；定额补助；企事业单位划转补助；结算财力补助；其他一般性转移支付
专项转移支付	主要包括：一般公共服务、外交、国防、公共安全、教育、科学技术、文化体育与传媒、农林水事务、社会保障与就业、医疗卫生、环境保护、城乡社区实务、交通运输、粮油物资储备管理事务、贫困地区补助专款及支援经济不发达地区支出、其他专项支出等
税收返还	增值税和消费税返还、所得税基数返还、成品油税费改革税收返还

1．一般性转移支付

（1）均衡性转移支付。2004 年后国务院对转移支付的分类进行了调整，分为税收返还、转移支付和体制补助三类，而转移支付中又具体分为财力性转移支付和专项转移支付；2007 年以后税收返还不再计入转移支付，并将体制补助并入财力性转移支付，由此转移支付被分为财力性转移支付和专项转移支付两大类；2009 年，为了规范转移支付体系，财政部将财力性转移支付更名为一般性转移支付，将原一般性转移支付更名为均衡性转移支付。

（2）民族地区转移支付。为了配合西部大开发的政策，2000 年我国设立了民族地区转移支付，主要是对少数民族地区发放补助以支持发展。2005 年以前，享受民族地区转移支付的主要是 5 个民族自治区，2006 年以后又将 53 个非民族省区及非民族自治州管辖的民族自治县纳入转移支付范围。民族地区转移支付的资金来源于中央预算内资金和民族地区增值税环比增量的 80%。中央政府将民族地区增值税增量的 80% 一半返还给税源所在地，另一半连同部分中央资金通过因素法对民族地区实行分配。

（3）调整工资转移支付。为了配合国家实施的工资调整政策，从 1999 年起，中央财政对财政比较困难的老工业基地、中西部地区因调整工资和离退休费用增加的财政支出，根据职工和离退休职工人数和财政困难程度分别计算确定。

（4）农村税费改革转移支付和缓解县（乡）财政困难转移支付。为了规范农村税费制度，遏制乡镇政府向农民乱收费、乱集资、乱罚款和各种摊派，减轻农民负担，中央实施了农村税费改革，取消了农业税、农业特产税、屠宰税和"三提五统"。面对地方政府收入的减少，特别是乡级政府债务负担加重，收支矛盾日益突出等问题，2001年，中央财政设立农村税费改革转移支付，对除北京、天津、上海、江苏、浙江、广东等之外的省份给予补助；针对基层政府的财力缩减，中央在 2004 年实施了配套的取消农业特定税、降低农业税率补助；在 2005 年又进一步实施了缓解县（乡）财政困难的"三奖一补"等财力性补助。

（5）资源枯竭城市财力性转移支付。资源型城市曾经是我国重要的原材料供应地，对促进经济社会发展做出了重大贡献，但由于资源衰减等，经济结构失衡，生态环境严重破坏，经济发展落后，维护社会稳定压力较大。为了解决好资源枯竭存在的突出问题和矛盾，中央通过财政转移支付资金进行对资源枯竭城市给予补助。

（6）工商部门停征两费转移支付。为了减轻个体工商户和私营企业负担，促进个体、私营等非公有制经济持续健康发展，从 2008 年 9 月 1 日起，在全国统一停征个体工商户管理费和集贸市场管理费。为了保证工商管理部门履行市场监管职能提供财力保障，因停征"两费"造成的收支缺口由中央财政转移支付进行适当补助。

（7）成品油税费改革转移支付。2009 年，国务院实施了成品油价格和税费改革。在成品油税费改革中，取消了公路养路费等六项收费，同时取消了由政府还贷的二级公路收费，为此还提高了成品油消费税单位税额。由于地方财政出现收入缺口，中央财政把新增成品油消费税连同相应增加的增值税、城市维护建设税和教育费附加等，除由中央本级安排的替代航道养护费等支出外，其余全部通过中央财政转移支付给地方进行补贴，弥补因取消公路养路费等收费带来的收支缺口。

（8）定额补助。定额补助是在分税制改革时，中央照顾地方利益，维护地方利益格局而从原体制延续下来的财政转移支付资金形式。

（9）企事业单位划转补助。该项补助在分税制改革前就存在，改革后依然列在体制性补助中，2003 年后在体制性补助中单独列示，2007 年并入财力性转移支付中，2010 年列入一般性转移支付。

（10）结算财力补助。该项是旧财政体制的保留科目，中央财政在年终清理的基础上，对上下级财政之间的预算调拨收支和往来款项结清而形成的对下级财政的所谓"补助", 是对已经过去的财政年度由于预算执行中政策调整变化以及中央与地方政府收支相互交叉对地方政府收支影响进行的调节。

针对地方政府教育、医疗卫生、农林水等投入不足的情况,中央还专设了教育转移支付、医疗卫生转移支付和农林水转移支付。2010 年的一般性财政转移支付科目中还新增了村级公益事业"一事一议"奖励资金支出、一般公共服务转移支付支出、公共安全转移支付支出、社会保障和就业转移支付支出。随着政府间转移支付制度的调整与完善,有些以前的专项转移支付项目(如新农合、新农保等)也进入了一般转移支付的范畴。

2. 专项转移支付

专项转移支付是中央财政为实现特定的宏观政策和事业发展目标,以及委托地方政府代理行政事务进行补偿而设立的资金。专项转移支付可分为三种类型:一是属于中央事权的专项财政补助。由于地方政府组织实施的成本最低,有利于达到预期目标,中央通过专项补助的形式委托地方政府安排,比如军队离休干部安置款。二是属于中央与地方共同事权的专项财政补助。对于中央和地方政府都涉及的事权,中央通过对地方政府专项转移支付,实现预期目标,如义务教育方面的专项补助。三是地方政府事权的专项补助。地方政府加快发展某些社会事业,符合中央宏观调控的目标,中央通过专项补助鼓励地方加快发展。我国的专项转移支付范围广泛,目前已经覆盖了一般公共服务、国防、教育、科学技术、文化体育与传媒、社会保障和就业、医疗卫生、环境保护、城乡社区事务、交通运输、农林水事务等方面,最多时达到 200 多个专项。

18.2.2 政府间转移支付资金的整体规模与结构

1. 政府间转移支付资金的整体规模

分税制改革以来,中央财政收入比重不断增高,对地方的财政转移支付补助逐年加大。由表 18 - 2 可以看出,1994 年中央财政支出为 6427.19 亿元,其中中央对地方的财政转移支付资金为 590 亿元;2013 年中央财政支出为 68491.68 亿元,是 1994 年的 11 倍,而中央对地方的财政转移支付资金为 42973 亿元,是 1994 年的 72 倍,明显超过财政支出的增长幅度。1994 ~ 2013 年,财政转移支付资金占中央财政支出的比重由 37.17% 提高到 70.11%,成为中央财政支出的重要组成部分。

表 18 - 2　　　　　　　　　　1994 ~ 2015 年中央对地方转移支付规模　　　　　　单位:亿元

年份	中央对地方转移支付	一般性转移支付	所占比重(%)	专项转移支付	所占比重(%)
1994	590	229	39	361	61
1995	667	292	44	375	56
1996	774	285	37	489	63
1997	845	327	39	518	61

续表

年份	中央对地方转移支付	一般性转移支付	所占比重（%）	专项转移支付	所占比重（%）
1998	1239	361	29	878	71
1999	1966	542	28	1424	72
2000	2459	846	34	1613	66
2001	3693	1493	40	2200	60
2002	4345	1944	45	2401	55
2003	4836	2238	46	2598	54
2004	6357	2934	46	3423	54
2005	7727	4198	54	3529	46
2006	9571	5159	54	4412	46
2007	14017	7126	51	6891	49
2008	18709	8747	47	9962	53
2009	23679	11320	48	12359	52
2010	27348	13236	48	14112	52
2011	32242	17337	54	14905	46
2012	40234	21430	53	18804	47
2013	42973	24363	57	18610	43
2014	46613	26672	57	19941	43
2015*	50765	29231	58	21534	42

* 2015 年数据为《2015 年中央对地方税收返还和转移支付预算表》中的预算数。

资料来源：根据中华人民共和国财政部预算司，http：//yss. mof. gov. cn/网站及其各年度《中央对地方税收返还和转移支付决算表》中相关数据整理所得。

2. 政府间转移支付资金的结构分布

如表 18 - 2、图 18 - 1 所示，1994 ~ 2014 年我国政府间转移支付资金在一般性转移支付和专项转移支付之间已经发生了结构性的变化。以 1994 年为例，在中央对地方转移支付数额中，一般性转移支付为 229 亿元，占比为 39%，而专项转移支付为 361 亿元，占比高达 61%。但是到 2014 年时，一般性转移支付的规模达到 26672 亿元，其占比达到了 57%，而专项转移支付的规模尽管也达到了 19941 亿元，但是占比下降为 43%。这也从侧面反映了近年来我国政府间转移支付资金的结构变化，即在一般性转移支付中，最主要的是均衡性转移支付，缩小地区差距、实现公平收入分配已经成为一般性转移支付的主要目标。而专项转移支付主要立足于诱导地方政府贯彻中央政策，并刺激地方政府增加对地方公共品的供给，其比重正在逐渐下降。

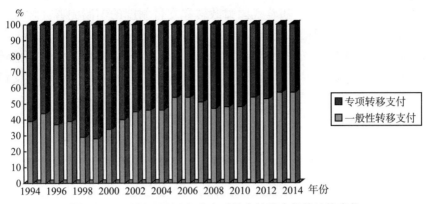

图 18 - 1　1994~2014 年中央对地方转移支付的结构变化

资料来源：根据中华人民共和国财政部预算司，http：//yss. mof. gov. cn/网站及其各年度《中央对地方税收返还和转移支付决算表》中相关数据整理所得。

18.2.3　一般性转移支付资金的数量与结构变化

1. 中央对省级一般性转移支付的数量与结构变化

（1）数量变化。1994 年以来，中央对地方财政的一般性转移支付规模一直呈逐年增加的态势，其规模由 1994 年的 229 亿元提高到 2014 年的 26672 亿元，年均增幅高达 25.43%，如图 18 - 2 所示。这表明，以基本公共服务均等化为主线的转移支付力度正在不断加强。

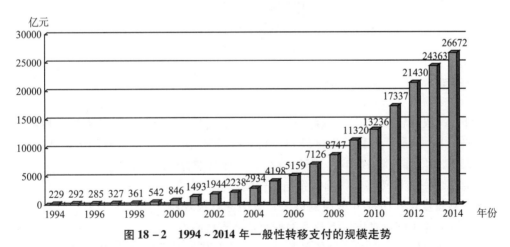

图 18 - 2　1994~2014 年一般性转移支付的规模走势

资料来源：根据中华人民共和国财政部预算司，http：//yss. mof. gov. cn/网站及其各年度《中央对地方税收返还和转移支付决算表》中相关数据整理所得。

（2）结构变化。一般性转移支付中的均衡性转移支付总额和所占比重一直呈上升趋势。均衡性转移支付是分税制的财政体制中最具代表性、最有规范性和最能体现公共财政政策目标的转移支付项目，其在转移支付总量中的比重也最能体现当前财政转移支付制度的整体"健康"状况。随着我国财政转移支付制度的不断完善，均衡性转移支付总量由 1996 年的 35 亿元增长到 2014 年的 16732 亿元（见图 18 - 3），增长了 478 倍，年均增长 38.36%。虽然在一般性转移支付中，除均衡性转移支付以外的其他转移支付都规定了大体方向和用途，从而带有专项转移支付的性质，而且均衡性转移支付占转移支付总量的比重仍然有待提高，但是从我国中央财力有限的实际情况出发，均衡性转移支付增长迅猛，所占比重逐年提高，足以预示着我国财政转移支付制度未来规范化的发展方向。

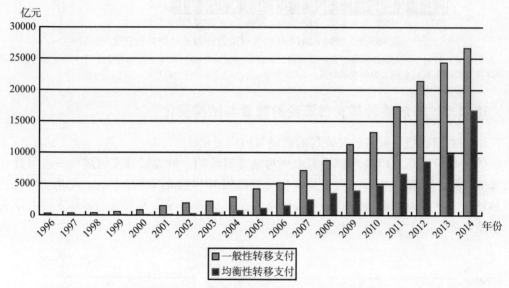

图 18 - 3　1996～2014 年均衡性转移支付的规模走势

　　资料来源：根据中华人民共和国财政部预算司，http：//yss. mof. gov. cn/网站及其各年度《中央对地方税收返还和转移支付决算表》中相关数据整理所得。

　　此外，一般性转移支付中，除了均衡性转移支付外，占比较大的还有民族地区转移支付。如图 18 - 4 所示，民族地区转移支付近些年来总体一直呈上升趋势，从 2006 年的 155.63 亿元增加到 2014 年的 1255.65 亿元，年均增幅达到 26.07%。

　　2. 省以下一般性转移支付的数量与结构变化（以山东为例）

　　（1）数量变化。1994 年分税制以来，我国各省级政府比照中央的财政转移支付制度，积极探索并实施省对省以下政府的财政转移支付制度。

　　以山东省为例，一方面，分税制后，中央对山东省财政转移支付总量是持续增加的。2009 年中央对山东省总的转移支付额为 1138.86 亿元，到 2013 年增加到 1972.36 亿元，如表 18 - 3 所示。另一方面，山东省也在不断提高对省以下的转移支付，由 2000 年的 17.44 亿元增加到 2009 年的 97.10 亿元，进而增加到 2013 年的 432.39 亿元，其增长速度快于财政收入的增长速度，表明省级政府正在将更多的财政收入用于安排转移支付。

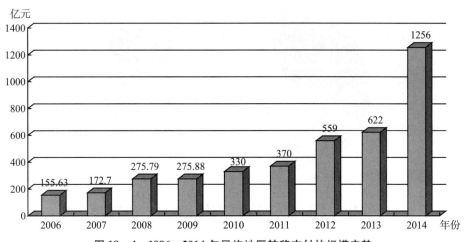

图 18 - 4　1996~2014 年民族地区转移支付的规模走势

注：从 2012 年民族地区转移支付更名为"革命老区、民族和边境地区转移支付"，其统计口径有所增大。

资料来源：根据中华人民共和国财政部预算司，http：//yss. mof. gov. cn/网站及其各年度《中央对地方税收返还和转移支付决算表》中相关数据整理所得。

表 18 - 3　　　　　2009~2013 年中央对山东省转移支付总额　　　　　单位：亿元

年份	中央对山东转移支付总额	一般性转移支付	专项转移支付	税收返还
2009	1138. 86	309. 64	428. 28	400. 93
2010	1324. 78	391. 02	521. 96	411. 80
2011	1714. 96	597. 28	718. 53	417. 14
2012	1943. 97	716. 43	804. 62	422. 92
2013	1972. 36	796. 21	751. 77	424. 38

资料来源：山东省财政厅。

（2）结构变化。

首先，从中央对山东转移支付分项目的增长看，税收返还由 2000 年的 11. 85 亿元增加到 2009 年的 28. 63 亿元，进而增加到 2013 年的 424. 38 亿元。受到税收返还基数和返还比例的制约，增长速度相对较慢；一般性转移支付从 2009 年的 309. 64 亿元增加到 2013 年的 796. 21 亿元，其中，财力性转移支付（后更名为均衡性转移支付），由 2000 年的 1. 94 亿元增加到 2009 年的 31. 38 亿元，进而增加到 2013 年的 205. 95 亿元，成为转移支付中增长最快的项目；专项转移支付，则从 2009 年的 428. 28 亿元增加到 2013 年的 751. 77 亿元，其变化趋势与全国专项转移支付保持一致。以 2013 年为例，税收返还、一般性转移支付和专项转移支付三者的比例如图 18 - 5 所示。

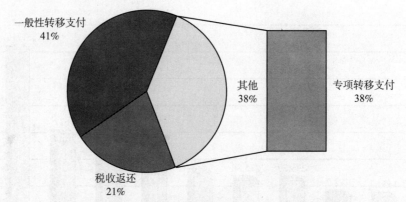

图 18 - 5 2013 年中央对山东转移支付分项目的比例构成

资料来源：山东省财政厅。

其次，从山东省对省以下转移支付的构成来看，2009 年，山东省对省以下财政税收返还为 28.63 亿元，一般性转移支付 31.38 亿元，专项转移支付为 37.10 亿元；到 2013 年，山东省对省以下财政税收返还为 29.36 亿元，一般性转移支付 78.44 亿元，专项转移支付为 85.31 亿元，体现出山东省政府重视平衡各地财力的政策意图。

最后，从山东省对省以下一般性转移支付的构成来看，颇具山东特色。以 2013 年为例，在 78.44 亿元的一般性转移支付中，均衡性转移支付为 1.12 亿元，不仅占比很低，而且其比例远远低于国家整体水平；与之形成鲜明对比的是，县级基本财力保障机制奖补资金在一般性转移支付中规模最高，达到 15.12 亿元；其次是新型农村合作医疗转移支付，数额为 13.69 亿元；排在第三位的是基本养老保险和低保等转移支付，数额为 8.66 亿元，第四位的是义务教育等转移支付，数额为 7.71 亿元；第五位的是农村税费改革转移支付，数额为 6.89 亿元。这种一般性转移支付的结构安排与山东作为一个农业大省的地位十分相符，也在一定程度上反映了省级政府努力实现公平收入分配的意图。

18.2.4 专项转移支付资金的数量与结构变化

1. 中央对地方专项转移支付的数量与结构变化

自分税制改革以来，中央对地方安排的转移支付逐年增加，专项转移支付在绝对量上增加尤其明显，2014 年中央对地方财政预算转移支付 46613 亿元，其中专项转移支付 19941 亿元，不仅占中央转移支付的 43%，而且较之 1994 年的转移支付数额（361 亿元）年均增长了 21.05%，如图 18 - 6 所示。

目前，我国专项转移支付包括一般预算专项拨款和国债补助等。按照用途划分，专项拨款主要用于基础设施建设、天然林保护工程、退耕还林还草工程、贫困地区义务教育工程等经济、社会事业发展项目实施。2014 年中央对地方专项转移支付总额 19941 亿元，各部分用途及占比如图 18 - 7 所示，从中我们可以清晰地看到，诸如社会保障与就业支出、医疗卫生与计划生育支出、城乡社区支出、农林水支出等，直接与城乡居民的收入分配息息相关，必然会对公平收入分配带来一定的影响。

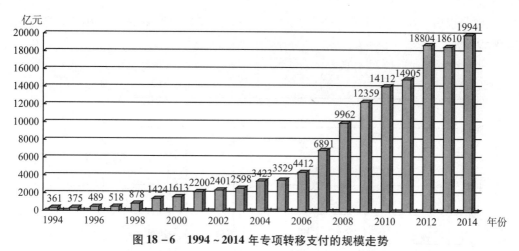

图 18 − 6　1994 ~ 2014 年专项转移支付的规模走势

资料来源：根据中华人民共和国国财政部预算司，http：//yss. mof. gov. cn/网站及其各年度《中央对地方税收返还和转移支付决算表》中相关数据整理所得。

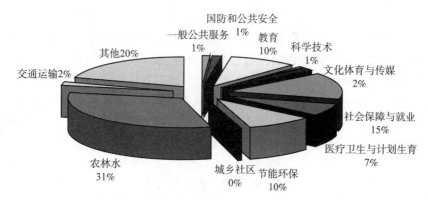

图 18 − 7　中央对地方专项转移支付的划分（2014 年）

资料来源：《2015 年中央对地方税收返还和转移支付预算表》。

2. 省以下专项转移支付的数量与结构变化（以山东为例）

中央对山东专项转移支付近年来不断增加，从图 18 − 8 可以看出，已经从 2009 年的 428.28 亿元增加到 2013 年的 751.77 亿元；与此同时，山东省对省以下的转移支付也从 2009 年的 60.74 亿元增长到 2013 年的 85.31 亿元。

值得一提的是，近年来山东省不断调整专项转移支付的结构分布，推进专项资金改革进程，对专项资金进行调整、整合、下放与并入，从而出现了以下变化趋势：

调整一批：调整竞争性领域专项资金投向，本着公正公平、减少对市场干预的原则，将部分直接用于企业补助的资金 11.1 亿元，调整用于创业补助、创新奖励、节能减排、化解产能过剩等重点领域和关键环节。

整合一批：加大专项资金整合力度，按照"综合性部门管理项目不超过 5 项、其他部门不超过 3 项"的要求，推动部门内部整合，试行跨部门整合，避免政策"碎片化"。整合以后，2014 年山东省级预算对下专项转移支付由原来的 243 项减少到 99 项，压减 59.3%。

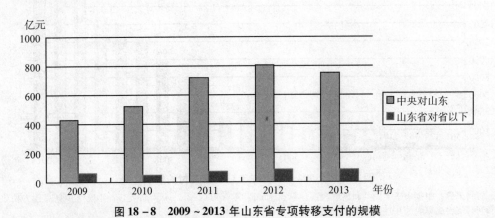

图 18 - 8　2009 ~ 2013 年山东省专项转移支付的规模

资料来源：山东省财政厅。

下放一批：对保留的专项转移支付，积极采取因素法切块下达，由市、县按规定用途使用，以增强市、县统筹发展的积极性和主动性。2014 年山东省级预算采用因素法分配的专项转移支付项目达 29 项，占 29.3%。

并入一批：在保证资金使用方向不变的前提下，将 32 项共 60.1 亿元带有财力补助性质的专项转移支付，转为一般性转移支付，优化转移支付结构，提高山东省所辖市、县两级的财政保障能力。

18.3　本章小结

从政府间转移支付制度的历史演变来看，我国的转移支付制度先后经历了计划经济时期（1978 年之前）、过渡时期（1980 ~ 1993 年）和分税制后时期（1994 年以来）三个阶段，可以看出，我国政府间转移支付制度的历史沿革和发展变迁是随着中央政府与地方政府财政资源分配方式的改变而改变的，大到财政体制上的改革，中央与地方的"分灶吃饭""分级包干""分税制"，小到"所得税""农业税"税收上的调整或废弃，只要地方与中央收入权力发生重大变化，相应的转移支付制度也会做出改变。

目前，我国政府间财政转移支付体系的构成包括一般性转移支付和专项转移支付两大部分，其中前者主要包括：均衡性转移支付（原一般性转移支付）、民族地区转移支付、调整工资转移支付、农村税费改革转移支付、缓解县乡财政困难转移支付、资源枯竭城市财力性转移支付、工商部门停征两费转移支付、成品油税费改革转移支付、定额补助、企事业单位划转补助、结算财力补助与其他一般性转移支付；而后者主要包括：农林水事务、社会保障与就业支出、教育、医疗卫生、环境保护、粮食风险基金、贫困地区补助专款及支援经济不发达地区支出、其他专项支出等。

分税制改革以来，中央财政收入比重不断增高，对地方的财政转移支付规模逐年加大。不管是一般性转移支付，还是专项转移支付，不管是中央对省级政府，还是省级政府对省以下政府，其转移支付的规模都保持了非常高的年均增长速度。

与此同时，我国政府间转移支付资金在一般性转移支付和专项转移支付之间已经发生了结构性的变化，一般性转移支付的占比逐渐增加，目前已超过半数，而在一般性转移支付中，均衡性转移支付的比重在不断上升，说明缩小地区差距、实现公平收入分配已经成为一般性转移支付的重要目标。而专项转移支付主要立足于刺激地方政府按上级政策和意图行事，并增加对地方公共品的供给，其比重正在逐渐下降。这是可喜的发展趋势。

然而，各级政府间转移支付结构的调整远未完全到位。虽然从原则上讲具有较强规则性与透明度的一般转移支付更有利于公共服务均等化，并发挥了改进收入分配的功能，但从国家和山东省数据来看，现有的转移支付体系中，却是各种随意性较强的专项转移支付一直保持较高比例，虽然比重有所降低，但目前仍然接近一半。再加上一般性转移支付资金中规定了用途和大体使用方向的资金仍然种类多、数量大，具有与专项转移支付类似的性质，势必使一般性转移支付的均衡性功能和改进收入分配的效果打上折扣。

当然，政府间转移支付结构不尽合理的背后隐藏着更深层次的问题：正是由于中国缺乏地方政府基于本地百姓的向下问责机制，财政透明度也不高，上级政府为防止下级政府将转移支付用于无效人员开支，而非用于"三农"、教育、社保、卫生等支出，也不倾向于使用均衡性转移支付。但问题恰恰在于，一旦转移支付主要通过明确规定用途的专项转移支付来划拨时，高层级政府必然不如低层级政府了解本地情况，转移支付也肯定难以符合当地实际需要。特别是快速转型过程中地方公共服务需求的变化很快，专项支付就不得不经常调整，但调整又肯定存在滞后，容易造成严重浪费；专项支付往往掌握在各部委手上，而后者审批项目程序复杂、内容交叉，资金也难以整合，就进一步加大了浪费；更为严重的是，由于专项资金灵活性要远远大于一般性转移支付，地方有很强激励去跑"部""钱"进，甚至可能出现从中央到地方、从审批者到跑项目者的群体性腐败。这表明，当转移支付更大程度上被高层级政府用作控制地方的工具，而非实现财政均等化的手段时，专项转移支付和非均衡性一般转移支付占比过大就不可避免。以上分析表明，政府间转移支付结构要想完全调整到位尚需时日，必须与各级政府的绩效考核体制转型以及财政透明度的加强同步进行。

第19章 市场力量、转移支付与收入不平等

在市场经济体制下，市场在资源配置中其决定性作用，在具备充分竞争条件下的市场，会通过价格与产量的均衡自发地形成一种资源配置最佳状态。但由于存在市场失灵，市场自发形成的配置不可能实现最优的效率状态，因而需要政府介入和干预，以实现收入公平分配。因此，本章利用中国健康与营养调查数据，基于再中心化影响函数（RIF）方法把工资变化分解为特征效应和回报效应，分析了市场力量（即技能劳动供给与需求）、转移支付对我国收入不平等的影响。

20世纪90年代初期以来的近20年间，中国收入不平等的演变可分为两个截然不同的阶段，90年代初中期收入不平等缓慢下降，90年代中后期以后收入不平等急剧上升（见图19-1）。具体而言，家庭人均总收入基尼系数从1993年的0.411下降到1997年的0.397，1997年以后，基尼系数一直上升到2006年的0.544，2009年的基尼系数虽然比2006年下降，但仍然超过了0.5。

国内学者对收入差距成因的探索集中于以下几个方面：其一，不同收入来源的差距会影响总的不平等；其二，收入不平等受劳动者可观测的个体特征的影响，这种研究常以工资差距为研究对象；其三，宏观经济因素对收入不平等作出了贡献。本章集中于分析"基础性"因素在收入不平等中的作用，即检验技能劳动的相对供给和相对需求在工资收入不平等变化中的贡献。首先，使用菲尔波（Firpo，2009）提出的再中心化影响函数（Recentered Influence Function，RIF）方法把工资变化分解为特征效应和回报效应；其次，再把回报的变化与不同特征劳动者的相对供给和相对需求结合起来进行分析；最后，比较了公共转移支付和私人转移支付在降低总的不平等和贫困方面的效应大小。

19.1 不平等演进及其初步分解

19.1.1 数据来源

本章使用的数据取自CHNS（中国健康和营养调查）数据集。该调查覆盖9个省区（辽宁、黑龙江、山东、江苏、河南、湖北、湖南、广西、贵州）的城镇和农村，采用多阶段分层整群随机抽样方法，样本对全国总体具有一定代表性，并包含了人口统计学特征、社会经济状况等方面的丰富信息。目前可以得到1989年、1991年、1993年、

1997 年、2000 年、2004 年、2006 年、2009 年的 CHNS 数据，其中有一部分是同一被调查者在不同年份的数据。本章选择了 1993 以后的年份作为研究的对象，一方面因为1989 年和 1991 年数据中含有较多缺失与异常值；另一方面，1993 年以后的时间间隔较为平均，能够基本说明 20 世纪 90 年代初期后中国收入不平等的变动状况。

本章首先在家庭和个体层面定义了几个与收入有关的概念，工资收入指 18～60 岁工资收入大于零的个体的工资，含奖金和津贴部分。劳动收入指家庭层面的人均劳动收入，除了包含工资收入外，还包括自雇（主要为农民）的劳动收入，自雇劳动收入是商业收入、农业、收入去除投入后的剩余部分。总收入由劳动收入、公共转移支付收入、私人转移支付收入和其他收入组成，其中公共转移支付收入本章主要是指困难补助、残疾补助或福利金等；私人转移支付主要是指子女给的、父母给的、其他亲属或朋友给的现金及折合成现金的礼物；其他收入主要包括出租家庭财产所得租金、养老金[①]等收入。采用的调整 CPI 指标为 CHNS 数据库中所给出的依据 2009 年的物价水平为计算基期的价格指数。

19.1.2　不平等演进

图 19-1 描绘了不同收入的基尼系数的演进情况。从图 19-1 可知，总收入和劳动收入的基尼系数演变模式基本相同，1993～1997 年下降，1997～2006 年上升，2006 年后基尼系数有所下降，但两者的基尼系数仍超过 0.5。工资基尼系数的演变与总收入、劳动收入的轨迹基本相同，只是在 2006 年以后，工资基尼系数仍在上升。从绝对数值上来看，所有年份中工资的不平等程度小于总收入和劳动收入的不平等程度。

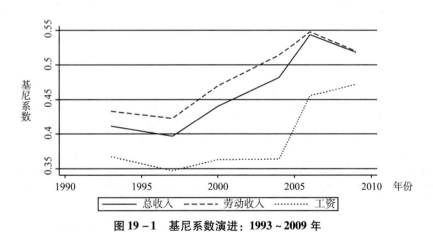

图 19-1　基尼系数演进：1993～2009 年

资料来源：中国健康与营养调查数据库相关内容，删除了收入为 0 的样本。

不平等研究中结合其他不平等指标分析是重要一环，为此，我们还计算了总收入、

---

①　养老金的归类并不确定。有学者认为（Lustig，2011）养老金收入应包含在资本收入中，因为在缴费型的养老保险系统中，养老金是从储蓄中得到的收入。还有学者认为养老金应为公共转移支付的组成部分。

劳动收入及工资的泰尔指数、方差系数等不平等指标（见表 19 - 1）。从表 19 - 1 可知，总收入、劳动收入及工资的泰尔指数和方差系数的变动基本上与图 19 - 1 中的变动趋势相同。

表 19 - 1 　　　　　　　　　　　不平等测度

	泰尔指数	方差系数	基尼系数
总收入			
1993 年	0.291	0.862	0.411
1997 年	0.273	0.833	0.397
2000 年	0.356	1.034	0.44
2004 年	0.395	1.036	0.482
2006 年	0.491	1.36	0.544
2009 年	0.44	1.242	0.518
劳动收入			
1993 年	0.326	0.927	0.433
1997 年	0.308	0.886	0.423
2000 年	0.404	1.105	0.47
2004 年	0.473	1.163	0.514
2006 年	0.596	1.628	0.548
2009 年	0.531	1.476	0.52
工资			
1993 年	0.254	0.891	0.367
1997 年	0.229	0.845	0.347
2000 年	0.274	0.996	0.363
2004 年	0.27	0.984	0.364
2006 年	0.423	1.283	0.455
2009 年	0.469	1.399	0.472

注：删除了收入为 0 的样本。

19.1.3　不平等的初步分解

不平等决定因素的初级分析工具是把基尼系数分解为不同的组成部分，并检验各主要部分的相对贡献。利用莱尔马（Lerma，1985）提出的方法可以区分哪个因素促进了不平等上升，哪个因素在发挥着降低不平等的作用。总收入每一组成部分 k 对总不平等的边际贡献取决于三个要素，组成部分自身的基尼系数 G_k，在总收入中的份额 S_k，以

及该组成部分与总收入之间的相关系数 R_k ，即 K 种收入构成总收入的不平等基尼系数
G 可以表示为： $G = \sum_{k=1}^{K} S_k G_k R_k$ 。收入来源组成部分 k 的边际变化引致的收入不平等的
边际变化可以用下式表示：

$$\frac{\partial G / \partial y_k}{G} = \frac{S_k G_k R_k}{G} - S_k \qquad (19.1)$$

总收入中某组成部分如果在总收入中的占比较大且分布不平等，那该组成部分就会
对总的不平等有较大影响，当然，如果总收入中某组成部分的分布极不平等但其基尼系
数与总收入的关联较小，这种收入的贡献就可能变成负值。图 19 - 2 显示了利用
（19.1）式计算的 1993~2009 年我国收入不平等的分解结果。

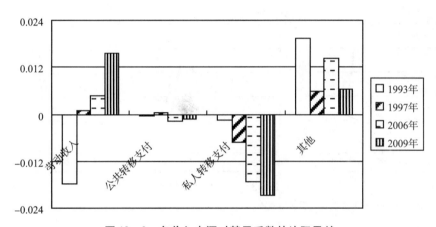

图 19 - 2　各收入来源对基尼系数的边际贡献

从图 19 - 2 可以看出，包含资本性收入和养老金收入的"其他"收入在各个年份对
不平等的贡献均为正值，表明该种收入拉大了不平等，而且这种收入与总收入之间基尼
相关系数也相对较大（0.6 左右），表明这种收入具有亲富人的特点。

私人转移支付对不平等的降低作用比较明显，私人转移支付与总收入之间基尼系数
的相关系数并不大（0.3 左右），暗示这种收入有亲贫困的特征。公共转移支付在绝大
多数年份也起到了缩小了不平等的作用，公共转移支付与总收入之间的基尼系数的相关
系数并不高，公共转移支付也具备亲贫困的特征，对比公共转移支付、私人转移支付对
不平等下降的贡献差异，需要结合各个因素来考虑，私人转移支付占总收入的比重在
4% 左右，而公共转移支付占总收入的比重不足 1%，另外，公共转移支付的本身的基
尼系数在各个年份均超过 0.95，而私人转移支付的基尼系数维持在 0.9 以下，由于以上
因素的共同影响，公共转移支付对不平等下降的贡献小于私人转移支付对不平等下降的
贡献。

占总收入 70% 以上的劳动收入对基尼系数的边际贡献并没有表现出如其他收入来
源一样的清晰模式。1993 年劳动收入缩小了总的不平等，而 1997 年、2006 年、2009 年

劳动收入扩大了总的不平等。考虑到劳动收入在总不平等演变过程中的重要角色，以下部分着重探讨劳动收入不平等的决定因素，又因为自雇群体的劳动收入数据与工资雇用群体的相比，准确性较低、测量误差较大，为此，略去了自雇群体劳动收入不平等的分析，主要研究工资收入不平等的决定因素。

19.2　工资不平等分解

如图 19 - 3 所示，以基尼系数衡量的工资不平等变化可以划分为以下几个时段，1993～1997 年基尼系数下降，1997～2004 年缓慢上升，2004 年以后快速上升。在本小节我们利用菲尔波（Firpo，2009）分解方法探讨工资不平等变动的主要决定因素。

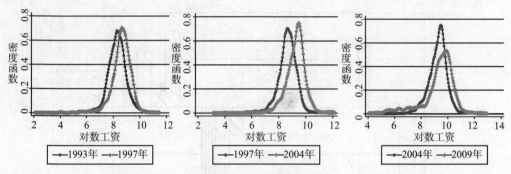

图 19 - 3　工资分布变化趋势

注：样本为 18～60 岁工资收入大于 0 的个体。

我们首先了解工资在 1993～2009 年这 17 年间的分布特点。图 19 - 3 描绘了划分三个时段的工资分布变化趋势。工资变化趋势的特点可以归结为如下三点：第一，在每一时段，工资的整体分布逐渐向右侧平移，这反映了整体收入水平的增加，说明中国的改革和经济增长从总体上而言是福利改善的。第二，较厚的左拖尾表明工资低的部分比工资高的部分个体工资差异更大。第三，1993 年的密度曲线比 1997 年的更加光滑，表明1993 年的工资不平等大于 1997 年的工资不平等，而 2009 年工资分布形状比 2004 年的工资分布形状更趋于"扁平"，表明 2009 年的工资不平等远大于 2004 年的工资不平等。

工资不平等主要受两个因素的影响：其一，劳动者可观测（如性别、教育）及不可观测的特征分布，这些特征分布可能会受到先天因素比如性别、家庭决策等因素的影响；其二，劳动者特征的回报因素，劳动者特征的回报一般是由市场力量即不同技能劳动的供需、非竞争制度等因素决定。

本小节把样本限制在 18～60 岁工资大于零的个体，教育程度分为四个等级：小学毕业、初中毕业、高中毕业和大专以上毕业。相对回报使用对数工资与教育程度（以小学毕业为对照组）回归得到，并控制了性别、地区（东、中、西）、城乡[①]等虚拟变量

---

① CHNS 调查中的乡也包含了县城。

及年龄、年龄平方等数值型变量。相对供给通过计算特定教育程度组与小学毕业组比值再取对数得到。相对回报和相对供给的变化趋势如图 19 - 4 所示。

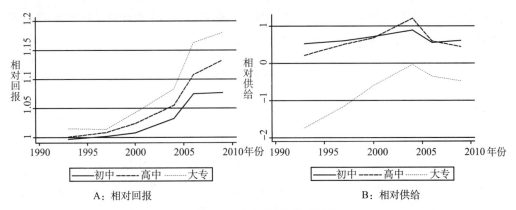

图 19 - 4　相对回报和相对供给

从图 19 - 4 的 A 部分相对回报中可以看出，1993 ~ 1997 年，除初中相对于小学毕业的相对回报有所上升外，高中毕业、大专以上毕业的相对回报比小学毕业组均有所下降，这反映了 20 世纪 90 年代初中期的工资可能并非完全按照人力资本价值来定价，工资定价更多考虑是工作年限等因素，从 1997 年开始，初中、高中、大专以上毕业的相对回报均开始上升。图 19 - 4 的 B 部分的相对供给说明，相对于小学毕业而言，其他教育程度的相对供给大体呈现倒 "U" 型形状，在 2004 年以后，其他教育程度的相对供给虽然高于 1993 年，但出现了下降态势，教育基尼系数也反映了这种情况，教育基尼系数从 1993 的 0.394 一直下降到 2004 年的 0.302，之后又上升到 2009 年的 0.379。

接下来的部分将计算特征变化和回报变化在工资变化中的贡献，即把对数工资分解为特征效应（也称数量效应、构成效应或人口效应）及回报效应（也称价格效应）。通过图 19 - 4 的分析，我们预计在 1993 ~ 1997 年回报效应的贡献表现为降低不平等，而在 1997 ~ 2009 年的贡献则表现为增加了不平等，当然，特征效应的贡献并不能做如此的事前推测。

教育水平的普遍提高及教育分布的均等化是增加还是降低不平等呢？根据布吉尼翁（Bourguignon，2005）的"进步悖论"理论，这主要与教育回报的凸性程度及教育均等化在哪个时点实现有关。如果教育不平等下降但同时伴随教育回报递增，那么收入不平等还会上升。加斯帕里尼（Gasparini，2011）的实证也支持该理论。

19.2.1　工资不平等分解为特征效应和回报效应：无条件分位数回归方法

无条件分位数回归由菲尔波（2009）提出，其核心思想是再中心化影响函数（Recentered Influence Function，RIF）。假设 v 是在某特定分位下某统计量分布的实值函数，

F 是 v 的概率测度，v 在 y 点上的影响函数（IF）定义为：

$$IF(v(y), F(y)) = \lim_{\varepsilon \to 0} \frac{(v(F_{\varepsilon, \delta_y}) - v(F))}{\varepsilon} = \frac{\partial v(F_{\varepsilon, \delta_y})}{\partial \varepsilon}\bigg|_{\varepsilon=0} \quad (19.2)$$

其中，$F_{\varepsilon, \delta_y} = (1-\varepsilon)F + \varepsilon\delta_y$ 是一个混合模型，有 F 产生一个观测值的概率为 $(1-\varepsilon)$，任意值 δ_y 对应的概率为 ε。基于 IF 估计，RIF 存在下式：

$$RIF(y, v) = v(F) + IF(y, v) \quad (19.3)$$

针对一个特定的分位数 q_τ，RIF 的估计量为：

$$\hat{RIF}(Y, \hat{q}_\tau) = \hat{q}_\tau + \frac{\tau - 1\{Y \le \hat{q}_\tau\}}{\hat{f}_Y(\hat{q}_\tau)} \quad (19.4)$$

其中，$\hat{q}_\tau$ 是第 τ 分位上的估计量，$1\{Y \le \hat{q}_\tau\}$ 是一个虚拟变量，表明 y 是否在 $\hat{q}_\tau$ 之下，$\hat{f}_Y(\hat{q}_\tau)$ 代表在 $\hat{q}_\tau$ 点 Y 的 Kernel 密度估计。

其实 RIF 的运行过程与 Oaxaca-Blinder 的分解过程极其类似（Firpo，2011），主要的区别在于因变量 Y 被再中心化影响函数（RIF）代替，即存在下式：

$$E[RIF(v, y) | X] = X\beta^v \quad (19.5)$$

其中，系数 β^v 代表 X 的对因变量的统计量 v 的边际影响。比如 v 代表 0.8 分位，那么 $\beta^{v=0.8}$ 就表示 X 对工资分位 0.8 的效应，当然，这种方法也适用于诸如测度不平等的基尼系数、方差等标量计算。获得 β^v 后，我们就可以运行 Oaxaca-Blinder，即有以下方程：

$$\hat{v}(Y_f) - \hat{v}(Y_i) = \hat{\beta}_i^v(\overline{X}_f - \overline{X}_i) + \overline{X}_f(\hat{\beta}_f^v - \hat{\beta}_i^v) \quad (19.6)$$

其中，f 代表期末年份，i 代表期初年份，$\hat{\beta}_i^v(\overline{X}_f - \overline{X}_i)$ 表示特征效应，$\overline{X}_f(\hat{\beta}_f^v - \hat{\beta}_i^v)$ 代表那些可观察的（比如 X）和不可观测的特征的回报效应（或称价格效应），正是因为该项包括了不可观测的特征，所以也常常被称为不可解释的因素。在本章每个时段的工资分解分析中，我们均把期初年份的工资分布作为对照组。

本章实证中 RIF 因变量使用 Kernel 方法估计，使用的解释变量包括年龄、年龄的平方、教育、性别、地区（东、中、西）、城乡等虚拟变量[1]。在每一个分位上我们估计了 RIF，并且获得了每一分位上平均工资的差异，最后把总差异分解为特征效应和回报效应，图 19-5 中的 a、b、c、d 分别描绘了不同时间段内的 1，2，…，99 分位数分解结果。

从图 19-5（a）即 1993~1997 年趋势图中可以看出，不平等在该时段内呈现出下降态势，在低分位上的个体经历了工资的下降、上升、下降再上升等诸多循环，高工资个体下降态势显著，在这个时期内，可观测的特征因素只解释了不平等下降的极少部分，原因在于特征解释的部分几乎是一条水平线。而反观总差异曲线和回报效应曲线的形状则有所不同，两条曲线如影随形，所以，不平等的下降基本上是由高分位上向下倾斜的回报曲线所引致，回报效应的下降构成了该时段总差异下降的主因。比较有趣的

---

[1] 我们还估计了包含各变量交叉项的方程，可解释的因素和不可解释的因素与不包括交叉项的方程相比差异极其微小。

是，在高分位附近，特征效应促进了不平等上升，即假设 1997 年的回报效应与 1993 年的回报效应相等，人群中特征效应的变化（尽管教育基尼系数下降，教育呈现均等化态势）将会促进不平等上升，这说明我国也存在所谓的"进步悖论"现象，而 1993 ~ 1997 年高分位工资不平等呈现下降态势，所以其背后的驱动力量应是回报效应，在高分位上回报效应拉动工资不平等下降的贡献抵消了特征效应促进工资不平等上升的贡献。尽管我们没有把回报因素的构成要素再进行分解，但该结果与图 19 - 4 中该时段内的教育相对回报下降相吻合。

图 19 - 5（b）即 1997 ~ 2004 年又展现了另一幅图景，尽管 2004 年的对数工资与 1997 年的对数工资有差异，但除在低分位变动剧烈外，对数工资差异的变化在其他所有分位几乎没有变化，可观测的特征因素对该时期内不平等变动的贡献可以忽略不计。值得注意的是，特征效应（比如教育、性别、地区、年龄）在低分位上促进了不平等上升，这与图 19 - 5 中 A 的高分位的表现有相似之处，换言之，如果 2004 年的回报效应与 1997 年的回报效应相等，那么人群中特征的变化将会促进不平等上升，而 1997 ~ 2004 年低分位工资不平等呈现下降态势，所以其背后的驱动力量应是回报效应，在低分位上回报效应拉动工资不平等下降的贡献抵消了特征效应促进工资不平等上升的贡献。

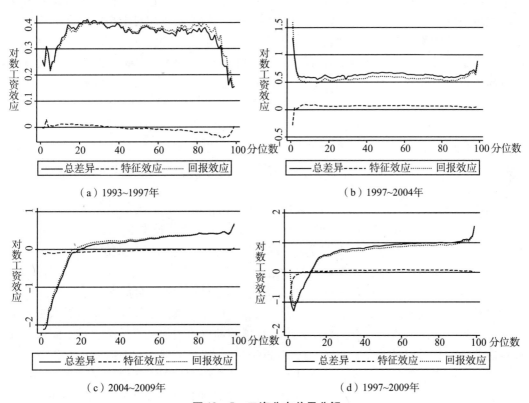

图 19 - 5 工资分布差异分解

图 19 - 5（c）说明 2004 ~ 2009 年不平等出现明显增长态势，可观测的特征因素对不平等上升的贡献微乎其微，因为特征效应曲线几乎呈现水平形状。不平等上升的驱使原因在于回报效应上升，回报效应曲线向上倾斜的趋势极其明显。

图 19 - 5（d）的趋势与图 19 - 5（c）基本雷同，不同之处在于，在比较低的分位上特征效应促进了不平等上升，即如果 1997 年的回报效应与 2009 年的回报效应相等，那么人群中特征的变化将会促进不平等上升，而该时段内低分位工资不平等呈现下降态势，所以其背后的驱动力量应是回报效应。在其他分位上可以看出，特征效应曲线几乎为一条水平线，在向上倾斜的回报曲线带动的带动下，总差异曲线也呈现向上倾斜的态势。

总之，上述结果表明，工资不平等的下降（1993 ~ 1997 年）、缓慢上升（1997 ~ 2004 年）及快速上升（2004 ~ 2009 年）背后的主要驱动力量是相对回报的变化。接下来我们集中分析技术的相对回报问题，之所以这样考虑，因为正如图 19 - 4 中的 A 所示，技术的相对回报经历了比较显著的变化。

19.2.2 相对回报的决定因素

工资结构（即诸如技术、经验的相对工资）会受劳动者供需两方面的影响。技术进步和国际化对技能劳动的需求将会产生影响，教育程度上升在很大程度上决定着劳动者的供给结构。图 19 - 6 描绘了教育程度为大专以上的劳动者相对于高中以下的相对回报和相对供给情况，左边的纵轴表示相对回报，右边的纵轴表示对数形式的相对供给。从相对供给曲线看，1993 ~ 2009 年基本上呈现快速上升态势，1993 年大专以上教育程度占高中以下教育程度的比例为 4.5%，2004 年该比例为 14.3%，到 2006 年这一比例上升到 15.41%，这与 20 世纪 90 年代末期开始的高等教育扩招相吻合，2009 年大专以上的劳动者相对于高中以下的相对供给有轻微的下降，但也只下降了 1% 左右。以大专以上教育程度相对于高中以下相对回报衡量的不平等出现了有趣的图景，1993 ~ 1997 年大专以上教育程度相对于高中以下的相对回报下降，1997 ~ 2009 年的相对回报呈现上升态势。

邦德（Bound，1992）认为，在其他条件不变的情况下，供给的增长超过需求的增长，相对回报则会下降。那么，1993 ~ 1997 年工资不平等下降如何用供需理论来解释呢？从图 19 - 6 我们观察到，技能劳动（或称熟练劳动力）的相对供给在上升，而其相对回报则在下降，这意味着或者是供给超过了需求，或是制度因素偏向非熟练劳动力，抑或是二者结合的原因。1993 ~ 1997 年工资不平等下降与该时期企事业单位经历的结构调整有关，一方面是大规模的职工下岗，工作岗位补充缓慢，技能劳动的需求受到负向冲击，另一方面虽然大专以上教育程度的技能劳动供给增加，但供给超过了需求，导致技能劳动的相对回报下降。此外，在 20 世纪 90 年代初中期，我国的劳动力市场远非完全意义上的竞争劳动力市场，国家对大学生就业包分配的因素还发挥一些作用，对劳动力的定价也远非完全依据劳动力的价值，工资定价机制给年龄和职别以更大的权重。综上原因，技能劳动的相对回报出现了下降态势。

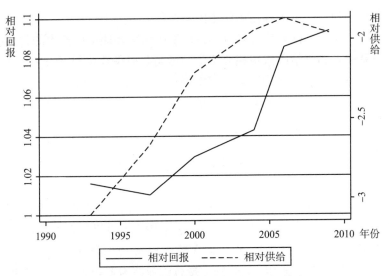

图 19 - 6　相对回报和相对供给（大专以上对高中以下）

从 1997 年开始，教育程度为大专以上劳动者的相对回报和相对供给都在上升，这意味着或者是对技能劳动的需求超过了供给，或者制度因素不再偏好非熟练劳动力，抑或是二者的结合使然。21 世纪初伴随我国加入 WTO 和技术进步的发展，对国际化、专业化的高端人才的需求得以更大程度的释放，高端人才的供给虽然也在增加，但增加的速度仍然落后于需求，所以教育程度为大专以上劳动者的相对回报上升。一般而言，教育回报的上升使接受教育较多的群体获益较多，而受教育程度高的群体一般也多为收入较高者，相对回报的上升可能促成工资不平等的上升。当然，随着中国劳动力市场的逐渐完善和高等教育的扩招，相对回报将逐渐趋向平缓，劳动力市场也将会对高端人才进行细致的甄别，这可能会使得一部分不适应劳动力市场的较高教育程度者做出不从事工资雇用工作或离开劳动力市场的决策，其实，图 19 - 5 中相对回报和相对供给曲线从另一个侧面说明了这个问题，从 2006 年开始，教育程度为大专以上劳动者的相对回报虽然仍在上升，但斜率变得不再同以前一样陡峭，而是呈现趋缓态势，相对供给曲线从 2006 年开始出现轻微下滑，暗示一部分接受高等教育的劳动者增量部分可能会继续处于失业状态、从事自雇或退出工资雇用市场，这也说明高等教育的供给与社会需求之间还不能完全对接，另外，2008 年肇始的金融危机对 2006～2009 年相对供给曲线下滑也可能起到了推波助澜的作用。接下来的部分，我们转向更精确的供给与需求因素的数量估计分析。

19.2.3　供需力量与相对工资

在本节分析中我们利用邦德（1992）提出的方法，定量检验供给和需求对相对工资的影响。基于图 19 - 5 及数据限制不能分离出非竞争因素（比如制度因素）对相对工资影响的考虑，忽略了 1993～2009 年非竞争因素对相对工资的影响，我们把观测到的相对工资的变化趋势归结为供给和需求两个因素驱使。

假设存在一个简单的常替代弹性（CES）生产函数，即不同技术的替代弹性 σ 为常数，就可以计算需求和供给因素对相对工资的影响。如果教育程度至少为大专以上的工资为 w^{colle}，教育程度至多为高中毕业的工资为 w^{high}，教育程度至少为大专以上相对于教育程度至多为高中毕业的相对工资可以表示为供给和需求增长的函数，即：

$$\Delta\% \left(\frac{w^{colle}}{w^{high}}\right) = \frac{1}{\sigma}\Delta\% \text{（需求）} - \frac{1}{\sigma}\Delta\% \text{（供给）} + \xi \qquad (19.7)$$

其中，剩余 ξ 项包含着技术变化因素及非竞争因素的影响，囿于 CHNS 数据限制，我们假设非竞争因素的影响可以忽略不计。为简化分析，我们只模拟供给的变化，而把剩余项归结为需求、技术变化等因素，技术变化无疑会影响到需求。供给等于教育程度至少为大专以上的劳动者除以教育程度至多为高中毕业的劳动者，替代弹性为 1 和 2，该数值是西方经典劳动经济学文献中模拟该方程常用的数值（Bound，1992；Katz，1999；Raymundo，2012），表 19 - 2 分别汇报替代弹性为 1 和 2 的模拟结果。

表 19 - 2   供给对相对工资的效应

	回报的变化	供给	剩余
σ = 1			
1993 ~ 1997 年	- 0.0059	0.5826	0.5767
1997 ~ 2004 年	0.0324	1.0104	1.0428
2004 ~ 2009 年	0.0488	- 0.0156	0.0332
σ = 2			
1993 ~ 1997 年	- 0.0059	0.2913	0.2854
1997 ~ 2004 年	0.0324	0.5052	0.5376
2004 ~ 2009 年	0.0488	- 0.0078	0.0410

从表 19 - 2 中可以看出，当替代弹性等于 1 时，1993 ~ 1997 年间相对工资的变动一部分是由相对供给引起，相对供给对相对工资变动的贡献达到 58.26%，另一部分则是由需求和非竞争因素或称制度因素导致，需求及非竞争的变动对相对工资变动的贡献达到 57.67%，相对供给、需求这两部分对相对工资变动的贡献几乎旗鼓相当，这与前述分析的结论基本相同，当然，本章并不能分离出需求及制度因素对相对工资的相对贡献。在相对汇报上升相对稳定的 1997 ~ 2004 年内，供给、需求对相对工资变动的贡献都在上升，需求变动对相对工资变动的贡献略大一些。在 2004 ~ 2009 年相对工资变动较大的期间内，需求变动对相对工资的贡献远远大于供给变动对相对工资变动的贡献，譬如相对供给对相对工资变动的贡献在绝对数上仅为 1.56%，而需求对相对工资变动的贡献达到 3.32%，后者为前者的两倍多。当替代弹性等于 2 时，相对回报下降的

1993～1997 年，供给和需求对相对工资变动的贡献相差无几，随着 1997～2004 年相对工资的增加，供给和需求对不平等上升的贡献也渐次增加，需求的贡献增加的更多一些，这也说明该期间的需求模式对技能劳动力有较大程度的偏好，在 2004～2009 年相对工资上升的主要推动力量则是需求因素，供给因素对相对回报的贡献几乎可以忽略不计。总的来看，在不平等下降的时期，供给因素对相对回报变动的贡献较大，而在不平等上升时期，需求因素对相对工资变动的贡献较大。

19.3　转移支付与不平等

总收入不平等初步分解部分（见图 19-2）显示，驱使不平等下降的另一个因素是转移支付。鉴于 CHNS 调查数据不能区分总收入和可支配收入①，无法利用标准的方法计算转移支付的受益归宿率，为此，本小节采用了折中的方法，即首先假设全部人群中均没有收到转移支付，并计算出没有转移支付时的收入不平等状况，然后与转移支付发生后人群收入分配变化做比较，计算转移支付对家庭人均收入分配、贫困的影响②，本章的贫困线为每天人均 1 美元贫困线。表 19-3 汇报了公共转移支付和私人转移支付对贫困、不平等的影响程度。

表 19-3　　　　　　　公共转移支付和私人转移支付对贫困、不平等的影响

年份		没有公共转移支付时收入	有公共转移支付时收入	没有私人转移支付时收入	有私人转移支付时收入
1993	基尼系数	0.411456	0.411175	0.416813	0.411175
	基尼系数变化百分比		-0.07		-1.37
	贫困发生率（$1PPP）	0.711151	0.711151	0.720937	0.711151
	贫困发生率变化百分比		0		-1.38
2004	基尼系数	0.484537	0.481824	0.501016	0.481824
	基尼系数变化百分比		-0.56		-3.98
	贫困发生率（$1PPP）	0.375355	0.372749	0.402844	0.372749
	贫困发生率变化百分比		-0.69		-8.08
2009	基尼系数	0.520745	0.518121	0.544669	0.518121
	基尼系数变化百分比		-0.50		-5.12
	贫困发生率（$1PPP）	0.199473	0.195402	0.232998	0.195402
	贫困发生率变化百分比		-2.08		-19.24

---

① 比如，CHNS 中并没有设计缴纳直接税的问题。

② 该方法只能粗略地估计转移支付对收入不平等及贫困的影响程度，这也构成了本篇的不足之一。

贫困方面的作用几乎为 0，比如 1993 年，有公共转移支付时的家庭人均收入基尼系数比没有公共转移支付时的家庭人均收入基尼系数只减少了 0.07%，有公共转移支付时的贫困发生率与没有公共转移支付时的贫困发生率数值相等。2004 年以后，公共转移支付对收入不平等、贫困下降的作用有所增强，但起作用的程度仍然较小。出现这种现象的原因可能在于：第一，公共转移支付数量太少不能使接受者脱离贫困，如前文不平等初步分解一节分析的那样，在所有的调查年份中，公共转移支付数量占家庭人均总收入的比重均不足 1%。第二，公共转移支付可能存在漏损（Howe，1992）。中国公共转移支付的瞄准机制更多是通过社区层面再到达家庭，而非直接瞄准家庭，真正的弱势群体和贫困人群由于社会资本缺乏没有被覆盖，贫困者接受的公共转移支付可能低于中间收入者和高收入者，即使针对贫困者的特定公共转移支付项目，也会覆盖一些不合格的高收入者，公共转移支付存在漏损。当然，近年来，随着城市弱势群体的救助政策及惠农政策的实施，公共转移支付的种类、数量增加，其对不平等和贫困的下降作用也初现端倪。

与西方国家的社会福利制度比较健全，私人转移支付数量与公共转移支付数量相比处于微不足道的地位的情形有所不同，发展中国家家庭之间、亲朋之间甚或邻里之间的馈赠即私人转移支付普遍却存在。发展中国家信用市场、保险市场以及社会保障不完善，私人转移支付对较弱的公共转移支付在一定程度扮演了替代角色，在功能上与公共转移支付一样起着社会经济安全网的作用缓冲了收入冲击。在孝悌文化影响下的中国，私人转移支付成为普遍现象，CHNS 调查数据显示，超过 65% 的家庭收到了私人转移支付。表 19-3 的结果表明，1993 年，私人转移支付缩小了收入不平等和贫困，有私人转移支付时的家庭人均收入基尼系数比没有私人转移支付时的家庭人均收入基尼系数下降了 1.37%，有私人转移支付时的贫困发生率比没有私人转移支付时的贫困发生率下降了 1.38%，2004 年以后，私人转移支付缩小收入不平等和贫困的作用更趋显著，在 2009 年，私人转移支付使基尼系数下降了 5%，使贫困发生率下降了 19%。比较有、无两种私人转移基尼系数、贫困发生率的变动后可知，私人转移支付缩小不平等和贫困的作用大于公共转移支付的作用。

19.4　本章小结

本章利用中国健康与营养调查的数据，分析了市场力量（即技能劳动供给与需求）、转移支付对中国收入不平等的影响。基于再中心化影响函数（RIF）方法把工资变化分解为特征效应和回报效应，结果显示，回报效应构成不平等下降和上升的主要驱动力量；供给和制度因素对回报下降（1993~1997 年）起到了重要的推动作用，这可能与该时期（下岗比较盛行）企事业单位经历的结构调整有关，相对供给超过了需求，当时我国的劳动力市场也远非完全意义上的竞争劳动力市场，制度因素可能更偏向于非熟练劳动力；回报上升（1997~2009 年）则是由需求因素引致的，此时对技能劳动的需求随国际化和专业化的推进而增加；公共转移支付和私人转移支付均对不平等下降起到了积极作用，但公共转移支付缩小不平等的作用小于私人转移支付的作用。因此，需要增加公共转移支付力度，特别是为人力资本投资提供便利条件，增加技能劳动供给，弥补与技能需求之间的缺口的相应转移支付，以缓解由于市场机制缺陷带来的收入不平等问题。另外，开发恰当的家庭瞄准机制，使公共转移支付目标更精确定位也是不容回避的。

第20章 政府间转移支付制度评价：
调节地区收入分配的效应

  地方政府作为国民经济和社会发展的重要影响主体，对于收入分配具有重大影响，可以有效调节收入差距，这是因为相比于中央政府，地方政府对本地区的人口、地理状况、经济发展水平更为熟悉，在掌握地方偏好、成本条件方面的信息更具有优势。然而受自然资源禀赋、历史和经济发展水平等影响，各地区间、城乡间存在较大财政能力差异。因此，本篇又进一步从调节地区收入分配与调节居民间收入分配两个方面对政府间转移支付做了细致研究。政府间转移支付重要目标之一就是调整地区间财力差异，促进基本公共服务的均等化，从而达到调节收入分配的目的。但是目前学术界对我国政府间转移支付是否起到缩小地方财力差距仍有较大争议。本章采用 2009~2013 年山东省省级以下的县级政府财政收入数据，利用基尼系数分解和通熵指数分解方法探讨了政府间转移支付的财力均等化效果。同时，基于消费水平研究政府间转移支付对地区收入差距的影响。

20.1 政府间转移支付与地区间财政差距

20.1.1 概念界定与统计描述

  在本章中我们将统计年鉴中的地方本年收入定义为地方政府自有财力，即：地方政府自有财力 = 本年收入 = 税收收入 + 非税收入。将地方政府总财力定义为本年收入与地方政府得到的净转移支付之和，即地方政府总财力 = 本年收入 + 净转移支付。将地方政府得到的净转移支付划分为返还性收入、专项转移支付、净一般性转移支付、其他转移支付和专项上解（负数），而净一般性转移支付又可进一步划分为均衡性转移支付、净体制补助和净其他一般性转移支付。因此，本节中的地方政府总财力 = 本年收入 + 返还性收入 + 专项转移支付 + 均衡性转移支付 + 净体制补助 + 净其他一般性转移支付 + 其他转移支付 + 专项上解。

  在本节中我们采用的是 2009~2013 年山东省县级财政数据，由于篇幅所限，我们只对 2013 年的相关数据进行统计描述（见表 20-1）。所有指标都是人均值。

表 20 - 1　　　　　　　　　　　　指标统计描述（2013 年）

变量	样本量	平均值	标准差	最小值	最大值
总财力	138	5113.54	3083.88	2375.46	25628.41
自有财力	138	4132.70	4185.27	780.52	33904.02
净转移支付	138	980.84	2601.83	-11802.46	16763.10
返还性收入	138	197.11	129.99	46.65	987.65
专项转移支付	138	918.14	809.25	297.89	8769.52
净一般性转移支付	138	-295.74	2317.09	-13758.41	3890.00
负的专项上解	138	-157.55	429.77	-2316.41	460.75
净其他转移支付	138	318.88	506.47	-131.19	3654.52
均衡性转移支付	138	13.18	16.67	0.00	68.93
净体制补助	138	-766.94	1718.93	-12982.84	-58.33
净其他一般性转移支付	138	458.02	1274.75	-8568.59	4266.67

　　图 20 - 1 和图 20 - 2 分别利用基尼系数和通熵指数描述了 2009 ~ 2013 年的人均地方政府本年收入和人均地方政府总财力的不均等程度以及发展趋势。表中数据显示，从发展趋势的角度看，人均地方政府本年收入的不均等程度在 2009 ~ 2011 年这三年间是逐

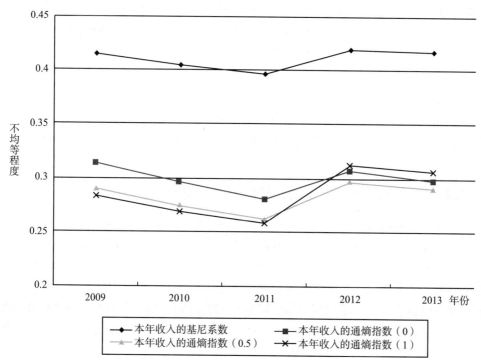

图 20 - 1　2009 ~ 2013 年人均地方政府本年收入的不均等程度

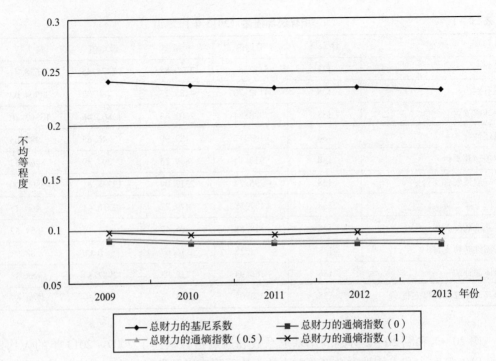

图 20 - 2   2009 ~ 2013 年人均地方政府总财力的不均等程度

年下降，2012 年不均等程度略有上升，但不均等程度在这五年的总趋势是下降的，而人均地方政府总财力的不均等程度在 2009 ~ 2013 这五年间是逐年下降的。从人均地方政府本年收入与人均地方政府总财力对比的角度看，人均地方政府本年收入的不均等程度在这五年均明显大于人均地方政府总财力的不均等程度。由于地方政府总财力是在地方政府自有财力的基础上又增加了政府间的净转移支付，因此从转移支付政策实施之后得到的实际效果来看，政府间的净转移支付有利于缩小地方政府之间的财力差距。但是，如果要理解哪种收入来源导致了地区间财政差距的扩大或缩小，就需要进行不平等分解。

20.1.2   地方政府财力差距：按收入来源分解

我们按收入来源对总收入的不均等指数进行分解，从而获得不同收入来源对地区间财力差距的贡献度。分解技术主要有两种，一种是传统的分析方法（Analytical Approach），另外一种是夏普利值方法（Shapley Approach），两种方法分别适用不同的不平等度量指标。其中基尼系数分解可采用两种方法中的任何一种，但广义熵指数分解只能利用夏普利值方法。我们采用阿拉尔·阿布德尔克林和吉恩·杜克洛（Araar Abdelkrim and Jean-Yves Duclos，2007）开发的 DASP（Distributive Analysis Stata Package）软件包进行分解计算。

表 20 - 2 中显示的是 2013 年人均地方政府总财力按照收入来源进行分解的结果，

这里我们采用的分解方法有基尼系数的分析分解、夏普利值分解和通熵指数（$\alpha = 0.5$）的夏普利值分解。首先我们将地方政府的总财力按照收入来源分解成本年收入与净转移支付，以此来考察这两者在总财力中的占比以及各自对总财力不均等的贡献。分解结果表明本年收入在地方政府的总财力中占绝大部分，净转移支付只占总财力的小部分，略高于 20%。根据基尼系数的分析分解和通熵指数（$\alpha = 0.5$）的夏普利值分解，净转移支付对总财力不均等的绝对贡献与相对贡献均为负值，说明净转移支付能缩小地方政府财力差距，降低人均地方政府总财力的不均等程度。虽然基尼系数的夏普利值分解得出的净转移支付对总财力的绝对贡献与相对贡献均为正值，但是其数值跟本年收入对总财力不均等的贡献相比很小。相反，不论是绝对贡献还是相对贡献，三种分解方法得出的结果均显示本年收入对总财力不均等的贡献为正值，而且数值较大，说明地方本级收入是造成地区间财力差距的主要因素。

表 20 - 2　　　　2013 年人均地方政府总财力各组成项目的不均等贡献——按收入来源分解

不均等指标		收入份额	GINI 系数分解				GE（$\alpha = 0.5$）指数分解	
分解方法			Analytical Approach		Shapley Approach		Shapley Approach	
		收入份额	绝对贡献	相对贡献	绝对贡献	相对贡献	绝对贡献	相对贡献
本年收入		0.7881	0.2816	1.2179	0.1904	0.8234	0.0937	2.1124
净转移支付		0.2119	-0.0504	-0.2179	0.0408	0.1766	-0.0493	-1.1124
净转移支付	返还性收入	0.0381	0.0098	0.0423	0.0069	0.0299	0.0037	0.0401
	专项转移支付	0.1708	0.0216	0.0936	0.0215	0.0931	0.0093	0.1032
	净一般性转移支付	-0.0269	-0.1031	-0.4457	0.0029	0.0125	-0.1198	-1.3352
	负的专项上解	-0.0291	0.0021	0.0089	0.0061	0.0264	-0.0005	-0.0058
	其他转移支付	0.0589	0.0192	0.0829	0.0174	0.0751	0.0079	0.0879
净一般性转移支付	均衡性转移支付	0.0029	-0.0011	-0.0048	-0.0002	-0.0008	-0.0004	-0.0043
	净体制补助	-0.1367	-0.0536	-0.2318	0.0010	0.0045	-0.0709	-0.7907
	净其他一般性转移支付	0.1069	-0.0483	-0.2091	0.0042	0.0180	-0.0453	-0.5049

其次，我们将政府间的净转移支付进行划分，具体划分成返还性收入、专项转移支付、净一般性转移支付、负的专项上解和其他转移支付，并且根据同样的方法将人均地方政府总财力按照收入来源进行分解。基尼系数的分析分解与通熵指数（$\alpha = 0.5$）的夏普利值分解的结果均表明在净转移支付内部净一般性转移支付对于总财力不均等的贡献为负值，能够有效缩小地方财力差距，而且从数值上看净一般性转移支付的贡献的绝对值较大，能够有效降低人均地方政府总财力的不均等程度，是转移支付构成中缩小地方财力差距的最主要因素。政府间的净转移支付之所以从总体上看能够缩小地方财力差

距，极大程度上是因为净一般性转移支付的财力均等化作用。通熵指数（$\alpha = 0.5$）的夏普利值分解结果还表明负的专项上解也能起到一定的缩小地方财力差距的作用，但是从数值上看其贡献的绝对值较小，因此负的专项上解降低人均地方政府总财力不均等的效果有限。但是，净一般性转移支付与负的专项上解在总财力中所占份额太低，因此并不能充分地发挥出缩小地方财力差距的作用。除了净一般性转移支付和负的专项上解之外，在本节的划分方式下，其他转移支付项目均不具备缩小地方财力差距的作用。并且尤其以专项转移支付对的总财力的不均等贡献最大，居于第二位的是返还性收入。

再其次，为进一步分析净一般性转移支付内部各构成项目对人均地方政府总财力不均等程度的贡献，我们将净一般性转移支付细分为均衡性转移支付、净体制补助和净其他一般性转移支付。在这种划分方式下，基尼系数的分析分解和通熵指数（$\alpha = 0.5$）的夏普利值分解表明，净一般性转移支付内部各构成项目对总财力不均等的绝对贡献和相对贡献均为负值，说明这些转移支付项目均是差异促减的因素。而且在净一般性转移支付内部，在不考虑净其他一般性转移支付时，对缩小财力差距的贡献最大的是净体制补助，其次才是均衡性转移支付。

进一步，我们用基尼系数的 Analytical Approach 分解方法计算 2009～2013 年政府间转移支付的各个构成项目对人均地方政府总财力不平等的相对贡献，以此来分析转移支付对地方政府财力不均等的贡献的发展趋势。

表 20 - 3 显示的是 2009～2013 年本年收入和净转移支付两个收入构成项目对总财力不均等的相对贡献。表 20 - 3 中的数据显示，从两者的贡献对比来看，2009～2013年，本年收入始终是造成地方政府财力差距的主要因素。从发展趋势来看，本年收入对总财力不均等的相对贡献从 2009～2011 年呈下降趋势，下降幅度较小，但是 2012 年本年收入对总财力不均等的相对贡献较大提高，并且贡献水平比 2009 年还高，2013 年其相对贡献进一步大幅提高，总体来看本年收入对总财力不均等的相对贡献是呈现增高趋势的。净转移支付对总财力不均等的相对贡献的发展趋势正好与本年收入的相反。由于净转移支付对总财力不均等的相对贡献多数是负值，因此也可以说，净转移支付对总财力均等化的贡献 2009～2011 年是逐年降低的，并且在 2011 年净转移支付对总财力不均等的贡献达到正值。2012 年净转移支付对总财力均等化的相对贡献大幅提高，到 2013年其对总财力均等化的相对贡献进一步提高。总体来看净转移支付对总财力不均等的相对贡献是呈现下降趋势的，也即净转移支付的财力均等化贡献水平是在提高的。值得一提的是，为更好地引导各地转方式、调结构，2013 年山东省人民政府颁布了《山东省人民政府关于进一步深化省以下财政体制改革的意见》，在保证各级既得利益的前提下，通过采取下划省级税收、健全激励约束机制等措施，更好地促进各地加快转方式、调结构步伐，增强县乡政府财政保障能力。概括来讲，此次体制改革的主要内容是在保证各级既得利益的前提下，下划省级收入，增加各县市的税收收入，也即本章中的本年收入，同时又加大对财政困难县（市、区）的转移支付力度。而与此同时，山东省 2013年的地区人均财力差距分解的结果显示，本年收入对不均等的相对贡献在 2013 年有所上升，同时政府间转移支付对总财力均等化的相对贡献进一步提高。这一分解结果从

一定程度上反映出此次体制改革使地方政府自有财力的差距相对扩大，但是配套的转移支付政策又在缩小各地政府的财力差距。结合本章第二部分中的财政不平等的度量可以发现，2013 年本年收入的不均等程度跟 2012 年相比是有所下降的，2013 年政府间转移支付的总财力的不均等程度跟 2012 年相比进一步下降，这说明此次改革在税收与转移支付两方面政策的调节作用下，在调动地方积极性的同时缩小了地区间财力差距。

表 20 - 3　　　　　　　　　　地方人均财力差距分解：多期两项目

年份	2009	2010	2011	2012	2013
本年收入	1.0309	1.0231	0.9998	1.1143	1.2179
净转移支付	-0.0309	-0.0231	0.0002	-0.1143	-0.2179

　　表 20 - 4 显示的是 2009～2013 年净转移支付内部各构成项目对总财力不均等的相对贡献。从相对贡献的数值对比上看，发挥财力均等化作用的主要是净一般性转移支付，其次是负的专项上解，其他各项均是财力差异促增的因素，并且其中尤以专项转移支付对总财力不均等的贡献程度最大，排在第二位的是返还性收入。从发展趋势上看，净一般性转移支付对总财力不均等的贡献除了在 2012 年为绝对值较大的负值之外，其他年间对总财力不均等的贡献为负值，而且波动幅度不大。负的专项上解对总财力不均等的贡献从 2009 年到 2011 年均为负值，且波动幅度不大，能够发挥一定的财力均等化作用，到 2012 年其相对贡献变为正值，反倒对总财力不均等有一定的推波助澜，但到 2013 年其对总财力不均等的贡献有所下降，总体来看负的专项上解能起到一定的财力均等化作用，但是作用效果不稳定。专项转移支付对总财力不均等的贡献从 2009 年到 2011 年在逐年提高，到 2012 年其贡献值出现小幅度的下降，到 2013 年其贡献值进一步下降，可以看出近两年来，专项转移支付对总财力不均等的贡献呈现出下降趋势。表 20 - 4 中还有一个较为突出的特征就是返还性收入虽然对总财力不均等的贡献一直为正，但是这几年其贡献值逐年下降，呈现出明显的下降趋势。

表 20 - 4　　　　　　　　　　地方人均财力差距分解：多期多项目

年份	2009	2010	2011	2012	2013
返还性收入	0.0907	0.0732	0.0576	0.0477	0.0423
专项转移支付	0.0876	0.0907	0.1355	0.1247	0.0936
净一般性转移支付	-0.2284	-0.2104	-0.2136	-0.3505	-0.2091
负的专项上解	-0.0249	-0.0275	-0.0201	0.0101	0.0089
其他转移支付	0.044	0.051	0.0408	0.0537	0.0829

	年份	2009	2010	2011	2012	2013
净一般性 转移支付	均衡性转移支付	− 0.0107	− 0.0085	− 0.0064	− 0.0055	− 0.0048
	净体制补助	− 0.0656	− 0.0511	− 0.0442	− 0.1888	− 0.2318
	净其他一般性转移支付	− 0.1521	− 0.1508	− 0.1629	− 0.1562	− 0.2091

表 20 – 4 中最后三列显示的是净一般性转移支付各构成项目对总财力不均等的相对贡献。从数值上看，净一般性转移支付各构成项目对总财力不均等的贡献均为负值，说明均能够起到缩小财力差距的作用。从发展趋势上看，均衡性转移支付对总财力不均等的贡献的绝对值逐年减小，说明均衡性转移支付的差异促减作用呈现下降趋势。净体制补助对总财力不均等的贡献的绝对值从 2009 年到 2011 年逐年增大，说明其均等化效果在减小，但是到 2012 年净体制补助的贡献的绝对值大幅增大，2013 年进一步增大，说明净体制补助的差距促减效果在这两年呈现明显的上升趋势。

20.1.3 地区差距对地方政府财力不均等的贡献

我们不仅可以将总财力的不均等按照收入来源进行分解，还可以按照组群进行分解，具体而言就是将总财力的不均等指数按照不同的组群划分方式进行分解，将总体的不均等指数分解为各个子群的不均等指数，以此来衡量各个子群对总体不均等的贡献程度。不均等程度按组群分解时，最合适的方法是采用通熵指数按照组群进行分解。这里我们也采用阿拉尔·阿布德尔克林和吉恩·杜克洛（2007）开发的 DASP 软件包进行分解计算。

表 20 – 5 显示的是 2009 年山东省的市内县级财力差距和市间县级财力差距对人均地方本年收入和人均地方总财力的不均等的贡献程度。这里我们采用的是通熵指数（$\alpha = 0.5$，$\alpha = 1$，$\alpha = 0$）按照组间进行分解的方法来衡量市内差距与市间差距对不均等的贡献。表中数据显示，在接受转移支付之前，市内县级财力差距与市间县级财力差距对人均地方政府本年收入不均等的绝对贡献都较大，且相对贡献均在 50% 左右，也即地方政府在接受转移支付之前，市内差距与市间差距对地方政府财力不均等的贡献相差不大。在接受转移支付之后，市内县级财力差距和市间县级财力差距对人均地方政府总财力不均等的绝对贡献都变小，并且此时市间差距对总财力不均等的贡献明显大于市内差距对总财力不均等的贡献。这反映出两方面信息：一方面，在接受转移支付后，地方政府的财力差距明显缩小；另一方面，转移支付更好地促进了市内县级财力差距的缩小，在接受转移支付后，地方政府总财力的不均等主要体现在市间县级的财力差距上。

表 20 – 6 显示的是地方政府接受转移支付前后市内差距和市间差距对地方政府财力差距的贡献的变化及对比结果。从绝对贡献看，在接受转移支付后，市内差距与市间差距对不均等的贡献均是下降的，也即净转移支付降低了地方政府之间的财力差距。而且

不论是变化的绝对量还是变化的百分比，市内差距对地方政府财力不平等的贡献的下降程度均明显大于市间差距对地方政府财力不均等的贡献的下降程度。从相对贡献来看，市内差距对地方政府财力不平等的贡献是下降的，相反，市间差距对地方政府财力不平等的贡献是提高的，说明净转移支付主要使各市内部财力的不均等程度下降。通过对比接受转移支付后市内差距和市间差距对地方政府财力不均等的贡献程度的变化，更加清晰地反映出地方政府在接受转移支付后，地方政府财力的不均等程度下降，并且这一下降主要体现在各市内部的财力差距缩小上。

表 20 – 5　　　　　　　　　2009 年市内差距和市间差距对人均地方本年收入和
总财力不均等的贡献——按市进行分解

项目		GE（α = 0）		GE（α = 0.5）		GE（α = 1）	
		绝对贡献	相对贡献	绝对贡献	相对贡献	绝对贡献	相对贡献
本年收入	市内	0.1567	0.4998	0.1429	0.4931	0.1425	0.5027
	市间	0.1569	0.5002	0.1469	0.5069	0.1409	0.4973
	合计	0.3136	1.0000	0.2899	1.0000	0.2835	1.0000
总财力	市内	0.0388	0.4286	0.0412	0.4424	0.0454	0.4635
	市间	0.0517	0.5714	0.0519	0.5576	0.0526	0.5365
	合计	0.0905	1.0000	0.0931	1.0000	0.0979	1.0000

表 20 – 6　　　　　　　2009 年地方政府接受转移支付前后财力不平等贡献的变化

项目	GE（α = 0）				GE（α = 0.5）				GE（α = 1）			
	绝对贡献		相对贡献		绝对贡献		相对贡献		绝对贡献		相对贡献	
	变化绝对量	变化百分比	变化绝对量	变化百分比	变化绝对量	变化百分比	变化绝对量	变化百分比	变化绝对量	变化百分比	变化绝对量	变化百分比
市内	– 0.1179	– 75.26%	– 0.0712	– 14.24%	– 0.1018	– 71.20%	– 0.0508	– 10.29%	– 0.0971	– 68.14%	– 0.0392	– 07.80%
市间	– 0.1052	– 67.05%	+ 0.0712	+ 14.23%	– 0.0950	– 64.68%	+ 0.0508	+ 10.02%	– 0.0884	– 62.72%	+ 0.0392	+ 07.89%

　　为进一步验证通过表 20 – 5 和表 20 – 6 得出的结论，我们又选取了 2013 年的数据以相同的方法进行分析，相关数据显示在表 20 – 7 和表 20 – 8 中。两表中的数据显示，与 2009 年不同，通熵指数的分解结果均表明 2013 年在转移支付之前，市内差距对人均地方政府本年收入不均等的贡献明显大于市间差距对人均地方政府本年收入不均等的贡献，在接受转移支付前地方政府的财力不均等主要是由市内县级财力差距造成的。除此之外，2013 年的分析结果与 2009 年基本一致，因此也就进一步验证了表 20 – 5 和表 20 – 6 的相关结论。

表 20 - 7　　　2013 年市内差距和市间差距对人均地方政府本年收入和
总财力不均等的贡献——按市进行分解

项目		GE（α=0）		GE（α=0.5）		GE（α=1）	
		绝对贡献	相对贡献	绝对贡献	相对贡献	绝对贡献	相对贡献
本年收入	市内	0.1532	0.5155	0.1503	0.5146	0.1642	0.5351
	市间	0.1439	0.4845	0.1417	0.4854	0.1427	0.4649
	合计	0.2972	1.0000	0.2919	1.0000	0.3069	1.0000
总财力	市内	0.0349	0.4102	0.0384	0.4285	0.0442	0.4554
	市间	0.0501	0.5898	0.0513	0.5715	0.0528	0.5446
	合计	0.0851	1.0000	0.0897	1.0000	0.0970	1.0000

表 20 - 8　　　　　　2013 年地方政府接受转移支付前后的变化

项目	GE（α=0）				GE（α=0.5）				GE（α=1）			
	绝对贡献		相对贡献		绝对贡献		相对贡献		绝对贡献		相对贡献	
	变化绝对量	变化百分比	变化绝对量	变化百分比	变化绝对量	变化百分比	变化绝对量	变化百分比	变化绝对量	变化百分比	变化绝对量	变化百分比
市内	-0.1183	-77.22%	-0.1053	-20.42%	-0.1118	-74.42%	-0.0861	-16.74%	-0.1200	-73.10%	-0.0796	-14.89%
市间	-0.0938	-65.16%	+0.4845	+21.72%	-0.0905	-63.83%	+0.0861	+17.75%	-0.0899	-62.98%	+0.0796	+17.13%

20.2　基于消费水平的政府间转移支付
对地区间收入差距的影响

政府间转移支付可以通过促进经济增长，实现缩小地区收入差距的目的。通过已有研究发现，获得转移支付越多的地区其经济增长越快。因此，如果在制度上能够保证落后地区获得更多的转移支付，则转移支付就可有助于缩小地区经济发展差距，进而缩小地区间收入差距。

既有研究主要采用了新古典经济增长理论中的收敛概念，将转移支付作为一个控制变量放入模型中，通过观察经济增长收敛系数的变化推断转移支付的经济收敛作用。例如，马拴友、于红霞（2003）选取 1995 ~ 2000 年各省人均 GDP 和转移支付数据，通过在经济增长模型中加入转移支付变量，分析这一时期转移支付促进区域经济收敛的趋势，发现转移支付总体上没有达到缩小地区差距的效果。张明喜（2006）、朱国才（2007）、江新昶（2007）等采用类似的研究方法和省级人均收入及转移支付数据，也发现我国的转移支付没有达到缩小地区间收入差距的目的。当然，部分学者也提供了转移支付有利于缩小地区间经济差距的证据，例如，张楷涕（2009）在分析 1995 年后转移支付与农村人均收入水平的收敛关系时，发现转移支付总体上达到了缩小农村居民收入区域差距的效果。张恒龙、秦鹏亮（2011）在利用 1994～2006 年省级数据发现转移支付从总体上发挥了缩小区域间经济差距的作用，有助于省际经济收敛。具体到不同类型转移支付，财力性转移支付和专项转移支付具有显著均等化作用，而税收返还倾向于扩大地区经济的差距。本节采用消费作为衡量地区间收入差距的代理指标，这是因为收入数据的准确性备受怀疑，口径也很难统一，工资和非工资收入、人均 GDP 等代理指标，都存在人为虚报或瞒报的动机，而消费数据较为客观，统计上的人为因素干扰较少。同时，收入差距评价要考虑生活成本，例如，不同地区住房成本差异很大，所以收入差距本身并不能合理地衡量收入分配的真实状态和演变趋势。扣除非贸易部门（如住房）的消费，贸易品的消费水平（经价格调整）可以大致衡量生活水平的差异。

20.2.1　山东省县际消费差距的统计描述

21 世纪以来，山东省行政区划变化不大，2006～2012 年间，共有 17 个地级行政区划单位，140 个县级行政区划单位，其中 49 个市辖区、31 个县级市、60 个县。2013 年，青岛市行政区划调整，对部分市辖区进行了合并，因此全省县级行政区划单位减少为 138。按经济地带划分东中西部，其中东部和西部各包括 6 个地市，中部包括 5 个地市。我们以 2006～2013 年的县级单位数据为样本，考察消费水平的地区间差距，其中消费水平以人均社会消费品零售额作为代理，并利用消费品价格指数进行平减（1995 年为基期），获得 2006～2013 年各县级单位的实际人均社会消费品零售额（下文简称人均消费额）。

衡量地区间经济差距的统计指标有很多，比如变异系数、基尼系数、泰尔指数、广义熵指数等等，这里我们仅仅考察三种衡量地区间差距的指标：对数标准差、变异系数和基尼系数。可以发现，无论采用哪种统计指标，地区间消费水平差距的变化趋势是相似的。

图 20－3 是 2006～2013 年间山东省全部县级单位人均消费水平差距的变化趋势图。对数标准差从 2006 年的 0.6138 回落到 2013 年的 0.5737。衡量消费差距的其他两个指标，变异系数和基尼系数，也分别从 0.7872 和 0.3682 回落到 0.7241 和 0.3436。因此，从山东省全省来看，县际消费水平呈现收敛态势，消费水平的地区间差距在缩小。

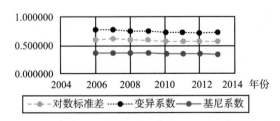

图 20－3　消费水平的地区间差距（全部县级单位）

进一步,分东、中、西部分别考察山东省省以下各县级单位的消费水平差距。图20 - 4 是 2006 ~ 2013 年山东省东部地区县际消费水平差距,对数标准差、变异系数、基尼系数分别从 2006 年的 0.5593、0.6184、0.3174 回落到 2013 年的 0.5468、0.5660、0.2989。图 20 - 5 是 2006 ~ 2013 年山东省中部地区县际消费水平差距,对数标准差、变异系数、基尼系数分别从 2006 年的 0.6964、0.8559、0.4054 回落到 2013 年的 0.6460、0.8017、0.3792。图 20 - 6 是 2006 ~ 2013 年山东省西部地区县际消费水平差距,对数标准差、变异系数、基尼系数分别从 2006 年的 0.3835、0.5352、0.2238 回落到 2013 年的 0.3351、0.3991、0.1943。由上述数据也可发现,山东省中部地区消费水平差距最大,东部次之,西部最小。

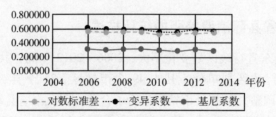

图 20 - 4　消费水平的地区间差距(东部)

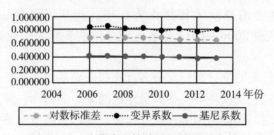

图 20 - 5　消费水平的地区间差距(中部)

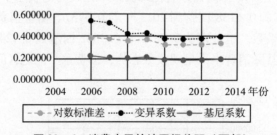

图 20 - 6　消费水平的地区间差距(西部)

总结上述发现,无论是山东省全部县级样本,还是东、中、西部子样本,都表明 2006 ~ 2013 年间县际消费水平差距在缩小,区域经济发展趋于收敛。但转移支付是否影响这种收敛?转移支付是扩大了还是缩小了地区间消费水平差距?以及不同类型的转移支付是否对区域经济收敛起到不同的作用?这些正是下面计量分析需要解决的问题。

20.2.2　模型设定与数据说明

在新古典经济增长理论中，人们常常用 β 收敛描述区域经济收敛机制。所谓 β 收敛是指落后地区比富裕地区增长得更快，则落后地区的人均收入（或产出/消费）会赶上发达地区。β 收敛又分为绝对收敛和条件收敛。其中，绝对收敛指各地区经济收敛到相同的稳态人均收入水平，达到长期均衡。但是，如果各地区的技术进步速度或稳态人均收入（产出或消费）水平不同，就是条件收敛。根据新古典经济增长理论（Barro & Martin，1995），设定如下基本模型：

$$\frac{\log\left(\frac{y_{i,t}}{y_{i,t-T}}\right)}{T} = a - \left[\,(1 - e^{-\beta T})/T\,\right]\log y_{i,t-T} + \mu_{i,t} \tag{20.1}$$

其中，i 指某一地区，t 表示某一时点，T 为观察期长度，$y_{i,t-T}$ 和 $y_{i,t}$ 分别指观察期的期初和期末人均收入或消费。$\dfrac{\log\left(\dfrac{y_{i,t}}{y_{i,t-T}}\right)}{T}$ 指 T 时期内地区的平均人均收入（或消费）增长速度。β 指人均收入或消费向稳态水平收敛的速度。为便于实证分析，将（20.1）式简化为（20.2）式。如果区域经济有收敛趋势，B 的预期符号为负。

$$\frac{\log\left(\frac{y_{i,t}}{y_{i,t-T}}\right)}{T} = c + B\log y_{i,t-T} + \varepsilon_{i,t} \tag{20.2}$$

在（20.2）式的基础上引入转移支付变量 Trans，同时再引入地区哑变量 D，同一地级市的县具有相同的地区哑变量编号，如（20.3）式：

$$\frac{\log\left(\frac{y_{i,t}}{y_{i,t-T}}\right)}{T} = c + B\log y_{i,t-T} + \gamma Trans + D_j + \varepsilon_{i,t} \tag{20.3}$$

如何由（20.3）式推断转移支付对地区间经济收敛的作用？不考虑政府间转移支付因素时，估计（20.3）式得到的收敛系数包含转移支付的效应。因此，先将自变量 Trans 从回归方程中去掉，回归得到 B_0（预期为负数）。然后，将 Trans 放入回归方程，得到估计系数 B_1（预期为负数）。如果 B_1 的绝对值大于 B_0 的绝对值，这说明剥离 Trans 的影响后，经济的收敛速度更快了，也就是说，Trans 是减缓经济收敛的或促进经济发散的。反之，如果 B_1 的绝对值小于 B_0 的绝对值，这说明剥离 Trans 的影响后，经济收敛速度降低，Trans 本身是促进经济收敛的。遵循马拴友、于红霞（2003）以及张恒龙、秦鹏亮（2011）的做法，Trans 指标的设计采用相对指标，即时间区间 T 内各地区获得的净转移支付总额相对于其基期年的财政收入的比例[①]。

---

　　① 这样设计相对转移支付率可能会导致内生性问题，转移支付依赖度高的地区往往经济发展水平和经济增速较低。在后面的实证结果汇报中，我们将不仅汇报相对转移支付率作为因变量的结果，而且汇报转移支付依赖度的变化作为因变量的结果。

考虑到转移支付具体数据的可得性，我们将时间区间锁定为 2009～2013 年。又考虑到 2013 年青岛市行政区划调整，我们将被合并的两个区以及合并后的两个区剔除出样本，由此形成包含 136 个区县的平行面板数据。既有文献大多基于省级数据，为保证样本足够大，这些文献往往利用省级面板数据进行实证检验。但经济增长和收敛是一个相对长期的过程，以 5 年左右为跨度比较合理，所以本章以 2009 年为基期，以 2009～2013 年的人均消费[1]增长率平均值为因变量构成一个样本容量为 136 的截面数据。

最后，需要说明各指标的计算过程。消费品零售额数据、转移支付数据以及财政收入数据分别利用以 1995 年为基期的消费品零售价格指数和消费者价格指数进行调整。

$$人均消费增长率 = \frac{\log\left(\frac{y_{i,2013}}{y_{i,2009}}\right)}{4}$$

相对转移支付率 Trans = 2009～2013 年本地获得的可比净转移支付总额/2009 年的实际本级财政收入

转移支付依赖率 = 本年净转移支付/本年本级财政收入

转移支付依赖率的变化 dtrans = 2013 年转移支付依赖率 - 2009 年转移支付依赖率

分项目的转移支付变量设计原理类似。

表 20-9　　　　　　　　　　变量统计描述

变量	样本量	平均值	标准差	最小值	最大值
实际人均消费 09	136	12355.12	9440.56	3869.05	56346.03
实际人均消费 13	136	19296.41	14041.68	7401.59	96322.29
相对净转移支付 Trans	136	7.72	8.07	-5.22	31.21
# trans1（税收返还）	136	0.82	0.45	0.09	2.02
# trans2（专项）trans2	136	3.44	2.61	0.45	11.15
# trans3（一般）trans3	136	3.09	4.82	-5.47	18.39
转移支付依赖率变化 dtrans	136	-0.35	0.67	-2.58	4.63
# dtrans1	136	-0.11	0.07	-0.33	0.03
# dtrans2	136	-0.02	0.28	-0.66	2.53
# dtrans3	136	-0.21	0.30	-1.51	0.80

资料来源：消费、人口、价格指数等数据来自历年《山东省统计年鉴》，转移支付等数据来自山东省财政厅。

20.2.3　实证结果

首先估计消费收敛的基准模型，如表 20-10 中 Model1 所示，模型仅控制住地区哑

---

[1]　人均消费代理指标是用全社会消费品零售额除以本地年末人口。

变量（city），初始人均消费对数（lnc09）的估计系数 $B_0 = -0.0553$，在 5% 的显著性水平上拒绝零假设，这表明样本中区县经济具有显著的收敛性。由于基准模型 Model1 中没有控制转移支付因素，所以 B_0 中包含了转移支付的效应。遵循既有文献的做法，Model2 引入相对转移支付率 Trans，将转移支付对消费水平的影响单独剥离出来。由 Model2 的实证结果可以发现两点，第一，转移支付率 Trans 的回归系数显著为负，说明转移支付的依赖度越高，消费增长率越低。第二，观察收敛系数 $B_1 = -0.102$，在 1% 的显著性水平上拒绝零假设，样本区县消费水平具有显著的收敛性，并且 $B_0 > B_1$，这说明将转移支付因素剥离后，消费水平的收敛速度更快了，换言之，转移支付本身不是人均消费水平的收敛性因素，而是发散性因素。进一步，考查税收返还、专项转移支付和一般性转移支付对消费收敛的影响，结果汇报如 Model3 ~ Model5。各类转移支付的依赖率越高，消费增长率越低，其影响在数量上税收返还最大，专项补助其次，一般性转移支付最小。同时，我们更为关注的是，三个模型估计出的收敛系数 B_1 的绝对值均大于基准模型中的收敛系数 B_0 的绝对值，这说明剥离掉三类转移支付的干扰之后，消费的收敛速度更快了，换言之，三类转移支付本身都是促成人均消费发散的因素。以上是遵循既有文献进行的模型设定和收敛性分析，汇总出来可与既有结果相比较。但从理论上看，相对转移支付率可能是内生变量，转移支付依赖率较高的地区往往是相对落后地区，经济发展速度可能也比较低，这会造成回归分析的有偏和不一致。鉴于此，我们尝试使用 2009 ~ 2013 年的转移支付依赖度的变化 dtrans 替代 Trans，从而尽可能消除内生性的影响。

表 20 - 10　　　　2009 ~ 2013 年山东省省以下区县消费水平的收敛性检验

变量	(1) Model1	(2) Model2	(3) Model3	(4) Model4	(5) Model5
lnc09	- 0.0553 ** (0.0236)	- 0.102 *** (0.0296)	- 0.0863 *** (0.0249)	- 0.0937 *** (0.0259)	- 0.106 *** (0.0331)
trans		- 0.0050 *** (0.0018)			
trans1			- 0.0816 *** (0.0290)		
trans2				- 0.0159 *** (0.0045)	
trans3					- 0.0090 *** (0.0034)
city	0.0088 *** (0.0030)	0.0084 *** (0.0030)	0.0074 ** (0.0029)	0.0088 *** (0.0030)	0.0090 *** (0.0030)

续表

变量	(1) Model1	(2) Model2	(3) Model3	(4) Model4	(5) Model5
Constant	0.905 *** (0.220)	1.378 *** (0.284)	1.268 *** (0.244)	1.313 *** (0.250)	1.396 *** (0.310)
Obvs.	136	136	136	136	136
R^2	0.144	0.181	0.186	0.192	0.182

注：括号内是异方差稳健标准差，*** $p < 0.01$，** $p < 0.05$，* $p < 0.1$。

表 20 - 11 的模型 1 与表 20 - 10 中 Model1 相同。模型 2 引入转移支付依赖率的变化 dtrans，回归结果表明，转移支付依赖度的变化对人均消费增长率没有显著影响，但扣除掉转移支付依赖度变化的影响之后，消费的收敛系数（绝对值）略微变大，从 0.0553 增加到 0.0581，这说明转移支付对消费的影响是略微发散的。进一步考察各类转移支付依赖度的变化，模型 3 表明税收返还依赖度的降低会削弱消费增长率，换言之，作为地方法定自主收入的税收返还依赖度降低不利于消费水平的增长，这与分权文献中的结论基本一致，地方财政自主性的增强有利于促进经济发展。但问题的另一方面是，税收返还是地区间消费水平发散的推动因素，因为剥离掉税收返还因素后，收敛系数从 0.0553 显著增加到 0.0786。专项补助和一般性转移支付依赖度的变化对消费增长率的影响不显著（模型 4 和模型 5），但专项补助对地区间消费水平具有微弱的收敛的作用（收敛系数从 0.0553 降低为 0.0540），一般性转移支付对地区间消费水平具有微弱的发散作用（收敛系数从 0.0553 增加到 0.0572）。

表 20 - 11   2009 ~ 2013 年山东省省以下区县消费水平的收敛性检验

变量	(1) Model1	(2) Model2	(3) Model3	(4) Model4	(5) Model5	(6) Model6
lnc09	- 0.0553 ** (0.0236)	- 0.0581 ** (0.0245)	- 0.0786 *** (0.0250)	- 0.0540 ** (0.0243)	- 0.0572 ** (0.0238)	- 0.0776 *** (0.0246)
dtrans		0.0109 (0.0190)				
dtrans1			0.430 ** (0.170)			0.523 ** (0.212)
dtrans2				- 0.0138 (0.0324)		- 0.0693 (0.0419)
dtrans3					0.0406 (0.0407)	0.0097 (0.0568)

续表

变量	（1） Model1	（2） Model2	（3） Model3	（4） Model4	（5） Model5	（6） Model6
city	0.0088 *** （0.0031）	0.0087 *** （0.0030）	0.0077 *** （0.0029）	0.0088 *** （0.0031）	0.0090 *** （0.0031）	0.0080 ** （0.0033）
Constant	0.905 *** （0.220）	0.935 *** （0.230）	1.174 *** （0.242）	0.892 *** （0.228）	0.930 *** （0.224）	1.173 *** （0.240）
Obvs.	136	136	136	136	136	136
R^2	0.144	0.146	0.174	0.144	0.150	0.184

注：括号内是异方差稳健标准差，*** $p<0.01$，** $p<0.05$，* $p<0.1$。

　　为验证表 20 – 11 实证结果的稳健性，我们将山东省的市辖区从样本中剔除，仅考虑县，样本容量减少为 91（见表 20 – 12）。县样本的实证结果与区县样本的结果基本一致。县际之间的消费水平收敛趋势仍然非常显著，同时转移支付对消费水平的发散作用也更加凸显。

表 20 – 12　　　　　　　2009～2013 年山东省省以下县域消费水平的收敛性检验

变量	（1） Model1	（2） Model2	（3） Model3	（4） Model4	（5） Model5	（6） Model6
lnc09	– 0.0694 *** （0.0263）	– 0.0816 *** （0.0277）	– 0.0992 *** （0.0250）	– 0.0726 ** （0.0284）	– 0.0861 *** （0.0277）	– 0.0941 *** （0.0254）
dtrans		0.0175 （0.0208）				
dtrans1			0.486 *** （0.173）			0.560 ** （0.222）
dtrans2				0.0131 （0.0408）		– 0.0376 （0.0509）
dtrans3					0.0691 （0.0472）	– 0.00132 （0.0811）
city	0.0120 *** （0.0044）	0.0122 *** （0.0044）	0.0122 *** （0.0042）	0.0120 *** （0.0044）	0.0130 *** （0.0047）	0.0123 ** （0.0051）
Constant	1.004 *** （0.250）	1.119 *** （0.260）	1.330 *** （0.235）	1.034 *** （0.270）	1.160 *** （0.257）	1.291 *** （0.240）
Obvs.	91	91	91	91	91	91
R^2	0.205	0.213	0.262	0.206	0.224	0.268

注：括号内是异方差稳健标准差，*** $p<0.01$，** $p<0.05$，* $p<0.1$。

20.2.4 分地区检验

由于转移支付的分配具有显著的空间特征，东部发达地区是转移支付的净输出地，西部落后地区是转移支付的净流入地，因此有必要分地区检验转移支付对地区间消费水平收敛性的检验，同时这也是俱乐部收敛的一种检验策略。

表 20 – 13 显示了山东省东部地区的消费收敛性检验。可以发现，东部地区 2009 ~ 2013 年人均消费不具有显著的收敛趋势，转移支付依赖率变化对消费增长率的影响总体上也不显著。出现这一结果的原因可能是东部区县大多经济相对发达，经济发展已达到一定的稳态水平。同时，东部地区总体上是转移支付的净输出地，以东部地区为样本检验转移支付的经济收敛性并不是一个好的方案。中部地区区县的数据得出类似的结论（见表 20 – 14）。

表 20 – 13　　　2009 ~ 2013 年山东省省以下区县消费水平的收敛性检验（东部地区）

变量	(1) Model1	(2) Model2	(3) Model3	(4) Model4	(5) Model5	(6) Model6
lnc09	− 0. 0262 (0. 0621)	− 0. 0242 (0. 0649)	− 0. 0657 (0. 0719)	− 0. 0181 (0. 0649)	− 0. 0258 (0. 0611)	− 0. 0576 (0. 0893)
dtrans		− 0. 0091 (0. 0237)				
dtrans1			0. 927 * (0. 516)			1. 094 * (0. 649)
dtrans2				− 0. 0503 * (0. 0263)		− 0. 0891 (0. 0764)
dtrans3					0. 0042 (0. 1150)	0. 0078 (0. 1990)
city	0. 0129 ** (0. 0049)	0. 0130 ** (0. 0050)	0. 0106 ** (0. 0049)	0. 0131 ** (0. 00504)	0. 0129 ** (0. 0049)	0. 0106 * (0. 0055)
Constant	0. 610 (0. 589)	0. 590 (0. 616)	1. 078 (0. 726)	0. 533 (0. 615)	0. 607 (0. 581)	1. 018 (0. 905)
Obvs.	45	45	45	45	45	45
R^2	0. 114	0. 115	0. 158	0. 122	0. 114	0. 181

注：括号内是异方差稳健标准差，*** $p < 0.01$，** $p < 0.05$，* $p < 0.1$。

表 20 – 14　　　　　　　2009～2013 年山东省省以下区县消费水平的收敛性检验（中部地区）

变量	(1) Model1	(2) Model2	(3) Model3	(4) Model4	(5) Model5	(6) Model6
lnc09	– 0.0700 * (0.0396)	– 0.0698 (0.0414)	– 0.0812 * (0.0441)	– 0.0680 (0.0427)	– 0.0701 * (0.0403)	– 0.0826 * (0.0463)
dtrans		– 0.00111 (0.0470)				
dtrans1			0.185 (0.320)			0.298 (0.387)
dtrans2				– 0.0241 (0.129)		– 0.0661 (0.185)
dtrans3					– 0.0108 (0.0889)	– 0.0014 (0.109)
city	0.0037 (0.0056)	0.0037 (0.0059)	0.0025 (0.0058)	0.0042 (0.0063)	0.0037 (0.0057)	0.0033 (0.0066)
Constant	1.073 *** (0.382)	1.071 ** (0.405)	1.204 *** (0.437)	1.050 ** (0.418)	1.072 *** (0.390)	1.221 ** (0.459)
Obvs.	38	38	38	38	38	38
R^2	0.163	0.163	0.168	0.164	0.164	0.175

注：括号内是异方差稳健标准差，*** $p < 0.01$，** $p < 0.05$，* $p < 0.1$。

西部地区是转移支付的主要接受地，分析转移支付与消费增长之间的关系具有更明确的价值。从表 20 – 15 回归结果可以发现，2009～2013 年间西部区县消费增长的收敛性非常显著，各模型均在 1% 的显著性水平下拒绝收敛系数 B = 0 的原假设，这表明 2009～2013 年西部区县的人均消费水平表现出明显的俱乐部收敛。对西部地区而言，转移支付依赖率的变化会显著地影响人均消费增长率，具体而言，净转移支付依赖率以及税收返还依赖率、专项补助依赖率和一般性转移支付依赖率的增加都会显著提升当地的人均消费增长率。这说明转移支付会促进西部地区区县的人均消费增长。另外，观察西部地区内部转移支付对人均消费水平的收敛性效应，未剥离转移支付效应的收敛系数为 – 0.124（Model1），剥离转移支付后的收敛系数为 – 0.130（Model2），这说明转移支付的增长会在一定程度上加剧区县人均消费水平的发散。进一步的分项转移支付数据分析表明，税收返还因素加剧地区间消费水平发散的效应最大，一般性转移支付和专项补助也都是阻碍消费水平收敛的因素，但其效应比税收返还要弱。

表 20 - 15　　　　　2009~2013 年山东省省以下区县消费水平的收敛性检验（西部地区）

变量	(1) Model1	(2) Model2	(3) Model3	(4) Model4	(5) Model5	(6) Model6
lnc09	-0.124 *** (0.0341)	-0.130 *** (0.0323)	-0.138 *** (0.0304)	-0.127 *** (0.0329)	-0.128 *** (0.0323)	-0.135 *** (0.0320)
dtrans		0.0387 * (0.0206)				
dtrans1			0.356 ** (0.150)			0.229 (0.244)
dtrans2				0.125 *** (0.0397)		0.0130 (0.0853)
dtrans3					0.0825 *** (0.0308)	0.0317 (0.0654)
city	0.0074 ** (0.0032)	0.0087 ** (0.0034)	0.0079 ** (0.0035)	0.0084 ** (0.0033)	0.0089 ** (0.0034)	0.0084 ** (0.0035)
Constant	1.516 *** (0.302)	1.582 *** (0.285)	1.686 *** (0.272)	1.545 *** (0.289)	1.570 *** (0.286)	1.649 *** (0.290)
Obvs.	53	53	53	53	53	53
R^2	0.295	0.351	0.370	0.347	0.364	0.376

注：括号内是异方差稳健标准差，*** $p<0.01$，** $p<0.05$，* $p<0.1$。

20.3　本章小结

　　本章首先利用基尼系数和通熵值数分解方法对政府间转移支付的财力均等化效果进行了分析。从转移支付的构成看，只有一般性转移支付和专项上解是差异促减的，并且尤其以一般性转移支付的财力均等化效果最为明显。在一般性转移支付的构成项目中，主要是净体制补助和均衡性转移支付在发挥财力均等化的作用，不过由于这两项在总财力中所占份额较低，因此难以充分发挥出它们的均等化作用。而政府间转移支付中的返还性收入、专项转移支付等其他转移支付项目均是差异促增的。并且尤其以专项转移支付的差异促增效果最为明显，排在第二位的是返还性收入。从地方政府总财力的地区分解结果来看，各市之间地方政府的财力差距对总财力不均等的贡献相对较大，也即在接受转移支付后，人均地方政府财力的不均等程度下降，但是这一下降主要体现在各市内部县级政府之间的财力差距的缩小上，也即转移支付后地方政府间的财力不均等主要是由各市之间的财力差距造成的。从上文数据中不难发现，政府间转移支付的规模是在逐渐扩大的，虽然其效果从总体上看是能够促进地方政府财力均等化的，但是均等化的实际效果并不明显。因此上级政府在安排转移支付时，应进一步考虑各市之间的财力差距，进行转移支付的规划与安排，从而缩小地区间财力差距，进而使地方有充足的财力作为物质保障，实现调节收入分配的可能性。

其次基于消费水平，可以发现：（1）山东省各区县间人均消费水平具有显著的收敛趋势。分地区来看，中东部地区区县间人均消费水平的收敛性不明显，西部地区的收敛性则非常明显。（2）转移支付依赖度的变化对区县人均消费增长率的影响总体上不显著，只有税收返还依赖度的变化在 5% 的水平上显著影响人均消费增长率（系数为正），该时间区间内税收返还依赖度不断减小，这无疑降低了消费增长率。分东、中、西部的实证检验表明，中东部地区转移支付对人均消费增长率影响总体不显著，西部地区转移支付的影响则非常显著，各类转移支付依赖度的提高都会显著提高消费增长率。（3）需要注意的是，即使从平均上来看转移支付能够显著促进消费增长，但转移支付未必能促进消费水平的地区间收敛。2009～2013 年山东省省以下的区县和县际数据实证分析表明，转移支付总体上加剧了地区间人均消费水平的差距，其中税收返还的发散效应最大。分地区的检验表明，西部地区消费增长虽然受益于转移支付，但转移支付却是扩大西部地区内部人均消费水平差距的因素，换言之，转移支付，包括各类型转移支付并未发挥区域经济收敛的作用，尽管其他力量导致西部地区内部人均消费水平的显著性收敛。（4）地区间经济收敛或者说地区间经济发展差距的缩小有其内在的支配性经济规律，本章的实证研究发现，虽然转移支付制度没有起到促进区域经济收敛的作用，但区域经济收敛的过程却在事实上显著地发生着，劳动力、土地等要素成本的区域间差异或许是推动区域经济收敛的支配性力量。

最后，理论上存在着改革转移支付制度（如取消税收返还、规范化专项补助、一般性转移支付的公式化），促进区域经济收敛，缩小地区间收入或消费差距的可能性。但我们不能对转移支付缩小地区间收入差距的效果过于乐观，因为作为维持政治均衡的转移支付制度安排应该是消极的和"补偿性"的，将缩小地区间收入差距的重任交给转移支付制度，令其在不确定的世界中为落后地区"积极"寻求经济发展机会，实在是勉为其难，市场和公司化了的地方政府对此更具比较优势。转移支付制度设计应立足于"补偿性"，即弥补因市场或地方政府行为造成的权利缺失，确保居民享有基本公共服务的平等权利，保护居民的自由迁徙权利，而地区间发展差距、收入差距以及消费差距不应是转移支付制度钉住的主要目标。

第21章 政府间转移支付制度评价：调节城乡居民间收入分配的效应

自改革开放以来，我国分配结构从计划经济时期单一的收入渠道和以绝对平均主义为目标，向以劳动报酬为主、资本和技术等收入为辅的多种分配方式并存转变，其结果是城乡居民生活水平普遍提高的同时，收入差距也在不断扩大。中国社会科学院城市发展与环境研究所发布的《中国城市发展报告第四辑——聚焦民生》显示，目前我国城乡收入差距比为3.23：1，成为世界上城乡收入差距最大的国家之一，但若把医疗、教育、失业保障等非货币因素考虑进去，中国的城乡收入差距世界最高。城乡收入差距的不断拉大，严重制约了我国经济发展水平，尤其是消费需求的增长，也不利于社会稳定。2015年2月中共中央、国务院印发了2015年1号文件《关于加大改革创新力度加快农业现代化建设的若干意见》，文件中指出"中国要富，农民必须富"，同时文件中明确具体给出了围绕促进农民增收的相关政策，以上均表明调节城乡居民间收入分配的重要性。

关于城乡收入差距问题的研究早已有之，主要有三种情况：一是用基尼系数、变异系数、广义熵指数以及比率法等指标测量城乡收入差距；二是从城乡居民收入构成或收入来源解析中国城乡收入差距的形成原因；三是从中国城乡居民收入差距的主要影响因素进行理论与实证研究，影响因素主要集中在个体基本特征差异、人力资本差异、城镇化与工业化水平、城乡二元结构与政策偏向（公共品供给、农业支持政策）以及地区差异。本章将从公共品供给角度研究城乡收入差距，同时，本章还从贫困脆弱性的角度来检验转移支付的效应，以此通过优化转移支付结构与规模，实现缩小城乡收入差距的目的，最终改善国民收入分配格局。

21.1 转移支付与公共品

目前，中央对地方的转移支付形式主要有税收返回、体制补助（或体制上解）、专项补助和中央对地方的财力性转移支付。其中，以均等化地方政府公共服务能力的财力性转移支付，主要包括一般性转移支付、民族地区转移支付、调整工资转移支付和农村税费改革转移支付等，财力性转移支付制度是中央财政为了均衡地区间财力差距和促进公共服务均等化而建立的。财力性转移支付占中央下划补助的比重从1995年的11.48%上升到2004年的28.7%（见图21-1），比较富裕的东部地区获得的财力性转移支付占中央的总财力性转移支付比重呈现下降趋势（见图21-2）。1994年，中央补助地方支出占地方本级支出的比重达 59.16%。该指标随后有一定的下调，但近年来一直在 45% 以上，2004 年，中央补助地方支出额达到 10222 亿元，缓解了财政困难地区财政运行中的突出矛盾。但是，与此同时我国各地区之间，特别是城乡之间公共品供给的差距却在不断扩大。

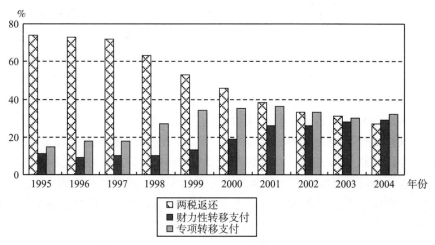

图 21-1　转移支付总额的主要项目所占比重

资料来源：《地方财政分析资料（2004）》。

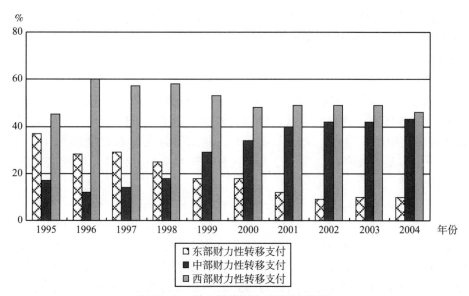

图 21-2　财力性转移支付的地区结构

注：本节所指的东部地区包括北京、天津、河北、辽宁、上海、江苏、浙江、福建、山东、广东、海南；中部地区包括山西、吉林、黑龙江、安徽、江西、河南、湖北、湖南；西部地区包括内蒙古、广西、重庆、四川、贵州、云南、西藏、陕西、甘肃、青海、宁夏、新疆。

资料来源：《地方财政分析资料（2004）》。

一是表现在城乡之间公共品的巨大差异上,如在基础教育方面的差距:基础教育具有巨大的外部性,其宏观经济和社会效益很高。我国农村基础教育资金投入严重不足导致巨大的城乡教育差距,1998~2003 年,我国农村小学生均教育经费支出为全国平均水平的 83.7%[①],由于全国水平本身就包含了农村,因此单纯的农村与城市之间的差距会更加惊人。基础教育的差距严重阻碍了社会阶层的流动,恶化了城乡收入差距,使城乡人口下一代在公共品的起点上就面临极大的不公平。又如在公共卫生医疗方面差距:公共卫生和医疗保健的发展水平决定了国民的生理和心理健康、身体素质等,影响人力资本的质量,进而影响经济增长和发展水平。而我国的卫生资源在城乡之间配置不合理,导致城乡差距悬殊,2000 年 WHO 对 191 个成员方的医疗卫生公平性评价中,中国排在倒数第 4 位,属于世界上最不公平的国家之一。根据 1994~2004 年的《中国农村经济统计年鉴》计算,农村医疗机构床位数占全国的平均数为 21.4%,即占人口 70% 的农村居民仅占卫生资源的 20%,资源分配的不合理导致城乡卫生保健的巨大差异。社会保障方面的差距最为显著,社会保障支出作为一项纯公共品,是改善收入分配不公,保障低收入阶层的基本生活,实现社会公平的基本手段。新中国成立后,建立了城乡分割的社会保障制度,这种制度表现为城市人口可以享受到较为全面的社会保障服务,而农村人口的社会保障利益极其有限。根据 1994~2004 年的《中国农村经济统计年鉴》计算,农村抚恤和社会福利救济费仅占全国水平的 9.99%,这个比重在我们所能获得的公共品城乡差距的数据中是最低的。

二是表现在地区之间公共品的差距上。就我国目前的情况看,我国地区间的公共服务水平是十分不平衡的。如果以各省市的文盲半文盲占 15 岁及以上人口的比重、人均教育经费、人均医疗机构床位数 3 个指标代表我国各地区的公共品提供水平,从我们计算的 2004 年各个省市的情况看[②],我国地区间的公共服务提供水平很不平衡。文盲半文盲占 15 岁及以上人口,青海省的比率最高,为 44.03%,吉林的比率最低,为 3.85%,相差 40.18%;从我国人均教育经费来看,各省市的差距也非常大,北京市的人均教育经费最高,为 2631 元,河南省最低,为 261.91 元,相差 2369.09 元;每万人拥有的医疗机构床位数差距也非常大,从这个指标看,北京每万人拥有数量为 51.67,是广西 2.75 倍。下面以基础教育和卫生医疗为例,分析转移支付对公共品均等化的影响,建立以下回归方程。

$$f(edu, san) = a_0 + a_1 trans + a_2 tax + a_3 bugp + a_4 spec \qquad (21.1)$$

其中,edu 代表城乡基础教育公共品差距,指标是农村小学生均教育经费支出为全国平均水平的百分比;san 代表城乡公共卫生和医疗保健公共品差距,指标是农村医疗机构床位数占全国的平均数的百分比;trans 代表各地得到的转移支付占中央补助收入的比重;tax 代表各地的税收返还占各地得到的转移支付的比重;bugp 代表各地的财力性转移支付占各地得到的转移支付的比重;spec 代表各地的转移支付占各地得到的转移

---

① 根据《中国教育经费统计年鉴》相关数据计算。
② 根据《中国统计年鉴(2005)》计算。

支付的比重[①]。

　　下面对 1995 ~ 2004 年的混合数据进行分析，FE 和 RE 分别代表固定效应和随机效应，结果如表 21 - 1 所示。从表 21 - 1 可以看出，除了转移支付对中部的公共品有比较显著的影响外，转移支付对其他地区的城乡公共品差距缩小没有作用，转移支付对中部地区的基础教育和卫生医疗影响方向相反，说明中部地区可能更注重基础教育的公平性。从转移支付内部的结构看：（1）系数为正的税收返回对各地的城乡公共品差距扩大起了强化作用。税收返还采用"基数法"，以 1993 年为基数对所有地区给予返还，该制度的推行目的是保证地方的既得利益和财税制度改革的顺利推进，这对由于历史原因造成的地区间财力分配不均没有触动，且强化了地方财力的差距，不具有调节地区间不平衡的功能，各地方政府的城市偏好加上税收返回内在的缺陷扩大了城乡公共品的差距。（2）专项转移支付对各地区的城乡公共品均等没有显著的作用。专项转移支付是中央政府根据地方实际情况按项目确定的补助形式，它通常具有特定的用途，许多专项补助都要求接受补助的地方政府必须提供相应的配套资金，在一定程度上也会影响专项补助资金的使用效果。因为一般经济发展水平越低的地区，政府的财政能力也就越薄弱，这些地方政府无力提供相应的配套资金以获取中央政府的专项拨款。而且在财力困难的农村地区建设的基本是一些中小项目，很难达到上级政府规定的建设标准，配套资金难以解决，影响了农村地区的公共品供给。同时，随着专项转移支付规模的逐渐扩大，覆盖面越来越广，在地方财政财力紧张的情况下，部分资金可能成为地方政府的"吃饭"钱，出现了专项转移支付财力化的现象。（3）财力性转移支付除了对东部地区的城乡公共品差距扩大有显著的影响外，对其他地区的城乡公共品差距没有影响。财力性转移支付对于财政越困难的地区，补助程度越高，资金分配具有较强的均等化效果。财力性转移的绝对数量在 2004 年虽然达到 2933 亿元，但是在中央转移支付的比重中仍达不到 30%，并且在现行财力转移支付中，除一般性转移支付和民族地区转移支付以外，调整工资转移支付、农村税费改革转移支付项目虽具有均等化性质，但大多具有专项用途，这些转移支付资金下达地方后，一般并不能增加地方政府的可支配财力，这种财力性转移支付专项化倾向，不利于地方财政均等化提供城乡公共品。

表 21 - 1　　　　　　　　　　转移支付结构与公共品差距的回归

自变量	城乡基础教育			城乡卫生医疗		
	东部 RE	中部 RE	西部 FE	东部 RE	中部 FE	西部 RE
trans	0.0077 - 0.0095	- 0.025 ** - 0.011	- 0.039 - 0.069	- 0.029 0.0039	0.014 ** - 0.06	0.004 - 0.009
tax	0.0001 - 0.0006	0.002 - 0.004	0.016 - 0.014	0.0012 *** - 0.0002	0.003 - 0.0025	0.0014 - 0.0029

---

　　①　有关财政数据取自《地方财政分析资料（2004）》。

续表

自变量	城乡基础教育			城乡卫生医疗		
	东部 RE	中部 RE	西部 FE	东部 RE	中部 FE	西部 RE
bugp	0.0003 -0.0019	-0.0019 -0.0046	0.021 -0.016	0.0011** -0.0004	-0.0005 0.027	0.0005 -0.003
spec	0.0016 -0.0012	-0.0024 -0.004	0.011 -0.014	0.0012** 0.00044	0.008 0.029	0.0021 -0.003
constant	0.74*** -0.067	1.19*** -0.41	0.62 -1.46	(0.095)** -0.037	-0.39 -0.32	0.07 -0.29
R^2	0.13	0.55	0.16	0.19	0.11	0.1
Hausman	0.99	9.07	11.39	0.22	41.84	5.18
（P值）	0.91	0.06	0.02	0.99	0	0.26
N	70	54	60	117	87	98

注：（1）括号中的数值为标准差；（2）***、**、*分别表示在1%、5%和10%水平上显著；（3）FE估计的Hausman检验的零假说是FE与RE估计系数无系统性差异。下同。

总体来说，转移支付没能缩小各地区的城乡公共品差距。城乡公共品差距扩大的另一个转移支付方面的原因是省以下政府的转移支付制度不完善，1994年的分税制改革没有对省以下财政转移支付制度做出专门的规定，省、市级政府对县乡基层政府转移支付不到位，导致农村政府提供的农村基本公共品被边缘化。

21.2　转移支付与贫困脆弱性

脆弱性是未来陷入贫困的概率。脆弱性是对贫困的事前测度，具有前瞻性。在过去的30多年里，中国的反贫困工作取得了巨大进展，从收入和消费的角度来衡量，贫困发生率均大幅度下降。世界银行（2009）把中国贫困减少的原因归结如下：第一，经济增长带来的就业和收入增长。第二，通过公共转移支付的扩张为贫弱人群提供社会保护。贫困是监测社会经济发展程度的重要指标，然而，标准的贫困指数只是在一个特定的时间点静态地度量了家庭的福利水平，没有将家庭的未来福利或与未来福利相关的风险考虑进去，只是一种事后测度，据此制定的反贫困政策是有局限的。

本节的目的是利用中国微观调查面板数据把城乡纳入同一分析框架实证检验公共转移支付对贫困脆弱性的影响。本节定义的贫困脆弱性是前瞻性的度量，它是测度家庭暴露于未来风险、冲击以及易受经济不稳定影响而给家庭生存及家庭成员发展能力带来约束的一种事前估计。对非贫困者而言，脆弱性是指陷入贫困的风险，对贫困者而言，脆弱性是指变得更加贫困。理论分析采用乔杜里（Chaudhuri，2003）、乔杜里等（Chaudhuri et al.，2002）提出的测度脆弱性的框架，然后利用倾向值匹配得分的倍差方法加以纠偏，来检验中国的公共转移支付对脆弱性的影响。另外，在效应分析中我们还对慢性贫困和暂时性贫困进行了分组讨论。

21.2.1　方法与数据

1. 方法

我们使用纠正选择性及内生性偏差的方法来评估公共转移支付对贫困脆弱性的影响，即基于乔杜里等（2002）、布朗斯曼（Bronfman，2010）的估计方法，计算出脆弱性，并使用倾向值得分（PSM）的倍差方法（Difference – In – Difference，DID）来分析公共转移支付对贫困脆弱性的效应。测量贫困脆弱性的基本方程为：

$$VUL_{ht} = Pr(Y_{h,t+1} \leqslant poor) \tag{21.2}$$

其中，VUL_{ht} 代表第 h 个家庭在 t 时期的脆弱性，指家庭未来收入（$Y_{h,t+1}$）低于某个门槛值（即贫困线 poor）的概率。

未来收入可以表示为可观测到的变量（X_h）及包含冲击因素的误差项（e_h）的函数，未来收入的表达式如下：

$$Y_{h,t+1} = f(X_h，\alpha_t，e_h) \tag{21.3}$$

把（21.3）式代入（21.2）式可得到如下方程：

$$VUL_{ht} = Pr(Y_{h,t+1} = f(X_h，\alpha_t，e_h) \leqslant poor) \tag{21.4}$$

利用乔杜里等（2002）的估计策略及雨宫（Amemiya，1977）的三阶段可行广义最小二乘（FGLS）方法，本节第一步首先估计收入方程，即存在下式：

$$lnY_{h,t} = \alpha_h X_{h,t} + e_h \tag{21.5}$$

其中，$Y_{h,t}$ 代表个体 h 在 t 时期的收入，$X_{h,t}$ 是一些个体或家庭特征变量，在本节中我们主要纳入了以下变量，年龄、教育、婚姻、家庭规模、工作状况等变量，为控制地区间的固定效应，我们还把以哑变量表示的城乡、东中西部变量纳入分析，利用（21.5）式可得到预测因变量 $\hat{Y} = Y_{h,t}$ 及残差项 $\sigma_{e,h}$。

第二步，然后再估计对数收入的期望值 $\hat{E}$ 和方差 $\sigma_{e,h}^2 = X_h \beta$，即存在下式：

$$\hat{E} = [lnY_h \mid X_h] = X_h \hat{\alpha} \tag{21.6}$$

$$\hat{V}[lnY_h \mid X_h] = \sigma_{e,h}^2 = X_h \hat{\beta} \tag{21.7}$$

第三步，假设收入服从对数正态分布，那么，脆弱性计算可以简化为下式：

$$\hat{VUL}_h = \hat{Pr}(lnY_h \leqslant lnpoor) = \phi\left(\frac{lnpoor - X_h \hat{\alpha}}{\sqrt{X_h \hat{\beta}}}\right) \tag{21.8}$$

在估计中，我们采用了 1 美元、1.25 美元及 2 美元的贫困线标准①。值得注意的是，脆弱性研究中，脆弱性的门槛值确定具有主观随意性，所以本节使用了两个脆弱性的门槛值来做敏感性分析，如果预测出的个体家庭人均对数收入低于贫困线以下 50%

---

①　为确保稳健，本节使用了按 PPP 计算的国际贫困线的三种标准，即人均 1 美元/天、1.25 美元/天、2 美元/天，并结合汇率及经 CHNS 数据库提供的不同地区城乡生活成本调整，得到以人民币衡量的新国际贫困线。

的概率值，作为脆弱性的第一个门槛值，如果预测出的家庭人均对数收入低于贫困线以下75%的概率值，作为脆弱性的第二个门槛值，也称为高脆弱性。

因为接受公共转移支付并不是随机发生的，利用简单的均值来分析接受公共转移支付组和非接受组之间的差异，将会受到选择性偏差、公共转移支付分配目标定位特点带来的内生性问题，为克服此类问题，本节采用了倾向值匹配方法（PSM），该方法在可观测的变量基础上把具有相近特征的个体相匹配，并且利用内伯（Neighbor）、雷迪厄斯（Radius）、科耐尔（Kernel）方法计算平均处理效应（ATT），另外，本节还基于倍差方法（Difference – In – Difference，DID）对 PSM 匹配组之间的平均脆弱性进行了 ATT 的效应估计[①]（Imbens and Wooldridge, 2007；Caliendo and Kopeinig, 2005）。

2. 数据

本研究使用的数据取自"中国健康和营养调查"（CHNS）数据集。该调查覆盖9个省区（辽宁、黑龙江、山东、江苏、河南、湖北、湖南、广西、贵州）的城镇和农村，采用多阶段分层整群随机抽样方法。从1989年开始，该调查迄今已进行了8次（1989年、1991年、1993年、1997年、2000年、2004年、2006年及2009年），虽然这一调查不是专门为研究贫困问题而设计的，但调查中包括了收入、转移支付和家庭及个人特征的信息，为我们研究贫困的脆弱性提供了可能。本节选取了最后两轮都参与的家庭，剔除掉户主小于16岁及重要变量缺失的家庭，得到了一个容量为2835户家庭的5670个样本，没有采用更长年份的数据，一方面是因为年份越长样本的数量下降越快[②]，另一方面也是考虑到研究的时效性问题。CHNS调查提供了家庭净收入的计算数据，它等于家庭总收入减去家庭总支出，家庭总收入由以下部分组成，家庭小手工业和小商业收入、家庭渔业收入、家庭养殖收入、家庭农业收入、家庭果菜园收入、退休金收入、非退休的工资收入、补助收入、其他收入。家庭总支出包括家庭小手工业和小商业支出、家庭渔业支出、家庭养殖支出、家庭农业支出、家庭果菜园支出。虽然这里的家庭净收入概念与传统的净收入概念有一些不同，但因为该调查的家庭支出项中并没有包括全部的家庭支出（比如食品支出）数据，所以，本节退而求其次使用了CHNS调查的家庭净收入定义。家庭人均收入用按CPI折算到2009年家庭总收入除以家庭规模计算得到。公共转移支付是不以取得劳务和商品为报偿的政府支出，所以，本章依然以困难补助、残疾补助或福利金的现金收入作为公共转移支付的代理变量。另外，养老金的归类并不确定，卢斯蒂格（Lustig, 2011）认为养老金收入应包含在资本收入中，因为在缴费型的养老保险系统中，养老金是从储蓄中得到的收入，还有学者认为养老金应为公共转移支付的组成部分，我们采用卢斯蒂格（2011）的定义，没有把养老金归入公共转移支付[③]。本节的分析单位为家庭，在脆弱性分析中除包含家庭特征变量外，我们还把户主的特征变量纳入进来。

[①] 即使同时使用这些方法，内生性问题可能依然存在，这也构成了本书的不足之一。
[②] 尽管如此，本书仍对包含2004年的三轮调查面板数据进行了分析，结论基本相同。
[③] 即使把养老金归为公共转移支付后的分析结果也没有改变。另外，本章还把与工作（或工作单位）相关的补助收入归入转移支付，这类更加脆弱意义上的公共转移支付归类也没有改变分析结果。

基期 2006 年的变量均值的描述详见表 21-2。从表 21-2 中可以看出，在户主特征变量中，全部样本均值与收到公共转移支付样本均值的比较表明，户主为女性、年龄较长者、不在婚、教育程度较低者以及无工作的家庭收到公共转移支付的概率较高，这可能与我们定义的公共转移支付的类型有关。

表 21-2　　　　　　　　　　　　　　基期 2006 年的均值描述

变量	全部样本均值	城市样本均值	农村样本均值	收到公共转移支付样本均值	收到公共转移支付城市样本均值	收到公共转移支付农村样本均值
户主特征变量						
性别（男）	0.85	0.78	0.88	0.72	0.65	0.78
年龄	54.35	56.15	53.62	60.5	62.06	59.13
年龄平方	3103.3	3323.6	3014.1	3803.12	3983.23	3646
婚姻状况（在婚）	0.87	0.83	0.89	0.62	0.6	0.63
初中毕业（小学毕业及以下为对照组）	0.29	0.23	0.32	0.27	0.26	0.27
高中毕业	0.21	0.33	0.15	0.1	0.14	0.06
大专毕业以上	0.05	0.13	0.01	0.01	0.02	0
工作状态（工作）	0.65	0.48	0.71	0.34	0.21	0.44
家庭特征变量						
家庭规模	3.43	2.93	3.64	2.76	2.75	2.76
6 岁以下儿童数量	0.2	0.16	0.22	0.1	0.12	0.08
工作人数	1.42	1.04	1.58	0.81	0.6	1
自雇人数	0.9	0.29	1.14	0.32	0.21	0.42
东部地区（辽宁、山东、江苏）	0.32	0.31	0.32	0.23	0.17	0.29
城乡调查点（城市）	0.28			0.46		
家庭人均收入（元、2009 年价格）	8320.4	10865	7290.4	4341.56	3271.85	5274.71
家庭收到公共转移支付的比例（%）	3.01	5.01	2.32	100	100	100
家庭人均公共转移支付（元、2009 年价格）	1324.5	1136.3	1488.6	1324.5	1136.3	1488.6

21.2.2　贫困、脆弱性测度

以面板数据为基础，我们分析了以 1 美元、1.25 美元及 2 美元贫困线为标准的贫困的转移情况，动态面板数据反映的贫困的转移情况可以使我们分析哪些群体从未脱离过贫困（慢性贫困），哪些群体只在特定时间处于贫困线以下（暂时性贫困），贫困转移矩阵参见表21-3。

表21-3   贫困转移矩阵

	2006 年		2009 年
		非贫困	贫困
1 美元贫困线	非贫困	90.41%	9.59%
	贫困	74.60%	25.40%
1.25 美元贫困线	非贫困	88.65%	11.35%
	贫困	68.37%	31.63%
2 美元贫困线	非贫困	84.35%	15.65%
	贫困	53.52%	46.48%

表21-3中的贫困转移矩阵表明，2006~2009年见证了较大的社会流动性存在，以1.25美元贫困线为例，在2009年，11.35%的贫困是新增加的贫困，意味着这些群体在2006年并非贫困，2006年68.37%的贫困群体能脱离贫困，而有31.63%的贫困群体依然保持贫困。如果把贫困线提高到2美元，2009年新增加的贫困高达15.65%，2006年只有略微超半数的贫困群体能脱贫，近一半的贫困群体依然贫困。

尽管从下面截面分析中可得贫困人口发生率逐年下降的结论，但表21-4的面板数据分析的贫困动态特征结果说明，无论贫困线划在哪里，都有超过1/4的群体在某一个年份中经历了贫困，这同时也说明中国居民遭受的脆弱性不容小觑。

表21-4   贫困的动态特征

		2006~2009 年
1 美元贫困线	从未经历过贫困	68.57%
	暂时性贫困	25.29%
	慢性贫困	6.14%
1.25 美元贫困线	从未经历过贫困	61.76%
	暂时性贫困	28.64%
	慢性贫困	9.59%
2 美元贫困线	从未经历过贫困	45.04%
	暂时性贫困	33.30%
	慢性贫困	21.66%

对家庭人均收入以及误差项方差的 FGLS 方法计量结果表明[1]，除少数几个变量外，大多数变量系数在 2006 年、2009 年表现出了相同的符号。下面我们主要分析对数家庭人均收入方程回归结果，户主性别对收入的影响并没有明确的答案，户主的性别只在 2006 年对收入产生了作用，在 2009 年并没有表现出显著性。户主年龄（年龄的平方）对收入的影响只是在 2009 年表现出了正向的（负向的）统计显著性，但 2006 年、2009 年户主年龄及年龄平方的回归系数符号表现出了一致性，这暗示着随着家庭中户主年龄的增长，收入呈现非线性增长态势。在婚户主的收入比未婚、丧偶、离婚、分居等非在婚户主的收入高。教育程度是决定收入的一个重要变量，而且随着教育程度的提高其对收入的边际影响也越来越大。户主是否工作对 2009 年的收入在 5% 的水平上有影响但对 2006 年的收入影响不显著，这说明该变量与收入之间的联系并不十分强。家庭人口越多，收入水平越低。家庭中工作人口数量越多，收入水平也相应较高。家庭中从事自雇活动的人口数量越多，收入水平越低，这可能是由于自雇活动这种职业性质决定的，非正规就业部门的声望、社会保障及收入还与正规部门存在较大差异。东部地区家庭人均收入显著地高于中西部地区，地区收入差距在每一个调查年份都显著地存在着。城市调查点的居民家庭人均收入在 2009 年显著地高于农村调查点，但在 2006 年，城市调查点居民家庭人均收入与农村调查点相比并没有显著的差异，这种现象表明可能与 CHNS 调查中定义的城乡有关，该调查把县城居民列为农村调查点，而在县城却存在着一些薪酬较高的部门，这些部门的人员收入远比 CHNS 调查中定义的城市调查点中弱势人群（比如城市下岗的自雇工作者）的收入高得多，这种结果的出现在误差项方差回归的方程中得到一些呼应，比如家庭自雇者的人数对方差的影响表现出了显著的正向效应，说明自雇群体的收入风险较高。

被调查者 2006 年、2009 年分城乡的脆弱性估计结果如表 21 - 5 所示，这里提供了两条脆弱性的标准线，一个标准是预测的个体家庭人均对数收入低于贫困线以下 50% 的概率值，另一个把预测的家庭人均对数收入低于贫困线以下 75% 的概率值作为高脆弱性标准。

表 21 - 5　　　　　　　　　　贫困脆弱性及高脆弱性

		2006 年			2009 年		
		城市	农村	全部	城市	农村	全部
1 美元贫困线	脆弱性（50%）	12.73%	19.72%	17.17%	5.75%	7.43%	6.94%
	高脆弱性（75%）	4.41%	5.50%	5.18%	0.97%	1.49%	1.34%
	贫困率	15.91%	28%	24.16%	10.77%	14.47%	13.40%
1.25 美元贫困线	脆弱性（50%）	18.48%	29.33%	26.20%	8.32%	12.58%	11.35%
	高脆弱性（75%）	7.22%	9.96%	9.17%	1.83%	2.87%	2.57%
	贫困率	20.07%	34%	30.33%	12.60%	19.47%	17.49%

---

① 为简化分析，此处略去具体的计量结果分析表格，感兴趣的读者可以向作者索取。

		2006 年			2009 年		
		城市	农村	全部	城市	农村	全部
1.25 美元贫困线	脆弱性（50%）	34.27%	58.62%	51.60%	20.44%	30.77%	27.79%
2 美元贫困线	高脆弱性（75%）	15.79%	25.47%	22.68%	6.73%	10.55%	9.45%
	贫困率	31.94%	53%	46.59%	19.21%	34.39%	30.01%

从表 21 - 5 的估计结果中可以看出，中国 2006～2009 年的贫困及脆弱性存在如下几个特点，第一，无论采用哪一条贫困线，全部样本以及城乡分组样本的脆弱性、高脆弱性、贫困人口发生率都呈现逐年下降态势。第二，农村贫困及贫困脆弱性均高于城市，中国农村的贫困依然是一个不容回避的问题，换言之，中国反贫困的重点依然应该放在农村。第三，随着贫困线标准的提高，贫困发生率与脆弱性之间的差异越来越小。比如，当贫困线为 1 美元时，2006 年全部样本的脆弱性与贫困率相差 7% 左右，2009 年二者相差 6% 左右，而当贫困线设定为 2 美元时，2006 年全部样本的脆弱性与贫困率相差 5% 左右，2009 年二者仅相差 2% 左右。此外，表 21 - 5 中还显示出了这样一个信息，当贫困线设定为 2 美元时，2006 年全部样本、城乡分组样本及 2009 年城市样本的脆弱性均高于贫困发生率。

下面我们转入 2006 年的估计的脆弱性与 2009 年实际贫困发生率的比较研究，比较结果参见表 21 - 6。

表 21 - 6 　　　　　　　　　　　**2006 年脆弱性与 2009 年的贫困比较**

			2009 年贫困	
			否	是
1 美元贫困线	2006 年脆弱性			
		否	88.43%	11.57%
		是	78.08%	21.92%
	2006 年高脆弱性			
		否	87.31%	12.69%
		是	73.47%	26.53%
1.25 美元贫困线	2006 年脆弱性			
		否	85.51%	14.49%
		是	74.02%	25.98%
	2006 年高脆弱性			
		否	84.08%	15.92%
		是	66.92%	33.08%

续表

		2009 年贫困	
		否	是
2 美元贫困线	2006 年脆弱性		
	否	80.39%	19.61%
	是	60.21%	39.79%
	2006 年高脆弱性		
	否	74.31%	25.69%
	是	55.21%	44.79%

　　表 21-6 的结果表明，当贫困线设定为 1 美元、1.25 美元及 2 美元时，2006 年经历过脆弱性的样本在 2009 年有 21.92%、26.53%、39.79% 陷入了贫困，2006 年没有经历过脆弱性的个体其在 2009 年陷入贫困的概率分别为 11.57%、14.49%、19.61%。当然，这里的比较研究并没有区分如就业状况改善或公共转移支付增加带来的变化。

　　接下来的部分我们考察哪些因素会影响到贫困及贫困脆弱性。2006 年和 2009 年的 Probit 模型估计结果显示[1]，户主的性别对贫困的影响不显著，但男性对脆弱性产生了显著的正向影响，这与常识相背离，其中的原因可能在于，女性户主比男性户主面临更多的生产、生活不测，需要女性户主采取各种手段增加收入来减少脆弱性的产生。户主年龄对贫困、脆弱性的影响是凸性的，随着户主年龄的增加，贫困及脆弱性先减少，而后随着年龄的增加再增加，这与生命周期理论不谋而合，说明最年轻的和最年长的人比中年人更易遭受贫困、脆弱性的侵袭，当然，年龄这个因素对 2006 年的贫困并没有表现出统计显著性。户主在婚较之于不在婚者的贫困及脆弱性有减少趋势，但该变量对 2009 年的贫困影响在统计上并不显著。教育程度的提高无一例外地对贫困、脆弱性下降起到了显著的推动作用。有工作的户主其家庭人均预测收入低于贫困线的概率相应减少，而该变量对贫困的影响没有明确的答案。家庭规模越大，陷入贫困及脆弱性的概率也越高。儿童数量对贫困没有影响，但对脆弱性有很强的负向作用，这其中的原因可能与女性户主变量对脆弱性影响背后的原因相同，是一种"责任"驱使家庭主要成员千方百计增加收入来摆脱脆弱性。家庭中工作的成员越多其陷入贫困、脆弱性的概率越低。由于自雇这种非正规就业渠道的收入所限，家庭中自雇成员越多其陷入贫困、脆弱性的概率也越高。东部地区居民的贫困及脆弱性显著地低于中西部。城市调查点的脆弱性显著地低于农村，在贫困的回归中，城市贫困呈现出了比农村贫困较低的趋势，但在 2009 年该趋势的显著性没有显现。总而言之，尽管有一些变量影响到脆弱性而没有影响到贫困，但绝大多数变量对贫困、脆弱性的影响方向呈现出了基本相同的态势。

---

　　① 为简化分析，此处略去具体的计量结果分析表格。

21.2.3 公共转移支付与贫困脆弱性

表21-7显示了以收入分位划分的接受公共转移支付比例情况。从表21-7中可以看出，无论是时间数列还是城乡分组，最穷的个体收到公共转移支付的比例都是最高的，最富的个体收到公共转移支付的比例都是最低的。2006年，在低收入分位上，较贫困的城镇居民接受公共转移支付的比例高于农村相应收入分位接受的公共转移支付，而在高收入分位上，较富裕的城镇居民接受公共转移支付的比例低于农村相应收入分位接受的公共转移支付，这说明本节定义的这种具有扶贫性质的公共转移支付在农村更易被拥有较多社会资本的富人得到，农村的公共转移支付漏损状况比城镇重，面向农村家庭的公共转移支付分配机制还有待完善。当然，在2009年，在最高收入分位上，面向城市家庭的公共转移支付比例高于相应收入分位上的农村比例，城市公共转移支付同样也存在漏损[1]。

表21-7　　　　　　　　　　以收入分位划分的接受公共转移支付比例

	1（最穷）	2	3	4	5（最富）
2006年	6.15	4.24	2.64	1.58	0.88
其中：城镇	16.36	11.6	5.3	0.91	0.41
农村	3.7	2.42	1.83	2.02	1.23
2009年	9.87	4.58	3.17	2.11	1.58
其中：城镇	25.86	6.06	3.75	1.76	1.65
农村	5.76	4.27	2.99	2.35	1.53

除了对全部样本的研究外，本节还把样本进行了如下分组分析，在全部考察年份中都处于贫困状态的样本归为慢性贫困，在考察年份中至少经历过1次贫困的归为暂时性贫困，通过这样的分组来进一步研究接受公共转移支付与否对脆弱性产生的影响。另外，本节还以2006年是否接受了公共转移支付为分组标志把样本分为两组，第一组为2006未收到公共转移支付，第二组为2006年收到公共转移支付。收到公共转移支付和未收到公共转移支付组别的脆弱性及贫困发生率情况参见表21-8，因为贫困线并不影响分析结果，这里只列出了贫困线为1美元的情况。另外，以高脆弱性为门槛值的分析结果与脆弱性为50%门槛值的分析结果类似，下文只汇报脆弱性为50%门槛值的分析结果。

表21-8中的数据表明，2006~2009年，第二组（2006年收到公共转移支付）的脆弱性下降了8%，第一组（2006年未收到公共转移支付）的脆弱性下降了11%，无论是对慢性贫困还是暂时性贫困而言，2006~2009年，第二组脆弱性下降的百分比均

---

[1]　开着豪车领取低保这种经常见诸媒体的现象佐证了公共转移支付存在漏损。

小于第一组。原因可能在于，没有收到公共转移支付的家庭有更高的教育、健康水平和更高的保险市场、金融市场的可及性，应对负向冲击风险、处理风险的能力更强。表21-8 中的数据表明公共转移支付对脆弱性也有一些作用，比如 2006 年收到公共转移支付的慢性贫困组，其脆弱性从 44% 下降到 31%，下降了 13%。这其中的原因可能在于，对慢性贫困而言，公共转移支付在收入中占了较大比例，公共转移支付降低了收入的方差。另外，对全部样本而言，2006 年收到公共转移支付组其贫困下降百分比比未收到公共转移支付的贫困下降百分比大，这也说明公共转移支付对减贫有一些作用。

表 21-8　　　　全部样本分组的平均脆弱性及贫困发生率（1 美元贫困线）

样本	脆弱性		贫困发生率	
	2006 年	2009 年	2006 年	2009 年
第一组（2006 年未收到公共转移支付）	17.54%	6.69%	23.44%	12.88%
第二组（2006 年收到公共转移支付）	22.72%	14.77%	43.18%	29.54%
暂时性贫困分组的脆弱性及贫困发生率（1 美元贫困线）				
第一组（2006 年未收到公共转移支付）	27.29%	8.90%	71.38%	28.61%
第二组（2006 年收到公共转移支付）	28.12%	18.75%	68.75%	31.25%
慢性贫困分组的脆弱性及贫困发生率（1 美元贫困线）				
第一组（2006 年未收到公共转移支付）	36.03%	18.35%	100.00%	100.00%
第二组（2006 年收到公共转移支付）	43.75%	31.25%	100.00%	100.00%

仅仅以是否收到、收到公共转移支付的频次为基础比较计算出的脆弱性均值会收到选择性偏差的影响，因为公共转移支付在人群中的分配并非随机，实际上，我们不能假定公共转移支付瞄准的强制严格标准，那么，只是通过估计接受公共转移支付和没有接受公共转移支付之间的脆弱性差异评估公共转移支付对脆弱性的影响就会存在不足，这种脆弱性的差异可能是仅由公共转移支付接受者是被有意识挑选出来造成的。为正确评估公共转移支付的脆弱性影响，我们需要考虑到在不存在公共转移支付时结果变量会是什么即反事实状况，选择适当的控制组反映公共转移支付对包括慢性和暂时性贫困组的脆弱性影响。本节首先使用倾向值匹配（PSM）方法构造出处理组和控制组，然后利用倍差（Difference-In-Difference，DID）来评估公共转移支付对脆弱性的影响，倍差方法能比较控制组和处理组随时间变动的脆弱性变化。表 21-9 上半部分汇报了 PSM 方法计算出的 2009 年处理效应对全部样本脆弱性的平均影响，下半部分是使用 PSM 方法后的倍差（DD）计算结果。其中，平均处理效应（ATT）分别采用 Neighbor、Radius、Kernel 方法计算。城乡分组的结论与下述的全部样本、慢性贫困样本、暂时性贫困样本

的平均处理效应的作用方向、显著性基本相同，为节省篇幅，不再汇报城乡分组的具体ATT 结果。

表 21-9 　　　　　　　　2009 年处理效应对全部样本脆弱性的影响

贫困线	处理	方法	ATT	标准差	t
1 美元	第一组	Neighbor	-0.0163	0.0311	-0.53
		Radius	0.08	0.0214	3.73
		Kernel	0.0151	0.0223	0.68
	第二组	Neighbor	0.0015	0.0628	0.02
		Radius	0.068	0.0413	1.65
		Kernel	-0.0017	0.0612	-0.03
1.25 美元	第一组	Neighbor	-0.0206	0.0345	-0.6
		Radius	0.0932	0.0237	3.92
		Kernel	0.0167	0.0248	0.68
	第二组	Neighbor	-0.0008	0.0693	-0.01
		Radius	0.081	0.0441	1.84
		Kernel	-0.0027	0.0672	-0.04
2 美元	第一组	Neighbor	-0.028	0.0382	-0.73
		Radius	0.1117	0.0265	4.21
		Kernel	0.0187	0.0278	0.67
	第二组	Neighbor	-0.001	0.0754	-0.01
		Radius	0.1053	0.0453	2.32
		Kernel	0.0014	0.0723	0.02

使用 PSM 方法后的倍差计算结果			
贫困线	组别	2009 年与 2006 年的差异	倍差
1 美元	第二组 第一组	-0.0638 -0.0151	-0.0487
1.25 美元	第二组 第一组	-0.0551 -0.0206	-0.0345
2 美元	第二组 第一组	-0.0246 -0.0279	0.0033

　　ATT 估计结果显示，无论把贫困线定在何处，除 Radius 方法外，估计效应的影响均不显著。换言之，第一组、第二组各自的脆弱性与非处理组相比上升了 2% ~ 4%，这其中的原因可能是福利依赖助长了懒惰进而引致劳动供给下降造成的，其他的处理效应对 2009 年的脆弱性没有显著的影响。倍差方法（DID）表明，贫困线划定为 1 美元

时，2006 年收到公共转移支付的组其 2009 年的脆弱性下降 5%，贫困线为 1.25 美元时，该组在 2009 年的脆弱性下降大约 3%，如果把贫困线划定为 2 美元，2006 年收到公共转移支付的组其 2009 年的脆弱性呈现轻微的上升态势。接下来的分析集中于对慢性贫困和暂时性贫困的研究，探讨公共转移支付是否降低了这些组的脆弱性，慢性贫困指的是在全部考察年份中都处于贫困状态，暂时性贫困是指在考察年份中至少经历过 1 次贫困，分组的估计结果如表 21－10、表 21－11 所示。

表 21－10　　　　　　2009 年处理效应对暂时性贫困样本脆弱性的影响

贫困线	处理	方法	ATT	标准差	t
1 美元	第一组	Neighbor	－0.0676	0.0502	－1.35
		Radius	0.0211	0.0353	0.6
		Kernel	－0.0517	0.0401	－1.29
	第二组	Neighbor	0.0883	0.1181	0.75
		Radius	0.0684	0.0931	0.74
		Kernel	0.1043	0.1461	0.71
1.25 美元	第一组	Neighbor	－0.0555	0.0551	－1.01
		Radius	0.0342	0.0357	0.96
		Kernel	－0.0322	0.0393	－0.82
	第二组	Neighbor	0.0645	0.1254	0.51
		Radius	0.0368	0.0816	0.45
		Kernel	0.1052	0.1467	0.72
2 美元	第一组	Neighbor	－0.0062	0.0668	－0.09
		Radius	0.0839	0.0475	1.76
		Kernel	0.0536	0.0506	1.06
	第二组	Neighbor	0.065	0.1351	0.48
		Radius	0.0396	0.0662	0.6
		Kernel	0.2104	0.0453	4.64

使用 PSM 方法后的倍差计算			
贫困线	组别	2009 年与 2006 年的差异	倍差
1 美元	第二组 第一组	－0.1154 －0.0487	－0.0667
1.25 美元	第二组 第一组	－0.0655 －0.1151	0.0496
2 美元	第二组 第一组	－0.0103 －0.0257	0.0154

表 21 – 11 　　　　　　　　　　**2009 年处理效应对慢性贫困样本脆弱性的影响**

贫困线	处理	方法	ATT	标准差	t
1 美元	第一组	Neighbor	– 0.0574	0.0673	– 0.85
		Radius	0.0289	0.0369	0.78
		Kernel	– 0.0413	0.0599	– 0.69
	第二组	Neighbor	0.105	0.1251	0.84
		Radius	0.0068	0.0622	0.11
		Kernel	0.0632	0.2619	0.24
1.25 美元	第一组	Neighbor	– 0.0225	0.0567	– 0.4
		Radius	0.042	0.0369	1.14
		Kernel	– 0.0402	0.0513	– 0.78
	第二组	Neighbor	0.1287	0.1413	0.91
		Radius	0.0612	0.0665	0.92
		Kernel	0.1085	0.1769	0.61
2 美元	第一组	Neighbor	– 0.0196	0.0513	– 0.38
		Radius	0.0499	0.0335	1.49
		Kernel	– 0.0314	0.0417	– 0.75
	第二组	Neighbor	0.1633	0.124	1.32
		Radius	0.0872	0.0612	1.42
		Kernel	0.1403	0.1245	1.13
使用 PSM 方法后的倍差计算					
贫困线	组别	2009 年与 2006 年的差异	倍差		
1 美元	第二组 第一组	– 0.0697 – 0.0278	– 0.0419		
1.25 美元	第二组 第一组	– 0.0361 0.004	– 0.0401		
2 美元	第二组 第一组	– 0.0416 – 0.0197	– 0.0219		

　　在暂时性贫困中，分别划定 1 美元、1.25 美元、2 美元贫困线时，2006 年接受公共转移支付组和未接受公共转移支付对 2009 年的各自的脆弱性几乎都没有显著影响（除基于 2 美元贫困线用 Kernel 方法估计的 ATT 外），但倍差方法显示在贫困线为 1 美元时，那些在 2006 年接受了公共转移支付的个体，其在 2009 年的脆弱性下降了大约 6%

左右，而当贫困线设置为 1.25 美元、2 美元时，那些在 2006 年收到公共转移支付的组其脆弱性分别上升 5%、2%。

在慢性贫困中，无论把贫困线设置在何处，也无论采用哪种匹配方法，PSM 平均处理效应结果都表明，在 2009 年第一组、第二组的处理效应均没有表现出统计显著性。倍差方法显示在贫困线为 1 美元时，那些在 2006 年接受了公共转移支付的个体，其在 2009 年的脆弱性下降了大约 4% 左右，而当贫困线设置为 1.25 美元、2 美元时，那些在 2006 年收到公共转移支付的组其脆弱性则分别下降 4%、2% 左右。

公共转移支付对脆弱性几乎没有任何影响，可能的原因如下：其一，公共转移支付的覆盖面有限且水平较低，譬如，仅以 1 美元为例，前述分析表明 2006 年贫困发生率为 24%，脆弱性为 17%，而收到公共转移支付的比例仅为 3%。人均公共转移支付数额仅占全部样本家庭人均平均收入的 15%，公共转移支付数额低于贫困线。其二，公共转移支付没能直接与劳动力市场相关联，而变化多端的工种、不稳定的就业、收入的风险这些因素又直接会把非贫困个体带入贫困，或使贫困者陷入更深的贫困。其三，公共转移支付减贫的识别、瞄准机制不完善。目前还没有单一的标准来识别城市贫困人口，在什么是最合适的城市贫困线标准的问题上带有很大的不确定性，而且，流动人口没有被包括在城市部门之内。中国农村目前区域瞄准的减贫机制中虽然有区域逐渐细分到社区的机制，但面向贫困家庭的瞄准机制仍不存在，不能对真正的贫困群体进行直接有效的扶持，公共转移支付区域瞄准的减贫由于存在多层的代理链条，易导致目标瞄准偏离、公共转移支付漏损、非贫困人口享用了公共转移支付。公共转移支付项目扶贫自上而下的名额配给制度使贫困进入和退出的动态监测受阻，转移支付的效率下降。

21.3　本章小结

首先从转移支付与公共品的角度可以发现：（1）税收返还对各地的城乡公共品差距扩大起了强化作用。现有的转移支付格局中，税收返还等非财力性转移支付所占比重较大，这种形式的转移支付导致资金大量流向发达地区，不利于均衡不同地区之间的财力差距，不利于公共服务水平均等化目标的实现，各地方政府的城市偏好加上税收返还内在的缺陷扩大了城乡公共品的差距。随着时间的推移，税收返还需要逐步退出公共财政的范畴。（2）财力性转移支付和专项转移支付对城乡公共品差距的缩小作用不大。由于大多财力性转移和专项转移支付需要配套资金，农村地方政府财政困难使得一些本应建设在农村地区的项目无法得到，影响了转移支付目标的实现，这两项转移支付有必要根据实际情况，适当放弃需要地方配套资金的要求。（3）省以下各级财政转移制度需要完善。目前，我国政府间的转移支付实施还缺少系统性，影响了地方政府的合理性预期的形成，有必要通过政府间财政转移支付立法，明确规定各上级政府设置对农村政府专项转移制度，缓解城乡公共品差距过大的矛盾。

其次从转移支付与贫困脆弱性可以发现尽管贫困发生率呈现下降态势，但仍有 1/4 的群体在某一个年份中经历了贫困，说明城乡家庭遭受脆弱性的比例不容忽视；随着贫困线标准的提高，贫困发生率与脆弱性之间的差异越来越小；教育程度、家庭规模、就业状态、工作性质及地区变量同时同方向地影响到贫困及脆弱性；无论贫困线划在何处，公共转移支付对慢性贫困和暂时性贫困的脆弱性基本没有任何影响。除此之外，上述结果表明仅评估公共政策的减贫效果还远远不够，应加入对减少贫困脆弱性效果的考量，为此，应根据贫困脆弱性的决定因素及公共政策自身的不足制定相应的公共转移支付政策。第一，改进贫困识别瞄准机制。在农村用面向家庭的扶贫方法来取代面向地区的扶贫方法，贫困人口是一个具有异质性的人群，造成贫困脆弱性的原因是由于人力资本低下、无法从事非农工作？还是无法劳动的家庭成员的拖累？抑或是可耕作的土地有限？用面向家庭的公共转移支付方案来解决差异化问题。在城市结合收入调查方法开发代理工具瞄准方法，例如，可以采用家庭人口结构、劳动力参与率、居住特征等作为代理工具。第二，设定公共转移支付受益条件。转移支付目标不仅仅是为了给予贫困者以现金补助，而是为了提高接受者的人力资本水平。脆弱性的决定因素分析中表明，教育程度反向地影响到脆弱性，所以受益条件应该从健康、教育、营养等多方面来设置，比如限定接受公共转移支付家庭优先用于某一用途的行为，不会被其他家庭支出所替代，使得公共转移支付预防脆弱性的作用增强，当然对一些贫困的老人家庭、人力资本难以提升的家庭其受益条件可做相应调整。第三，拓展和改善城乡社会保障的覆盖面，提高保障水平，促进流动人口的保障覆盖。第四，加强统计监测和评估能力，对家庭贫困及贫困脆弱性的进入退出进行动态评估，提高公共转移支付反贫困的效率。

第22章 政府间转移支付制度优化：制度设计方案

2016 年 8 月 24 日，国务院发布《关于推进中央与地方财政事权和支出责任划分改革的指导意见》，针对中央对地方转移支付制度存在的问题和不足，提出了改革和完善转移支付制度的要求。文件中指出要清理整合与财政事权划分不相匹配的中央对地方转移支付，增强财力薄弱地区尤其是老少边穷地区的财力。严格控制引导类、救济类、应急类专项转移支付，对保留的专项转移支付进行甄别，属于地方财政事权的划入一般性转移支付。本章将结合前述研究结论以及改革方向，对政府间的转移支付进行系统的优化设计，以把公平收入分配的目标落到实处。

22.1 公平收入分配的转移支付制度模式构筑

对于转移支付的含义，联合国《1990 年国民账户制度修订案》中给出了一个宽泛的定义："转移支付是指货币资金、商品、服务或金融资产的所有权由一方向另一方的无偿转移。"政府间的转移支付，则是相对于政府的购买性支出而言的，是指财政资源在政府间的无偿流动，其基本特征是无偿性。公共财政理论从多级财政的财政职能配置与收支划分研究基础上，阐述了转移支付的必要性及其政策目标，这是进行公平收入分配的转移支付制度设计的起点。

22.1.1 转移支付制度的政策目标

1. 弥补纵向财政不平衡

纵向财政失衡是针对多级财政体制中，上下级政府之间财政收支状况的差异而言的，指的是各级政府的自有财政收入与其承担的支出责任不对称，导致某些层级政府出现财政赤字，而其他层级政府存在财政盈余的状况。纵向财政失衡理论认为，不同地方的居民对政府提供的公共服务有着不同的偏好，即存在地方公共需求的差异。在信息成本、交易成本约束下，地方政府相对于中央政府可以掌握更多关于地方公共需求偏好的信息，能够以较低的成本满足差异性的地方公共需求。因此，地方政府往往需要承担比高层级政府更多、更具体的提供公共服务的责任，由此将产生出较高的财政支出需求。另外，在许多国家的政府财力分配格局中，出于收入再分配、经济稳定和资源配置等因素的考虑，高层级政府（尤其是中央政府）往往集中了大部分的财权和相应的财力。在这种情况下，地方政府就会面临着相对较高的支出需求和相对较少的自有财力并存的矛盾，形成本级的财政赤字。与此相反，中央政府承担相对较低的支出需求，但拥有相对较多的自有财力，出现本级财政盈余。纵向财政失衡客观上要求中央政府通过转移支付进行财力的纵向调节。

在我国，把弥补纵向财政缺口作为转移支付的首要政策目标有两方面原因：首先，中国的大国国情要求地方政府在提供差异化公共服务和公共设施上发挥更大责任，因此，地方的支出需求会较大；其次，我国地方政府层级众多，建立一个与地方政府的庞大支出责任完全匹配的多层级的地方税体系，既不现实、也无必要。因此，政府间财政转移支付就成为分级预算体制中弥补纵向财政收支不平衡的重要手段，它不仅有利于确保各级政府，尤其是基层政府获得必要的财政资源以履行本级政府的支出责任，而且对中央政府控制和诱导地方政府行为，从机制上确定了中央政府的主导地位和权威性具有重要的作用。

2. 弥补横向财政不平衡

横向财政失衡是针对同一层级地方政府之间财政收支状况的差异而言的，指的是同一层级不同地区地方政府满足本地公共支出的能力不同，如一些贫困地区的某些公共服务因地方政府自有财力不足难以达到最低标准，而有些富裕地区在公共服务达到最低标准后财力仍富余。横向财政失衡理论认为，就一个国家内部同一级别的各地方政府所辖区域而言，自然资源禀赋和经济发展水平上的差异是绝对的，在国土广袤、疆域辽阔的国家尤其如此。各个地区之间的这种差异，会导致地方财政收支方面的差异。收入方面，受经济基础、产业结构、收入水平等影响，各地税基进而财政收入呈现出较大差异；支出方面，由于自然条件、人口规模和结构、行政管理规模等方面的差别，财政支出需求、公共服务成本也各不相同。具体来说，就是发达地区财政收入大大高于落后地区，同时落后地区往往由于地处偏远、人口分散等原因，需要更多的财政支出才能达到公共服务均等化的要求。由此形成了横向财政失衡的状况。理论上来说，横向财政失衡体现在不同地区自有财力与达到公共服务均等要求所需的标准财政支出之间的缺口。实际上，在许多情况下，富裕地区的地方政府能够为其居民提供较高水准的公共服务，而贫困地区地方政府提供的公共服务达不到最基本的标准要求，这也是横向财政失衡的一种重要表现。

公共财政的公平原理要求，一个国家的所有公民，无论居住、工作或者生活在一国的任何地方，都有权利获得来自政府提供的基本公共服务，并且这一公共服务的水平在不同地区应大致均等。公共服务均等化要求各地方辖区提供某些最低标准的基本公共服务，但在辖区间经济发展水平与财政实力存在显著差距的情况下，有些贫困辖区无法完成这一要求。因此，横向财政失衡客观上要求高层级政府从较高的层次予以调节，通过转移支付实现基本公共服务均等化成为中央政府的重要职责。

3. 解决公共产品的外溢性问题

公共产品的外溢是由地方政府管理的区域性和部分由地方政府提供的公共产品的效益不完全局限于其辖区内所决定的，如地方公路交通网络的建设，受益的不仅是当地企业和居民，其他地方也能从该区域较为便捷的交通中受益。在区域性公共产品存在外溢性和这类公共产品的成本完全由所在地的地方政府承担的情况下，地方政府往往容易从本地利益出发，有可能高估提供公共产品的成本，而低估其整体收益，并减少此类整体效益较理想的公共产品的供给。这不仅影响着区域性公共产品的提供和本地区及相关地区居民的利益，而且也不利于地区之间经济关系的协调。在这种情况下，实行政府间转移支付，通过上级政府给予下级政府一定的财政资金补助，对具有外溢性的公共产品的提供进行适当的调节，便是一种较为有效的干预方式。

4. 实施特定的政策目标

如一些大型公共开支项目或国民经济主干工程，地方政府无力承担或因风险太大而缺乏投资兴趣，而从效益角度考虑，中央政府直接投资又不经济。在此情况下，就需要中央政府对项目建设所需资金给予一部分或全部支持，从而形成特殊的转移支付。另外，通过设立鼓励性转移支付，可以引导地方政府从事中央政府期望的活动；对一些地区因不可控因素如自然灾害等引起的收入减少或支出增加，上级政府需要给予扶持性转移支付。考虑到我国的具体国情，这一政策目标也意味着转移支付应当对少数民族地区和边远地区倾斜。我国是多民族的国家，由于历史、文化和宗教等原因，民族问题和区域差距问题比较突出，在这种情况下，通过转移支付对少数民族地区和边远贫困地区倾斜，不仅事关国家的内聚力和社会稳定，也有利于区域社会和谐发展。

22.1.2　转移支付制度应遵循的原则

1. 公平优先，兼顾效率原则

效率与公平是市场经济下不可回避的一对矛盾，人们往往看到二者的对立性，忽视了统一性，在强调效率时忽视公平，在强调公平时影响效率。财政转移支付制度的实施是因为各地区之间存在财力差异，在弥补这一差距的同时也应该注意保持各地经济发展的积极性，因此，转移支付总体结构调整，要很好地兼顾这两个方面，设计某类转移支付促进社会公平，如调节各地政府间财政能力和公共服务均等化；某类转移支付提高经济发展效率，如专项转移支付中农林水事务等。转移支付总体结构设计不可片面追求"效率"，也不可片面追求"公平"，应坚持"公平优先、兼顾效率"。

2. 公开透明原则

从转移支付的财权、事权的界定，到收支因素的考量，以及转移支付的数额和地区都要做到公开透明，只有每一个环节公开透明，才便于社会监督和执行，减少各级之间讨价还价的人为干扰，防止权力寻租，也能促使各地政府公开自己的预算收支。

3. 规范化原则

我国以往财政体制下，转移支付之所以没能形成一套完整的体系，一个重要原因就在于其规定和做法杂乱无序，很不规范，因此完善转移支付制度从形式到内容都需符合规范化要求。研究提前转移支付下达时间，提高转移支付规模的可预见性，进一步增强地方预算编报的完整性。从专项转移支付来说，每一个专项转移支付都有且只有一个资金管理办法，明确资金补助对象、资金使用范围、资金分配办法等内容，逐步达到分配主体统一、分配办法一致、申报审批程序唯一等要求，避免大项套小项，变相增设专项。

4. 法制化原则

规范性和权威性是处理政府间关系所应遵循的原则，要求对政府间支出责任和收入划分以及转移支付安排等，需以立法的形式予以明确。健全的财政法规是实施财政转移支付制度的有效保证，它可以促进转移支付的规范化，在具体操作中又能得到法律的依据，保证资金分配的公正合理。纵观成熟市场经济国家的实践经验，其一大共性就是制定具有较高层次效力的法律，对政府间转移支付进行明确清晰的界定。时下，转移支付立法已经进入立法机关的议事日程。因此，应加快推进全国人大等有关部门转移支付立法进程，健全规范转移支付的法制基础。

5. 整体配套原则

为了促进社会和谐、经济协调发展，在复合型、多结构的转移支付框架下，要使不同的转移支付既有选择性又有配合性。一是能够做到根据不同的需要选择不同的转移支付，如中央不需要影响地方政府的决策和行为，选择一般性转移支付；需要加以干预和影响，可以选择专项转移支付；接受转移支付的地方政府具有一定的财力，中央政府在影响其决策时最好运用配套的转移支付；为了促进基本公共服务均等化，可以选择以基本公共服务均等化为目标的转移支付；为了调节政府间财政分配关系，弥补地方政府财政缺口，可以选择均衡性转移支付；为了解决外溢性公共产品的提供，可以选择配套的专项转移支付。使转移支付制度达到有针对性，运用自如的程度。二是能够做到各种转移支付相互配合，取长补短。一种转移支付不会是万能的，而是各有长短，如一般性转移支付，在调节政府间财力方面的作用较强，但在体现中央意图方面、行政干预方面、影响地方决策方面的作用较弱；专项转移支付体现中央政府意图和影响地方决策方面的作用较强，而在调节政府间财力方面作用较弱。需要各类转移支付在整体上配套使用，如在以无条件转移支付为主的同时，可以配合采用有条件转移支付，以解决纵向均衡与基本公共服务均等化问题，能够实现这样目标的转移支付才是一个完善的转移支付体系。

22.1.3 构筑转移支付制度的框架

基于转移支付制度的政策目标、原则和我国政府间财政关系的现实状况，财政转移支付制度的完善应优先解决以下问题：

1. 合理界定中央与地方政府的事权

政府间事权、财权的划分是财政转移支付制度设计的前提和逻辑起点。国外成功的转移支付制度都是基于各级政府间事权财权的明确界定，只有明确中央政府与地方政府的事权与财权，各级政府才能较为容易地计算本级财政收入与财政支出间的差额，才能为上级转移财力与下级接受财力提供基本核算依据。

从我国政府间事权划分来看，呈现出以下四个特征：

其一，与发达国家的次中央级政府一样，中国的省和省以下地方政府承担了繁重的公共服务的职能，除此之外，我国的省和省以下地方政府还要在经济调节、市场监管、社会管理方面发挥特别重要的作用，尤其是政府绩效考评的压力使得经济增长的任务很重，因此支出责任大大超越发达国家。

其二，我国中央和地方的事权划分方式有其特殊性。一般而言，中央政府的专有职能，如国防外交，按照"中央决策、中央执行"的方式运行，与地方政府关系不大，而这部分职能为数不多。中央和地方的共有职能，如教育、卫生医疗、就业、环保等事务，通常按照"中央部门决策、地方部门执行、中央垂直机构督办"的方式运行，与地方政府联系比较紧密，这部分职能居政府职能的大多数。因此，这种"中央决策，地方执行"的事权划分方式会使地方政府承担繁多的支出责任。

其三，中央与地方的一些事权划分不适宜。我国宪法对各级政府的事权划分只做了原则性的表述，但缺乏具体的规定，因此政府间事权划分不清和不规范普遍存在。一方面，下级政府在部分领域承担了应由上级政府承担的事权，从而加重了地方事权负担。如界河航道的管理与养护属于中央政府，但执行中地方承担了一部分支出，中央虽安排专款给了支持，但难以弥补实际支出需求；国家安全责任在中央，但各省（区、市）、大部分市以及少数县都设有国家安全机关，地方财政也安排了部分支出；养老保险宜由中央统筹，但目前主要由市县统筹；海域管理、重度刑事犯罪、食品药品安全监督应由中央管理，却交给了地方。另一方面，属于地方的事务中央也承担了一部分，如住房和城乡建设部指导城市园林、市容和环卫，农业部颁发饲料生产许可证，国家煤矿安全监督局颁发安全生产许可证、矿长安全资格证等。

其四，事权执行调整随意性大。如上级政府往往以给项目、加资金为条件，搞评比达标，要求地方设置对口机构等，将属于地方的事权随意上收；下级政府也有越权审批现象。如改变基本农田用途的权力明确在中央政府，但一些地方政府越权审批占用农田；重大项目审批权在上级政府，一些下级政府采取化整为零的方式违规审批等。

根据我国经济社会发展和改革的需要，借鉴国际经验，按照受益范围、能力、效率、规模经济、外部性、信息充分性和激励相容等基本原则，在不断探索和形成中央、省、县三级财政架构基础上，应明确界定政府间支出责任：一是将有利于统一市场形成的支出责任划归中央政府。二是适当上移部分民生支出责任，建立民生领域支出的经费保障机制，具体包括义务教育通过均衡性转移支付进行均衡并强化地方政府保障责任；研究建立医疗卫生、社会保障、科技和农林水等事务的中央地方经费负担机制，合理确定中央地方分担比例等。三是事关环境友好型社会建设的重大事宜，由中央负责。四是面对经济可持续发展的跨区域的重大项目包括基础设施由中央提供。五是在明确政府间支出责任的基础上，进行相应的机构改革，逐步改变中央下指令、地方执行的状况。各级政府的职责尽可能由本级政府承担，尽量减少职责共担，建立中央事务执行、监督体系，减少委托事务，提高政策的一致性、合理性与有效性。除了按照支出有效性原则将一部分事务委托地方政府具体承办、共同事务由地方政府具体管理外，中央政府事务主要通过中央本身的机构来组织实施，中央自身机构能力不足的，首先应加强中央自身能力建设。同时，加大对委托事务、共同事务的监督管理力度；对地方政府事务，中央的主要职责是制定标准，并通过适当方式加以督导。六是政府间职责划分尽可能细化、可执行。中央政府着重抓大事、抓影响全局的事，地方政府能履行的职责尽量交给地方。七是加快深化中央、省及省以下行政管理体制改革、行政区划调整和财政体制改革，相应进行立法保障，提高政府间职责和事权划分的稳定性。

按照上述思路，中央、省、市县三级政府间职责划分的具体设想如下：

第一，中央政府的职责。坚持基本公共服务的普惠性、保基本、均等化方向，加强中央在保障国家安全、维护全国统一市场、体现社会公平正义、推动区域协调发展等方面的财政事权。一是国家主权和政权运转。包括加入国际组织，多边与全球性谈判，国际合作；外交、国防（军队）、国家安全、边防、海关、反恐；全国人民代表大会、全国政治协商会议、执政党、中央政府、法院、检察院；公安、消防、武警。二是民生保障和公共事业。保证饮水、空气、食物的安全性等人民群众基本生存条件；提供教育、公共卫生、医疗、文化、科技、社会保障的基本下限标准；国家级重点高等教育；国家级疾病防控、国家级三级甲等医院、重大公共卫生突发性事件；高能物理、航天、数学、力学等国家级和基础性科研项目；国家级自然保护区；三江源保护、三北防护林建设、荒漠化治理等跨区域环境保护。三是公共设施和市政工程。全国性跨地区跨流域水利设施、全国性电网、主干邮电通信网络、高速铁路和主干线普通铁路、国家级港口、全国性和区域性航空枢纽；跨区域资源保护与开发；原油、稀土、粮食等全国性战略物资储备。四是市场监管和经济调节。规范微观行为，维护市场秩序，保证微观主体运行的市场环境；调节经济周期、保持经济增长、调节产业结构、充分就业、稳定物价、国际收支平衡；国家经济和社会发展规划、全国性经济结构调整、财政与货币政策、金融监管、经济运行秩序及稳定；国家级农业开发；跨区域综合经济开发协作；调节国家、企业、个人分配占比结构及三部门内部的分配关系。调节政府层级间、产业行业间、个人间以及城乡间、地区间分配关系。五是国有资产和公共资源。中央级金融和非金融企业国有资产；中央级行政事业单位国有资产；全国性和跨地区的自然资源，包括国有土地、矿产、水源、森林、草原、滩涂、大气、空域。

第二，省级政府的职责。加强地方政府公共服务、社会管理等职责。将直接面向基层、量大面广、与当地居民密切相关、由地方提供更方便有效的基本公共服务确定为地方的财政事权，赋予地方政府充分自主权，依法保障地方的财政事权履行，更好地满足地方基本公共服务需求。地方的财政事权由地方行使，中央对地方的财政事权履行提出规范性要求，并通过法律法规的形式予以明确。一是国家主权和政权运转。包括：省级国际合作；省人民代表大会、省政治协商会议、省委、省政府、省级法院、省级检察院；省级公共安全（含警察）。二是民生保障和公共事业。在国家基本公共事业的下限标准之上，根据本省的财力状况，适当增加的基本公共事业标准；省级高等和专业中等教育；省级疾病防控与环境卫生、健康医疗体系建设、省级医院、省级公共卫生突发性事件；科学研究与技术研发应用、省级科研项目；省级自然保护区；省域内和跨市县环境保护；基本住房保障。三是公共设施和市政工程。省域性和跨市县的基础设施建设与维护（包括水利设施、支线电力设施、支线邮电通信网络、国道及省道公路、支线普通铁路、港口、省级航空枢纽）；省域资源保护与利用；省域重要物资储备（粮、棉、食用油等）。四是市场监管和经济调节。省域市场秩序稳定、省级金融监管（省域内非公众、非存款类金融机构监管及民间金融引导）；省级发展规划、省域经济结构调整；省级农业开发（包括省内山区、流域开发、省内扶贫）；全省范围内的数据统计；省域收入分配调整和就业促进。五是国有资产和公共资源。省级金融和非金融企业国有资产；省级行政事业单位国有资产；跨市县的自然资源。

第三，市县级政府的职责。省级政府要参照中央做法，结合当地实际，按照财政事权划分原则合理确定省以下政府间财政事权。将部分适宜由更高一级政府承担的基本公共服务职能上移，明确省级政府在保持区域内经济社会稳定、促进经济协调发展、推进区域内基本公共服务均等化等方面的职责。将有关居民生活、社会治安、城乡建设、公共设施管理等适宜由基层政府发挥信息、管理优势的基本公共服务职能下移，强化基层政府贯彻执行国家政策和上级政府政策的责任。省级政府要根据省以下财政事权划分、财政体制及基层政府财力状况，合理确定省以下各级政府的支出责任，避免将过多支出责任交给基层政府承担。一是国家主权和政权运转。包括：市县人民代表大会、市县政治协商会议、市县委、市县政府、市县级法院、市县级检察院；辖区内治安和社会稳定。二是民生保障和公共事业。在国家基本公共事业的下限标准之上，根据本市县的财力状况，适当增加的基本公共事业标准；二级医院；市县级文化体育设施；幼儿园教育、中小学教育、成人教育；人口和户籍管理；社区服务。三是公共设施和市政工程。地市县级基础设施建设（省道、市县级公路建设）；城市道路；辖区内公共交通网络建设与运营；城市和县域规划；市政公用事业（包括给水、排水、供电、供气、供热、公共交通、能源利用、园林绿化）、垃圾与污水治理、环境卫生、环境保护与污染治理。四是市场监管和经济调节。市县辖区内市场秩序稳定；市县级发展规划、市县经济结构调整；市县范围内的数据统计；市县辖区内就业促进。五是国有资产和公共资源。市县级金融和非金融企业国有资产；市县级行政事业单位国有资产；市县辖区内的自然资源。

第四，委托性职责与引导性职责。这部分职责较少，仅发挥辅助性作用，包括：一是委托性职责。中央政府出资，省市县政府负责协调推动和操作实施。包括：城乡居民最低生活保障；小学和初中教育及校车；社区医院和乡镇卫生院；大灾大难救助和灾后重建；社会救济社会优抚；经济建设项目；人口普查；省级政府出资，市县政府负责协调推动和操作实施。包括：基本住房保障；经济建设项目。二是引导性职责。上级政府拿出一部分资金，下级政府配套一部分资金，来鼓励引导下级政府承担某些职责。包括：战略性新兴产业发展、具有地方特色的产业发展。

2. 统筹和完善政府间收入划分

分税制改革后地方税种零星分散、缺乏自主税权问题突出。按照税收收入的内在属性，成熟市场经济国家一般将税基流动性较强、地区间分布不均衡、年度间波动较大以及税负易转嫁、涉及收入分配等的税种，如增值税、所得税等，划分为中央政府收入；将税基较为地域化、信息能由地方政府较好掌握的税种收入，划归地方收入。与国际通行的按税种属性划分收入相比，可以清楚地看到我国在税收划分中存在的问题；增值税中央与地方按五五分成的比例分享，并给予地方税收返还增量，地方分享增值税比例仍然较高，不利于有效遏制地方追求数量型经济增长的冲动，而且增值税作为税负可以转嫁的间接税，税收由生产企业和销售企业所在地分享，也不尽合理。企业所得税中央与地方按60：40的比例分享，随着总部经济的发展，企业所得税向中心城市聚集愈加明显，跨地区企业所得税如何分享出现了不少矛盾。个人所得税也是中央与地方按60：40的比例分享，特别是累进部分的收入也列入分享范围，不利于收入再分配的调节。地方承担一部分出口退税的任务，口岸城市出口退税负担相对较重，不利于全国统一市场的形成。土地增值税为地方税种，累进税率结构是不适当的。财产税是基层政府最主要的税种，但由于我国该税尚处于起步阶段，难以成为地方政府的主体税种。我国没有开征最终销售税，房产税还只在试点阶段，适合划归地方的税种比较缺乏，全面实施"营改增"后地方政府缺乏主体税种的矛盾更加突出。此外，收入立法权集中于中央政府，没有赋予地方政府在适当范围内开征新税的自主权。地方可支配收入比重过低，依赖土地收入和从体制外筹集资金严重，短期获利目标成为地方的选择，收储卖地成为首选，加之土地收支管理薄弱，因土地引发的问题频现。地方依托融资平台贷款或通过担保方式筹集资金，举债融资方式多元化，偿债机制不健全，地方债务隐藏着极高的风险。

针对政府间收入划分和地方税的现状，统筹和完善政府间收入划分成为健全分税制和转移支付制度的应有之义。

第一，将所有政府性资源纳入中央地方收入划分范围。按照全口径政府预算管理的要求，逐步将土地资源类收入以及石油、通讯、电视频道等特许经营权收入纳入中央与地方划分范围。

第二，加快非税收入制度改革。

（1）实行费改税。通过设置新税种或者扩大税基的办法实行费改税；将教育费附加、地方教育附加、教育基金合并改为统一征收"教育税"；将分散在劳动、民政、人事、卫生等部门的社会保障基金改为统一征收的社会保障税；将环保类的收费，如废水、废气、废渣、噪声的排污费以及污水处理费改为统一征收"环境保护税"，将有关资源类的收费，如矿产资源补偿费、育林基金、新型墙体材料专项基金等并入资源税；将地方用于市政建设的收费、基金、附加和城市基础设施配套费等并入城市维护建设税。

（2）取消部分收费。对于因政府提供基本公共服务而收取的，或缴费对象具有普遍性的收费项目，要予以取消。如消防、卫生防疫等强制检验类收费，医疗保险IC卡、身份证等普通证照工本费。此外，要取消社团、协会利用政府部门的隐性权力向企业和个人强制征收的不合理费用。

（3）规范土地出让收入管理。将土地出让收入纳入公共预算管理，实现收支两条线，细化土地出让收支预算编制，强化预算硬约束，加强资金统筹使用，发挥效益。

第三，完善收入划分和加快地方税体系建设。

（1）将增值税划归中央，在零售环节开征销售税。增值税由中央和地方共享收入改为中央收入，适度降低增值税税率，并由中央全额负担出口退税。为抵消增值税划归中央后给地方带来的税收影响，在零售环节开征销售税，作为地方税种，改变地方干预企业生产经营、盲目追求数量扩张的现状，引导地方政府合理招商引资，进一步调整经济结构。

（2）将消费税划归地方。将消费税征收从生产环节调整到消费环节，合理调整消费税范围和税率结构，发挥消费税促进节能减排、引导理性消费和调节收入分配的作用。

（3）尽快建立房地产税制度。取消房产交易环节的土地增值税，将房产税、城镇土地使用税合并为房地产税，在保有环节进行征税。对新房产实行新办法，按房产评估价值，对居民房产和工业房产分档设置税率，对老房产分类实施，依据房产使用面积和功能等实施针对性对策，增加持有成本，提高住房使用效率。房地产税制度对于财税改革意义在于：它可以成为地方税体系中的一个主力的、支柱型的财源，使地方政府的内在动机和市场经济所要求的政府职能合理化内在契合，因为设了这个税，地方政府就会意识到只要专心致志地优化本地投资环境、提升本地公共服务水平，辖区内的不动产就进入升值轨道，那么每隔一段时间重评一次税基，就是它的财源建设实际套现的具体的机会，与发展当地经济各种事项的战略目标相内在配套的财源建设问题，就基本解决了。

（4）加快资源税从价计征征税改革。为合理开采利用资源，加快经济增长方式转变，在石油、天然气、煤炭等资源税从价计征的基础上，对其他应税资源全面实施从价计征改革，进一步体现资源稀缺性。

（5）将车辆购置税划归地方。车辆购置税按车辆价格的10%征收，属中央收入；车船税按车辆排气量征收，属地方收入。为充分发挥税收调控作用，考虑车辆信息地域化，应对车辆购置税和车船税实行同级管理，将车辆购置税划归地方，充实地方税体系。

（6）为了调动地方的积极性，应赋予地方政府一定的税收立法权，其中包括：地方可以根据一定的规定和程序开征一些地方新税种；对一些与地方提供公共服务有关的地方税种，应有权在一定范围内进行税率调整等，但地方政府的管理权限不能违反宪法及国家税法的规定

第四，规范地方融资平台，赋予地方发债权。

地方融资平台在中国经济发展中发挥了巨大作用，针对实践中存在的问题，在改进和加强管理的基础上，引导其步入规范轨道健康发展是应该采取的态度。具体设想如下：一是建立促进地方融资平台健康发展的相关法律体系，通过法制建设，让地方融资平台公司的设立、运行和管理都有法可依。二是进一步清理和整合现有融资平台，建立新型规范融资平台体系。三是逐步建立完善的风险防范体系。四是开辟多元化融资渠道，摆脱对土地融资的依赖，鼓励平台公司更多的利用股权投资、股权融资、企业债券等各种方式，以提升多元化的投融资能力。修订后的《预算法》，从完善分税制财政体制的角度，开始赋予地方政府独立的发债权，这对改变地方隐性债务为显性债务具有关键的意义。当然，在赋予地方发债权后，加强对地方政府发债的制度和风险管理必然要

深化收入分配制度改革的财税机制与制度研究

格外重视。如慎重选择政府债发行主体、控制债务总量和优化债务结构、建立包括债务信息统计与报告制度、债务预算制度、风险预警制度、风险准备金制度、监督管理制度等，严格地方债的风险和效益管理。

3. 建立纵横交错、以纵向转移支付为主的转移支付模式

2015 年 2 月国务院印发《关于改革和完善中央对地方转移支付制度的意见》，共提出了针对转移支付的九项改革举措，最大亮点是明确了我国转移支付制度以一般性转移支付为主，并提出了完善一般性转移支付制度的具体举措，如明确一般性转移支付在整个转移支付中的占比提高到 60% 以上。从国际上看，政府间转移支付的基本模式有两种：单一的自上而下的纵向财政转移支付模式；以纵向为主，纵横交错的财政转移支付模式。其中，纵向转移支付侧重于解决纵向非均衡问题，而横向转移支付侧重解决横向非均衡问题。这两种模式各有利弊，单一纵向模式操作简便，具有稳定性和透明度，但对下级政府强制色彩较浓；纵横交错模式，由于地方政府参与了转移支付过程，体现了地区间的相互支援关系，利于鞭策后进，鼓励先进，但操作较复杂。横向转移支付与特定国情背景密切相关。德国、瑞士是目前实施横向转移支付的成熟市场经济国家的典型代表。德国实行的联邦制分权体制，均衡制度形成背景与"二战"后盟军提防中央政府过于强大不无关系；瑞士的联邦体制更为松散，由各地区代表组成的联邦委员会为最高权力机关，联邦政府职能较为虚化，横向谈判是处理地方事务的基本模式。在我国，较为典型的横向援助如援疆、援藏等，也都是中央协调或作为政治任务形成的，依靠发达地区自愿方式进行横向均衡，但效果没有严格和明确的评估方法。根据我国国情及今后发展趋势来看，可以实行纵向为主、横向为辅，纵横交错的财政转移支付制度，中央政府可以鼓励地方政府就环境保护等跨区域外溢事物开展横向援助。这种纵向为主、横向为辅，纵横交错的财政转移支付制度既有利于发挥中央政府的宏观调控作用，又吸收地方政府直接参与，有利于协调相关地区经济发展和解决财政经济落后地区公共服务不足的问题，充分发挥中央与地方政府、财力转出地区和财力转入地区的积极性与主动性。

4. 选择适当的财政转移支付形式，优化财政转移支付结构

世界各国的政府间转移支付，大多采取复合型，即多种转移支付手法综合地运用。一般说来，这些形式大致可分为一般性转移支付、专项转移支付和分类转移支付三类。一般性转移支付是不附带使用条件或无指定用途的转移支付，其目标是重点解决各级政府之间财政收入能力与支出责任的不对称问题，使接受转移支付的地区能有足够的财力履行政府的基本职能，提供与其他地区大致相等的公共服务。专项转移支付大多带有定向支援、定向加强和委托办理的性质和特点。分类转移支付，一般只是指定转移资金的大的使用方向，而不规定具体的使用项目，接受此种转移支付的政府拥有一定的决策权。在选择新的转移支付形式时，上述三种形式应统筹考虑。对于选择我国转移支付的形式和结构，具体思路如下：

第一，以一般性转移支付为主，专项转移支付补充。从根本上说，一般性转移支付和专项转移支付的比例确定取决于对均等化和实现国家政策意图目标的权重。一方面，

从经济社会发展看，均等化目标已经成为当前的重要目标，较为严重的地区间横向财政失衡需要大幅度提高一般性转移支付来弥补，因此，一般性转移支付应占有相当比重；另一方面，从历史和国情看，实现国家政策意图对于增强国家凝聚力，加强中央对地方的领导和管理等方面意义重大，中央委托地方事务需要专项转移支付切实保障经费补偿，辖区间外溢效应需要增加相应专项转移支付予以矫正，基本公共服务水平，尤其是贫困地区的基本公共服务水平亟待提高，现阶段仍需专项转移支付投入以适当调整财政资金流向，加快基本公共服务建设。转移支付改革要以主体功能区特别是限制和禁止开发区的基本公共服务均等化、外溢效应补偿、生态环境治理投入为重点，发挥两级两类转移支付的作用，中央和省级分工负责，一般性转移支付和专项转移支付共同作用，推进主体功能区尽快形成。

第二，推进财政转移支付项目的清理整合工作，简化财政转移支付的方法，在明确各级政府事权和财权的基础上，合理确定转移支付的方式。对于属于地方政府事权范围的支出，地方政府不能满足支出需求的情况下，通过均衡性财政转移支付安排；对于中央委托地方政府的支出，由中央专项转移支付进行足额安排；对于中央和地方政府共管事务，要在明确各级政府比例的情况下，进行财政转移支付补助；对于符合中央政策导向的地方性事务，中央可以通过专项财政转移支付进行引导，但资金的规模和项目种类不宜过多。为了实现均等化和宏观调控的目标，财政转移支付中要取消与实现上述目标相背离的项目，即取消税收返还，其结构只包括一般性财政转移支付和专项转移支付。《关于改革和完善中央对地方转移支付制度的意见》对转移支付改革的"利斧"砍向那些"小、散、乱"，效果不明显以及市场竞争机制能够有效调节的专项。中央专项转移支付在 2014 年 220 个减少至 150 个左右的基础上，今后将继续清理整顿被视为"部门权力象征"的专项转移支付项目，从而减少财政资金分配过程中的寻租和腐败空间。

第三，以增值税收入作为稳定的转移支付资金来源。多数国家均衡性转移支付资金来源均与特定税种收入相关联。如日本的地方交付税、印度的联邦消费税和个人所得税以及德国的增值税。借鉴国际经验，我国应明确将中央征收取得的增值税收入作为中央对地方转移支付的资金来源。根据事权与支出责任划分改革、税种调整与分税制改革方案，经过逐步调整，中央财政收入和支出占全国财政总收支的比重均为 35% 左右，两者大体相当；增值税收入占比接近 30%，在中央征收取得这部分收入后，全部用于中央对地方转移支付，其中，50% ~ 55% 用于一般性转移支付，以确保一般性转移支付与专项转移支付并重的基本结构，其余 45% ~ 50% 与少量其他可用收入作为专项转移支付。

第四，建立中央—省、省—市县两级转移支付。在完善中央对省转移支付制度的同时，建立规范的省对市县转移支付制度框架，参照中央对省转移支付制度，规定省对市县负有的转移支付责任与转移支付分配原则，具体分配方法由省级制定，中央负有监督省对市县转移支付方法合理性和转移支付效果的责任。

22.1.4 转移支付制度的实施机制

1. 建立健全法律规范

为确保政策目标的实现，国家对转移支付应有健全的法律规范，将转移支付过程中可能会出现的各种问题以法律条文的形式用以规范，包括基本目标和原则、主要类型、计算公式、分配方式、支付范围、使用规范以及监督与绩效评价方法等，使各级政府在财政转移支付的实际操作过程中做到有法可依，有章可循。此外，建立健全包括财政转移支付的决策程序、审批程序、支付程序、监督程序、法律救济程序和责任追究程序等，保证财政转移支付程序的民主化，公开化。减少个人在财政转移支付程序过程中的作用，有效控制因缺乏法定程序而造成的权力寻租现象，进一步规范财政转移支付资金的供给和使用。同时应设立专门的机构负责转移支付工作，对转移支付进行科学的计算和有效地后续评估，加强转移支付的科学性和程序性，并确保转移支付的公正合理。结合我国国情，全国人大财经委员会应专门负责研究财政转移支付的规模、程序，并监督转移支付的执行情况，会同国务院及财政部门提出改进措施和建议。

转移支付的法律规范应清楚地阐明如下事项：

（1）关于财政转移支付法律的主体。国家权力机关是财政转移支付制度的决策主体。宪法和预算法规定，全国和地方各级人民代表大会及其常务委员会是国家的权力机关，对本级预算具有审查和批准以及监督预算执行的权力。既然权力机关具有预算草案的决定权，作为财政预算支出的转移支付资金的决策主体必然属于国家权力机关。在实际工作中，政府部门行使了财政转移支付资金的决策与分配等权力，有悖于民主法治的原则，应在财政转移支付法律构建中明确国家权力机关的地位和权力。从现行制度安排看，国家权力机关的决策主体地位更多从预算审查批准的角度来进行，并不是对每一项财政转移支付的程序和规模进行检查。

国家行政机关是财政转移支付制度的执行主体。宪法规定了国务院是全国人大及其常委会的执行机关，地方各级政府是同级人大及其常委会的执行机关。由于财政转移支付制度的决策主体是各级人大及其常委会，因此各级地方政府是转移支付制度的执行主体，这在预算法中也有相关表述，即预算由各级政府编制报同级人大批准，批准后由各级地方政府执行。

（2）关于财政转移支付法律的权力安排。作为决策主体，财政转移支付法律应明确各级人大的审查批准的权力。既然预算法赋予了各级人大审查批准同级预算的权力，对财政转移支付的审查自然包含其中，这需要在财政转移支付法律中明确，并对审查批准的程序进行详细说明。根据监督法的有关规定，各级人大常委会对本级政府预算执行情况有监督权，同时各级人大常委会可以开展对有关法规的执法检查，因此财政转移支付法应对权力机关的监督权进行明确。

作为执行主体，财政转移支付法律要明确转移支付支出方和接受方的权限。财政转移支付资金支出方应在决策主体审查批准范围内行使审批权、资金拨付权和监督权；财政转移支付资金接受方应具有申请资金权、使用资金权和复核申请权。财政转移支付资金的分配必须具备一定的条件，这些条件和支出项目应公开透明，具备条件的地方政府应在符合条件的基础上，有权力向上级政府提出申请，如果对申请存在异议，可以启动复核申请程序，继续向上级机关提出复核要求。

（3）关于财政转移支付法的违法责任。任何一项法规都应该具备"假定""处理"和"制裁"三个要素，目前财政转移支付制度以部门规章形式出现，关于违法处理的条款缺失，很难找到明确具体的责任认定。财政转移支付法要在明确各级政府权利义务的基础上，对违法行为进行明确的惩罚。支付方的行政责任包括超期审查、滞拨资金、不受理复合申请等行为，接受方的行政责任包括挪用资金等行为。此外，针对双方当事人的违法情节，还应包括劝告、补足或返还财政转移支付资金等处理手段。其中，补足财政转移支付资金是针对支付方的，返还资金是针对接受方的。

2. 建立财政转移支付资金监管和绩效评价制度

第一，规范财政转移支付的监督与绩效评估。应尽快成立相关专业部门对转移支付项目进行专业协调和整合，改变多头管理造成的项目重复交叉、不符合实际等问题。发挥专业部门的优势，提高转移支付资金的分配合理性、规范性、客观性和科学性。成立第三方审计监管机构，对转移支付资金的使用效果进行考察，防止有关部门对于资金的滥用、浪费或者未用到实处，切实提高财政转移支付资金的使用效率，使得资源利用效果的最大化。

第二，改进转移支付分配的计算方法，提高转移支付分配的科学性和程序性。通过借鉴国际经验、收集准确的基础数据、设计符合我国基本国情的计算公式，为转移支付的科学分配奠定基础。可以组织定期或者不定期的信息反馈，结合意见和建议，对于转移支付的分配方法进行细化和完善，使财政的转移支付资金切实落实到实处。

第三，提高转移支付的透明度。这不仅有利于提高我国财政的总体透明度，加大地方财政对转移支付资金的可预见性，完善财政预算，而且还有利于地方财政操作的规范性。在实际运作中，鼓励各级地方政府加大对于财政转移支付计算和分配的流程、标准、结果等的宣传，推动广大群众参与监督和考评过程，防止对转移支付资金的滥用，提高地方政府对于转移支付资金的利用效率。

3. 建立合理的转移支付测算体系

无论是一般转移支付，还是专项转移支付，均等化补助数额的确定过程中都应科学的评估影响因素，采用统计分析的方法按照收支均衡的标准加以确定。各个因素对地方财政收支影响的权重不同，需要综合考虑确定地方某项公共产品标准财政支出的调整系数。这不仅可以有效地排除人为因素的影响，使中央政府对地方政府转移支付的额度较为公平合理，增加转移支付制度的科学性与透明度，提高转移支付额度的可预见性，而且可以有效解决基数法中存在的区域不均、目标模糊、效率低下等问题。

我国政府间转移支付长期以来采用"基数法"进行资金的分配，"基数法"不能合理计算地方政府的实际支出水平，还容易给地方政府留下和中央政府讨价还价的空间。从长期来看，如果问题一直得不到解决不断累积就容易引起地方财政差距的进一步拉大，无法提高落后地区的公共服务水平，最终导致转移支付的预定目标无法实现。科学合理转移支付的规模应采用"因素法"来确定。不仅一般性转移支付金额的确定要采用因素法，专项转移支付资金的确定也要采用因素法。这样不仅可以减少转移支付的盲目性和随意性，也可以增加转移支付资金可预见性，有利于地方政府安排预算，增加转移支付资金的使用效率。

（1）建立与政府间转移支付相对应的数据库。因素法是根据影响财政收支的客观因素，结合各地实际财政收支情况，按照各地标准财政收入和标准财政收支的差额以及转移支付系数计算确定，并考虑增幅控制调整和奖励情况。只有通过相关因素才能准确计算标准财政收支，进而合理确定转移支付金额，因此影响各相关因素的数据就十分重要，这就需要更多专业的统计、税收人员尽可能多的搜集基础数据，建立一个完整的数据库。数据的搜集应注意以下几点：一是数据的来源。因素法的数据应来自于中央政府统计部门的数据或地方主管部门的数据，应具有权威性，不得随意选择数据。二是数据的可靠性。良好的征管模式能够提高数据的可靠性而且要建立科学规范的统计体系，规范对原始数据的估算和转换方法。三是数据的及时性。转移支付资金的确定应以最新的数据为依据，反映当下各地区的经济情况和财力分布情况。只有建立这样一个与财政转移支付制度相适应的数据库，才能使中央对地方的转移支付金额具有公平性、可比性和客观性。

（2）科学设定转移支付的计算公式。因素法是一种科学的计算方法，但要让这样一个因素计算的方法满足转移支付的各项目标也是十分困难的。在因素法的计算过程中我们更注重因素的选择：一是因素的选择应具备客观性，应选择那些不容易随人的意志为转移的因素。例如人口、城市规模等。二是全面性。因素的选择不仅要考虑各地的经济发展水平和财政能力，还要考虑各地公共产品和公共服务的差异。综合考虑西部贫困地区，兼顾东部地区。三是因素的动态调整。转移支付制度是对各地经济利益的调节，是为了缩小地区差距，实现基本公共服务均等化设立的，只有转移支付因素的选择随经济环境的变化而动态调整，不断更新数据库，才能使转移支付金额更准确，提高转移支付资金的使用效率。

22.2 一般性转移支付制度改革与优化

目前，我国的一般性转移支付包括均衡性转移支付、民族地区转移支付、农村税费改革转移支付、调整工资转移支付等17个项目，内容广泛，既包括对民族地区的转移支付补助，又包括中央因改革导致地方收入减少进行的财政补助。近年来，中央对地方的一般性转移支付占比不断提高，由2012年的53.3%提高到2014年的58.2%。对于一般性转移支付制度的扩大和优化应考虑从以下几个方面入手：

22.2.1 扩大和完善一般性转移支付

以一般性转移支付为主，主要是考虑我国经济社会发展不平衡，区域协调发展任务繁重。一般性转移支付没有规定具体用途，有利于地方因地制宜统筹安排财政支出。因此，在我国目前地区间财力差距不断加大的情况下，规范和完善一般性转移支付制度成为当务之急。

完善一般性转移支付的内部结构，建立以均衡性转移支付为主体的一般性转移支付体系，逐步形成以一般性转移支付为主体，一般性转移支付和专项转移支付相结合的转移支付制度。我国的一般性转移支付有 17 个项目，众多的项目设置目标不同，难以实现均等化的目的。因此，应清理整合一般性转移支付项目，简化我国转移支付形式，将一般性转移支付中的其他转移支付项目统一合并为一个项目，使其更好地实现一般性转移支付的既定目标。通过规范化的公式，依据公平和效率兼顾的原则进行分配资金。为突出对民族地区的财政扶持，应加大对民族地区一般性转移支付的比例，例如将定额补助、民族地区转移支付归并到均衡性转移支付。均衡性转移支付和定额补助、民族地区转移支付都是为了均衡各地方财力，归并到一起，有助于合理确定均等化转移支付的规模。同时将调整工资转移支付和农村税费改革转移支付归入专项转移支付，虽然两者都具有均衡化效应，但属于专款专用，归入专项转移支付更确切。

逐步扩大一般性转移支付的规模，建立一般性转移支付稳定增长机制，尤其是均衡性转移支付的规模，加大对贫困地区的投入，采取有力措施切实解决贫困地区财政困难，保障地方政府政权的正常运转。确定一般性转移支付在中央收入增量中的比重和增长速度，从而保证地方政府有足够的财力履行其职责，实现各地区居民享受大体相当的基本公共服务的目标。按照《关于改革和完善中央对地方转移支付制度的意见》要求，将进一步增加一般性转移支付规模和比例，逐步将占比提高到 60% 以上。

22.2.2　优化整合一般性转移支付与其他转移支付

一般性转移支付制度作为转移支付体系中的一项重要内容，要与其他转移支付形式协调、整合，以发挥转移支付制度的整体效应。转移支付体系本身是一个有机体，各部分有其特有的功能、作用，它们局部对立、整体统一。如税收返还、体制补助为保护原有各方的既得利益，而一般性转移支付却是利益的重新分配。一般性转移支付具有均等化功能，解决各地区的财政横向失衡问题，提供最基本的公共服务水平，而专项转移支付在一定程度上也有重新分配财力的作用。优化整合的一般思路概括起来是局部优化、全体整合，即将杂乱的转移支付形式局部进行归并清理，然后在优化分类的基础上协调新成员的关系，在结构上做文章。

1. 逐步取消税收返还，摒除旧体制的不合理因素

税收返还是在分税制改革中作为维护既得利益保留的项目，具有逆均等化的效果。发达地区经济发展水平高，税收规模大、增速快，税收返还额远远高于不发达地区，导致富裕地区与贫困地区的财力差距越来越大，既违反了转移支付的公平性原则，又不利于均等化及宏观调控目标的实现，影响了转移支付作用的发挥。

税收返还之所以存在是为了保护地方政府的既得利益，减少改革的阻力。如果不取消税收返还则无法建立合理的转移支付制度。尽管目前税收返还在转移支付制度中占有的比重逐渐降低，但绝对规模依然不可小觑。马上全部取消会产生很大的阻力，尤其是

东部地区阻力会比较大。中央政府采用渐进的方式,逐步减少税收返还数额。逐步减少税收返还的增量数额,尤其是富裕地区的增量数额,加大对贫困地区的补助。为了保证调整的顺利进行,比较稳妥的办法是,不改变税收返还的基本运作方式,先将一定比例的税收返还额按因素法计入标准财政收入,这一比例应避免过高而阻力过大,也不应过低无法起到尽快消除税收返还的效果,也可以在开始时设计得低一些,过几年后再逐渐递增。经过几年后,税收返还完全被一般性转移支付取代,实现转移支付结构的根本性变化。

2. 合理确定一般性转移支付和专项转移支付的规模

一般来说,专项转移支付主要是上一级政府用来实施特定政策目标,解决特定领域公共物品的提供问题,下一级政府资金自主权相对较小。而一般性转移支付主要是解决地区间的财力均衡问题,缓解一些地方的财政困难,下一级政府拥有较大的资金自主权。随着政府级次的下降,经济社会事务管理责权的范围相对缩小,各自所实施转移支付的规模也应逐级减少。专项转移支付以具体项目实施,而一般性转移支付通过计算各地的标准收支差额乘以相关系数来确定,考虑到上一级整体财政能力的有限性,所产生的转移支付总体规模的预算约束线,这就要注意专项转移支出与一般性转移支出的轻重缓急的比较,达到一个最佳的数量组合。我国各地区的差异较大,应把一般性转移支付作为重点,通过对转移支付各种形式的整合,一般性转移支付比重将有很大的提高,同时,利用专项转移支付集中力量解决一些比较特殊的社会问题。

22.3 专项转移支付制度改革与优化

专项转移支付的理论依据是解决地区间具有外溢性的公共产品或公共服务,实现中央政府特定的政策意图。因此,在实施专项转移支付时,要明确政策目标的选择。一是选择具有外溢性的公共产品或公共服务,如用于修建防汛抗旱的水利设施、跨地区公路等的专项资金,对与义务教育相关的危房改造、教育布局调整和解决教师欠发工资等问题设立的项目。二是选择具有战略意义的跨区域地方性重点公共项目为政策目标。地方政府没有能力投资或不愿投资,而中央政府直接投资又存在一些如信息不完全、管理成本高等方面问题缺乏效率时,就要进行专项转移支付。三是选择有利于国家宏观调控、促进各地协调发展和调整产业结构、优化资源配置的项目。如西部大开发和振兴东北老工业基地的项目。四是着眼于国家新出台的政策目标。一项新出台的政策、措施,如果推行时遇到资金方面的困难,就需要针对此项政策涉及的方面设计专项转移支付项目,促使政策顺利达到预期效果。五是着眼于针对解决某些突发事件确立的政策目标。如建立应对各种重大自然灾害救济,防治公共卫生突发事件等专项。对我国专项转移支付制度改革与优化提出以下建议:

22.3.1 对专项转移支付的项目严格管理

专项转移支付能够加强中央政府的宏观调控职能,优化地方政府支出结构,引导地方政府将资金投向国家鼓励的重点项目，具有一般性转移支付无法替代的职责，但专项转移支付规模不断增大，种类繁多，而且大部分都流向了东部发达地区，这是有悖于转移支付的均等化目标。为此，应严格控制新设专项，明确专项转移支付项目应当依据法律、行政法规和国务院的规定设立；清理整合专项转移支付，建立健全定期评估和退出机制；逐步改变以收定支专项，统筹安排相关领域的经费；规范专项资金管理办法，做到每一个专项转移支付都有对应的资金管理办法。规范专项转移支付分配和使用。专项转移支付应当分地区、分项目编制。除按照国务院规定应由中央和地方共同承担的事项外，中央在安排专项转移支付时，不得要求地方政府承担配套资金；严格资金使用，加强对专项资金分配使用的全过程监控。逐步取消竞争性领域专项转移支付。坚决取消"小、散、乱"，效用不明显以及市场竞争机制能够有效调节的专项；研究用税收优惠政策替代部分竞争性领域专项；探索实行基金管理等市场化运作模式，逐步与金融资本相结合，发挥撬动社会资本的杠杆作用。以此原则清理现阶段种类繁多的专项转移支付项目，按照专项转移支付制度实施的目的、原则进行分类。一是为公共产品供给均衡化提供专项资金；二是宏观调控专项资金；三是政策配套专项资金；四是突发事件专项资金。这其中应该以前两种为主，后两种以专项预备金的形式存在。取消那些名不符实或过时的项目，归并重复交叉的项目。

对属于应该由中央政府负责的事务或中央政府委托地方政府负责的项目或者虽属于地方政府的事权范围但具有全局性或外部效应的项目可以继续安排专项补助，对完全属于地方政府职责的项目应由地方政府自己解决，不应再安排专项转移支付。在转移支付规模不再增加的基础上，应调整转移支付的投向，考虑政府的均等化目标，可以通过专项转移支付的投向设置发挥转移支付实现公共服务均等化作用。减少资本性建设项目、行政管理支出等，增加公共服务项目，稳定对环境保护、救灾等方面的投入，加大对西部经济不发达地区的转移支付。节省的专项转移支付资金可计入一般性转移支付或用于其他国家重点支持的项目。强化转移支付预算管理。及时下达转移支付预算；主动向社会公开转移支付的具体项目、规模、管理办法和分配结果；做好绩效评价；加强一般公共预算和政府性基金预算的统筹力度。调整优化中央基建投资专项。划清中央基建投资专项和其他财政专项转移支付的边界，着力优化中央基建投资专项支出结构。

22.3.2　对专项转移支付审批部门的管理

当前我国专项转移支付涉及多个政府部门，这些部门各自为政，不能进行有效沟通，而且专项转移支付需要多次立项审核、层层报批，程序复杂；一些小额零星项目，中央政府不需要直接管理应交由基层地方政府。也就是说，要将专项转移支付的审批程序与部门进行规范，避免中央政府直接管理的庞大成本问题，同时也要避免大笔资金在各级政府之间不断转移，而造成资金的无效率和不安全性。这方面可以建立一套健全的专项资金准入退出机制来解决审批程序的规范问题。

1. 专项资金的准入机制

专项资金的准入制度，是指在符合专项资金属性的条件下，对专项资金进行申报立项的制度安排，主要包括专项资金的申报、论证、评议等程序。

第一，建立全面、规范的项目申报制度，根据地方经济社会改革和社会发展规划，有关部门提出项目立项申请，严格立项依据，形成项目立项的有效支撑，除对项目具体立项依据、实施规划、资金预算等必要条件做出充分说明外，还要对同类项目资金的设立及实施情况进行对比说明。可以建立专项转移支付项目备选库，根据实际经济情况需要，选择重点支持的项目，既能引导经济发展，又可以提高资金的使用效益。

第二，建立科学的可行性论证制度。财政专项资金的立项，必须在行业主管部门、发改委和财政等政府综合部门、相关领域专家的共同参与下进行论证，并形成提交政府的可行性报告，对重大项目还应该引入社会公众的参与。每一项转移支付都应经过充分论证，由集体决策，决策程序和过程要公开、透明，减少专项拨款的盲目性和暗箱操作。

2. 专项资金的退出机制

专项资金的退出制度是针对专项资金的属性、时效性和使用效益而设立的，根据专项资金保障突发性、非固定性原则，可将具有均等化效应的教育、社会保障和就业、公共安全、一般公共服务支出调整到一般性转移支付项目。对不再具有时效性的原有专项资金项目提出退出申请，并可结合新出台的相关政策，用新项目替代原有项目，确保政策的贯彻落实。同时根据项目政策变动、实施条件改变、项目违规或绩效评价结果等因素，对不再具备立项条件、资金使用效益低下以及超出部门职能范围多头设置的项目，由财政部门向省政府提出强制退出报告，经批准后，不再纳入年度预算安排。为避免资金大量闲置，由财政部门对支出范围提出政策性调整的报告，报省政府批准后，重新界定专项收入的支出范围，合理安排支出项目。

22.3.3 对专项转移支付资金管理

为了更有效地对专项转移支付资金进行相应的监督管理，有必要对其拨付过程、使用过程进行相应的管理。对于那些在财政分权制度下由中央承担事权但委托地方进行执行的事务所需要的资金由中央直接拨付给地方政府；对于中央和地方共同承担事权并由地方执行的事务，由中央和地方按比例承担，即中央拨付有条件的配套补助。在进行相应规定之后，为了保证专项转移支付资金的最大化社会福利，对于申请立项的项目必须进行充分论证，通过各部门之间的集体讨论、形成民主与透明的决策机制，有效避免资金的重复设置。

1. 规范专项转移支付的分配标准

转移支付客观分配标准的确定重要而且难度大，它涉及各地区的利益分配问题。根据目前相关研究以及国际经验，专项转移支付需要引入因素法，选取客观因素设立公式，确定拨款数额。特别是对时间较长，内容相对固定的专项拨款，可借鉴美国的经验实行专项拨款公式化，减少专项拨款的随意性。对于突发的或不宜使用公式化的项目，可以按照预先规定的分配原则支付，既保证转移支付制度的稳定性、严肃性也不失政策的灵活性。同时为增强转移支付的透明度，应公开计算数据和分配方案。

2. 提高转移支付的使用效率

提高转移支付的使用效率，一方面可以建立专项转移支付绩效评价制度，包括对资本性项目的绩效评价和对公益性支出（养老补助、环保、节能等）的绩效评价，前者既有经济效益又有社会效益，技术难度较小。后者经济效益较小，社会效益较大，很难对其进行定量的分析。可以先从资本性项目开始逐步扩大到公益性支出。加大对专项拨款的责任管理力度，责任到人。各级人大政府和审计部门也应采取相应措施，强化对转移支付的监督。

22.3.4　完善专项转移支付制度的实施机制

1. 建设专项资金管理信息化平台

通过专项资金管理信息化平台的建设，一方面，健全并完善部门预算项目库，加强项目库储备，使其成为专项资金管理信息化平台的基础，促使项目支出预算真正做到统筹兼顾、滚动安排和全程规范管理；另一方面，将年初预算编制系统与决策管理系统衔接起来，各部门在项目立项、联合审批、资金监管等过程中，也以该系统为信息交流平台，真正实现信息共享，确保信息的真实性和一致性。

2. 加强专项资金分配的公开性、规范性

按照信息公开、科学理财和民主理财的要求，逐步实现专项资金分配的公开性和规范性。一是项目立项审批透明、资金分配办法规范，比如建立类似转移支付委员会制度，要求人大、财政领域专家、主管部门、地方财政部门等参加的转移支付小组，每年对转移支付分配的重点、内容取舍、方法选择进行讨论，形成多方参与分配的民主理财机制。二是确定测算数据并公开来源，对于可以建立以"因素法"为分配机制的专项资金，因其中涉及大量的基础数据，为保证测算结果的真实、客观，应联合统计、人事、国土等多个部门建立稳定、权威的数据来源并公开。三是测算过程和结果公开，每年将测算办法、测算数据和测算结果进行公开，接受必要的监督。

3. 完善项目监管制度

一是健全专项资金监管办法，完善现有办法，使每个项目有法可依；二是实施专项资金全程监管制。采取定期检查和随机抽查、专项督查和全面核查、自查和互查相结合的方式，对项目实施进度、资金使用方向等情况进行监督检查，督促建设单位加强管理，发现问题及时纠正，加强事中控制、事后检查，完善专项资金监督体系；三是促进监督部门信息沟通，定期组织由人大、审计、监察、财政等相关监督部门参加的监督管理联席会议，根据会议的主题和各部门近期工作情况，各监管部门分别通报监管信息，在此基础上形成联席会议纪要，并在会后对基础资料实施共享；四是实行责任追究制度，达到责任划分清晰、问责有其人的效果；五是推行项目公示制度，通过政府门户网站或新闻媒体，对项目资金的管理全过程进行公示，将资金管理置于社会监督之下。

4. 建立资金使用效益评价体系

专项资金的拨付有其欲实现的目标，即目的性。只有实现了预期目标，资金的使用才是有效率的。通过对专项资金使用情况进行绩效考察，能够发现资金的设置、分配、数额等是否合理，及时反馈资金使用中出现的问题，使立法、行政等机关迅速调整关于专项转移支付内容的有关规定，使专项资金的设计更加符合经济发展的实际情况，从而实现专项转移支付制度的目标。因此有必要设计一套科学合理的效益评价体系，对专项资金的使用效益情况进行评价和考核。可从以下几个方面着手：

（1）明确考核机构。对资金使用效益的考核必须通过具体的机构进行操作。人大、审计、财政部门与拨款委员会应当相互配合、合理分工，对专项资金的使用效益进行考核，予以监督，确保资金使用到位。

（2）明确考核标准。经济学中对效率的定义通常为以最小的成本实现最大的效益或者是在成本一定的情况下实现最大的效益，对效率的考察往往是运用成本收益的分析方法进行。"成本—有效性分析"是指一种用于确定实现既定目标的政府计划的最小成本组合的技术。采用此方法可以降低实现目标的成本，从而提高资金的使用效率。对政府财政行为的考核除了成本—收益分析法以外，还存在最低费用选择法与公共服务定价法，它们作为成本—收益分析法的补充，能很好地对政府财政支出行为进行评价，发达国家都是综合运用几种方法。我们认为，专项转移支付属于政府的财政支出部分，应采用一定的方法对其效益进行考核。鉴于我国法治化程度不高，社会发展情况复杂等现状，我们应当首先确定成本—收益分析法为专项资金使用效益的基本考核方法，待法治水平有显著提高后，再引入其他方法作为成本收益分析法的补充。为此，法律法规等规范性文件应该明确规定政府在进行专项转移支付前应拟定详细目标，综合考虑各种社会成本，考察转移支付方案的可行性。在资金使用过程中和使用完成后，监督部门应当依法及时运用成本—收益分析法对专项资金的使用效益进行评价，切实做好监督。

（3）确定考核程序。财政监督机构应当合理分工，完成资金使用情况的考核。具体而言，应建立专门的拨款委员会作为专项资金的审批单位，从源头上对资金的使用效果进行考核，详细分析各种社会成本与实现目标之间的关系，形成最优组合，尽量以最小成本实现预期目标。在专项资金的使用过程中以及使用完成后，拨款委员会、人大、审计以及财政等部门可以将事中考核与事后考核两种方式相结合，并灵活运用，进一步确保资金使用的效率性。

22.4　横向转移支付制度改革与优化

从西方发达国家的实践看，有两种形式的财政转移支付模式，即纵向模式和横向模式。纵向模式是由中央政府对地方政府的转移支付资金进行集中分配，即父子模式，大部分国家都采取纵向分配的模式；横向模式是由富裕地区直接向贫困地区进行转移支付，即兄弟模式，代表国家是德国。之前已提出，我国应探索建立纵向转移支付为主、横向转移支付为辅的模式。而目前我国的横向转移支付还处于探索阶段，未形成完善的制度体系。因此，建立横向转移支付制度势在必行。

22.4.1 建立横向转移支付制度的可行性

一是横向转移支付与纵向转移支付在本质上是相同的。横向模式和纵向模式在本质上都是通过"劫富济贫"，实现均等化的目标。纵向转移支付从根本上看是中央集中富裕地区的财政收入对贫困地区进行补助，中央政府是实施转移支付的主要载体；横向转移支付是富裕地区直接对贫困地区进行补助，富裕地区是实施转移支付的主要载体。二者的区别主要体现为中央所处的地位不同。此外，纵向模式体现了强制行为，横向模式体现了自愿行为。

二是能够缓解中央政府的压力，减少中央与地方政府间的利益冲突。我国现行转移支付模式属于纵向模式，中央政府对各省级政府实施财政补助，对缩小财力差距和支持经济建设等方面发挥了重要作用。但由于我国区域辽阔，在现行分税制下，县级政府收支缺口矛盾突出，这就要求中央对基层政府的情况如经济指标、测算数据等了如指掌。由于路径较长，中央通过纵向模式进行转移支付成本巨大，在转移支付方面会出现"中央失灵"的现象。此外，为了弥补横向失衡，中央需高度集中财力，但人为形成的较大的纵向失衡已经导致地方政府的抵触情绪，因此，如何缓解单一纵向模式的局限性，探索横向模式成为解决这一问题的重要出路。

三是富裕地区具备横向转移支付的条件。我国地区间财力水平差距较大，富裕地区有能力对贫困地区给予财政补助。同时，我国富裕地区和贫困地区经济联系日益紧密，劳动力、资本、技术要素的流动性加速，贫困地区的经济发展水平犹如"木桶理论"的短边，影响和制约着富裕地区的进一步发展。通过横向转移支付对贫困地区进行补助，能够提高贫困地区的公共服务水平和劳动者素质，增强富裕地区经济发展的支撑力，实现帕累托改进，促进整个社会效率水平的提高。实际上，我国已经进行过类似横向转移支付的财政实践，如富裕地区对贫困地区的对口支援工作，并积累了大量行之有效的经验和做法。

22.4.2 横向转移支付制度的目标

作为富裕地区支持贫困地区经济发展的重要手段，横向转移支付既要实现均等化的目标，还要增强富裕地区增加财政支出行为的激励。由于我国是单一制国家，地方政府之间进行横向转移支付时采取专项补助的方法会影响中央的宏观调控政策，因此，横向转移支付必须服从均等化目标。在具体实施中，为了增强富裕地区的积极性和主动性，富裕地区可以对财政补助的投向和范围做出原则性的要求，比如劳动力培训、教育等方面，确保在扶持贫困地区发展的同时，对富裕地区的经济发展起到促进作用，增强富裕地区财政支出行为的激励。横向转移支付制度属于新生事物，应采取渐进方式的原则，制度设立之初的规模宜小。

22.4.3 中国特色横向财政转移支付制度的内容体系

根据"共担、共享、共赢"原则，中国特色的横向财政转移支付架构体系应该包括：生态补偿、基本公共服务均等化、区域共同开发、灾害及突发事故救助、民族团结和特殊文化保护五大体系内容。其中，生态补偿、灾害及突发事故援助属于"共担"范畴；基本公共服务均等化、民族团结及特殊文化保护属于"共享"范畴；区域共同开发则属于"共赢"范畴。

1. 生态补偿类横向转移支付

追求人与自然的和谐发展，是人类社会实现可持续发展的必由之路。不过，近些年来，全球范围内沙尘暴、酸雨、雾霾等环境污染问题频繁出现，生态环境不断恶化，环境质量的下降触目惊心。在我国，水资源短缺和水质污染、资源盲目开发导致生态环境破坏严重，生物多样性减少，因此，经济福利增长的同时，生态环境和生存质量下降的威胁日益显著。

"欲求木之长，必固其本；欲求流之远，必浚其泉。"我国政府已经充分意识到环保工作的重要性，党的十八大报告中提出"大力推进生态文明建设""加大自然生态系统和环境保护力度"等重要论述。因此，面对严峻的环境形势，迫切需要建立和完善生态补偿类横向财政转移制度作为环境保护的切入点，通过中央与地方财政的有机配合，最终将生态环境的恶化从根本上得到遏制。

从生态补偿横向转移支付的主要内容来看，生态补偿是以保护生态环境、促进人与自然和谐为目的，根据生态系统服务价值、生态保护成本、发展机会成本，由生态受益者向生态保护责任者、生态建设者承担的经济损失而进行补偿的一种横向转移支付类型。从国情及环境保护实际形势出发，目前我国建立生态补偿类横向转移支付的重点领域有四个方面：自然保护区的生态补偿、重要生态功能区的生态补偿、矿产资源开发的生态补偿、流域水环境保护的生态补偿。

2. 基本公共服务均等化类横向转移支付

坚持把保障和改善民生放在优先位置，促进基本公共服务均等化。基于全国基本公共服务平均水平，此类横向转移支付的主要内容是通过区域间人力、物力、财力的转移，使得落后地区的基础教育、基础卫生和医疗、基本社会保障、基础公共设施水平达到全国平均水平。

3. 区域共同开发类横向转移支付

这类横向转移支付要求在补齐民生短板之后，通过产业帮扶和产业转移培育受援地的自我发展能力，属于区域共同开发类的横向转移支付。主要方式有：加快重大基础设施和优势产业项目建设、通过建设工业园区引导产业转移和产业融合。

4. 灾害及突发事故类横向转移支付

灾害发生后，救助灾民生命和为灾民提供基本生活保障，尽最大努力最大限度地减少灾区人员伤亡是这类横向转移支付最直接目的和基本内容。同时，由于灾区生存条件受到严重破坏，这就要求在救助灾民生命的同时，还要解决灾民的基本生存问题，为灾民提供基本的生活资料，包括发放救灾物品、搭建灾民临时住所等内容。

5. 民族团结及文化保护类横向转移支付

横向转移支付在发挥改善民生作用的同时，也赋予了促进民族团结、巩固和发展社

会主义民族关系等内容。同时，在民族帮扶过程中，对各具特色的民族文化进行保护和
弘扬。

22.4.4 横向财政转移支付制度实施机制

建立我国横向转移支付制度，既需要制度本身设计上的科学性、规范性和可行性；
同时也需要相关制度为横向转移支付制度地顺利实施创造条件。这主要包括以下方面：

1. 横向转移支付的组织体系

横向转移支付的组织体系主要解决两个问题：横向转移支付的运行方式以及保障该
运行方式的组织机构。

横向转移支付的运行方式是指横向转移支付是采取分类转移还是综合转移。当前各
类专业性的对口支援其实就是分类转移支付。鉴于我国地方财政管理水平，尤其是地方
基础性财政数据的缺失，建议先实行分类核算基础上的综合转移支付，待时机成熟时，
再实行专业化的分类横向转移支付。

为了方便监督和执行，以确保转移支付的规范化和法制化，需要建立专门管理横向
转移支付资金的组织机构，如德国和澳大利亚的"联邦拨款委员会"。借鉴国外成功的
管理经验，结合我国的国情，可以有两种设计方案。第一，建立一个专门的委员会，隶
属于全国人大常委会，负责横向转移支付的执行和检查。第二，在财政系统设置"转移
支付管理局"，负责实施纵向和横向的转移支付事宜，接受人大常委会和人大财经委的
监管。各省财政厅可照此设置"转移支付管理处"等专职机构。在促进区域协调发展
进程中，纵向和横向财政转移支付应有侧重和分工，否则将引致"越位"和"缺位"。
政权运转、边境安全、基础性公共设施、重大项目等事务应当由纵向财政转移支付解
决。横向财政转移支付最好限于"短期见效、权责分明、共赢互利、众志成城"等类
项目，如救灾援建、民生帮扶、共同开发、流域保护等。

2. 财政基础数据库建设

横向转移支付是利益的转移，为了保证在利益调整过程中能够体现秩序和谐，必须
建立在对各地收入能力和支出需求进行科学评估的基础上，这就需要依托现有财政部门
的信息化基础设施和应用系统，进一步做好数据和信息的标准化和规范化，实现财政信
息化建设的精细管理，这样支援方和受援方才能"心服口服"。

3. 横向财政转移支付的绩效考评与监督

基于激励和约束的双重考量，横向财政转移支付考核体系必须既体现公平，又兼顾
效率；既体现政治意图，又遵从经济规律。根据横向财政转移支付内容的层次性来进行
绩效考核，能做到激励有目的，约束有边界。

生态与环境补偿类横向转移支付应对受益方与付出方进行成本收益内在化考核，也
就是说环境受益方的边际成本和其边际收益必须相等，可以通过生态盈余或生态赤字来
检验；基本财力均等类横向转移支付应根据横向均等化原则实施考核，最有效的方法是
根据横向转移支付前后的基本公共服务差异系数或者变异系数来衡量。变异系数降低则
表示横向均等效果显著；灾害及突发事故救助类横向转移支付应坚持损失最小的考核原

则，鉴于其损失难以计量的特点，可以通过事发地区群众的满意率或人员伤亡率来横向对比；区域共同开发类横向转移支付则按照机会成本方法开展绩效考核，使得受援方经济增长的同时支援方经济增长不受损；民族团结和特殊文化保护类横向转移支付应遵从横向可比原则考核绩效，在自愿基础上对相同情况的省份进行比对，产生道德约束力和影响力。

另外，对每一笔基金的拨付使用要聘请第三方专业机构进行审计，重点审计基金的实际用途是否与申请用途相符，资金的使用效率如何，绿色项目产生的生态效益、社会效益是否达到预期等。建立一个严格的责任追究制度，在运作过程中，哪个环节出现问题，由谁负责，负什么责任，如何惩治，由谁来执行，谁来监督等，制度中都必须做出明确的规定。

4. 纵横转移支付制度的配合

政府间转移支付制度包括纵向转移支付和横向转移支付两种，它们在不同领域发挥着不同的作用，既不可替代又彼此互补。

总体来讲，纵向转移支付制度更加强调中央政府对地方政府的控制导向并兼具一定的均等化导向；横向转移支付制度则侧重地方公共服务的均等化导向和外部性的内部化导向。根据上述原则的分类，确定两种转移支付制度各自的专注领域，明确双方的职责分工，是完善我国转移支付制度的前提。

未来我国的横向转移支付制度要成为公共服务均等化和地区间外部性内部化的主要推动力。与我国现有的纵向转移支付制度一起构成我国纵横交错的转移支付体系，各司其职而又相互配合。

第四篇

收入分配与税收调节机制研究

第 23 章　分 导 论 四

23.1　研 究 动 因

经过 30 多年的改革开放，中国的收入分配失衡，分配差距扩大，越来越引起社会的普遍关注，税收直接参与国民收入的初次分配和再分配，在调节收入分配、平衡收入水平方面，可以发挥一定的作用。

23.1.1　起点：税收在收入分配中职能定位的普遍认同

税收在收入分配中具有重要的作用：初次分配中，间接税直接参与对原始收入的分配，并成为政府收入的主体，具有为政府组织收入的特征；再次分配中，直接税参与企业和家庭初次收入分配后的再分配，并构成政府转移支付的一部分，具有调节收入和再分配的功能。国内学者形成了一些共识，如普遍认为税收可以在收入分配制度改革中发挥更大的作用，缓解收入分配差距，促进收入分配公平。我国当前以间接税为主的税制结构对于调节收入分配有着"先天"的不足，个人所得税的不合理和财产税的不完善都在很大程度上恶化了收入分配公平的状况，因而许多学者都强调应通过宏观税负的调整、税制结构的完善、个人所得税制度的改革、财产税的健全和其他税种的配套改革来更好地发挥税收调节收入分配的作用。

23.1.2　深入：中国收入分配与税收调节制度改革

课题组认为在税收与收入分配问题上以下三个层面的相关问题需要深入的研究：

1. 收入分配与宏观税负的研究

合理的宏观税负水平是社会收入分配公平的基础，实现收入公平分配要求社会财富在国家、企业和居民个人之间进行合理分配，并进一步由不同的微观主体承担。

2. 收入分配与税制结构的研究

不同的税系、税类和税种对于收入分配具有不同的作用，因此基于收入公平分配目标，应优化中国税制结构并结合中国的经济、社会现实确定优化目标及其路径。

3. 收入分配与具体税种改革研究

结合公平导向的最优税制及各税种的特点，需要研究有利于收入分配的税制改革如何进行，包括：

（1）个人所得税制度究竟如何影响收入分配？中国个人所得税制度的累进性、免征额、平均税率以及征收模式这四个方面的具体作用机制如何？如何实施有利于调节收入分配的个人所得税制度的改革？

（2）以房产税、遗产税和赠与税为代表的财产税的改革方向如何？房产税改革如何推进？制度如何完善？遗产税和赠与税是否可行？开征的条件是哪些？

（3）以增值税为代表的间接税对收入分配的调节效应的分析，如何完善间接税制，降低累退性，促进收入公平分配？

（4）其他税种的配套改革。例如，发挥消费税的特殊调节作用，社会保障费改税的设计、实施及其影响，试行退籍税等。

23.2 基本内容

本篇主要解决以下三大主要问题：其一，从理论上构建收入公平分配的税收调节体系；其二，梳理中外收入分配税收政策及评价其运行效应；其三，研究中国收入分配税收调节体系的完善，具体包括税收负担的确定、税制结构的优化和税收制度（主要是个人所得税和房产税）的完善。重点的研究内容包括：

（1）收入分配与税制调节机制的互动分析：理论基础。本部分从收入的功能性分配出发，勾画收入分配与税收调节节点图，从理论上构建收入分配的税收调节体系。

（2）中国收入分配的税收调节机制：政策体系与效应评价。长期以来，我国税收均衡政策在促进收入公平分配方面发挥了重要作用，本部分从历史的角度对中国公平分配中的税收调节政策进行梳理，并从收入的功能性和规模性分配出发对税收调节政策的运行效应进行分析。

（3）国外收入分配的税收调节机制：经验与借鉴。本部分立足国外，梳理发达国家和发展中国公平分配的税收调节机制与制度变迁，并总结国外收入分配税收调节机制与制度的启示与借鉴意义。

（4）收入公平分配与中国税收制度优化：总体框架与具体思路。以收入的功能性分配为理论基础，以收入的规模性分配为技术支撑，提出中国税收调节机制优化的总体框架，并进一步细化为合理税收负担、优化税制结构、完善具体税种三个层次。

23.3 研究思路和方法

本篇根据"十二五"规划纲要、中国共产党十八大报告和十八届三中全会决定的精神，收集整理与本课题相关的各种理论研究成果，分析现行税收制度与收入分配相关的利弊，深入实际调查研究。本篇通过构建收入功能性分配的税收调节框架图，研究税收调节机制的着力点，夯实税收调节机制的基本理论，在此基础上对我国调节收入分配的税收政策进行系统梳理并评价政策效应，借鉴国际经验，构建税收制度优化的总体框架，并提出具体对策。研究的技术思路如图23-1所示。

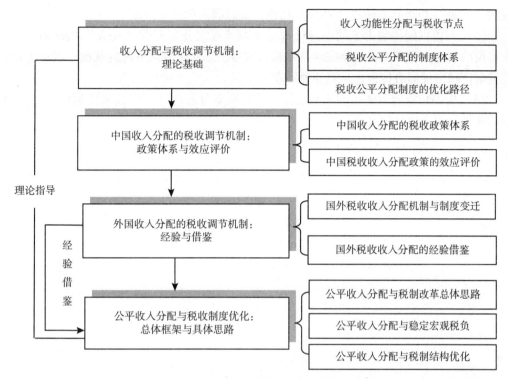

图 23-1 本子课题的技术思路

本篇将采用理论分析、实证研究、社会调查和总结归纳等方法进行研究。

（1）理论分析方法。以收入的功能性分配作为分析基点，明确税收调节机制的着力点，研究收入分配税收调节机制的基本理论，奠定本篇的研究基础，并构建税收收入分配的调节体系。

（2）归纳对比方法。无论是中国还是国外，税收的公平分配职能一直是税收政策设计的重要目标，也是税制改革的重要原因。历史服务现实，洋为中用。课题组将系统梳理国内外的基于公平分配的税收收入政策，并归纳总结政策经验，服务于我国税收政策的优化创新。

（3）实证分析方法。实证研究是本篇的研究重点，该方法主要应用于以下内容：税制结构优化、个人所得税改革的公平效应研究、房产税改革的公平效应研究等。

23.4 主要创新观点

通过研究，本篇提出以下创新性观点，并进行具体研究。

（1）从收入的功能性分配出发，结合收入流和税收节点，构建收入公平分配的税收收入制度体系。

（2）提出税制调节体系改革重点是在强化税收"拉中"功能的基础上，通过累进税的"限高"功能和流转税"补低"功能，促进收入的公平分配。

（3）当前以间接税为主的税制结构对于调节收入分配有着"先天"的缺陷，个人所得税的不健全和财产税的不完善都在很大程度上恶化了收入分配的状况，改革个税和完善财产税以提高直接税比重是税制改革的重点。

（4）中国税收调节体系的完善既要符合税制本身的优化逻辑，又要契合社会认同，同时要做好配套措施的完善。

第24章 研究综述

税收承担着收入分配的重要职能，这一点已是学界共识。在初次分配中，间接税直接参与对原始收入的分配，并成为政府收入的主体，具有为政府组织收入的特征；在再次分配中，直接税参与企业和家庭初次收入分配后的分配，并构成政府转移支付的一部分，具有调节收入的功能。国内外学者对于税收与收入分配的研究主要集中于三个方面：税收的公平分配作用、税收的公平导向与最优税制理论、收入公平分配与中国税制改革的政策实践。

24.1 关于税收公平分配作用的研究

大多数经济学家，如哈桑等（F. M. A. Hassan et al. , 1996）、兰伯特（Lambert, 2001）、克拉克和莱斯特（Clark and Leicester, 2004）、罗瓦利诺和沃尔（Robalino and Warr, 2006）、安东尼奥等（Antonio et al. , 2008），一直认同税收对于收入分配的重要作用。国外对于税收政策分配效应的评价以实证研究为主。皮曼（Peehman, 1972）、卡克瓦尼（Kakwani, 1977）、韦尔比斯特（Verbist, 2004）都对税收的累进性进行了研究，尤其是卡克瓦尼提出了评价税制累进程度的新指标——累进指数。阿尔蒂格和卡斯特罗姆（Altig and Carlstrom, 1996）、克鲁瓦和卢布拉诺（Croix and Lubrano, 2010）分别利用生命周期模型和两期世代交替模型研究税收的再分配作用。

我国学者，如郭庆旺（1995）、卢仁法（1996）、许建国（1998）、樊丽明（2000）等在税收分配的理论依据、作用原理等方面多有建树。近年来，大部分的学者承认税收在收入分配中的作用，但是就我国的现实情况而言，认为税收的公平效应并没有达到预期，需要在政策作用方向、政策设计等层面加以改善。安体富（2007）认为，我国收入分配格局是初次分配、再分配和第三部门共同作用的结果，而税收在这三次分配中均有其功能和机制：增值税、消费税等流转税种和资源税、土地使用税、房地产税、暴利税等可以在初次分配中发挥调节作用；企业所得税、个人所得税、准税性质的社会保障费等在收入再分配环节起作用，对收入分配有明显的调节功能；慈善活动或者事业是社会再分配的重要方式，即通常所说的第三部门分配。税收通过对第三部门设置捐赠所得税税前优惠，起到对此类活动的激励作用。高培勇（2010）指出，政府所能运用的调节过高收入的手段基本上就是税收，而现行税制体系下的税收显然胜任不了这样的使命，就整个税制体系的布局而言，税收调节过高收入的功能要同直接税而不是间接税相对接。吕冰洋（2010）认为，货物和劳务税在税负转嫁、税收增长和重复征税三个机制下，恶化了居民内部收入分配不公的局面。个人所得税对调节要素收入分配和居民收入分配差距作用有限。财产税近乎空白,对调节要素收入分配和居民收入分配基本不发挥作用。由此得出我国税制结构本身不利于调节收入分配、调节收入分配应该以强化财政转移性支出和创造就业为主的结论。岳希明(2014)认为,税收有显著的收入分配功能,在筹集财政收入的同时,可以恶化或者改善居民收入分配,并以税收累进(累退)性衡量税收的分配效应,结果显示:中国税制整体是累退的,个人所得税等累进性税收在一定程度上减弱了间接税的累退性,但因其规模较小,不足以完全抵消间接税的累退性。

近年来,学者们进一步研究了不同税类和税种的公平作用。刘怡和聂海峰(2004)利用城镇住户调查资料考察了中国增值税、消费税和营业税这三种主要的间接税对不同收入群体产生的税负进行了研究,发现我国的间接税税制恶化了收入分配。李绍荣和耿莹(2005)利用我国1997~2002年的数据发现流转税、所得税、资源税和财产税份额的增加会扩大资本所有者和劳动所有者市场收入分配差距,而特定目的税类和行为税类份额的增加则会缩小二者间的差距。金戈(2010)将Barro模型关于内生公共支出的基本特征引入Chamley模型,考察了经济增长中的最优税收与公共支出结构问题,对中国的最优宏观税负水平进行了估计。岳树民、李静(2011)对我国劳动、资本和消费的税负水平及结构进行比较分析,认为从形成合理税制结构并促进经济社会协调发展的角度,应适当提高劳动税负,调整消费税负结构,并降低资本要素的税负。周克清和毛锐(2014)的实证研究表明,货劳税和所得税对收入分配差距具有明显的逆向调节作用,货劳税尤甚;而财产税和其他税对收入分配差距具有正向调节作用,但统计上并不显著。

除关于税类的研究外,已有的研究也充分重视增值税、消费税、个人所得税等不同税种的收入分配效应。聂海峰和刘怡(2009)通过实证得出增值税具有累退性。彭海燕(2007,2010)考察了个人所得税不同类型税类的累进性,并进一步分解了工资薪金所得税的累进性;童锦治、周竺竺(2011)通过分解K指数分别得出直接税和间接税税率、税基对税收累进的贡献率。万莹(2012)得出营业税表现出稳定的累进性的结论。赵颖、王亚丽(2012)通过分析微观数据指出增值税和营业税对低收入者的负面影响均较大,且消费项目间调节的差异较为明显。孟莹莹(2014)的实证研究指出,从总体上看中国的消费税从2007年开始具有累进性,对收入分配起到正向的调节作用。

学者们尤其高度关注我国个人所得税的收入分配效应。周亚等(2006)通过模型提供了一个个人所得税收入分配效应的规范分析框架;王亚芬和肖晓飞(2007)认为,2002年以来个人所得税逐渐发挥对收入分配差距的调节作用。万莹(2011)从税收累进性和平均税率两个方面对我国个人所得税的再分配效应进行解析。岳希明、徐静(2012)利用MT指数对调整后的居民进行税收公平效应的分解。徐建炜、马荣光、李实(2013)认为我国个人所得税与发达国家相比,累进性较高但平均税率较低,导致个税政策调节收入分配的作用有限。2006~2011年的三次免征额提高和税率级次调整提升了个税的累进性,但同时降低了平均税率,恶化了个税的收入分配效应。白景明(2014)认为,个人所得税的主要征税对象是城镇居民,一直以来的个税改革取向和实现结果是降低了中低收入者的税收负担，加大了对高收入者的税收调节力度，这样的改革对促进收入分配有一定的积极影响。高亚军（2015）对我国个人所得税调节居民收入分配的有效性进行了微观模拟，得到不同税率、不同课征模式下的个人所得税后基尼系数都小于税前的结论，其中以综合课征模式下的调节作用最明显，证明个人所得税对调节居民收入分配有一定作用。更进一步，刘小川等（2008）、郭庆旺和吕冰洋（2011）研究了税收对不同所得的分配效应；岳树民等（2011）利用抽样调查数据计算了税率结构和免征额对个人所得税累进性的贡献程度。

24.2　税收的公平导向与最优税制理论

税收制度是国家经济管理制度的重要组成部分。随着一国经济运行状况、经济管理制度、管理方法的变化，税收制度也要相应变化。一般地说，税制改革是通过税制设计和税制结构的边际改变来增进福利的过程。桑福德（Sandford，1993）认为，应把税制改革看成是现行税制的重大变化，目标不仅仅是为了实现财政收入，而且还包括改善公平、提高经济效益。

20 世纪 50 年代和 60 年代，居主导地位的理论是公平课税论。公平课税论最初起源于西蒙斯（Simons，1938）的研究成果，他强调个人自由是基本价值观，然后才是公平。他根据黑格（Haig，1921）和尚兹（Schanz，1896）的研究成果构建出了综合所得和综合税基概念，倡导课征累进的个人直接税。到了 20 世纪 70 年代，最优课税论逐渐形成。其中公平分配是最优税收的重要判断标准之一。关于最优商品税，拉姆齐（Ramsey，1927）首先对这一理论做了开创性的研究，提出了拉姆齐法则。为了解决拉姆齐模型没有考虑到劳动力供给问题，科莱特和阿格（Corlett and Hague，1953）认为在不能对闲暇直接征税的情况下，为减少征税导致的额外损失，应对与闲暇互补的商品征收较高的税率，对与闲暇互替的商品征收较低的税率。鲍莫尔和布拉德福德（Baumol and Bradford，1970）在拉姆齐模型的基础上引入需求弹性，认为为使得征税让各种商品减少的比例相等，就需要对需求弹性大的商品征低税，对需求弹性小的商品征高税。黛蒙德和莫里斯（Diamond and Mirrlees，1971）又进行了进一步的修正，假定家庭偏好不同，将不平等经济分析纳入研究框架。

最优商品税偏重于效率原则，最优所得税则侧重于从公平角度进行分析。埃奇沃思（Edgeworth，1897）以边沁福利学说为基础，认为最优税收的目标就是社会福利最大化。莫里斯（Mirrlees，1971）在一系列的假定条件下得出了最优非线性所得税，即非线性所得税边际税率设计的倒"U"型理论。

国内学者在最优税收理论方面的也进行了研究。平新乔（2001）讨论了拉姆齐规则与该规则在 70 年代初的推广与引申，并认为这一规则对于我国改善收入分配和资源配置税收改革具有非常重要的意义。邹恒甫和龚六堂（2005）在现存最优税收理论研究的基础上把讨论框架推广到多级政府，在特殊的效用函数和生产函数下给出了最优税收的显示解。

24.3 收入公平分配与中国税制改革的政策实践

随着我国市场经济改革的不断深化与发展，居民收入差距不断拉大，税收分配效应的研究成为热点问题，国内学者做了大量丰富的研究，尤其是在结合中国税制的现状探索税制改革层面取得了丰硕的研究成果，并形成了一些共识。

朱青（2007）明确提出应当更加注重税制的公平性。朱为群、曾军平（2013）认为税制的顶层架构须以公平正义原则为统帅和灵魂，应凸显税收在目的和程序上的正当性。

胡鞍钢（2002）、财政部科研所课题组（2003）、刘尚希（2004）、高培勇（2005）、安体富（2006）、汤贡亮（2007）、王小鲁（2007）、阮宜胜（2008）、阎坤和程瑜（2010）、童锦治等（2011）、卢洪友和熊艳（2014），从财税理论的视角审视了税收入再分配功能弱化的原因，并提出调节收入分配差距的政策建议。

学者们如普遍认为当前以间接税为主的税制结构对于调节收入分配有着"先天"的缺陷，恰当的税制结构调整对社会公平的影响更大（钱晟，2001；周文兴，2005；贾康，2008）。国家税务总局课题组（2009）认为我国税制中货物与劳务税比重偏高；所得税偏低，特别是个人所得税比重偏低，不利于发挥税收调节收入分配的功能。税制改革的方向应是合理调整直接税和间接税比例，适度提高所得税、持有环节财产税收入的比重。李华和任龙洋（2012）的研究则表明，在一定范围内继续提高直接税与间接税的比重，有利于实现经济增长与社会公平的双重目标。张斌（2013）提出"优化税制结构、提高直接税比重"为主要内容，实现直接税与间接税的均衡布局，建立融收入与调节、稳定功能于一身的"功能齐全"的税制改革目标。高培勇（2014）结合党的十八届三中全会，提出税制改革第一层次是逐步提高直接税比重；第二层次逐步降低间接税比重；第三层次完善地方税体系改革路线图。李春根和徐建斌（2015）利用地级市城市数据和个体层面微观数据，实证考察税制结构与居民再分配需求的关系。研究发现，税制结构与居民的再分配需求显著相关，城市的间接税比例越高，居民的再分配需求越高。因此，要减轻我国严重的财政幻觉效应，优化税制结构是当前财税体制改革的重要方向。

针对税收收入分配功能弱化的问题，广大学者在制度完善方面都强调通过个税制度改革、财产税的完善和其他税种的配套改革能更好地发挥税收调节收入分配的作用，众多学者分别从个人所得税的职能、财产税的完善、财政政策理性的角度提出调节收入分配差距的政策建议。

第 25 章 收入分配与税收调节机制：理论基础

收入分配应该按照价值创造的贡献大小多少进行，体现了分配的经济属性。但是税收参与收入分配并不依赖于价值贡献，而是依赖于法律和权力，因此税收参与收入分配更多地体现了社会属性，更加注重社会需要。

25.1 收入功能性分配与税收调节机理

收入功能性分配是社会再生产和社会消费的基础，收入功能性分配决定社会收入分配的基本状况。税收调节参与社会财富的再分配，影响和调节社会收入分配的结果。

25.1.1 收入功能性分配原理

在市场经济体制下，生产要素在价值创造中的贡献处于支配地位，各种生产要素在价值创造中的贡献和地位决定了收入分配中的地位。收入功能性分配原理也是生产要素分配权的原理。

25.1.1.1 收入功能性分配的概念

收入功能性分配也称收入要素分配，即以各种生产要素如土地、资本和劳动为主体，根据在产品生产中发挥的作用或做出的贡献，对国民收入所进行的分配。研究收入功能性分配主要在于分析各种要素对生产的贡献与其所得之间的关系是否合理。

25.1.1.2 古典政治经济学和新古典经济学中关于收入功能性分配的理论

古典政治经济学把经济活动分为生产、交换、分配和消费四大部分，分配问题占有重要地位。在古典政治经济学家大卫·李嘉图看来，确立支配这种分配的法则，乃是政治经济学的主要问题。古典政治经济学家大多是从收入功能性比例的视角来研究收入分配问题的。

历史上最早研究收入功能性分配的经济学家是亚当·斯密。斯密把全部收入划分为工资、利润和地租。工资收入的性质是劳动收入，利润和地租收入的性质是资本收入。继亚当·斯密之后，李嘉图、马克思等经济学家都坚持从收入功能性角度研究收入分配。

李嘉图认为，经济产出将在资本、劳动和土地之间进行分配。这一分配原则在萨伊的"三位一体"公式中得到了较为完整的表述：由于资本、劳动和土地在生产过程中都提供了"生产性服务",因此利息、工资和地租就自然成为三者提供服务的报酬。至于它们之间的比例关系,则一直到新古典经济学才在理论上加以说明。根据边际生产力理论,各要素回报的大小取决于其在生产过程中所做贡献的大小。在完全竞争和规模报酬不变的假设条件下,所有要素获得的报酬总和恰好等于社会总产出,并且它们在总产出中的相对份额由生产函数中的不变参数唯一确定(如柯布—道格拉斯生产函数中的产出弹性 α)。这样一来,功能性分配问题就转化成了市场结构和生产函数的选择问题,是劳动与资本之外的变量。实际上,生产要素本身的相互关系与功能性分配的结果密不可分。

按照上述这样一种定义,功能性收入可以分为劳动所得的工资、土地所得的地租以及资本所得的利润等。与以个人收入为视角研究的是个人的收入差距不同,收入功能性分配研究的是国民收入在工资、地租和利润等之间的分配。收入功能性分配是古典政治经济学和新古典经济学研究收入分配问题时的考察对象,正因为如此,对于收入功能性分配的研究事实上反映了不同经济学流派关于收入分配问题的基本观点。

1. 工资理论

几乎所有的古典经济学家都认为工资是"劳动的价格"。李嘉图和斯密对这个概念还有自然价格和市场价格之分,正如他们认为商品的价格有自然价格与市场价格的区分一样。他们所理解的劳动的"自然价格",实际上是劳动力价值。在李嘉图看来,"劳动的自然价格是让劳动者大体上能够活下去并不增不减地延续其后裔所必需的价格",具体地说,"劳动的自然价格取决于劳动者维持其自身与其家庭所需的食物、必需品和享用品的价格"。[①] 配第(Petty)认为,工资是劳动者为了"生存、劳动和传宗接代"所必需的东西决定的。斯密认识到雇主同工人在工资问题上的冲突。同时他说,在这个冲突中雇主占有优势,但即使有这个优势,工资不可能长期降到一个特定的比率之下,可见,古典经济学家的自然工资实际上是一种最低限度工资,最低限度工资是古典分配理论的基础之一。

在李嘉图看来,劳动的市场价格是"按供求比例的自然作用实际支付的价格",[②]它可能偏离自然价格,但无论偏离多远,都有符合自然价格的趋势。如果劳动的市场价格低于其自然价格,劳动者的境况就相当困难;相反,则处于幸福状态。

在对待工资水平的问题上,早晚期古典经济学家的意见是不一致的。配第认为,工资只应等于维持工人生活必需的生活资料的价值,超过这个限度,如果工资越高,工人的劳动时间就会比他所能劳动的时间要少,这样就会损失劳动所创造的产品。

但是斯密与配第截然相反,李嘉图十分正确地指出:"决不能把大多数人生活状况的改善,看作是对整个社会不利,当绝大部分的社会成员处于贫困和困苦时,没有哪一个社会能够确实兴旺发达。此外,只有那些为整个社会提供食物、衣物和住所的人也能够从自己劳动所得中获得属于他们自己的那一份,并使他们自己可以维持下去的食物、

①② [英]大卫·李嘉图:《政治经济学及赋税原理》,光明日报出版社 2009 年版。

衣物和住所时，才算得上公平。"① 他认为，丰厚的劳动报酬能够为工人的子女提供较好的成长环境，是对勤奋工作的鼓励，有利于提高劳动生产率。同时，斯密也指出了工资的上升是财富不断增长的结果，在他看来，收入和资本的增长就是国民财富的增长，国民财富的增长会自然地增加对以工资为生的人的需要。

斯密对工资的性质和来源还有一种正确理解，这是他正确坚持了劳动价值论的结果，使他为剩余价值理论的创立奠定了科学基础。他说："劳动的产品构成劳动的自然报酬或自然工资。"② 在土地私有和资本积累的原始社会状态下，劳动的全部产品归劳动者所有，没有地主，也没有雇主同他分享他的劳动所得。一旦土地变为私有财产，地主就要求从劳动者收获的全部产品中分得一份，于是地租是从耕种土地的劳动者所得中的第一次扣除；而当种田者的生活费需要资本所有人预支时，后者就会要求分享前者的劳动所得，这时，利润就是："从耕种土地的劳动者所得中的第二次扣除"；经过以上扣除，工资就只能是工人的劳动生产物价值的一部分了。由于认识到地租和利润都是对劳动者生产的产品及其价值的扣除，这表明了剩余价值是由劳动者的剩余劳动创造的，说明斯密实际上掌握了剩余价值的真正来源。

2. 地租理论

按照配第的观点，地租实际上来源于工人的剩余劳动，上面斯密关于地租所谓的第一次扣除也属于这种对地租来源的正确认识。斯密有时也认为地租部分来源于大自然和役畜。这显然是错误的认识，即把人的劳动和役畜、大自然的作用等同起来，但斯密同时又有这样一种正确的认识，"地租作为为了使用土地而支付的代价，自然是一种垄断价格"，③ 同时把地租归结为剩余，这种剩余也就是农产品的市场价格足以补偿所运用的资本及一般利润后的余额，这里，斯密已经感觉到土地所有权的垄断是资本主义地租产生的直接原因，马克思对此曾经给予了肯定的评价。

在魁奈（Quesnay）那里，土地所有者的收入即地租，在数量上为纯产品的一部分，被认为来源于大自然的赐予。李嘉图纠正了斯密关于地租观点中的错误部分，同时与魁奈相反，他认为地租的产生不是大自然的恩赐，而是由于大自然的太吝啬。在地租理论上，李嘉图最接近的前辈是安德森（Anderson），前者接受了后者关于地租不是土地绝对肥沃的结果，而是相对肥沃结果的观点。他说："在土地很丰富，生产力很高而土地又很肥沃的时候，它并不会提供地租。地租总是由于使用两份等量资本和劳动而获得的产品之间的差额。"④ 在李嘉图看来，在竞争作用下，资本的利润率是统一的，在投入等量资本情况下，不同等级的土地之间产量的差额会形成地租，但是被耕种的质量最差的土地没有地租。如果只有大量的最肥沃的一等土地被耕种，这时不会有地租；当由于人口的增加，需要耕种二等地时，一等地便开始有了地租，地租等于一等地和二等地之间产量的差额；当三等地投入耕种时，一等地的地租便要增加，二等地开始产生地租；同理，如果在同一块土地上追加与上次数量相等的投资，第一次使用的资本要支付地

---

① ［英］埃蒙·巴特勒：《解读亚当·斯密》，陕西人民出版社 2009 年版。
②③ ［英］亚当·斯密：《国富论》，中央编译出版社 2012 年版。
④ ［英］大卫·李嘉图：《政治经济学及赋税原理》，光明日报出版社 2009 年版。

租，其数额等于追加投资前后土地产量的差额，而第二次投入的资本不支付地租。

李嘉图认为农产品相对价值提高的原因是因为最后投入的土地所生产的产品耗费了更多的劳动，也就是说是因为价值提高，而不是因为向地主支付了地租，他强调，地租绝不是谷物价格的组成部分，谷物价格的昂贵不是因为支付了地租，但支付地租却是因为谷物价格昂贵。斯密虽然认为地租是谷物价格的组成部分，对这种认识李嘉图是不赞同的，但是如果谷物价格昂贵会导致支付地租，这一点他会同意李嘉图的看法，因为斯密说过："地租构成商品价格的方式与工资和利润不同，工资和利润的高低，是价格高低的原因；而地租的高低，则是价格高低的结果。"① 由于没有深刻认识到由劳动决定的价值的变动是价格变动的根本原因，斯密以供需关系决定价格的原理解释土地产品的价格高低，认为能不能提供地租要看市场供需形成的价格是否高于自然价格。李嘉图将农产品的价值（以及工业品的价值），看作是由最不利的条件下所耗费的劳动时间决定的；优等和中等土地生产同样的农产品耗费了较少的劳动，从而个别价值较低，但是它们要按劣等土地农产品的价值（社会价值）出售，这样个别价值与社会价值形成一个差额，这个差额实际上就是农业资本家的超额利润，在竞争的作用下，转化为地租。

需要指出的是，李嘉图的地租理论存在一些缺陷。总体来讲，由于李嘉图的地租理论以劳动价值论为基础，反映了平均利润率规律的要求，较为科学地分析了级差地租产生的自然基础和价值来源，因而成为古典地租理论中的典范。

3. 利润理论

李嘉图的利润理论以他的劳动价值论和地租理论为基础。他始终认为，谷物价格是"由使用不付地租的那份资本生产谷物所需的劳动量决定的，一切工业制品的价格都随商品生产所需的劳动量而涨落"②，他将商品的价值仅分成两个部分：一部分构成资本利润；另一部分构成劳动工资。可以看出，李嘉图认为利润来源于工人的剩余劳动创造的剩余价值。

李嘉图对分配问题的研究，核心集中在利润率变动规律上。他认为只有利润的增长才会增加资本积累，从而促进经济的增长。他研究收入分配的规律，目的就是要探索收入分配对资本从而对经济增长的影响，进而提出改善收入分配、促进经济增长的政策措施。通过论证，李嘉图认为利润率的自然趋势和利润在收入分配中的相对份额是下降的。他对这一问题的分析，依据了马尔萨斯的人口原理和他的级差地租原理，并假设边际耕种土地的收益递减，生存工资率保持不变以及资本与劳动的比率不变。

在他的《论低价谷物对利润的影响》（1815）中，李嘉图设计了一个单一产品的谷物模型说明利润率和收入分配相对份额的变动趋势。后来，李嘉图在他的《政治经济学及赋税原理》中，进一步论述了利润率的下降趋势和利润与工资、地租的对立。在他看来，工资提高不会提高商品价格，但是利润必然会降低。工资的货币价格会随着生活必需品价格（主要是食物价格）的提高而提高。由于在边际耕种土地上的劳动生产率会

① ［英］亚当·斯密：《国富论》，中央编译出版社 2012 年版。
② ［英］大卫·李嘉图：《政治经济学及赋税原理》，光明日报出版社 2009 年版。

越来越低，因此，由社会进步所推动的必需的食品增加量要通过牺牲越来越多的劳动才能获得。由于商品价格决定于生产商品所耗费的劳动量，因此社会的进步必然伴随农产品价值的增加和货币工资的提高（但是工人个人的实际工资保持不变甚至还要下降），地租将具有更大的价值和代表更大的收入分配份额，谷物价值的提高不会增加资本的利润，工资的分配份额也会增加，分配比例唯一降低的是利润；因此，"唯一真正的受益者是地主"。

25.1.1.3　收入功能性分配与收入规模性分配的转换

收入分配一直是经济学研究关注的核心领域。李嘉图认为："确立收入分配的法则是政治经济学的主要问题。"直至 20 世纪中期，马克思主义、新古典主义和后凯恩斯主义理论都建立了各自的要素分配理论来解释现实中的工资和利润的比例关系。新古典主义理论在这场论战中取得了决定性的胜利，这一方面得益于新古典强调要素报酬由其边际生产力决定的边际主义分析工具，另一方面得益于新古典的柯布—道格拉斯生产函数对劳动收入份额稳定性的完美解释。新古典的边际主义解释以及劳动收入份额的稳定性几乎熄灭了经济学家对收入功能性分配的研究热情。

然而，经济学家们发现劳动收入份额虽如光速般恒定不变，收入不平等现象却并未因此消除。因此，20 世纪中期以后，经济学家的注意力由收入功能性分配转向收入规模性分配，即由研究资本和劳动要素间的分配问题转向研究不同个体间的收入分配问题。对个体收入分配的研究，理论上主要探讨个体收入分配的微观决定机制以及个体分配对宏观经济增长的影响，实证上则更多关注收入不平等指标的度量和分解。

后来，由于在 20 世纪中后期劳动收入份额出现了全球性的下降，同时新兴市场国家如中国的劳动收入份额也呈显著下降趋势，这使当前收入分配的研究再度成为热点，经济学家们不仅仅关注个体收入不平等，也关心收入要素分配变动情况，即有关功能性收入分配的研究再度成为时下热门的主题。

本章所研究的税收调节收入分配是从功能性收入分配角度，研究国家如何运用税收手段调节居民个人之间的收入分配，以实现分配的公平和公正的目标。

25.1.2　税收调节机理原理

在市场经济体制下，市场机制自发的发挥作用，资本的积聚和积累必然导致收入分配的巨大差距，市场变形损失更加扩大了差距的鸿沟。税收在参与收入分配过程中，自然会发挥调节收入分配的功能。

25.1.2.1　福利经济学的公平分配理论

很久以来，福利经济学一直被一种特殊的方法即功利主义所统治，功利主义在许多方面成为"正统的"传统经济学。福利经济学以寻求最大化的社会经济福利为目标，研究如何进行社会资源配置以提高效率、达到最优状态以及如何分配国民收入以实现公平、增进社会福利。因此可以说，福利经济学是研究一个经济体如何实现公平与效率并在这两者之间如何进行权衡选择的一门学科。它是从福利的观点出发对整个经济体系的运行进行评价。

福利经济学的思想渊源可以追溯到亚当·斯密。在如何处理个人与集体的关系时，斯密认为，人们在追求个人利益时是与社会的集体利益相协调的，个人往往在追求自己利益的同时，社会的利益会在这个过程中也不自觉的增加。福利经济学的代表人物霍布森（Hobson）认为，传统经济学对于现实中有不平等现象的收入分配问题关注的并不深入，而是把过多的精力放在了研究在竞争制度中价格控制和收入控制方面。经济学应当是以研究如何增进社会福利为中心任务，发掘收入分配所要依据的原则，并适时提出相应改进收入分配的方法。同样作为福利经济学代表人物为边沁（Bentham）和穆勒（Moorer）主张，经济应该是自由放任的，政府不能够去主动干预经济的发展，政府要做到的只是要起到"守夜人"的作用就可以了。同样，他们也认为组成了整个社会的是个人，公共利益的最终实现，主要的还是个人在自由的追求自己的利益时不自觉的产生的，这样不仅社会利益得以实现，整个社会的大多数人也将得到最大的幸福。

庇古认为，国民收入的形成和使用影响了一个国家的经济福利。国民收入的形成和使用也就是生产资源的配置和分配问题。要想增进社会经济福利，就要实现资源的最优配置和收入的均等化。对于社会资源的配置问题，庇古认为要必须在各个生产部门之间实现社会生产资源的最优配置，充分发挥利用生产资源的经济效率，从而最大限度地增加国民产量，增大社会的经济福利。而对于国民收入分配问题，庇古利用边际效用的方法阐述了给穷人增加一单位货币收入所带来的满足程度要大于富人，因此，如果将富人的一部分收入转移给穷人将会使整个社会的福利增大；因此，在不减少国民收入的前提下，一个社会的经济福利将会因为穷人在国民收入中所占有的绝对份额的增加而增加。庇古还认为，国家有必要干预国民收入的分配，通过对富人征税，然后再以转移支付的方式将这部分收入分配给穷人，从而实现收入的均等化。转移支付的方式有直接转移和间接转移两种，直接转移主要是通过一些社会保险和社会服务设施，向穷人提供免费的教育、医疗等，间接转移主要通过补贴等方式来减轻穷人的负担，通过收入的转移来增加穷人的实际所得。

因此，福利经济学始终认为必须使得社会福利最大化，但是在实现的过程中有所差异。从开始的政府作为单纯的守夜人，到后来的要求国家干预国民收入的分配，并通过征税措施来调节收入的分配，这无疑是一大进步。特别是庇古的主张，即要通过对富人先征税，然后还要通过转移支付的方式来帮助穷人，这可以说是要充分发挥税收在调节收入分配差距方面的主张，对此很有借鉴意义。

25.1.2.2 罗尔斯主义的公平分配理论

罗尔斯（Rawls）的社会正义分配理论是基于一种社会道德伦理或正义原则，通过社会正义制度的安排和规范调节来实现公平分配的理论，他的公平观也成为收入分配公平观。

罗尔斯提出，除非任何价值的不平等分配对每个人都是有利的，那么，所有社会价值，包括自由与社会、收入与财富以及自尊的基础等，都应平等的分配。① 公正所能采取的一种形式是要求社会安排应该反映在假想的原始平等状态下达到的决策，在这种状态中，社会基本结构的性质可能是经过协商一致同意的，无须每个人都知道自己在该社会实际会成为什么样子。在描述可能达到的某种公平结构时，罗尔斯采用了两个原则：第一原则是权利优先原则；第二原则是差异原则。第一个原则是为了保护个人的基本权利，如自由表达权、迁徙权、政治参与权等等服从于第一原则，第二个原则实际上是对第一原则的补充。差异原则认为，社会分配应维护社会中境况最差的人的利益。差异原则应该将保障社会最低阶层的利益放在首要的位置。罗尔斯理论不仅强调了平等的自由权利，而且对经济领域财富和收入的分配加以重视，他认为财富和收入的分配必须符合公民自由权和机会平等。罗尔斯主张通过收入再分配的手段来解决不平等问题，政府应通过对高收入者征税，并把这种收入通过再分配的方式转到低收入者，从而使他们的效用最大化。罗尔斯承认，公民在社会和经济利益方面要实现完全平等是不可能的，他的主要目的还是在于通过以正义公平的观点来推动社会进步。

罗尔斯强调，在市场经济条件下，首先要做到每个人的公平，同时又要保障每个人的自由，因此势必会由于个人天赋等原因造成经济的不平等。这样对国民收入的分配就会受到关注，此时罗尔斯提出了国家调节和市场分配机制两种方法，即通过市场机制来调节最初的收入分配，利用国家的经济政策以及一些行政措施来调节再分配，而国家的经济政策最好的莫过于利用税收来调节收入分配。

25.1.2.3　市场失灵要求政府利用税收调节收入分配

在现实的经济社会中，由于垄断、外部性、信息不对称和公共产品等市场失灵因素的客观存在，帕累托最优状态在现实条件下不易实现。然而，即使达到了帕累托最优，也不一定就是社会所需要的状态，因为帕累托最优只是效率达到了最大，除了效率，社会同样需要公平，而市场往往不能够同时兼顾公平和效率。在大多数社会中，财富分配是不平均的，大约八成的财富被仅仅二成的人口控制着。帕累托认为，竞争的市场并不一定能使得大多数人得到最大的满足以及社会的各种资源得到最公平合理的利用。然而，往往政府为了提高效率，就以牺牲公平和扩大收入差距为代价，换取较高的经济增长速度，最终导致了社会两极分化严重，公平与效率这两大社会发展目标矛盾，进而恶化了经济发展的社会环境，导致效率的下降。所以，要想完全由市场竞争来决定收入和财富的分配不可能产生最合理的分配，这时就需要政府的介入。当前政府调节经济的理论是站在市场失灵的角度上提出来的，因为正是由于市场存在许多领域无效或者缺乏效率，政府的介入和调节才有了必要性和合理性的依据。

在福利经济学看来，经济学以如何增进社会福利为任务，只有通过提高消费者的效用才能够增进社会福利。而社会福利是一个抽象的概念，它体现着人们购买的商品、社

---

① 张馨等：《当代财政与财政学主流》，东北财经大学出版社 2000 年版，第 212～213 页。

会提供的要素，以及其他相关的变量函数，也就是社会福利的数值，它是所有社会成员的效用水平的函数，取决于影响福利水平的所有经济变量。但同时阿罗不可能性定理指出：在个人偏好不一致的条件下，在此基础上建立起来的社会偏好不可能和社会所有成员的偏好相一致，即不可能建立一种社会福利函数而使得彼此每一个人的偏好都相一致。故而所谓的社会福利最大化，只是总体上相对而言，并不是指能够使得每一个社会成员的效用都能够达到最大化。这是因为社会福利涉及效率与平等两个问题，而效率源自于竞争，不通过有效的竞争，人们就无法得到想要的收入，反过来，人们为了得到理想的收入，就会更加的在努力竞争中取胜。通过有效的竞争，效率就会得到提高，从而使得社会的发展速度和财富的增长速度得到提升，进而使得社会不断的前进。但是，竞争就会产生优胜劣汰的现象，在市场机制下，原始资本是收入积累的重要保障，充裕的原始资本积累会使得收入越积越多，而被淘汰的人们由于资本的缺失就会使得收入越来越少，发生这种不合理的现象，就会使人们怀疑竞争的可行性，因为这与人们期望的收入均等化是相背而驰的。

由此看来，公平和效率始终是市场经济中存在的一对矛盾，它不会因为生产力的发展而得到解决，因此在现实中，就需要政府通过税收来调节了。

25.1.3　收入分配与税收调节的关系

收入功能性分配是自发的、客观的过程，导致收入分配差距的扩大。税收调节是认为的、主观的干预收入分配的过程，两者在收入分配的博弈中必然发生一定的联系和矛盾。

25.1.3.1　税收调节工具是收入分配的重要手段

调节经济功能是税收的基本职能之一，因此税收也就成为国家调控经济的重要手段，政府将税收作为调控的工具。税收调控具有广泛性、针对性和刚性的特征，它主要通过改变税收负担水平和改变税率结构进行调节，即政府可以通过税种的设置，对税种在税目、税率、减免税等方面做出规定等方法来有效的调节经济运行过程中产生的社会物质利益的分配关系，从而达到社会经济平稳健康发展的预期目标。税收调控的有效实施是根据税收法律法规进行的，它既是政府宏观调控重要手段，也是政府根据社会经济运行情况所进行的自觉调控，因此就具有了明显的规范性和强制性特征。

政府为了履行经济职能，必须充分发挥税收调节收入分配的功能，因为为了保障市场经济能够有效的运行，就需要公平的收入分配结构作为保证。而税收调节收入分配又是由税收所固有的内在职能性质所决定的。税收的基本职能中有公平收入分配职能、组织财政收入职能，其中，对收入分配能够起到直接调节作用的功能是公平收入分配职能，而组织财政收入职能对收入分配的调节主要是间接方面的调节，它通过转移财政支付、提供社会保障等其他再分配手段，来提供有效的财力支持和保证。因此，税收政策调节收入分配是政府开展经济工作的重要工具，因为政府可以通过其来矫正市场失灵等问题，同时对于调节市场分配同样起着非常重要的作用。

25.1.3.2　税收公平理论

最早提出税收公平原则的是古典政治学的创始人和财政学的先驱——英国学者威廉·配第（他当时称之为"税收标准"）。配第的税收公平思想散见于其所著的《赋税论》和《政治算术》两本书中。[①] 亚当·斯密在继承前人的税收思想基础上，第一次将税收原则提高到理论的高度，在《国富论》中明确而系统地提出了著名的税收四原则理论，并将税收平等原则作为首要原则。[②] 阿道夫·瓦格纳（Adolf Wagner）是西方税收原则理论的集大成者。[③] 瓦格纳税收公平理论不仅强调税收负担应当公平合理分配，而且第一次从社会公平的角度对税收政策进行研究，特别强调税收在执行社会政策中的重要作用。

20 世纪 30 年代以后，随着各种经济学流派及其税收理论的纷纷登台亮相，税收公平问题研究也取得了较大进展。其中，有突出贡献的学派或学者主要有两个：一是福利经济学创始人庇古及后来的学者，他们提出，在政府征税时，应以效率和公平这两项准则作为价值判断的标准。所谓公平准则包括两层含义：第一，横向公平，即对同等经济条件地位的人同等待遇，在税收方面，是指有同等支付能力的人同等纳税。第二，纵向公平，即对不等经济地位的人实行差别待遇，抑制经济地位高的人而照顾经济地位低的人，在税收方面，是指不同支付能力的人不等纳税，收入多者负担重，收入少者负担轻。二是当代著名的美国财政学者理查·A·穆斯格雷夫（Richard A. Musgrave）和皮吉·B·穆斯格雷夫（Peggy B. Musgrave），他们在《美国财政理论与实践》一书中提出了六条"合适的"税制要求，其中第一条就是要求公平税负。他们认为，税负的分配应是公平的，应使每个人支付他"合理的份额"。一方面他们对前人的税收公平研究成果进行了分析概括，另一方面，详尽考察了应如何运用受益原则和纳税能力原则作为公平的税收结构设计的指导思想，从而把税收公平问题的研究推向了更高峰。

要使税收既保持横向公平，又保持纵向公平，一个关键问题就是要确定以什么标准来衡量税收是否公平。对此，西方经济学界存在着两种主张：一种主张税收应遵循受益原则，即谁受益谁纳税。受益原则提出纳税人纳多少税应根据每个人从政府所提供的公共服务中获得的利益的多少来确定。享受利益多者多纳税，享受利益少者少纳税，不享受利益者不纳税。这条原则只能解决税收公平的一部分问题，而不能解决有关税收公平的所有问题。[④] 另一种主张税收应遵循支付能力原则，即按能力纳税。支付能力原则提出根据纳税人的纳税能力，判定其应纳多少税或其税负应为多少。纳税能力大者多纳税，纳税能力小者少纳税，无纳税能力者不纳税，这是迄今公认的比较合理也易于实行的标准，但是如何测度纳税能力的问题始终困扰着专家学者。收入、财产和消费都可以

---

① 威廉·配第：《配第经济著作选集》，商务印书馆 1981 年版。
② 亚当·斯密：《国民财富的性质和原因的研究》（下卷），商务印书馆 1974 年版。
③ 王传纶、高培勇：《当代西方财政经济理论》（下册），商务印书馆 1995 年版。
④ 黄桦：《税收学》，中国人民大学出版社 2007 年版。

作为测度纳税能力的尺度。三种衡量纳税人纳税能力的尺度来看，无论哪一种都难免带有片面性，实际上难以找到绝对准确且公允的测度纳税能力的尺度。

坚持税收公平原则，对在税收征纳中如何实现量能征税和应能征税、公平合理地进行税收分配、实现税收纵向公平具有现实意义。从公平原则出发，要发挥税收的调节收入分配功能，缩小贫富差距，在执法中体现公平、平等、合理，对各种纳税主体平等对待。[①] 虽然在不同的历史时期，不同的经济学家对税收公平的含义有不同的理解，但是有一点是相同的：税收公平原则被公认为是各国制订税收制度、推动税制改革的最基本的准则。

25.1.3.3 税收各要素调节收入分配的机理分析

税收的调节作用体现在社会大生产的各个环节，而税收对人们生活的影响则主要是通过调控收入分配来体现的。税收对收入分配的影响主要是通过对再分配的调节来实现的。而税收的调节作用主要通过所得税来实现，除此之外，还有准税性质的社会保障税等。

税收是国家财政收入的主要来源，国家通过财政支出来影响各经济主体发展的社会环境，如公共品的提供、基础设施的建设等等；税收的总体作用主要是通过税收制度的设计来体现的，税收制度在设计的过程中，税收调节收入再分配的目的都被充分考虑到，在实施的过程中，通过调节纳税人的收入，使得收入在不同人群中间进行再分配，进而影响社会生产和经济的发展，最终促进生产效率的提高以及社会的公平正义。

1. 税制结构的选择

不同的税制结构会使得纳税人的税负不同，而税负的不同会导致承担的成本有异，这样就导致税收负担在产业间、地区间的差异，从而市场的竞争就会导致优胜劣汰，导致最终收入分配的不公平；与此同时，不同的税种也会对收入分配产生不同的影响，所以对于税种的选择也是需要充分考虑的。比如说在所得税和消费税两者中，由于他们课征的对象不同，即所得税是根据所得总额、消费税是根据消费额课征税收，因此消费税相对于所得税而言，就会使得某些高收入者的承担相对较重的税负，从而最终会影响人们的相对收入。

假设存在某种所得税税率为 t，存在消费者甲，消费价格分别为 P_1 和 P_2 的商品 X_1 和 X_2，同时存在消费者乙，消费价格分别为 P_3 和 P_4 的商品 X_3 和 X_4。并假设两人有着相同的税前收入 M，那么其税前预算约束线分别是[②]：

$$P_1X_1 + P_2X_2 = M$$
$$P_3X_3 + P_4XX_4 = M$$

在对消费者甲、乙课征所得税后，其约束线就会分别变为：

$$P_1X_1 + P_2X_2 = M(1-t)$$

---

① 陈锷：《论个人所得税的公平原则》，载于《经济师》2009 年第 1 期，第 174、227 页。
② 马卫：《调控我国个人收入分配的税收政策研究》，山东大学，2008 年。

$$P_3X_3 + P_4X_4 = M(1-t)$$

具体的所得税效应如图 25 - 1 所示。

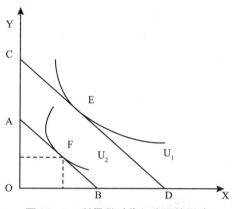

图 25 - 1 所得税对收入分配的影响

在图 25 - 1 中，当政府对两者都征收相同的税收的时候，预算约束线就会由 CD 移动到 AB，相应的两者的效用曲线也由 U₁ 变为 U₂，虽然两者的效用水平都降低了，但两者效用的相对水平没有变化。由此可见，所得税虽然使得收入从私人手里转移到了政府手中，但是并没有影响甲与乙两者的相对收入。

为了考察消费税的效应，假定对消费者甲消费课征消费税，假设对商品 X_1 征税，课征税率为 t，对其他商品则不课税，则消费者甲的预算约束线就会变为：

$$P_1(1+t)X_1 + P_2X_2 = M$$

而消费者乙的预算约束线不变，仍为：

$$P_3X_3 + P_4X_4 = M$$

具体的消费税效应如图 25 - 2 所示。

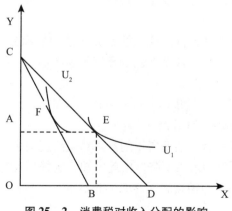

图 25 - 2 消费税对收入分配的影响

在图 25 - 2 中，消费者的预算约束线就会由 CD 移动到 CB，相应的效用曲线就会由 U_1 变为 U_2，即相应的效用水平会下降。可见，消费税的征收也使得收入在私人和政府之间发生转移，同时也改变了消费者甲与消费者乙的相对收入水平。

2. 税率的选择

由于税率在税收制度处于核心的地位，因此，它能够衡量税负的轻重，政府也是通过调节税率以及税率结果来体现自己的经济政策。因此，在调节收入分配的过程中，对于税率的选择就显得特别的重要。

税率一般分为累进税率、比例税率和累退税率三种，这也是由于平均税率是总纳税额与总税基规模之间的比例，进而又根据平均税率与税基之间的变化趋势来划分的。对于选择税率的重要性，在一些适用比例税率的税种以及一些从量征收的税种能够体现出来，由于这些税种具有一定的累退性，所以，在同一消费数量水平上，税收负担对于高收入者和低收入者来说都是相同的，但是由于两者收入水平上的差距，所以相对比较来说，低收入者承担了相对较高的税收负担，这样税收就无法起到调节收入分配的目的。所以说不同税率类型的选择将对收入分配产生不同的调节作用。

由于比例税率是对同一课税对象，不论其收入多少都按同一比例征税；而在累进制情况下，情况就不同了，随着收入水平的提高，累进税率会逐步超过了平均税率和比例税率，从而能够对高税收者进行收入的调节。这是因为，当给定一个收入分配状态时，如果采用累进税率，税后收入的分配与税前收入的分配相比，收入较多的人就承担了相对更多的税负，这样就会纠正在税前收入分配中的不公平现象，从而使得税后收入分配的结果能够较税前收入分配的结果更加公平，这正是累进税的作用所在。

3. 征税范围的选择

征税范围的选择将会对不同商品的相对价格产生不同影响，相对价格的变化将会对消费偏好不同的消费者的相对收入产生不同的影响。

如同前面分析的一样，如果对甲乙两者同时征收一般商品税收的话，那么通过甲、乙两者预算约束线的变化可以看出，会产生类似于前面所分析的课征所得税的情况，即虽然收入都在私人和政府部门之间发生了转移，但是并没有最终改变不同偏好消费者的相对收入。

若仅对消费者甲征收选择性商品税，即对其所消费的商品 X_1 课征，假设税率为 t，而对其他的商品不课征，那么消费者乙的预算约束线仍然保持不变但消费者甲的预算约束线则将会变为：

$$P_1(1+t)X_1 + P_2X_2 = M$$

具体的选择性商品税效应如图 25 - 3 所示。

如图 25 - 3 所示，征税后，消费者甲的预算约束线就会由 AB 变为 AC，相应的效用曲线也会由 U_1 变为 U_2，效用水平下降。由此可知，选择性商品税和一般商品税是不同的，因为其会改变消费者甲与消费者乙之间的相对收入，从而能够达到调节收入分配的目的。

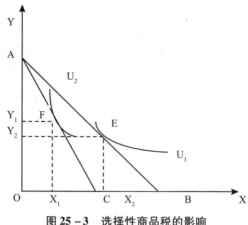

图 25 - 3 选择性商品税的影响

通过上面的分析可以看出，税收各要素的合理选择对于税收调节收入分配具有很重要的影响，合理的税制结构、税率结构以及征税范围能够起到积极的、正向的调节作用，相反则会削弱税收在调节收入分配差距方面的作用。

25.1.3.4 税收对收入分配的调节作用

1. 货物劳务税对收入分配的调节作用

货物与劳务税是对货物和劳务在生产和流通过程中的流转额课征的一类税种，是直接对市场经济活动的征税，其在社会经济运行中的调节作用主要是对经济运行的总量和结构的调节。由于货物与劳务税的纳税人是货物和劳务的生产商、销售商或经营商，不是最终的消费者，还会将其缴纳的货物与劳务税通过商品和劳务定价的方式转嫁到最终消费者个人身上。所以，货物与劳务税对居民收入分配调节的机制主要是通过影响商品和劳务的价格来传导的，对居民收入分配的调节不是直接调节而是间接调节。然而，由于商品的需求弹性有高有低，比如生活必需品的需求弹性就低，低收入者用于消费支出中用于生活必需品的开支比例要高于高收入者，相应地，低收入者承担的税收占其收入的比例就要高于高收入者承担的税收占其收入的比例。因此，总体上看，货物与劳务税在调节收入分配方面具有累退性的特征（虽然消费税或特别消费税在调节收入分配上具有累进性，但因是有选择的征收，不是普遍征收，所以左右不了整个货物与劳务税的累退性特征）。要发挥货物与劳务税对收入分配的调节作用，就需要在税种配合和税制要素上做文章，也就是科学合理设定增值税、消费税、营业税的征税范围和税率，在税收的效率与公平上寻求一个平衡点，形成货物与劳务税在调节收入分配功效上合力。

2. 所得税对收入分配的调节作用

所得税是对法人、自然人和其他经济组织取得的各种所得征收的一类税种。所得税是对要素价格的课税，其负担者就是要素所有者，税负归宿指向直接、明确，不易转嫁。正是因为所得税的上述特性，国家可以通过合理设计税制要素，如实行累进税率、税式支出、税收指数化等手段，能够让高收入者多纳税、低收入者少纳税或不纳税的目标，从而实现收入分配上的调节，缩小收入分配差距。因此，所得税特别是个人所得税，就成为当今世界上大多数国家通用的调节收入分配的重要工具。

国际上，属于所得税的税种主要有企业（或公司）所得税和个人所得税。企业所得税是对企业利润的课税，它可以减少资本收益，从而缩小资本利得收入者和劳动者之间的收入差距，同时，还可以通过差别税率、税前扣除和税收减免，调节不同地区、不同性质纳税主体之间的收入分配。但是，由于企业是市场经济的主体，对不同纳税主体实行差别税率和不同的税收减免、费用扣除，虽然能够调节收入分配，但是容易对市场机制造成扭曲，不利于企业的公平竞争。所以，自 20 世纪 80 年代以来的世界税制改革中，多数国家的企业所得税普遍实行了比例税率。由此看出，在运用企业所得税调节收入分配时，不能以牺牲效率为代价，所以调节收入分配还应倚重个人所得税来进行。

个人所得税作为国际通行的调节收入分配的一个重要税种，其对调节收入分配具有独特的作用。个人所得税对收入分配的调节力度取决于其累进的程度，而累进程度则受制于两个因素：一是累进税率。累进税率的特点是税率随着收入的增加而递增，所以能够调节高收入者的收入。但是过高的边际税率在加大调节力度的同时也会损害效率，特别是对资本收入征税时，对效率损害更大。如何设计个人所得税的边际税率，涉及国家对公平与效率目标的追求与取舍，是个两难选择。二是税基。它与累进税率一样影响着个人所得税的累进程度和调节效果。最符合量能原则要求的税基应当包括纳税人的各种形式的所得。一个广泛的税基不仅能够体现量能负担的要求，而且有利于确定税率的累进程度，提高对收入分配调节的力度和效果。

3. 财产税对收入分配的调节作用

财产税是以纳税人拥有或支配的财产为课税对象的一类税种。财产税具有以下特性：反映纳税人的支付能力，一个人的财产与其纳税能力正相关；指向明确，不易转嫁；能够调节社会的财产水平和财富结构，有利于资源合理配置。所以，财产税具有天生的平等性。在市场经济条件下，国家通过开征财产税，弥补货物与劳务税在公平价值方面的不足，可以有效地避免财产过度集中，促进社会财富公平分配。财产税一般分个别财产税与一般财产税。个别财产税是指以具体存在的某项财产为课税对象所征收的财产税，具体税种各国有所不同，常见的有房地产税、车船税等。一般财产税是指以一般财产价值为征税对象而征收的财产税。一般财产税中的典型税种有一般财产税、遗产税、赠与税等。不论是个别财产税还是一般财产税都具有重要的调节收入分配功能。

房地产税、车船税等个别财产税是对纳税人所拥有的房屋、土地、车船等财产征收，纳税人拥有的房产、土地和车船财产越多，其缴纳的税也就越多，对缩小收入差距具有一定作用。

遗产税是在被继承人死亡时对遗产继承人分得的遗产所征收的税种，赠与税是遗产税的辅助税种，其以财产为税基，属于存量税。遗产税与赠与税以遗产、赠与财产为征税对象，遗产、受赠财产越多，所缴纳的税款也就越多，有利于对财富代际积累的调控，防止财富过度集中，进而调节高、低收入者之间的财富差距。同时，遗产税和赠与税的征收对公益性捐赠具有促进作用，增加公益事业的收入，有利于公益事业的发展。

开征遗产税与赠与税，对于适当调节社会成员的财富分配、增加政府和社会公益事业的财力均有促进作用。目前，世界上许多国家和地区均已开征遗产税与赠与税，如美国、日本、德国和意大利等，其对于实现收入分配具有很强的调节作用。

25.2　税收公平分配的制度体系构成

税收既可以参加初次分配，又可以参加再分配，既可以参加生产领域的分配，又可以参加流通、消费领域的分配，既可以参加经济流量的分配，又可以参加经济存量的分配，既可以参加经济领域的分配，又可以参加社会分配。不同环节、不同阶段的税种，可以形成税收参与收入分配的制度体系。

25.2.1　税收参与初次分配

市场机制下的国民收入初次分配过程是国家对新创造的社会财富进行的一次基础性配置，而税收这种财政手段无论是从收入总量或结构体系方面都是有效的、动态的配置社会财富的方式；再分配则主要影响着居民之间的财富份额及其比重。不同的分配层次其实暗含着分配的力度和深度，在一定程度上反映着分配的强弱趋势，这里最为关键的是国民收入初次分配，因为初次分配的优化意味着这一过程的公平化程度提高，意味着初次分配起点和结果的优化，意味着国民收入再分配的压力减小①。因此，充分发挥税收调节国民收入初次分配的作用显得尤为重要。

25.2.1.1　参与国民收入初次分配的税种梳理

国民收入初次分配归于要素分配，是生产要素——劳动、资本、土地、技术、管理等按其贡献参与分配的过程，是按照生产要素的市场价格，由市场机制作用决定的分配。政府通过征税改变了初次分配后的收入格局。参与国民收入初次分配的税种对于国民收入的调节往往不是直接的，虽然它的作用点在生产、销售、进口、资源利用等环节。税收参与国民收入分配会使得本属于企业或者居民的收入通过政策方式实行全部或者部分转移，减少了企业或者居民的收入，而参与国民收入初次分配的税负的经济归宿为生产、销售、进口、资源利用的企业，但实际的作用对象是消费者，即法定税负承担者往往是居民，使得税负转嫁加重了居民的税收负担。

我们将税收的法定归宿与经济归宿是否一致作为参与国民收入分配各环节税种的分类标准，将税负的法定归宿与经济归宿不一致的税种分类到国民收入初次分配环节，法定归宿与经济归宿一致的税种归类到国民收入的再分配和第三次分配环节，按照此口径对我国税制结构中征收的 18 个税种进行了梳理（见表 25 - 1）。

---

① 汤贡亮：《中国税收发展报告——"十二五"时期中国税收改革展望》，中国税务出版社 2011 年版，第 94 页。

表 25 - 1   参与国民收入分配各环节的税种

国民收入分配各个环节	参与税种	个数
国民收入初次分配	增值税、消费税、关税、资源税、环境税、城市维护建设税、耕地占用税、印花税、车船税、城镇土地使用税、车辆购置税、船舶吨税、契税、房产税、烟叶税	16
国民收入再分配	企业所得税、个人所得税、土地增值税	2
国民收入第三次分配		

税负的转嫁程度由商品的需求价格弹性决定，需求弹性小于 1 的商品税负转嫁程度大于需求弹性大于 1 的商品。参与国民收入初次分配的流转税、资源税所涉及的多是需求弹性小于 1、转嫁程度较高的商品，消费边际倾向递减的作用使得税负较多的由最终消费者承担，因此归入到国民收入初次分配中。此外，生产活动中资产的使用和经营管理、日常的其他经营管理活动等涉及生产的财产税或行为税，如房产税、车船税、土地使用税、印花税等都能够在一定程度上通过价格进行转移，使得经济归宿和法律归宿不一致。

25.2.1.2 各税种对调节国民收入初次分配的作用机制及评价

不同的税种由于其功能、组织收入能力的强弱、调节范围的大小以及征收环节各不相同，在调节国民收入分配中担当着不同的角色。各个税种的布局及其之间的搭配最终形成的完整的体系，对调节收入分配的作用具有至关重要的影响。

1. 货物劳务税对调节国民收入初次分配的作用

增值税是对生产活动中的增值额部分进行价外征税，重在组织财政收入，具有税收公平、中性的特点，原则上不应对市场的资源配置产生影响，一般不具有调节居民收入分配差距的作用。但是由于增值税的征收范围多为基础性生活用品且居民边际消费倾向递减，增值税起到了调节国民收入初次分配的作用。首先，增值税参与企业新增加值的分配，制约新增加值中用于居民分配的部分，规范着居民收入分配的总水平，而增值税参与新增加值分配的程度由税率决定，使得税率的高低和层级决定了收入分配的偏向性；其次，从 2009 年我国增值税全面实行消费型增值税，但由于是非彻底的消费型增值税，生产者或销售者承担的税负依然可能转嫁；最后，我国实行的增值税只对极少一部分采取了低税率的政策，对更多的生活必需品并未给予优惠照顾，同时较低的起征点和有限的弱势群体的倾向性都在无形中增加了中低收入者的税收负担。平新乔等学者对我国现行增值税的性质进行了分析，发现我国的增值税在流转税中的累退性较强，增值税的累退性使得收入较低人群相对其收入承担的税负高于税收较高人群承担的税负，拉大了收入分配差距，对收入分配产生了逆向调节的作用[1]。

---

① 平新乔、梁爽、郝朝燕、张海洋、毛亮：《增值税与营业税的福利效应》，载于《经济研究》2009 年第 9 期，第 66～80 页。

营业税的作用与增值税相同，征收目地重在组织财政收入，兼有平衡税收负担、促进各个行业协调平衡发展的作用。

消费税是调节收入分配的一个较为重要的手段。消费税调节国民收入分配功能的实现主要是通过其征税品的可选择性来实现的，如通过对普通大众无力购买的奢侈品征税起到间接调节收入分配的作用。

2. 资源税对调节国民收入初次分配的作用

资源税开征的目的是为了组织地方财政收入，促进资源企业以技术改造的方式节约资源的利用，通过对自然资源占用课税，调节由于资源的富有及贫瘠的程度或开采条件的好坏给企业带来的级差收入，缩小不同地区、不同行业以及不同企业之间的收入差距。

3. 其他税种对调节国民收入初次分配的作用

生产过程中征收的房产税、车船税、土地使用税、印花税等是根据占有或使用来课税，这些税种的征收会减少土地或资本的收益，使收入从资源的占用者、企业或个人转移到政府部门，从而影响要素收入分配，而生产管理中涉及的城市维护建设税、车辆占用税、耕地占用税等大部分由生产管理的企业承担，即政府通过税收将企业部门的收入转移给政府部门。

综上，在国民收入初次分配环节，调节的对象是社会经济总量和经济结构。首先，就国民收入初次分配中发挥作用的各税种而言，货物和劳务税很大部分是以商品或劳务的销售额为税基、采用比例税率征收，这就使得货物和劳务税对国民收入分配的调节是一种普遍的调节，以商品价格为载体的方式决定了它对社会经济结构和社会经济方向调节的途径。转嫁的隐蔽性驱使企业将货物和劳务税加于商品价格之中，导致货物和劳务税的征收直接增加了购买者的经营成本，而价格的上升引导市场商品生产结构和数量的调整。其次，参与国民收入初次分配的大部分税种的累退性使得税收在调节国民收入初次分配的过程中缩小社会贫富差距的功能较弱。

25.2.2　税收参与再分配

税收调节收入再分配主要是通过参与企业和个人的收入分配，既可以参加新创造价值的分配，也可以参加财富积累的分配。税收参与再分配可以有效减少收入差距的扩大。

25.2.2.1　税收调节收入再分配的必然性与可行性

1. 税收调节收入再分配的必然性

在市场经济体系中由于个人所拥有的生产要素状况不同及市场供求关系的影响会使人们在社会收入、财产分配方面出现日益扩大的差异。这一问题是市场机制本身所无法解决的，也就是说市场无法实现社会公平，即无法将收入差距保持在大多数社会成员经济能力和心理能力可以承受的范围内。如果收入分配长期存在较大差异将会造成严重的经济和社会问题。为此，国家可以通过税种的选择、税基的确定和税率的划分来改变社会成员的物质利益，以鼓励、限制或维护他们所从事的社会实践活动，使之按预定的方向和规模发展，实现收入再分配公平的目标。因而税收理所当然地承担起调节收入再分配、实现社会公平的重任。

2. 税收调节收入再分配的可行性

在市场经济体制下，税收对个人收入分配的调节可以通过多个环节进行。由于个人收入分配在社会经济分配的全过程中表现为个人收入的实现环节、使用环节、财富积累环节及转让环节，通过在个人收入分配的各个环节设置相应的税种可以形成一个完整的收入再分配税收调控体系。

在个人收入的实现环节，通过征收个人所得税调节个人可支配收入，通过征收社会保障税补充低收入者的收入。个人收入的实现环节是税收调节收入分配的最重要环节，其中个人所得税是税率调节收入分配的最重要、最直接的手段。一方面通过累进税率的设计可以调节高收入者的收入；另一方面可以通过合理的费用扣除标准给予低收入阶层税收优惠。

在个人收入的使用环节，通过对特定的消费品和消费行为征收消费税起到补充调节的作用。由于分配消费是密切相连的，消费不公是分配不公的最终表现形式。如果高收入者把高收入用于高消费，不仅无益于市场效率的提高，而且会使分配不公问题表面化。但用税收有选择地调节其中的高消费，不仅可以在流通领域调节高收入阶层的支付能力，进而间接影响个人收入分配，还可以引导高收入者把高收入转化为生产性投资，从而有助于社会生产力的发展和市场效率的提高。

在个人财富的积聚环节，征收一般财产税。在征收财产税的情况下，财产是衡量个人纳税能力的重要尺度，拥有财产的多少就表示纳税能力的大小。因为有财产者纳税，无财产者不需要纳税，拥有较多财产的人多纳税，拥有较少财产的人少纳税。因此，通过财产税率的变动和相应的财产价值的调整就可以避免社会财富过多地集中在少数人手中，缩小社会收入分配差距。

25.2.2.2　各税种对调节国民收入再次分配的作用机制

收入再分配是在收入初次分配基础上的再调节，以保证低收入者或没有劳动能力的社会成员有生存的权利，从而体现结果公平原则。公共财政在收入分配中的作用主要是通过税收和财政支出两个方面来实现的。而其中税收的作用主要是通过所得税来实现的。

1. 所得税对收入再分配的直接调控作用

所得税制度包括企业所得税和个人所得税两类。所得税对企业和个人收入分配具有积极的调控作用。所得税的税负由纳税人直接承担，因此对于企业和个人的收入起到直接的调节作用。

第一，征收个人所得税可以降低个人的收入水平，使个人可支配收入减少。在税率结构设计上，个人所得税可以采取比例税率或累进税率。比例所得税由于对高收入者和低收入者按同样税率征收，因此虽然能够影响到个人的收入水平，但是并不会使个人之间的收入差距发生变动，从而事实上无法真正发挥税收的收入公平分配功能。而在实行累进所得税的情况下，税率随着个人收入的提高而上升，因此对高收入者的征税率高于对低收入者的征税率，这就使得高收入者与低收入者之间的收入差距在征税后相对缩小，因此能够对调节收入公平分配发挥决定性的影响。

第二，企业所得税是对企业利润的课税，它可以减少资本收益，从而缩小资本利得收入者和劳动收入者之间的收入差距。所得税以纳税人税收负担能力为原则，其立法所依据的原则是所得多的多收，所得少的少收，无所得的不收。

正因如此，所得税的征收是以纳税企业和纳税个人的实际所得为基础，因而税收的征收是建立在真实可靠的税基之上的，从而能够更好地按照纳税人的实际纳税能力来确定负担，并针对纳税人的贫富程度来调剂社会收入和财富分布的公平状态。采用累进税率是所得税的一大特点，累进税率呈现为一种分层次的税率结构状态，它按征税对象数额的大小分若干等级，每个等级由低到高来确定相应的税率，征税对象数额越大税率越高，征收对象数额越小税率越低。

2. 社会保障税对收入再分配的调控作用

社会保障税是为筹集社会保障基金而形成的一个税种，它是政府实行社会保障制度的基本财力源泉，因此对于实现收入的公平分配有间接而重要的促进作用。社会保障制度作为政府的一项重要的社会政策和个人收入再分配的经济政策，在现代社会经济发展中发挥着十分重要的作用。社会保障税收入纳入国家预算，实行专款专用，社会保障税的收入由财政直接划拨给社会保险机构。因此，社会保障税已成为世界各国实施社会收入再分配调控的重要政策手段。

3. 财产税对收入再分配的调控作用

财产税对纳税人的财富征税，通过财富征税，实现调节收入分配。财产征税制度是对所得征税的必要补充。按照税收纵向公平的原则，对高收入者多征税，对低收入者少征税。现实生活中，富人必然会积累更多的财富，穷人很少拥有财产。因此，财产征税最能体现税收调节收入分配的作用。税收可以对取得财产征税、对拥有财产征税，还可以对转让、继承、赠与财产征税，达到调节收入分配差距的目的。

25.2.3 税收公平分配的制度体系

税收参与国民收入的初次分配和再分配，在社会再生产的活动中表现为税收分配在经济活动的各个过程发挥重要作用。

25.2.3.1 生产环节

生产环节指企业从投入生产资料开始，经过一系列的加工，直至成品生产出来的全部过程。在这个过程中，主要是流转税参与税收的调节分配。流转税是指以纳税人商品生产、流通环节的流转额或者数量以及非商品交易的营业额为征税对象的一类税收，主要包括增值税和消费税。流转税对商品和劳务课税一般采用比例税率，不管纳税人生产经营情况如何，都要承担同比例税收负担。由于流转税与市场活动直接相联系，因而对市场活动的干预比较直接。政府能够通过税种的设置、差别税率的选用、不同纳税环节的确定以及税收减免的运用，直接影响产品和劳务的供需对比状况，实现政府产业政策和其他意图。比较明显的是消费税的课征。消费税是以消费品销售或消费支出额作为课税对象的各种税种的统称,消费税除了具有组织收入的财政职能以外,具有很强的调控职能。如对奢侈品征收较高税率的消费税,既提高生产企业的生产成本,也提高了消费者的消费成本,使具有消费能力的高收入者只有通过支付含有较高消费税的款项才能得以购买,降低其支付能力。

25.2.3.2 流通环节

流通环节,就是指组成商品流通过程的每次买卖行为,由于商品交换在时间和空间上的分离,通常在商品流通过程中要发生多次交换,其中每次交换就是每次买卖行为,由商业经营者与生产者、消费者或商人之间来进行。在流通环节产生调节作用的同样主要是流转税,而与在生产环节不同的是,流通环节是流转税中的增值税起主导作用。以增值税为例,其在货物流转过程中的每一道步骤都要征收增值税,因此会对经济活动和产业结构具有明确的政策导向和调控能力。例如,自2012年10月1日起,免征部分鲜活肉蛋产品流通环节增值税。这正是因为我国是鲜活农产品生产和消费大国,通过完善财税政策以加强鲜活农产品流通基础设施建设,完善流通链条和市场布局,降低流通成本,建立完善高效、有序的鲜活农产品流通体系,保障鲜活农产品市场供应和价格稳定。正是增值税在流通环节的减免政策引导市场进行合理分配的体现。

25.2.3.3 分配环节

分配环节包括初次分配和再分配两部分。税收在分配环节的调节主要体现在所得税的收入分配调控的影响。所得税是以企业或个人的所得额为计税依据而征的税。我国的所得税主要包括企业所得税和个人所得税,其征税环节设在国民收入分配最终环节,可以直接参与调整收入分配格局。以个人所得税为例,其税率实行累进税率,即随着纳税人收入的增加,其适用的税率也逐级增加,实现高收入者多纳税,低收入者少纳税,从一定程度上缩小高收入者和低收入者之间的收入水平差距,对实现公平收入分配起到决定性的作用。

25.2.3.4 消费环节

从一定意义上,所有流通环节的税收都可以转嫁,最终由消费者负担全部税收。负担的程度,取决于消费水平,购买消费品和消费服务越多,承担的税收负担越重,反之亦然。增值税是最好的中性税收,增值税的征税过程,就是税收负担不断转嫁的过程,因此,增值税也可以称为广义消费税。对消费征税程度,决定和影响消费者消费的水平。税收负担重,价格水平高,消费量就会减少,税收负担轻,价格水平低,消费量就会增加。另外,还可以对特殊的消费品采取选择性征税,达到调节收入分配的目的。

25.3 税收公平分配制度的优化路径

税收公平分配的制度体系只是调节和影响收入分配,因此具有局限性。税收公平分配的制度体系也是一个有机整体，通过各个税种在各个环节发挥作用，因此税收公平分配的制度体系应该组成一个体系。

25.3.1 税收调节收入公平分配的局限性

虽然可以通过税收调节来缩小居民收入分配的差距，但税收调节机制本身有其局限性，它的作用发生是需要一定条件的，且并不能完全彻底地消除收入分配差距。

25.3.1.1 税收调节机制自身的局限性

只有相对完善的税收调节机制才能发挥出有效的作用，而现实中它往往是不完善的，比如税制结构不合理。以我国为例，我国是一个以间接税为主体的税制结构，而税收调节收入分配差距主要依靠的是直接税，这样我国的税制结构就不利于税收调节机制作用的发挥。具体有以下两个方面：

1. 调节收入公平分配功能较强的税种比例不高

目前，我国现行的调节收入分配功能较强的税种仅有消费税、所得税、房产税、资源税、土地使用税，流转税收大约占到税收总收入的七成，但这其中不具备调节收入分配功能的增值税的征税比重就占近一半，而具备调节收入分配功能的其他税种之和占税收收入总和的另一半，增值税一般不直接具备调节收入分配功能，它是由作为生产者的企业和作为消费者的大众共同负担的税种。

我国以征收流转税为主的税制造成的结果是高收入者的负担影响微乎其微，反而低收入者的相对负担更重，因此很难通过流转税这种易于转嫁且具有累退性质的税种达到调节收入差距的目的。由此说明我国现行税制充分发挥了财政收入功能，保障了税收逐年增长，却一直弱化了税收调节收入分配的功能。

2. 与调节收入公平分配差距有关的税种不健全

现代税制是以流转税为主，所得税与流转税复合实行，税收调节收入分配的功能是无法以单一税种来实现的，需要若干税种协同完成。在税收实现社会公平的视角下较为合理的税收调节体系应包括四类税种，分别为财产税、消费税、个人所得税和社会保险税。这个调节体系可以互为补充，不同环节各有侧重，基本覆盖了收入分配的各个环节，构成了较为完整合理的税收调节收入分配的调控体系。

但是目前在我国并未形成这样的调控体系，具体表现在：（1）消费税并未发挥其应有的调控作用，征税范围较窄、课税环节单一且靠前、税基偏小、税率结构欠合理、对消费行为调控作用总体偏弱。比如，应扩大奢侈品和高消费行为的征收范围，但是现行消费税对烟、酒这样价格差距较为悬殊的商品却并未按照价格高低订出相应的税率，采取的是近乎"一刀切"的相同税率，低收入者要承担与高收入者相同的税赋，不利于调节消费能力上的差距，也没有起到消费税调节收入分配的作用。（2）个人所得税存在费用扣除额过低，低税率级距过窄致使对中低收入者的征税累进程度过快等税率设计上的不合理，未设置专门针对中低收入者的专项附加抵扣等问题，因此并未最大限度地发挥其应有的调控功能。（3）房产税仅针对城镇居民经营性住房，对于在城市有多套自住房的炒房行为未征收房产税加以遏制,明显已不适合当前国情。(4)遗产税、赠与税、社会保险税等均未开征,影响了各税种的相互协调的作用发挥,使得我国的税收调控体系越发显示出其薄弱和不健全。

25.3.1.2 税收调节机制外部环境因素的限制

1. 政府对公平与效率两个目标的权衡与取舍

在以经济发展为主的时代里,政府会更加追求效率而忽略公平,这必然不利于税收发挥其调节收入分配差距的作用,因为调节个人收入分配差距主要是以公平为目标的。

2. 隐性收入的存在

目前,我国居民收入状况的不透明现象普遍存在,货币化程度低,有大量的隐形收入,对这些收入税收的调节机制是涉及不到的,因此也一定程度上影响了它调节收入分配差距的功效。

3. 有关部门征管监督力度不够

税收调节收入分配功能的发挥不仅与税制本身有关,同时也与税收监管的力度息息相关,同样的税收政策在不同的执行力度下会呈现出不同的效果,不同的社会环境对于税收监管的影响也是很大的。我国当前处于经济转轨时期,许多法律法规还不够健全,由此形成了许多非法的、不规范的收入,而这些灰色收入大多是处于税收监管的范围之外的,这也是目前我国税收征管的实际困难。现阶段我国的个人所得税征收尚未建立起科学的现代化系统,征管力度不够,公众纳税意识较为淡薄,尤其是需要自行申报纳税的高收入者,偷税逃税现象较严重。税务机关还未能做到与银行、工商、审计等相关部门的联合监管和治理,如果税务机关不能掌握纳税人的详细资料则无法对高收入者的灰色收入以及非货币资产进行监控,也就无法进行有效的征收和调控,目前能够有效监管征收的只有单位代收代缴税款的工资和薪金部分,需要个人自行申报纳税的部分缺乏有效的监管,公众并未养成自觉纳税的意识,给高收入者造成了偷逃税款的可乘之机。

25.3.2 建立税收公平分配的制度体系

建立税收公平分配的制度体系要合理确定总体宏观税负水平,科学选择征税环节,优化各个税种的相关制度。

25.3.2.1 稳定宏观税负

党的十八届三中全会的决定提出稳定宏观税负的战略目标,确定了国民收入分配格局的基本框架。根据本篇的结果,近十几年来,国家、企业和居民的收入在国民收入的比重相对变化,居民收入的比重下降,国家和企业的比重上升,继续发展下去将会影响收入分配格局的平衡。因此,按照需要和可能相适应的原则,在清理乱收费、清费立税、推动费改税的基础上,稳定宏观税负无疑是正确的选择。

25.3.2.2　完善税制结构

构建完整的调节个人收入分配的税收体系方向是以个人所得税为主体，以财产税和社会保障税为两翼，以其他税种为补充，从多方面、多环节对个人收入予以调节。要在规范国民收入初次分配的前提下，发挥税收对收入分配的调节作用。为此需要改革个人所得税制、开征遗产税和赠与税、健全房地产税制、建立社会保障税制，并不断完善消费税制。

25.3.2.3　完善流转税

进一步调整和优化流转税的税制结构。首先应继续改革完善增值税。一是简化税制，减少征纳双方的税收成本；二是适当降低税率，降低企业实际负担水平；三是改进抵扣方法，衔接抵扣链条和环节，避免重复征税。其次是重塑消费税。一是调整消费税征收范围及相关的消费税税目，对生产资料不再纳入征税范围，在调整的基础上，适当扩大消费税征收范围，把高耗能、高污染产品及部分高档消费品纳入征收范围；二是对国家禁止或限制的消费行为及奢侈消费适当提高消费税税率，加强课税深度，增加这类消费者的税收负担；三是将消费税由价内税逐步改为价外税，以使消费者可以通过缴纳的消费税税额明确并服从国家的消费政策导向。

25.3.2.4　完善所得税

科学设计个人所得税制，力争实现税收公平。为此，在费用扣除标准设计上要全面考虑家庭人口赡养负担、子女教育支出、继续教育支出、大病医疗支出、社会保障支出、住房贷款利息及租金等因素对不同纳税人的影响；在个人收入核定上要考虑名义税负水平与实际税负水平的差异对纳税人的影响；在税率设计上可考虑适当减少税率级次并拉大低税率级次的级距，确定适宜的边际税率，减缓低税率级次的税收累进程度，真正实现级次简化、级距优化、税率适度，鼓励社会大众多为社会创造财富。尽快改革个人所得税计税模式，改"分类单项计征所得税"为"综合与分类相结合"的计征模式。除税法有规定的所得（如偶然所得）外，要尽量将全部所得，包括工资薪金所得、经营所得、劳务报酬所得等，实行按年综合申报及纳税，减少税收申报中的"水分"。与此相配套，应强调源泉扣缴制，从立法上加强扣缴人的法律责任，这样不但可以节约税收成本，而且可以从源头上减少税收流失，提高税收管理效率。考察国外个人所得税管理的情况和经验，源泉扣缴是一项卓有成效的制度，而且所占比例非常之高，如2000财政年度在韩国实行源泉缴税的纳税人，占全部纳税人的比例达80%左右，可见其地位之重要。在生计扣除方面，不但要考虑纳税人的正常生活需要和发展需求，而且要考虑家庭的总收入水平及家庭人口的平均收入水平，不能像现在这样"一刀切"；在支出因素方面，有关教育、养老和医疗上的基本支出，都应该允许从费用中扣除；在税负水平上，从我国现阶段的居民收入状况及国际上平均的税收水平看，我国最高边际税率应该确定在35%左右，最高也不要高于40%。另外，为了补偿对特殊人员提供公共产品的公共投入损失，对于放弃中国公民国籍的人员，征收"退籍税"。

25.3.2.5 完善财产税

进一步健全财产税制，完善对存量财产的调节。在房产税方面可以考虑对不动产征收比例税（或三个档次的累进税），尤其是对高档别墅，应按价值的不同，实行五级左右的累进征收；对房屋租赁收入要全方位征税，可以在扣除一定比例的费用之后，对其实际所得综合征收合适比例的收入税；在土地税方面，可考虑针对不同用途课征不同水平的税收。同时，要努力创造条件，做好遗产税和赠与税的立法工作，发挥税收在这一领域的调节作用。

25.3.2.6 社会保险基金缴费实行"费改税"

改革社会保险基金的征收办法，由用人单位（企业）和个人缴纳社保基金改为向他们征收社会保险税。这不是简单的名称的改变，而是一种制度的变革。社会保险税具有规范、强制、专款专用的特点。征收社会保险税有利于建立规范的社保资金的筹资渠道；有利于保证社保资金的及时性；有利于对社保基金实行收支两条线管理；有利于和国际惯例接轨。因此，需要从立法和管理两方面着手，在完善法律基础的前提下，本着统一规划、因地制宜、分步实施的原则，科学、严密地设计社会保险税制。应本着国家、企业和个人共同负担的原则，调整目前企业和个人各自缴纳的比重，适当提高个人缴纳的比重，最终在国家承担一部分社会保障职能的前提下，将社会保险税的税率确定在不超过25%左右（按工资总额计算）的水平上，由用人单位（企业）和个人分别按照15%和10%缴纳。

第 26 章　中国收入分配的税收调节机制：制度与政策变迁

26.1　收入分配与税收制度体系的历史变迁

新中国成立以后，税收制度的设立和完善经过了曲折的发展过程，由无到有，由少到多，由小到大，由繁到简，由单纯收入功能到收入与调节兼顾，由效率优先到兼顾公平，已经建立起初步适应社会主义市场经济体制需要的税制体系。

26.1.1　新中国成立时期的税收制度

新中国成立初期，中国共产党与国民党残余分子的战斗还在进行，支援战争的开支浩大。工农业生产受到战争的破坏需要恢复，又需要大量资金进行经济建设，加之国民党留下的通货膨胀、物价不稳等问题，新中国的国家财政出现了困难。过去，国家财政主要靠农民负担，新中国成立后，便主要由农民负担转向了城市税收。

1949 年 9 月 29 日，第一届中国人民政治协商会议通过了《中国人民政治协商会议共同纲领》。《共同纲领》第 40 条规定：新中国的税收政策，以保障革命战争的供给、照顾生产的恢复和发展的需求为原则，简化税制，合理负担。

1949 年 11 月 24 日，中央财政委员会和中央财政部召开了首届全国税务会议，为新税制的建立做了大量的准备工作。此次会议主要内容是：统一税政，建立新税制，制定第一次全国税收计划，建立健全各级税务机构。中央人民政府副主席朱德、政务院副总理兼中央财经委员会主任陈云、中央财经委员会副主任兼财政部部长薄一波都到会并作了重要讲话。其中，在面对建国初期的复杂形势和种种困难时，陈云同志对如何解决因支出大带来的财政赤字问题指出，摆在我们面前的只有两条道路要我们选择，一是增加税收，二是发票子，而发票子只能造成物价不稳，通货膨胀，老百姓叫苦，并且也不能解决问题，只有增加税收，这是最好办法，不但可以解决需要，而且可以经常回笼货币。此次会议中央人民政府委员会拟定了《全国税收实施要则（草案）》和若干税法的草案，这为之后新税制的建立奠定了基础。

1950 年 1 月 30 日，政务院总理周恩来签署政务院通令，发布《关于统一全国税政的决定》和《全国税政实施要则》。《全国税收实施要则》意味着新中国第一部税法的面世，其中规定全国一共设立 14 种税收，即货物税、工商业税（包括营业税和所得税两个部分）、盐税、关税、薪给报酬所得税、存款利息所得税、印花税、遗产税、交易税、屠宰税、房产税、地产税、特种消费行为税和使用牌照税。除了上述税种以外的其他税种，由省、市或者大行政区根据习惯拟定办法，报经大行政区或者中央批准以后征收①。

在执行中，税制也作了一些调整。例如，增加契税、船舶吨税和文化娱乐税作为全国性税种；将房产税和地产税合并为城市房地产税；将特种消费行为税并入文化娱乐税和营业税；将使用牌照税确定为车船使用牌照税；试行商品流通税等等。但所设立的薪给报酬所得税和遗产税始终都没有开征。

1952 年 12 月 31 日，依据"保证税收，简化税制"的原则，对工商税收制度作了修正，自 1953 年 1 月 1 日起实行。其内容包括：第一，选择两种基本上可由国营经济控制的产品，把从产到销的货物税、营业税、印花税均加以合并，实行一次征收的商品流通税；第二，修订营业税，变更营业税纳税环节；第三，取消特种消费行为税，对影剧本部分税目改征文化娱乐税；第四，交易税的几种税目改征、停征，只保留牲畜交易税。

1953 年的税收制度修正案相比以前的税收制度，税收结构大致保持不变，但重复征收的税收方案有所改变。工业行业税收下降，它们支付的消费税、营业税以及额外的印花税和其他税收被纳入商品的流通和消费税，部分产品征收不是一轮一轮的征收，而是改为一次征收。

1953 年修订后的税收制度使税收成为社会主义过渡时期的强大工具。一方面，有效动员、积累资金，支持国家重点建设；另一方面，作为对资本主义工商业的改造的工具，逐步限制和引导私营经济，走上社会主义道路。1953 年的税制修正，曾给正常的经济活动带来一定的影响。但在后来一段时间里，采取了一些补救措施。

据相关数据对比发现，1950 年我国的国内生产总值和税收收入分别为 575.5 亿元和 48.89 亿元，1956 年分别增加到 1029.0 亿元和 140.88 亿元，分别比 1950 年增长 0.8 倍和 1.9 倍；税收收入占国内生产总值的比重从 1950 年的 8.5% 上升到 1956 年的 13.7%，提高约 5.0 个百分点。所以说初期新税制的建立，确实充盈了国库，改善了困难时期的经济状况。②

综上，从 1950 年到 1956 年，我国根据当时的政治、经济状况，在清理旧税制的基础上，建立了一套以多种税、多次征为特征的复合税制，并经过党和国家在各方面的努力，保证了新税制的建立与顺利实施。而这对于保障财政收入、制止通货膨胀、稳定物价、实现国家财政经济状况的根本好转、促进国民经济的恢复和发展、配合国家社会主义改造、建立发展社会主义经济制度，起到了至关重要的作用。

26.1.2 1956 年至"文革"前的税收制度

至 1956 年，生产资料所有制社会主义改造已基本完成。由此，社会主义公有制成为中国唯一的经济基础，应着这一政治、经济形势，又展开了新一轮的税制改革。在

---

① 当时主要有农业税、牧业税和契税等，其中牧业税始终没有全国统一立法。
② 资料数据：《新中国 60 年统计资料汇编》，国家统计局国民经济综合统计司，2010 年 1 月。

1955 年召开的第五届全国税务会议上提出："苏联的先进税制就是中国税制的发展方向。"并且认为，还要"结合中国经济发展、变化的实际情况"推进中国的税制改革。此次税制改革的基本原因，是由于单一的公有制格局的形成，使一些人认为原有针对私有制经济的多种税多次征收的税收制度已经没有必要继续执行下去。因之，经过反复讨论后，1957 年 9 月财政部党组向中央呈送了《关于改革工商税收制度的报告》，1958 年 3 月的中央"成都会议"讨论并同意了这一报告。这一改革参照了苏联 1930 年的税制改革经验，即从简并税种入手，其基本思路是"简化税制"，较之此前的"简化"其"简化"的动作更大。而且，中央对财政部党组报告的批复中进一步指出："简化税制只是改革税收制度的第一步，下一步还要考虑用税收的办法调节企业利润。"显然，"非税论"通过"简化税制"，再一次呈现出其难以扭转的发展轨迹，这一时期税收在国家政治经济生活中的地位和作用开始下降。

1958 年，我国实施了新中国成立以后第二次大规模的税制改革，其主要内容是简化税制，试行工商统一税，即将货物税、商品流通税、印花税和工商业税中的营业税部分合并为工商统一税。在城市国营企业试行"税利合一"，即将税收与利润合并上缴；在农村人民公社试行"财政包干"，即将上缴财政的各种收入包干上缴。至此，我国的税制一共设立 14 种税收，即工商统一税、盐税、关税、工商所得税、利息所得税（1959 年停征）、城市房地产税、契税（从 20 世纪 50 年代中期以后基本停征）、车船使用牌照税、船舶吨税、屠宰税、牲畜交易税、文化娱乐税（1966 年停征）、农业税（1958 年由全国人民代表大会常务委员会立法）和牧业税。

从 1959 年到 1961 年，主要由于"大跃进"和"反右倾"的错误，加上"三年困难时期"和苏联政府的背信弃义，我国经济遇到了严重的困难。为此，1960 年冬，中共中央提出了"调整、巩固、充实、提高"的国民经济调整八字方针。这时，税收的地位和作用再次受到重视和加强。为了配合国民经济调整，在税制上采取了一系列的措施：

为了支持农业的发展，从中共中央 1960 年 11 月发出的《关于农村人民公社当前政策问题的紧急指示信》开始，中央发布多份报告、拟定草案规定来调整农村的税收负担；

为了配合加强集贸市场管理，于 1962 年全面开征了集市交易税，但 1966 年以后各地基本停征；

自从集市贸易开放以后，小商小贩和个体手工业者获利比较大，出现了个体经济的所得税负担轻于集体经济的所得税负担的现象。同时，在不同类型的集体企业之间，所得税负担也很不平衡，所以为了适应这种经济情况的变化，1963 年 4 月 13 日，国务院全体会议通过《关于调整工商所得税负担和改进征收办法的试行规定》，自当月实行，从而调整了个体经济和集体经济的所得税负担。在这一政策安排中可以看出：一是意在通过税制的调整促进国民经济的恢复和发展；二是要把税收作为一个打击资本主义势力的手段，如集市贸易税的开征就是直接指向对私斗争的。或许可以说，此时的税制调整或为恢复经济的权宜之计或为遏制资本主义经济的政治斗争手段。

26.1.3 "文化大革命"时期的税收制度

在 1966 年到 1976 年开展的"文化大革命"运动当中，我国的税制建设受到了空前严重的破坏。税收被说成是反动统治阶级剥削劳动人民的工具，税收制度被批判为"繁琐哲学""条条专政"。在这场运动的中期，按照"合并税种，简化征收方法，改革不合理的工商税收制度"的指导思想，进行了新中国成立以后第三次大规模的税制改革。

这次税制改革从 1968 年开始，1973 年完成，其最主要内容是简化税制，逐步试行工商税，即将工商统一税及其附加、城市房地产税、车船使用牌照税、盐税和屠宰税合并为工商税（但是上述税种并没有取消）。国有企业只交纳工商税，集体企业只缴纳工商税和工商所得税，以单一的流转税形式，形成了新的税收制度。在此期间，工商税收管理权限再次全面下放。

至 1976 年，我国的税制一共设有 13 种税收，即工商税、工商统一税、关税、工商所得税、城市房地产税、契税、车船使用牌照税、船舶吨税、屠宰税、牲畜交易税、集市交易税、农业税和牧业税。其中，盐税、牲畜交易税、牧业税仍然没有全国统一的法规，继续由各地自定征收办法，契税基本停征。这时，国营企业只需要缴纳工商税，集体企业只需要缴纳工商税和工商所得税，农业生产单位一般只需要缴纳农业税，公民个人缴纳的税收微乎其微。

综上两个时期，从 1956 年到 1976 年的 20 年间，由于"左"的指导思想的作用和苏联经济理论、财税制度的某些影响，我国的税制建设受到了极大的干扰。税制几经变革，走的都是一条片面简化的路子。同时，税务机构被大量撤并，大批税务人员被迫下放、改行。这种变革的结果导致税种越来越少，税制越来越简单，大大缩小了税收在经济领域中的活动范围和税收在社会政治、经济生活中的影响，严重妨碍了税收职能作用的发挥。

26.1.4 拨乱反正至 1980 年的税收制度

从 1976 年到 1980 年，是中国税制建设的恢复时期和税制改革的准备、起步时期，这一时期从思想上、理论上、组织上和税制上为后来的改革做了大量的准备工作，打下了坚实的基础。在此期间，我国的税制改革取得了改革开放以后的第一次全面重大突破。

从思想上、理论上来说，这一时期我国财税部门全面贯彻党的十一届三中全会所制定的路线、方针和政策，实事求是，解放思想，认真总结新中国成立以来税制建设的历史经验和教训，纠正了一系列轻视税收工作、扭曲税收作用的错误思想，正确地提出了从中国国情出发，按照经济规律办事，扩大税收在财政收入中的比重，充分发挥税收的经济杠杆作用，为社会主义现代化建设服务的指导思想。

从组织上来说，各级税务机构迅速恢复和加强，税务干部队伍很快得到了大力充实。到 1982 年年底，各地各级税务机构普遍建立，省级税务机构的地位得以提高，税务系统实行地方政府和上级税务机关双重领导的体制得以恢复，全国税务系统的人员从 1979 年的 17.9 万人增加到 28.6 万人。

从税制上来说，财税部门从 1978 年年底、1979 年年初就开始研究税制改革问题，提出了包括开征国营企业所得税、个人所得税等内容的初步设想和实施步骤，并确定为了配合贯彻国家的对外开放政策先行解决对外征税的问题。

其实从 1978 年党的十一届三中全会召开以后，我国的社会主义革命和社会主义建设便进入了一个崭新的历史时期，我国税制建设也是如此。综上，从拨乱反正到 1980 年这段时期，随着国家政治、经济的不断发展和改革的逐步深入，我国的税制改革也在不断前进。

26.1.5　改革开放初期的税收制度

1978 年开始的经济改革，在农村是以联产承包责任制为开端，在城市则以国营企业利润分配制度的改革为先导。为配合国家的经济改革，税收制度也相应进行了改革。早在 1977 年，就在江苏省试行了固定比例包干的办法，这是我国税收制度改革试探性的但却是意义重大的一步。随后，经过酝酿与准备，1980 年在全国绝大多数地区实行了"划分收支，分级包干"的税收制度，即所谓的"分灶吃饭"。其收入方面的主要内容是：按隶属关系，以分类分成的方式，划分中央与地方财政的收支范围。"中央所属企业收入、关税收入和其他收入为中央固定收入；地方所属企业收入、盐税、农牧业税、工商所得税、地方税和其他收入，为地方固定收入；各地上划中央直接管理的企业收入，为固定比例分成收入"。其中 80% 归中央，20% 归地方；工商税作为中央和地方的调剂收入。"分灶吃饭"的税收制度，重新调整了税收收入在中央与地方之间的划分，从而对税收制度作了一些改革。这些改革的内容是在总结和吸收以往分类分成和总额分成的税收制度，以及税收收入划分经验的基础上，结合新时期的特点而提出来的。

从 1980 年 9 月到 1981 年 12 月，第五届全国人民代表大会先后通过并公布中外合资经营企业所得税法、个人所得税法和外国企业所得税法。同时，国务院明确，对中外合资企业、外国企业和外国人继续征收工商统一税、城市房地产税和车船使用牌照税。这样，就初步形成了一套大体适用的涉外税收制度，适应了我国对外开放初期引进外资和对外经济、技术合作的需要。在建立涉外税制的同时，财税部门就改革税制和国营企业利润分配制度做了大量的调研工作，并在部分地区进行了试点。在此基础上，财政部于 1981 年 8 月向国务院报送了关于税制改革的设想，并很快得到国务院的批准。

1982 年 11 月，国务院向第五届全国人民代表大会第五次会议提交的《关于第六个五年计划的报告》提出了今后三年税制改革的任务，并得到会议的批准。在此期间，国务院还批准开征了烧油特别税，发布了牲畜交易税暂行条例。

26.1.6　20 世纪 80 年代建立健全税收制度体系

20 世纪 80 年代中期，我国的社会主义经济理论的发展有了重大突破，提出了发展有计划的社会主义商品经济，自觉运用价值规律，充分发挥税收等经济杠杆的作用，搞活经济，加强宏观调节。在所有制理论上，提出了所有权与经营权分离的论点，并肯定了集体经济、个体经济和私营经济存在的必要性。以上内容分别写进了 1984 年中国共产党第十二届中央委员会第三次全体会议通过的关于经济体制改革的决定、1987 年中国共产党第十三次全国代表大会文件和 1988 年第八届全国人民代表大会第一次会议通过的宪法修正案等一系列重要文献，从而为这一时期的税制改革提供了强大的理论武器和法律、政策依据。

这一时期是中国税制改革全面展开的时期，取得了改革开放以后税制改革的第二次重大突破。作为企业改革和城市改革的一项重大措施，1983 年，国务院决定在全国试行国营企业"利改税"，即将新中国成立以后实行了 30 多年的国营企业向国家上缴利润的制度改为缴纳企业所得税的制度，并取得了初步的成功。这一改革从理论上和实践上突破了国营企业只能向国家缴纳利润，国家不能向国营企业征收所得税的禁区，这也是国家与企业分配关系改革的一个历史性转变。

为了加快城市经济体制改革的步伐，经第六届全国人民代表大会及其常务委员会的批准，国务院决定从 1984 年 10 月起在全国实施国营企业"利改税"的第二步改革和税收制度的全面改革，发布了关于征收国营企业所得税、国营企业调节税、产品税、增值税、营业税、盐税、资源税等税收的行政法规。

此后，国务院陆续发布关于征收集体企业所得税、私营企业所得税、城乡个体工商业户所得税、个人收入调节税、国营企业奖金税（1984 年发布，1985 年修订发布）、集体企业奖金税、事业单位奖金税、国营企业工资调节税、房产税、城镇土地使用税、耕地占用税、车船使用税、印花税、城市维护建设税、固定资产投资方向调节税（其前身为 1983 年开征的建筑税）和筵席税的行政法规，并决定开征特别消费税。1991 年，第七届全国人民代表大会第四次会议将中外合资企业所得税法与外国企业所得税法合并为外商投资企业和外国企业所得税法。1992 年 3 月 18 日，国务院修订发布《中华人民共和国进出口关税条例》，自 4 月 1 日起施行。

至此，中国的税制一共设立 37 种税收，即产品税、增值税、盐税、特别消费税、烧油特别税、营业税、工商统一税、关税、国营企业所得税、国营企业调节税、集体企业所得税、私营企业所得税、外商投资企业和外国企业所得税、个人所得税、城乡个体工商业户所得税、个人收入调节税、国营企业奖金税、集体企业奖金税、事业单位奖金税、国营企业工资调节税、房产税、城市房地产税、城镇土地使用税、耕地占用税、契税、资源税、车船使用税、车船使用牌照税、印花税、城市维护建设税、固定资产投资方向调节税、屠宰税、筵席税、牲畜交易税、集市交易税、农业税和牧业税。

在改革税制的同时，中国还对财政管理体制实施了重大改革，建立了分税制财政管理体系。20 世纪 80 年代初，中国财税部门在总结新中国成立 30 多年来财政管理体制改革的经验和借鉴外国财政管理体制经验的基础上，提出了实行分税制财政管理体制的初步构想。1981 年 9 月 5 日国务院批转的财政部报送的《关于改革工商税制的设想》中提出，将各项工商税制划分为中央税、地方税、中央和地方共享税，使中央政府和地方政府都有相应的财政、税收管理权。20 世纪 80 年代中期，随着中国经济体制改革的深化，对于分税制问题的认识也逐步趋于成熟。1993 年 12 月 15 日，国务院发布《关于实行分税制财政管理体制的决定》，决定从 1994 年 1 月 1 日起改革先行地方包干体制，对各省、自治区、直辖市和计划单列市实行分税制财政管理体制。

综上，从 1980 年到 1993 年，随着经济的发展和改革的深入，中国的税制改革进行了全面的探索，改革逐步深入，取得了很大的进展，初步建成了一套内外有别，且以货物和劳务税、所得税为主体，财产税和其他税收相配合的新的税制体系，大体适应了中国经济体制改革起步阶段的经济状况，税收的职能作用得以全面加强，税收收入持续稳定增长，宏观调控作用明显增强。而且对财政管理体制实施了重大改革，建立了分税制财政管理体系，这对于贯彻国家的经济政策，起到了积极的作用。

26.1.7　1994 年以来的税收制度

1994 年以后，中国的改革开放进入了一个新的历史阶段，社会主义经济理论与实践取得了重大进展，税制建设也进入了一个新的黄金时代。这一时期是中国税制改革全面深化的时期，取得了改革开放以来税制改革的第三次重大突破。

1992 年春，邓小平同志视察中国南方发表重要谈话，中共中央政治局为此召开全体会议以后，中共中央、国务院作出了关于加快改革开放和经济发展的一系列重要决定。从此，在中共中央、国务院的直接领导下，财税部门开始加快税制改革的准备工作。1992 年 10 月，中共中央总书记江泽民在中国共产党第十四次全国代表大会上所作的报告中提出了建立社会主义市场经济体制的战略目标，其中包括税制改革的任务。1993 年春，江泽民总书记多次主持召开中央财经领导小组会议，研究财税部门提出的税制改革设想，提出了改革的指导思想和基本原则，并确定由中共中央政治局常委、国务院副总理朱镕基负责此项工作。6 月，中共中央、国务院做出了关于加强宏观调控的一系列重要决策，其中的重要措施之一，就是要加快税制改革。8～9 月间，国务院常务会议和中共中央政治局常委会议先后讨论通过财税部门起草的税制改革方案。11 月，中国共产党第十四届中央委员会第三次全体会议通过《关于建立社会主义市场经济体制若干问题的决定》，确定了税制改革的基本原则和主要内容。到 12 月底，税制改革的有关法律、行政法规陆续公布，从 1994 年起在全国实施。1994 年税制改革的主要内容是：

第一，全面改革货物和劳务税制，实行以比较规范的增值税为主体，消费税、营业税并行，内外统一的货物和劳务税制；

第二，改革企业所得税制，将过去对国营企业、集体企业和私营企业分别征收的多种企业所得税合并为统一的企业所得税；

第三，改革个人所得税制，将过去对外国人征收的个人所得税、对中国人征收的个人收入调节税和城乡个体工商业户所得税合并为统一的个人所得税；

第四，大幅度调整其他税收，如扩大资源税的征收范围，开征土地增值税，取消盐税、烧油特别税、集市交易税等 12 个税种，并将屠宰税、筵席税的管理权下放到省级地方政府，新设了遗产税、证券交易税（这两种税后来没有立法开征）。

1994 年，税制改革初步搭建了适应市场经济要求的税制框架，税种设置由原来的 37 个减少为 23 个，税制得以简化、规范和统一，主体税种增值税趋于中性；提高了"两个比重"，税制改革后的十年内，税收收入就从 5000 亿元迅速上升到 2 万亿元，

2014 年税收超过 10 万亿元，税收收入占 GDP 的比重也由 1993 年的不足 10% 提高到 2014 年的 20% 左右；增强了中央宏观调控能力，中央财政收入占全国财政收入的比重由税改前不足 20%，到税制改革后大幅提升到 50% 以上。[①]

1994 年，税制改革是新中国成立以来规模最大、范围最广泛、内容最深刻的一次税制改革，从根本上说，源于经济体制转型——计划经济转向市场经济。改革的方案是在我国改革开放以后税制改革的基础上，经过多年的理论研究和实践探索，积极借鉴外国税制建设的成功经验，结合中国的国情制定的，推行以后从总体上看取得了很大的成功。经过这次税制改革和后来的逐步完善，到 20 世纪末，我国初步建立了适应社会主义市场经济体制需要的税收制度，对于保证财政收入，加强宏观调控，深化改革，扩大开放，促进经济与社会的发展，起到了重要的作用。

2001 年以后，根据中国共产党第十六次、十七次全国代表大会和第十六届中央委员会第三次全体会议的要求，第九届全国人民代表大会第四次会议批准的《中华人民共和国国民经济和社会发展第十个五年计划纲要》和第十届全国人民代表大会第四次会议批准的《中华人民共和国国民经济和社会发展第十一个五年规划纲要》，为了适应建立完善的社会主义市场经济体制的需要，我国税制分步实施了下列重大改革：

第一，逐步推行农村税费改革。2005 年，全国人民代表大会常务委员会决定从 2006 年起取消农业税；从 2005 年到 2006 年，国务院先后取消牧业税和屠宰税，对过去征收农业特产农业税的烟叶产品改征烟叶税。

第二，完善货物和劳务税制。2001 年，结合交通和车辆税费改革开征车辆购置税。2003 年，国务院公布新的关税条例。2008 年，国务院修订增值税暂行条例、消费税暂行条例和营业税暂行条例，初步实现增值税从"生产型"向"消费型"的转变，结合成品油税费改革调整消费税。2012 年 1 月 1 日起，在上海对交通运输业及现代服务业行业开展深化增值税制度改革试点，逐步将目前征收营业税的行业改为征收增值税。2012 年 7 月经国务院批准，将交通运输业和部分现代服务业营业税改征增值税试点范围，由上海市分批扩大至北京等 8 个省（直辖市）。自 2013 年 8 月 1 日开始，将交通运输业和部分现代服务业营业税改征增值税试点范围扩大到全国地区实行"营改增"，并包括广播影视服务业行业。自 2014 年 1 月 1 日开始，在全国范围内开展铁路运输和邮政业"营改增"试点。"营改增"范围进一步扩大。自 2014 年 6 月 1 日开始，将电信业纳入营业税改征增值税试点。2016 年 5 月 1 日将征收营业税的行业全部改征增值税，实现了全面实行"营改增"。

第三，完善所得税制。从 2005 年到 2007 年，全国人民代表大会常务委员会先后三次修改个人所得税法。2007 年，全国人民代表大会将过去对内资企业和外资企业分别征收的企业所得税合并为统一的企业所得税，内外统一征收。2011 年 9 月 1 日起，提高了个人所得税工资薪金所得的免征额达到 3500 元、将工资薪金所得适用税率表由九级累进税率调整为七级。

---

① 资料来源：国家统计局网站。

第四，完善财产税制。从 2006 年到 2009 年，国务院先后将车船使用税与车船使用牌照税合并为车船税，内外统一征收；修改城镇土地使用税暂行条例和耕地占用税暂行条例，将对内征收的城镇土地使用税和耕地占用税分别改为内外统一征收；取消城市房地产税，将对内征收的房产税改为内外统一征收。经国务院批准，财政部、国家税务总局陆续调整原油、天然气、煤炭、盐、大理石、铜矿石和磷矿石等若干类资源产品的资源税税额标准。2014 年以后，我国的原油、天然气、煤炭均已由从量计征改为从价计征。2016 年 7 月 1 日，对大部分资源产品均已由从量计征改为从价计征。

此外，调整了证券（股票）交易印花税的税率和纳税人，将船舶吨税重新纳入财政预算管理，取消了筵席税。

通过这上述这些改革，我国的税制进一步简化、规范，税负更加公平，宏观调控作用增强，在促进经济持续快速增长的基础上实现了税收收入的连年大幅度增长。

近几年，我国税制改革的目标并不单纯在于强调税收的增长，而是更注重税制结构的优化与均衡，譬如从 2012 年上海开始试点、2013 年多省和多数行业的全面"营改增"、2014 年调整成品油的消费税、2014 年的全面清理税收优惠政策，等等。2013 年 11 月党的十八届三中全会通过的《中共中央关于全面深化改革若干重大问题的决定》中，更明确地指出了我国未来税制改革的方向：深化税收制度改革，完善地方税体系，逐步提高直接税比重。改革的几个重要方面是：推进增值税改革（即"营改增"），适当简化税率；调整消费税征收范围、环节、税率，把高耗能、高污染产品及部分高档消费品纳入征收范围；逐步建立综合与分类相结合的个人所得税制；加快房地产税立法并适时推进改革；加快资源税改革；推动环境保护费改税，建立环境保护税。按照统一税制、公平税负、促进公平竞争的原则，加强对税收优惠特别是区域税收优惠政策的规范管理。税收优惠政策统一由专门税收法律法规规定，清理规范税收优惠政策。完善国税、地税征管体制。

2014 年 6 月 30 日，由中共中央政治局会议审议通过的《深化财税体制改革总体方案》提出："深化税收制度改革，优化税制结构、完善税收功能、稳定宏观税负、推进依法治税，建立有利于科学发展、社会公平、市场统一的税收制度体系，充分发挥税收筹集财政收入、调节分配、促进结构优化的职能作用"。

综上，未来我国的税制改革形式依旧严峻，现行税制中还尚存不少的问题，况且我国经济社会的发展和国际形势的变化也会给税制带来许多新的问题，还可能在设计上乃至执行上出现缺失，我们不能"毕其功于一役"。但是，在已确定的税制改革精神和原则指引下，我国税制改革和税制建设的步伐必将大大地向前推进，建立起一套适应我国社会主义市场经济体制的、符合国际惯例的税收制度，以更好地促进我国经济社会和各项事业的健康协调发展。

26.2　中国现行收入分配导向的税收政策体系

税收调节收入分配可以采取两个方面的措施：一是税制设计更加注重发挥调节分配

的功能；二是制定专门的税收政策，有针对性地调节收入分配的差距，降低高收入群体的收入水平，抑制分配差距的扩大。

26.2.1 高收入群体的税收政策

市场化改革取向以来，我国居民的收入有了较大幅度的增长，基本解决温饱问题后正在向高质量的小康生活迈进，在构建和谐社会的征途中充满了美好的愿景。但不能忽视的一个问题是，在市场化改革过程中，由于收入分配制度的不规范导致了在改革过程中涌现了特定的高收入群体，同时由于劳动收入在初次分配过程中增长缓慢，导致了收入差距日益扩大，从而也产生了"高收入群体"和"低收入群体"的划分。

高收入群体并不是明确界定收入或财产超过一定数额的人群为高收入群体，其仅指收入或消费水平特殊的一类群体，因为准确地界定高收入群体并没有一个统一的标准，但社会公众又普遍认为有这样的一个群体存在。2001 年 6 月 1 日《国家税务总局关于进一步加强对高收入者个人所得税征收管理的通知》、2005 年 7 月 6 日《个人所得税管理办法》均界定了"高收入行业和个人"。高收入行业主要包括：电信、银行、保险、证券、石油、石化、电力、烟草、航空、铁路、房地产、足球俱乐部、学校、医院、城市供水供气、出版社、公路管理、外企、高新技术产业、中介机构等；高收入个人包括私营企业主、个人独资企业和合伙企业投资者、建筑工程承包人、演艺界人士、体育明星、模特、律师、会计师、审计师、税务师、评估师、高校教师、临时来华演出人员等。

税收政策是调节收入分配的重要工具之一，而中国现行的税收政策对高收入群体的调节十分重视，下面将从三个方面来介绍我国高收入群体的税收政策。

26.2.1.1 具有收入调节功能的税种

1. 对高收入者征收个人所得税的主要政策

1986 年，国务院根据我国社会经济发展的状况，为了有效调节社会成员收入水平的差距，分别发布了《城乡个体工商户所得税暂行条例》和《个人收入调节税暂行条例》，从而形成了我国对个人所得课税三个税收法律、法规并存的状况。这些税收法律、法规的施行，对于促进对外经济技术交流与合作，缓解社会分配不公的矛盾，增加财政收入等都发挥了积极作用，但是，随着形势的发展，这些税收法律、法规逐渐暴露出一些矛盾和问题。

为了规范和完善对个人所得课税的制度，适应建立社会主义市场经济体制的要求，有必要对三个个人所得课税的法律、法规进行修改和合并，建立一部统一的既适应中、外籍纳税人，也适应于个体工商户和其他人员的新的个人所得税法。1993 年 10 月 31 日第八届全国人民代表大会常务委员会第四次会议通过了《关于修改〈中华人民共和国个人所得税法〉的决定》，同时公布了修改后的《个人所得税法》，自 1994 年 1 月 1 日起施行。1994 年 1 月 28 日国务院第 142 号令发布《中华人民共和国个人所得税法实施条例》。1999 年 8 月 30 日第九届全国人民代表大会常务委员会第十一次会议通过了第二次修正的《中华人民共和国个人所得税法》。

1992 年 1 月，邓小平同志南方谈话之后，中国改变了过去建立有计划的商品经济的提法正式提出建立和发展社会主义市场经济，使改革掀起了新一轮的高潮。有些行业渐渐地成为高收入行业，如企事业单位承包承租、房地产业、建筑安装业、广告业、娱乐业、律师行业等。为了贯彻调节高收入、缓解社会分配不公矛盾的指导思想，把改进和加强对高收入行业和个人的征收管理落实到实处，针对高收入行业和个人的特点，根据个人所得税政策精神和征收管理的要求国家税务总局制定下发了一系列针对高收入行业和个人的征收管理制度和办法，主要有：

1994 年 8 月 1 日，国家税务总局制定的《关于对企事业单位实行承包经营、承租经营取得所得征税问题的通知》。该通知规定：企业实行个人承包、承租经营后，如果工商登记仍为企业的，不管其分配方式如何，均应先按照企业所得税的有关规定缴纳企业所得税。承包经营、承租经营者按照承包、承租经营合同（协议）规定取得的所得，依照个人所得税法的有关规定缴纳个人所得税。

1994 年，国家税务总局制定的《个人所得税代扣代缴暂行办法》。该办法规范和强化代扣代缴工作，在普遍加强代扣代缴工作的同时，重点加强了高收入行业和单位的代扣代缴工作，并从 1996 年 1 月 1 日起，在部分高收入行业和地区进行全员全额扣缴明细申报试点，2003 年以来，逐步扩大了全员全额管理的覆盖面。

1995 年 3 月 14 日，国家税务总局制定的《机动出租车驾驶员个人所得税征收管理暂行办法》。该办法规定：出租车驾驶员从事出租车运营取得的收入，适用的个人所得税项目为：第一，出租汽车经营单位对出租车驾驶员采取单车承包或承租方式运营，出租车驾驶员从事客货运营取得的收入，按工资、薪金所得项目征税；第二，从事个体出租车运营的出租车驾驶员取得的收入，按个体工商户的生产、经营所得项目缴纳个人所得税；第三，出租车属个人所有，但挂靠出租汽车经营单位或企事业单位，驾驶员向挂靠单位缴纳管理费的，或出租汽车经营单位将出租车所有权转移给驾驶员的，出租车驾驶员从事客货运营取得的收入，比照个体工商户的生产，经营所得项目征税。

1995 年 11 月 18 日，国家税务总局制定的《演出市场个人所得税征收管理办法》。该办法规定演职员参加非任职单位组织的演出取得的报酬为劳务报酬所得，按次缴纳个人所得税。演职员参加任职单位组织的演出取得的报酬为工资、薪金所得，按月缴纳个人所得税。上述报酬包括现金、实物和有价证券。

此处要说明的一点是，我国个人所得税对于劳务报酬所得一次收入畸高的，实行加成征收，这无疑有助于增加高收入群体的税负。

1996 年 1 月 1 日，国家税务总局制定的《建筑安装业个人所得税征收管理暂行办法》。该办法规定：第一，承包建筑安装业各项工程作业的承包人取得的所得，应区别不同情况计征个人所得税：经营成果归承包人个人所有的所得，或按照承包合同（协议）规定，将一部分经营成果留归承包人个人的所得，按对企事业单位的承包经营、承租经营所得项目征税；以其他分配方式取得的所得，按工资、薪金所得项目征税；第二，从事建筑安装业的个体工商户和未领取营业执照承揽建筑安装业工程作业的建筑安装队和个人，以及建筑安装企业实行个人承包后工商登记改变为个体经济性质的，其从事建筑安装业取得的收入应依照个体工商户的生产、经营所得项目计征个人所得税；第三，从事建筑安装业工程作业的其他人员取得的所得，分别按照工资、薪金所得项目和劳务报酬所得项目计征个人所得税。

1996 年 8 月 29 日，国家税务总局制定了《广告市场个人所得税征收管理办法》。该办法规定：纳税人在广告设计、制作、发布过程中提供名义、形象而取得的所得，应按劳务报酬所得项目计算纳税。纳税人在广告设计、制作、发布过程中提供其他劳务取得的所得，视其情况分别按照税法规定的劳务报酬所得、稿酬所得、特许权使用费所得等应税项目计算纳税。扣缴人的本单位人员在广告设计、制作、发布过程中取得的由本单位支付的所得，按工资、薪金所得项目计算纳税。

1998 年 8 月 12 日，国家税务总局制定的《境外所得个人所得税征收管理暂行办法》。该办法规定：第一，下列所得，不论支付地点是否在中国境外，均为来源于中国境外的所得：因任职、受雇、履约等而在中国境外提供劳务取得的所得；将财产出租给承租人在中国境外使用而取得的所得；转让中国境外的建筑物、土地使用权等财产或者在中国境外转让其他财产取得的所得；许可各种特许权在中国境外使用而取得的所得；从中国境外的公司、企业以及其他经济组织或者个人取得的利息、股息、红利所得。第二，纳税人有下列情形的，应自行申报纳税：境外所得来源于两处以上的；取得境外所得没有扣缴义务人、代征人的（包括扣缴义务人、代征人未按规定扣缴或征缴税款的）。

2000 年 8 月 23 日，国家税务总局制定的《关于律师事务所从业人员取得收入征收个人所得税有关业务问题的通知》。该通知规定：律师个人出资兴办的独资和合伙性质的律师事务所的年度经营所得，从 2000 年 1 月 1 日起，停止征收企业所得税，作为出资律师的个人经营所得，按照有关规定，比照"个体工商户的生产、经营所得"应税项目征收个人所得税。在计算其经营所得时，出资律师本人的工资、薪金不得扣除。

2001 年 6 月 1 日，国家税务总局制定的《关于进一步加强对高收入者个人所得税征收管理的通知》。该通知规定：第一，进一步摸清高收入行业和个人的基本情况；第二，在个人所得税专项检查中突出对高收入行业和个人的检查，严厉打击涉税违法犯罪行为；第三，各级税务机关要按照总局《个人所得税专项检查工作规程（试行）》的要求，每年开展 1 次至 2 次个人所得税专项检查；第四，进一步完善收入申报试点，建立纳税人和扣缴义务人编码制度。

2003 年 7 月 11 日，国家税务总局制定的《关于规范个人投资者个人所得税征收管理的通知》。该通知规定：第一，个人独资企业、合伙企业的个人投资者以企业资金为本人、家庭成员及其相关人员与企业生产经营无关的消费性支出及购买汽车、住房等财产性支出，视为企业对个人投资者利润分配，并入投资者个人的生产经营所得，依照"个体工商户的生产经营所得"项目计征个人所得税；第二，除个人独资企业、合伙企业以外的其他企业的个人投资者，以企业资金为本人、家庭成员及其相关人员支付与企业生产经营无关的消费性支出及购买汽车、住房等财产性支出，视为企业对个人投资者的红利分配，依照"利息、股息、红利所得"项目计征个人所得税；第三，纳税年度内个人投资者从其投资企业（个人独资企业、合伙企业除外）借款，在该纳税年度终了后既不归还，又未用于企业生产经营的，其未归还的借款可视为企业对个人投资者的红利分配，依照"利息、股息、红利所得"项目计征个人所得税。

除了上述 10 个通知规定外，还明确了对股份制企业派送红股、私人办学所得、个人医疗服务所得、娱乐业从业人员所得、试行年薪制的企业经营者所得等项具体征管办法。各级税务机关在贯彻落实国家税务总局制定的制度办法的同时，根据当地高收入行业和个人的情况，如对美容美发、餐饮、桑拿按摩、歌厅舞厅、夜总会等场所的一些职业高收入者，也制定了个人所得税征管的制度办法，有效地加强了对高收入行业和个人的征收管理，堵塞了税收漏洞。

还有一点要说明的是，近年来我国不同人群收入差距过大，原因之一就是对高收入者的税收征管不力。在我国对个人所得税征收方式有两种：一是自行申报；二是代扣代缴。从实际来看，通过代扣代缴这种方式扣缴的纳税义务人往往收入比较低；而高收入者的收入呈现来源多、分散、隐蔽等特点，对他们的所有收入实行代扣代缴，在现实中往往很难做到，于是就采取了自行申报，而自行申报的最大弊端就在于纳税人并非自觉去申报。所以，为发挥个人所得税对高收入者的调节作用，把高收入者的税收征到位，税务机关实施了一系列政策来强化自行申报的征管：

2005 年 10 月 27 日，第十届全国人大常委会第十八次会议审议通过的《关于修改〈中华人民共和国个人所得税法〉的决定》，扩大了纳税人自行申报的范围，规定"个人所得超过国务院规定数额的"以及"国务院规定的其他情形"的纳税人应当自行纳税申报。

2005 年 12 月 19 日，国务院通过《国务院关于修改〈中华人民共和国个人所得税法实施条例〉的决定》，自 2006 年 1 月 1 日起施行。个人所得税法实施条例将"个人所得超过国务院规定数额的"明确为"年所得 12 万元以上"，并授权国家税务总局制定具体管理办法。

2005 年 12 月 27 日，国家税务总局制定的《个人所得税全员全额扣缴申报管理暂行办法》。该办法规定：扣缴义务人向个人支付应税所得时，不论其是否属于本单位人员、支付的应税所得是否达到纳税标准，扣缴义务人应当在代扣税款的次月内，向主管税务机关报送其支付应税所得个人的基本信息、支付所得项目和数额、扣缴税款数额以及其他相关涉税信息。

2006 年 11 月 6 日，国家税务总局制定的《个人所得税自行申报纳税办法（试行）》该办法规定，凡有下列情形之一的，纳税人必须自行向税务申报所得并缴纳税款：年所得 12 万元以上的；在两处或两处以上取得工资、薪金所得的；从中国境外取得所得的；取得应纳税所得，没有扣缴义务人的，如个体工商户从事生产、经营所得；国务院规定的其他情形。

2006 年 12 月 15 日，国家税务总局制定的《关于明确年所得 12 万元以上自行纳税申报口径的通知》该办法进一步明确了年所得 12 万元以上的纳税人按以下规定计算年所得数额：第一，劳务报酬所得、特许权使用费所得，不得减除纳税人在提供劳务或让渡特许权使用权过程中缴纳的有关税费；第二，财产租赁所得，不得减除纳税人在出租财产过程中缴纳的有关税费，对于纳税人一次取得跨年度财产租赁所得的，全部视为实际取得所得年度的所得；第三，个人转让房屋所得，采取核定征收个人所得税的，按照实际征收率（1%、2%、3%）分别换算为应税所得率（5%、10%、15%），据此计算年所得；第四，个人储蓄存款利息所得、企业债券利息所得，全部视为纳税人实际取得所得年度的所得；第五，对个体工商户、个人独资企业投资者，按照征收率核定个人所得税的，将征收率换算为应税所得率，据此计算应纳税所得额。合伙企业投资者按照上述方法确定应纳税所得额后，合伙人应根据合伙协议规定的分配比例确定其应纳税所得额，合伙协议未规定分配比例的，按合伙人数平均分配确定其应纳税所得额。对于同时参与两个以上企业投资的，合伙人应将其投资所有企业的应纳税所得额相加后的总额作为年所得；第六，股票转让所得，以一个纳税年度内，个人股票转让所得与损失盈亏相抵后的正数为申报所得数额，盈亏相抵为负数的，此项所得按"零"填写。

2007年12月17日，国家税务总局制定了《关于加强年所得12万元以上个人自行纳税申报信息保密管理的通知》等。

最后要补充很重要的一个方面，税务机关不仅仅在加强对高收入行业和个人的征收管理上面投入很多精力，近年来，随着居民的基本生活消费支出水平的提高，我国在个人所得税的工资薪金的扣除标准和税率级次上也几经调整：

2005年，将个人所得税工资薪金的扣除标准调整为1600元；

2007年进行调整，从2008年3月1日起工资薪金扣除额升至2000元；

2011年，对个人所得税的工资薪金扣除标准从之前的2000元提高到3500元，对工资薪金所得、个体工商户生产经营所得和承包承租经营所得的税率级次及差距进行了调整。将工薪所得9级超额累进税率修改为7级，加大了对高收入者的调节力度。

2. 车船税

车船税的一个重要功能是对个人拥有的财产或财富（如轿车、游艇等）进行调节，以此来缓解财富分配不公。随着我国经济增长，部分先富起来的个人拥有私人轿车、游艇及其他车船的情况将会日益增加，我国征收车船税的财富再分配作用日益凸显。

车船税对拥有车船的单位和个人征收，在2007年1月1日起实行新的征收标准，提高了车船税税额，实行定额税；在2012年，新的车船税，将乘用车将分为7个梯度按照排量进行征税，其中，排量在1.0升及以下的乘用车税负减轻，主体乘用车车型税额适当提高，大排量乘用车税负则大幅增加，这对于拥有高价奢侈车船的高收入群体所来说，他们的税负有所加重。

3. 消费税

消费税是间接税中具有收入调节功能的重要税种，自2006年开始，我国的消费税税目中，逐渐增加一些反映高收入者消费能力的消费品，如高尔夫球及球具、高档手表、游艇等税目。党的十八届三中全会对于税制改革进行了部署，其中，消费税下一步改革的基本思路是："调整消费税征收范围、环节、税率，把高耗能、高污染产品及部分高档消费品纳入征收范围。"

2014年12月，财政部、国家税务总局联合下发《财政部、国家税务总局关于提高成品油消费税的通知》，自 2014 年 12 月 13 日起，将汽油、石脑油、溶剂油和润滑油的消费税单位税额由 1. 12 元/升提高到 1. 4 元/升；将柴油、航空煤油和燃料油的消费税单位税额由 0. 94 元/升提高到 1. 1 元/升；航空煤油继续暂缓征收。这是继 2014 年 11 月 29 日《财政部、国家税务总局关于提高成品油消费税的通知》规定首度上调成品油消费税的一个月后，再次提高成品油消费税率。

2016 年 9 月，财政部、国家税务总局联合下发《财政部　国家税务总局关于调整化妆品消费税政策的通知》，规定取消对普通美容、修饰类化妆品征收消费税，将"化妆品"税目名称更名为"高档化妆品"。征收范围包括高档美容、修饰类化妆品、高档护肤类化妆品和成套化妆品。税率调整为 15% 。上述规定自 2016 年 10 月 1 日起执行。

2016 年 11 月，财政部、国家税务总局联合下发《财政部　国家税务总局关于对超豪华小汽车加征消费税有关事项的通知》，规定在消费税"小汽车"税目下增设"超豪华小汽车"子税目。征收范围为每辆零售价格 130 万元（不含增值税）及以上的乘用车和中轻型商用客车，即乘用车和中轻型商用客车子税目中的超豪华小汽车。对超豪华小汽车，在生产（进口）环节按现行税率征收消费税基础上，在零售环节加征消费税，税率为 10% 。上述规定自 2016 年 12 月 1 日起执行。

26.2.1.2　房地产税收政策所发挥的税收调节功能

中国现行的针对房地产的税收政策涉及土地、房地产的取得、交易和保有各个阶段，具体的税种有营业税、企业所得税、房产税、城镇土地使用税、耕地占用税、土地增值税、印花税、契税、城市维护建设税、教育费附加等。所涉及的税种很多，尽管在现实中情况错综复杂，但这对于高收入群体，尤其是想持有多套房产的人的购房意愿是有所抑制的。

从中国上述的各个税种可以看出，多数税种涉及房产、土地的取得和交易环节，对保有环节的税收相对较少，目前的房产的保有环节仅对生产经营用房产采用从价或从租计征方式，而对城镇普通个人持有的房产在保有阶段的税收成本几乎为零。从税负转嫁的角度来看，对取得和交易环节的课税通过价格调整是最容易转嫁的，最终税负落在房产、土地的最后使用者身上。对拥有多套房产以投资和投机为目的的高收入阶层在转让房产时税费是向前转嫁，在一步步助推房价上扬的同时，普通住房者的负担有所加重，而高收入阶层真正承担的税负实际是较少的。具体详细的政策梳理见下一节。

26.2.1.3　资本市场税收制度对高收入群体的税收调节

资本利得税是对资本利得（低买高卖资产所获收益）的征税。常见的资本利得如买卖股票、债券、贵金属和房地产等所获得的收益，此收益源自那些已经缴纳过所得税的资本的升值。中国证券市场经过十几年的发展，资本利得已经成为高收入群体收入的重要收入来源之一，所以这方面的税收对于调控收入差距，抑制高收入群体的收入有着至关重要的作用。

从 2005 年 7 月 1 日起，实施股票期权计划企业授予企业员工的股票期权所得，应按《个人所得税法》及其实施条例的有关规定征收个人所得税；财政部、国家税务总局2009年年初发文公布了对于个人从上市公司（含境内、外上市公司，下同）取得的股票增值权所得和限制性股票所得，要计算征收个人所得税。股票增值权，是指上市公司授予公司员工在未来一定时期和约定条件下，获得规定数量的股票价格上升所带来收益的权利，被授权人在约定条件下行权，上市公司按照行权日与授权日二级市场股票差价乘以授权股票数量，发放给被授权人的现金。限制性股票，是指上市公司按照股权激励计划约定的条件，授予公司员工一定数量本公司的股票。

2012年11月16日发布的《财政部　国家税务总局　证监会关于实施上市公司股息红利差别化个人所得税政策有关问题的通知》中，对个人从公开发行和转让市场取得的上市公司股票，持股期限在1个月以内（含1个月）的，其股息红利所得全额计入应纳税所得额；持股期限在1个月以上至1年（含1年）的，暂减按50%计入应纳税所得额；持股期限超过1年的，暂减按25%计入应纳税所得额。上述所得统一适用20%的税率计征个人所得税等。

近几年，随着经济不断发展，我国的资本市场日益活跃。作为个人非劳动所得的重要组成部分，股权转让通常具有转让金额大、资本升值率高的特点，是实现个人财富迅速积累的主要途径。但股权转让行为的活跃，也在一定程度上导致部分个人短期内收入增长过快，造就了一部分收入较高的人群，拉大了这部分人群与普通收入阶层的收入差距。为此，税务部门近年致力于不断完善和强化股权转让所得个人所得税的管理。

但随着股权交易形式的日益多样，原有的许多规定越来越难以全面适用，其中许多问题给纳税人和基层税务机关造成了困扰。所以为进一步规范征纳双方涉税行为，更好地发挥个人所得税调节收入分配的职能作用，同时，鼓励个人投资、积极创业，2014年12月7日，国家税务总局发布《股权转让所得个人所得税管理办法（试行）》，自2015年1月1日起施行。67号文的颁布对股权转让涉税环节和相关要素进一步做了明确，规范了纳税人和税务机关的权利和义务，使之更加适应当前经济、社会发展环境。

26.2.2　低收入群体的税收政策

与高收入者相对应的是普通工薪阶层、农民工、下岗职工、城市低保人员、农村低收入居民等。因为上一节有详细列举个人所得税有关收入分配的税收政策，所以本节对于普通工薪阶层的个人所得税政策就不再赘述。下面，将从低收入群体住房与保障农民权益的两个方面来梳理税收政策：

26.2.2.1　低收入群体住房的税收政策

新中国成立之初，我国国民经济处于百废待兴的阶段，国家关于解决住房问题的重点是在住房建设的大量投入上，形成了"高福利、低工资、低租金"的住房实物福利分配体制，人民群众的住房几乎完全由财政负担。政府根据实际情况和发展计划来确定建设资金的多少，决定修建住房的数量和规模。这一时期的住房制度，是高度集中的计划经济体制下的统建统分制度，由国家投资兴建公有住房，然后几乎无偿分配给职工使用，职工只需缴纳极低的房租。但由于这种住房是对全体城镇居民的一项普遍福利，并没有针对低收入阶层而实施，只不过是"平均主义""大锅饭"式的制度，因此还不是针对低收入群体的住房税收制度。

改革开放初期，我国城镇住房的最大问题仍是住房的全面短缺，政府需要重点解决的是大部分人住房的有无问题。为了对无房户和特困户实行特殊的住房解困办法，国务院住房制度改革领导小组于 1991 年 10 月颁布的《关于全面推进城镇住房制度改革的意见》中，提出要通过减免税费等扶持政策，努力降低建房造价。此时，我国的城市中低收入群体的住房保障问题，已进入政策制定者的视线之内。

1992 年开始，随着市场经济改革和国民经济的快速增长，社会低收入群体的住房问题进一步突显出来，为社会所注目。为解决中低收入群体的住房问题，国家开始实施安居工程。比如，在土地供应、税收和费用等方面给予一定的优惠，以成本价或微利价向中低收入群体提供经济适用房。相继颁布了《国务院关于深化城镇住房制度改革的决定》《国家安居工程实施方案》。

1998 年 7 月，国务院《关于进一步深化城镇职工住房制度改革加快住房建设的通知》中提出了公房提租减免政策。至此我国住房保障制度正式形成。《住房公积金管理条例》和《国务院关于进一步加强住房公积金管理的通知》的颁布，扩大了住房公积金的覆盖范围，缴存数额大幅增加，对改善职工住房问题起到了积极作用。

2003 年 12 月 31 日，建设部、财政部、民政部、国土资源部、国家税务总局五部委联合以 120 号令的形式发布了《城镇最低收入家庭廉租住房管理办法》，此办法规定，城镇最低收入家庭廉租住房保障方式应当以发放租赁住房补贴为主，实物配租、租金核减为辅。廉租房的资金来源主要以财政预算安排为主，其他筹措渠道为辅，如住房公积金增值收益中按规定提取的城市廉租住房补充资金、社会捐赠的资金等。实物配租的廉租住房来源应当以收购现有旧住房（直管公房和单位自主房）为主，限制集中兴建廉租房，保障对象应面向孤、老、病、残等特殊困难家庭及其他急需救助的家庭。对按政府规定价格出租的公有住房和廉租房，暂免征收房产税、营业税。

2006 年 7 月 18 日颁布《国家税务总局关于个人住房转让所得征收个人所得税有关问题的通知》，《中华人民共和国个人所得税法》及其实施条例规定，个人转让住房，以其转让收入额减除财产原值和合理费用后的余额为应纳税所得额，按照"财产转让所得"项目缴纳个人所得税。之后，根据我国经济形势发展需要，对个人转让住房的个人所得税应纳税所得额计算和换购住房的个人所得税有关问题做了具体规定：第一，对住房转让所得征收个人所得税时，以实际成交价格为转让收入。纳税人申报的住房成交价格明显低于市场价格且无正当理由的，征收机关依法有权根据有关信息核定其转让收入，但必须保证各税种计税价格一致。第二，对转让住房收入计算个人所得税应纳税所得额时，纳税人可凭原购房合同、发票等有效凭证，经税务机关审核后，允许从其转让收入中减除房屋原值、转让住房过程中缴纳的税金及有关合理费用。

2008 年由于经济危机，国家为缓解房市低迷，相应出台了一系列文件，由于这一时期的住房税收政策是受经济危机的影响而调整的，并非属于低收入群体的税收优惠，在此就不列举详细内容。

2010 年 9 月 29 日颁布《财政部、国家税务总局、住房和城乡建设部关于调整房地产交易环节契税个人所得税优惠政策的通知》，关于契税政策：对个人购买普通住房，且该住房属于家庭（成员范围包括购房人、配偶以及未成年子女，下同）唯一住房的，减半征收契税；对个人购买 90 平方米及以下普通住房，且该住房属于家庭唯一住房的，减按 1% 税率征收契税；关于个人所得税政策：对出售自有住房并在 1 年内重新购房的纳税人不再减免个人所得税。

为了促进房地产市场健康发展，经国务院批准，2011 年 1 月 27 日颁布《关于调整个人住房转让营业税政策的通知》，个人住房转让营业税政策如下：第一，个人将购买不足 5 年的住房对外销售的，全额征收营业税；个人将购买超过 5 年（含 5 年）的非普通住房对外销售的，按照其销售收入减去购买房屋的价款后的差额征收营业税；个人将购买超过 5 年（含 5 年）的普通住房对外销售的，免征营业税；第二，上述普通住房和非普通住房的标准、办理免税的具体程序、购买房屋的时间、开具发票、差额征税扣除凭证、非购买形式取得住房行为及其他相关税收管理规定，按照《国务院办公厅转发建设部等部门关于做好稳定住房价格工作意见的通知》、《国家税务总局　财政部　建设部关于加强房地产税收管理的通知》和《国家税务总局关于房地产税收政策执行中几个具体问题的通知》的有关规定执行等。

2013 年 2 月 20 日，温家宝主持召开国务院常务会议，研究部署继续做好房地产市场调控工作。会议确定了五项加强房地产市场调控的政策措施（称为"国五条"）自 2009 年 12 月开始楼市调控以来，政策经历了四次升级，分别是 2010 年 1 月的"国十一条"、4 月的"国十条"、9 月的"9·29 新政"，2011 年 1 月的"新国八条"，2013 年 2 月 20 日出台的"国五条"是第五次调控升级。其主要内容有：第一，完善稳定房价工作责任制。第二，坚决抑制投机投资性购房。扩大个人住房房产税改革试点范围。第三，增加普通商品住房及用地供应。2013 年住房用地供应总量原则上不低于过去五年平均实际供应量。加快中小套型普通商品住房项目的供地、建设和上市，尽快形成有效供应。第四，加快保障性安居工程规划建设。全面落实 2013 年城镇保障性安居工程基本建成 470 万套、新开工 630 万套的任务。配套设施要与保障性安居工程项目同步规划、同期建设、同时交付使用。完善并严格执行准入退出制度，确保公平分配。2013 年底前，地级以上城市要把符合条件的外来务工人员纳入当地住房保障范围。第五，加强市场监管。推进城镇个人住房信息系统建设，加强市场监测和信息发布管理。从上面几点可以看出，国家对于低收入群体的住房，尤其是保障性住房，存在税收政策上的支持。

2013 年 8 月 2 日，财政部和国家税务总局发布《财政部国家税务总局关于房改房用地未办理土地使用权过户期间城镇土地使用税政策的通知》，通知规定：应税单位按照国家住房制度改革有关规定，将住房出售给职工并按规定进行核销账务处理后，住房用地在未办理土地使用权过户期间的城镇土地使用税征免，比照各省、自治区、直辖市对个人所有住房用地的现行政策执行。

2013 年 9 月 30 日，财政部、海关总署和国家税务总局发布《财政部海关总署国家税务总局关于支持芦山地震灾后恢复重建有关税收政策问题的通知》。通知规定：为支持和帮助芦山地震受灾地区积极开展生产自救，重建家园，鼓励和引导社会各方面力量参与灾后恢复重建工作，使地震灾区基本生产生活条件和经济社会发展全面恢复并超过灾前水平，根据《国务院关于支持芦山地震灾后恢复重建政策措施的意见》的有关规定，明确了支持基础设施、房屋建筑物等恢复重建的税收政策：（1）对政府为受灾居民组织建设的安居房建设用地，免征城镇土地使用税，转让时免征土地增值税。（2）对因地震住房倒塌的农民重建住房占用耕地的，在规定标准内的部分免征耕地占用税。（3）由政府组织建设的安居房，对所签订的建筑工程勘察设计合同、建筑安装工程承包合同、产权转移书据、房屋租赁合同，免征印花税。（4）对受灾居民购买安居房，免征契税；对在地震中损毁的应缴而未缴契税的居民住房，不再征收契税。（5）经省级人民政府批准，对经有关部门鉴定的因灾损毁的房产、土地，免征 2013～2015 年度的房产税、城镇土地使用税。对经批准免税的纳税人已缴税款可以从以后年度的应缴税款中抵扣。以上税收政策，凡未注明具体期限的，一律执行至 2015 年 12 月 31 日。

2013 年 12 月 2 日，为贯彻落实《国务院关于加快棚户区改造工作的意见》有关要求，财政部和国家税务总局发布《财政部国家税务总局关于棚户区改造有关税收政策的通知》，通知规定：第一，对改造安置住房建设用地免征城镇土地使用税。对改造安置住房经营管理单位、开发商与改造安置住房相关的印花税以及购买安置住房的个人涉及的印花税予以免征。第二，企事业单位、社会团体以及其他组织转让旧房作为改造安置住房房源且增值额未超过扣除项目金额 20% 的，免征土地增值税。第三，对经营管理单位回购已分配的改造安置住房继续作为改造安置房源的，免征契税。第四，个人首次购买 90 平方米以下改造安置住房，按 1% 的税率计征契税；购买超过 90 平方米，但符合普通住房标准的改造安置住房，按法定税率减半计征契税。第五，个人因房屋被征收而取得货币补偿并用于购买改造安置住房，或因房屋被征收而进行房屋产权调换并取得改造安置住房，按有关规定减免契税。个人取得的拆迁补偿款按有关规定免征个人所得税。该通知自 2013 年 7 月 4 日起执行。《财政部　国家税务总局关于城市和国有工矿棚户区改造项目有关税收优惠政策的通知》同时废止。

2015 年 1 月 26 日，财政部、海关总署和国家税务总局发布《财政部　海关总署国家税务总局关于支持鲁甸地震灾后恢复重建有关税收政策问题的通知》，通知规定：为支持和帮助鲁甸地震受灾地区积极开展生产自救，重建家园，鼓励和引导社会各方面力量参与灾后恢复重建工作，使灾区基本生产生活条件和经济社会发展全面恢复并超过灾前水平，根据《国务院关于支持鲁甸地震灾后恢复重建政策措施的意见》的有关规定，就支持鲁甸地震灾后恢复重建有关房地产税收政策问题通知如下：（1）对政府为受灾居民组织建设的安居房建设用地，免征城镇土地使用税，转让时免征土地增值税。（2）对因地震住房倒塌的农民重建住房占用耕地的，在规定标准内的部分免征耕地占用税。（3）由政府组织建设的安居房，对所签订的建筑工程勘察设计合同、建筑安装工程承包合同、产权转移书据、房屋租赁合同，免征印花税。（4）对受灾居民购买安居房，免征契税；对在地震中损毁的应缴而未缴契税的居民住房，不再征收契税。（5）经省级人民政府批准，对经有关部门鉴定的因灾损毁的房产、土地，免征 2014 ~ 2016 年度的房产税、城镇土地使用税。对经批准免税的纳税人已缴税款可以从以后年度的应缴税款中抵扣。以上税收政策，凡未注明具体期限的，一律执行至 2016 年 12 月 31 日。

2015 年 3 月 31 日，财政部和国家税务总局发布《关于进一步支持企业事业单位改制重组有关契税政策的通知》，通知规定：为贯彻落实《国务院关于进一步优化企业兼并重组市场环境的意见》，继续支持企业、事业单位改制重组，就企业、事业单位改制重组涉及的契税政策通知如下：

第一，企业改制。企业按照《中华人民共和国公司法》有关规定整体改制，包括非公司制企业改制为有限责任公司或股份有限公司，有限责任公司变更为股份有限公司，股份有限公司变更为有限责任公司，原企业投资主体存续并在改制（变更）后的公司中所持股权（股份）比例超过 75%，且改制（变更）后公司承继原企业权利、义务的，对改制（变更）后公司承受原企业土地、房屋权属，免征契税。

第二，事业单位改制。事业单位按照国家有关规定改制为企业，原投资主体存续并在改制后企业中出资（股权、股份）比例超过 50% 的，对改制后企业承受原事业单位土地、房屋权属，免征契税。

第三，公司合并。两个或两个以上的公司，依照法律规定、合同约定，合并为一个公司，且原投资主体存续的，对合并后公司承受原合并各方土地、房屋权属，免征契税。

第四，公司分立，公司依照法律规定、合同约定分立为两个或两个以上与原公司投资主体相同的公司，对分立后公司承受原公司土地、房屋权属，免征契税。

第五，企业破产。企业依照有关法律法规规定实施破产，债权人（包括破产企业职工）承受破产企业抵偿债务的土地、房屋权属，免征契税；对非债权人承受破产企业土地、房屋权属，凡按照《中华人民共和国劳动法》等国家有关法律法规政策妥善安置原企业全部职工，与原企业全部职工签订服务年限不少于三年的劳动用工合同的，对其承受所购企业土地、房屋权属，免征契税；与原企业超过 30% 的职工签订服务年限不少于三年的劳动用工合同的，减半征收契税。

第六，资产划转。对承受县级以上人民政府或国有资产管理部门按规定进行行政性调整、划转国有土地、房屋权属的单位，免征契税。同一投资主体内部所属企业之间土地、房屋权属的划转，包括母公司与其全资子公司之间，同一公司所属全资子公司之间，同一自然人与其设立的个人独资企业、一人有限公司之间土地、房屋权属的划转，免征契税。

第七，债权转股权。经国务院批准实施债权转股权的企业，对债权转股权后新设立的公司承受原企业的土地、房屋权属，免征契税。

第八，划拨用地出让或作价出资。以出让方式或国家作价出资（入股）方式承受原改制重组企业、事业单位划拨用地的，不属上述规定的免税范围，对承受方应按规定征收契税。

第九，公司股权（股份）转让。在股权（股份）转让中，单位、个人承受公司股权（股份），公司土地、房屋权属不发生转移，不征收契税。通知自 2015 年 1 月 1 日起至 2017 年 12 月 31 日执行。

2016 年 2 月 17 日，财政部、国家税务总局和住房城乡建设部联合发布《财政部　国家税务总局住房城乡建设部关于调整房地产交易环节契税　营业税优惠政策的通知》，通知规定：根据国务院有关部署，就调整房地产交易环节契税、营业税优惠政策通知如下：

第一，关于契税政策。（1）对个人购买家庭唯一住房（家庭成员范围包括购房人、配偶以及未成年子女，下同），面积为 90 平方米及以下的，减按 1% 的税率征收契税；面积为 90 平方米以上的，减按 1.5% 的税率征收契税。（2）对个人购买家庭第二套改善性住房，面积为 90 平方米及以下的，减按 1% 的税率征收契税；面积为 90 平方米以上的，减按 2% 的税率征收契税。家庭第二套改善性住房是指已拥有一套住房的家庭，购买的家庭第二套住房。（3）纳税人申请享受税收优惠的，根据纳税人的申请或授权，由购房所在地的房地产主管部门出具纳税人家庭住房情况书面查询结果，并将查询结果和相关住房信息及时传递给税务机关。暂不具备查询条件而不能提供家庭住房查询结果的，纳税人应向税务机关提交家庭住房实有套数书面诚信保证，诚信保证不实的，属于虚假纳税申报，按照《中华人民共和国税收征收管理法》的有关规定处理，并将不诚信记录纳入个人征信系统。（4）具体操作办法由各省、自治区、直辖市财政、税务、房地产主管部门共同制定。

第二，关于营业税政策。个人将购买不足 2 年的住房对外销售的，全额征收营业税；个人将购买 2 年以上（含 2 年）的住房对外销售的，免征营业税。办理免税的具体程序、购买房屋的时间、开具发票、非购买形式取得住房行为及其他相关税收管理规定，按照《国务院办公厅转发建设部等部门关于做好稳定住房价格工作意见的通知》、《国家税务总局　财政部　建设部关于加强房地产税收管理的通知》和《国家税务总局关于房地产税收政策执行中几个具体问题的通知》的有关规定执行。

第三，关于实施范围。北京市、上海市、广州市、深圳市暂不实施通知第一条第二项契税优惠政策及第二条营业税优惠政策，上述城市个人住房转让营业税政策仍按照《财政部　国家税务总局关于调整个人住房转让营业税政策的通知》执行。上述城市以外的其他地区适用本通知全部规定。通知自 2016 年 2 月 22 日起执行。

2016 年 3 月 23 日，财政部和国家税务总局发布《财政部　国家税务总局关于全面推开营业税改征增值税试点的通知》，该文附件 2 第一条第（九）款第 6 项规定：个人出租住房，应按照 5% 的征收率减按 1.5% 计算应纳税额。附件 3 第一条第（十六）款规定：2018 年 12 月 31 日前，公共租赁住房经营管理单位出租公共租赁住房免征增值税。附件 3 第一条第（十九）款第 5 项规定：住房公积金管理中心用住房公积金在指定的委托银行发放的个人住房贷款利息收入免征增值税。附件 3 第五条第一款规定：个人将购买 2 年以上（含 2 年）的住房对外销售免征增值税，上述政策适用于北京市、上海市、广州市和深圳市之外的地区。上述增值税优惠政策除已规定期限的项目和第五条政策外，其他均在"营改增"试点期间执行。

26.2.2.2　保障农民权益的税收政策①

我国历来重视农民权益问题的保护。《中共中央、国务院关于加快发展现代农业，进一步增强农村发展活力的若干意见》于 2013 年 1 月 31 日由新华社受权发布，连续第十年聚焦"三农"。大力发展农业产业是大势所趋，首当其冲的是打破城乡二元经济结构。鉴于以上文件精神，我国对农业一直坚持税收保护和扶持的原则。我国涉农税收政策总体来看，是通过税收优惠的方式支持农业发展，除取消农业税外，现有税收政策在流转税、所得税、地方税等多个方面对农业生产给予优惠。

1. 流转税方面

（1）增值税优惠。我国增值税暂行条例规定，对特定农产品免征增值税，即对农业生产者销售自产农产品的增值额免征增值税。如批发、零售的种子、种苗；农机，氮肥（除尿素外），磷肥（除磷酸二铵以外），钾肥及以此为原料的复混肥等均可免征增值税。并且相应的免税农产品进项扣除率，自 2002 年开始，从原来的 10% 提高到 13%。

（2）营业税优惠。根据《中华人民共和国营业税暂行条例》规定："农业机耕、排灌、病虫害防治、植物保护、农牧保险以及相关技术培训业务，家禽、牲畜、水生动物的配种和疾病防治免征营业税。"根据《国家税务总局关于林木销售和管护征收流转税问题的通知》规定："纳税人单独提供林木管护劳务行为的收入中，属于提供农业机耕、排灌、病虫害防治、植保劳务取得的收入，免征营业税。""营改增"以后，营业税原有税收优惠政策继续在征收增值税时保留。

2. 所得税方面

（1）企业所得税优惠。根据《中华人民共和国企业所得税法》及实施细则的规定："企业从事农、林、牧、渔业项目的所得，可以免征、减征企业所得税。"农产品初加工享受企业所得税优惠政策；对农民专业合作社、农民专业技术会提供的技术服务劳务所得暂免征收所得税。

（2）个人所得税优惠。根据《国家税务总局关于进一步落实税收优惠政策、促进农民增加收入的通知》，个人或个体工商户从事四业的（种植、养殖、饲养、捕捞）并且经营项目属于农业（含农林特产税）、牧业税征税范围的所得暂不征收个人所得税；对农民进入各类市场销售自产农产品取得的所得暂不征收个人所得税，对市场内的经营者和其经营的农产品，由税务机关提供相应证据定义销售者属不属于农民和经营物品是不是自产农产品，无直接证据证明的，按"农民销售自产农产品"适用规定。

3. 房产税、土地使用税、车船使用税和印花税方面的税收优惠

（1）根据《中华人民共和国土地使用税暂行条例》，直接用于从事种植、养殖、饲养的专业用地，免征土地使用税；

（2）根据《国家税务总局关于调整房产税和土地使用税具体征税范围解释规定的通知》，对农林牧渔业用地和农民居住用房屋及土地，不征收房产税、土地使用税；

---

① 此处的农民是指低收入农民、农民工、失地农民。

（3）根据《国务院关于修改〈中华人民共和国城镇土地使用税暂行条例〉的决定》，经批准开山填海整治的土地和改造的废弃用地，从使用的月份起免缴土地使用税5～10年；

（4）根据《车船税法》，拖拉机、捕捞养殖渔船免征车船税；

（5）根据《财政部国家税务总局关于农民专业合作社有关税收政策的通知》，农林作物、牧业畜类保险合同，免征印花税；对农民专业合作社与本社成员签订的农业产品和农业生产资料购销合同，免征印花税。

26.2.3　促进就业的税收政策

就业是劳动者实现生存和发展的基本手段，关系到一国经济的发展与社会的稳定。根据国家统计局公布的数据，截至2013年年底，我国总人口数量达到13.6亿，我国仍然是世界上人口总量最多、劳动力人口数量最多的发展中国家。伴随着我国经济体制的转轨，政策导向的变化，以及全球金融危机的爆发，我国的就业问题越来越突出，解决就业问题已成为我国民生发展的重要课题。

新中国成立初期，我国经历了一段计划经济时期，实现了低收入、低水平的普遍就业。改革开放以后，我国的失业问题逐渐凸显出来。改革开放36年来，我国创造了3亿多就业岗位，可以说是当今世界上创造就业岗位最多的国家，但应该看到，在就业总量增加的同时，我国的失业率也在不断攀升。为此，我国政府先后出台了一系列税收政策解决就业问题，这些政策在一定程度上缓解了就业压力。下面以2000年为节点，分别从2000年之前和之后的促进就业的税收政策来介绍：

26.2.3.1　2000 年之前的我国促进就业的税收政策

20世纪80年代末，尤其是90年代中期，我国出台了一系列旨在鼓励下岗失业人员再就业的税收优惠政策，如促进第三产业发展、鼓励自主就业、提供公共服务就业岗位等。

1992年，根据中央关于利用税收、金融等经济杠杆，扶持第三产业发展促进就业的政策精神，国家税务总局出台了相关的税收政策，扶持劳动就业服务企业以及其他第三产业的发展，安置待业人员和企业富余人员。

1998年，为了贯彻落实中共中央、国务院发布《关于切实做好国有企业下岗职工基本生活保障和再就业的通知》，国家税务总局发布《关于下岗职工从事社区居民服务也享受有关税收优惠政策问题的通知》，鼓励下岗职工从事社区服务业。此外，这一时期还有一些促进就业的税收政策散见于各税种之中。

综上，在2000年以前，我国就业的主要问题还是集中于待业人员和特殊人群。

26.2.3.2　2000 年以后的我国促进就业的税收政策

严格来说，从2000年以后，我国才开始陆续出台针对性强并且较规范的促进就业税收政策。

2000 年，为缓解随军家属的就业困难，财政部和国家税务总局下发了《关于随军家属就业有关税收政策的通知》，对为安置随军家属就业而新开办的企业，3 年内免征营业税、企业所得税；对从事个体经营的随军家属，3 年内免征营业税和个人所得税。

2002 年 9 月，全国再就业工作会议结束后，国家税务总局同财政部、劳动和社会保障部等相关部门出台了一系列促进就业的税收政策，包括促进失业人员就业，扶持下岗人员再就业，军队转业、复员退伍军人就业及随军家属就业等，初步形成了一个结构合理、覆盖面广、多层次促进就业的税收政策体系。

2002 年 12 月，为了促进下岗失业人员再就业，《财政部国家税务总局关于下岗失业人员再就业有关税收政策问题的通知》和《国家税务总局、劳动和社会保障部关于促进下岗失业人员再就业税收政策具体实施意见的通知》发布，内容主要有：第一，对新办的服务型企业和商贸企业当年新招用下岗失业人员达到职工总数 30% 以上（含 30%），并与其签订 3 年以上期限劳动合同的，一经认定，3 年内免征城市维护建设税、教育费附加和企业所得税。第二，对现有的服务型企业和现有的商贸企业新增加的岗位，当年新招用下岗失业人员达到职工总数 30% 以上（含 30%），并与其签订 3 年以上期限劳动合同的，一经认定，3 年内对年度应缴纳的企业所得税额减征 30%。第三，对国有大中型企业通过主辅分离和辅业改制分流安置本企业富余人员兴办的经济实体，凡符合条件的，一经认定，3 年内免征企业所得税。第四，下岗失业人员从事个体经营，自领取税务登记证之日起，3 年内免征营业税、城市维护建设税、教育费附加和个人所得税。第五，提高营业税和增值税的起征点。

2003 年 10 月，国家税务总局发布了《关于进一步明确若干再就业税收政策问题的通知》，针对 2002 年的两份通知进行了进一步明确，针对下岗失业人员持同一《再就业优惠证》申请税收减免问题、从事增值税应税项目的个体经营活动如何适用税收优惠政策问题、个人独资企业和个人合伙企业税收优惠政策的适用问题以及下岗失业人员从事个体经营享受减免税的期限问题等进行了说明。

2004 年，财政部、国家税务总局下发《关于加强下岗失业人员再就业有关营业税优惠政策管理的通知》，在贯彻落实营业税有关政策时遇到的问题加以明确。

2005 年，财政部与国家税务总局再次下发《关于下岗失业人员再就业有关税收政策问题的通知》，根据市场的发展和形势的变化，对 2002 年的通知加以补充和完善。同年，为进一步加强《再就业优惠证》管理，防止税收流失，确保各项再就业税收政策落到实处，促进下岗失业人员再就业，国家税务总局、劳动和社会保障部发布《关于增值税专用发票和其他抵扣凭证审核检查有关问题的补充通知》通知。

2006 年对于农村是具有历史意义的一年，2006 年 1 月 1 日起我国全面取消了农业税，农业税成为历史。国务院从 2004 年开始实行减征或免征农业税的"惠农政策"，据统计，免征农业税、取消烟叶外的农业特产税可减轻农民负担 500 亿元左右，到 2005 年已有近 8 亿农民直接受益。2005 年末免除农业税的"惠农政策"以法律的形式固定下来，9 亿中国农民彻底告别了缴纳农业税的历史。农业税的取消不但减轻了农民负担，提升我国农产品的竞争力，还对农村就业具有促进作用。税负的降低使农民的期望收益增加，更多的农民愿意留在农村务农，而不是外出务工，一方面促进了农民的就业，另一方面在一定程度上减轻了城镇就业压力。

2007 年为了更好地发挥税收政策促进残疾人就业的作用，进一步保障残疾人的切身利益，财政部和国家税务总局发布《关于促进残疾人就业税收优惠政策的通知》通知，主要内容有：对安置残疾人的单位，实行由税务机关按单位实际安置残疾人的人数，限额即征即退增值税或减征营业税的办法；对安置残疾人单位的实施企业所得税、增值税和营业税政策减免政策；对残疾人个人就业的减征个人所得税政。

2009 年财政部、国家税务总局发布《关于延长下岗失业人员再就业有关税收政策的通知》通知，对延长下岗失业人员再就业的有关税收政策进行了明确。《财政部国家税务总局关于安置残疾人员就业有关企业所得税优惠政策问题的通知》通知规定企业安置残疾人员的，在按照支付给残疾职工工资据实扣除的基础上，可以在计算应纳税所得额时按照支付给残疾职工工资的 100% 加计扣除。

2010 年 3 月，国务院批准继续执行财政部、国家税务总局《关于延长下岗失业人员再就业有关税收政策的通知》的税收优惠政策。《财政部　国家税务总局关于支持和促进就业有关税收政策的通知》通知规定：第一，对持《就业失业登记证》人员从事个体经营的，在 3 年内按每户每年 8000 元为限额依次扣减其当年实际应缴纳的营业税、城市维护建设税、教育费附加和个人所得税。纳税人年度应缴纳税款小于上述扣减限额的，以其实际缴纳的税款为限；大于上述扣减限额的，应以上述扣减限额为限。第二，对商贸企业、服务型企业、劳动就业服务企业中的加工型企业和街道社区具有加工性质的小型企业实体，在新增加的岗位中，当年新招用持《就业失业登记证》人员，与其签订 1 年以上期限劳动合同并依法缴纳社会保险费的，在 3 年内按实际招用人数予以定额依次扣减营业税、城市维护建设税、教育费附加和企业所得税。定额标准为每人每年 4000 元，可上下浮动 20%，由各省、自治区、直辖市人民政府根据本地区实际情况在此幅度内确定具体定额标准，并报财政部和国家税务总局备案。

2010 年财政部、国家税务总局《关于安置残疾人就业单位城镇土地使用税等政策的通知》规定：第一，对在一个纳税年度内月平均实际安置残疾人就业人数占单位在职职工总数的比例高于 25%（含 25%）且实际安置残疾人人数高于 10 人（含 10 人）的单位，可减征或免征该年度城镇土地使用税。具体减免税比例及管理办法由省、自治区、直辖市财税主管部门确定。第二，对出租房产，租赁双方签订的租赁合同约定有免收租金期限的，免收租金期间由产权所有人按照房产原值缴纳房产税。第三，对按照房产原值计税的房产，无论会计上如何核算，房产原值均应包含地价，包括为取得土地使用权支付的价款、开发土地发生的成本费用等。宗地容积率低于 0.5 的，按房产建筑面积的 2 倍计算土地面积并据此确定计入房产原值的地价。

2014 年，为进一步促进高校毕业生、就业困难人员等重点群体创业就业，扶持小微企业发展，财政部、国家税务总局和人力资源社会保障部联合印发《关于继续实施支持和促进重点群体创业就业有关税收政策的通知》，延续并完善了支持和促进创业就业的税收政策。

2014 年 4 月 29 日，财政部、国家税务总局和民政部联合发文，《关于调整完善扶持自主就业退役士兵创业就业有关税收政策的通知》该文指出，自 2004 年起，国家对城镇退役士兵自谋职业给予税收扶持政策，有力地促进了城镇退役士兵创业就业。2011 年 10 月 29 日，新修订的《中华人民共和国兵役法》和首次制定的《退役士兵安置条例》公布，城乡一体的退役士兵安置改革正式施行，退役士兵安置工作进入新的历史时期。为贯彻落实中央对扎实做好退役士兵安置工作的新要求，经国务院批准，调整完善自主就业退役士兵创业就业税收政策。

为支持和帮助鲁甸地震受灾地区积极开展生产自救，重建家园，鼓励和引导社会各方面力量参与灾后恢复重建工作，使灾区基本生产生活条件和经济社会发展全面恢复并超过灾前水平，根据《国务院关于支持鲁甸地震灾后恢复重建政策措施的意见》的有关规定，2015 年 1 月 26 日，财政部、海关总署和国家税务总局发布《财政部 海关总署 国家税务总局关于支持鲁甸地震灾后恢复重建有关税收政策问题的通知》，通知规定：（1）受灾严重地区的商贸企业、服务型企业、劳动就业服务企业中的加工型企业和街道社区具有加工性质的小型企业实体在新增加的就业岗位中，招用当地因地震灾害失去工作的人员，与其签订 1 年以上期限劳动合同并依法缴纳社会保险费的，经县级人力资源社会保障部门认定，按实际招用人数和实际工作时间予以定额依次扣减增值税、营业税、城市维护建设税、教育费附加、地方教育附加和企业所得税。定额标准为每人每年 4000 元，最高可上浮 30%，由云南省人民政府根据当地实际情况具体确定。（2）受灾严重地区因地震灾害失去工作后从事个体经营的人员，以及因地震灾害损失严重的个体工商户，按每户每年 8000 元为限额依次扣减其当年实际应缴纳的增值税、营业税、城市维护建设税、教育费附加、地方教育附加和个人所得税。限额标准最高可上浮 20%，由云南省人民政府根据当地实际情况具体确定。

2016 年 3 月 23 日，财政部和国家税务总局发布《财政部 国家税务总局关于全面推开营业税改征增值税试点的通知》，有关税收优惠政策如下：第一，附件 3 第一条第（三十九）款第 1、2 项规定：为安置随军家属就业而新开办的企业，自领取税务登记证之日起，其提供的应税服务 3 年内免征增值税。随军家属从事个体经营免征增值税。第二，附件 3 第一条第（四十）款第 1、2 项规定：为安置自主择业的军队转业干部就业而新开办的企业，凡安置自主择业的军队转业干部占企业总人数 60%（含）以上的，自领取税务登记证之日起，其提供的应税服务 3 年内免征增值税。军转干部从事个体经营免征增值税。第三，附件 3 第三条第（一）款第 1、2 项规定：对自主就业退役士兵从事个体经营的，在 3 年内按每户每年 8000 元为限额依次扣减其当年实际应缴纳的增值税、城市维护建设税、教育费附加、地方教育附加和个人所得税。对商贸企业、服务型企业、劳动就业服务企业中的加工型企业和街道社区具有加工性质的小型企业实体，在新增加的岗位中，当年新招用自主就业退役士兵，与其签订 1 年以上期限劳动合同并依法缴纳社会保险费的，在 3 年内按实际招用人数予以定额依次扣减增值税、城市维护建设税、教育费附加、地方教育附加和企业所得税优惠。第四，附件 3 第三条第（二）款第 1、2 项规定：对持《就业创业证》或 2015 年 1 月 27 日前取得的《就业失业登记证》的人员从事个体经营的，在 3 年内按每户每年 8000 元为限额依次扣减其当年实际应缴纳的增值税、城市维护建设税、教育费附加、地方教育附加和个人所得税。对商贸企业、服务型企业、劳动就业服务企业中的加工型企业和街道社区具有加工性质的小型企业实体，在新增加的岗位中，当年新招用在人力资源社会保障部门公共就业服务机构登记失业半年以上且持《就业创业证》或 2015 年 1 月 27 日前取得的《就业失业登记证》（注明"企业吸纳税收政策"）人员，与其签订 1 年以上期限劳动合同并依法缴纳社会保险费的，在 3 年内按实际招用人数予以定额依次扣减增值税、城市维护建设税、教育费附加、地方教育附加和企业所得税优惠。

26.2.4　"落后地区"的税收政策

"落后地区"一词是"发展中国家"或"落后国家"等名词被借用到一国范围内使用的概念。关于"落后地区"的概念，中国人民大学侯景新在 1999 年出版的《落后地区开发通论》中进行了界定："受各种不同因素的影响，地区的发展具有不平衡性，即有的地区社会经济发展水平高，而有的地区社会经济发展水平则相对较低。这样，后者我们常称之为落后地区。落后地区是一个多层次、多方面、多程度的相对概念。"

从发达程度来看，区域经济可以划分为三个层次，即发达地区、欠发达地区和落后地区。以此为基础，若将全中国范围来划分，那么东部地区即为发达地区，中部地区即为欠发达地区，西部地区则为落后地区。事实上，西部地区因其地域、交通、自然等因素，确实在经济发展水平方面较为落后。由于区域经济发展的不均衡、收入分配不公等问题的存在，我国对于西部的经济发展是极其重视的，这种重视很大一方面体现在税收政策上面。下面将从三个方面来说明促进西部地区经济发展的税收政策的内容。

26.2.4.1　促进西部地区企业技术进步的税收政策内容

西部地区现行税收政策对技术进步所起的促进作用主要是通过科技税收政策来实现的。针对企业技术进步中的一些问题，政府出台了一系列税收倾斜政策，鼓励企业技术创新，促进高新技术产业发展。这些税收政策主要包括以下内容：

1. 鼓励研究开发投入的税收政策

用于科学研究、实验和教学用仪器设备免征进口环节增值税和关税；研究开发投入，允许按实际支出研究开发费用的 150% 的比例在税前扣除；为开发新技术、研制新产品购置单台价值在 10 万元以下的关键设备和测试仪器允许一次或分次在税前扣除；开发新产品、新技术、新工艺发生的各项费用可以据实税前扣除。

2. 鼓励技术成果转化的税收政策

科研单位的技术转让收入免征营业税；科研单位、大专院校的技术成果转让暂免征企业所得税；企事业单位技术转让收入在 30 万元以下的暂免征企业所得税。

3. 鼓励技术设备改造更新及技术引进的政策

为技术改造而引进的先进技术及按技术转让合同必须随附的仪器设备，其价值在引进技术 50% 以下的免征增值税和关税；为技术改造、生产制造新设备、新工艺所必须引进的关键仪器设备减半征收增值税和关税；对非居民企业为科学研究、开发能源、发展交通事业、农林牧业生产以及开发重要技术、提供专有技术所取得的特许权使用费收入减按 10% 的税率征收预提所得税，技术先进、条件优惠的免征。

4. 鼓励投资的政策

对外商投资于在国务院确定的国家高新技术产业开发区内被确定为高新技术的企业、技术密集、知识密集型项目减按 15% 税率征收，对外商投资的先进技术企业在规定的减免期满后三年减半征收所得税，对外商以分得利润再投资举办先进技术企业退还其再投资部分已纳的企业所得税；对科研单位的科学业务用房、国家科技有关项目和高新技术攻关项目、中间试验、工业试验和开发性试验，治理污染、保护环境、节能和资源综合利用项目用房的固定资产投资方向调节税实行零税率；对在国务院批准的高新技术产业开发区的高新技术企业，从投资之日起两年免征、以后年度减半征收企业所得税。

5. 鼓励发展科技服务的政策

对企事业单位提供的农业机耕、排灌、病虫害防治、植保等农业技术服务收入免征营业税；对科研单位、大专院校的技术培训、咨询、服务等技术性服务收入暂免征企业所得税；对企事业单位技术培训、咨询、服务收入 30 万元以下的暂免征企业所得税；对新办科技信息业、技术服务业的独立核算的经营单位自开业之日起第一年全免，第二年减半征收企业所得税。

6. 鼓励科研人员从事研究开发的政策

对专家学者获得的各省以上单位及外国组织、国际组织颁发的科学、教育、技术等方面的奖金、国务院规定发给的政府特殊津贴免征个人所得税。为了促进本地高新技术产业的发展，有一些地方政府也制定有相应的地区性优惠政策。受税收管理权限的制约，这些优惠政策基本上都是通过先征后返的方式来实现的。如成都市为吸引更多的高级人才进入高新区，制定了《成都高新区高级人才专项奖励管理暂行办法》（2003），对高新区注册的重点企业（主要是指高新技术企业、软件企业以及部分骨干企业）中的高级管理人员和技术人员，实施奖励计划，用于高级管理人员和技术人员购买商品房、汽车，以及在区内投资新办高新技术企业或再投入企业增加资本金。允许引人才的购房支出或购车支出在个人所得税应纳税所得额中扣除，高层次人才配偶就业、子女入学、入托都将享受相关优惠政策，为此成都每年将拿出近千万元补贴资金。

26.2.4.2 促进西部地区产业发展的税收政策内容

党的十六大、十七大和十八大确定了产业结构调整的方向：坚持把农业放在经济工作的首位，确保农业和农村经济发展，农民收入增加；加大调整加工工业的力度，积极培育新的经济增长点；加快发展现代服务业，提高第三产业在国民经济中的比重。西部地区的产业发展税收政策，正是体现了这个调整方向。

1. 促进农业发展的税收政策

增值税对农产品、农业生产资料适用 13% 的低税率，并给予农产品生产者税额式减免优惠。对提供给农业生产的技术服务、向农业生产的土地转让免征营业税。对农业生产企业给予免征企业所得税优惠，对促进农业产业化经营的国家龙头企业，免征企业所得税，对西部地区从事农业生产的外商投资企业给予 15% 的低税率优惠。对专用于农业的机械给予免征车船使用税优惠。对从事农业生产的土地受让行为给予免征契税的优惠。对为保护生态环境，退耕还林（生态林应在 80% 以上）、草产出的农业特产收入，自取得收入年份起 10 年内免征农业特产税。

2. 促进基础设施建设的税收政策

对西部地区从事基础设施建设、能源、交通、水利设施的内外资企业，给予企业所得税的优惠照顾。对发展交通事业征用的耕地免征耕地占用税。

3. 促进西部第三产业发展的税收政策

对新办的独立核算的从事咨询业、信息业、技术服务业的企业或经营单位，自开业之日起 2 年免征所得税；对科研单位和大专院校服务于各业的技术成果转让、技术培训、技术咨询、技术服务、技术承包取得的技术性服务收入，暂免征收营业税。对科研单位和大专院校服务于各行业的技术成果转让、技术培训、技术咨询、技术服务、技术承包取得的技术性服务收入暂免征收所得税。

4. 促进西部地区人员就业的税收政策

民政部门创办的福利生产企业，安置"四残"人员（盲、聋、哑和肢体残疾）占生产人员总数 35% 以上的企业，暂免征收所得税；安置"四残"人员占生产人员总数的比例超过 10% 但未达到 35% 的，减半征收所得税。新办的城镇劳动就业服务企业，当年安置待业人员超过企业从业人员总数的 60%，可免征所得税 3 年；免税期满后，当年新安置待业人员占企业原从业人员总数 30% 以上的，可减半征收所得税 2 年。对新办从事个体经营的下岗失业人员，经税务机关审核，自领取税务登记证之日起至 3 年内，免征营业税、城市维护建设税、教育费附加。

26.2.4.3　促进西部地区可持续发展的税收政策的内容

1. 对自然资源开征的税收

目前对自然资源征收的税费，主要有资源税、城镇土地使用税和耕地占用税、消费税四种。至于资源开采所实现的利润，则适用于一般企业所得税，并没有特殊规定。对原油、天然气、煤炭外、黑色金属矿原矿、有色金属矿原矿、其他非金属矿原矿和盐等征收资源税。资源税实行从量定额征收，即对所开采的资源销售量或自用量按规定税额计征。为了合理使用城镇土地和农用耕地资源，保护有限的土地资源，适当调节土地级差收入，开征城镇土地使用税和耕地占用税。从 2006 年 4 月 1 日起对木制一次筷子和实木地板征收消费税；对成品油包括汽油、柴油、石脑油、溶剂油、航空煤油、润滑油、燃料油征收消费税。汽油、石脑油、溶剂油和润滑油的消费税单位税额为 1.4 元/升，柴油、航空煤油和燃料油的消费税单位税额为 1.1 元/升。航空煤油暂缓征收。2009 年我国对成品油消费税进行了一揽子改革，取消了公路养路费等六项收费，并将汽油消费税提高至每升 1 元，柴油为每升 0.8 元。此次调整后，汽、柴油消费税将分别提升至每升 1.12 元和 0.94 元。

2. 有利于资源保护和节约使用的税收政策

（1）对资源综合利用产品的税收政策。增值税对企业以"三剩物"① 和次小薪材为原料加工的综合利用产品，实行增值税即征即退办法；对利用煤炭开采过程中伴生的舍弃物油母岩生产加工的页岩油及其他产品、生产原料中掺有不少于 30% 废旧沥青混凝土、利用城市生活垃圾（占发电燃料的比重达到 80%）生产的电力、在生产原料中掺有不少于 30% 的煤矸石、石煤、粉煤灰、烧煤锅炉的炉底渣（不包括高炉水渣）及其他废渣生产的水泥、煤电厂烟气脱硫副产品实行增值税即征即退政策；对利用煤矸石、煤泥、油母页岩、风力（占发电燃料的比重达到 60%）和石煤生产的电力、部分新型墙体材料产品实行按增值税应纳税额减半征收的政策；对废旧物资回收经营单位销售其收购的废旧物资免征增值税。企业所得税对企业利用废水、废气、废渣等废弃物为主要原料进行生产的，可在 5 年内减征或免征所得税。

（2）鼓励保护和有效利用自然资源的税收政策。一是对粮食部门经营的退耕还林还草补助粮，比照"救灾救济"粮，免征增值税。二是经批准开山填海整治的土地和改造的废弃地，从使用月份起免缴土地使用税 5~10 年；市政绿化用地、企业厂区以外的公共绿化用地和向社会开放的公园用地免缴城镇土地使用税。三是对国家天然林资源保护工程实施企业和单位房产税、城镇土地使用税和车船使用税方面给予减免优惠。

（3）有利于提高资源开采利用率的资源补偿费优惠。一是对从废石（矸石）中回收矿产品的以及按照国家规定经批准开采已关闭矿山的非保安残留矿体的，经批准可以免缴矿产资源补偿费。二是对尾矿中回收矿产品的以及开采未达到工业品位或者未计算储量的低品位矿产资源的经批准可以减缴矿产资源补偿费。三是外商投资开采、回收非油气矿产资源主矿之外的共、伴生矿的，减半缴纳矿产资源补偿费；利用尾矿的，免缴矿产资源补偿费；采用先进技术使用国内现有技术难以开发利用矿产资源得到开发利用的，减半缴纳矿产资源补偿费 3 年的政策。四是外商与中方探矿权人及采矿权人合作进行非油气矿产资源的勘察与开采，通过技术投入使开采回采率、选矿回收率和综合利用率高于国内同类企业水平的，享受减半缴纳矿产资源补偿费 3 年的政策。对高于国内同类企业水平多开采的矿产品部分，免缴矿产资源补偿费。

3. 对生态环境保护的税收政策

（1）鼓励和支持环保设备（产品）、投资的税收政策。企业技术改造项目使用《当前国家鼓励发展的环保产品设备（产品）目录》（下面简称《目录》）中的国产设备，享受投资抵免企业所得税优惠。企业使用上述《目录》中的国产设备，可实行加速折旧。专门生产《目录》内设备的企业，年净收入 30 万以下的，暂免征收企业所得税。工业企业技术改造国产设备投资的 40%，可抵减当年新增所得税。

（2）对节能、污染防治、环保技术转让的税收政策。对各级政府及主管部门委托

①　"三剩物"包括森林三剩物和农业三剩物。其中，森林三剩物包括：采伐剩余物（指枝、丫、树梢、树皮、树叶、树根及藤条、灌木等）；造材剩余物（指造材截头）；加工剩余物（指板皮、板条、木竹截头、锯末、碎单板、木芯、刨花、木块、边角余料等）。农业三剩物是指剩气、剩水、剩渣。

自来水公司随税费收取的污水处理费，免征增值税。对鞭炮、焰火、摩托车、小汽车、游艇等污染环境消费品征收消费税。经国家环保总局通过招标确定需要淘汰消耗臭氧物质生产线企业取得的《关于消耗臭氧层物质的蒙特利尔议定书》多边基金的捐赠免征企业所得税。对向中国绿化基金会、中华环境保护基金会的捐赠，可按税收规定的比例在企业所得税前扣除。对"中华环境奖"获奖者和提名奖获得者所得奖金，免征个人所得税。对外商提供节约能源和防治污染方面的专有技术收取的特许权使用费，免征所得税。

（3）支持环保事业的税收政策。一是由国家财政部门拨付事业经费的环保部门自用房产、土地、车船，免征房产税、土地使用税和车船税；二是环保部门的公共设施，如垃圾站、污水处理站、厕所等，免征房产税和土地使用税；三是环保部门的各种洒水车、垃圾船，免征车船税。

（4）环境税立法。2016 年 12 月 25 日第十二届全国人民代表大会常务委员会第二十五次会议审议通过《中华人民共和国环境保护税法》。该法确定，为了保护和改善环境，减少污染物排放，推进生态文明建设，制定环境保护税法。依照规定征收环境保护税，不再征收排污费。环境保护税法自 2018 年 1 月 1 日起施行。该法的公布实施标志着我国环境保护费改税取得实质性的进展，环境保护事业进入新的发展阶段。

第 27 章　中国收入分配的税收调节机制：效应评价

27.1　中国税收政策体系公平分配效应的总体评价

中国税收政策体系公平分配效应总体经历效应缺失、开始发挥一定效应以及当前仍然存在不足之处的总体状况。

27.1.1　中国税收政策体系公平分配的演变与效应发挥状况

除了短暂历史时期外，中国政府一贯重视利用税收政策体现、实现社会公平的政策目标。中国收入分配的税收调节机制在中国社会经济发展的不同阶段呈现不同的效应。

1. 无收入公平调节的中国税收政策体系时期

新中国成立初期，我国接收国民党时期的税收制度加以改造，并与根据地税收结合，形成新中国初期的税收制度。1950 年政务院《税政实施要则》确立的税收体系中包括薪给报酬所得税、存款利息所得税和遗产税，这些对个人收入和财产起到分配调节效应的税种后来因社会主义改造和低工资制而未实际开征。直到 1978 年改革开放时期前，中国对居民收入分配实际并未通过税收手段进行调节。但是，因为中国实行严格的计划经济，崇尚平均主义理念，个人收入渠道单一，几乎只有城市居民的工资和农民劳动所得（工分），并且工资级次、差距受到严格管制，差别不大，也没有税收调节的发挥空间。

2. 开始利用税收机制调节个人收入分配时期

改革开放以后，外资的进入和外籍人员开始从中国获取高额收入，为了体现国家税收管辖权和对外籍人员（含港澳台同胞）的来自中国大陆的收入和收益适当分配利益，我国在 1980 年颁布实施《中华人民共和国个人所得税法》，开始对外籍人员征收个人所得税（《个人所得税法》虽然名义上的征税对象包括中国公民，但是中国公民能够达到纳税标准的人极少，可以忽略不计），开启了中国利用税收手段调节个人收入分配的新时代。1986 年我国开征了《中华人民共和国城乡个体工商业户所得税》，1987 年对中国公民开征《中华人民共和国个人收入调节税》，我国真正进入对中国公民利用税收调节收入分配的时期。

1989 年 2 月我国对进口小轿车、彩色电视机开征特别消费税，目的是减少外汇资金计划外使用，规范生产和消费，该举措客观起到了调节高收入的效果。

1994 年我国适应有中国特色社会主义市场经济的建设需要，对税收制度和税收体制进行改革，统一了对中国公民和外籍人士（含港澳台人员）的个人所得征税法律，一律按照修订后的个人所得税税法征税；颁布《中华人民共和国消费税暂行条例》，对烟酒、小汽车等 14 类高消费类消费品征收消费税，利用税收调节个人收入分配的功能进一步得到发挥。

3. 中国税收政策体系公平分配效应显现时期

进入 2005 年以后，中国利用税收调节个人收入公平分配进入精细化调控阶段。就个人所得税领域分析，一方面三次（2006 年、2008 年、2011 年）调整工资薪金所得费用扣除标准，即使得费用扣除额随物价上升提高，降低"通货膨胀税"的影响，另一方面，又逐步缩小了中国公民和外籍人员费用扣除标准的巨大差异。外籍人士和中国公民每月的工资薪金所得费用扣除标准的差额（由 1994 年的 3200 元/月，缩小到 2011 年 11 月后的 500 元/月）。就财产税分析，从 2011 年开始，上海、重庆开始试点对部分住宅征收房产税，开中国对个人和家庭最重要财产征税调节的探索先河。2012 年《中华人民共和国车船税法》确立了对车船这种重要家庭和个人财产的征税。我国的消费税制度历经 2006 年、2014 年、2015 年和 2016 年的多次制度改革，逐步取消了对护肤护发品、低档次化妆品等居民常用品的征税，降低了对低排量汽车征税的消费税税率，提高了对高价、大排量汽车的消费税税率，把游艇、高尔夫球和球具、高档手表等高档消费品纳入消费税征税范围，起到了对高收入、高消费的税收调节，对低收入、日用消费品的不征税，符合量能负担原则，起到了调节个人高收入、高消费的效果。

由此现状可以看到，我国已经基本建立起对个人收入公平调节的个人所得税、财产税和消费税税收体系。个人所得税从无到有，2015 年占全国税收收入的 6.9%；对个人车船征收的车船税、对经营性个人房产以及试点地区对部分家庭住宅征收的房产税逐步被人们接受、认可；消费税配合廉政建设措施落实的逐步到位，高档烟酒以及高尔夫等高档消费逐步受到抑制，消费减少效应开始显现。

在税收制度和社会保障制度、最低工资标准制度等多种制度的共同作用下，个人收入公平的效果逐步显现。以人们常用的指标——基尼系数来看，2008 年以前，中国的基尼系数呈现不断上升趋势，从 2003 年的 0.479，2004 年的 0.473，2005 年的 0.485，2006 年的 0.487，2007 年的 0.484，2008 年达到最高的 0.491，由此可以看出，中国居民收入差异越来越大，这和中国经济快速成长，社会保障制度不完善以及税收调节效果不明显有直接关系。从 2007 年开始，我国税务机构不断强化技术手段，加强对个人所得税的源泉监管，对年所得 12 万元以上的高收入者以及其他几种情况的个人收入者实行自行申报制度；对个人住宅出租、经营的情况配合社区组织加强监管，不断提高最低工资标准，提高企业离退休人员的退休金，完善社保措施，整个社会的收入差距开始缩小，此后中国的基尼系数开始不断下降，2009 年为 0.490，2010 年为 0.481，2011 年为 0.477，2012 年为 0.474，2013 年为 0.473，2014 年为 0.469，直到 2015 年的 0.462①。

就我国的宏观税负分析，1984 年以前的计划经济时期，税收地位低，作用小。

---

① 资料来源：国家统计局网站。

1984年第二步"利改税"和工商税制改革后,许多新税种开始实施,宏观税负有所提高。但是随着我国对企业放权让利,对居民逐步提高分配比例的改革进程,宏观税负开始逐步下降,从1985年的22.77%下降到1996年的9.71%。以后在经济快速发展和逐步提高"两个比重"的作用下,宏观税负开始逐步提高,2015年税收收入占GDP的比重达到18.46%,如果按照一般公共预算口径计算的宏观税负则达到22.49%。[①]

27.1.2 中国税收政策体系公平分配效应的不足之处

在认识到中国税制对收入公平分配起到一定作用的情况下,我们必须清醒地认识到,中国税制对收入公平分配调节的作用的有限性。这种有限性表现在税收调节和作用范围的有限性;税收体系中对个人收入具有再分配效应的税类弱化;对个人收入有调节功能的税收本身制度缺陷弱化了调节效应以及税务管理缺陷弱化了调节效应等多个方面。

1. 税收调节和作用范围的有限性

收入的初次分配、社会保障制度和以个人所得税为主的税收制度是决定个人收入分配以及个人收入差距的关键因素,自然也是个人收入差距调节的关键。税收对个人收入调节能较好发挥效应的领域主要在于高收入和中等收入阶层领域,其调节效果受到税率结构、税率高低、税收优惠、税收监管能力等多方面影响。税收对于中低收入人群是无效的。从收入公平的公认指标基尼系数分析,我国的基尼系数仍然持续高于国际公认的0.40公平线,说明我国收入不公的现状还比较严重,收入差距较大。这种收入不公的形成是由多方面因素形成的,包括收入初次分配不合理,比如垄断行业的高收入;社会保障制度不健全,比如农村居民社保标准偏低;部分人员非法或者灰色收入等因素,当然,税收制度调节不到位也是重要因素。因此,实现我国个人收入的公平调节需要多管齐下,因为税收的调节范围和作用是有限的。

2. 税收与非税收入结构不合理,非税收入偏多

历史上,我国财政收入结构中存在大量非税收入,即使当前非税收入项目还偏多,金额偏大。比如2015年我国财政收入除了有124892亿元税收外,政府收入还包括一些非税收入,比如,一般公共预算收入152216.65亿元、全国政府性基金收入42330.14亿元、全国国有资本经营预算收入2560.16亿元、全国社会保险基金收入44660.34亿元。税外收入的大量存在,使得小口径的宏观税负偏低,似乎有提高宏观税负的必要性,但是实际上大口径宏观税负比重已经很高,不宜再提高,容易误导决策。因此,我国应当逐步健全财政收入结构,控制大口径宏观税负水平。

3. 税收制度结构中直接税和间接税结构不合理,使税收发挥调节收入分配的效应受限

我国税制结构一直以商品劳务税为主,个人所得税和财产税这样的直接税类比重偏低,能够发挥的调节效应有限。

商品税是以企业或公司以及其他商品、服务经营者作为纳税人,并不直接调节个人

---

① 根据2015年国家决算和2016年国家预算报告以及2015年中国GDP数据计算求得。

收入。包括增值税、消费税、营业税的商品劳务税在国家税收中的比重从 1994 年以来一直在 45% 以上，而包括企业所得税、个人所得税的比重最高时也没有超过 27%，其中个人所得税（2005 年）最高时也不过仅占到税收收入总额的 7.28%，车船税（其中包含了单位车船）仅占到税收总额的 0.25% 左右，对个人收入具有再分配效应的所得税和财产税比重偏低，使得税收的收入调节功能弱化。

4. 个人所得税制度缺陷弱化税收收入调节效应

基于收入公平分配的税收角度考察，个人所得税的制度缺陷首先表现在：（1）分类税制模式。比较综合税制和综合为主、分类为辅的税制模式，分类税制模式更有利于收入类别多的高收入阶层。因为在分类税制模式下，每一种收入都有相应的费用扣除，其扣除数量的多少不考虑其他收入类别。收入类别少，特别是仅有工资薪金所得的多数社会大众，费用扣除有限，而一些收入类别多的高收入者却可以多类别扣除，更加有利，从这个角度分析可知，分类税制不仅不能实现量能负担原则，缩小收入差距，实现收入公平，反而起到扩大收入差距的逆调节效应。（2）累进税率作用范围太小。众所周知，实现税收公平的重要机制是累进税率制度。在分类税制下，我国个人所得税 11 类收入中只有工资薪金所得、个体工商业户的生产经营所得（含个人独资企业、合伙企业所得）以及劳务报酬所得采用累进税率征税，能够较好地实现所得多的多交税的收入公平调节功能，而其他 8 类所得都是按照单一的 20% 比例税率交税，在比例税率累退性效应作用下，个人所得税的收入公平调节功能进一步弱化。（3）生计费用扣除标准存在不合理性。当前的个人所得税以自然人个人为唯一征税对象，虽然在制度设计时也考虑了家庭生活费用的部分因素，但是显然无法避免费用扣除不合理的制度痼疾。对于多子女和其他抚养、赡养人口多的家庭的个人所得税纳税人而言，与不同家庭环境的纳税人缴纳相同的个人所得税这种貌似公平的税收调节同样具有逆调节的效应。

5. 财产税制度缺陷和遗产税缺失弱化个人收入调节效应

财产税是调节个人收入分配的重要税种。但是，我国现阶段税收制度中存在明显缺陷，突出表现在财产税覆盖范围狭窄，除了个人车船已经纳入征税范围外，个人以及家庭最重要的房产并未包括在纳税范围内，中国家庭房产数量和金额的差异越来越大已经是不争的现实，房产持有阶段的增值收入、房产转让收入以及房产租赁收入引起的收入差距呈现扩大化趋势。同时，我国也没有遗产税与赠与税制度，富裕人员及其家族巨额的遗赠财产不纳税，其子女和后人继承的巨额财富因为没有相应的税收调节，凡此种种无疑扩大了社会收入差距。

6. 税务管理漏洞和低水平导致的税收再分配效应弱化

良好的税制需要完善的税务管理保障其效能的实现，没有高质量、严密的税务管理水平，税收调节收入公平分配的理论功能也会大打折扣。当前我国税务管理水平总体还不高，甚至存在明显漏洞。就个人所得税分析，不仅制度存在严重缺陷影响收入公平调节效应的实现，而且管理水平低下的影响也非常突出。（1）部分个人所得税重要税源未能掌握。到今天为止，我国依然未能建立全国联网的房产登记制度，税务机构难以掌控纳税人全国，以及全球范围的房产税源，也就难以足额征收相应的房产类税收，对房产性收入的税务监管漏洞百出，征管不力。（2）另一方面，我国个人收入中的现金收入在某些特定领域还非常严重，比如家教、艺术培训、专家讲座以及个体经营领域等，税务机构对现金收入监管很难到位，税收流失严重，加剧收入差距。对于微信、余额宝等现代支付手段，税务机构也没有建立像银行金融机构账户管理那样的成熟监管制度，大量的交易和收入分配游离于监管制度以外，未能起到征税缩小收入差距的作用。（3）税务管理中没有利用不动产等财产状况反推收入的法律。对于开豪车、玩古董、多套房等情形却不缴纳个人所得税或者纳税额明显与收入不符的情形，没有相应的法律可以根据财产反向推定收入的相关法律，因此，即使税务机构发现这些高价值财产也没办法征收个人所得税，弱化个人所得税的收入调节功能。（4）当前个人所得税主要采取支付单位代扣代缴模式，一些单位在非经常性收入、对外少数个人的款项支付、非工资薪金科目列支个人收入以及个人非公务性费用列支等方面的监管漏洞还存在，也无法起到个人所得税的收入调节效应。

从以上分析可得出一个基本结论：我国税收政策体系对公平分配总体上能够发挥一定效应，但是还存在明显不足之处急需完善。

27.2　中国税收政策体系公平分配效应的宏观税负评价

宏观税负水平直接显现政府在社会价值中拥有的份额，能从一个侧面反映社会分配的状况。对宏观税负做出评价是客观认识社会分配关系的重要因素，指导税制改革的宏观选择。

27.2.1　宏观税负的口径及选择

宏观税收负担通常是指一国纳税人整体所缴纳的税款总额占该国同期国民生产总值或国内生产总值的比重及其内部结构状况，反映国民经济中具有总体性质的纳税人集团的税收负担及其内部按不同标准划分的所有制结构、部门结构、企业结构、经济区域结构、税种结构等情况。宏观税收负担的问题是解决税收在促进国民经济持续增长和会和活动稳定发展中带有整体性的宏观问题。

在市场经济条件下，宏观税负不仅仅从总体上代表着政府对整个社会财富的占用程度及在经济中的地位，更体现了税收作为政府筹资手段的筹资能力，这种能力的强弱变化决定了税收制度的设计和整个政府收入结构体系的选择，并因此而成为所有财税问题的核心问题。

在西方国家政府收入形式比较规范的情况下，广义的税收负担是用财政收入占GDP的比重来衡量的。由于国外的政府收入与财政收入是同一个概念，而财政收入中的绝大多数是税收收入，所以一般意义上的税收负担应该是用税收收入占国内生产总值（GDP）的比重来衡量。但我国的情况有些特殊，由于我国政府收入形式还不规范，政府收入中除了税收收入之外，还包括相当数量的预算外收入以及制度外收入，因此我国的税收负担用三个不同的口径进行分析：

1. 全部税收收入占同期 GDP 的比重，在我国被称为小口径宏观税负

在具体使用税收收入数据时，又有财政口径与税务口径之分。财政口径是指财政部公布的税收总收入，即全部税收收入扣除出口退税。税务口径是指国家税务总局公布的税收总收入，不包括关税、船舶吨税、契税、耕地占用税及出口退税。

2. 预算内财政收入占同期 GDP 的比重，在我国被称为中口径宏观税负

我国的财政收入过去有预算内外之分，因此预算内收入与财政收入还不是同一个概念。目前，中国取消了预算外资金，全部财政性资金均纳入预算管理，中口径的宏观税负应修正为财政收入占同期 GDP 的比重。按照国际货币基金组织的统计口径，政府财政收入包括税收、社会保障缴款、赠与和其他收入。而我国的财政收入，包括一般预算收入、基金预算收入、国有资本经营预算收入、社会保险基金收入。一般预算收入可分为税收收入和非税收入。非税收入主要包括行政事业性收费、政府性基金（不包括国有土地使用权出让收入）和国有资源（资产）有偿使用收入等。

3. 全部政府收入占同期 GDP 的比重，在我国被称为大口径宏观税负

一般认为，政府收入除财政收入外，还包括土地出让金收入、住房维修基金、未纳入预算管理的各项收费、债务收入等。

大口径的宏观税负全面地反映了政府从企业和居民中取得收入的状况，真实地反映了政府的财政集中程度，也反映着国民经济的负担水平，而本书正是着重讨论我国政府与企业和个人之间宏观收入分配的问题，为更好的体现三者之间的关系，应将政府的所有收入考虑在内。基于此，本书所述宏观税负的概念均为大口径的宏观税负，也就是选择全部政府收入占同期 GDP 的比重进行分析。

27.2.2　中国宏观税负现状

1994 ～ 2012 年间，税收收入占 GDP 的小口径的宏观税负水平约处于 10% ～ 19% 的范围内，平均约为 14.75%。总体来看，这一时期我国的宏观税负呈上升趋势，21 年间，宏观税负水平上升了 9.19 个百分点。而包含了财政收入、预算外收入以及社会保障基金在内的大口径的宏观税负，1994 ～ 2014 年的宏观税负水平约处于 12.3% ～ 28.33% 的范围内，平均为 22.03%。与只考虑了税收收入的小口径的宏观税负的情况相比，平均税负水平相当于增加了 7.56 个百分点。此口径的宏观税负逐步提高，由 1994 年的 12.3% 提高到 2014 年的 28.33%，21 年间，宏观税负水平上升了 16.03 个百分点（见表 27 - 1、图 27 - 1）。

表 27 - 1　　　　　　　　中国宏观税负指标　　　　　　　单位：亿元

年份	税收总收入	财政收入	预算外收入	社会保险基金收入	政府收入	GDP	税收总收入占 GDP 比重（%）	财政收入占 GDP 比重（%）
1994	5126.88	5218.10		742	5960.1	48459.6	10.58	10.77
1995	6038.04	6242.20	2406.50	1006	9654.7	61129.8	9.88	10.21

续表

年份	税收总收入	财政收入	预算外收入	社会保险基金收入	政府收入	GDP	税收总收入占GDP比重（%）	财政收入占GDP比重（%）
1996	6909.82	7407.99	3893.34	1252.4	12553.7	71572.3	9.65	10.35
1997	8234.04	8651.14	2826.00	1458.2	12935.3	79429.5	10.37	10.89
1998	9262.8	9875.95	3082.29	1623.1	14581.3	84883.7	10.91	11.63
1999	10682.58	11444.08	3385.17	2211.8	17041.1	90187.7	11.84	12.69
2000	12581.51	13395.23	3826.43	2644.9	19866.2	99776.3	12.61	13.43
2001	15301.38	16386.04	4300.00	3101.9	23787.9	110270.4	13.88	14.86
2002	17636.45	18903.64	4479.00	4048.7	27431.3	121002.0	14.58	15.62
2003	20017.31	21715.25	4566.80	4882.9	31165.0	136564.6	14.66	15.90
2004	24165.68	26396.47	4699.18	5780.3	36876.0	160714.4	15.04	16.42
2005	28778.54	31649.29	5544.16	6975.2	44168.7	185895.8	15.48	17.03
2006	34804.35	38760.20	6407.88	8643.2	53811.3	217656.6	15.99	17.81
2007	45621.97	51321.78	6820.32	10812.3	68954.4	268019.4	17.02	19.15
2008	54223.79	61330.35	6617.25	13696.1	81643.7	316751.7	17.12	19.36
2009	59521.59	68518.30	6414.65	16115.6	91048.6	345629.2	17.22	19.82
2010	73210.79	83101.51	5794.42	19276.1	108172.03	408903.0	17.90	20.32
2011	89738.39	103874.43	—	25153.3	129027.73	484123.5	18.54	21.46
2012	100614.28	117253.52	—	30738.8	147992.32	534123.0	18.84	21.95
2013	110530.70	129209.64	—	35252.9	164462.54	588018.8	18.80	21.97
2014	119175.31	140370.03	—	39827.7	180197.73	636138.7	18.73	22.07
平均	—	—	—	—	—	—	14.74	16.37

注：1. 税收收入口径是冲减出口退税的税收净收入数；社会保险基金收入为养老保险、医疗保险、失业保险、工伤保险、生育保险的合计数。

2. 从2011年起，预算外收支全部纳入预算内管理，相关指标不再单独列示。

资料来源：1994～2014年税收收入和GDP数据来源于《中国统计年鉴（2015）》；社会保险和基金收入1994～2014年数据来源于《中国劳动年鉴（2015）》。

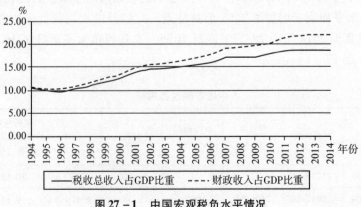

图 27-1　中国宏观税负水平情况

27.2.3　中国宏观收入分配现状

一个国家的收入分配状况，是其经济社会发展状况的重要体现。从整个国民收入的流程来看，国民经济生产过程结束后，首先在生产流域进行初次分配，然后在全社会进行再分配，初次分配和再分配叠加在一起，形成国民收入分配的最终格局。国民收入创造出来后，经过初次分配和再分配形成政府（所有从事非盈利活动的公共服务机构，包括党政机关、服务型组织和企业）、企业（金融企业和非金融企业）、居民（即自己流量表中的住户部门，包括城镇和农村的个体劳动者）的初次分配收入和可支配收入。

1. 初次分配格局

初次分配主要是对生产经营成果即增加值的直接分配，政府收入是企业以利润和税金形式上缴形成的国家纯收入，居民主要得到劳动报酬，企业利润的另一部分以固定资产折旧和营业盈余形式由企业支配。各部门再加上财产收入的分配，包括地租、利息和红利等收入，就形成了初次分配格局。政府、企业和居民分别得到各自的初次分配收入。据此，初次分配格局的测算公式为：

政府初次分配收入 = 政府部门增加值 + 政府部门劳动者报酬净额
+ 政府收到的生产税净额 + 政府财产性净收入

企业初次分配收入 = 企业部门增加值 + 企业部门劳动者报酬净额
- 企业部门生产税净额 + 企业部门财产性净收入

居民初次分配收入 = 居民部门增加值 + 劳动者报酬净额 - 居民部门劳动者报酬支付
- 居民部门生产税净额 + 居民财产性净收入

2. 再分配格局

再分配实在初次分配的格局形成的基础上，政府进行的对各经济主体利益格局的二次调整。再分配结束后，也就形成了国民收入分配的最终格局，即各主体的可支配收入。

再分配环节的测算公式为：

政府再分配收入 = 政府初次分配收入 + 政府经常性转移收入净额
企业再分配收入 = 企业初次分配收入 + 企业经常性转移收入净额
居民再分配收入 = 居民初次分配收入 + 居民经常性转移收入净额

如上述再分配测算公式，再分配就是企业和居民向政府缴纳税款，同时获得政府的转移支付，从 1995 年至 2013 年的国民收入分配格局具体数据如表 27 - 2 所示。

表 27 - 2　　　　　　1995~2013 年中国国民收入分配格局的变化　　　　　单位：%

初次分配			最终分配			
时间	政府部门	企业部门	居民部门	时间	政府部门	企业部门	居民部门
1995	15.1	20.1	64.7	1995	16.5	16.7	66.8
1996	15.5	17.2	67.2	1996	17.1	13.6	69.3

续表

	初次分配				最终分配		
时间	政府部门	企业部门	居民部门	时间	政府部门	企业部门	居民部门
1997	16.2	18.1	65.7	1997	17.5	14.4	68.1
1998	16.9	17.5	65.6	1998	17.5	14.3	68.1
1999	16.9	18.1	65	1999	18.6	14.3	67.1
2000	16.7	18.9	64.4	2000	19.5	15.6	64.8
2001	18.4	18.1	63.5	2001	21.1	15.1	63.8
2002	17.5	17.2	65.3	2002	20.5	14.3	65.2
2003	18	18.8	63.2	2003	21.8	15.5	62.7
2004	16.9	23.5	59.6	2004	19.3	20.9	59.8
2005	17.4	23.2	59.4	2005	20	20.8	59.2
2006	17.9	23.1	59	2006	21.4	19.9	58.7
2007	18.3	23.6	58.1	2007	21.9	20.2	57.9
2008	14.7	26.6	58.7	2008	19	22.7	58.3
2009	14.6	24.7	60.7	2009	18.3	21.2	60.5
2010	14.99	24.51	60.5	2010	18.41	21.19	60.4
2011	15.38	23.95	60.67	2011	19.19	20.03	60.78
2012	15.63	22.73	61.65	2012	19.54	18.47	61.99
2013	15.22	24.12	60.66	2013	18.94	19.77	61.29
平均	16.53	22.62	60.84	平均	19.95	19.24	60.81

注：由于现行统计口径的原因，社会组织（非政府组织）包含在政府部门或企业部门中。

资料来源：1995～2003 年的数据根据历年《中国统计年鉴》中"资金流量表（实物交易）"计算整理；2004～2007 年的数据根据《中国统计年鉴（2010）》中"资金流量表（实物交易）"计算整理（国家统计局根据第二次经济普查结果，对 2004～2007 资金流量表相关数据进行了修订）；2008 年和 2009 年数据根据《中国统计年鉴（2012）》中"资金流量表（实物交易）"计算整理；2010 年和 2011 年数据根据《中国统计年鉴（2013）》中"资金流量表（实物交易）"计算整理；2012 年数据根据《中国统计年鉴（2014）》中"资金流量表（实物交易）"计算整理；2013 年数据根据《中国统计年鉴（2015）》中"资金流量表（实物交易）"计算整理。

改革开放以来，随着国民经济的快速发展，我国国民收入快速增长，但在收入分配过程中，不同类型经济活动主体的收入增长幅度不同，占总收入的份额呈现出不同的变动趋势。我国收入分配主要有以下特点：

（1）企业和政府收入增速快于国民收入增速，居民收入增速慢于国民收入增速。收入分配包括收入初次分配和再分配。2011 年，我国国内生产总值为 484123.5 亿元，经过初次分配和再分配后，形成国民总收入和国民可支配总收入分别为 468562.38 亿元和 470145.44 亿元。其中，国民可支配总收入年均增长 16.5%；政府部门可支配总收入为 90203.21 亿元，年均增长 17%；企业部门可支配总收入为 94169.6 亿元，年均增长 17.36%；居民可支配总收入为 285772.58 亿元，年均增长 15.2%。政府部门和企业部门可支配总收入年均增速比国民可支配收入年均增速分别快 1.8 个百分点和 4.3 个百分点，居民部门可支配总收入年均增速比国民可支配总收入年均增速慢 1.3 个百分点。[①]

（2）企业和政府收入份额上升，居民收入份额下降。1995 ~ 2013 年，在国民收入分配中，无论是初次分配还是再分配政府部门和企业部门收入的比重呈上升的趋势，居民收入的比重呈下降的趋势。从初次分配来看，2013 年政府部门初次分配总收入占国民总收入的比重为 15.22%，比 1995 年提高了 0.12 个百分点；企业部门的比重为 24.12%，比 1995 年提高了 4.02 个百分点；居民部门的比重为 60.66%，比 1995 年下降了 4.04 个百分点。[②]

经再分配后形成的可支配收入，政府部门所占比重稳中微升，企业部门除个别年份略有波动外，所占比重持续上升，居民部门可支配收入所占比重则呈持续下降趋势。2013 年政府部门可支配总收入占国民可支配总收入的比重为 18.94%，比 1995 年提高了 2.44 个百分点；企业部门的比重为 19.77%，比 1995 年提高了 3.07 个百分点；居民部门的比重为 61.29%，比 1995 年下降了 5.51 个百分点。[③]

除此之外，再分配格局与初次分配格局变化趋势基本一致，居民部门在国民收入再分配中比重依然呈下降趋势，企业和政府部门均有上升趋势。但进一步对比两次分配格局的差异，可以发现，企业部门有较大幅度下降，而政府部门却相应的有大幅度提升，同时居民部门变化幅度相对较小，大多数年份只在 1% 内浮动。

总结上述表中数据及分析，可以得出以下几点认识：第一，近十几年来，政府在国民收入中的比重不断提高，但是幅度并不大。第二，企业收入是先降后升的，现在企业收入占的比重也是比较高的。第三，居民收入呈现下降趋势，虽然下降不是很多，但是趋势是存在的。

27.2.4   宏观税负和收入分配关系分析

宏观税负表示国家在国民经济总量分配中集中程度的高低，也代表着国家直接配置资源的规模。宏观税负水平直接决定着社会资源在政府和企业以及居民直接资源配置的比例，它影响着政府能否满足社会成员对公共产品和私人产品的需求以及满意程度。

首先，随着国民经济的快速发展，居民收入水平迅速提高，分享了改革开放带来的发展成果，将"蛋糕"做大。但在国民收入分配中，政府、企业和居民作为分享国民收入的三大部门，其分配的比例关系，也就是如何分好"蛋糕"影响着社会的公平。

一般政府通过以税收占主要部分的政府收入向社会提供具有非排他性特征和市场无法有效供给的公共品。政府部门在收入分配比例中的提高，可以有利于改善民生，利用转移支付宏观调控地区之间、行业之间的收入分配贫富差距，用于社会保障。无论是大规模的基础设施建设，解决制约经济发展的交通运输、电力供应、通信设施等因素，并进行合理的城市规划，推动城市化进程，还是在必要时对宏观经济进行适当干预，以利于保持经济稳定发展，在中国经济发展过程中，政府的确扮演了一个很重要的角色。但是如果过多地强调"政府主导"的概念，由于政府、企业和居民三者存在挤占关系，

---

①②③   资料来源：国家统计局网站。

于企业部门，不利于投资和扩大再生产；于居民部门，则抑制消费，使得居民可用于消费的资金相对不足，削弱居民的消费能力，无法扩大内需。我国仍处于社会主义初级阶段，在一定时期内，企业部门和政府部门在收入分配中需要占用更多的收入，以充实扩大再生产和发展社会事业的自给来源，满足经济社会不断发展的需要。但如果长期向社会和政府倾斜，会引起居民消费需求不足，不利于经济的可持续发展。

宏观税负既是体现税收制度及相关政策的核心内容，也是影响一国经济发展、财富分配的重要因素。宏观税收负担水平过高，纳税人就会缺少自身发展的物质基础和积极性；而宏观税收负担水平过低，国家财政就可能收不抵支，国家的社会经济管理职能就难以实现，也会降低国家宏观调控经济运行的能力。与此同时，宏观税负同时影响着国民收入分配的格局。由于宏观税负表示为一定时期的税收总量占国民生产总值（GNP）或国内生产总值（GDP）的比值，因此在国民生产总值或国内生产总值一定的条件下，企业和个人缴纳的税款越多，表现出的宏观税负水平越高，在企业参与生产活动而获得的生产收入、居民提供劳动和资本获得的工资报酬和财产性收入一定的条件下，在国民收入分配格局中所表现出的占比也就越小。因此，宏观税负与政府部门收入在一定程度上成正比，与企业部门和居民部门的整体成反比。

其次，随着社会经济的发展，在不同阶段对于政府以及企业和个人所需的分配关系也有所不同。在经济发展的初级阶段，政府需要更多的资金形成公共资本，投入到公共设施中，例如公路、港口等，为私人部门更好发展形成先决条件。同时，由于市场还不完善，私人部门还不能良好的自我筹集资金，所以还需要政府进行补充扶持。经济发展到中期阶段，随着收入水平的提高，企业和居民都有了一定的资本，基础设施也都有了一定的基础和规模，因此，政府的投入虽然继续进行，但比重会有所下降。当经济发展到比较发达的阶段，企业和个人对公共设施以及生活水平都有了更高的追求，这时也就需要政府进一步投入资金完成相配套的公共品的提供。这时的政府需要更多的资金进行更好的资源配置。

因此，随着经济的发展和收入水平的提高，企业和居民对于公共品的需要和消费也是变化和发展的，政府所需要的资金也是变化的。作为影响社会资源在政府和企业与居民资源配置比例的重要指标，宏观税负也需要随着经济发展的不同阶段，政府部门所需资金以完成提供公共品和调控经济稳健发展的多少，进行适当的调控以满足社会成员对公共产品和私人产品的需求。

27.3　中国税制结构收入分配效应评价

27.3.1　税制结构的内涵及其对收入分配意义

27.3.1.1　税制结构的内涵

税制结构是一国税制配比关系的衡量指标，同时也是考察政府税收职能重点的重要依据。从配比角度研究税制结构必然需要对税收进行分类。关于税收的分类，目前具有不同的标准和层次：

1. 按照税收转嫁的难易程度划分

按照税收转嫁的难易程度税收可以分为直接税和间接税。其中税负易于转嫁税种归于间接税，税负不能转嫁或不易转嫁的税种属于直接税。一般而言，货物劳务税多涉及商品交易，税负可以通过交易流程转嫁出去，因此属于间接税范畴。但是所得税和财产税等多课征于最终利润、净收入和财产，较难转嫁，所以归于直接税范畴。但是转嫁能否和难易都是相对的，难以判断，因此直接税和间接税的划分很难有完全统一的标准。

根据直接税与间接税的配比不同，税制结构可分为三种：以直接税为主体的税制结构、以间接税为主体的税制结构、以直接税和间接税为双主体的税制结构。对于三种税制结构的分类学者们已经取得基本共识，但是，对于如何定量地区分三种税制结构，即根据直接税和间接税的不同配比区分不同的税制结构这一问题，目前尚无统一定论。对此，研究过程中我们定义如下：当直接税占总税收的比重超过 60%，间接税的比重低于 40% 时，该税制结构是以直接税为主体的；当间接税占总税收的比重超过 60%，直接税的比重低于 40% 时，该税制结构是以间接税为主体的；当直接税和间接税占总税收收入的比重都介于 40% ~ 60% 时，该税制结构为双主体的税制结构。上述定义如表 27 - 3 所示。

表 27 - 3　　　　　　　　　税制结构的直接税与间接税比重范围

直接税占总税收的比重（T_d）	税制结构
$0 \leqslant T_d < 40\%$	以间接税为主体
$40\% \leqslant T_d < 60\%$	以直接税和间接税为双主体
$60\% \leqslant T_d < 100\%$	以直接税为主体

注：假设所有税种均可划分为直接税和间接税，即总税收 = 直接税 + 间接税。

2. 按照税类划分

税类的划分是按照课税对象的种类将税收进行划分，一般是将税收分为货物劳务税、所得税、财产税、资源税。这种划分方法相对简单和传统。目前国际上有两大税收分类办法，即 IMF 和 OECD 分类法。按照 IMF 的分类方法，一个国家的税收大致可以分为六类：（1）所得、利润和资本利得税；（2）工薪；（3）财产税；（4）货物和劳务税；（5）关税；（6）其他税。按照 OECD 的分类方法，一个国家的税收也可大致分为六类：（1）所得、利润和资本利得税；（2）社会保障缴款；（3）工薪税；（4）财产税；（5）货物和劳务税；（6）其他税。

对比上述两种分类办法，我们发现两类方法中的所得、利润与资本利得税、工薪税、财产税的内容是基本一致的；IMF 分类中的货物和劳务税与关税之和基本等于 OECD 分类中的货物和劳务税；OECD 社会保障缴款的大部分内容，IMF 将其作为与税收收入并列的一类财政收入，不作为税收收入来对待。根据上述内容，如果不考虑社会保障缴款与工薪税，税收大致可以分为货物和劳务税、所得、利润和资本利得税、财产税和其他税。

3. 按照具体税种分析

世界各国的税收制度各有不同，总体上讲会根据本国的经济和社会特征开征不同的税种。这些税收常见的有增值税、消费税、营业税（部分国家开征统一的货物和劳务税）、所得税（包含法人所得税和自然人所得税）、房产税等多种税收。这些税种在一国的税收制度中占据不同的财政地位，实现不同的调控目标。

我国当前开征的税种有：增值税、营业税（已取消）、消费税、城镇维护建设税、关税、企业所得税、个人所得税、房产税、车船税、城镇土地使用税、资源税、土地增值税、印花税、耕地占用税、契税、烟叶税、车辆购置税。参照国际上 IMF 和 OECD 的通行划分标准，并考虑我国传统的划分方法和税收实际，税收分类如表 27 - 4 所示。

表 27 - 4   税收分类表

分类标准		包含税种
税负转嫁标准	间接税	增值税、消费税、营业税（已取消）、关税、车辆购置税、烟叶税、城市维护建设税、资源税、环境税
	直接税	个人所得税、企业所得税、工薪税（社会保险缴费）、房产税、城镇土地使用税、车船税、土地增值税、契税、印花税、耕地占用税、筵席税（已取消）、农业税（已取消）、固定资产方向调节税（已停征）、船舶吨税
税类划分标准	货物劳务税	增值税、消费税、营业税、车辆购置税、烟叶税、关税、城市维护建设税
	所得税	个人所得税、企业所得税、工薪税（社会保障缴费）
	财产税	房产税、车船税、城镇土地使用税
	资源环境税	资源税、环境税
	其他税	土地增值税、契税、印花税、耕地占用税、船舶吨税、筵席税（已取消）、农业税（已取消）、固定资产方向调节税（已停征）

27.3.1.2 研究税制结构公平效应的背景和意义

税制结构既是税收理论中的重要研究内容，也是税收实践中的关注重点，有着长期的研究历史。对于我国而言，目前从社会公平的角度对税制结构研究具有重要的现实意义。

1. 经济社会发展的新形势对税制结构优化的要求

税收制度优劣的判断标准应该是一国税制与其经济、社会的激励相容程度。当前我国税收界多数认为我国现行税制体系中税种结构失衡，间接税占比远超过直接税占比，与成熟市场经济国家直接税居于主体地位相比，反差相当明显。但是，从根本上看，税制结构优化的目标并不是为了与其他国家保持一致，也不是单纯的为提高直接税而提高直接税，而是要着眼于实现税收的职能，尤其是随着经济社会形势的发展变化不断调整税制服从经济社会发展的需要。例如为了促进社会公平而加大个人所得税的调节力度，加快推进财产税的改革。所以，对于直接税的提升，我们更多考虑的是我国的经济发展和社会现实对直接税提升的支撑和要求，而不是将经济发展水平作为提升直接税的原因。

2. 实现相关税收职能需要细致考察不同种类税收的作用

直接税和间接税的划分是按照税负是否容易转嫁进行划分的，其中转嫁的难易是相对的，因此划分相对粗略且与税收职能无法形成直接的对应关系。例如同是间接税，增值税更加侧重于效率职能，而特殊消费税则更加侧重于公平职能；同为直接税，个人所得税具有非对称性，公平效应更高，而社会保障税因为坚持受益原则，一定程度上影响公平效应的发挥。即便是同一个税种，也会因税制要素设计的差异而出现税收职能的差异。例如个人所得税因税率形式的不同，公平职能也不尽相同。因此，实现税收职能需要深入分析各类税收和各个税种在其中的具体作用。

27.3.2　中国税制结构动态变化与现状分析

27.3.2.1　基于税系结构的分析

表 27 - 5 显示了我国 2006 ~ 2015 年直接税与间接税收入占税收总收入的比重情况。从税系结构看，我国税收总收入中间接税比重呈现显著下降趋势，相对应的直接税比重稳步攀升，业已进入双主体的税制结构。

表 27 - 5　　　　　　　　2006 ~ 2015 年我国直接税与间接税收入占比情况　　　　　　单位: %

	税类	2006 年	2007 年	2008 年	2009 年	2010 年	2011 年	2012 年	2013 年	2014 年	2015 年
直接税	企业所得税	14.85	14.22	15.59	14.63	13.42	14.10	14.55	14.79	15.28	15.58
	个人所得税	5.18	5.16	5.19	5.01	5.06	5.09	4.31	4.31	4.58	4.95
	社会保险缴费	16.70	13.74	14.80	15.68	15.27	16.44	17.55	19.88	18.63	19.41
	土地增值税	0.49	0.65	0.75	0.91	1.34	1.73	2.01	2.17	2.43	2.20
	契税	1.83	1.95	1.82	2.20	2.58	2.33	2.13	2.53	2.48	2.24
	印花税	0.38	6.91	3.20	1.78	1.66	1.24	0.95	1.13	1.37	3.44
	耕地占用税	0.36	0.30	0.44	0.80	0.93	0.90	1.20	1.19	1.28	1.20
	房产税	1.09	0.93	0.95	1.02	0.93	0.93	1.02	1.04	1.15	1.18
	车船税	0.11	0.11	0.20	0.24	0.25	0.25	0.29	0.31	0.34	0.35
	城镇土地使用税	0.37	0.62	1.14	1.17	1.05	1.03	1.14	1.13	1.24	1.23
	船舶吨税	0.033	0.029	0.028	0.030	0.028	0.025	0.030	0.029	0.028	0.027
	合计	41.39	44.62	44.11	43.47	42.52	44.07	45.18	48.51	48.81	51.81

	税类	2006 年	2007 年	2008 年	2009 年	2010 年	2011 年	2012 年	2013 年	2014 年	2015 年
间接税	增值税	26.98	25.05	25.11	23.43	22.04	20.40	19.56	18.99	19.14	17.86
	消费税	3.98	3.57	3.58	6.04	6.34	5.83	5.83	5.43	5.52	6.05
	进口货物增值税、消费税	10.47	9.97	10.31	9.80	10.96	11.40	10.96	9.23	8.95	7.20
	营业税	10.82	10.66	10.64	11.43	11.66	11.50	11.66	11.36	11.03	11.09
	关税	2.41	2.32	2.47	1.88	2.12	2.15	2.06	1.73	1.76	1.47
	资源税	0.44	0.42	0.42	0.43	0.44	0.50	0.67	0.66	0.67	0.59
	城市维护建设税	1.98	1.87	1.88	1.96	1.97	2.34	2.31	2.25	2.26	2.23
	车辆购置税	1.45	1.42	1.38	1.48	1.87	1.72	1.65	1.71	1.79	1.60
	烟叶税	0.09	0.08	0.09	0.10	0.08	0.08	0.10	0.10	0.09	0.08
	合计	58.62	55.36	55.88	56.55	57.48	55.92	54.8	51.46	51.21	48.17

注：1. 表中空缺处表示当年该税种统计数据缺失。2. 为保持数据口径一致，将证券交易印花税统一归入印花税。

资料来源：国家统计局 1995～2014 年度数据，《中国税务年鉴》1995～2014 年度数据，其中 1994～1996 年农业税额来自《中国财政年鉴》1995～1997 年度数据。

27.3.2.2 基于税类结构的分析

表 27－6 统计了 2006～2015 年我国货物劳务税类、所得税类、财产税类、资源环境税类以及其他税类这五大税类占总税收收入的比重。从税类结构看，近年来税类结构呈现出由货物劳务税为主、所得税为辅向两大税类并重发展的趋势，货物劳务税与所得税两大税类在我国税收总收入中的地位不可撼动。

表 27－6　　　　　　　我国各税类及主要税种占总税收收入比重情况　　　　单位：%

税类及主要税种	2006 年	2007 年	2008 年	2009 年	2010 年	2011 年	2012 年	2013 年	2014 年	2015 年
货劳税税类/税收总收入	58.18	54.94	55.47	56.11	57.06	55.42	54.14	50.82	50.54	47.59
其中：增值税占比	26.98	25.05	25.11	23.43	22.04	20.40	19.56	18.99	19.14	17.86
消费税占比	3.98	3.57	3.58	6.04	6.34	5.83	5.83	5.43	5.52	6.05
进口货物增值税、消费税占比	10.47	9.97	10.31	9.80	10.96	11.40	10.96	9.23	8.95	7.20
营业税占比	10.82	10.66	10.64	11.43	11.66	11.50	11.66	11.36	11.03	11.09
关税占比	2.41	2.32	2.47	1.88	2.12	2.15	2.06	1.73	1.76	1.47

续表

税类及主要税种	2006年	2007年	2008年	2009年	2010年	2011年	2012年	2013年	2014年	2015年
烟叶税占比	0.09	0.08	0.09	0.10	0.08	0.08	0.10	0.10	0.09	0.08
城市维护建设税占比	1.98	1.87	1.88	1.96	1.97	2.34	2.31	2.25	2.26	2.23
车辆购置税占比	1.45	1.42	1.38	1.48	1.87	1.72	1.65	1.71	1.79	1.60
所得税类/总税收收入	36.73	33.12	35.58	35.31	33.75	35.63	36.41	38.98	38.49	39.94
其中：企业所得税占比	14.85	14.22	15.59	14.63	13.42	14.10	14.55	14.79	15.28	15.58
个人所得税占比	5.18	5.16	5.19	5.01	5.06	5.09	4.31	4.31	4.58	4.95
社会保险缴费占比	16.70	13.74	14.80	15.68	15.27	16.44	17.55	19.88	18.63	19.41
资源环境税类/总税收收入	0.44	0.42	0.42	0.43	0.44	0.50	0.67	0.66	0.67	0.59
其中：资源税占比	0.44	0.42	0.42	0.43	0.44	0.50	0.67	0.66	0.67	0.59
财产税类/总税收收入	1.56	1.67	2.29	2.42	2.24	2.21	2.45	2.49	2.72	2.76
其中：房产税占比	1.09	0.93	0.95	1.02	0.93	0.93	1.02	1.04	1.15	1.18
车船税占比	0.11	0.11	0.20	0.24	0.25	0.25	0.29	0.31	0.34	0.35
土地使用税占比	0.37	0.62	1.14	1.17	1.05	1.03	1.14	1.13	1.24	1.23
其他税类/总税收收入	3.09	9.85	6.24	5.73	6.52	6.23	6.33	7.06	7.58	9.11
其中：土地增值税占比	0.49	0.65	0.75	0.91	1.34	1.73	2.01	2.17	2.43	2.20
印花税占比	0.38	6.91	3.20	1.78	1.66	1.24	0.95	1.13	1.37	3.44
耕地占用税占比	0.36	0.30	0.44	0.80	0.93	0.90	1.20	1.19	1.28	1.20
船舶吨税占比	0.03	0.03	0.03	0.03	0.03	0.03	0.03	0.03	0.03	0.03
契税占比	1.83	1.95	1.82	2.20	2.58	2.33	2.13	2.53	2.48	2.24

资料来源：国家统计局 2007～2016 年度数据、《中国税务年鉴》2007～2015 年度数据、《中国财政年鉴》2007～2016 年度数据。

（1）货物劳务税的变动趋势。2006～2015 年间，该类税收虽近年来占比有所下降，但所占比重大致在 50% 左右。进一步考察，可以看出，货物劳务税比重的下降基本上是由增值税占比下降导致的。

（2）所得税的变动趋势。2006～2015 年间，所得税类所占比重稳中有升，由36.73% 上升为 39.94%。进一步观察，我们可以看出，社会保障基金的增加贡献了所得税收入的上升。

（3）资源环境税的变动趋势。资源环境税类所占比重一直较小且相对稳定，10 年间大体上呈现出一个先降后升的趋势，由 2006 年的占比为 0.44% 上升为 2015 年的0.59%。

（4）财产税类的变动趋势。财产税所占比重总体上亦呈现轻微上升的趋势，由

2006 年的 1.56% 上升为 2015 年的最高值 2.76%，上升一个多百分点，这其中主要得益于土地使用税的上升。

（5）其他税类的变动。其他税收所占比重也有所增加，2006 年占比为 3.09%，2015 年为 9.11%，尤其是与房地产经济密切相关的土地增值税上升明显。

27.3.2.3 基于税种结构的分析

从具体税种来看，增值税、消费税、营业税为货物劳务税类中的主体税种，个人所得税、企业所得税及社会保险缴费为所得税类中的主体税种，图 27 - 2 为 2006 年至 2015 年我国主要税种占比变化图。从中可以看出：

（1）增值税占总税收收入的比重最大，10 年间平均为 21.86%。就其变化趋势而言，自 2006 年起，增值税占比处于持续下降的趋势，由 26.98% 下降为 2015 年的 17.86%，下降了约 9 个百分点。消费税所占份额处于整体上升的波动趋势，最低值出现在 2008 年，为 3.58%，之后几年在波动中开始回升。营业税的占比相对稳定，2006 年的占比为 10.82%，2015 年的占比为 11.09%。

（2）个人所得税占比在 10 年间变化不大，2006 ~ 2011 年，稳定在 5.01% ~ 5.19% 之间，2012 年开始出现略微下降，但下降幅度较小，最低值为 2012 年和 2013 年的 4.31%。企业所得税所占比重在 10 年间呈现出微弱的起伏波动，由 2006 年的 14.85% 上升为 2015 年的 15.58%，最低值出现在 2010 年，为 13.42%，最高值出现在 2008 年，为 15.59%。社会保险缴费占比在轻微波动中呈现出整体上升趋势，对于我国直接税比重提高功不可没。以 2015 年为例，我国税收收入结构中直接税体系合计所占比例为 51.81%，而其中仅社保缴费一项就占 19.41%，几乎为个人所得税与企业所得税占比之和，一跃成为所得税（费）类中第一大税种，这也在一定程度上反映了我国社会保障制度的稳步发展与完善。

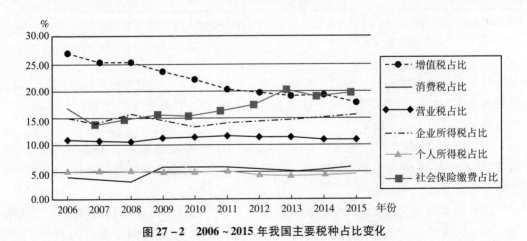

图 27 - 2　2006 ~ 2015 年我国主要税种占比变化

综上所述，按照前面的划分方法，如果考虑社会保障缴款，按照 40% ~ 60% 的幅度比例划分，我国 2015 年直接税和间接税的比重约为 52∶48，因此我国的税制结构已经属于双主体税制结构。这一税制结构中直接税比重虽然明显低于发达国家中 70% 左右的水平，但是已略高于发展中国家 50% 左右的直接税水平。进一步考察我国的税制结构，就会发现当前的双主体税制结构仍然内部失衡的问题，表现为：（1）税类结构上，税收总体倚重货物劳务税（占比为 47.59%），所得类税收的比重（39.94%）相较于发达国家（一般为 40%，甚至高达 60%）略低，税收收入中直接税主体地位的确立主要来自社会保障缴款（占比为 19.41%）的贡献；（2）所得类税收中过分倚重企业所得税（占比为 15.58%），个人所得税的比重极低（4.95%），不仅远远低于发达国家，而且低于转轨国家，甚至低于发展中国家；（3）货物劳务税中过分倚重增值税和营业税（占比为 28.95%），具有较强调控功能的消费税比重（6.05%）较低；（4）财产税中主要倚重对土地和城市经营性房产进行的课征，导致财产税基本来源于法人或企业纳税人的税收收入。

上述税制结构在历史上对于筹集财政收入、促进经济发展发挥了重要作用，但是目前我国收入分配不公、贫富两极分化日益严重，具有调节职能的个人所得税、消费税目前在税收收入中占比很低，居民财产税基本处于缺位状态，在此情况下，很难发挥税收调节收入分配的作用。

27.3.3　中国税制结构公平效应的宏观分析

27.3.3.1　我国间接税累退性的分析

作为价外税，我国增值税的税收负担最终由消费者负担，因此增值税是一个具有财筹集财政收入和调节收入分配双重功能的税种。但是我国目前的增值税筹资功能较强，收入分配职能弱化，其主要原因是我国增值税对低收入群体购买较多的基本生活必需品和生产资料实行的优惠税率（13%）与基本税率（17%）仅相差 4 个百分点，差距较小导致低收入者税收负担相对较重，使得增值税的累退性表现尤为明显。此外，"营改增"之前营业税的累退性也具有一定的累退性，表现为最低收入户，尤其是困难户所承担的营业税税收负担最重[①]。因此，学界普遍认为，我国间接税总体来看具有比较明显的累退性，在调节收入分配方面具有逆向公平的作用。造成这一结果的原因主要是：

1. 从税种配置方面看，消费税的抗累退性作用发挥不够

我国货物劳务税的体系格局是增值税和营业税分设（"营改增"之前是彻底的分设、"营改增"试点进程中依然存在这一问题），增值税基础上设消费税特殊调节。虽然从税制体系上看能够降低间接税的累退性，但事实上尚难以实现这一目标。

首先，消费税税收收入较少，作用力度整体较小。以国内消费税为例，虽然消费税收入绝对数量呈显著上升趋势，规模从 1994 年的 487.40 亿元上升到 2015 年的 10542.16 亿元，但是占税收收入总额的比例却从 1994 年的 9.51% 下降到 2015 年的 6.05%，因此消

---

① 任致伟：《税收在公平收入分配中的局限性研究》，载于《经济研究参考》2013 年第 11 期，第 28 ~ 35 页。

费税的整体功能被弱化。

其次，从征税范围看，目前的消费税税目只包括烟、酒、化妆品等 14 种商品，其中涉及收入分配的奢侈品、高档消费品有限，且不对消费行为征税，税收调节存在一定程度的扭曲。从动态上看，征税范围和税率没有根据居民消费结构的变化和消费档次的提高而及时调整，导致某些已属于奢侈行为的消费未能得到应有的调节。

2. 增值税税税率较高且累进性较差

国际上推行增值税的 100 多个国家中，基本税率多在 10%～25% 之间。与之相比，我国 16% 的增值税基本税率仍处于较高水平，但与国外多实行消费型增值税不同，我国之前实行的是生产型增值税。如果将生产型增值税的基本税率 17% 按消费型增值税进行换算，换算后的基本税率高达 24%。[①] 税率越高，累进性越差，对低收入阶层越不利。从全国消费支出看，伴随着城镇居民家庭年人均收入的增加，增值税的平均税负率降低，呈现累退性。同时，我国的增值税基本上采用 17% 的统一税率，适用 13% 低税率的商品较少，不能准确实现根据消费品的性质设定税率的目的。

3. 税收优惠的抗累退性不够

近年来，我国颁布了一系列税收优惠和减税措施，例如增值税的转型和扩围、增值税部分行业的即征即退政策、蔬菜的批发、零售的免征政策、粮食和农业生产资料增值税优惠政策等。但是这些优惠政策在消除累退性方面的效果并不尽如人意。例如我国对粮食、食用植物油等按照 13% 的低税率计征增值税，而以粮食为原料加工的速冻食品、方便面、副食品和各种熟食品，则按照 17% 的税率征收。农产品加工企业的高税负将直接造成食品价格的上涨，最终税负转嫁给消费者，尤其是对食品等生活必需品具有较强偏好的低收入群体。同时，OECD 国家增值税标准税率与优惠税率之间普遍差距显著，大多超出 10 个百分点。如英国的增值税标准税率为 20%，而其对燃料和面粉等仅征收 5% 的增值税。与之相比，我国的优惠税率与普通税率之间 4 个百分点的差距明显偏低，缺乏对收入分配的调节力度和指向性，税收优惠的抗累退性依然不够，难以充分发挥其公平职能。

27.3.3.2　中国直接税的公平效应分析

由于我国当前的直接税体系中缺少对公民个人普遍征收的财产税，个人所得税由于其累进性和非对称性成为调节收入分配最有效的税种。因此我们将"个人所得税占税收总收入的比重"作为衡量税制结构的重要指标，据此考察全国和不同地区对个人直接征收的个人所得税的公平效应。

1. 个人所得税和收入分配状况的整体分析

表 27-7 描述了我国个人所得税与收入分配情况。其中，收入分配均等程度采用基尼系数[②]表示。从表 27-7 中数据分析可知，2006 年至今，我国个人所得税收入逐年增

① 包秀娟：《适当弱化中国增值税累退性的构想》，载于《沈阳大学学报》2009 年第 5 期，第 50～53 页。
② 基尼系数根据我国居民分组收入情况，利用 DASP 软件计算得出。

加，2015 年个税收入约为 2006 年的 3.5 倍。但由于我国税收收入总额增幅更快，个人
所得税整体呈现下降趋势。对比表 27 – 7 中第一行与第三行数据，可以发现，基尼系数
在 2006 ~ 2015 年间，呈现整体下降的波动状态。需要说明的是，2014 年以前《中国统
计年鉴》对收入分组采取 8 组不等分方式，而 2014 年至今采用 5 组等分方式，收入分
组中去掉了最低收入户、最高收入户和困难户将导致基尼系数偏低，即 2013 ~ 2015 年实
际基尼系数应高于表 27 – 7 中数据。基于这一情况，基本可以认为，2006 ~ 2015 年间我国
收入分配状况并未得到显著改善，而个人所得税占比却呈现出整体下降趋势。其变化状况
如图 27 – 3 中所示，从图中可以看出，我国基尼系数与税制结构变化无明显关联关系。

表 27 – 7　　　　　　　　　　我国个人所得税与收入分配汇总

指标	2006 年	2007 年	2008 年	2009 年	2010 年	2011 年	2012 年	2013 年	2014 年	2015 年
基尼系数	0.4456	0.4460	0.4568	0.4532	0.4499	0.4520	0.4404	0.4088	0.4021	0.3856
个税收入（亿元）	2453.7	3185.6	3722.3	3949.4	4837.3	6054.1	5820.3	6531.5	7376.6	8617.3
个税占比（%）	5.18	5.16	5.19	5.01	5.06	5.09	4.31	4.31	4.58	4.95

资料来源：《中国财政年鉴》2007 ~ 2016 年度数据，《中国统计年鉴》2007 ~ 2016 年度数据。

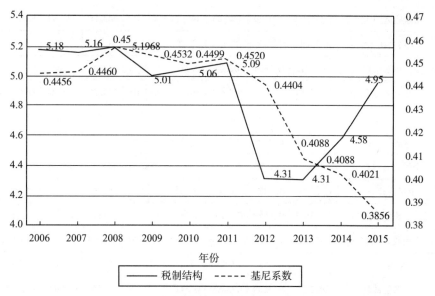

图 27 – 3　2006 ~ 2015 年我国基尼系数与个人所得税比重变化

2. 经济发达地区[①]个人所得税和收入分配状况分析

表 27 – 8 为我国经济发达地区个人所得税占比与收入分配情况。从中我们可以

---

① 参照熊启跃和张依茹（2012）研究成果并结合人均 GDP 近五年排序结果进行划分，经济发达地区包括北
京、上海、江苏、浙江、福建。

发现，我国经济发达地区 2006~2015 年收入分配情况与全国情况较为一致，处在
整体下降的波动状态。其中，江苏、浙江、福建三个省份由于统计口径的变化，
2013 年与 2014 年实际基尼系数应略大于表 27-8 中数据。从税收情况来看，经济
发达地区个人所得税增幅较大，其中，北京、江苏、上海三地个人所得税收入增幅
高于全国水平，2014 年，北京、江苏两地区个人所得税收入约为 2006 年的 3.75
倍。其比重也不同于全国范围内的直线下降，除福建省个税占比持续下降外，其他
地区均有不同幅度的波动。但总结各省市基尼系数与个税占比的波动情况，可以发
现各省市基尼系数变化与个税占比变化无关联性。以上海市为例，上海市基尼系数
和个税占比波动情况如图 27-4 中所示，其中，个税占比最小值为 2007 年的
6.55，最大值为 2014 年的 8.45，而基尼系数则呈现出总体下降的波动趋势，因
此，二者之间的波动基本无明显关联关系，即经济发达地区个人所得税的收入分配
效应不大。其他省市情况基本相同。

表 27-8   我国经济发达地区个人所得税与收入分配汇总

年份		2006	2007	2008	2009	2010	2011	2012	2013	2014
北京	基尼系数	0.2551	0.2591	0.2923	0.2732	0.2525	0.2712	0.2832	0.2477	0.2388
	个税收入（亿元）	255.69	339.20	430.44	446.22	539.85	683.80	704.92	834.78	958.99
	个税占比（%）	7.69	7.85	8.13	7.25	8.67	8.84	7.80	8.05	8.31
上海	基尼系数	0.2972	0.2859	0.2856	0.2770	0.2676	0.2641	0.2663	0.2712	0.2563
	个税收入（亿元）	327.54	423.52	512.23	561.72	653.01	787.38	795.24	888.05	1021.52
	个税占比（%）	7.91	6.55	7.81	8.42	8.16	8.21	7.64	8.13	8.45
江苏	基尼系数	0.3867	0.3896	0.3697	0.3768	0.3729	0.3537	0.3425	0.3646	0.3228
	个税收入（亿元）	204.33	277.38	323.08	350.52	452.36	594.36	560.56	662.19	765.83
	个税占比（%）	6.19	6.38	6.26	6.00	6.25	6.60	5.51	6.02	6.35
浙江	基尼系数	0.3533	0.3559	0.3636	0.3612	0.3551	0.3545	0.3448	0.2156	0.3067
	个税收入（亿元）	155.20	195.87	225.24	243.52	291.70	366.99	357.05	384.91	435.89
	个税占比（%）	7.42	7.43	7.21	7.44	7.40	7.71	6.61	6.68	7.08
福建	基尼系数	0.3257	0.3288	0.3448	0.3413	0.3368	0.3546	0.3360	0.3003	0.2909
	个税收入（亿元）	62.88	77.88	84.46	89.06	104.57	126.94	127.79	146.31	158.26
	个税占比（%）	8.65	8.56	7.71	7.13	6.66	6.48	5.49	5.49	5.35

资料来源：《中国税务年鉴》2007~2015 年度数据，《中国统计年鉴》2007~2016 年度数据。

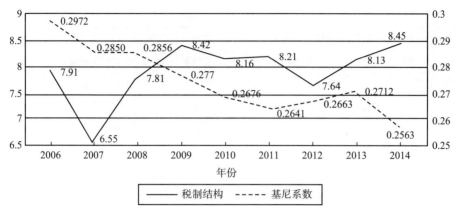

图 27 - 4　2006～2014 年上海市基尼系数与个税占比变化

3. 经济较发达地区①个人所得税和收入分配状况分析

表 27 - 9 为我国经济较发达地区个人所得税占比与收入分配情况。经济较发达地区个人所得税增幅普遍较低，除新疆维吾尔自治区因 2006 年个人所得税收入较少导致的增幅较高外，大部分地区个人所得税收入增幅普遍小于全国水平。此外，除新疆外，经济较发达地区个人所得税占比在波动中普遍呈现出下降趋势。而该地区基尼系数同样呈现出整体减小的波动趋势。以安徽省为例，该省个人所得税占比与收入分配状况变化趋势如图 27 - 5 中所示。可以看出，2008～2012 年的 4 年间，安徽省基尼系数与个人所得税占比同时呈现出下降趋势，但 2008 年之前与 2012 年之后变化则基本无相关关系，这一情况同样在辽宁省得到了验证，如图 27 - 6 所示。可见，我国经济较发达地区个税占比对收入分配的调节效果同样不明显，甚至呈现出一定程度的反向调节效果，表现为个人所得税占税收收入比重降低，基尼系数反而下降的情况。这也在一定程度上反映出我国个人所得税收入分配调节效果的不显著。

表 27 - 9　　　　　　　我国经济较发达地区个人所得税与收入分配汇总

年份		2006	2007	2008	2009	2010	2011	2012	2013	2014
辽宁	基尼系数	0.4109	0.4080	0.4465	0.4268	0.4248	0.4355	0.4085	0.3125	0.3062
	个税收入（亿元）	650.59	808.29	929.15	827.84	1074.04	1257.43	994.71	1031.41	1093.62
	个税占比（%）	6.63	6.62	6.30	5.03	5.05	4.90	3.10	3.09	3.41
安徽	基尼系数	0.3375	0.3561	0.3944	0.3863	0.3917	0.3846	0.3557	0.2856	0.2794
	个税收入（亿元）	34.93	45.72	53.59	57.59	79.94	100.11	89.78	108.60	130.36
	个税占比（%）	5.25	5.40	5.03	4.63	4.83	4.67	3.58	3.91	4.22

---

①　按照前面的划分方法，经济欠发达地区包括辽宁、安徽、江西、河南、湖北、广西、重庆、新疆、四川。

续表

年份		2006	2007	2008	2009	2010	2011	2012	2013	2014
江西	基尼系数	0.3041	0.2985	0.2930	0.3028	0.2921	0.3157	0.3012	0.2374	0.2460
	个税收入（亿元）	30.89	37.07	39.96	40.99	50.67	80.79	66.31	71.93	89.85
	个税占比（%）	7.37	6.63	5.90	4.96	4.52	5.67	3.79	3.60	3.94
河南	基尼系数	0.3495	0.3470	0.3221	0.3233	0.3156	0.3191	0.3104	0.3889	0.2704
	个税收入（亿元）	60.13	75.64	80.75	83.32	100.74	120.96	103.52	119.08	145.02
	个税占比（%）	5.93	5.78	5.29	5.17	5.24	5.10	3.60	3.63	3.98
湖北	基尼系数	0.3148	0.3135	0.3382	0.3495	0.3620	0.3253	0.3140	0.2677	0.2693
	个税收入（亿元）	48.88	61.70	70.15	73.53	86.02	122.07	121.36	144.34	161.71
	个税占比（%）	5.78	5.92	5.54	5.16	4.83	5.44	4.35	4.54	4.45
广西	基尼系数	0.3428	0.3509	0.3277	0.3259	0.3110	0.3296	0.3196	0.2946	0.2913
	个税收入（亿元）	36.83	48.03	48.69	50.11	64.61	73.52	60.47	69.36	75.55
	个税占比（%）	7.61	7.74	6.72	6.16	6.07	5.33	3.55	3.80	3.82
重庆	基尼系数	0.2868	0.2896	0.2819	0.2689	0.2488	0.2827	0.2705	0.2448	0.2514
	个税收入（亿元）	30.60	40.10	44.56	53.11	65.60	87.25	82.46	93.86	108.10
	个税占比（%）	7.25	7.28	6.57	6.75	6.05	6.13	4.91	4.84	4.85
新疆	基尼系数	0.3250	0.3084	0.3402	0.3367	0.3381	0.3313	0.2996	0.3675	0.3766
	个税收入（亿元）	26.78	38.31	45.41	50.51	68.46	95.84	89.72	107.74	120.32
	个税占比（%）	5.57	6.46	5.90	6.36	6.26	6.72	5.38	6.07	6.34
四川	基尼系数	0.3066	0.2973	0.2901	0.2938	0.2702	0.2754	0.2727	0.2740	0.2934
	个税收入（亿元）	67.10	95.37	103.93	110.96	144.41	181.87	183.51	220.24	243.00
	个税占比（%）	7.35	8.04	7.52	6.89	6.97	6.76	5.51	5.88	5.99

资料来源：《中国税务年鉴》2007～2015 年度数据，《中国统计年鉴》2007～2016 年度数据。

图 27-5 2006～2014 年安徽省基尼系数与个税占比变化

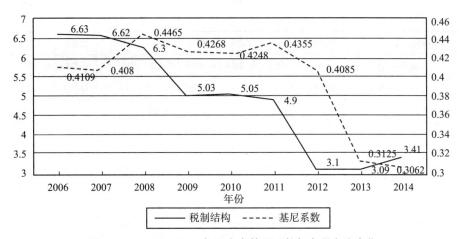

图 27 - 6　2006 ~ 2014 年辽宁省基尼系数与个税占比变化

27.3.3.3　经济不发达地区①个人所得税和收入分配状况分析

表 27 - 10 为我国经济不发达地区个税占比与收入分配情况。从中可以看出，经济不发达省份个人所得税同样呈现出逐年增加的状态，且其增幅略高于经济较发达地区。其中，西藏自治区由于 2006 年个人所得税收入过少，导致其增幅高达 21 倍，其余地区 2014 年比 2006 年增长同样达到 3 倍左右。此外，经济不发达地区的个税占比除西藏外，同样呈现出整体下降的波动趋势。对于收入分配状况，经济不发达地区表现出不同变化趋势。其中，内蒙古、宁夏、西藏呈现出整体上升的波动趋势。而海南、贵州两个省份同样因为统计口径的变化，而导致实际基尼系数应略高于表中数据。其中，海南省统计口径的变化发生于 2011 年，贵州省发生于 2013 年，因此，海南、贵州两省基尼系数为无明显变化。总结以上分析可以得出，经济不发达地区收入分配情况没有得到改善，部分地区甚至出现收入分配不均加剧的情况。

对比经济不发达地区个税占比与收入分配的变化情况，以宁夏回族自治区为例，基尼系数与个税占比的变化情况如图 27 - 7 所示。从图中可以看出，虽然基尼系数与个税占比呈现出相反的变化趋势，但其波动变化则无太大相关性。总体来看，经济不发达地区的收入分布状况的变化与个人所得税的相关度十分微弱。

表 27 - 10　　　　　我国经济不发达地区个人所得税与收入分配汇总

年份		2006	2007	2008	2009	2010	2011	2012	2013	2014
内蒙古	基尼系数	0.3604	0.3382	0.3993	0.3788	0.3755	0.3902	0.3702	0.4517	0.4445
	个税收入（亿元）	30.21	43.99	60.05	74.20	98.35	134.57	119.03	112.43	100.50
	个税占比（%）	4.99	5.54	5.78	6.26	6.32	6.73	5.36	4.93	4.84

---

① 按照前述划分方法，经济不发达地区包括海南、陕西、宁夏、内蒙古、贵州、西藏。

年份		2006	2007	2008	2009	2010	2011	2012	2013	2014
宁夏	基尼系数	0.3859	0.4211	0.4024	0.4044	0.4285	0.4114	0.4032	0.3881	0.4575
	个税收入（亿元）	6.15	8.78	10.06	11.25	13.93	18.74	16.69	18.47	18.65
	个税占比（%）	6.43	7.08	6.21	5.92	5.48	5.80	4.11	4.04	3.91
海南	基尼系数	0.3733	0.3818	0.3658	0.3695	0.3498	0.3115	0.3032	0.3285	0.3212
	个税收入（亿元）	9.91	12.80	13.93	15.34	20.10	24.37	18.96	29.20	33.53
	个税占比（%）	7.05	6.11	4.91	4.45	4.22	3.94	2.65	3.87	3.96
贵州	基尼系数	0.3368	0.3506	0.3529	0.3454	0.3436	0.3527	0.3348	0.2874	0.2918
	个税收入（亿元）	27.60	36.81	46.02	53.31	68.55	83.10	80.73	86.62	81.30
	个税占比（%）	7.19	7.72	7.92	8.05	8.45	8.08	6.14	5.58	4.53
西藏	基尼系数	0.4138	0.4304	0.4100	0.3867	0.3912	0.4292	0.4213	0.4584	0.4193
	个税收入（亿元）	1.12	1.45	1.76	1.82	4.95	20.24	59.51	28.71	23.59
	个税占比（%）	6.16	6.30	5.97	5.36	9.87	21.26	39.31	19.77	13.82
陕西	基尼系数	0.2729	0.2786	0.2862	0.2830	0.2743	0.2596	0.2591	0.2881	0.2769
	个税收入（亿元）	33.22	44.07	56.88	67.19	88.85	111.05	105.12	121.90	117.17
	个税占比（%）	5.14	5.38	5.47	5.40	5.48	5.27	4.23	4.67	4.37

资料来源:《中国税务年鉴》2007~2015 年度数据,《中国统计年鉴》2007~2016 年度数据。

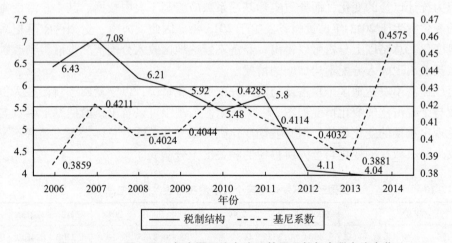

图 27-7　2006~2014 年宁夏回族自治区基尼系数与个税占比变化

27.3.4　中国税制结构公平效应的微观分析

为了对比不同的税种（或税类）对比不同税种（或税类）的差异化影响,我们考虑构建由个人所得税与货物劳务税组成的两要素模型,从传导机理上解释居民税收及其改革对社会公平的影响，并采用实际调研获取的第一手微观数据，拟合税收对于社会公平的影响，从微观角度对税收的公平效应进行分析。

27.3.4.1 理论模型与数据特征

1. 理论模型

促进社会公平的税制体系包括货物劳务税、所得税和财产税，考虑到中国尚未征收个人保有性质的财产税，同时文章研究的重点是收入流，因此我国居民税收环境的搭建只包含了居民直接支付的个人所得税和间接负担的货物劳务税。基于卡克瓦尼（Kakwani，1977）的研究，本部分使用 K 指数测度税制的公平分配效应。由于 K 指数建立在洛伦兹曲线的推导基础上，因此我们首先在存在税收课征的环境下，给出洛伦兹曲线如（27.1）式所示：

$$s.t. \begin{cases} (A) & X_{real} = X - PIT - GST \\ (B) & C = \beta_1 X \\ (C) & GST = (\beta_1 X)\gamma_1 \end{cases} \quad (27.1)$$

式中，（A）表示居民在消费支出与交税后的真实收入[1]，其中 X 是税前收入；（B）为消费支出，其中 β_1 为消费系数，居民的消费支出 c_i 是居民所得税后收入 x_i 和消费系数的函数；（C）为货物劳务税，假设货物劳务税 GST 实行比例税率，γ_1 为货物劳务税税率。

K 指数是建立在洛伦兹曲线基础上的一个测度税收公平分配效应的指标，用税收集中系数与税前基尼系数来表示，如（27.2）式：

$$K = C_T - G_X \quad (27.2)$$

其中，CT 为税收集中度系数，GX 为税前收入基尼系数。若 K > 0，则税收是累进的；若 K = 0，则税收是比例的；若 K < 0，则税收是累退的。为了考察不同税种对收入分配公平的贡献，我们参考卡克瓦尼（1977）提出的 K 指数分解方法，将总体税制的收入再分配效应分解为货物劳务税和个人所得税的收入再分配效应，如（27.3）式：

$$G - G^* = \frac{t_{pit}}{1-t}K_{pit} + \frac{t_{gst}}{1-t}K_{gst} \quad (27.3)$$

其中，K_{pit} 和 K_{gst} 分别表示个人所得税和货物劳务税的 K 指数，t_{pit} 和 t_{gst} 分别表示个人所得税和货物劳务税的平均税率。上式将不同的税种进行了归纳分类，从而在一个统一的框架下论证不同类型的税收对社会公平的影响。

在个人所得税中，考察对象是工资薪金所得税，主要是因为当前工资薪金所得是居民的主要收入来源，工资薪金所得税在个人所得税中占比较大[2]，因此以此分析个人所得税的公平效应。同时完整分析个人所得税的公平效应，需要考虑扣除项目、税率水

---

[1] 考虑到剥离了消费支出之后的居民收入能够更加准确地反映真正的净余收入，采用减除消费和税收之后的税后净收入描绘洛伦兹曲线。

[2] 2010 年、2011 年、2012 年我国工资薪金性质的个人所得税占当年个人所得税的比重分别为 65.29%、64.45%、61.67%。

平、税收抵免和税收漏损四个方面的因素，但由于我国税制缺少对特殊群体的税收抵免，同时税收漏损主要受税收征管水平的影响，且工资薪金所得的透明度较高，实行代扣代缴制度，税收漏损较少。因此对我国个人所得税的分析可不考虑税收抵免和税收漏损。我们对于个人所得税税基公平效应的考察仅限于基本生活费用扣除和社会保障缴费扣除（"三险一金"扣除额，即养老保险、医疗保险、失业保险和住房公积金）。

个人所得税税率结构、生活费用扣除和社保缴费扣除对社会公平的贡献可以根据公式（27.4）进行分解：

$$K = \pi_R + \sum_{i=1}^{k} \frac{\delta_i}{1 - \sum_{1}^{k} \delta_i} \rho_{XDi} \tag{27.4}$$

其中，K 为工资薪金所得税的累进性，π_R 为税率结构产生的累进性，等于应纳税额的基尼系数与应纳税所得额的基尼系数之差。δ_i 为平均扣除额所占平均税前收入比例，ρ_{XDi} 为免征额和社会保障扣除产生的累进性，等于税前收入的基尼系数与免征额（或社会保障扣除）的基尼系数之差。

2. 消费系数和货物劳务税税率参数设置

为了考察货物劳务税的分配效应，我们需要确定居民的消费支出 c_i 与居民收入 x_i 之间的函数关系，即消费系数，在此基础上根据其货物劳务税税率估算出货物劳务税税额。

（1）消费系数。

结合我国实际，由于城镇居民是个人所得税缴纳的重点，而农村居民基本不缴纳个人所得税，所以我们采用城镇居民的数据来测算消费系数更有意义。其中货物劳务税用含增值税、营业税、消费税、关税、车辆购置税、烟叶税、城市维护建设税在内的综合税制替代，假设货物劳务税 GST 实行比例税，固定税率为 γ_1。根据中国统计年鉴的数据显示，近 10 年（2003～2012 年）[①] 来我国城镇居民人均消费支出占人均收入的比重如图 27 - 8 所示。

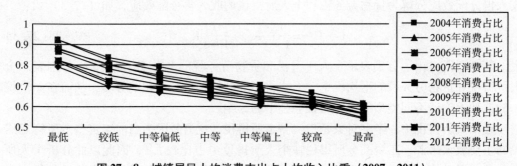

图 27 - 8　城镇居民人均消费支出占人均收入比重（2007～2011）

图 27 - 8 的数据显示出几个特点：一是消费倾向体现出非常明显的边际递减特征，

---

①　为分析个人所得税改革的公平效应，书中数据的选取年度截至 2012 年。

低收入者消费支出比例高，高收入者消费支出比例低；二是近年来我国城镇居民的消费倾向整体呈现下降趋势，无论是低收入者还是高收入者，10 年间的消费倾向基本上降低了 15% 左右，这显然是由于人民物质生活水平提高，消费多元化所致。为了获得消费倾向函数的具体参数，我们以 2011 年度[①]的数据进行回归检验，得到表 27 – 11。表27 – 11 显示回归结果拟合度高达 99% 以上，各类技术指标都符合统计特征，可以用来解释居民消费这一经济现象。基于此，我们定义消费支出函数为（27.5）式：

$$C_i = 0.5x_i + 250 \tag{27.5}$$

结合如前的假设，货物劳务税与居民收入之间的关系如（27.6）式所示：

$$y_{i2} = C_i t = (0.5x_i + 250)\gamma_1 \tag{27.6}$$

表 27 – 11   **消费倾向函数的回归检验结果**

	Coefficient	Std. Error	t – Statistic	Prob.
C（1）	0.504163	0.010715	47.05276	0.0000
C（2）	254.1100	32.12026	7.911205	0.0005
R-squared	0.997747	Mean dependent var		1526.206
Adjusted R-squared	0.997296	S. D. dependent var		882.4321
S. E. of regression	45.88618	Akaike info criterion		10.72516
Sum squared resid	10527.71	Schwarz criterion		10.70971
Log likelihood	– 35.53807	Hannan – Quinn criter.		10.53415
F-statistic	2213.962	Durbin – Watson stat		1.740764
Prob（F-statistic）	0.000000			

（2）货物劳务税税率。

货物劳务税是指以纳税人商品生产、流通环节的流转额或者数量以及非商品交易的营业额为征税对象的一类税收。在我国主要包括增值税、营业税、消费税、关税、车辆购置税、烟叶税、城市维护建设税等税种。货物劳务税多使用比例税率，计税方法可近似归纳为：应纳税额＝商品流转额×适用税率。因此我们可以近似的用货物劳务税总额与最终消费数额（实物交易资金）之比作为我国的综合货物劳务税税率。运用我国2007～2011 年 5 年的数据对我国的货物劳务税税率进行估算，测算结果如表 27 – 12 所示。基于此，我们采用平均税率 22% 作为货物劳务税的综合税率。

表 27 – 12   **货物劳务税税率估算表**

年份	最终消费/实物交易资金（亿元）	货物劳务税总额（亿元）	货物劳务税税率（%，估计）
2011	232111.50	52356.52	0.23
2010	194115.00	44108.83	0.23
2009	169274.80	36529.07	0.22

---

① 我们对比分析了 2010 年和 2012 年的税制公平效应，因此采用中间年份即 2011 年的数据拟合消费系数。

年份	最终消费/实物交易资金（亿元）	货物劳务税总额（亿元）	货物劳务税税率（%，估计）
2008	153422.50	32362.98	0.21
2007	132232.90	27772.89	0.21

资料来源：国家统计局网站。

3. 数据来源与数据特征

关于居民税收的公平效应，以往的研究多对宏观数据进行分析，容易产生对现实描述的偏离，从而会影响分析结论和政策建议的准确性。我们采用我国东部某省会城市的全员全额纳税申报数据进行分析。全员全额申报制度要求无论是否达到支付标准、无论是否是支付单位的员工，支付者都要向税务部门申报支付金额，因此数据较统计数据更加准确、全面。该数据包括工资薪金、免征额、各项社保缴款、其他扣除等信息。为了保证样本的代表性和有效性，我们采取随机抽样方法，获取每年 10000 人的大样本数据。为了分析工薪所得税率调整和税基调整对收入分配的影响，考察 2011 年工薪所得税改革的有效性，我们以 2010 年和 2012 年的个人收入数据为分析对象。同时为了消除税改消息面对个人工资薪金发放的影响①，并体现收入的年度总体性特征，我们选择 12 月的数据作为分析样本。

为了保证适用税制的一致性，对于调查获取的数据，我们做了以下处理：剔除收入为负值的样本；剔出有来源于国外收入的样本；剔除掉有免税和捐赠收入的样本；税前收入大于社会保障扣除。经过筛选，2010 年 8283 个有效数据；2012 年 8622 个有效数据。按 1000 元为步长递增，2010 年和 2012 年中、收入阶层（月收入 1 万元以下）收入分布如图 27 -9 所示。从中我们可以看出，当前我国的居民收入呈现偏峰的非正态分布特征，低收入群体占据较高比重。对比考察年份，2012 年居民收入有所提高，相对于 2010 年高收入阶层明显增加，同时收入分散的程度也更加明显，贫富差距扩大。

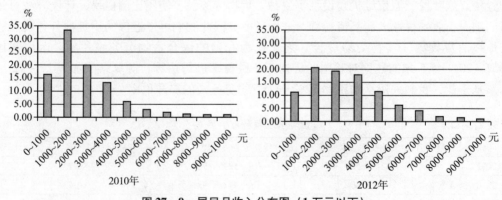

图 27 -9 居民月收入分布图（1 万元以下）

① 2011 年税制改革的消息导致部分企业调整了工资发放计划，因为获悉税收扣除标准会提高，有企业将部分收入的发放后移。

27.3.4.2　实证分析结果

对于获取的调研数据，我们使用 DASP（Distributive Analysis Stata Package）V2.3 程序对居民税收的公平效应进行研究，分别考察不同年份的总体效应并分解不同税种和税制要素的公平效应。实证分析结果如表 27 - 13 所示。

1. 个人所得税的公平效应

（1）2010 年个人所得税的公平效应及其分解。

2010 年税前收入基尼系数为 0.4444，个人所得税税收集中度为 0.8921，K 指数（以个人所得税集中度减去税前收入基尼系数得到）为 0.4477。其中，税率调节 K 指数（以个人所得税税收集中度减去应纳税所得额基尼系数得到）为 0.0640。税基调整来源于免征额扣除和社保扣除两个因素。免征额调节 K 指数（以社保扣除后的净收入基尼系数减去免征额集中度得到）为 0.2587，社保扣除调节的 K 指数（以税前收入基尼系数社保扣除集中度得到）为 -0.2816。

加权计算的 K 指数为 0.3868，税率、免征额扣除、社保扣除各自贡献率分别为 16.55%、100.49%、-17.04%。

（2）2012 年个人所得税的公平效应及其分解。

2012 年税前收入基尼系数为 0.4583，个人所得税税收集中度为 0.9702，K 指数为 0.5119。同理，K 指数分解为税率、税基（包含免征额和社保扣除两个因素）的调整，其中税率调节 K 指数为 0.0594、免征额调节 K 指数为 0.2088、社保扣除调节的 K 指数为 -0.2969。

加权计算的 K 指数为 0.4209，税率、免征额扣除、社保扣除各自贡献率分别为 14.11%、110.08%、-24.19%。

表 27 - 13　　　　　　　　居民税收公平效应及其分解年度对比

对比项目		2010 年	2012 年
总税制	税前收入基尼系数	0.4444	0.4583
	税后收入基尼系数	0.4313	0.4385
	总体税制公平效应	0.0130	0.0198
	税收集中度	0.5047	0.5521
	应税所得集中度	0.8280	0.9108
	税率结构调节效果	-0.3233	-0.3587
	税基结构调节效果	0.3837	0.4525
	K 指数	0.0604	0.0938
公平效应分解	加权计算的 K 指数	0.0613	0.0953
其中：个人所得税	K 指数	0.4477	0.5119

对比项目		2010 年	2012 年
货物劳务税	K 指数	− 0.0877	− 0.0765
个人所得税	税率结构 K 指数	0.0640	0.0594
	税率结构贡献占比	16.55%	14.11%
	免征额 K 指数	0.2587	0.2088
	免征额贡献占比	100.49%	110.08%
	社保扣除 K 指数	− 0.2816	− 0.2969
	社保扣除贡献占比	− 17.04%	− 24.19%

（3）基本结论。

研究结果表明，两个年度中个人所得税对于居民收入都具有正向的分配效应。但是，具体分析个人所得税税制要素的公平效应时，我们发现，因为我国主要采用超额累进税率制（工资薪金所得占比高，故税率主要受累进税制影响），税率结构对收入分配都起到正向调节作用；免征额对收入分配正向调节，也是对收入公平分配起到主要作用的政策手段，但社保扣除对收入分配产生逆向调节作用，加剧了收入分配不公现象。对比两个年份，税率结构的调整（九级超额累进税率到七级超额累进税率）和免征额的提高（从2000 元提高到 3500 元）都弱化了公平效应，表现在税率调节 K 指数从 2010 年的 0.0640下降至 2012 年的 0.0594、免征额的 K 指数从 2010 年的 0.2587 下降至 2012 年 0.2088。

2. 加入货物劳务税后的收入分配效应

（1）2010 年居民税收的公平效应及其分解。

2010 年调研数据显示税前收入基尼系数为 0.4444，税后收入基尼系数为 0.4313。居民总体税收（同时包含个人所得税和货物劳务税）课征后基尼系数下降 0.0130，收入不公情况得以小幅减轻（如图 27 − 10（a）所示）。反映税收公平效应的 K 指数为0.0604，K 指数大于 0，表明总税制对收入分配起到正向调节作用。其中税率结构的调节效果（以税收集中度减去应税所得集中度得到）为 − 0.3233，税基结构的调节效果（以应税所得集中度减去税前收入集中度得到）为 0.3837。可见，居民总体税收中税率结构具有负向调节效应，而税基结构具有正向调节效应。

经过加权计算的 K 指数为 0.0613，对其分别考察个人所得税、货物劳务所得税的公平效应。个人所得税的 K 指数（所得税集中度与个人所得税前收入的基尼系数之差）为 0.4477，货物劳务税的 K 指数（货物劳务税集中度与个人所得税后收入的基尼系数之差）为 − 0.0877。这一分解结果显示，对于我国现行的居民税收，将调节作用区分税种分别考虑其公平效应时，个人所得税和货物劳务税有着各自不同的作用。数据表明个人所得税对收入分配起到正向调节作用，货物劳务税具有累退性，负向调节收入分配。

（2）2012 年居民税收的公平效应及其分解。

2012 年税前收入基尼系数为 0.4583，税后收入基尼系数为 0.4385，居民总体税收

（即包含个人所得税和货物劳务税的情况下）课征后基尼系数下降 0.0198，收入不公情况得以减轻（如图 27 - 10（b）所示）。K 指数为 0.0938，表明 2012 年居民总体税收同样对收入分配起到正向调节作用。其中，税率结构的调节效果为 - 0.3587，税基结构的调节效果为 0.4525。总体税制下税率结构和税基结构的调节方向与 2010 年相同。

经加权计算的 K 指数为 0.0953，其中个人所得税 K 指数为 0.5119，货物劳务税的 K 指数为 - 0.0765。研究同样表明，将调节作用区分税种分别考察其公平效应时，2012 年居民税收中个人所得税和货物劳务税有着各自不同的作用。数据显示，个人所得税同样对收入分配起到正向调节作用，货物劳务税负向调节收入分配。

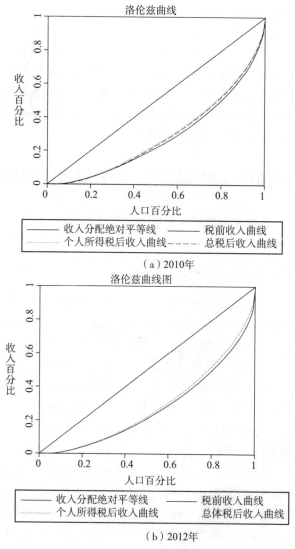

图 27 - 10　总体税制调节效应

27.3.4.3　主要结论

通过构建由个人所得税与货物劳务税组成的居民税收两要素模型，使用洛伦兹曲线和 K 指数并对其进行分解的基础上，对于实际调研获取的第一手微观数据进行分析，考察当前居民税收及其改革的公平效应。研究结论显示：

（1）随着经济发展，我国居民的贫富差距 2012 年比 2010 年有所扩大，但是总体上居民税收都具有效果十分有限的正向效应，且 2012 年调节幅度更大。数据显示，2012 年基尼系数下降 0.0198，2010 年仅为 0.0130。

（2）居民收入经过总体税制的调整，公平程度有所改善，其中个人所得税起到正向调节作用，对于推动社会公平分配具有一定的正向促进作用，但是货物劳务税具有逆向调节效应，恶化了居民收入分配的公平程度。表现为加入货物劳务税后税收对收入公平产生了负贡献率，由此进一步证明了当前货物劳务税不能有效改善收入分配。

（3）具体考察个人所得税的调节效应，免征额对于公平的贡献较大，而在当前我国的居民收入呈现偏峰的非正态分布特征下个税改革侵蚀了所得税的公平效应，即税率结构的调整和免征额的提高并非有利于居民个人收入公平程度的改善。此外，当前个人所得税的社保扣除制度也具有逆向调节作用。

27.4　中国税收政策体系公平分配效应的税种评价

税收通过在生产、交换、分配和消费各个环节设立税种，实现参与国民收入的初次分配和再分配，影响社会分配的各个方面。

27.4.1　税种结构与收入分配

虽然理论界对于税收是否应在调节贫富差距中担当主角尚存争议，但不可否认的是累进税率设计的税收的确增加了富人的税收负担，如累进税率的个人所得税、遗产税与赠与税等。一般来说，发达国家都设计了一套包括税收和转移支付在内的调节贫富差距的方法体系。近年来，以税收—转移支付模型为基础的再分配效应研究不断增多，结果表明税收和转移支付的确有利于缩小收入差距。最近的研究是金和兰伯特（Kim and Lambert，2009）对美国 1994 ~ 2004 年收入再分配效应的分析，结论是尽管总的收入不平等在增长，但政府税收和转移支付合计降低了大约 30% 的收入不平等。而在全部的再分配效应中，转移支付贡献的份额为 85%，税收为 15%。在样本国家中，税收和转移支付平均使基尼系数降低 20.51%。当仔细分析这些国家的税收体系和转移支付制度时，不难发现其转移支付大多集中于向低收入群体的补助支出、公共养老金支出等，而税收体系更是包括了个人所得税、社会保障税、财产税等在内的诸多税种。税收调节应贯穿于居民的收入、消费和财产三个层面，其中尤以对财产课税最为重要（见图 27 - 11）。

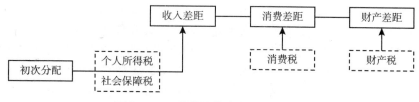

图 27 - 11   税种调节贫富差距的机制

收入差距调节一般通过社会统筹的社会保障税和累进税率的个人所得税实现。社会保障税一般根据工资薪金的一定比例课征，纳入社会统筹管理。这就意味着工作时缴纳的社会保障税虽然不同，但大家得到的社会基本保障却相同，这就从根本上保证了低收入者的权益。目前，多数国家已开征社会保障税，在一些发达国家甚至已成为第一大税种，对收入均等的作用明显。而我国实行的是以省为单位的社会统筹与个人账户相结合的社会保障缴费制度，并未实现全国统筹，这就意味着该制度在地区间仍存在较大的差异。

个人所得税一般实行综合征收、累进税率，多得多纳税，充分体现了税收的纵向公平。在不考虑避税的前提下，税制设计本身能有效地改变收入分配状况。反观我国的个人所得税实行的是分类课征模式，除了工资薪金所得、个体工商户所得、承包承租经营所得以及劳务报酬所得采用累进税率外，其他所得均采用比例税率。以 2008 年全国个人所得税分项目收入看，76.65% 的个人所得税来自累进税率税目，对收入差距起到了一定的调节作用。但深入分析，其中个体工商户所得和承包承租经营所得在实际征管中多采用核定征收方式，劳务报酬所得更是难以有效监管，从而使调节作用大打折扣。而在工资薪金所得中，一般收入应呈现"橄榄型"，这时累进税率的调节作用也最为有效。但 2007 年的数据显示，我国 95.57% 的纳税人次适用 15%（含）以下税率，只有 4.43% 的纳税人次适用 20%（含）以上税率，从而使九级超额累进税率并未发挥应有的调节作用。

消费差距调节因实行比例税率的增值税和营业税呈现累退性，而大多通过实行差别课征的消费税进行调节。消费税虽然一般采用比例税率或定额税率，但因其征税范围特定，实行差别课征，不同消费品税率不同。这样就使得富裕者在进行奢侈品消费时额外支付了一部分税收，也可以对消费差距调节起到修正和补充作用。

贫富差距调节的重点在于缩小财产差距。财产税是限制财富过度集中的有效手段。个人所得税和消费税都是财富流量的调节，而以遗产税、赠与税及房产税为代表的财产税则是强调对财富存量的调节。高累进税率的财产税旨在强调起点和结果公平。综观我国税制，可归为财产税的税种包括房产税、城镇土地使用税、契税、耕地占用税和车船税。2008 年上述五税收入之和占总税收收入的 3% 左右，几近缺失状态，而且这些税种的征税对象大部分是企业，对个人财富差距调节基本不起作用。

27.4.2   个人所得税改革的公平分配效应

2011 年个人所得税改革将工资薪金所得费用扣除额提高至 3500 元/月，税率级数调整至七级，级距和税率也做了调整。此次改革最直接的结果就是个人所得税减收约

1200亿元，同时降低了中低收入者税收负担，加大了对高收入者的调节。但时至今日，对于个人所得税改革的争论，似乎并未因此而减弱，大有愈演愈烈之势，进一步提高费用扣除额的呼声屡见报端。事实上，近年来针对个人所得税改革效应的研究日益增多。多数研究表明：平均税率、累进性是影响个人所得税收入分配效应的两个主要因素。就现阶段而言，平均税率的影响更大。石子印（2014）认为收入分布是影响个人所得税累进性的最重要因素，而提高平均税率则是改善个人所得税再分配效应的有效途径。因此，较高的税收累进性并不一定能带来较高的再分配效应，税收规模尤其重要。何辉等（2014）利用城镇居民调查数据，实证分析表明个人所得税的平均税率具有累进性，居民收入的税后基尼系数小于税前基尼系数，因此个人所得税具有收入再分配正效应，但不同时期的效应存在差异。岳树民等（2011）利用2007年抽样调查数据，研究发现个人所得税累进性随着免征额的上升而呈现先上升，后下降的特征。这说明在我国现行税制和城镇居民收入分布状况下，存在令个人所得税累进性达到最优的免征额。徐建炜等（2013）利用微观住户调查数据，研究发现1997~2005年间尽管累进性逐年下降，但由于平均有效税率上升，因此个人所得税的收入分配效应逐渐增强；2006~2011年间的三次税制改革尽管提高了累进性，但由于平均有效税率降低，反而恶化了个人所得税的收入分配效应。针对2011年个人所得税改革，岳希明等（2012）认为平均税率是影响个人所得税收入分配效应的主要因素，累进性是次要的。由于平均税率的降低，2011年改革进一步弱化了个人所得税的收入分配效应；个人所得税整体累进性指数随工资薪金所得费用扣除的提高呈倒"U"型，3500元正好处于倒"U"型的最大值，超过3500元的费用扣除反而会削弱个税的累进性。许志伟等（2013）基于家庭收入调查数据，研究表明：较改革前税制而言，2011年个人所得税改革降低了月收入低于3.8万元群体的平均税率，增加了3.8万元以上高端收入群体的平均税率。基于收入分布数据的计算，新税制使得整个经济的平均税率由改革前的2.67%降至改革后的0.91%。同时新税制提高了中端收入群体（月收入为0.2万~2.2万元）的福利，降低了高端收入群体（月收入高于2.2万元）的福利，对最低端群体（月收入小于0.2万元）则影响不大。由于中间群体人口比重较大，新税制提高了社会总福利，增幅为0.74%~0.8%。但种种个人所得税改革建议究竟会带来怎样的收入和再分配效应，目前的研究中尚无较为全面的定量比较评估。我们以微观数据为基础，定量评估各种个人所得税改革方案的再分配效应变化，并进一步延伸分析两种效应下个人所得税改革的重点内容与配套措施。

27.4.2.1 一个简单分析框架

税制改革一般产生三种效应：税收收入效应、收入再分配效应和经济增长效应。其中，税收收入效应是指税制改革会带来税收收入的变化，即总体税收负担的增减，这也是税制改革的最直接结果。收入再分配效应是指不同阶层税收负担的变化。经济增长效应是指税制改革而导致生产要素税后回报率的变化，从而影响企业和个人的决策，最终对经济发展产生影响。具体来讲，个人所得税改革会产生收入效应、再分配效应及劳动力供给效应。基于研究目标，我们只分析个人所得税改革的收入效应和再分配效应。

假设：$T = A^\theta t(Y - D)$

其中，T 为个人所得税收入；A 为税收征管水平，且 $0 < A < 1$；θ 为系数，且 $0 < \theta < 1$；Y 为工资薪金收入；D 为费用扣除额；t 为名义税率，t 与级距 R 和边际税率 MT 相关：

$$t = t(R, MT)$$

且 $\frac{\partial t}{\partial R} < 0$，$\frac{\partial t}{\partial MT} > 0$。即当税率为累进税率时，名义税率的高低与征税级距成反比，与（最高）边际税率成正比。

个人所得税改革一般具体包括调整免征额、税率、税级级距①，下面具体分析各项调整所带来的收入和再分配效应。当提高免征额时，税基缩小，减少税收收入，减税数额大体为免征额提高额与边际税率的乘积。因此，在累进税率下，高收入者减税更多，从而使不同阶层间收入差距进一步拉大。税率和税级级距的调整在本质是都是通过税率影响收入和再分配，税级级距的拉大实质上是降低了超原级距收入的边际税率。因此，在累进税率下，当边际税率降低和级距拉大时，总体税收收入减少，且高收入者减税效果更明显，不同阶层间收入差距进一步拉大。

27.4.2.2　不同改革方案的效应评估

对于工资薪金个人所得税改革方案主要评估两个：2011 年改革修正案（简称：2011 年改革）和以人大代表及网络讨论为主的各方建议稿（简称：建议版）。两个方案的根本性差异就在于免征额提高至 3500 元还是 5000 元，而对于税率税级调整尚未见到具体差异。那么这两个方案在税收收入和收入再分配效应上到底存在何种差异？本部分利用微观数据对两种方案加以比较。

1. 数据描述性统计

根据调研，共取得 17011 位纳税人信息，涉及制造业、金融保险业、社会服务业等 8 个行业。2011 年改革前，共 5001 位缴纳个人所得税，缴税比例为 29.40%，略高于 28% 的全国平均水平，月均工资薪金收入 4176.78 元，月均缴税 303.79 元，实际税负率 7.27%。2011 年个人所得税改革后，纳税人数为 1713 人，缴税比例 10.07%，较改革前减少 65.75%，月均缴税 215.81 元，实际税负率 5.17%。而将费用扣除额进一步提高至 5000 元，则纳税人仅为 927 人，缴税比例 5.45%，实际税负率则为 3.69%（见表 27 - 14）。

表 27 - 14　　　　　　　　　　　　样本描述性统计

变量		观察值（元）	平均值（元）	标准差（元）	标准离差率	最小值（元）	最大值（元）
工资薪金收入		5001	4176.78	4959.45	1.19	2000	118000
税后收入	2011 年前	5001	3872.99	3822.43	0.99	2000	81175
	2011 年改革	5001	3960.96	3827.73	0.97	2000	85705
	建议版	5001	4022.59	3933.01	0.98	2000	80655

---

① 税级级数的调整可以等价于税级级距的调整。

续表

变量		观察值（元）	平均值（元）	标准差（元）	标准离差率	最小值（元）	最大值（元）
个税收入	2011 年前	5001	303.79	1182.67	3.89	0	36825
	2011 年改革	5001	215.81	1208.32	5.60	0	32295
	建议版	5001	154.19	1137.49	7.38	0	37345

2. 税收收入效应

无论是 2011 年个人所得税改革还是建议版改革方案最直接的结果就是税收收入减少。样本数据中，纳税人当月共缴纳个人所得税 151.92 万元，而根据 2011 年改革和建议版计算的应缴税收分别为 107.93 万元和 77.11 万元，减收比例分别为 28.96% 和 49.24%。其中，在 2011 年改革中，因免征额提高减收 36.51 万元，因税率税级调整减收 7.48 万元，分别占减收总额的 83% 和 17%。而在保持修正案中七级累进税率下，免征额由 3500 元提高至 5000 元一项将减少税收收入 30.82 万元，与 2011 年改革相比减收 28.56%。

3. 收入再分配效应

对于个人所得税改革的收入再分配效应，我们从实际税率、基尼系数和不同阶层间收入占比三个方面加以考量。

（1）实际税率。

从个人所得税的实际负担率来看，与改革前的实际税率相比，2011 年个人所得税改革降低了月工资薪金收入在 2000～22000 元间人群的实际税负，提高了月收入超过 22000 元人群的实际负担率，个人所得税的累进程度相应提高。建议版则提高了月收入超过 91600 元人群的实际税率。可见，进一步提高免征额的受益者是月收入在 22000～91600 之间的人群，由增税群体转变成减税群体（见图 27－12）。

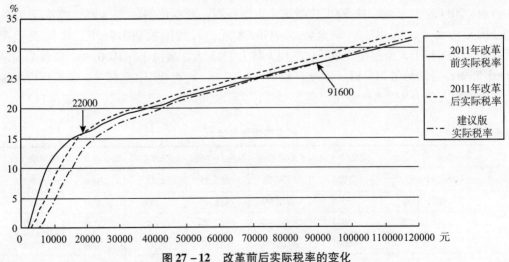

图 27－12 改革前后实际税率的变化

随着个人所得税负担的降低，与许志伟等（2013）的研究结果相同，2011 年改革提高了中端收入群体（月收入为 0.2 万~2.2 万元）的福利，降低了高端收入群体（月收入高于 2.2 万元）的福利，受益面即中端收入群体占总纳税人的比例，高达 98%，基本实现了"降低了中低收入者税收负担，加大了对高收入者的调节"的预期改革目标。但是如果将费用扣除额提高至 5000 元，则意味着年收入超过 100 万的人群其税负也下降，显然有悖于调节高收入的改革初衷。

（2）基尼系数。

从基尼系数看，通过比较税前与可支配收入基尼系数来衡量个人所得税的再分配效应。本文采用人口等分法，利用等高梯形面积求和公式（张建华，2007)[①] 计算基尼系数，即将样本按收入由低到高顺序排序，分为人数相等的 n 组，从第 1 组到第 i 组人口累计收入占全部人口总收入的比重为 w_i，则基尼系数 G 表示：

$$G = 1 - \frac{1}{n}\left(2\sum_{i=1}^{n-1} w_i + 1\right)$$

个人所得税收入再分配效应（Redistribution Effect，RE）表示为：

$$RE = G_M - G_D$$

其中，G_M 为税前收入基尼系数；G_D 为可支配收入基尼系数。

通过计算，与 2011 年改革前相比，2011 年改革后的税后基尼系数略微增大，建议版的则进一步扩大。因此，个人所得税的再分配效应弱化，如表 27 – 16 所示。为避免计算方法选择的误差，表 27 – 16 同时列示了根据胡祖光方法计算的基尼系数，其变化趋势相同。这是因为在当今中国，72% 的工薪收入者还达不到缴纳个人所得税的门槛，提高免征额虽然降低了月收入在 2000~22000 之间人群的税收负担，但 2 亿多低工薪者不受益，只有几千万中等工薪者受益。若将免征额提高至 5000 元/月，受益人群会进一步缩小。因此，在其他条件保持不变时，2011 年的修正案改革和建议版个人所得税改革只会多少扩大而不是缩小收入差距（见表 27 – 15）。

表 27 – 15　　　　　个人所得税改革方案税后基尼系数比较

	税前收入	2011 年改革前税后收入	2011 年改革后税后收入	建议版税后收入
基尼系数（张建华）	0.316	0.287	0.290	0.297
基尼系数（胡祖光）	0.361	0.324	0.328	0.337

注：基尼系数（胡祖光）的计算方法参见：胡祖光：《基尼系数理论最佳值及其简易计算公式研究》，载于《经济研究》2004 年第 9 期，第 60~69 页。

另外，从表 27 – 16 可以清晰地看出，仅就工资薪金所得而言，我国个人所得税具

[①] 张建华：《一种简便易用的基尼系数计算方法》，载于《山西农业大学学报（社会科学版）》2007 年第 3 期，第 275~278 页。

有一定的收入再分配作用,即基尼系数由税前 0.316 降至税后 0.287,降幅为 9.18%。从国际比较来看,在 20 世纪 80~90 年代间可得数据的 13 个国家中,个人所得税使得基尼系数降低的平均比例为 9.63%,略高于我国 2011 年改革前的水平(见表 27-16)。

表 27-16　　　　　　　　　　个人所得税收入再分配效应国际比较简表

国家(年份)	税前基尼系数	税后基尼系数	再分配效应	比例(%)
中国(2011)	0.3164	0.2874	0.0290	9.18
丹麦(1990)	0.3023	0.2703	0.0320	10.59
芬兰(1989)	0.2685	0.2253	0.0432	16.09
法国(1988)	0.3219	0.39065	0.0154	4.78
德国(1987)	0.2591	0.2312	0.0279	10.77
韩国(2000)	0.4008	0.3790	0.0218	5.44
爱尔兰(1987)	0.3870	0.3418	0.0452	11.68
意大利(1991)	0.3248	0.3009	0.0239	7.36
荷兰(1992)	0.2846	0.2517	0.0329	11.56
西班牙(1990)	0.4083	0.3694	0.0389	9.53
瑞典(1990)	0.3004	0.2608	0.0396	13.18
瑞士(1992)	0.2716	0.2541	0.0174	6.41
英国(1993)	0.4121	0.3768	0.0352	8.54
美国(1987)	0.4049	0.3673	0.0376	9.29
平均值(不含中国)	0.3343	0.3092	0.0316	9.63

资料来源:Jin Kwon Hyun and Byung-In Lim. Redistributive Effect of Korea's Income Tax:Equity Decomposition [R]. the 59th Congress of International Institute of Public Finance (IIPF) Working Paper 03-01。

事实上,上述 13 个国家大体可以分为三类:一是高效国家,基尼系数降幅超过 10%,以芬兰和瑞典为代表;二是低效国家,基尼系数降幅不足 5%,以法国和韩国为代表;三是其他国家,如意大利。从典型国家看,瑞典属于税率、免征额混合型国家,实行定额与定率相结合扣除方法,主要扣除项目包括社会保障缴费、损失扣除、基本扣除及赡养、抚养扣除等;税率上则实行比例税率及超额加征的方法,个人所得税地方税税率约为 31%,但年收入超过 20.39 万克朗后,需按 25% 税率缴纳国家所得税。而韩国也实行定额与定率相结合的综合扣除方式,扣除项目包括基本扣除、配偶扣除、抚养(赡养)扣除、主妇扣除、海外劳务津贴等;一般所得实行 10%~40% 的四级超额累进税率。但与瑞典相比,韩国过多的扣除大大侵蚀了税基,加之较低的超额累进税率在很大程度上降低了个人所得税的调节作用。[①] 再反观我国,从 2011 年全国个人所得税分项

---

① Adam Wagstaff & Eddy van Doorslaer, 2001. What Makes the Personal Income Tax Progressive? A Comparative Analysis for Fifteen OECD Countries, *International Tax and Public Finance*, 2001, Vol. 8 (3):pp. 299-316.

目收入情况看，工资薪金所得、利息股息红利所得及个体工商户生产经营所得三项合计贡献了税收收入 90% 以上。2010 ~ 2011 年适用 20% 及以上税率所缴纳的税收收入仅占工薪所得个人所得税收入的 13.41%，而 2007 年这一比例为 45.21%。就工资薪金所得而言，我国除标准扣除和"三险一金"外基本没有其他费用扣除，在税率结构上也保持了累进，这些都有利于个人所得税再分配功能的发挥，但由于个人所得税收入占总税收收入比重偏低，限制了其功能发挥，这一点和韩国非常类似。

（3）不同收入组。

从不同收入组的实际税率看，按照收入由低到高将总样本人口等分为 5 组，2011 年改革使低收入组到高收入组的实际税率依次降低 0.29 个、0.88 个、2.10 个、3.18 个和 2.38 个百分点；建议版使实际税率依次降低 0.29 个、0.88 个、2.14 个、4.27 个和 5.13 个百分点。可见，将免征额由 2000 提高到 3500 元/月，虽然每组人群的实际税负都降低，但受益最大的是两个高收入组。若将免征额提高到 5000 元/月，两个高收入组的受益进一步增大。随着免征额的提高，中低收入组的实际税率保持不变，而高收入组的税负进一步降低，收入差距随之加大。从不同收入组税后收入分配情况看，与 2011 年改革前相比，2011 年改革后中低收入组的税后收入占比小幅下降，而两个高收入组的税后收入占比提高；建议版则进一步降低了中低收入组、提高了高收入组的税后收入占比，中低收入阶层与高收入阶层的收入差距进一步加大（见表 27 - 17）。

表 27 - 17　　　　　　　　不同收入组的税收负担及税后收入分配

收入组	平均收入（元）	实际税率（%）			收入占比（%）			
		改革前	2011 年改革	建议版	税前	改革前	2011 年改革	建议版
总人口	4176.78	7.27	5.17	3.69	100	92.73	94.83	96.31
0 ~ 20%	2121.61	0.29	0	0	10.16	10.92	10.71	10.55
20% ~ 40%	2415.12	0.88	0	0	11.56	12.36	12.19	12.01
40% ~ 60%	2862.90	2.14	0.04	0	13.71	14.46	14.45	14.23
60% ~ 80%	3824.51	4.27	1.09	0	18.31	18.90	19.10	19.01
80% ~ 100%	9663.91	13.11	10.73	7.98	46.27	43.35	43.55	44.23
其中：								
80% ~ 90%	5580.20	7.37	3.27	0.56	13.36	13.34	13.63	13.79
90% ~ 95%	8225.55	10.58	6.44	3.06	9.84	9.49	9.71	9.91
95% ~ 100%	19234.26	17.52	16.88	14.35	23.12	20.57	20.27	20.56

27.4.2.3　进一步拓展分析

通过对个人所得税改革措施收入和再分配效应的实证分析可见，提高免征额（费用扣除额)、拉大级距(减少级数)在减少个人所得税收入同时,扩大了收入差距,且免征额越高,个人所得税的收入再分配效应越弱化。这就使得 2011 年及以后的个人所得税改革面临两大矛盾:一方面随着物价上涨,人们要求提高费用扣除额的呼声日益高涨;另一方面提高费用扣除额减少了个人所得税收入,使得本来在总税收收入中占比就较低的个人所得税地位进一步下降,不利于税收结构优化,更糟糕的是进一步拉大了收入差距,与当前收入分配改革取向相悖。因此有必要对费用免征额的设立依据和个人所得税的收入调节功能有个客观的认识。

1. 免征额标准的设定依据

免征额,即费用扣除、生计扣除,是纳税人为维持本人及赡养对象的生存所必需的收入。这部分维持生计的收入在理论上不应该被课税,应从纳税人收入额中扣除。因此,如何确定纳税人的生计支出就成为费用扣除标准争论的焦点。从国际比较来看,个人所得税的基本扣除标准考虑的是一个国家当前最低必需生活费用而不是平均水平。如美国最新的个人所得税基本扣除额刚调升至每月约 629 美元,约合 4071 元人民币,这一扣除标准远低于美国贫困线水平,工薪收入者几乎人人纳税。个人所得税费用扣除额每年根据收入水平和物价指数实行动态调整是作为政府财税部门的一项例行业务工作。但放眼全球,即使在地方有立法权的联邦制国家,尽管地方立法征收的地方性个人所得税免征额和税率均可自主确定,但联邦个人所得税的个人基本扣除额都是一样的。此外,在特殊生计扣除方面,为了真正减轻中低收入阶层的税收负担,国际上成熟有效的普遍做法是引进针对每个人不同情况的生计扣除额,如房租或房贷利息扣除,人口负担扣除,子女教育扣除等。

现阶段,我国免征额的设立同样应立足"基本"费用支出,且各地区费用扣除标准应相一致。从个人所得税的发展历史来看,个人所得税都是随着市场经济的发展由无到有,由少数的贵族税、富人税向大众税演化的过程。目前我国个人承担的税收负担多来自流转税和非税财政收入(如土地财政的税外收入),个人所得税负担较低。无论从保证刚性财政支出需求的角度,还是从完善税制结构、加大调节收入分配的角度,我国都应进一步提高个人所得税规模,而不是单纯的进一步提高免征额,缩小个人所得税的课税范围。

2. 个人所得税收入调节功能的局限性

当前许多研究的重点在于个人所得税的收入调节功能上。一提到税收的收入分配调节,便想到通过个人所得税改革来实现。诚然,个人所得税是税收体系中发挥再分配功能的重要税种,但从实践来看,其收入调节功能是有限的。英国、美国、法国等开征个人所得税的初衷均是为了筹集财政收入。随着经济发展水平的提高和市场化进程的加快,资本主义工商业得到了更大发展,这为政府提供了日益丰富的个人所得税税源。1929~1933 年经济大危机使得欧美各国放弃了长期以来实行的"自由放任"经济政策,转而对经济进行全面干预,个人所得税也逐渐演变成调节收入分配,实现社会公平的重要工具。但国外对美国 1994~2004 年收入分配的研究表明,尽管总收入不平等在上升,但税收和转移支付使其下降了约 30%。其中,转移支付贡献的份额约占 85%,税收占

15% 左右。[①]　在欧美各国的税收体系中，除了个人所得税外，财产税和社会保障税等同样是进行收入再分配的重要税种。这样看来，理论上通过累进税率的设置旨在发挥收入调节作用的个人所得税在实践当中的效果却不尽人意。

虽然个人所得税的收入调节功能是有限的，但就我国而言，在其作用下毕竟缩小了收入分配差距。如表 27-18 所示，与税前收入分配状况相比，中低收入组的税后收入状况得到了明显改善，高收入组的税后收入占比下降。现阶段，在我国税收体系中尚无其他税种直接对收入进行调节的背景下，仅占 7% 左右的个人所得税能发挥一定的再分配作用更显得难能可贵。因此，既要认识到个人所得税收入调节功能的有限性，又要逐步强化其累进性，而不是进一步大幅提高免征额弱化个人所得税的累进性。

27.4.2.4　结论

通过对 2011 年个人所得税改革和现有建议的收入再分配效应定量评估，我们得出以下结论：

（1）仅就工资薪金所得而言，我国的个人所得税发挥了一定的收入再分配功能，税后基尼系数较税前下降 9.18%。但 2011 年个人所得税改革不仅减少了税收收入，而且弱化了个人所得税的累进性，降低了其收入再分配功能。需要特别指出的是，与 2011 年改革前相比，中低收入者的税后收入状况得到了明显改善，高收入者的税后收入占比下降。

（2）免征额的提高会弱化个人所得税的收入再分配效应。定量分析表明 2011 年改革因免征额提高和税率税级调整分别占个人所得税减收总额的 83% 和 17%，因免征额提高使纳税人减少约 2/3，而如果免征额进一步提高至 5000 元，则超过 80% 的现有纳税人不再缴税。因此我国个人所得税改革的重点不是进一步提高免征额，而在于加强高收入人群监管，为将来财产税的开征奠定基础。同时，收入分配差距的调节应注重个人所得税、社会保障税、财产税等多税种的协调，尤其是增加对低收入者的转移支付。

---

① Kinam Kim, Peter Lambert. Redistributive Effect of U. S. Taxes and Public Transfers, 1994-2004. *Public Finance Review*, 2009, 1: pp. 3-26.

第28章 国外收入分配的税收调节机制与制度：经验借鉴

28.1 发达国家收入分配税收调节机制与制度变迁

收入分配差距问题在发达国家[①]是普遍存在的，因此，为了很好地解决收入分配问题，发达国家比较注意运用税收手段调节收入分配差距，以实现社会公平的目标，普遍建立起了以个人所得税、遗产税等税种为主体的税制结构。在调节收入分配差距中，该税制结构起到了积极、正向的促进作用。

28.1.1 发达国家收入分配税收调节机制概述

每一种税收都有其不同的作用范围和对象，起到不同的作用。同时，又没有任何单一税种的作用是万能的。所以，发达国家往往开征多类税收，实行复合税制，用多税种搭配方式实现复杂的社会经济目标。

发达国家一般都开征所得类税收、商品劳务类税收、财产类税收和其他税收。以所得税、社会保险税和财产税实现收入公平分配的主要再调节目标；以增值税、营业税、消费税调节产业结构和满足财政收入需要；以关税调节进出口和国际经济关系；以印花税、教会税等实现其他调节目标。比如瑞典居民要缴纳3%的教区税，作为国民登记、人口统计、教会和公共墓地管理等开支。

例如，美国、加拿大等发达国家税收以所得税为主，但也同时征收多种其他税收。美国征收个人所得税、公司所得税、社会保险税、财产税、遗产税和赠与税、销售税、关税等税种。加拿大征收个人所得税、公司所得税、联邦销售税、关税与特别消费税、资本税、社会福利计划以及天然资源税、土地转让税和市政府征收的房产税等。德国征收个人所得税、公司所得税、社会保障税、增值税、遗产税和赠与税、土地税、土地交易税、房产税、教会税、机动车辆税、矿物油税、烟税、烧酒税、咖啡税、关税等。荷兰是以所得税和商品劳务税为双主体复合税制的国家，征收个人所得税、公司所得税，此外还征收增值税、财产转让税、遗产税、环境税等各种税收。日本征收个人所得税、法人税、继承税与赠与税、不动产税、消费税、烟酒税、印花税等。

---

① 发达国家分别为：美国、加拿大、英国、德国、法国、荷兰、比利时、意大利、西班牙、奥地利、芬兰、希腊、葡萄牙、爱尔兰、卢森堡、瑞典、瑞士、丹麦、挪威、冰岛、塞浦路斯；日本、韩国、以色列、新加坡；澳大利亚、新西兰。

　　不仅如此，许多国家在多种税的征收管理上往往采取分类管理方式——即分税制，将关税、个人所得税一般归类中央政府管理，便于实现公平分配目标与统一对外政策；将房产税、印花税等归类地方管理，以提高征收管理效率。比如，美国联邦税以个人所得税、工薪税（社会保险税）和公司所得税为主，此外还有遗产税与赠与税、消费税、关税等，但最主要税收来源还是个人所得税。各州一级税制不完全一致，一般以销售税为主，此外还有财产税、所得税、工薪税、遗产和继承税、机动车牌照税、州消费税等，房产税往往是市县税收。日本国税部门征收个人所得税、法人税、继承税与赠与税、消费税、酒税、烟税、挥发油税、地方道路税、石油天然气税、印花税、汽车重量税等，地方征收不动产购置税、汽车税、汽车购置税、轻油交易税、固定资产税、特别土地持有税、事业所税、城市规划税等。澳大利亚联邦政府征收的税种主要有个人所得税、公司所得税、货物与服务税（增值税）、退休金税、国民保健税、附加福利税、矿产资源租赁税、碳税、车辆税、红酒平衡税、关税、消费税等；州政府征收的税种主要有土地税、印花税、工薪税、机动车辆税等。当然也有例外情况，比如，瑞典中央政府收入主要来自增值税；地方政府收入主要来自个人所得税。

　　所得税，特别是个人所得税是许多发达国家的主要税种，在税收调节上是发达国家居民收入分配税收调节的最主要手段。比如，2006 财年澳大利亚个人所得税收入占税收比例 47.08%，商品劳务税占 30.46%。2011 年在 8384 亿克朗丹麦税收收入中，个人所得税占税收收入的 52%；增值税占 22%；公司所得税仅占 7%；其他税收占 19%。2014 年丹麦个人所得税占全国税收的比例为 44.60%，增值税 21.20%。瑞典个人所得税收入占全国税收总额的 31%，占 GDP 的 17% 左右。

　　所以，发达国家在居民收入分配调节方面，主要通过个人所得税，此外利用财产税和社会保险税等税种来实现收入公平分配的目标。

28.1.2　发达国家不同税类对收入分配的调节机制

　　发达国家在长期的社会发展和经济管理中，逐步建立起以所得税、财产税和社会保障税为核心的税制结构，以调节收入分配差距，促进社会公平目标的实现。

28.1.2.1　所得税的收入分配调节机制

　　个人所得税对收入分配的调节作用是显而易见的。其调节机制主要可以通过不同所得税模式、税率设计、费用扣除差异等方面得以实现。

　　1. 部分发达国家的个人所得税采用综合所得税制

　　综合模式个人所得税制度将个人纳税年度的所有收入，包括工资薪金所得、劳务报酬所得等劳动所得；股票、基金、期权、债券等投资所得和资本利得；房地产、车辆等财产所得和其他所得都一并考虑，设置统一的累进税率征税，资本与劳动税率相同。用这种方法计算的纳税额结果可以全面反映纳税人的综合负担能力，能够更好地发挥税收收入调节功能。综合税制是典型意义的量能负担原则体现，并且由于所有收入理论上都按照相同的比率纳税，也避免了纳税人利用不同收入、所得税收制度差异避税的行为。

美国、加拿大、法国、比利时、瑞士、丹麦、意大利、新加坡、澳大利亚等采用综合所得税模式。下面介绍几个典型国家的个人所得税模式。

（1）美国。

美国的个人所得税制是典型的综合所得税制，其个人所得税制有如下特点：第一，征税范围除了法律规定不予计列的以外的任何来源的所得，包括劳动所得、财产所得、养老金和退休金、政府的部分转移性收入、各种奖金、赡养费。第二，美国个人所得税以家庭为单位征收，并根据具体情况制定不同的扣除标准及减免税政策。在美国有 4 种较为常见的报税身份供纳税人选择，联邦政府根据纳税人不同报税身份分别制定不同的征税标准，美国联邦个人所得税法规定，纳税人对全年的各类收入，包括个人劳动收入、财产收入、无形资产收入、投资收入等都要合并计算确认全年综合收入纳税额。在具体纳税申报方式上，个人所得税纳税申报又分为单身申报、夫妻合并报税、夫妻分别报税和户主报税等多种。第三，个人所得税的计税依据必须经过一系列的复杂扣除才能确定，美国法定的扣除标准分为两项：一是家庭的标准减项；二是家庭人口免除额，充分考虑了不同家庭的具体情况，体现了税收的公平原则。第四，美国的个人所得税采用 6 级超额累进的税率制度（参见表 28 - 1 和表 28 - 2），且级差间累进程度较为平缓，最低税率为 10%，最高边际税率 39.6%；级差方面，针对不同纳税主体适用不同类别的征收标准，即使应纳税所得额相同的人也会因为纳税身份的不同而承担不同的税负，着重体现了差别对待的原则；税率表中应纳税所得额的数额每年会根据物价情况进行指数化调整。第五，美国政府还通过一系列税收抵免的方式对低收入家庭提供社会保障，税收抵免一般可以从应纳税所得额中扣除，直接减轻低收入者的负担，税收抵免优惠政策的存在为低收入家庭提供了良好的生活保障，是政府在调节收入差距方面的重要手段。美国 2014 年收入适用的部分税率（2015 年申报）如表 28 - 1、表 28 - 2 所示。

表 28 - 1　　　　　　　　　　已婚人士合并申报的税率

序号	应税收入（美元）	税率（%）
1	不超过 18150	10
2	超过 18151 ~ 73800	15
3	超过 73801 ~ 148850	25
4	超过 148851 ~ 226850	28
5	超过 226851 ~ 405100	33
6	超过 405101 ~ 457600	35
7	超过 457600	39.6

资料来源：《华尔街日报》2015 年 5 月 15 日。

表 28 - 2　　　　　　　　　　单身人士的税率

序号	应税收入（美元）	税率（%）
1	不超过 9075	10
2	超过 9076 ~ 36900	15

续表

序号	应税收入（美元）	税率（%）
3	超过 36901~89350	25
4	超过 89351~186350	28
5	超过 186351~405100	33
6	超过 405100~406750	35
7	超过 406750	39.6

资料来源：《华尔街日报》2015 年 5 月 15 日。

从美国的个人所得税制可以看出，美国采取的综合课税模式征税对象具有相当的广泛性，同时将一切能够反映纳税人负担能力的所得都纳入征税范围，保证来了税收的公平性；在确定计税依据时，充分考虑了税收的横向和纵向公平；实行超额累进的税率制度且级差间累进程度较为平缓，"降低边际税率、减少累进档次"这种做法不但可以提高税收效率、刺激经济增长，而且还可以更有针对性调节高收入者，缓解收入分配不公平。[1]

（2）法国。

与美国相似，法国的个人所得税也是综合所得税制的典型代表。法国的个人所得税征收以家庭为单位，如果一个家庭只有夫妻两个人，那么他们可以合报收入，然后再以两人的总收入先扣减 10%、再扣减 20%，剩下的余额除以 2 作为纳税基数来计算税收；假若家中还有一个小孩，则可以除以 2.5 作为纳税基数。除此之外，还有很多其他一些可以享受的减免税项目。在法国，只有家庭总数的一半是缴纳个人所得税的。

法国个人所得税在其整个税制结构中占比很大，这也体现了法国注重税收对收入分配的调节作用，图 28-1 显示了法国自 2006~2014 年个人所得税占 GDP 的比重。

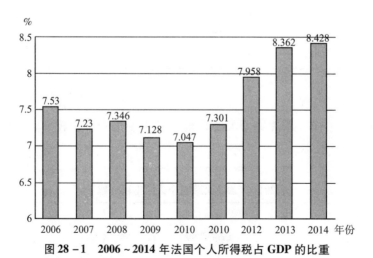

图 28-1　2006~2014 年法国个人所得税占 GDP 的比重

资料来源：经济合作与发展组织官方网站，http://www.oecd.org/。

---

[1] 邓双双：《促进我国居民收入分配公平的税收政策研究》，集美大学，2012 年。

2013 年后法国个人所得税税率如表 28 - 3 所示。

表 28 - 3　　　　　　　　　　2013 年后法国个人所得税税率

级距	应税收入（欧元）	税率（%）
1	超过 9690 ~ 26764	14
2	超过 26764 ~ 71754	30
3	超过 71754 ~ 151956	41
4	超过 151956	45
5	超过 100 万	75

（3）比利时。

比利时的个人所得税也采用综合征税模式。比利时的居民个人对他在世界各地的收入和特定的资本收益都负有缴纳个人所得税的义务。非居民个人只对他来源于比利时的收入负有纳税义务。应纳税所得额是来自职业、经营、不动产、个人财产和其他方面的净收入或利润之和，减去可以冲减总收入的扣除项。

比利时个人所得税具体税率制度如表 28 - 4 所示。

表 28 - 4　　　　　　　　　　2011 年度比利时个人所得税率

级距	年应税收入（欧元）	税率（%）
1	0 ~ 7900	25
2	超过 7900 ~ 11240	30
3	超过 11240 ~ 18730	40
4	超过 18730 ~ 34330	45
5	超过 34330	75

（4）其他国家。

其他国家如加拿大、新加坡个人所得税也都采用综合征税模式，具体税率制度如表 28 - 5、表 28 - 6 所示。

表 28 - 5　　　　　　　　　　2013 年加拿大联邦个人所得税税率

级距	应税收入（加元）	税率（%）
1	达到 43561	15
2	超过 43561 ~ 87123	22
3	超过 87123 ~ 135054	26
4	超过 135054 以上	29

表 28 - 6　　　　　　　　　　2007 年度新加坡居民个人所得税税率表

级距	全年应纳税所得额	税率（%）
1	超过 20000 ~ 30000	3.5
2	超过 30000 ~ 40000	5.5
3	超过 40000 ~ 80000	8.5
4	超过 80000 ~ 160000	14
5	超过 160000 ~ 320000	17
6	超过 320000	20

2. 部分国家的个人所得税实行综合分类税制

实行综合分类税制的发达国家除了对工资薪金、独立劳务等收入按照累进税率综合征税以外，还单独对股息、资本收入等按照比例税率单独征税。以瑞典、丹麦、荷兰、芬兰、比利时、德国等北欧国家，亚洲的日本、韩国为代表的发达国家实行综合分类税制。[①] 下面介绍实行综合分类税制的典型国家。

（1）荷兰。

荷兰个人所得税法规定，从 2001 年 1 月 1 日起，根据个人所得来源的不同，荷兰个人所得区分为劳动和住宅所得、股息和资本所得、储蓄和投资所得三类，对劳动和住宅所得实行综合征税，对股息和资本所得、储蓄和投资所得分别征税。

第一类：个人的劳动和住宅收入所得征税制度。这类所得从收入上包括个人工作收入、经营收入、房租收入和劳务服务收入、专利版权无形资产类收入等其他劳务收入。对这些类别的收入按征税年度综合加总，分四挡设计累进税率征税。根据荷兰 2011 年税率（见表 28 - 7），第一档：对于年收入在 18628 欧元以下的所得适用 33% 的个人所得税税率。此税率是由 1.85% 的个人所得税和 31.15 的社会保障缴款组成的。第二档：对于年收入在 18628 ~ 33436 欧元之间的所得适用 41.95% 的个人所得税税率。此税率是由 10.8% 的个人所得税和 31.15% 的社会保障缴款组成的。第三档：对于年收入在 33436 ~ 55694 欧元之间的所得适用 42% 的个人所得税税率。此税率中不含社会保障缴款。第四档：对于年收入超过 55694 欧元的所得适用 52% 的个人所得税税率。此税率中不含社会保障缴款。

表 28 - 7　　　　　　　　　　2011 年荷兰第一类个税档次及税率

级距	应税收入（欧元）	个税税率（%）	社会保险费率（%）	联合比率（%）
1	小于 18628	1.85	31.15	33
2	18629 ~ 33436	10.8	31.15	41.95

① 资料来源：张永慧、郭慧芳：《北欧国家混合个人所得税模式实践及其借鉴》，载于《生产力研究》2011 年第 7 期，第 141 ~ 143 页。

续表

级距	应税收入（欧元）	个税税率（%）	社会保险费率（%）	联合比率（%）
3	33437 ~ 55694	42	—	42
4	大于 55694	52	—	52

表 28 - 7 是 2011 年荷兰税务局公布的 65 岁以下第一类个人所得税四个档次累进税率，个人所得税中包括社会保障缴款。在荷兰，如果纳税人的年龄在 65 岁以上，则第一类所得个人所得税相对应的第一档和第二档的税率相应降低。

第二类：股息和资本收入所得征税制度。按照 25% 税率征税。

第三类：储蓄和投资所得征税制度。形成储蓄和投资所得的应税资产主要包括银行存款、第二所房屋、股票债券等。不需要计入应税资产的有个人使用的物品，如家庭财产、客车或大篷车；在林地和生态保护方面的投资；不作为投资的科学和艺术品；一定数量的对社会有益的投资（如环境保护、少数民族事业）等。征税税基被推定为全部资产价值扣除债务以后的资产净值的 4% 的固定收益，而不考虑实际利润率。对储蓄和投资所得按照 30% 税率征税。

（2）瑞典。

瑞典个人所得税区分劳动所得和非劳动所得，对劳动所得实行累进税率征税（见表 28 - 8），对非劳动所得按照比例税率征税。

个人非劳动收入主要包括投资收入（红利和净利息）以及资本盈余，税率为 30%，个人劳动收入（包括工资、农业和商业收益）实行累进制税率，区分地税和国税分别征收。

表 28 - 8   瑞典个人劳动所得个人所得税税率表

级距	年收入（克朗）	地方税税率	国税税率
1	低于 317700	29% ~ 37%	免税
2	超过 317700 ~ 472300	29% ~ 37%	20%
3	超过 472300	29% ~ 37%	20%

资料来源：中国驻瑞典大使馆经济商务参赞处网站，2014 年 8 月 11 日。

（3）德国。

德国个人所得税对劳动与经营所得是按超额累进税制征收的。自 2007 年 1 月起，最低税率为 15%，对年收入超过 25 万欧元以上（已婚者 50 万欧元以上）的税率由 42% 提高到 45%。对资本收益单独征税。长期的征税标准为红利税为 20%，由德国公司向股东支付红利时代扣。存款利息税 30%，由银行支付利息时代扣。其他股票、债券、期货的买卖收益税为 35%，由收益支付机构代扣。从 2009 年起，对利息、红利和出让收益统一征 25% 的资本收益税，由银行代扣。

德国的个人所得税制是德国税制结构的重要组成部分，图 28 - 2 显示了德国 2006 ~

2014 年个人所得税占 GDP 的比重变化。

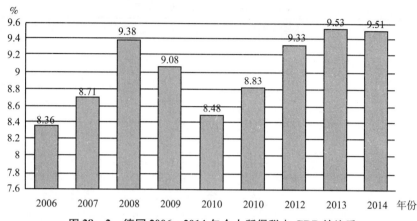

图 28 – 2　德国 2006～2014 年个人所得税占 GDP 的比重

资料来源：https：//data. oecd. org/tax/tax – on – personal – income. htm。

（4）日本。

日本对工薪所得、营业所得、不动产所得（房屋出租）、退职所得、除不动产及股票以外的其他资产转让所得、一次性所得及杂项所得进行综合课税，红利所得原则上进行综合课税；对便于源泉扣缴的或能体现政府管理意图的所得规定实行源泉分离课税，如银行存款、有价证券的国税利息所得税率为 15%，山林所得及小额红利所得和转让所得（小额红利所得也可选择综合课税）、不动产及股票转让所得等，股息税率为 20%，居民税率是 5%。为进一步利用个人所得税的再分配功能缩小个人收入差距，日本从 2014 年起采取三项措施：①将原来按照 10% 优惠税率征收的红利、股票转让收益税收恢复为 20% 税率征税。②对年工资薪金收入超过 1500 万日元时，工薪所得扣除上限设为 245 万日元，不允许按照一般扣除比例据实扣除。③在原有个人所得税税率基础上，对年应纳税所得额超过 5000 万日元部分，加设 45% 税率征收调节。

同时废止少年抚养扣除项目，创设儿童补贴项目，进一步探讨抚养扣除、配偶者扣除等项目改革，促使所得再分配向中低收入家庭倾斜。

（5）其他国家。

芬兰投资所得的国家税按比例税率 28% 征收。

西班牙除了对综合收入按照 24%～43% 的四级超额累进税率征税，对储蓄存款利息按照 6000 欧元为标准分别征收 19% 和 21% 的税收；2013 年开始对资本利得按照累进税率征税，6000 欧元以内部分 21% 税率，超过 6000～18000 欧元部分按照 25% 税率征税，超过 18000 欧元部分按照 27% 税率征税。

韩国个人所得税的应税所得分综合所得和其他几类单独征税的所得。综合所得包括工薪所得、经营所得、不动产租赁所得、临时财产所得、养老金所得和博彩所得等其他所得，对综合所得实行累进税率征收（见表 28 –9）；其他几类单独征税的所得包括退职金所得、木材所得和资本利得，对这几类所得实行单独税率分项征收。

表 28 – 9 韩国个人综合所得税适用税率表

级数	全年应纳税所得额（万韩元）	税率（%）
1	不超过 1000	8
2	超过 1000 ~ 4000	17
3	超过 4000 ~ 8000	26
4	超过 8000 的部分	35

利息和股息年所得在 4000 韩元内，按单独税率征收预得税，利息和股息所得的预提税率 14%；对超过 4000 韩元的部分，则按下列两种方法计算，取其大者：一是利息和股息所得的 4000 韩元部分按预提税率计征，超过部分纳入综合所得征税；二是全部利息和股息所得按预提税率计征，超过 4000 韩元的部分不再计入综合所得征税。

退职金所得和木材所得（出售木材实现的所得）适用税率同上述综合所得适用的税率。不动产及相关权益转让持有期限满 2 年，同普通所得适用的税率；持有期限满 1 年但不足 2 年的税率 40%；公司股票转让大公司的大股东持有不足 1 年的股票转让税率 30%；中小型公司股票的转让税率 10%；其他股票的转让税率 20%。此外，对个人所得税纳税人还应当按其所得税额的 10% 附征属地方所得税性质的地方居民税。

对收入和所得按照累进税率征税是个人所得税诞生后的重要职能，税率档次多少在收入差距调节方面有明显影响。

以上对发达国家和地区两种不同的个人所得税课税模式做了介绍，同时以典型国家为例叙述了不同国家的不同所得税率。下面按照税率级次多少将发达国家和地区作一归类，如表 28 – 10 所示。

表 28 – 10 发达国家税率级次

税率级次	国家或地区	年份	使用税率（%）
单一税率	挪威	2014	27
	冰岛	2009	37.1
2 级税率	意大利	2013	22/26
	爱尔兰	2005	20/42
3 级税率	加拿大	2014	17/26/29
	丹麦	2013	6/7.5/15
	英国	2013	20/40/50
	德国	2011	14/42/45
	瑞士	2007	3.5/6.5/10.7
	塞浦路斯	2014	20/25/30

续表

税率级次	国家或地区	年份	使用税率（%）
4 级税率	荷兰	2007	2.5/10.25/42/52
	奥地利	2004	21/31/41/50
	法国	2015	14/30/41/45
	西班牙	2011	24/28/37/43
	芬兰	2010	6.5/17.5/21.5/30
	澳大利亚	2007	15/30/40/45
	新西兰		10.5/17.5/30/33
5 级税率	韩国	2012	6/15/24/35/38
	以色列	2007	10/20/30/40/50
	比利时	2012	25/30/40/45/50
	葡萄牙	2012	14.5/28.5/37/45/48
6 级税率	日本	2007	5/10/20/23/33/40
7 级税率	美国	2013	10/15/25/28/33/35/39.6
8 级税率	希腊	2011	18/24/26/32/36/38/40/45
	新加坡	2014	2/3.5/7/11.5/15/17/18/20

注：此处的税率级次提出了有些国家一定范围低收入按照 0 税率征税的一档，可能和官方资料间有区别。

　　需要强调的是，上述税率基本上仅指中央政府的税率，如果考虑州以及地方个人所得税，则税率高低和税率档次多少就会发生变化。比如美国有 9 个州不征收地方个人所得税：阿拉斯加、佛罗里达、内华达、南达科他、德克萨斯、怀俄明、新罕布什尔、田纳西和华盛顿州。但是新罕布什尔和田纳西州征收居民的股息和利息所得税。其他州的个人所得税税率自己确定。加拿大，在 2001 年所有 10 个省和 3 个属地都改按所得直接征地方所得税，由各省自定税率、应纳税所得额的级距和减免额。瑞士对于年收入超过 81.35 万瑞郎的已婚人士，联邦税的最高征税税率为 11.5%，州税的最高税率约为 30%。统一起来计算，收入税的最高时率约为 40%（包括联邦、州和地方）。总税率最低的州（地方）是位于施瓦茨州的沃林如，税率仅为 19%。丹麦中央政府征收的个人所得税比率并不高，但是考虑各个地区的郡和地方税率在 28.6%~33.5% 之间，个人所得税税率最高达到 59%。

　　不同于欧洲一些国家地方个人所得税有地方可以自定不同税率的情况，亚洲的日本个人所得税的地方征收部分实行统一税率，都道府县 4%，市町村 6%。

　　总体上分析，在个人所得税税率水平上，欧洲国家高，其他区域国家相对低一些。就个人所得税最高边际税率分析，发达国家中，欧洲以外的发达国家个人所得税边际税率并不高，除澳大利亚的最高税率达到 45% 以外，其他像美国、加拿大、日本、韩国等国家和地区的最高税率一般都低于40%，新加坡的个人所得税最高税率甚至低于20%。欧洲国家的个人所得税边际税率往往很高，多数超过40%。丹麦、荷兰、瑞士等都是地方个人所得税税率比较高的国家，区别于美国、英国、日本等其他发达国家一般中央政府个人所得税税率占比很高的情况。

比较不同国家的个人所得税税率还需要注意，多数发达国家有免征额的规定，比如法国从2015年开始，对纳税人年9690欧元以下的个人收入，免予征税，而比利时、荷兰、韩国等则没有。

3. 个人所得税税前费用扣除安排

每一个发达国家的个人所得税都允许税前扣除一定的费用。一般情况下，像生计费用、社会保险费都允许扣除，此外诸如未成年子女抚养、教育费用、住房费用、医疗费用等也都属于扣除范围。

比如美国，首先规定有标准减免额。在标准减免额方面，2014年所有纳税人的标准减免额都有略微提升。单身报税人和已婚分开报税人的额度分别由6200元和1.24万元，增至6300元和1.26万元。户主的减免额则由9100元上升至9250元。个人免税额，2015年由3950元略升至4000元。在2015年，税率为39.6%的单身报税人和联合报税的夫妻的收入下限，由原来的40.6750万元和45.7600万元，分别上调至41.32万元和46.4850万元。

荷兰允许扣除为劳动发生的部分交通费用、住房修缮费，其他扣除项目包括：赡养费（如付给前配偶的赡养费）、子女生活费（30岁以下无生活来源的子女）、医疗及相关费用、金额在500~15000欧元之间的在职学习和教育费用（报名费、申请费、考试费、书本费等）、捐赠（受益人必须为经荷兰税务机构认可的文化、科学和慈善机构，且最大扣除额不能超过总收入的10%）。

日本个人所得税允许赡养费、子女生活费等内容的税前扣除，不再赘述。特别需要说明的是，从2014年开始，日本废止少年抚养扣除项目，创设儿童补贴项目，进一步完善抚养扣除、配偶者扣除等项目，以促使所得再分配向中低收入家庭倾斜。

各国在税前具体扣除方法上又不相同，多数采用固定免征数额加具体项目扣除方法。另外，固定免征额的数额确定方法也不相同，一些国家与通货膨胀挂钩，实行指数化，比如美国、加拿大、英国等，根据物价变化每年调整费用扣除额。

发达国家的个人所得税征税历史悠久，比如，英国从1899年开始征收个人所得税，已有100多年历史，对收入调节手段比较成熟。另外发达国家征收范围广，主要侧重对高收入人群的收入调节，培育中产阶级，对收入分配的调节效果明显。比如，为降低低收入者的税负，增加高收入者的税负，法国提高了个人所得税际税率，2013年后在个人所得税中增加了45%和75%两档税率，对年所得超过100万欧元的高收入者适用75%的税率。根据法媒《费加罗报》《回声报》等评析称，将有1800万较低收入家庭从取消征税最低档的规定中获益。对于中高收入家庭来说，基本没有什么改变。[①] 从美

---

① 资料来源：中国商务部网站，2015年1月20日（转载法国政府税务网，Imppts. gouv. fr）。

国 2013 年的联邦所得税的情况来看，收入最低的 20% 穷人家庭除不缴任何联邦税外，还可申请退税，对年收入平均为 4.66 万元的全美 20% 中等收入家庭来说，平均税率为 13.8%，平均年收入为 140 万美元的全美前 1% 的富人平均税率达到 35.5%。而在荷兰，最富的 10% 人口占有全部个人收入的比重仅在 20% 左右。荷兰收入分配差距处于比较小的水平，基尼系数仅为 0.25 左右。

发达国家个人所得税的收入调节效果总体良好，这可从部分发达国家的基尼系数看出（见表 28 - 11）。

表 28 -11　　　　　　　　　　部分发达国家或地区基尼系数

国家	年份	基尼系数
瑞典	2005	0.23
挪威	2008	0.25
奥地利	2007	0.26
芬兰	2008	0.27
德国	2008	0.27
冰岛	2006	0.28
丹麦	2007	0.29
澳大利亚	2006	0.3
加拿大	2005	0.32
意大利	2006	0.32
法国	2008	0.32
希腊	2005	0.33
新西兰	1997	0.36
美国	2006	0.37
日本	2008	0.37

资料来源：https：//www. cia. gov/library/publications/the - world - factbook/fields/2172. html。

28.1.2.2　社会保障税费对收入公平分配的调节机制

社会保障税是保障老年群体、失业人员以及残疾人等弱势群体收入、生活的重要经济来源。社会保障税由德国俾斯麦政府于 1889 年首创，尔后英国于 1905 年、法国于 1910 年、瑞典于 1913 年、意大利于 1919 年、美国于 1935 年（工薪税）等先后开征社会保障税，现在已成为发达国家的主要税种之一。下面介绍主要国家的社会保障税具体做法。

1. 加拿大

加拿大早在 1927 年由联邦政府实行的《老年补助法》开始了政府对社会群体的保

障先例, 20 世纪 50 年代后颁布的《失业保险法》《医疗保健法》《老年保障法》以及《保证收入补助计划》等系列社会保障法律, 以及而后又随社会经济环境的变化不断变化完善形成了现行社会保障制度, 成为高福利国家之一。这些社会保障制度主要包括老年收入保障制度、就业保险制度、工伤保险制度、医疗保险制度和贫穷救助制度等内容构成, 各项保障制度的主要收入来源于社会保障税。2012 年按照加拿大养老金计划有资格领取养老金的最高收入限额将为 50100 加元, 基本免税额依然为 3500 加元, 收入低于基本免税额的个人将不需要缴纳 CPP 社会保障税。雇员和雇主的社会保障税税率为 4.95%, 自雇者的社会保障税税率为 9.9%。雇员向 CPP 缴纳的社会保障税最高限额为 2307 加元, 自雇者为 4613 加元。失业保险中的最高收入限额将增加 1700 加元, 为45900 加元。雇员最高保险税 840 元对应的税率为 1.83%, 雇主最高保险税 1176 元对应的税率为 2.56%。

2. 瑞典

瑞典的税收收入占 GDP 的比重一直在 45% 以上。其中, 社会保障税在税制体系中占重要地位。瑞典是世界上社会保障制度最健全的国家之一, 其社会保障税采取的是根据不同的承保项目分别设置社会保障税的模式。瑞典实行的高福利政策, 使社会成员的收入差距趋于合理均衡, 瑞典已形成了以中等收入为主体的稳定的社会结构, 中等收入者占比最大, 富人和穷人的比例都很小, 社会财富趋向平均化。表 28-12 显示了瑞典社会保障税制度的相关内容。

通过对瑞典的社会保障税进行分析, 我们可以看出: 第一, 瑞典的社会保障税是根据不同的承保项目分别设置, 这种模式可以将社会保障税的征收与社会保障的承保项目建立起对应关系, 专款专用, 其税收的返还性明显。第二, 瑞典的社会保障税按不同的项目分别规定不同的税率, 这样就可以根据不同项目支出数额的变化来调整税率, 有较强的灵活性。瑞典的社会保障税大部分是由雇主交, 有利于减轻雇员的负担。第三, 瑞典的社会保障税制度比较规范, 为社会保障提供了稳定的资金来源, 对低收入的个人和家庭提供各种生活保障, 以缩小社会成员之间的贫富差距。

表 28-12　　　　　　　　　　　　瑞典社会保障制度内容概述

纳税人	社会保障税的纳税人为雇主、雇员和自营职业者。其中, 雇员的社会保障税由雇主代扣代缴。自营职业者的社会保障税由其自行申报与缴纳。瑞典的社会保障税大部分是由雇主缴纳的。2008 年, 雇主总缴款率为 32.42%, 雇员按 7% 缴纳养老保险, 并可以全部从个人所得税中抵免, 自营职业者总缴款率为 30.71%
课税对象	课税对象包括在瑞典居住者的工资所得和长期居住在瑞典的外国人的劳动所得、经营所得。政府官员的劳动所得, 无须其单独缴纳, 而是由各级政府统一按社会保障税的标准交给社会保险局
税目税率	社会保障税各税目的征收分别与社会保障的承保项目相对应, 专款专用, 返还性明显。社会保障税的税率是按养老保险、医疗保险、工伤保险、遗嘱保险、劳动保险、双亲保险、一般工薪税等项目分项确定比例税率

续表

税收优惠	对领取失业津贴、疾病津贴、残疾津贴或社会救济金 1 年以上的免征社会保障税。对于 65 岁以上雇用人员的工资所得，因其属于退休金领取者，免征社会保障税。为了鼓励年轻人进入劳动力市场，对于雇用 18～25 岁雇员的雇主，减按 21.31% 的低税率征收社会保障税

资料来源：付伯颖著：《外国税制教程》，北京大学出版社 2010 年版，第 188～194 页。

3. 其他国家

爱尔兰的社会福利保险：（1）雇主按每一雇员工资情况缴纳社会保险，无上限。雇员收入每周 365 欧元以下的，缴纳比例为 8.5%；雇员收入每周 365 欧元以上的，缴纳比例为 10.75%。（2）雇员按其工资收入缴纳社会保险。比如，收入在 40420 欧元以内，缴纳比例为 4%；超过部分，不再交纳。

在西班牙，一般雇员的社会保险缴款率为 6.35%，雇主的缴款率为 30.15%。

28.1.2.3　财产税对收入公平分配的作用

利用财产税进行财产多寡的税收调节，是财产税的天然功能，是实现收入公平的重要税收机制。根据财产的不同存在形态，财产税可以区分为持有阶段的一般财产税，比如房产税、房地产税、车船税，等等；转移环节的转让财产税，比如遗产税与赠与税。

1. 一般财产税对收入分配的调节机制

各国的一般财产税基本都属于地方政府收入。这也符合税基固定、便于征管的分税制原则。当然在财产税中的遗产税基于公平调节的原因多数属于中央政府税收。

美国房产税属于地方征管，各州的征税标准差异较大，即便在同一州内也有差别。马里兰州内最高 1.25%，最低 0.6%；德克萨斯州税率为 2.3% 左右，其中包括学区 1.2175%，市 0.686%，县 0.52%。总体上像新泽西州、纽约等收入高、人口聚集程度高的地方税率高，像西弗吉尼亚、亚利桑那州等地税率相对较低。

法国的房产税又可以细分为土地税和居住税。土地税，针对的是购买或自建房屋的产权所有人，或者闲置土地的持有人。土地税的税率由房屋所在地的市镇一级政府（议会）确定，比如巴黎市 2013 年的税率约为 14%。一些弱势群体可以享受土地税和居住税减免的待遇。比如，土地税的减免对象是 65 岁以上的老年人和领取保险救济金的人士。居住税的减免范围更加广泛，包括 60 岁以上的老年人、年总收入低于 10224 欧元的一人户家庭（每增加一人，可以上浮 2730 欧元）、残疾人以及丧偶后未再婚的纳税人。[①]

挪威 2009 年内后的财产税对于超过 47 万克朗的财产额征收，基本税率都是"地方政府"、"国家"双重收税，地方税率 0.7%，国家税率 0.4%。

芬兰 2010 年房地产税，各个城市之间的房地产税率不尽相同，范围在 0.6%～1.35% 之间，根据课税价值征收。生活用住宅（仅指全年居住的房屋，不包括度假小屋）的税率范围是在 0.32%～0.75% 之间。

---

① 资料来源：《欧洲时报》，2015 年 1 月 27 日。

瑞士房地产税。约半数州单独征收年度土地或房地产税,另外一些州规定房地产计算在净资产或资本税中。单独征税的税额采用比例税率计算,在市场价或资本收益价的0.03%和0.3%之间浮动。

新加坡财产税对所有住房、土地、建筑物及工商业财产征收,税基为财产的年度价值。从2011年开始,新加坡政府的房产税向更有利于弱势群体方向改变,对于年值低于6000新元的房屋免收房产税;年值在6000~24000新元的,只对高出的部分征收4%的税;而对于年值超过24000新元的房子,超过的部分要缴纳6%的房产税。①

2. 遗产税与赠与税调节收入差距的机制

遗产征税可减轻财富的集中程度,降低财产的分布不公,达到缩小贫富差距、促进社会公平的目的。作为遗产税的伴行税种,赠与税是以赠送的财产为课税对象向赠与人或受赠人课征的税收。许多发达国家利用开征遗产与赠与税限制财富过度集中,实现缩小贫富差距的目标。美国、英国、丹麦、瑞典、韩国等都实行遗产税制。下面介绍典型国家遗产税与赠与税征收情况。

(1) 美国。

美国联邦实行的是"三位一体"的遗产、赠与和隔代遗赠税,其中,遗产税在联邦一级实行总遗产税制,为防止富人利用生前赠与避税,赠与税与遗产税合并征收;在州一级实行分遗产税制,即继承税制,税率制定权归各州政府所有,赠与税仅在12个州开征,且不单独课征。隔代遗赠税指的是不传子女,但传孙子孙女的遗产赠与税。

美国联邦遗产税的遗产范围包括一个人生前的所有财产,包括不动产、动产、股票债券等有价证券、保险收入、退休金等,税前允许扣除丧葬费、生前债务、慈善捐赠以及法律允许的个人豁免额等内容。美国遗产税的起征点较高,并按物价指数浮动。美国公民、居民的遗产税的统一免税额为200万美元,而非居民则仅限于6万美元。美国赠予税2014年赠予免税限额14000美元。此外还规定,一个人一生中赠与他人的总金额只有100万美元是准予免税的。遗产税与赠与税统一税率为18%、20%、49%、50%和55%五级(期间2006年最高速率降为46%,2007~2009年最高速率降为45%,2010年取消45%一级最高遗产税税率,最高赠与税税率降为35%,2011年后双双恢复到最高税率55%)。表28-13显示了美国历年最高税率及免征额。

表 28-13　　　　　　　　　　美国历年最高税率及免征额一览

年份	最高税率 (%)	遗产税 个人免征额 (美元)	隔代资产转让税 个人免征额 (美元)	赠与税 最高税率(%)	赠与税一生免征额 (万美元)	赠与税 年免征额 (美元)
2001	55	675000	1060000	45	100	12000
2002	50	1000000	1100000	45	101	12000
2003	49	1000000	1120000	45	102	12000

---

① 年值是房屋每年可赚取租金的净收入,也就是年租金减去物业管理、家具以及维修的费用。

年份	最高税率 （%）	遗产税 个人免征额 （美元）	隔代资产转让税 个人免征额 （美元）	赠与税 最高税率（%）	赠与税一生免征额 （万美元）	赠与税 年免征额 （美元）
2004	48	1500000	1500000	45	103	12000
2005	47	1500000	1500000	45	104	12000
2006	46	2000000	2000000	45	105	12000
2007	45	2000000	2000000	45	100	12000
2008	45	2000000	2000000	45	100	12000
2009	45	3500000	3500000	45	100	13000
2010	0	停征	停征	35	100	13000
2011	35	5000000	5000000	35	500	13000
2012	35	5120000	5120000	35	500	13000
2013	40	5250000	5250000	40	500	14000

资料来源：蔡秀云、郭省钰：《我国居民财产现状与遗产税开征时机及效应分析》，载于《经济研究参考》2014 年第 59 期，第 4～14 页。

（2）日本。

日本在财产转让环节征收高额的继承税与赠与税，以防止社会财富的过度集中。日本遗产税的最高边际税率曾达到 70%，如果按照 70% 的税率经过三代遗产税的征收，基本能将大宗应税遗产征收完毕，故日本有"遗产不过三代"之说。日本建立的完善的继承税与赠与税调节体系，有效地缩小了居民的贫富差距。本部分着重介绍日本的继承税与赠与税（详见表 28 - 14 和表 28 - 15）。

表 28 - 14　　　　　　　　　　　日本的继承税制

纳税人	纳税人是由于继承或者遗赠而取得财产的个人。当遗产的继承人为本国居民时，要就其取得的境内外的全部财产进行征税；当遗产的继承人为非本国居民时，仅就其取得的位于本国境内的财产进行征税
课税对象与 计税依据	继承税的课税对象为纳税人继承的有经济价值的全部财产，以及继承人继承发生前 3 年里得到的被继承人的生前赠与。继承税计税依据为纳税人所继承的遗产的评估价值。日本遗产税法对财产评估做了详细的规定
免税与扣除	日本遗产税法规定了非课税财产，主要是用于公益事业、宗教、学术或慈善捐赠的财产。同时，继承人因被继承人死亡而获得的死亡保险赔付款以及死亡退职金的一部分也属于非课税财产的范围。被继承人一定限额内的债务和丧葬费用可从遗产总额中扣除，继承税的计算是以继承人的净遗产为基础的
税率	0～1000 万日元，税率 10%；1000 万～3000 万日元，税率 15%；3000 万～5000 万日元，税率 20%；5000 万～10000 万日元，税率 30%；10000 万～30000 万日元，税率 40%；30000 万日元以上，税率 50%

资料来源：付伯颖著：《外国税制教程》，北京大学出版社 2010 年版，第 319～324 页。

表 28 – 15 日本的赠与税制

纳税人	赠与税是针对个人对个人的财产赠与课征的税，包括：在日本有住所的个人得到的所有赠与财产，在日本无住所的个人得到的仅位于日本境内的赠与财产
征税范围	赠与税的征税范围是当年接受赠与的所有财产价值的合计额。财产价值的合计额中包括免除债务时所获得的免除额
税率	0 ~ 200 万日元，10%；200 万 ~ 300 万日元，15%；300 万 ~ 400 万日元，20%；400 万 ~ 600 万日元，30%；600 万 ~ 1000 万日元，40%；1000 万日元以上，50%

资料来源：付伯颖著：《外国税制教程》，北京大学出版社 2010 年版，第 325 ~ 326 页。

从表 28 – 16 可以看出日本继承税的类型属于分遗产税制，是对各继承人取得的遗产份额分别课税。实行分遗产税制更能体现量能负担原则，公平性强。但对于税收管理水平比较低的国家而言，则需要考虑税收制度与征收管理的适用程度；遗产税是主税，赠与税是对遗产税的补充，这样有利于防止被继承人利用生前赠与行为逃避纳税义务。日本对这两种税规定了不同的课征方式和税率，继承税与赠与税相互配合，较好地发挥了财产税的收入分配调节功能；日本继承税的课税对象为纳税人继承的有经济价值的全部财产，计税依据为纳税人所继承的遗产的评估价，这充分反映了纳税人的支付能力，更有利于对居民的财富进行调节分配；日本的继承税和赠与税都采用累进税率，且征税率高，是一种典型的"富人税"，有利于抑制财富的过度集中，避免两极分化加剧。

表 28 – 16 日本历年遗产税税率、级距

年份	最高税率（%）	级距
1988 年之前	75	9
1988	70	9
1992	70	9
1994	70	9
2003	50	6
2015	55	8

（3）瑞典。

瑞典遗产和赠与税采用高额累进税率。遗产税是对每一个继承人所占的遗产份额单独征收的。它的税率随所接受的财产价值及继承人与被继承人关系的不同而不同。就最优惠的一类人（包括配偶和子女）来说，仍然健在的配偶有 28 万瑞典克朗的免税额，每个子女的免税额是 7 万瑞典克朗。如果子女未达到 18 岁，每年的税率是：第一个 30 万瑞典克朗为 10%；第二个 30 万瑞典克朗，适用 20% 累进税率，最高税额 9 万；超出 60 万瑞典克朗的部分，适用 30% 的税率。对享受优惠待遇的这类人超过免税额的遗产，

对其他大多数个人继承人继承的遗产，第一个 7 万瑞典克朗的税率为 10%；第二个 7 万瑞典克朗适用 20% 的累进税率，最高税额 2.1 万瑞典克朗；超出 14 万瑞典克朗的部分，适用 30% 的税率。瑞典对家族公司规定了某些减免税。被继承人死亡之日前 10 年的赠与按遗产课税。

（4）其他国家。

英国是世界上较早开征遗产税的国家，自 1796 年至今已经有 200 多年的历史。20 世纪 80 年代末期，英国政府将遗产税的征收办法由超额累进税率改变为超额资产统一按 40% 纳税，属于中央政府收入。即英国的遗产税对价值在 32.5 万英镑以上的房产和地产等不动产，超出部分按 40% 纳税。

加拿大不征收遗产税，对赠与房产按照赠与额的 0.5% ~2% 征税；瑞士目前不征收遗产税和赠予税，各州有权利根据不同情况征收；意大利、瑞典、塞浦路斯、新加坡、马来西亚、澳大利亚、新西兰不征收遗产与赠与税。

不征收或停止开征遗产与赠与税有多种因素，比如新加坡为了建设财富中心，此外也有征收收入少、征收成本高的原因，但最根本的原因是许多国家认为个人所得税已经基本能够实现缩小收入和贫富差距。

28.1.3　发达国家税务管理对收入调节的影响

发达国家在税务管理方面已经形成许多成熟的方法，比如，美国、加拿大、英国、法国、德国、日本、新加坡、澳大利亚、新西兰等普遍建立了终身不变的纳税人号码制度，所有的收入都要通过该号码申报纳税。充分利用计算机建立全国联网的纳税信息资料库。荷兰税务当局还通过网络技术，建立纳税人数据库，供随时调阅。比如海牙市政税务当局，把全市建筑物以三维图像的形式，储存在数据库中，随时都可调阅税费收缴所需的全部数据。此外，荷兰税务机关不但在税务系统内部实现联网，而且与海关、银行等许多部门实现联网，并形成了一个庞大的经济数据中心。通过荷兰税务系统的电脑网络，可随时查到所需纳税人资料。美国于 2010 年通过的《海外账户纳税法案》更是将美国与其他国家在跨国纳税人的收入、财产以及纳税申报信息等方面情况紧密联系起来。发达国家和地区普遍有完善成熟发达的信用交易工具和交易方法，人们消费、购物、娱乐、旅行以及领取工资薪金等报酬习惯于通过银行卡完成，动用现金的情况很少，只有少量的像给付小费、小额购物等会动用现金。美国要求提取大额现金需要申报。减少现金使用为税务管理提供了客观的技术条件。对不依法纳税的情形实行严厉的惩罚，有利于震慑涉税违法犯罪。比如，根据《海外账户纳税法案》，所有的美国税务居民和外国金融机构必须向美国国税局报告其美国客户的账户信息，不合作的金融机构若有源自美国的任何收入，包括获得投资处置收入和来源于美国资产的利息、股息收入，将会被惩罚性扣缴 30% 的预提所得税。《日本国税通则》规定了税务机构可以对一般纳税人实行"任意调查"，对故意偷税的纳税人采取"强制调查"，对秩序犯罪者，一般处以 1 年以下徒刑或课以 20 万日元以下的罚金；对偷税犯罪者，一般处以 5 年以下的徒刑或课以 20 万日元以下的罚金。

高效的税收征管是税收发挥调节收入分配的功能关键。发达国家普遍建立了硬件软件设施精简有效的征管制度，税务机构依法征税，在税源监控、税款征收和税后监督环节程序规范，税务稽查和司法保障体系健全。

28.2 发展中国家收入分配税收调节机制与制度变迁

发展中国家在长期的历史发展中，也非常注重利用税收机制调节收入分配缩小贫富差距，实现社会公平。他们注重实行复合税制，利用个人所得税、财产税、社会保障税、消费税等税收进行合理调节。

28.2.1 发展中国家收入分配税收调节概述

世界上多数发展中国家通常选择多税种复合税制相互配合应用的方式来调节本国的居民收入差距。无论是欧洲的俄罗斯、波兰、匈牙利等国，亚洲的印度、印度尼西亚、伊朗、土耳其等国，还是拉美诸国和非洲国家皆如此。比如，波兰国家税务局征收的税收主要有企业所得税、个人所得税、增值税、消费税、印花税和交易税。地方税务局征收的税种有房地产税、养路税（只含卡车和大客车）、遗产税和赠与税、农业税、林产税、狗税。亚洲的印度是以间接税为主的国家。现行的主要税种有增值税、消费税、服务税、公司所得税、个人所得税、最低选择税、预提税、财富税等。拉丁美洲的厄瓜多尔中央政府征收公司所得税、个人所得税、资金汇出税、海外资产税、农村土地税、车辆税、遗产税，以及增值税、关税、特别消费税等间接税。地方政府征收总资产税、市政府营业执照税、不动产税、房产出售收益税等税收。墨西哥联邦政府实行的是以所得税和增值税为双主体的复合型税制结构，征收的主要税种有公司所得税、个人所得税、资本利得税等所得税，增值税，财产税（以资产为基础课征的最低税收），进出口关税，工薪税（主要包括对工资课征的税收、社会保险以及工人住房基金）。另外，联邦税收中还包括一些针对矿产资源和特殊商品及服务而课征的税种，例如对酒精饮料、烟草、汽油、电信服务和汽车征收的消费税。地方政府征收的税种包括不动产税、薪金税（主要向雇主征收）、不动产交易税、经营资产税等，还包括其他各种产权登记、经营许可证发放等收费。非洲的阿尔及利亚对公司征收公司所得税、资本税、（房地产）转让税、印花税和社会保障金等税费，对个人征收个人所得税、房地产税、净财富税、继承税与赠与税、印花税和社会保障金等税费。埃及的税收则包括个人所得税（工资税、个人收入统一税）、公司所得税、资源开发税、房地产税、关税、销售税、印花税、社会保障缴款、娱乐税等。

各国之所以多采用多税种复合税制，关键在于每个税种的功能各不相同，特别是发展中国家通过征收增值税和消费税等商品劳务类税收，满足了国家财政的基本收入需要。通过所得税、财产税对收入和财富差距适当调节，使社会保持在基本公平稳定状态，多税种复合税制可以发挥不同税种的特殊功能，使税收收入、调节等功能最大化。

28.2.2　发展中国家不同税类对收入分配的调节机制

28.2.2.1　个人所得税收入调节机制

个人所得税是发展中国家收入调节的最主要税收机制。下面本部分从个人所得税相关要素中分析个人所得税对发展中国家收入分配的调节机制。

1. 个人所得征税与否的税制差异

国际上有少数发展中国家和地区，由于地理位置特殊、人口资源少，不把税收作为政府的财政来源，利用避税地模式发展当地经济。比如美洲的百慕大、法属安德烈斯、特克斯和凯科斯群岛不征收所得税和资本利得税；亚洲的文莱、巴林、阿联酋都不征收个人所得税。此外像拉丁美洲的巴拿马、牙买加；非洲的赞比亚、肯尼亚、埃塞俄比亚等少数国家和地区，它们仅按照属地原则对来自于本地的收入征税，对其他地区的来源收入均不征税。

其他绝大多数国家和地区往往都坚持居民管辖权原则和收入来源地两种原则对居民纳税人的全球所得征税，对非居民来源于本国的所得征税，最大限度地实现全球范围收入的公平合理调节，减少居民收入的税收调节漏洞。

2. 个人所得税征税模式

在个人所得税征税模式上，由于发展中国家社会经济发展水平以及征收管理水平差异较大，在个人所得税的征收模式上也有较大差异。

（1）许多国家的个人所得税实行综合征税模式。

个人所得税实行综合征税模式是把个人全年的劳动收入、经营收入、财产收入以及资本收入等不同类别的收入统一合并考虑。亚洲的印度，拉丁美洲的秘鲁、智利、哥伦比亚，以及非洲的南非等实行个人所得税综合征税模式。

比如，印度应纳税所得分为工薪所得、房产所得、经营所得、资本利得和其他所得。各类所得分别计算，最后加总按税率表超额累进征税。2011 年后的税率规定为，（男性）纳税人全年应纳税所得额不超过 16 万卢比的免予征税，超过 16 万卢比到 50 万卢比的部分税率为 10%，超过 50 万卢比到 80 万卢比部分税率为 20%，超过 80 万卢比部分税率为 30%。

秘鲁个人所得税实行综合税制，对于个人取得的全年工资薪金、住房和教育津贴、一年内经常取得的经常性资本利得等统一合并入一般个人所得纳税。对红利所得以及纳税人在一年中偶然取得的资本利得不征收个人所得税。从 2015 年开始实行的最新个人所得税法规定，居民年收入低于 26600 索尔的，不缴个税；收入介于 26600 索尔和 45600 索尔之间的，个税税率为 8%（原为 15%）；收入介于 45600 索尔和 102600 索尔之间的，税率为 14%；收入介于 102600 索尔和 159600 索尔之间的为 17%；收入介于 159600 索尔和 197600 索尔之间的为 20%；高于 197600 索尔的税率为 30%。

智利对工资收入和其他收入都按照累进税率一并征税（曾短期对其他收入按照 10% 征税）。

哥伦比亚资本收益通常与其他收入一并征税。哥伦比亚除了少数项目按特殊税收征收（如来自彩票和类似来源的收益）或免征所得税（如一定额度内的继承、遗产和馈赠所得），劳动所得和资本所得按普通税率征税。

南非从 2015 财年开始（2015 年 3 月 1 日）将 20 年没有变动的个人所得税作出调整，对低于 18.19 万兰特年收入维持 18% 税率不变，对年收入在 18.19 万兰特以上的纳税人每档提高 1 个百分点征收个人所得税，即超过 18.19 万元到 28.41 万元部分征税 26%，超过 28.41 万元到 39.32 万元部分征税 31%，超过 39.32 万元到 55.01 万元部分征税 36%，超过 55.01 万元到 70.13 万元部分征税 39%，超过 70.13 万元以上部分征税 41%。

（2）很多发展中国家的个人所得税实行综合分类税制。

波兰个人所得税对劳动所得和经营所得按照累进税率征税（见表 28 – 17），对投资收益、博彩收益等另行单独设置征税办法。

表 28 – 17　　　　　　　　　波兰工资薪金、劳动等收入税率表

级数	全年应纳税所得额（新兹罗提）	税率（％）
1	12400 以下的部分	21
2	超过 12400～24800 的部分	33
3	超过 24800 的部分	45

波兰对如下个人收入单独规定征税办法。自然人自波兰国内、国外得到的利息和股息单独征收 19% 的红利税，不适用个人所得税规则。对个人存款于波兰银行储蓄的利息不征税。博彩收入单独征税，波兰博彩税从 2% 到 45% 不等，具体为：抽奖、宾果奖品和现金游戏、对赌率为 10%；现金抽奖税率为 15%；数字赌税率为 20%；赌博机和电视抽奖税率为 45%；有经营许可的动物竞技对赌税为经营商收取赌资的 2%。

乌克兰自 2015 年 5 月税法修正，将自然人工资收入起征点从目前的 10 倍最低工资（最低工资标准为 1218 格里夫纳）提高到 17 倍，适用税率 15%。超过最低工资标准 17 倍以上的，所得税税率仍保持现行的 20%。①

2013 年 10 月 31 日，墨西哥财税改革，实行个人所得税差异化征税措施，对年收入超过 75 万比索、100 万比索和 300 万比索的高收入人群分别征收 32%、34% 和 35% 的个人所得税。此前个人所得税的税率上限是 30%。对个人在股市出售股份的利润以及实体所获的股息红利征收 10% 的税。墨西哥自 2014 年起，个人所得税的累进制税率如表 28 – 18 所示。

---

① 2014 年开始，乌克兰在个人所得税以外开始针对国民征收"战争税"。"战争税"税率占个人收入的 1.5%。

表 28 - 18　　　　　　　　　　　墨西哥综合收入适用税率

级距	年应税收入（万比索）	税率（%）
1	低于 75	30
2	超过 75 ~ 100	32
3	超过 100 ~ 300	34
4	超过 300	35

越南个人所得税实行综合分类税制，分为经常收入和不经常收入。经常收入包括工资、奖金，劳务收入，专利、版权、稿费，房租等。不经常性收入包括技术服务、技术转让收入，中奖收入等。对来自工资薪金，交易和生产的经常性收入按照累进税率征税，其他收入按照比例税率征税。比如对资本性投资收入以及版权和特许经营活动的收入按照 5% 税率征税，对资本转让的收入按照 20% 税率征税，房地产转让的收入则按照 25% 税率征税。超过 1500 万越南盾技术转让费按照每次交易全额的 5% 纳税，不得扣除任何费用。超过 1500 万越南盾的博彩所得按照每次所得的 10% 纳税。对于非雇员在劳务、佣金、董事会酬劳每次获得 50 万越盾之所得以上者，一般要求从中预提 10% 的个人所得税。银行存款利息、债券利息、股票转让所得等暂时不征税。

2009 年以前，越南以本国人、外国人分别设计税率，2009 年以后则统一了本国人和外国人的适用税率，并且分别降低了最高税率和最低税率，最高税率从 40% 下降为 35%，最低税率从 10% 下降为 5%。并且调整免征额由每月 500 万盾降低为 400 万盾，即 400 万盾月经常收入免于征税。经常性所得适用税率如表 28 - 19 所示。

表 28 - 19　　　　　　　　　　　越南经常性所得税率表

级次	每月应税收入（万盾）	适用税率（%）
1	超过 400 ~ 800	5
2	超过 800 ~ 1000	10
3	超过 1000 ~ 1800	15
4	超过 1800 ~ 3200	20
5	超过 3200 ~ 5200	25
6	超过 5200 以上部分	35

尼日利亚工资等一般收入按照 5 级超额累进税率征税，税率分别为 5%、10%、15%、20%，最高税率 25%，但是对于资本收益则仅按照 10% 比例税率征税。

（3）实行分类税制模式的征收机制。

不同于发达国家多按照综合税制征税的个人所得税模式，在发展中国家中，也有部分国家按照分类税制模式征收个人所得税，这与发展中国家税收征收管理能力较弱是匹配的。比如，亚洲一些国家像沙特阿拉伯、也门、黎巴嫩、约旦，尼泊尔、老挝以及非洲的埃及、苏丹等国。

尼泊尔将应税收入划分为工资等收入，还把利息、车辆、房屋等出租租金、特许权收入、退休金等收入单独列举单独设置税率征税。除了工资等家庭收入按照15%和25%两级累进税率征税外，对其他项目分别征税，出租房屋15%；服务费15%；会议津贴15%；一次超过5万卢比的保险费或合同税为1.5%；利息、佣金、管理费用、技术服务费为15%；银行付给自然人的利息为6%；退休金为6%；中彩、礼品、奖金为25%；支付保险代理或股票经纪人的佣金为15%；未经批准的退休金为10%；投资保险所得为5%；红利为5%。

老挝对来自于工资的所得按照5%~25%的5级超额累进税率征税，对个体户的生产经营所得按照10%~35%的超额累进税率征税，其他征税所得按照比例税率分别征税。比如对个人的专利、版权、商标及其他知识产权的所得按照5%税率征税，个人的股息、出售股份的利润、贷款利息、保证金的所得等资本收益按照10%税率征税，来自老挝国家建设先锋队、群众团体及社会团体的非盈利经营所得按照10%税率征税，房屋、土地或其他资产的租赁所得按照15%税率征税。

埃及境内个人的所有收入都应记入应税收入。工资个人所得税税率为：年收入5000埃镑以内免税；5001~20000埃镑税率10%；20001~40000埃镑税率15%；40000埃镑以上税率为20%。同时，埃及对个人的经营性收入按照4级超额累进税率征收收入统一税，税率分别为20%、27%、35%、40%。2014年7月对股市交易所得和现金股利征收10%的资本所得税。

3. 个人所得税的税率机制

税率是税收负担的最重要影响因素之一，是收入调节的有效手段。从发展中国家的情况分析，绝大多数个人所得税选择累进税率制度，特别是工资薪金部分的所得，以贯彻收入多者多纳税、收入少者少纳税的公平调节。与大多数发展中国家的个人所得税都实行累进税率制度不同，一些发展中国家则选择按照比例税率征收个人所得税，这些国家多为东欧国家和部分拉美国家。比如，俄罗斯从2001年开始，对所有居民按照13%单一比率征收个人所得税，适用于工薪所得、经营所得、利息所得、特许权使用费收入、不动产所得和资本利得。股息所得适用6%税率。特定所得如彩票所得按35%税率征税。其他实行单一比例税率的国家情况有保加利亚10%，格鲁吉亚12%，立陶宛15%，匈牙利16%（2016年预算案降为15%），爱沙尼亚20%，格林纳达30%，玻利维亚13%。

最特殊的莫过于沙特阿拉伯，2004年7月30日生效的沙特阿拉伯个人所得税法律规定，改变原来的累进税率为比例税率，仅对外国人按照20%征收个人所得税，对本国居民不征税。

针对以上国家的分析，我们大致了解部分发展中国家个人所得税的相关规定，下面我们以图表的形式列举部分发展中国家的个人所得税税率级次（见表28-20）。

表 28 - 20　　　　　　　　　　**部分发展中国家（地区）税率级次**　　　　单位：%

税率级次	国家和地区
1 级税率	保加利亚 10
	马其顿 10
	格鲁吉亚 12
	俄罗斯 13
	立陶宛 15
	捷克 15
	匈牙利 16（2016 年预算案降为 15%）
	爱沙尼亚 20
	玻利维亚 13
	马达加斯加 23
	牙买加 25
	格林纳达 30
2 级税率	乌克兰（15、20）
	尼泊尔（15、25）
	巴拿马（15、25）
	哥斯达黎加（10、15）
	毛里求斯（15、20）
	埃及（20、32）
	莫桑比克（25、32）
	斐济（25、31）
3 级税率	波兰（21、33、45）
	印度 2006 年（10、20、30）
	萨尔瓦多（10、20、30）
	多米尼加 2011 年（15、20、25）
	哥伦比亚 2010 年（19、28、33）
	赞比亚（25、30、35）
	乌干达（10、20、30）
	埃及 2005（10、15、20）
	塞浦路斯（20、25、30）

税率级次	国家和地区
4 级税率	土耳其 2011 (15、20、27、35)
	印度尼西亚 2011 (5、15、25、30)
	柬埔寨 (5、10、15、20)
	巴西 2012 年 (7.5、15、22.5、27.5)
	哥斯达黎加 (10、15、20、25)
	墨西哥 2014 (30、32、34、35)
	危地马拉 (15、20、25、31)
	坦桑尼亚 (15、20、25、30)
	斯威士兰 2005 年 (20、25、30、33)
	塞拉利昂 (25、30、35、40)
	纳米比亚 2009 年 (17.5、29.5、34.5、35)
	摩洛哥 (13、21、35、44)
5 级税率	泰国 2006 (5、10、20、30、37)
	老挝 2005 (5、10、15、20、25)
	尼日利亚 2005 (5、10、15、20、25)
	秘鲁 2015 (8、14、17、20、30)
	冈比亚 (10、15、20、25、35)
	吉布提 (2、15、18、20、30)
	突尼斯 2011 (15、20、25、30、35)
	肯尼亚 (10、15、20、25、30)
	阿尔及利亚 2011 (10、20、30、35、40)
	巴布亚新几内亚 (22、30、35、40、42)
6 级税率	越南 2009 (5、10、15、20、25、35)
	智利 2014 (5、10、15、25、32、35)
	南非 2015 (18、26、31、36、39、41)
7 级税率	菲律宾 2001 (5、10、15、20、25、32)
	阿根廷 2000 (9、14、19、23、27、31、35)
8 级税率	委内瑞拉 2011 (6、9、12、16、20、24、29、34)
	马来西亚 (1、3、7、13、19、24、27、28)
	厄瓜多尔 2013 年 (5、10、12、15、20、25、30、35)
	乍得 2008 (20、25、30、40、45、50、55、60)
	安哥拉 2009 (2、4、6、8、10、12.5、14、15)
11 级税率	刚果（金）2010 (3、5、10、15、20、25、30、35、40、45、50)

从发展中国家的个人所得税税率制度分析，各国一般根据自己的社会经济条件以及历史发展选择相应的税率制度，多数发展中国家个人所得税累进税率的税率累进级次往往在 3~5 级，超过或者低于这个范围税率级次以及只实行单一税率的情况比较少。从边际最高税率的情况分析，最高的是非洲国家乍得 60%，民主刚果、塞内加尔的 50%。根据上述资料分析，总体上最高税率不超过 40% 的国家占统计 62 个国家和地区的 88%以上。

4. 个人所得税的费用扣除

发展中国家个人所得税在费用扣除方面有相似之处，比如，一般对基本的生计费用都允许税前扣除，但在扣除方法以及对教育、医疗、住房等方面的支出的处理方法上差别较大。

印度原则上允许纳税人发生的养老保险费、人寿保险费、教育支出、高等教育的贷款利息支出以及不属于保险范围的医药费支出等进行税前扣除，但有限额限制：养老、人寿保险等的扣除每年不能超过 10 万卢比；医疗保险的扣除每年不超过 1 万卢比；不属于保险范围的医药费扣除每年不超过 4 万卢比。此外，残疾人或抚养残疾人的纳税人，每年最高可以享受 7.5 万卢比的扣除；抵押贷款的利息也可以在 15 万卢比的年限额内扣除。印度的个人所得税免征额也独具特色，比如 2011 年后，对于男性居民每年免征额为 16 万元卢比，女性居民则为 19 万元卢比，65 岁以上的老年居民为 24 万卢比，充分考虑了印度自身特点，体现对不同人群的个人所得税差别调节政策。

印度尼西亚自 2015 年 7 月 1 日开始执行新的个人所得税免税额规定，纳税人每年的免税额将从原来的 2430 万印尼盾（约合 1869 美元）提高 48% 至 3600 万印尼盾（约合 2769 美元），相当于每个月的免税额为 300 万印尼盾（约合 231 美元）。

巴西原来执行的税前可扣除项目金额制度规定为，首先有年标准扣除 14542.60 雷亚尔，2014 年调整为月收入低于 1787.77 雷亚尔不缴纳个人所得税，其他允许税前扣除的费用有：每位家属允许扣除费用 1974.72，每位学生允许扣除教育费 3091.35，员工缴纳社保金部分、医疗费用、为佣人支付的社保、法庭判决的抚养费等据实扣除；个人补充养老保险在全年应纳税额 12% 以内部分据实扣除，捐给境内符合条件的非营利组织 6% 应纳税额部分的捐赠支出允许全额扣除。

尼日利亚个人所得税法豁免制度规定，部分津贴、补助不超过以下限额的，可以不缴纳个人所得税，具体如下：（1）150000 奈拉住房补贴/年；（2）15000 奈拉交通补贴/年；（3）5000 奈拉餐饮补贴/年；（4）10000 奈拉公用事业补贴（水电煤气）10000/年；（5）6000 奈拉娱乐补贴/年；（6）离职津贴，但最多不超过其年基础工资的 10%。

多数国家的费用扣除额度采取多年调整一次的方法，极少像发达国家那样每年随物价指数变动而变动。

发展中国家除少数以所得税为主，个人所得税比重较高外，多数个人所得税纳税人少，占税收比重低。比如，巴基斯坦每年约有 200 万人向相关税务部门呈交报税单，占总人口的约 2%，该比例在印度为 4.7%、阿根廷为 16.5%。比发达国家低很多，比如法国该比例在 50% 以上。纳税人税少，反映了发展中国家经济发展水平偏低，人均收入水平不高的现状，也使得个人所得税的收入调节功能弱化，这从部分发展中国家的基尼系数中就可略有管窥（见表28－21）。

表28－21   部分发展中国家的基尼系数

国家	年份	基尼系数
埃及	2001	0.34
印度	2004	0.37
印度尼西亚	2009	0.37
马里	2001	0.40
阿根廷	2010	0.41
伊朗	2006	0.44
马来西亚	2009	0.44
菲律宾	2006	0.46
莫桑比克	2002	0.47
尼泊尔	2008	0.47
斯里兰卡	2007	0.49
巴西	2005	0.56
玻利维亚	2009	0.58
哥伦比亚	2009	0.58
南非	2005	0.65

资料来源：https：//www. cia. gov/library/publications/the－world－factbook/fields/2172. html。

28.2.2.2 社会保障税的收入调节机制

社会保障税费是对收入起一定调节作用的税种，所以许多发展中国家都开征社会保障的税收或者缴费。

匈牙利社会保障缴款税基为税前工资，具体征收标准为：养老金10%，自然健康保险金4%（保证得到免费医疗服务）；现金健康保险金3%（保证在生病或生孩子时得到现金工资补助）；劳动市场贡献金1.5%（保证在失业时得到失业补助）。

越南社会保障税规定，雇主和雇员分别按照雇员工资的15%和5%按月缴纳社会保障税。外国人免缴社会保障税。雇员缴纳的社会保障税可以在计算个人所得税时扣除。越南还开征健康保险税，健康保险由雇主和雇员分别按照雇员工资的2%和1%缴纳。印度征收社会保险税，其计税依据是雇员的月工资，其税率是雇员为2.25%，雇主为5%。土耳其征收社会保障社会安全基金，由个人雇员和雇主支付，按照报酬总额的百分比上缴，是可扣除费用。目前，雇员上缴的比率为14%，雇主上缴的比率为19.5%～25%。失业保险，雇员、雇主和政府都有义务按月为社会失业保险做贡献，分别根据薪水总额上缴1%、2%和1%的税金。

巴西社会保障税规定，雇主和雇员都应按雇员的月工资薪金收入的一定百分比缴纳，但是月征税上限为318.37雷亚尔（约175美元，2007年4月）。雇员按7.65%~11%的税率计税，由雇主代扣代缴；雇主的税率：公司为15%~22.5%；家庭企业为12%；自营职业者为20%。

埃及社会保险法律规定，社会保障体系包括医疗保险、工伤保险和退休人员的养老保险。社会保险费企业主缴纳15%，雇工个人缴纳11%。其中企业缴费中的4%和雇工缴费中的1%，合计5%为医疗保险金，政府另外给予补贴。医疗保险金其中的1%做工伤保险费。埃及的无业人员可以向有关部门缴费参加医保，享受与就业人员同样的医疗待遇。同时，国家还为没有参加医保的无业人员提供免费的基本医疗保障。

尼日利亚建立了社会保障信托基金制度，雇主和雇员每月向基金会缴纳相当于雇员月薪毛额的7.5%（雇员交2.5%，雇主交5%），目前缴纳的最高额为4.8万奈拉。另外，全国住房基金制度规定，雇员和个体经营者每月缴纳基本工资的2.5%作为住房基金。

28.2.2.3　财产税的收入调节机制

财产税类有一般财产税和转移财产税。前者主要由房产税、房地产税、车船税等组成；后者主要由遗产税和赠与税组成。

1. 一般财产税的收入调节机制

许多发展中国家都征收一般财产税。比如立陶宛房地产税按照房地产征税价格的0.3%~1.0%征收。白俄罗斯不动产税税率1%。

越南财产税规定，土地使用权转让收入2009年后按照2%纳税。对特别贫困地区投资项目减免土地使用税。具体内容为享受特别优惠政策的项目减免50%，享受优惠政策的项目减免30%。而对投资非贫困地区，但享受投资优惠政策的其他项目，减免20%土地使用税，体现了低收入群体的优惠照顾。

印度财富税是对个人及未分家的印度人家族在资产评估日的总资产减去总负债后的"净财富"的征税，对农用土地、农作物及其他农用资产免征财富税，对免税的政府债券、短期利息、职业上的备品、供科研用资产、著作权、专利权、养老金、生命保险证券、工业企业的新投资额等不征财富税。财富税根据净财富额的不同，按1%、3%、4%和8%四级超额累进税率征收。

巴西房地产税具体细分为城市土地税和城市房产税。巴西城市土地税的税率大多在2%~3.5%。城市房产税的税率为比率税率，且各州不同，2000年为0.3%~3%，由市政府对城市不动产（土地和建筑物）按照评估价值征收，税率因市而异。市政府对不动产转让征收不动产转让税。税率各地不一，如里约热内卢市税率为2%；而圣保罗市则根据财产价值的不同征收，税率在2%~6%之间。农村土地税对不属于城市范围的农村土地征收，属联邦税。每年按照裸地价值计征，纳税人为土地的所有者或持有者，计税时根据土地面积及其使用比率的不同，税率为0.03%~20%不等。墨西哥对不动产交易征税，由州政府制定，一般不高，而且不同的州和地方政府，不动产税率各不相同，买方按照支付财产评估价值的 1% ~ 5% 缴税，2014 年后不动产税的税基以国家土地注册委员会和地方财政部门的评估价值为基础。土地评估价值一般小于市场价值，有时甚至仅为市场价值的 1/5。在某些州，政府将土地交给农民使用不征税。墨西哥每年都依据消费者价格指数对土地和不动产的评估价值进行调整。

埃及房地产税规定，埃及对城市房地产和农村房地产分别征收不同的税种。在城市，将房地产合并征收房地产税；在农村，只对土地征税，即征收农业用地税。在城市征收的房地产税中分住房建筑和非住房建筑（即居住房地产和非居住房地产），非居住房地产按 10% 的税率征收，居住房地产按 0.2% ~ 0.4% 的税率征收。农业用地税的税率为 14% 的比例税率。

2009 年起，对年租金低于 6000 埃镑的免征房地产税，高于 6000 埃镑的在扣除部分规定维护费用后按年租金的 10% 征收，费用扣除标准为，用于生活住宿用的房地产年租金的 30%，用于其他目的的房地产年租金的 32%。埃及房地产税法规定，对行政机关、军队、公立学校、公立医院、清真寺等单位的房地产免征房地产税。房地产和农业用地的评估租价由房地产评估委员会和农业用地评估委员会负责评估，评估委员会一般每 10 年对所有房地产和农业用地进行一次评估。为了解决近几年埃及社会动荡，经济下滑，财政收入降低的局面，埃及政府 2014 年修改财产税法案，向年收入超过 100 万埃镑的人群征收为期 3 年的财产税，税率为 5%。

2. 遗产税和赠与税的收入调节机制

一部分发展中国家通过开征遗产与赠与税进一步调节收入和财富差距。

个别国家单独征收其中的一种税，比如，加纳不征收遗产税，但是征收赠与税，赠与额在 34 万加纳元以上纳税按照 10% 交税。多数国家遗产税与赠予税同时开征。一些国家像保加利亚、突尼斯、南非、多米尼加、黑山共和国、越南等遗产与赠与税按照比例税率征收。比如保加利亚遗产税规定配偶、子孙继承遗产使用 0.7% 税率，其他人继承使用用 5% 税率征税。黑山共和国按照 2% 征收，越南按照 10% 征收，南非是少数实行混合遗产税的国家，课税对象是被继承人死亡时遗留的全部财产，包括动产、不动产及其他一切有财产价值的权利。首先对被继承人死亡时遗留的财产总额课税，在遗产分配到各继承人后，对各继承人分得的遗产在达到一定数额时再征收一次继承税，即存在两次课征。南非对配偶间的继承财产一律免税。南非遗产税一直按照 25% 征收，赠与税按照 15% 税率征税，近年把遗产税免征额提高到了 120 万兰特，同时税率也相应地提高到 45%。另有一些国家和地区像土耳其、菲律宾、委内瑞拉、尼日利亚、厄瓜多尔、尼加拉瓜等按照累进税率征税。比如，菲律宾除了免于征税的金额外，按照 5%、8%、11%、15% 和 20% 五级超额累进税率征收赠与税。委内瑞拉遗产税由 10%、15%、25%、30%、55% 五级累进税率征收。累进赠与税（含土地与房产）的累进档次与遗产税相同。

泰国于 2014 年修改《遗产税条例（草案）》，对 5000 万铢以下财产将免征遗产税，超过部分按照 10% 的税率缴纳。缴纳遗产税仅仅是登记在册的财产，例如股票、存款、债券、房屋、土地等，财产价值按照当前的市价评估。而珠宝、黄金、现金及其他非上市公司股票则不纳入须缴遗产税目录中。对于父母赠与子女不超过 1000 万铢的房产等不必缴纳遗产税，祖辈赠送给孙辈财产不超过 1000 万铢也不必纳税，超过部分按照 5% 税率课税。另外，把财产捐赠给基金会或慈善机构不必纳税。免除 5000 万铢以下遗产征税体现了对中产阶层的照顾，而财产超过 5000 万铢的遗产仅对少数高收入阶层征收，有利于实现社会的收入和财富公平。

巴西税法规定，巴西各州及联邦区有权征收遗产和赠与税。纳税财产包括物品和权益两个方面，具体包括房屋、土地、股权、存款以及汽车、家具等消费品。继承房产价值在 1.7 万美元以下、个人私有物品价值在 5000 美元以下的、存款不超过 3500 美元的，可以免税。联邦议会规定最高税率为 8%。继承人将依法继承的遗产捐赠给政府和非营利组织的，予以免税。

智利遗产税、馈赠税分别征收，区分遗赠人差异设计不同税率。配偶子女继承遗产按照 1%、2.5%、5%、20% 和 25% 五级超额累进税率征税，兄弟等继承遗产按照 1.2%、3%、6%、24% 和 30% 五级超额累进税率征税，赠与税按照 1.4%、3.5%、7%、28% 和 35% 五级超额累进税率征税。

突尼斯遗产税与赠与税制度规定税率为，直系亲属（子女、配偶、父母等）2.5%，兄弟和姐妹 5%，旁系亲属 25%，超过四服的亲属 35%，非亲属个人 35%。

也有以下国家（地区）不征收遗产与赠与税。比如中东的沙特阿拉伯、巴林，亚洲的巴基斯坦、非洲的纳米比亚等国没有遗产税和赠与税。

一些发展中国家（地区）原来征收遗产税，现在停征。印度于 1985 年，埃及于 1996 年，塞浦路斯于 2000 年，印度尼西亚于 2008 年停征遗产税。

无论不征收还是停止征收遗产税与赠与税，都是各国（地区）根据实际情况做出的现实选择，比如中东部分国家的男性继承制，源于遗产与赠与税征收收入少，征收成本高的管理需要，还有一个重要原因是个人所得税制度的完善以及慈善捐助事业的进步都使得收入和财产分配更加公平，可以取消或者不征收遗产与赠与税。

很多发展中国家（地区），无论是波兰、捷克，还是阿联酋、马来西亚、巴西、墨西哥、南非、埃及都注意运用联网计算机系统加强个人所得税、财产税等税收的税务管理，建立全国统一有效的纳税人涉税信息。

28.3　国外收入分配税收调节机制与制度的启示与借鉴

通过国外收入分配税收调节机制与制度变迁的分析，可以看到诸多值得我国在税制建设和利用税收调节收入分配差距方面可供借鉴的办法和思路。

28.3.1　税制建设和利用税收调节收入分配差距必须结合本国实际情况

每个国家的收入差距形成有多方面的因素，既有初次分配方面的问题，也有税收调节不力的原因，还和一个国家的传统历史等因素有关。既与对收入调节的税种在国家税收结构中重要程度有关，也与个人所得税等主要进行收入调节的税种本身设计合理与否有关。我国从 1980 年恢复开征个人所得税的历史比较短，公民的纳税意识比较淡漠，纳税的社会氛围不浓。另外，我国全员收入申报和财产申报的制度至今没有建立，税务机关征税基础资料薄弱，没有建立信息共享机制，跨区域税务协作困难。因此必须在部分行政官员（科级以上干部）收入和财产申报制度的基础上，尽快实行全民纳税申报制度。利用"金税三期"建设的有利时机尽快建立税务信息网络，打通税务与金融机构、工商、海关、边检等部门信息交流的瓶颈。加强税务服务和税收宣传，提高纳税人纳税意识。

28.3.2　充分利用多税种的复合调节作用

个人所得税是对收入调节作用最显著的税种，主要适用于对高收入群体的收入调节，社会保障税费制度主要适于对老年、残疾、失业等弱势群体的调节，财产税主要适用于对存量大额财产拥有者的调节。此外，消费税、关税等商品劳务类税收也在一定程度上对收入调节有补充作用。我国目前主要在财产税，特别是住宅、遗产等财产方面没有税收调节，需要研究是否具备开征条件。

28.3.3　个人所得税制度借鉴

1. 个人所得税征税模式与税务管理借鉴

在综合所得税、综合分类所得税以及分类所得税三种个人所得税模式中，综合所得税最能体现量能负担原则，有利于实现收入的公平调节，分类税制实现收入的公平调节的能力最小，综合分类税制兼顾收入调节和特殊收入的特别情况，适用性最强，也是世界上无论发达国家和地区还是发展中国家和地区中应用最多的一种个人所得税征税模式。我国当前按照 11 类所得分类征税的模式已经远远不能适应收入调节的要求。比如，在现行制度下我国对于彩票等偶然所得的征税率只有 20%，即便是取得数千万元，甚至数亿元的巨额收入也是如此，在纳税人的税负上不仅低于像美国这样综合征税，实际税负可以达到 40% 多的国家，而且低于我国月工资薪金所得在万元以上的纳税人的税负，极其不合理，加剧了收入差距扩大。因此亟须将我国个人所得税由分类征税改革为综合分类税制，并且我国也已经在计算机技术、税务管理水平等方面基本具备相应的征管能力。

2. 个人所得税税率级距借鉴

国际上个人所得税的征税级距主要是 4~5 级，占以上 91 个分析对象的三分之二。分析其原因主要在于这几档税率既能对不同收入差别征税，调节收入差距，又便于纳税人遵从，便于税务管理，较少征收成本。我国现在工资薪金所得 7 级超额累进税率偏多，有减少的空间，5 级是相对适宜的数量。鉴于我国建立消费带动型经济发展模式和大力发展服务业的趋势，需要培养扩大大量有实际消费能力的中产阶层，因此可适当扩大我国刚进入纳税圈的中等收入者的低税率适用级距。

3. 个人所得税边际税率借鉴

减税是所得税的基本趋势。国际上除了北欧几国、加拿大、澳大利亚、新西兰等高福利国家外，个人所得税达到和超过 40% 的情况也不多见，这与国际自由化程度越来越高情况下重税强化逃税的效应有一定关系；此外非国家的 NGO 活动对收入公平分配的目标实现的作用也越来越大密不可分，在理论上也符合拉弗曲线趋势。因此我国个人所得税最高边际税率有 2~5 个百分点的下降空间，这样的降负也不会严重影响税收收入。

4. 个人所得税税前费用扣除制度借鉴

在个人所得税税前费用扣除方面，借鉴国际经验，结合综合分类税制模式，我国可以在纳税人自己和未成年子女教育费用、医疗保险费用、赡养与扶养人口费用等方面适当宽松，对投资亏损的冲抵需要考虑。

5. 国外涉税监管借鉴

学习美国海外收入、财产监管经验，加强与有关国家的税务行政和司法协助，积累中国国外税务资料，逐步建立海外税务管理制度。

28.3.4　逐步建立健全财产税制度

国外对住宅一般都征收财产税，并且成为地方税的主体税种，成为地方政府稳定的财政资金来源。我国从 20 世纪 90 年代中期，特别是 2000 年以后，住宅商品化趋势已经形成，成为城镇化的重要载体。住宅成为很多家庭最重要的财产存在方式，并且随环境改善而增值。对住宅征税税源普遍，收入有保障，可以成为地方政府的重要财源，有利于地方政府改善城乡基础设施，改善办学质量。但是鉴于我国居民的居住条件总体还不理想，对住宅的征税要把改善国民福祉为重要目标，把现阶段购买土地使用权的土地出让金、对房地产建设环节征收的营业税（"营改增"后征收增值税）、城镇土地使用税等税收形成税负水平的通盘考虑，从低税率、大优惠开始征收，既便于取得收入，又可以减少征收成本，减少纳税人的对立情绪。将财产税归属地方政府收入，也符合税基固定、便于征管的分税制原则。

至于我国是否开征遗产税与赠与税需要综合考虑中国面临的一系列条件和环境，包括中国经济发展的阶段，经济发展的动力源——企业集聚程度和普遍性，创富者的年龄，考虑收入分配差距的大小、原因，对收入差距调节的初次分配方法、再分配的税收和社会保障制度情况，税务管理水平和收入成本费效比高低以及收入、财产在国际上转移的便利性等多方面因素，还需考虑慈善等非营利组织活动在收入再分配方面的积极效果。

为什么部分国家和地区不征或者停征了遗产税与赠与税，原因有多方面：其一，部分国家和地区意图通过取消遗产税的方式吸引资金、资本、财产，使本地成为财富和资本管理中心，促进当地经济社会发展。比如新加坡。第二，现代个人所得税制度和社会保障制度比较完善，已经能够实现部分收入的公平调节功能。第三，现代慈善事业发达。在许多发达国家和地区，人们在理念上追求独立生活，不依靠父母，不依靠继承财产致富。许多富有人士通过建立慈善基金会等方式将财产捐赠社会，起到了财富和收入再分配的功能。第四，即便征收遗产税的一些地方，为减少征收监管成本，在社会保持基本公平的情况下，将遗产税累进税率改为单一比例税率，既能够对遗产征税调节，又使得征收管理更加便利，降低征收成本。

　　综合考虑上述因素，我国收入差距和贫富差距较大，主要原因在于就业机制不公平，一些单位、行业进入的不合理设限与"玻璃门"效应；初次收入分配的部门、单位差距过大，比如金融或者一些垄断行业的高收入；腐败等因素形成的收入差；当然也有税收调节失效和社会保障水平低的原因。鉴于我国仍处在社会初级阶段，财富积累，特别是企业性财富还不够普遍，初次分配是收入差距形成的主要原因，资产和收入的跨国流动异常便利，以及一些国家取消遗产税的先例，因此，对我国开征遗产税与赠与税要审慎研究。

第 29 章　收入公平分配与税收制度
优化：总体框架

29.1　中国收入公平分配与税收制度优化的总体思路

党的十八大报告提出："初次分配和再分配都要兼顾效率和公平，再分配更加注重公平"。党的十八届三中全会决定指出："财政是国家治理的基础和重要支柱，科学的财税体制是优化资源配置、维护市场统一、促进社会公平、实现国家长治久安的制度保障"。[①] 社会主义市场经济更加注重分配公平，初次分配公平，有利于调动劳动者的积极性，再分配更加注重公平有利于社会发展的长治久安。同样，社会主义市场经济以公平竞争为基础，只有实现企业在市场中的公平竞争，才能充分调动企业的积极性、主动性和创造性，才能使社会主义市场经济充满生机和活力，才能解放生产力，充分发挥市场在资源配置中的决定性作用。税收是国家最主要的收入来源，也是国家加强宏观调控的重要经济杠杆。因此，中国全面深化改革中的税制改革将更加注重税收公平。

29.1.1　中国现行税制的税收公平性分析

遵照税收公平的思想，我国自确立市场经济体制以来的历次税制改革中都融入了税收公平的理念。例如，在 1994 年的大规模税制改革中就提出了"统一税法、公平税负、简化税制、合理分权，理顺分配关系，保障财政收入，建立符合社会主义市场经济要求的税制体系"的指导思想。经过 1994 年的税制改革和多年来的逐步完善，我国已经初步建立了适应社会主义市场经济体制要求的基本税收制度，对于保证税收收入，加强国家宏观调控，深化改革，扩大开放，促进国民经济的持续、快速、健康发展，实现社会的公平和正义，发挥了积极的重要作用。

自从 1994 年税制改革以后，我国税制逐步实现了各类企业的税收公平制度，不仅实现了国有企业与私营企业在税收上的公平待遇，而且实现了内资企业与外资企业的国民待遇，一视同仁。实现了各类企业无差别税收待遇，激发了企业的经济活力，促进了企业公平竞争。

现行货物和劳务税是我国目前税制中举足轻重的税种，2015 年货物和劳务税收入

---

① 《中国共产党第十八届中央委员会第三次全体会议文件汇编》，人民出版社 2013 年版，第 36 页。

73497.82 亿元，约占全部税收收入的 58.84%。① 众所周知，货物和劳务税是间接税，纳税人缴纳的税收可以通过商品和服务的买卖价格运动转嫁给消费者承担。由于无论是生产资料还是消费资料的税收负担，最终都会通过价格传导机制转移成最终消费者的负担，所以，相比较而言，中低收入者的消费支出中生活必需品所占比重比较高，从一般意义上讲，就会产生累退效果。货物和劳务税比重越高，累退效果就越大。因此，现行的货物和劳务税占比重较高，不利于实现税收公平。

我国现行所得税主要包括企业所得税和个人所得税，2015 年企业所得税收入27133.87 亿元，约占全部税收收入的 21.72%。② 企业所得税是当今世界最流行的税种之一，世界上绝大多数国家都征收企业所得税。由于企业所得税对企业纯收益征税，与其他税种比较，企业所得税税制本身成为最公平的税种。然而，企业所得税也是宏观调控比较普遍使用的税种，税收调控手段的运用就会产生不同企业，不同行业之间收入高低悬殊的差别，产生政策性税收分配不公平。我国现行企业所得税的法律法规比较规范，有利于税收公平，但是，过多过滥的企业所得税的税收优惠政策则不利于实现税收公平。

我国 2015 年个人所得税收入 8617.27 亿元，约占全部税收收入的 6.9%。③ 个人所得税以个人纯收益为征税对象，以自然人为纳税人，也是全世界各国普遍征收的税种。个人所得税覆盖面广，普遍征收，在调节个人收入分配，缓解个人收入分配差距方面具有重要作用。在许多国家，个人所得税是用以调节个人收入分配的核心税种。我国现行个人所得税采取的是分类分项，分别定率，源泉扣缴，分别征收的办法。从制度设计上，分类征收的个人所得税就不利于实现税收公平，而税收收入比重过低就更不利于发挥调节居民个人之间收入分配差距的重要作用。

财产税是世界各国对居民存量资产征收的税收。对存量资产征收财产税同样可以发挥调节贫富差距的作用。我国目前仅对企业和个人经营用房屋征收房产税。2015 年房产税收入 2050.9 亿元，约占全部税收收入的 1.6%。④ 我国现行的房产税是 1986 年国务院公布的房产税暂行条例，无论征收范围还是征税对象、税率及税收负担都远远跟不上社会主义市场经济发展的步伐，不仅不能满足形势发展的需要，而且远远不能调节财产拥有状况，难以胜任税收公平的重任。

29.1.2　全面深化改革建立更加公平的现代税制

党的十八届三中全会决定中反复多次强调公平在经济、市场、分配和社会发展中的重要意义。决定中提到"坚持社会主义市场经济改革方向，以促进社会公平正义、增进人民福祉为出发点和落脚点"⑤。由此表明，在全面深化改革中必须坚持公平和效率兼顾的原则，实现公平是今后各项改革中的重中之重。

（1）在经济活动中，"加快建设创新型国家，推动经济更有效率、更加公平、更可

---

① ② ③ ④　财政部网站，财政数据，《2015 年全国一般公共预算收入决算表》，2016 年 7 月 15 日。
⑤　《中国共产党第十八届中央委员会第三次全体会议文件汇编》，人民出版社 2013 年版，第 18 页。

持续发展"，"提高资源配置效率和公平性"让一切创造社会财富的源泉充分涌流，让发展成果更多更公平地惠及全体人民，[①] 标志着中国经济发展中由效率优先兼顾公平向坚持公平和效率兼顾方向的根本性转变。在经济活动中的公平待遇可以划分为起点公平、过程公平和结果公平的三个阶段，在未来中国的经济发展中不仅分配的起点要公平，而且分配的过程和结果也都要公平，要更加突出公平的目标。

（2）在全面深化税制改革中，党的十八届三中全会决定指出："必须完善立法、明确事权、改革税制、稳定税负"。[②] 中国已经成功实现了 1994 年税制改革中提出的提高两个比重的目标，[③] 下一步深化税制改革的目标是要稳定税负，过高的宏观税收负担，既不利于发展经济，也不利于缩小地区差别和城乡差别；既不利于增加供给，也不利于扩大内需。因此，稳定税负是今后一段时期的一项符合实际的选择。根据 OECD 于 2013 年底发布的《收入统计 1965～2012》的数据，近几年 OECD 成员国的宏观税负持续上升，2009 年为 33.6%，2010 年为 33.8%，2011 年为 34.1%，2012 年更是达到 34.1%。[④] 比较而言，2014 年中国小口径的宏观税负为 18.73%，[⑤] 还处于比较低的水平。但是，宏观税负上升的趋势也是共同的，有必要坚持稳定税负，在结构性减税的前提下，通过深化税制改革不断调整不同行业和不同收入群体之间的税负分配，促进产业结构调整和社会分配公平的逐步实现。

（3）在全面深化税制改革中，党的十八届三中全会决定指出："推进增值税改革，适当简化税率。调整消费税征收范围、环节、税率，把高耗能、高污染产品及部分高档消费品纳入征收范围"。[⑥] 当前中国税制改革的重要任务是在全面实现"营改增"的基础上，进一步降低税负，简化税制，完善增值税。

扩大增值税范围改革是增值税极其重要的改革，改革完成后，中国的增值税制度将逼近现代增值税制度。"营改增"完成以后，并没有实现税制结构的优化和增值税的简化，因此，有必要按照党的十八届三中全会决定的要求，继续深化增值税改革，适当简化税率。不仅进一步完善增值税，而且要简化增值税，降低征纳双方的税收遵从成本，方便纳税人。适当简化增值税税率，就有可能降低税率。如果简化并降低增值税税率，就有可能优化税制结构，附之以消费税改革，实现结构性减税，最终减少货物和劳务税的累退效应。

（4）在全面深化税制改革中，党的十八届三中全会决定指出："深化税收制度改革，完善地方税体系，逐步提高直接税比重。逐步建立综合与分类相结合的个人所得税制"。[⑦]"完善以税收、社会保障、转移支付为主要手段的再分配调节机制，加大税收调节力度。""保护合法收入，调节过高收入。"[⑧] 税制结构的变化，直接税比重的提高，

---

① 《中国共产党第十八届中央委员会第三次全体会议文件汇编》，人民出版社 2013 年版，第 18 页。
② 《中国共产党第十八届中央委员会第三次全体会议文件汇编》，人民出版社 2013 年版，第 36 页。
③ 提高两个比重是指："提高财政收入占 GDP 的比重和提高中央财政占全国财政收入的比重"。
④ 资料来源：OECD, Revenue Statistics 1965 - 2012.
⑤ 见本章表 29 - 1。
⑥⑦ 《中国共产党第十八届中央委员会第三次全体会议文件汇编》，人民出版社 2013 年版，第 37 页。
⑧ 《中国共产党第十八届中央委员会第三次全体会议文件汇编》，人民出版社 2013 年版，第 66 页。

存在许多影响因素，从税制本身的调整来看，在深化税制改革设计中，一方面要提高直接税的比重，另一方面要降低间接税比重。提高直接税比重的主要路径仍然在于降低税率、扩大税基。因此，清理和规范企业所得税的税收优惠政策势在必行。降低间接税比重的主要的路径是推进增值税改革，在改革中不断完善税制结构。另外，为了完善再分配调节机制，加大税收调节力度。尽快推行综合与分类相结合的个人所得税制，调节过高收入，降低中低收入人群的税负将成为全面深化税制改革中的重要举措。

为了增强个人所得税的公平性和可操作性，中国现阶段采用综合和分类相结合的所得税制作为过渡，逐步实现分类所得税制向综合所得税制的转变，待条件和时机成熟时，最终采用综合所得税制。

（5）在全面深化税制改革中，党的十八届三中全会决定指出："加快房地产税立法并适时推进改革。"[①] 房地产税是财产税的主要税种，也是税制结构中直接税的重要组成部分。由于房地产税涉及千家万户居民的经济利益，必须慎之又慎，公平合理，在既要提供地方税收入，又要调节存量财产分配的选择中寻找平衡点。

逐步建立中国的财产征税制度，合理设计房地产开发、持有和再转让各环节的税收负担，完善收入分配的调节机制，实现财产税领域的税收公平。

（6）在全面深化税制改革中，党的十八届三中全会决定指出："按照统一税制、公平税负、促进公平竞争的原则，加强对税收优惠特别是区域税收优惠政策的规范管理。"[②] 税收优惠政策是国家为了实现宏观调控目标，运用税收调控工具的具体措施。各项税收政策对于支持改革、支持发展、调节公平发挥巨大作用。但是，如果各种税收优惠政策过多过乱，就有可能扰乱正常的市场经济秩序，破坏公平竞争的环境，也破坏税收公平分配，产生事与愿违的结果。因此，加强对税收优惠特别是区域税收优惠政策的规范管理，也是全面深化税制改革的重要任务。

29.2 基于收入公平分配目标的税负研究

29.2.1 基于收入公平分配目标的宏观税负研究

改革开放以来，我国国民收入分配的集中度降低，税收收入占 GDP 的比重日趋下降，到 1996 年，小口径宏观税负，即全部税收收入占同期 GDP 的比重，下降到历史最低水平的 9.65%，从 1997 年以后才逐步有所上升。如表 7 - 1 所示，1994～2014 年间，我国宏观税负一路攀升，小口径的宏观税负从 9.65% 上升到 18.73%，21 年提高了 9.08 个百分点，翻了一番多。期间，我国还经历了两次金融危机，经济形势发生了重大变化，内需不足，经济增长放缓。与此同时，我国的政府债务日趋加大。在这种形势下，我国的税收收入却有了超常增长，并一直延续至今。

---

① 《中国共产党第十八届中央委员会第三次全体会议文件汇编》，人民出版社 2013 年版，第 37 页。
② 《中国共产党第十八届中央委员会第三次全体会议文件汇编》，人民出版社 2013 年版，第 38 页。

　　从表 29-1 和图 29-1 中可以看到，总体上三种口径的中国宏观税负情况均呈上升趋势，且涨幅不是很大。具体来看，1994~2014 年间，税收收入占 GDP 的小口径的宏观税负水平约处于 10%~20% 的范围内，平均约为 14.5%；中口径的宏观税负水平从1994 年的 10.77% 上升至 2014 年的 22.07%；而包含了财政收入、预算外收入以及社会保障基金在内的大口径的宏观税负则较小口径宏观税负水平明显提高，1994~2012 年的宏观税负水平约处于 25%~36% 的范围内，平均为 22.03%，与只考虑了税收收入的小口径的宏观税负的情况相比，平均税负水平相当于增加了 7.56 个百分点。大口径的宏观税负的逐步提高，由 1994 年的 26.72% 提高到 2013 年的 34.01%，20 年间上升了7.29 个百分点。但在计算大口径宏观税负水平的政府收入，其中包括了 100% 将返还给居民的社会保障税，以及 40% 将补偿给拆迁住户、房地产企业的土地出让金。以 2000年为例，政府在社会保障款、社会保险福利和社会补助三项的支出额为 3658.4 亿元，占当年政府收入的 14.4%；而 2012 年这三项的政府支出额为 38822 亿元，占政府收入的 21.27%，比 2000 年增长了 6.87 个百分点。

　　除此之外我们也可以看到，小口径与中口径的宏观税负折线图随着年份的推移，中间的差距也随之增大，这也说明税收收入占财政收入的比例越来越小，财政收入中除了税收收入，更多的行政性收费、政府性基金等加入其中，扩充着政府收入的规模。

表 29-1　　　　　　　　　　　　　　中国宏观税负指标的计算结果

年份	税收总收入（亿元）	财政收入（亿元）	政府收入（亿元）	GDP（亿元）	税收总收入/GDP（%）	财政收入/GDP（%）	政府收入/GDP（%）
1994	5126.88	5218.10	12947.09	48459.6	10.58	10.77	26.72
1995	6038.04	6242.20	15195.59	61129.8	9.88	10.21	24.86
1996	6909.82	7407.99	18549.85	71572.3	9.65	10.35	25.92
1997	8234.04	8651.14	21247.38	79429.5	10.37	10.89	26.75
1998	9262.8	9875.95	24107.48	84883.7	10.91	11.63	28.40
1999	10682.58	11444.08	26351.95	90187.7	11.84	12.69	29.22
2000	12581.51	13395.23	25399.61	99776.3	12.61	13.43	25.46
2001	15301.38	16386.04	29710.37	110270.4	13.88	14.86	26.94
2002	17636.45	18903.64	35413.70	121002.0	14.58	15.62	29.27
2003	20017.31	21715.25	40330.02	136564.6	14.66	15.90	29.53
2004	24165.68	26396.47	47973.26	160714.4	15.04	16.42	29.85
2005	28778.54	31649.29	57150.66	185895.8	15.48	17.03	30.74
2006	34804.35	38760.20	69052.78	217656.6	15.99	17.81	31.73
2007	45621.97	51321.78	87512.60	268019.4	17.02	19.15	32.65
2008	54223.79	61330.35	105516.65	316751.7	17.12	19.36	33.31

续表

年份	税收总收入 （亿元）	财政收入 （亿元）	政府收入 （亿元）	GDP （亿元）	税收总收入/ GDP（%）	财政收入/ GDP（%）	政府收入/ GDP（%）
2009	59521.59	68518.30	114967.98	345629.2	17.22	19.82	33.26
2010	73210.79	83101.51	136495.30	408903.0	17.90	20.32	33.38
2011	89738.39	103874.43	165882.52	484123.5	18.54	21.46	34.26
2012	100614.28	117253.52	182546.80	534123.0	18.84	21.95	34.18
2013	110530.70	129209.64	199958.6	588018.8	18.80	21.97	34.01
2014	119175.31	140370.03		636138.7	18.73	22.07	
平均	—	—	—	—	14.74	16.37	30.02

注：1. 税收收入口径是冲减出口退税的税收净收入数；2. 政府收入与表27-1的口径不同。本表根据《中国统计年鉴》资金流量表（实物交易）计算得出，由增加值、财产收入、生产税净额和经常转移四部分组成。其中财产收入包括利息、红利、地租和其他；经常转移包括所得税、财产税等经常税、社会保险缴款、社会保险福利、社会补助和其他。

资料来源：1994~2014年税收收入、财政收入和GDP数据来源于《中国统计年鉴（2015）》。

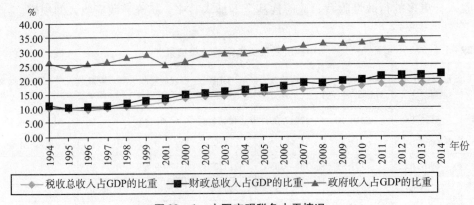

图 29-1　中国宏观税负水平情况

29.2.2　基于收入公平分配目标的税负结构研究

除了对中国宏观税负总体情况进行分析外，本部分分别用各产业的税收收入所占各产业的 GDP 的比值，从而对各产业近五年的税负情况进行数据对比，从中也对中国宏观税负的结构有了一定的把握。

从三大产业来看我国的税负情况，按照我国统计年鉴的划分，第一产业是指农、林、牧、渔业，第二产业是指采矿业、制造业、电力、煤气及水的生产和供应业，建筑业，第三产业是指除第一、第二产业以外的其他行业。1994 年实行税制改革至今的二十多年，市场对资源配置的基础性作用的发挥越来越重要，各种产业政策也在不断调整，各产业的税负情况也发生了一定的变化。表 29-2 和图 29-2 通过搜集 2008~2014年三大产业的税收收入和 GDP 数据，分别得出了各产业六年间的税负情况，并与整体的小口径宏观税负进行了对比。

表 29 - 2　　　　　　　　　　　中国三大产业税负情况

	年份	2008	2009	2010	2011	2012	2013	2014
第一产业	税收收入（亿元）	126.44	56.05	78.21	81.26	120.35	160.63	203.91
	GDP（亿元）	32747.0	34154.0	39354.6	46153.3	50892.7	55321.7	58336.1
	税负（%）	0.39	0.16	0.20	0.18	0.24	0.29	0.35
第二产业	税收收入（亿元）	30643.76	33415.54	40615.36	49797.47	54835.70	56720.58	60014.72
	GDP（亿元）	148097.9	157850.1	188804.9	223390.3	240200.4	256810.0	271764.5
	税负（%）	20.69	21.17	21.51	22.29	22.83	22.09	22.08
第三产业	税收收入（亿元）	27091.60	29632.01	36700.87	45850.74	55807.98	63078.71	69322.49
	GDP（亿元）	135906.9	153625.1	180743.4	214579.9	243030.0	275887.0	306038.2
	税负（%）	19.93	19.29	20.31	21.37	22.96	22.86	22.65
小口径宏观税负（%）		17.12	17.22	17.90	18.54	18.84	18.80	18.73

　　资料来源：2008～2014 年各产业税收收入数据来源于各年份《中国税务年鉴》，2009～2015 年 GDP 数据来源于各年份《中国统计年鉴》。

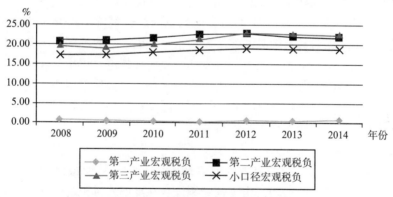

图 29 - 2　中国三大产业税负情况

　　通过数据分析我们可以发现，三大产业的税收负担存在较大的差异。2008～2014年期间，我国宏观税负处于稳步提高态势，由 2008 年的 17.12% 提高到 2014 年的18.73%，但是第一产业的宏观税负微乎其微，税负均不到 0.4%，其中 2009 年最低只有 0.16%，2008 年最高，也仅有 0.39%；与之相反，第二、第三产业则呈一定的上升趋势，第二产业宏观税负一直高于全国总体水平，税负水平均在 20% 以上，基本上每年都比小口径宏观税负高出 3 个百分点左右；第三产业的宏观税负从 2009 年较低于第二产业宏观税负的水平，逐步上升至 2012 年的 22.96%，超过第二产业 0.13 个百分点，成为宏观税负最高的产业。

29.3 收入公平分配的税制结构优化

税制结构决定对谁征税，征多少税的问题，也是决定在哪里征税，对哪些人或活动征税的问题，因此，税制结构可以通过征税环节和征税强度影响收入分配的结果。

29.3.1 税制结构选择与变迁的基础

29.3.1.1 经济社会基础对税制结构的客观约束

一个国家选择何种税收制度，最终形成何种税制结构，不能脱离该国所面临的经济基础和社会环境，也就是说税制结构的形成与本国客观基础条件密切相关。这些约束条件主要包括：

1. 经济发展水平

经济发展对税制结构的影响主要有以下三个途径：首先是经济体制的影响，尤其表现为市场成分提高会扩大货物劳务交易规模，交易量的增加会导致货物劳务税的增加和税收占比增长。同时随着国际上贸易交往的扩展，进出口交易类税收也会不断增长。其次，经济的发展会提高个人收入水平，并改变分配格局，从而提高累进税制下的个人所得税收入规模。例如，同样是"金砖国家"，南非因其人均收入水平较高，税收收入中直接税比重较高，一直维持在 6∶4 左右。巴西也因综合经济实力在拉美国家中居于首位，在发展中国家中相对具有较高的经济发展水平，因而具有不同于大部分发展中国家的双主体税制结构，税制结构与西方部分发达国家更加接近。再次，经济的发展往往会带来收入的分化和经济的波动，从而提出收入公平分配和经济稳定增长的需求。政府一般会通过所得税、财产税等税种公平收入分配，随之而来的是直接税比重的提高，而且会通过社会保障税和个人所得税熨平经济波动。

2. 税收征管水平

税收征管水平对税制运行的有效性有着较大的影响，从而最终影响税制结构。例如，美国在个人所得税开征初期，由于征管制度存在缺陷，逃税现象普遍存在，所得税开征当年只征收 7140 万美元的财政收入[1]，很难实现个人所得税的主体地位。

一般而言，间接税以货物劳务税为主要税类，此类税收以商品的交易额为课征对象，纳税人往往是从事生产、经营的企业或组织，税负容易转嫁，征收管理比较简单，税收征收成本较低；而所得税一般对企业利润或个人收入征税，需要全面监控纳税人的各项收入和支出，尤其是个人所得税的征收需要面对为数众多的自然人，监管的难度相对较高，征管的成本较大。因此，选择以间接税为主体税种的国家，大多是税收管理能力、技术水平相对落后的国家。而征管水平较高的国家在金融管理、会计核算、税收征

---

[1] Paul Studenski, Herman E. Krooss, *Financial History of the United States*: *Fiscal*, *Monetary*, *Banking and Tariff* [G]. Including Financial Administration and State and Local Finance, New York: McGraw - Hill, 1963, P. 274.

管上都比较先进，能够在技术上保障以所得税作为税收主体的制度体系。

从纵向看，征管能力随着征管技术不断提高，从而为税收规模的提高创造条件。以所得税为例，有效的征管手段包括源泉扣缴、税款预缴、建立纳税信息系统、永久账号、网络报税制度等，这些手段为所得税的提高奠定了技术基础。例如，英国在 1944年实行发薪扣除制，代替一年一交或半年一交的征管模式，由此英国所得税纳税人增加了两倍，税收收入也增加了两倍①。再比如，巴西在 1997 年成为世界上第一个大规模使用网上报税的国家，2002 年 100% 的企业所得税和 95% 的个人所得税实现了网上申报，这一改进使得所得税占比从 1997 年的 13.61% 提高到 1998 年的 15.96%，从 2001 年的 15.63% 提高到 2002 年的 17.96%。②

3. 社会文化传统

文化传统从纳税人纳税意识、对政府提供公共服务的主观感受认同度以及风俗习惯等方面影响着一国的税制结构。

如果公民纳税意识不强，纳税自觉程度不高，往往对直接税的征收存在较强的抵触情绪，因此导致直接税征收比较困难。而间接税通过税负转嫁包含于购买商品所支付的款项中，带有较强的隐蔽性，征收难度较小，因此在公民纳税意识较差的环境中，以货物劳务税为主的税制结构可以在一定程度上降低税收不遵从。

税收课征对个体而言具有无偿性，但是从社会公众的整体角度看又具有有偿性，纳税主体与受益人具有总体上的一致性。公共财政体制下，政府民生和服务性支出越来越多，公民直接受益的特征越来越明显，税负主体也逐步向公民转变，由公民直接缴纳或者与个人相关性比较紧密的税种，如个人所得税、财产税、社会保障税或缴款等直接税不断增长。如果政府提供的公共产品和公共服务契合社会公众的要求，社会公众对政府及其政策具有较强的认同，税收征收容易取得普遍支持，税收收入占比就会较高。

传统理念也会在很大程度上影响税制结构的选择。一般而言，如果社会公众对财富的个人私有和承继具有较强的认可，而对公共民主剥夺（如征税）比较抵制，个人所得税、财产税、遗产税等直接税的征收难度就会较大，从而很难保证税款课征的普遍性和税收的大规模。

4. 国际税收影响

经济全球化下，一国的税制很容易受到其他国家的冲击，税制改革和税制设计改革具有较高的国际趋同特征。国际冲击一方面是无形的，即税收竞争的需要。因为经济全球化下，资本和劳动力的流动更加自由，各国为了吸引这些生产要素展开的税收竞争使得政府不断降低资本和劳动税负，导致所得税比重下降，以消费为税基的增值税成为更加重要的税源。另一方面，也存在有形的国际冲击，如加入 WTO、欧洲联盟等国际组织。这些共同体内部密切合作，包括实行统一的税收政策，其实质是各成员国为获得一体化的利益让渡税收主权，势必会改变缔约国内的税收制度，影响相关税收收入。例

---

① 祝凤梧：《英国所得税的演变》，载于《财会月刊》2005 年第 17 期，第 54 ~ 55 页。

② Osé Teófilo Oliveria & Ana Carolina Giuberti, *Tax Structure and Tax Burden in Brazil*：1980 - 2004 ［R］. Working Paper, 2009.10.

如，印度加入世贸组织后，关税税率和税级剧烈减少，最高边际税率由 400% 降低到 1997～1998 财年的 50%，并进一步逐步降低到当前的平均 10% 左右[1]，由此导致间接税的收入水平相对于改革之前有一定程度的下降。

29.3.1.2　政府目标取向对税制结构选择的影响

1. 税制结构选择中的政府目标

政府目标，尤其是税收层面的目标主要集中于收入筹集、经济发展、社会公平、生态文明四大层面，这些目标成为税制改革和收入结构变迁的动力，导致税制结构的选择具有主观的明确取向。

（1）财政收入目标。财政收入是政府从事一切活动的物质前提，直接影响政府的运转和职能的发挥。因此，税制结构的选择中，政府首先要考虑财政收入的筹集问题。一般而言，政府会选择课税基础广，税源比较充裕，筹资能力比较强的税种作为政府的主体税种，实现财政目标。如美国"一战"前依赖关税，"一战"后依赖消费税，在"二战"之后则依赖个人所得税和社会保障税。在经济波动成为常态的情况下，政府更加注重税收收入的稳定。由于财产价值相对稳定，并实行周期性的财产估值，社会保障税（缴款）实行比例税率，相对累进税制下的个人所得税抗危机作用更强。所以经济危机条件下，财产税和社会保障税的抗危机作用较强，这也是二者在当今世界各国税制中占据重要地位的重要原因之一。

政府的财政目标对税制结构变迁的影响表现为税种新设和税种转换两个途径：一是新税种的开征对税制结构的影响。以英国、法国两国为例，战争因素导致个人所得税的开征，极大地改变了两国的税制结构。再如日本，自"一战"开始，由于战费大量增加，普通百姓生活困苦，要求地方政府增加社会救济等方面的支出。中央政府开始设置独立的地方税，20 世纪 30 年代设立了市町村民税，提高了日本直接税的比重。[2] 二是税种转换对税制结构的影响。例如，法国 20 世纪 80 年代的税制改革降低了企业所得税和个人所得税的税负，但提高了社会保障税的收入。美国 1986 年税改将个人所得税税率压缩至 15% 和 28% 两个档次[3]，但提高了对高收入阶层资本利得的实际税率。

（2）经济稳定增长目标。经济增长是生活水平提高、政府职能有效运转的物质基础，在任何经济体制下，经济稳定增长都是政府希望实现的目标，也是税制结构选择的主要目标之一。经济增长需要大力促进投资、消费和出口，并保持稳定态势。

为了促进投资，各国普遍对资本采用低税政策，降低边际税率、扩大税收级距，甚至采用单一税率，降低了个人所得税的比重。而为了减少税收的扭曲作用，在货物劳务税的设计中坚持中性原则，扩大增值税的应用。从国家贸易的角度看，各国往往会实行出口退免税政策以降低出口环节的税收，导致关税、进出口环节的增值税、消费税税额

---

①　M. Govinda Rao, Tax System Reform in India: Achievements and challenges ahead [J]. *Journal of Asian Economics*, 2005. 16.

②　财政部税收制度国际比较课题组：《日本税制》，中国财政经济出版社 2000 年版，第 44 页。

③　骆祖春：《美国税制改革历程、动因及未来发展趋势》，载于《涉外税务》2006 年第 11 期，第 52～56 页。

的变化。

从经济稳定的角度讲，税收可以选择相机抉择和自动稳定两种调控机制。但是相机抉择的寻租成本和交易成本较高，因此当今政府越来越注重自动稳定机制的运用，缩短政策链条。个人所得税和社会保障税，尤其是累进税制之下的所得税减震功能较强，成为政府稳定经济的利器。

（3）收入公平目标。税收是调节收入分配的主要手段，在初次分配和再分配环节通过多个税种发挥作用：通过货物劳务税调节各类商品和服务的相对价格，从而调节各经济主体的要素分配；通过消费税对个人特殊消费行为的课征间接调控收入差距；通过企业所得税调节企业经营的利润水平；通过个人所得税调节个人的收入水平，使之维持在一个合理的差距范围内；通过资源税调节由于资源条件和地理条件而形成的级差收入；通过财产税调节财富存量差距；通过遗产税、赠与税调节代际之间的收入差距。

从世界税制结构发展变化的历程来看，随着经济的发展，贫富分化现象严重，各国往往通过个人所得税、财产税、遗产税对收入和财富差距进行调控，导致直接税比重不断提高。尤其是对于贫富差距较大的国家，政府通过税收调节贫富差距的倾向十分突出。例如，南非虽然富裕，但是也是一个贫富差距较大的国家，促进公平是政府的一项重要任务。通过对 18 种基本食品与照明用煤油免征增值税，将消费税减免适用于对贫困人口影响最大的产品，同时坚持累进制所得税为主体税种，进一步强化税收调节收入分配差距的作用，在"金砖国家"的税制结构中具有独特之处。

（4）生态文明目标。环境污染、气候变暖、资源匮乏已经成为全球共同关注的问题，世界各国在节能减排、保护环境、抑制气候变暖等方面积极采取应对措施，建立绿色税收体系成为各国生态战略的重要内容。以 OECD 国家为例，根据污染者付费原则，成员国针对不同的环境介质和污染物质普遍征收环境税，包括硫税、氮税、碳税等在内的大气污染税；水污染税；电池税、饮料包装物、危险废弃物税及垃圾税等固体废物税；噪声污染税；针对农药和化肥征收农业污染税；能源税。OECD 国家的统计结果表明，环境类税收占税收总收入的比例，一般在 3.8% ~ 11.2% 之间，平均为 7%。[①]

2. 税制结构选择的目标权衡

政府在税收层面的目标具有不同层次，可以分为基础目标和职能目标，其中基础目标即政府的财政收入目标，职能目标则包括经济发展、公平分配和环境保护等。从实现政府职能的角度看，税制结构选择中首要考虑的是财政收入这一基础性目标，经济发展、收入公平、生态文明则是蕴含于其中的职能目标，税制结构的选择需要在上述目标之间进行全面权衡，综合选择。一般而言，经济发展中的效率原则意味着应尽可能采用坚持中性原则的货物劳务税制，并降低个人所得税的边际税率，减少税率档次和级次，因此间接税比重相对较高。反之，如果以收入公平为主要目标，调节功能较强的直接税地位显著加强。例如，同样是发达国家，美国将调节收入分配、促进社会公平作为其税制建设的首要目标，这样体现在税制结构上，直接税便成为主体税种，个人所得税的作

---

①　满燕云、郑新业、郑颖尔：《国际视角下的中国环境税》，载于《北大—林肯中心研究简报》2010 年第 1 期。

用更加突出，间接税只起收入补充作用。而法国由于实行中央集权型财税体制，政府对经济的干预较多，自然需要更加雄厚的财力，所以就更加注重税收的效率，其间接税的比例在发达国家中为最高，直接税中社会保障税的地位更加突出。

从纵向变迁的角度看，同一国家在不同时期具有不同的行为目标或者目标排序的变化，政策取向自然会贯彻于税制结构的变迁之上。因此一国的税制结构明显受制于政府的目标取向，并为实现其目标而不断调整。从总体上讲，财政目标是各国政府恒久的要求，职能性目标随各国经济、社会状况的不同而各不相同。以我国为例，虽然以较低的成本保证财政收入是长期目标，但是不同时期的矛盾重点不同，税制结构调整的主导方向也会发生变化。近期社会财富分配状况对税制结构中提高直接税比重、促进公平分配提出了要求。再如巴西是一个贫富差距悬殊的发展中国家，因而追求经济增长和收入分配之间的平衡是其税收政策的目标，这是其长期保持双主体税制结构的重要原因。但在1990～1993年的滞胀时期，巴西税收政策的目标更倾向于追求经济增长，因而间接税占比在这一时期超过50%。另外，政府政策目标具有多元化发展趋势，从单纯的效率、公平目标扩展到公平、效率、环保等多个目标，表现为政府利用税收政策手段促进上述目标的实现，从而引发税制结构的变迁。进一步地，在分税制财政体制下，各层级政府都在上述目标取向下运行，因此不同层级政府的目标也会从总体上影响一国税制结构的变迁。例如，我国"营改增"之后地方税主体税种缺失，今后地方税体系的完善也会从另一层面对中国税制结构的选择产生直接影响。

29.3.2 双重约束下的税制结构选择与变迁

在经济社会基础和政府目标取向的双重约束下，各国相应确定税制结构并不断进行优化。

29.3.2.1 双重约束下的税制结构选择

1. 直接税与间接税的配比

直接税和间接税的根本区别是税负转嫁难易程度的不同，由此也会导致税收征管难度的差异，同时它们在经济增长、收入分配等方面的作用也各不相同。

如果一国征管水平有限，且侧重于对经济发展和效率的提高，则选择以间接税特别是货物劳务税为主为宜；如果侧重于公平目标的实现，且能够对收支进行有限监控，则应以直接税特别是个人所得税为主。此外，以直接税特别是个人所得税为主的税制结构，强化了个人的纳税意识，增强了公众对政府行为的监督，从而有利于社会民主化进程的推进。

2. 不同税类的选择

按课税对象的不同，税收可以划分为货物劳务税、所得税、财产税、资源税等。一般而言，货物劳务税课征普遍、易于征收，并可以增加储蓄和投资，有利于经济的发展和效率的提高；所得税是筹集财政收入的重要手段，同时累进税制的实施可以缩小社会贫富和企业之间实际收入水平的差距，是促进社会公平分配和稳定经济的杠杆；财产税同样也有利于收入分配公平的实现，尤其是对财富的积累和代际转移；资源环境税是面向资源使用和环境保护的税收，该税种既筹集了财政收入，也促进了环境保护和资源的合理开发利用，从而促进了经济的可持续发展。

货物劳务税涉及面广，筹资能力强，征管难度较小，易于实现财政目标，普遍征收的增值税制贯彻税收中性原则，有利于实现经济效率，但是相对具有累退性，因此不利于实现社会公平目标。而所得税和财产税，尤其是面向个人征收个人所得税、财产税需要较高的经济发展水平、强有力的税收征管和良好的社会基础，否则会影响其筹资职能和公平职能的实现，同时需要考虑经济发展过程中的要素投入问题，过高的税收不利于投入增加从而影响经济增长。资源环境类税收主要是实现资源节约和环境保护目标，此类税收的收入规模主要受开征范围和税率的影响，征收约束主要在于社会对于环保的重视度和技术难度，且需要考虑税收成本引入后对国际竞争力的影响。

3. 不同税种的选择

不同的税制结构所包含的税种不尽相同，但常见的主要有增值税、消费税、营业税、所得税、财产税、关税、社会保障税（费）等。

增值税就商品和劳务的增值额征税，消除了全额课征对资源配置的扭曲效应，且出口退税制度有利于国际贸易的发展，同时环环相扣的计税办法有利于防止税收流失，是一个筹集财政收入、保证税收中性以及降低征管成本的税种；消费税（专指特定消费税）就部分特定消费品的销售额课征，在筹集财政收入的同时，具有较强的调节作用，如引导消费方向和消除货物劳务税的逆向调节，所以这个税种具有更多的调节属性，明显地体现政府的主导目标。关税是对进出口国境或关境的货物、物品征收税收，在扶持国内民族产业、促进产业优化升级、提高企业竞争力方面具有积极作用。在国际税制趋同的影响下，各国关税税率普遍下降，财政职能和税收地位受到限制。

所得课税是对所有以所得额为课税对象的总称，包括个人所得税和企业所得税。其中，个人所得税是当前世界各国调节收入差距的重要抓手，但是这一税种对收入基础和征管水平要求较高。

财产税以流动性较差的税源为课税对象，征管的技术难度较小，但是对社会认同的要求较高。

社会保障税主要以企业的工资支付额为课征对象，保障性收支的统筹安排和自动稳定机制有利于实现税收的公平职能和经济稳定目标。该税种受益特征明显，因此征管难度较小，但是需要较高层次的社会统筹水平。

29.3.2.2　双重约束下的税制结构优化路径

税收制度和税收政策是实现政府行为目标的重要利器，一国的税制结构明显受制于政府的行为取向，并为实现其行为目标而不断调整，所以一国税制结构的选择就有鲜明的主观特色。但是税制结构的选择又不可避免地受到国内外经济、社会条件的约束。如图 29-3 所示，税制结构就成为政府主观选择和客观约束的产物。

国内外经济、社会基础的约束从短期来看对税制运行和税制结构的影响是巨大而直接的，如果大幅度背离现实基础选择税制结构最终会影响政策目标的实现。但是我们也应该看到，经济发展会要求制度变迁，其中包含税收制度的变迁并反映在税制结构之上，因此经济拉动型的优化和政策驱动型的优化在一定程度上是统一的。如果单纯依靠经济发展所带来的税制结构自然变迁，不能保证税制结构的稳步优化和政府目标的实现，税制结构应采取自然转化加主动调整的变迁路径。同时，税收征管水平的提升是一个长期的过程，税制设计与税收征管相比应当具有一定的前瞻性，在税制运行的过程中不断提升税收征管水平和税收遵从度，过分强调征管约束会滞缓税制结构的优化。

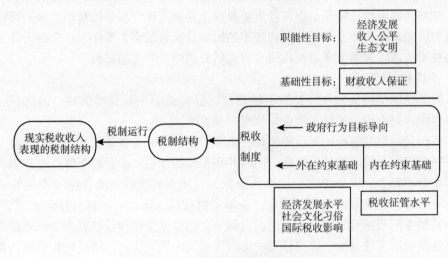

图 29 – 3   税制结构的影响因素

29.3.3   收入公平分配导向下中国税制结构优化的方向和路径

29.3.3.1   中国税制结构优化的方向

党的十八大和十八届三中全会确立了全面深化改革开放的目标。《中共中央关于全面深化改革若干重大问题的决定》从推进国家治理体系和治理能力现代化的高度部署税制改革，税制结构优化具有鲜明的时代意义：稳定税负、优化结构，有利于在不增加纳税人总体税收负担的前提下，保证必要的财政收入满足政府增加人民福祉的需要；改革税制、优化结构是实现政府调控职能、健全宏观调控体系的重要政策手段；完善体制、优化结构，有利于促进地方税体系建设，增强地方财力，实现税权与事权的关联和匹配；优化结构、明晰负担，有利于现代民主政治体制建设，实现从负税人管理到纳税人服务的转变。简而言之，税制结构的优化就是要在保证（不同层级政府）收入的前提下实现促进发展和社会公平的双重目标，表现为税收在税系、税类以及纳税人等层面上的调整。

税制结构优化的方向决定于当前我国税制结构存在的问题和政府的目标取向，这是应然的税制设计。从中国的社会现实看，税制结构优化的目标主要是实现社会公平、促进经济发展和保护生态文明。从收入分配的角度看，我国税收的收入分配效应有限。实际上，税收的分配效应需要从消费、收入和财富的多个层次进行。消费和收入是从收入流量的角度进行调整，财富是从收入存量的角度进行调整。我们当前的居民税收体系主要是货物劳务税和所得税，置收入分配的责任重点于收入流的调节上[①]，在边际消费倾向降低、货物劳务税追求中性和个人所得税占比较小的现实情况下，居民收入差距的扩大难以避免。为了缩小居民收入差距，除了要对收入流量进行税收调节外，还应加强对财富存量的调节。为此，税制结构优化的方向可以概括为：降低货物劳务税比重，提高个人所得税和财产税的比重，优化双主体税制结构的质量，实现政府的政策目标。税制结构是税收制度的表现，如果单纯地依靠经济发展所带来的税制结构自然变迁，不能保证税制结构的稳步优化，税制结构的优化就应通过税制改革实现，主要内容如表 29 - 3 所示。

1. 降低货物劳务税比重，实行差异化的消费税制，弱化货物劳务税的累退性

我国当前货物劳务税的税收地位[②]以及所得、财产类直接税改革进程的约束[③]，决定了完善货物劳务税对于收入分配而言具有重要的现实意义。为此，一是要不断推进税制改革，适当降低货物劳务税的比重，提升直接税的比重；二是要实行差异化的税收政策，包括适当扩大高档消费税征税范围、实施结构性税率调整；三是扩大增值税低税率的征收范围，将边际消费倾向递减、消费需求弹性较小的生活必需品实行低税和免税，降低低收入群体的税收负担。

2. 完善个人所得税制，提高所得税比重，实现公平职能

我国的企业所得税在 2008 年进行了重大改革，税制相对合理，改革距今不久，进行变动的必要性不大。所得税中的主要问题在于个人所得税。随着经济的发展，社会公众的收入水平不断提高，且当前存在较大的收入差距，因此就存在完善的基础，也存在改革的必要。

3. 逐步扩大个人财产税制实施范围，以哺育成地方主体税种

我国的财产税在税收体系中的收入规模偏小，不能适应当前居民性财产收入激增、差距不断扩大的社会现实。同时，我国目前财产税主要涉及房产、车船、土地，土地使用税是其中的重要内容，其财产税主体地位一段时期内不能被替代。如果要提高财产税的比重，突破口集中于房地产税制上。因此，要扩大房产税的征收，将课征范围从城市经营性用房扩大到城乡居民用生活住宅，并逐步哺育成为"营改增"后地方税体系的主体税种。

---

① 这也是本书的实证分析只选择货物劳务税和个人所得税的原因。

② 以 2012 年为例，我国以增值税、消费税、营业税、城市维护建设税、关税、资源税为主要内容的货物劳务税合计占税收收入的 64.01%，直接税体系合计所占比例为 35.99%，而其中最具有收入分配调节意义的个人所得税所占比重仅为 5.79%，这一税制结构决定了我国税收制度的分配作用有限，也决定了消除货物劳务税的累退性具有重要的意义。

③ 由于直接税的改革会广泛和直接地影响居民的收入和财产状况，因此高收入阶层、甚至是低收入阶层都会对税制改革持延缓和否定态度，推进税制改革面临无法回避的社会舆论压力。目前我国无论是房地产税改革还是个人所得税改革推进过程的艰难性与复杂性已成为极具说服力的证明。

表 29 –3 税制结构优化的目标和主要内容

税种	优化方式	结果
增值税	营业税改征增值税的全面推进	货物劳务税比重降低，企业货物劳务税税收成本减少，企业所得税增加
	进出口税收国际趋同性降低	进出口环节货物劳务税相对减少
消费税	改革征收范围、改革税率、征收方式	消费税税收增加
个人所得税	降低边际税率、减少级次	降低个人税收负担，促进资本和人力投入
	累进税制的超经济增长	个人所得税增长
	加强征管	
	转变模式	
社会保障缴款	提高统筹层次纳入财政预算	社会保障缴款的规范化管理
房地产税	将居民用房产纳入征收范围	房地产税收入规模扩大

29.3.3.2 中国税制结构的优化路径

税制结构变迁进程中既包含经济发展所带来的自然变迁，也有技术进步引发的征管层面增长，同时还存在政府面向职能目标的主动调整。税制结构优化路径的选择是以经济发展为基础，以政府目标为导向，克服征管水平和社会文化传统约束的过程。

1. "十三五"前期以个人直接税制为主要内容的税制改革

我国当前的经济发展为税制结构变迁奠定了基础，同时收入分配差距也提出了完善直接税制的要求。因此直接税，尤其是针对自然人的直接税改革势在必行。考虑到征管水平和社会接受程度的考虑，与个人密切相关的直接税制改革宜在"十三五"期间进行。从我国当前的情况看，个税占比较低的原因主要是对富人收入的真实情况不掌握，因此加强征管是提高个税比重的重要途径。据胡润《财富》杂志在 2011 年的财富报告中显示的中国内地千万富豪和亿万富豪人数及其消费情况，据此匡算，我国富人的年收入规模应在 10 万亿元左右，假定实际税率按 20% 计算，可征税 2 万亿元，占当年我国全部税收收入的 20% 左右。因此，着力推进涉税信息管理能力，强化部门间配合，奠定技术基础并提高公众认同度是直接税改革的重点。从税种改革的进程看，在此期间，直接税改革的进程仍然处于初期阶段。

对于个人所得税，由于我国纳税人数众多，收入日趋多元化，纳税人的遵从度较低，全面监管难度增大，所以实行完全综合征收模式应为长期改革目标，目前尚不具备实施的充分条件，建议按照控管能力对所得进行区分，实行综合与分类相结合的小综合征收模式。具体而言，对于已经具有控管经验和易于控管的收入实行综合征收，如工资薪金、劳务报酬、稿酬等劳动所得项目实行综合征收，而特许权使用费、财产租赁、财产转让、偶然所得等项目宜实行分类所得征税。这一简化的征收模式既有利于解决征管中的税源流失问题，又有利于实现税收政策的公平。从税收效率的角度看，过高的个人所得税税率所带来的巨额效率损失，会严重影响经济增长，为了降低税收的效率损失，鼓励资本和劳动力的投入，提高我国税制的国际竞争力，个人所得税的改革应在拓宽税基的基础上降低税率，并缩减税率级次。

同理，房产税的征收面临着相同的问题，且由于我国代际传承的传统理念根深蒂固，而现阶段房价过高、居民购置房产难度很大，因此社会公众对于房产税的开征认识不统一。沪、渝地区的试点也显示房产税的收入效应微弱，但征管成本较高。所以我国房产税短期内扩围的基础不牢固，应加强宣传和论证，尽可能形成共识；按照《中共中央关于全面深化改革若干重大问题的决定》的部署，立法先行，即"加快房地产税立法并适时推进改革"。从房地产税系出发调整税负，实行清费立税，适当减轻建设、交易环节的税费负担，增加保有环节的税收。在推广初期应实行低税率制度，主要针对多套住房、高档住房在保有环节进行征收，更多地发挥信号作用。

2."十三五"后期个人直接税制的进一步优化

经过"十三五"后期的改革和"十四五"前期的建设，在我国经济发展、征管优化、社会接受度提高的基础上，可以进一步完善个人直接税制。一是进一步扩大房地产税的课税范围，并提高税负，以使房地产税更具有财政意义，并建立与地方居民受益高度关联的财政管理机制。二是在前期改革的基础上，通过完善申报方式、引入特殊费用扣除并优化税收征管体系，进一步精细化个人所得税制。

此外，就社会保障制度而言，我国目前已经建立起涵盖养老、失业、医疗在内的社会保障制度体系，其主要约束是社会保障覆盖面窄、统筹层次过低。相对而言，社会保障体系中养老和失业的统筹层次较高，所以分步实施改革是必由之路。同时，从必要性讲，随着中国老龄化时代的到来，养老问题的严峻性凸显。综合考虑改革基础和改革必要，社会保障制度改革进程中首要关注的是养老和失业问题，进而是医疗问题。在"十三五"期间，我们应大力进行社保制度并轨与提高统筹层次两方面改革，建立完善的社会保险预算，实行规范征收并严格监管。

第30章 收入公平分配与税收制度优化：制度改革

30.1 收入公平分配视角下的货物劳务税改革

货物劳务税作为我国的主体税类，因其税收负担呈现显著的累退性，一般认为在收入公平分配中具有逆向调节作用，但是货物劳务税具有涉及面广、税收占比大，尤其是在我国直接税的比重较小、改革难以短期实现的客观约束下，重视货物劳务税的改革，对于收入分配问题尤为重要。

30.1.1 货物劳务税累退性存在的原因及消除措施

30.1.1.1 货物劳务税累退性存在的原因

税负的累退性是指纳税人的税收负担随着收入水平的提高而降低，即高收入阶层所承担的税负较中低收入阶层税负轻。货物劳务税之所以具有较高的累退性，主要原因有两个：其一，收入支付中的边际消费倾向降低导致不同收入阶层负担的货物劳务税不同。一般而言，边际消费倾向呈现递减的趋势，因此随着居民收入的增加，居民消费并不会按相同的比例增加，在所增加的收入中用于增加消费的部分则会越来越少。这就意味着居民收入越少，用于商品和服务的消费性开支占其收入的比重越大，因此所承担的货物劳务税税负就越重。其二，在商品劳务的支付中，不同的商品具有不同的需求弹性，由此所导致的税负转嫁和价格提高难易不同。通常生活必需品和日用品的需求弹性较低，因此税负转嫁和价格提高的较快，其税负也更多地由此类消费支出占比较高的中低收入者负担。

30.1.1.2 消除货物劳务税累退性的主要措施

货物劳务税税负的上述分配结果往往违背纵向公平原则，呈现出税负的累退性效果。基于税收公平分配职能的目标和职能，消除货物劳务税税负累退性主要有以下三项措施：

1. 降低货物劳务税的比重

税制结构是指一国税收收入中各类税收的地位及其配合，即税收体系的布局问题。相对而言，所得税和财产税等直接税的公平效应较强，而货物劳务税侧重于效率的改进。因此，税制结构中货物劳务税收入占比偏高往往导致税收制度对居民收入公平分配职能的弱化。逐步增加直接税比重，降低货物劳务税比重，即便不改变主体税种的地位，也能够在一定程度上消除货物劳务税的累退性、降低收入分配的不公平程度。

2. 提高特殊消费税比重

在货物劳务税内部税种的配比方面，充分发挥特殊消费税的调节作用，缓解货物劳务税对收入分配公平的不利影响。货物劳务税的架构通常是实行普遍征收的一般消费税（如增值税）和选择征收的特殊消费税（如消费税）实行叠加式征收。前者坚持中性原则、侧重效率，实行简税率、宽税基模式，所以很难根据收入水平的不同实行差异化负担；对于后者，则实行多档税率、选择征收的模式，因此如果能根据收入水平不同所产生的消费结构差异决定课征范围，则可以在一定程度上弱化货物劳务税的税负累退效果。这一措施突出表现在世界各国往往针对高收入阶层的消费结构，选择部分奢侈品、高端消费行为进行征收。

3. 实行差别的税收优惠政策

对于发挥普遍调节作用的增值税，若从公平方面考虑需要设置多档税率，若从效率方面考虑则最好实施单一税率（不含出口零税率）。公平与效率权衡的结果是在基准税率之外对基本的生活必需品和服务设置优惠税率甚至实行免税政策以求弱化单一税率对收入分配的累退性影响。对于特殊调节的消费税，课税对象的选择性和多样性决定了其税率也应有所区别：人们基本生活消费品、与闲暇互补性差的商品适用低税率，奢侈品、非必需品、与闲暇互补性强的商品适用高税率；营业税也可以根据不同行业的经济属性实行差别税率，促进基础性行业的发展，而对于高收入人群涉及较多的娱乐行业、餐饮服务业、金融业等实行较高税率。

30.1.2　国际经验做法

纵观国外货物劳务税的发展历程，世界各国都采取了一系列致力于消除货物劳务税累退性的税收政策，以期实现税收的公平职能。

30.1.2.1　重视直接税的收入分配作用，降低过高的间接税比重

与发展中国家以货物劳务税为主体的税制结构不同，发达国家的税制中以所得税为代表的直接税所占比重相对较大。根据 OECD 国家 2011 年的统计数据，成员国的税制结构以直接税为主（比重超过 60%）、以货物劳务税为辅（比重低于 40%），且直接税占比呈稳中有升的特点（见表 30－1）。1965 年至 2009 年，直接税比重从 62% 上升到 66%，货物劳务税占比则从 38% 下降到 34%。

表 30 – 1   1965 ~ 2009 年 OECD 国家税收收入占比   单位：%

税种/类		1965 年	1975 年	1985 年	1995 年	2005 年	2009 年
直接税	个人所得税	26	30	30	26	24	25
	公司所得税	9	8	8	8	10	8
	社保费（税）	18	22	22	25	25	27
	工薪税	1	1	1	1	1	1
	财产税	8	6	5	5	6	5
	直接税收入比重合计	62	67	66	65	66	66
货物劳务税	一般消费税（增值税）	12	13	16	19	20	20
	特定消费税	24	18	16	13	11	11
	其他税	2	2	2	3	3	3
	货物劳务税税收比重合计	38	33	34	35	34	34

资料来源：OECD，2011，Revenue Statistics 1965 – 2010，OECD。

30.1.2.2 重视特殊消费税的调节作用

消费税的课税对象具有选择性，是货物劳务税中公平属性较强的税种，即使税负较重，一般也不会成为低收入者的额外负担。税制中一定规模消费税的存在，既可以增加财政收入，又可以提高税制的累进性，因此，许多发达国家开征了消费税，且其消费税收入一般要占到税收总收入（不含社会保障缴费）的 10% 左右（见表 30 – 2）。

表 30 – 2   部分 OECD 国家消费税情况

国别	是否实行	征税范围	税收收入占比（%）
澳大利亚	实行	对烟酒、豪华车、燃油等征收	11.3
英国	实行	对进口到英国的或者在英国生产的碳氢化合物产品、酒精饮料、烟草制品征收	10.5
法国	实行	对烟酒、贵金属首饰、艺术品、洗涤剂、杀菌剂、能源产品、电视服务等征收	7.7
美国	实行	对最终消费的有形动产和某些服务征收销售税	7.2
德国	实行	对烟酒、能源产品、娱乐服务、咖啡等征收	8.3
加拿大	实行	酒精、烟草、汽油、汽车等	8.4
俄罗斯	不实行		
韩国	实行	对娱乐设备，首饰，高档家具，汽车，电器，燃料等 7 类应税货物和赛马场，娱乐性酒吧等 2 类应税场所征收消费税	12.2

续表

国别	是否实行	征税范围	税收收入占比（%）
西班牙	实行	进口到西班牙或者在西班牙生产的大多数碳氢化合物、石油产品、酒精饮料和烟草产品	7.7
意大利	实行	对烟酒、能源产品、娱乐博彩广告服务等征收	8.7
芬兰	实行	酒、酒精饮料、烟草产品、液体燃料、电、天然气、煤、润滑油、运送填埋场的垃圾、进口或者过境的石油、冰激凌、糖、软包装饮料，包装物和松油	11
奥地利	实行	石油、烟草制品及含酒精饮料等	7.6
丹麦	实行	对烟酒、能源产品、机动车、污染产品、博彩服务等征收	9.4
匈牙利	实行	葡萄酒、白酒、香槟、啤酒、烟和成品油等	12.5
葡萄牙	实行	对烟酒、燃油、机动车、电池、塑料制品等征收	12.7
瑞典	实行	对烟酒、燃油、碳、硫等能源产品征收	6.6

资料来源：1. 国家税务总局税收科学研究所：《外国税制概览》，中国税务出版社 2012 年第 4 版。2. OECD 数据库。

不同于增值税等普遍征收的税种，消费税有其特定的调控和征收范围，在引导消费、优化结构等方面发挥着特殊调节作用。世界各国在经济和社会发展中，普遍面临的调控任务主要有环境保护、收入分配和消费引导。因此，各国的消费税改革也是出于这些需要对高档奢侈型的产品和行为纳入征税范围，实现高税限制和引导消费的目标（见表 30 - 3）。

表 30 - 3 　　　　　　　　　　部分国家消费税征税范围

国别	烟草	酒精	石油	机动车	奢侈品	消费行为	其他应税产品
南非	√	√	√	√	化妆品、手表		计算机、照相器材、轻武器、赌具
俄罗斯	√	√	√	某些客车	√		
美国	√	√	燃油税	机动车零售税	豪华汽车	通信税、航空税、轮船客运税	钓具、电动船外机、弓箭、疫苗
加拿大	√	√	√	√	珠宝等	保险费	
澳大利亚	√	√	√	豪华车	豪华车		
波兰	√	√	√	高档汽车	珠宝等		
西班牙	√	√	√	√			
瑞典	√	√	燃油税				
芬兰	√	√	汽车税				

国别	烟草	酒精	石油	机动车	奢侈品	消费行为	其他应税产品
英国	√	√	燃油税			博彩税、游艺税	
德国	√	√	能源税			娱乐税	咖啡
意大利	√	√				娱乐税、博彩税、地方广告税	火柴
葡萄牙	√	√	√	√		娱乐税	电视机
丹麦	√	√	√			赌场税、博彩税	
法国	√	√	√		贵金属、艺术品	电视服务税	火柴、打火机等
马来西亚	√	√	√	货车税		娱乐税、赌博税	橡胶、玩具、游戏设备、家用电器
韩国	√	√	√	汽车	珠宝、高档手表	赛马场、高尔夫球场、赌场	纺织品、游戏机、猎枪
菲律宾	√	√	√		珠宝、香水、游船	娱乐税、赛马税	
越南	√	√	√	√		舞厅、赌博	空调、扑克

资料来源：陈志楣：《税收制度国际比较研究》，经济科学出版社 2000 年版。

30.1.2.3 面向收入分配的税收优惠

货物劳务税是对消费的课税，如果税收占比较大，必然要引发市场上的消费品价格上涨，在发达国家对中低收入阶层偏好的劳务和基本生活必需品大多课以 10% 以下的低税率，甚至是零税率，对资源型产品和需求弹性较高的奢侈品课征高额消费税，在一定程度上可以增强货物劳务税的抗累退性，调节收入差距，实现分配公平（见表 30 - 4）。

表 30 - 4　　　　　　　　**部分 OECD 国家商品劳务增值税税率优惠汇总**　　　　　　单位：%

国别	优惠项目	优惠税率	标准税率
瑞士	食物和饮料；畜牧业、家禽、渔业；种子、植物、花卉；药品；图书、报纸、杂志；广播等	2.5	8
土耳其	主食、电影、戏院门票，文具、书籍和类似出版物，医疗商品和服务，纺织品，救济服务，牙科材料，蛋糕店、餐馆、小饭店、汽车旅馆及类似住宿服务等	8	18
	特定农产品，报纸和杂志，二手车，进口特殊皮革，150 平方米以下住房供应，自行车和供残疾人使用的车辆，殡葬服务业等	1	

续表

国别	优惠项目	优惠税率	标准税率
英国	燃料和面粉等	5	20
	大多数出口产品、食品等其他基本的货物和服务	零税率	
	土地、保险、金融服务、教育、健康和福利方面的产品	免税	
瑞典	少数商品和服务，如食品	12	25
	客运	6	
	出售和出租不动产，医疗、牙科和社会服务，教育，金融保险服务，非营利的公益活动、公益性期刊的发行等	免税	
西班牙	生活必需品（食品、不适用4%税率的农产品以及某些符合条件的劳务）	8	18
	不征收8%税率的生活必需品（面包、牛奶、药品、书籍等）	4	
俄罗斯	特定食品、童装、药品、医疗物品和出版物	10	18
葡萄牙	旅馆服务、基本罐头食品、水果果冻、脂肪、蜂蜜、咖啡、自来水、水果果汁、装饰花朵、汽油、奶制品	13	23
	电、气	6	
波兰	客运服务、药品和社会住房（不超过150平方米）供应	8	23
	书籍、杂志、未处理食品、基本食品	5	
	保险业、金融业和教育服务等	免税	
韩国	基本生活必需品和劳务；社会福利服务；与文化有关的货物与劳务；学术研究服务等个人独立提供的劳务其他货物和劳务	免税	10
意大利	特定的食品和农产品	4	21
	特定的电力供应和部分药品	10	
	金融、保险、财产转让、教育和医疗服务、特定的非营利活动、邮政业务和一些文化服务	免税	
爱尔兰	大部分建筑服务、劳动密集型服务、国内燃料和能源等	13.5	21
	某些旅游部门提供的服务	9	
	提供家畜和长途汽车服务	4.8	
	银行服务、保险服务、医疗服务、旅客运输、教育和培训等	免税	
匈牙利	食品、食宿服务和住宅供暖等	18	25
	药品、医疗器材和教材等	5	
	多数土地交易、住宅出租、法律服务、金融服务、保险、医疗、文化、体育和教育服务	免税	

续表

国别	优惠项目	优惠税率	标准税率
法国	食品、饮料、客运、书籍等	5.5	19.6
	日报、药品、严肃音乐演出，销售家畜给非纳税人等	2.1	
	农产品、有价证券、报纸及定期刊物、保险等	免税	
比利时	煤炭供应、有线电视、福利性住宅、饭店餐饮服务等	12	21
	必需品，如食品药品、书报期刊、客运、版权服务等	6	
	医疗、法律、文化、教育、体育等服务业，金融业，保险业，租赁业，不动产交易	免税	
加拿大	基本的食品杂货、某些处方药、某些医疗设备、某些农业和渔业产品	零税率	5
	住宅出租、大部分医疗和牙医服务、大部分教育服务、出租旧住宅及国内金融服务	免税	
希腊	基本必需品	13	23
	宾馆住宿或其他类似设施、药品和疫苗，儿童图书、服装和图画书等	6.5	
	医疗服务、教育服务、向欧盟成员国居民提供保险、融资和银行服务	免税	

资料来源：国家税务总局税收科学研究所：《外国税制概览》，中国税务出版社 2012 年第 4 版。

30.1.3 基于收入公平分配的中国货物劳务税改革

30.1.3.1 重视货物劳务税改革实现收入公平分配的紧迫性

一般而言，货物劳务税普遍征收和中性调节的属性使其在效率层面发挥重要的作用，但是我国当前的税收实际使得完善货物劳务税对于收入分配而言同样具有重要的现实意义。

1. 货物劳务税的税收地位

毋庸置疑，企业所得税、个人所得税以及财产税都具有更强的收入分配功能，但是我国这些税种规模有限，这是税制从整体上看呈现累退性的重要原因。以 2012 年为例，我国以增值税、消费税、营业税、城市维护建设税、关税、资源税为主要内容的货物劳务税合计占税收收入的 64.01%，直接税体系合计所占比例为 35.99%，而其中最具有收入分配调节意义的个人所得税所占比重仅为 5.79%[①]，这一税制结构决定了我国税收制度的分配作用有限，也决定了消除货物劳务税的累退性具有重要的意义。

2. 直接税改革的约束

直接税，尤其是个人所得税和财产税对居民收入分配具有重要和直接的作用，但是两大问题的存在制约着我国短期内直接税规模的提高：一是，由于直接税的改革会广泛和直接影响居民的收入和财产状况，因此高收入阶层、甚至是低收入阶层都会对税制改革持延缓和否定态度，推进税制改革面临无法回避的社会舆论压力。目前我国无论是房

---

① 资料来源：《2012 年税收收入增长的结构性分析》，中华人民共和国财政部税政司网站，2013 年 1 月 23 日。

产税改革还是个人所得税改革推进过程的艰难性与复杂性已成为极具说服力的证明。二是，直接税的征收难度较大，对税务机关的信息收集能力要求较高，同时由于自然人纳税涉及主体众多，征收成本较高，这也是制约我国直接税规模快速增长的征管原因。此外，税收还存在自身单向调节的局限性，即税收调节的直接效果虽然降低了高收入群体的收入，但未能达到增加低收入群体收入的目的，虽能"劫富"但不能直接"济贫"，为了实现收入再分配公平，还需要同其他财政政策（如转移支付、社会保障等）相配合。因此现实的、最为直接的选择应是在当前的制度框架内优化货物劳务税制度、修正税收制度中对于收入分配影响最大的制度"短板"，适当降低货物劳务税的比重，弱化货物劳务税的累退性，从直接税和间接税两个层面完善税收收入分配政策。

30.1.3.2　完善货物劳务税体系、促进收入公平分配的措施建议

税制结构的选择要考虑具体国情和特定的社会发展环境，在目前我国商品交易中的现金交易难以控管，居民财产状况、个人收入状况难以全面掌握的实际情况下，建立以直接税为主的税制结构还需要相当漫长的过程，货物劳务税为主的税制结构模式将会在未来相当长的一段时间内保持下去。所以通过合理得当的税制设计，降低货物劳务税的累退性，调节收入分配格局，实现社会公平是当前税制改革的重中之重。

1. 不断推进税制改革，完善税制结构

从总体上讲，货物劳务税具有天然的累退性，因此适当降低货物劳务税的比重，提升直接税的比重，必然有利于税收累进性的提高。我国当前的收入分配形势要求我们不断完善税制结构，通过降低间接税、提高直接税的比重实现收入公平分配的政策目标，这一进程需要以税制改革为抓手。我国货物劳务税的改革重点是营业税改征增值税，"营改增"全面推行后，增值税收入占税收总收入的比例将高达55%，而其17%的基本税率是造成我国增值税比重畸高的重要原因。从货物劳务税降负和政策完善的角度出发，建议结合"营改增"进程，适度降低增值税税负，以减轻居民的增值税税负，缓解收入分配差距。

2. 科学调整税种配置，注重消费税再分配功能的发挥

适当扩大消费税征税范围，实施结构性税率调整，增强税率累进性，提高整体消费税税负，有效发挥消费税的调节功能，是消除货物劳务税的累退效应的重要内容。

一是要根据收入分配目标，调整征税范围。我国现行的消费税税制仅对贵重首饰及珠宝玉石、高尔夫球及球具、高档手表、游艇等课征消费税，而其他如高档服饰、高档箱包、高档皮草、高档家具、私人飞机等奢侈商品，以及高档夜总会、高级会所、高档餐饮等奢侈消费行为，并未包括在征税范围之内。从收入分配的层面看，覆盖范围不完全，存在调控缺位的现象，需要扩大奢侈品征税的范围，并将高档的消费、娱乐、健身等行为纳入征税范围。此外，随着经济的发展，消费税的征税品目也存在越位调控的现象，需要进行退出式调整。例如，化妆品的使用现已成为普遍现象，统一征税与社会基准不相符，建议对于低档化妆品应退出征税范围；再如啤酒、黄酒等仅在筹集财政收入方面具有较大意义的或者已经属于居民生活必需品的商品停征消费税。

二是要实行消费税税率的结构性调整，扩大不同商品的税率差距，增强税率设计的

精准性和累进性，使其更加符合收入分配目标。例如，对于高档手表、金银首饰等，应采用层次化税率取代过于简单的单一税率，依据销售价格设计累进税率。同时降低一般化妆品等具有财政意义的消费品的税率，进一步提高名牌烟酒、高档游艇等奢侈品的税率，缩小定额税率的适用范围，增强税率与消费层次和消费价格的联动性，降低流转税税负的累退性，起到有效调节收入分配的目的。

三是要协调"营改增"后高端消费行业增值税与消费税的税负分布。当前我国营业税税法规定娱乐业实行5%~20%的幅度税率，从行业上看具有一定的收入分配功能，但是由于执行过程中通常统一实行最高税率，这一征收方式不能与娱乐业已经分化的现实相匹配。建议对这一行业亦实行普遍征收和特殊调节的税制设计框架，在下调一般娱乐业税收负担的基础上，采取"营改增"之后的增值税加高档娱乐业消费税的方式进行双重调节。

3. 完善增值税税收优惠政策，降低低收入群体的税收负担

在目前的征税范围中大多数货物按照17%的标准税率征收增值税，粮油类、奶制品类、蔬菜瓜果类、图书报纸类、居民用水电燃料类等货物适用13%的低税率，出于降低低收入者实际增值税负担的考虑，建议扩大增值税低税率的征收范围，将医保类药品、公用事业（如电、煤气和水）、调味品、洗衣粉、肥皂等边际消费倾向递减、消费需求弹性较小的生活必需品也纳入低税率范围甚至实行免税，以保障低收入阶层的基本生活，弱化增值税的累退效应。

30.2 收入公平分配视角下的个人所得税改革

根据我国的社会经济状况，我国个人所得税的改革不能一蹴而就，而应当分步走。近期的改革重点应当是完善税收征管措施，以提高个人所得税的征收率，从而在原有税制的框架下，改善个人所得税的收入分配效果；中期和远期的改革重点则是循序渐进地对个人所得税制度进行逐步改革，以强化其收入分配职能。

30.2.1 近期改革措施

如前所述，个人所得税的近期改革目标为通过完善税收征管措施，以遏制个人所得税的税收流失，提高其收入。

作为发展中国家，在有限税收征管能力约束下，当前我国个人所得税流失较为严重，尤其是不实行源泉扣缴方式的个体工商户的生产、经营所得等，税收征收率较低。在我国已经实施了几年的所得12万元以上纳税人自行申报的改革中，大部分自行申报者的所得为工资、薪金所得和股息红利所得，其他所得申报很少，而众所周知，工薪阶层是收入相对较低的群体。生产经营等所得的缴税状况由此可见一斑。

而这种状况存在的主要根源是我国个人所得税的税收征管能力较低，因此，在最近时期，可以在税制不变的前提下，努力加强税收征管，提高个人所得税的征收率。

30.2.1.1 优化涉税信息采集

首先，涉税信息的搜集势必涉及全国范围内税务机关与其他相关部门机构的信息交

换。以代扣代缴管理为例，就目前而言，许多地方的地税机关全员全额扣缴管理比例已近100%，虽然国家税务总局在2006年即开始推广个人所得税管理系统，但由于不同地区推广时间和推广范围的差异，目前区域之间仍无法实现相关个人所得税涉税信息的共享。因此，税制改革的第一阶段，应努力建立全国范围内地税机关与国税机关、银行、工商等机构和国家机关之间与纳税相关的信息的共享，以获取需要自行申报纳税人的准确涉税信息，综合课征才有可能实现。而这种信息共享可以是多种形式的，对于不同地区的地税部门，应当努力统一征管软件，争取实现网络信息共享；对于地税与国税部门，也应当尽量在软件方面实现兼容；对于税务部门与其他部门和机构，软件的兼容恐难在短时间内达到，因此，应借助《税收征管法》的修订和《行政程序法》的出台，确立税收行政协助的概念，并明确税收行政协助的发起、实施、各方权利义务、费用负担等一系列问题，使其他部门和机构对税务机关的协助成为法律层面的义务，不可随意推诿。对于具体的信息协助方式，可以先采用电子介质传递实现。

其次，优化相关个人所得税征管法规。我国近年来修订和出台了一系列个人所得税法规，包括《个人所得税管理办法》《个人所得税自行纳税申报办法（试行）》《个人所得税全员全额扣缴申报管理暂行办法》《国家税务总局关于进一步推进个人所得税全员全额扣缴申报管理工作的通知》《国家税务总局关于切实加强高收入者个人所得税征管的通知》《国家税务总局关于进一步加强高收入者个人所得税征收管理的通知》等，今后应当配合个人所得税制度的改革，进一步出台新的法规，并对原有法规条文进行修订和完善。

30.2.1.2 加强对高收入纳税人的监控

在对扣缴义务人加强管理的基础上，对于年应纳税所得额在12万元以上的高收入纳税人逐步建立个人所得税纳税人档案，以身份证号码为标识，在档案中归集个人的基本信息（个人家庭信息作为辅助信息纳入）、来自全国各地的各类收入、个人申报纳税信息等，以强化对高收入纳税人的管理和监控。

30.2.1.3 建立税收信用体系

对于不依法纳税人的纳税人，在税收信用体系中予以记录，其信息应当通过相关途径（如与相关部门联网、网络公示等）使有关机构和个人能够方便获得，从而使违法者在贷款、就业等方面受到限制。

30.2.2 中期①改革措施

30.2.2.1 初步改良现行个人所得税制度

在此阶段，首先，为了更加具有操作性，税制改革不宜过于激进，仍以个人为个人

---

① 此处的中期，指2016～2018年左右。

所得税的纳税单位，先不引入家庭作为纳税单位。可小范围引入综合课征模式，将部分所得改为综合课征。

对于我国现行个人所得税列举的 11 类所得，可将其划分为三大类：第一类是劳动所得，包括工资薪金所得、劳务报酬所得、稿酬所得和特许权使用费所得；第二类是资本所得，包括利息、股息、红利所得、财产转让所得、财产租赁所得；第三类是混合所得，即该所得的取得部分给予劳动部分给予资本，包括个体工商户的生产、经营所得和对企事业单位的承包经营、承租经营所得。

1. 综合课征部分

（1）综合课征范围。

先将工资薪金所得、劳务报酬所得和稿酬所得纳入综合课征范围，其他所得仍实行分类课征。之所以如此，是因为：

第一，将工资薪金所得、劳务报酬所得和稿酬所得纳入综合课征范围，以年为时间单位计算征收个人所得税，能够消除当前个人所得税存在的一些不公平弊端，如同为劳动所得，工资薪金所得、劳务报酬所得与稿酬所得性质类似，税负不同；相同数量的工资薪金所得和劳务报酬所得其发放方式不同税负不同等，有利于促进公平。稿酬所得的现行税率为 14%，虽然较低，但首先，稿酬所得在现行个人所得税中一直被优惠的原因主要是因为其是具有创造性的劳动报酬，而笔者认为，目前取得工资薪金所得或劳务报酬所得的大量工作同样也具有创造性，因此，不应将稿酬所得与其他劳动所得实行差异较大的区别对待。其次，稿酬所得并入综合课税范围，其税负变化并非绝对加重，因综合课税的税率为超额累进税率，因此，当所得较低时其适用税率是低于 14% 的，对于主要收入来源为稿酬所得的纳税人而言，原来稿酬所得的费用扣除额为 4000 元以下每次扣除 800 元，4000 元以上每次扣除收入的 20%，纳入综合课征后，稿酬所得较低时其费用扣除额会较以往有较大上升。因此，相对而言，将稿酬所得并入综合课征范围，对于稿酬所得较低的纳税人而言，税负可能会减轻或变化不大，而稿酬所得较高的纳税人税负有所提高更有利于劳动所得的公平课税。

第二，目前我国个人所得税的征管水平仍然有限，若贸然将过大范围的所得纳入综合课征范围，恐怕征管水平难以达到，如作为劳动所得的工资薪金所得与作为混合所得的个体工商户的生产经营所得等特点就有较大不同，且个体工商户生产经营所得中的个人独资企业、合伙企业投资者所得目前仍有部分采取的是核定征收方式，很难与其他所得合并实施综合课征。而工资薪金所得、劳务报酬所得和稿酬所得的大部分都有较明确的扣缴义务人，且其发放大多能够较为清晰地反映在扣缴义务人财务资料上，信息的取得和控管较为容易，纳入综合课征范围可行性较高。而先将这三种所得纳入综合课征范围，也可以为今后进一步扩大综合课征范围积累经验。

（2）课税方式。

工资薪金所得、劳务报酬所得和稿酬所得实行综合课征，一方面，仍实行广泛的源泉扣缴，由上述所得的发放者在发放时代扣代缴；另一方面，符合条件的纳税人在年度终了时自行申报。

具体而言，首先，将目前工资薪金所得、劳务报酬所得和稿酬所得代扣代缴的非累计扣缴改为累计扣缴。非累计扣缴是指扣缴义务人仅以纳税人当月的收支为依据来计算其应纳税额，而累计扣缴则指扣缴义务人以纳税人当年的总收支为依据来计算其应纳税款。个人所得税改革后，对于工资薪金所得、劳务报酬所得和稿酬所得，可以要求扣缴义务人在 1～11 月按照一定的简易办法扣缴税款，而在最后一个月，则以纳税人全年的所得为依据按照综合课征的税率计算全年应纳税款，与前 11 个月已经扣缴的税款相比较，多退少补。

其次，要求工资薪金所得、劳务报酬和稿酬所得合计①高于 15 万元者、从中国境内两个及两个以上单位取得上述所得者，于年度终了自行申报。

（3）费用扣除额及税率。

我国当前工资薪金所得的费用扣除额为 3500 元，笔者认为其基本能够涵盖个人的基本生活费用，但是，考虑到劳务报酬所得和稿酬所得被并入了综合课税范围，而当分类课征时，这些所得均分别有各自的费用扣除额，故为了照顾纳税人的心理，可将综合课征的标准费用扣除额适当提高，如提高到 4000 元。此外，可以设定对费用扣除额按照物价指数进行调整的机制，而由于消费者价格指数（CPI）由于能够较好反映居民生活费用的价格变动情况，是物价指数的首选。可以由国家税务总局根据上年的消费者价格指数，在每年的年初公告综合部分标准费用扣除额的提高幅度。

除标准费用扣除额之外，还有一些基于补偿或照顾原则应当从收入中扣除的费用，如老人赡养费用、子女抚养费用、无收入配偶费用、残疾人费用、住宅贷款利息、子女教育支出、慈善捐赠支出、医疗支出等。对于这些费用，笔者认为在个人所得税改革的初期阶段，不宜过多涉及，原因是，一些看似简单的特别扣除，如子女抚养、老人赡养等，实际上都需要进行许多细致的甄别。就子女抚养而言，需要明了下列情况：子女人数；子女抚养费用扣除在夫妻二人之间如何分配；子女是否符合计划生育政策，对不符合计划生育政策的如何区别对待；离婚家庭的子女抚养费用扣除如何在父母二人之间分配，等等。而对于老人赡养，其情况更加复杂，不但牵扯到老人赡养费用在子女之间的分配，还牵扯到老人本身的收入问题，如老人的退休金在课税上如何处理、老人若有退休金之外的其他收入如何界定和处理等。而对于医疗等支出，更须界定医疗费用种类和金额，还须提交各种单据。因此，在信息不是很充分的当前，若将这些特别扣除纳入，不但会导致税收征管成本的大幅提高，而且可能由于信息不准确而带来新的不公平。因此，特别扣除的纳入一定要非常谨慎，初期阶段可以纳入较为容易处理的残疾人特别费用扣除、捐赠特别费用扣除以及在一定限额之内的符合要求的住宅贷款利息支出，其他种类的费用，可以在税务部门信息获取和分析能力进一步提高后逐步纳入。对于房地产税改革后个人住宅的房地产税支出，基于提高纳税人遵从度、降低纳税人税收负担的考虑，也可以纳入费用扣除范围。

---

① 此处的所得以国家税务总局《个人所得税自行纳税申报办法（试行）》中的标准为准，即工资薪金所得和劳务报酬所得均以未减除费用及附加减除费用的收入额计算。

工资薪金所得、劳务报酬所得和稿酬所得合并纳入综合课征后，其税率形式可以参照原工资薪金所得税，实行超额累进税率。但如前所述，我国目前的工资薪金所得税率存在一些问题：一是最高边际税率为45%，过高；二是税率级次达7级，过多；三是所得较低级次间的税率爬升幅度过大。考虑到上述缺陷，再结合具体情况，可以对综合课征之后的工资薪金所得、劳务报酬所得和稿酬所得税率做一些调整。

表30-5为26个发展中国家个人所得税最高边际税率情况，可以看出，最高边际税率超过40%的只有南非和斯洛文尼亚，而只有斯洛文尼亚一国最高边际税率达到了50%；在其余国家中，税率达到35%的国家也只有泰国、土耳其和越南，其他国家的税率都在35%以下，黑山共和国甚至只有9%。因此，我国个人所得税的最高边际税率可设定在35%。

表30-5　　　　　部分发展中国家个人所得税最高边际税率（2013年）

国家	最高边际税率（%）	国家	最高边际税率（%）
斯洛文尼亚	50	乌拉圭	30
南非	40	巴西	27.5
泰国	37	马来西亚	26
土耳其*	35	斯洛伐克	25
越南	35	拉脱维亚	24
委内瑞拉*	34	爱沙尼亚	21
波兰	32	格鲁吉亚	20
菲律宾	32	柬埔寨*	20
印度*	30	乌克兰	17
尼加拉瓜	30	罗马尼亚	16
墨西哥	30	捷克共和国	15
印度尼西亚	30	俄罗斯	13
秘鲁	30	黑山共和国*	9

注：*印度、柬埔寨、黑山共和国、土耳其、委内瑞拉为2012年税率。
资料来源：KPMG, Thinking Beyond Borders: Management of Extended Business Travelers。

根据《中国城市年鉴》资料，我国2011年城镇居民家庭每人平均其他劳动收入（此处近似理解为劳务收入和稿酬收入等）为324.05元，工资及补贴收入（此处近似理解为工资薪金收入）为15087.86元。2012年上述两个指标分别为361.11元和16974.52元，[①] 其他劳动收入均仅占工薪收入的2%多一点。而2010年、2011年、2012年、2013年、2014年个人所得税收入中，劳务报酬所得税额也分别仅为工资薪金所得

①《中国城市年鉴（2012）》，中国城市年鉴社2012年版；《中国城市年鉴（2013）》，中国城市年鉴社。

税额的 3.45%、3.53%、4.26%、4.25%、4.30%，稿酬所得税额则分别仅为工资薪金所得税额的 0.08%、0.09%、0.10%、0.11%、0.10%。[①] 这说明，在劳动所得中，工薪所得为最主要的类别。表 30 - 6 是现行个人所得税工资薪金所得税率表，由于工资薪金所得、劳务报酬所得和稿酬所得将改为综合课征，因此，课税级次的应纳税所得应当较分类制下的工资薪金所得额有所提升，依据前述工薪所得与劳务报酬所得和稿酬所得的大体比例，可以将提升幅度确定在 4% 左右。而课税级次的划分和税率也应当对原有缺陷进行一些调整。

表 30 - 6　　　　　　　　　　现行工资薪金所得个人所得税税率表

序号	全月含税应纳税所得额	全年含税应纳税所得额	税率（%）
1	不超过 1500 元的部分	不超过 18000 元的部分	3
2	超过 1500～4500 元的部分	超过 18000～54000 元的部分	10
3	超过 4500～9000 元的部分	超过 54000～108000 元的部分	20
4	超过 9000～35000 元的部分	超过 108000～420000 元的部分	25
5	超过 35000～55000 元的部分	超过 420000～660000 元的部分	30
6	超过 55000～80000 元的部分	超过 660000～960000 元的部分	35
7	超过 80000 元的部分	超过 960000 元的部分	45

调整后工资薪金所得、劳务报酬所得、稿酬所得将适用统一的个人所得税税率表，应纳税所得额将按比例适当提高，税率档次由 7 档减少为 5 档，取消 25% 和 45% 的税率，最低税率维持 3% 不变，最高税率为 35%（见表 30 - 7）。

表 30 - 7　　　调整后工资薪金所得、劳务报酬所得、稿酬所得个人所得税税率表

序号	全年含税应纳税所得额	税率（%）
1	不超过 19200 元的部分	3
2	超过 19200～56400 元的部分	10
3	超过 56400～432000 元的部分	20
4	超过 432000～1008000 元的部分	30
5	超过 1008000 元的部分	35

这样改革之后，只在一个单位取得工资薪金所得、劳务报酬所得和稿酬所得，且数额低于 15 万元的纳税人就不在自行申报范围内了，其个人所得税由扣缴义务人扣缴即可。这样就可以在很大程度上减少纳税人自行申报的数量，较为契合当前的税收征管条

---

① 　历年《中国税务年鉴》。

件，操作性较强。之所以将自行申报纳税人的所得数额定在 15 万元以上，是因为随着工资水平的不断提高，目前年收入 12 万元在一线甚至一些二线城市已不算很高的收入，工资薪金所得和劳务报酬所得能够达到 12 万元的纳税人数量较多。在前期要求所得达到 12 万元的纳税人自行申报的过程中，税务机关对申报情况进行核查的难度就较大，如 2007 年我国年所得 12 万元以上自行申报的纳税人已达 2126786 人，[①] 2012 年仅山东省就超过了 21 万人。[②] 而由于一些纳税人对自行申报认识不足等原因，实际年所得 12 万元以上的纳税人应当还有许多人尚未申报。[③] 因此，若今后加强对高收入者自行申报的管理，自行申报人数恐将大幅上升，再加上改革后同时从两个或两个以上单位取得上述三种所得的纳税人也须自行申报，申报人数会更多。而将自行申报的年所得标准定在 15 万元，就可以适当减少申报数量，随着税收征管条件的改善和水平的提高，以及一段时间之后公众对自行申报更加熟悉和接受，这个标准可以再适当降低。当然，现行的年所得 12 万元以上者自行申报规定中所说的年所得是指纳税人的全部个人所得，而工资薪金所得、劳务报酬所得、稿酬所得改为综合课征之后的年所得标准是指纳税人上述三种所得的合计，范围将比现行所得标准缩小。但是，实际上不同类型的纳税人其所得种类特点是不同的，即大多数取得工资薪金所得、劳务报酬所得或稿酬所得的纳税人，其同时取得生产经营所得、承包承租所得的可能性相对较小，而财产租赁所得、财产转让所得等其他所得相对而言在这种类型纳税人所得中所占比例也不会太高，因此，即使将年所得界定由全部所得改为上述三种劳动报酬所得，差别应当不会太大。而将源泉扣缴改为累计扣缴，一方面难度不是太高，扣缴义务人应该可以做到；另一方面，非自行申报者的工资薪金所得和劳务所得的纳税也更加公平。

2. 分类课征部分

虽然其他所得不纳入综合课征范围，但是，仍须对其分类课征的税负进行必要的调整。

（1）个体工商户的生产经营所得和对企事业单位的承包经营、承租经营所得课税。

目前，我国个体工商户的生产经营所得和对企事业单位的承包经营、承租经营所得的个人所得税比工资薪金所得和劳务报酬所得的税负重，虽然其最高边际税率为 35%，比工资薪金所得的最高边际税率低，但其大多数所得额所适用的税率水平较工资薪金所得相同水平的所得额适用的税率水平高。因个体工商户的生产经营所得和对企事业单位的承包经营、承租经营所得系资本所得与劳动所得的混合所得，因此这种税负状况存在一定问题：第一，不符合国际税改的惯例；第二，不利于鼓励投资；第三，与企业所得税税负差异较大，不利于个体工商户和个人独资企业及合伙企业的发展。所以应当进行

---

① 国家税务总局：《2007 年度年所得 12 万元以上个人自行纳税申报工作概述》，http：//www.zjds.gov.cn/art/2008/4/24/art_90_1709.html。

② 山东新闻联播：《山东 2012 年度年所得 12 万元以上个人自行纳税申报人数首次突破 20 万》，http：//v.iqilu.com/2013/04/03/3882001.shtml。

③ 据国家税务总局：《2007 年度年所得 12 万元以上个人自行纳税申报工作概述》，2007 年年所得 12 万元以上自行申报纳税人人均申报年所得额为 36.4 万元，这在一定程度上说明，相当多申报者的年所得额是大大高于 12 万元的。

适当调整。考虑到我国目前的税收征管水平和征管环境，像实行二元所得税的北欧国家那样，将个体工商户的生产经营所得和对企事业单位的承包经营、承租经营所得按照一定模型分割为资本所得和劳动所得显然不够现实，但是，我国可借鉴二元所得税的精神，将个体工商户的生产经营所得和对企事业单位的承包经营、承租经营所得的税收负担确定在大致高于企业所得税负担，但低于工资薪金所得和劳务报酬所得税收负担的水平（见表 30 - 8）。

个体工商户的生产经营所得和对企事业单位的承包经营、承租经营所得目前的主要问题并非名义税率过低，而是存在数量较大的税收流失。因此，名义税率降低后，需要加强征管，以使实际税负与名义税负尽量相符。

表 30 - 8　　调整后个体工商户的生产经营所得和对企事业单位的
承包经营、承租经营所得个人所得税税率表

序号	全年含税应纳税所得额	税率（%）
1	不超过 24000 元的部分	5
2	超过 24000 ~ 60000 元的部分	10
3	超过 60000 ~ 480000 元的部分	20
4	超过 480000 元的部分	30

（2）其他所得课税。

对于特许权使用费所得，仍可以维持 20% 的税率，但是，由于其活动与创新相关，费用扣除额应做适当调整，可改为每次收入不超过 17500 元的，减除费用 3500 元；17500 元以上的，减除 20% 的费用。

对于财产租赁所得也可适当提高费用扣除额。考虑到财产租赁所得与其他所得往往存在交叉，因此，可将费用扣除额修改为：每次收入不超过 10000 元，定额减除费用 2000 元；每次收入在 10000 元以上，定率减除 20% 的费用。税率可维持在 20%。

利息、股息、红利所得，偶然所得和其他所得，可维持现有课税规定不变。

30.2.2.2　改良税收征管体系

课征模式的较小改变，即使是实施很小范围所得的综合课征，也牵扯到税收征管体系的实质性进步，因此，为了保障上述个人所得税制度的改革，税收征管体系的相应改良是必要的。

1. 进一步优化涉税信息采集

因为改革涉及将工资薪金所得、劳务所得和稿酬所得纳入综合课税范畴，所以对涉税信息的采集提出了更高的要求，应当在前一阶段工作的基础上，进一步提高涉税信息的搜集和处理能力。仍然可以通过两个方面实施优化：一方面，进一步加强与信息搜集相关的法律和制度建设，例如，通过立法的形式，进一步强化税务机关从有关各方获得涉税信息的权力；另一方面，加强与信息搜集和处理相关的技术建设，使得国地税之间、税务部门与其他部门之间能够通过网络较为流畅方便地交换必要信息，并能够运用计算机系统进行高效率处理，同时，通过软件系统，使个人所得税信息能够与其他税种信息（如企业的人工成本信息等）实现自动比对。

2. 进一步完善个人所得税纳税人档案

在已有的高收入纳税人档案的基础上，进一步完善高收入纳税人档案的信息种类和信息归集准确度，并将纳税人档案从高收入纳税人扩展到普通纳税人。

30.2.2.3 财政管理体制方面的考虑

目前，我国的个人所得税为中央地方共享税，中央 60%，地方 40%。这样就牵扯到一个问题：当实行综合课税的部分在年终纳税人自行申报后需要退税时，如何处理？此时，纳税人多缴的税款有一部分由中央收取，有一部分则可能由非申报地的地方政府收取，因此，退税由谁负担也是一个问题。笔者认为，退税时可不必牵扯到非申报地地方政府，原因一是如果要精确计算征收纳税人税款的各个地方政府应当承担的退税过于复杂，操作性太差；二是由于纳税人众多，不同地方政府间的这种税款征收与退税可能在很大程度上会相互抵消。中央政府则应适当负担必要的退税支出。

30.2.3　长期改革措施

在此期间，不改变综合和分类课征的范围，而是在前期改革的基础上，完善税收征管体系，进一步使原有税制精细化。具体而言：

30.2.3.1 精细化原有的综合课税部分

首先，在原有的个人申报基础上，再引入多种申报方式，如夫妻联合申报、夫妻分别申报和户主申报等，以为纳税人提供更多的选择，使状况不同的纳税人都能够被更加公平地对待。这项工作最关键的问题是，应当设计好不同申报方式下的费用扣除额和税率级次，以尽量使不同申报方式之间税负相对公平。

其次，适当引入特殊费用扣除。如赡养和抚养扣除。抚养扣除须明确纳税人的子女状况，对于不符合计划生育政策者应不允许扣除；赡养扣除须明确什么情况下算赡养，如老人须没有收入或收入低于一定金额，且赡养者每年为老人支付的生活支出须高于一定金额，此外，若被赡养老人有多个子女，还须规定赡养费用在子女之间的分配和确认。

对于夫妻联合申报者，子女抚养费用和老人赡养费用直接由夫妻二人共同扣除即可，对于夫妻分别申报者，可由夫妻自愿选择其中一人，将子女抚养费用和老人赡养费用在该人名下扣除。

30.2.3.2 进一步优化税收征管体系

由于本阶段个人所得税改革涉及了非个人申报方式和特殊费用扣除，因此，需要税务机关能够准确掌握更多的纳税人个人信息，并对这些信息进行适当处理。因此，税务机关须与民政、社会保障等更多的部门建立较为完善的信息交换，并进一步优化自身的信息处理系统。

30.3　收入公平分配视角下的房地产税改革

就时间维度而言，我国房地产税的改革可以遵循"宽课征范围，低税率"——"宽课征范围，高税率"的大致路径，而之所以实行宽课征范围，很重要的一点是为了尽可能保证公平。但是，由于我国当前的征管条件所限，房地产税的税率不能过高，尤其是在房地产税改革的第一阶段，应当首先实行水平较低的税率，待条件成熟后，再将税率适当提高。

30.3.1　第一阶段[①]税制设计

我国第一阶段的房地产税制度应当遵循"宽税基、低税率"原则，并应当以简便为宗旨。

30.3.1.1　课税范围

虽然我国农村住房体系与城镇住房体系存在很大不同，且农村住房在权属确定、周转、价格确定等方面较为特殊，但是，我国不同区域农村的状况差异也较大，有些农村地区已经非常富裕，不输城镇地区，同时，长远来看，广大农村地区也应纳入房地产税的课税范围，因此，在房地产税改革的第一阶段，即可将农村住房纳入，必要时可在税制中进行必要规定以将收入较低农民的自有住房排除在外。因此，房地产税的课税范围为城乡范围内的所有经营性房产和非经营性房产。

30.3.1.2　计税依据和免征额

计税依据应当以房地产的评估价值为基础。相对于交易价格，由统一的房地产价值评估机构评估得到的房地产评估价值更加公平，且可以使房地产税的计税依据随房地产价格的变动而变动，更加合理。这个评估价值，并非指每一栋特定房屋的价值，而是指坐落于同一区域的同一类型房屋的共同价格。房地产税的计税依据可以定为房地产的评估价值乘以70%。

对于个人所有非经营性用房，其免征额可以借鉴上海模式，以家庭人均住房面积30~40平方米为免税面积，具体免税面积，可以由省级税务机关在中央确定的人均免税面积范围内根据本地情况自行决定。虽然由于房屋单价不同，按照人均面积计算免征额不够公平，但是，按照人均面积计算免征额较为简便，易操作，且对于不同地区单价差异巨大的房屋，无形中也具有一定的公平税负作用。

---

① 此处的第一阶段指2016~2017年。

对于经营性用房,不设免征额。

30.3.1.3 税率

实行差别比例税率,个人所有非经营性用房的税率为 0.8%~1.0%;经营性用房的税率设定为 1.2%。各地具体的税率由当地省级税务机关在此范围内确定。

$$应纳税额 = 应税房屋面积 × 房屋评估单价 × 70\% × 税率$$

30.3.1.4 与城镇土地使用税的协调

目前个人所有非营业用房一般是免征城镇土地使用税的,改革之后,由于房地产税计税依据为房地产的评估价格,而评估价格中毫无疑问会包含土地的价值,因此,对土地就不用再征收城镇土地使用税了。

30.3.1.5 配套措施

1. 建立多部门协同管理体系

建立税务、国土资源、房管、民政、财政、社保、公安、工商、等部门共同参与的房地产税协同管理体系,以促进涉税信息交换、税收征收管理。

目前我国还没有关于行政协助的法律规范,因此,短期内只能依靠地方政府的行政力量来促进房地产税行政协助体系的建立。所谓行政协助,是指没有隶属关系的行政机关之间的相互协助,其依据是行政一体化原则,一般而言,行政协助的启动、接受与拒绝、协助中双方行政机关的权利和义务、协助的费用支出、纠纷的处理等均应在《行政程序法》等法律中加以规定,但由于我国《行政程序法》至今尚未出台,因此行政协助尚未有法律规定。

2. 建立住房信息交换平台

目前,我国各城市的房管部门已经建立一定的房产信息系统,但这些信息系统还存在一些缺陷,如只含个人信息,缺乏家庭信息,且部门之间的信息交换还未完全实现。因此,在建立房地产税多部门协同管理体系的同时,也应当建立由相关各部门共享的房地产信息管理平台,且该平台能够包含课征房地产税所需要的各种信息。

3. 建立房地产价值评估机构

房地产评估价值的确定需要一定的专业机构,对于该机构的建立,也一直有各种声音。有观点认为为了确保评估价值的准确性,该机构应当建立在税务部门内部;有观点认为税务机关无力承担房产价值评估工作,房产价值评估可委托中介机构实施。

建立由包括税务机关及政府其他部门相关人员、相关社会各界人士参与的房地产评估委员会,是有许多优点的,第一,评估结果具有相当的权威性。若房产价值由税务机关内部机构评估,由于税务机关属于征纳双方之一,因此,纳税人容易对评估价值产生异议,从而加剧征纳双方矛盾,而若由代表各方利益的相对中立的独立房地产评估委员会评估,则更容易令纳税人信服。第二,减轻税务部门的负担。若房地产评估机构建立在税务部门内部,则税务部门需要在短期内培养或增加相当数量的评估技术人员,这会造成相当大的编制和管理负担。

4. 开发相关征管软件

国家税务总局应当开发全国通用的房地产税征管软件，并使其与现有税收征管软件兼容，以为房地产税的信息采集和征管奠定技术基础。

5. 完善纳税信用制度

个人所有非营业用房房地产税的纳税人均为自然人，且涉及存量房房地产税时，无法使用代收代缴方式，因此，若纳税人的遵从意愿较低，则房地产税的征管成本较高，且很难足额收取。所以，必须建立切实可行的房地产税纳税信用制度，使不依法纳税的纳税人留下不良的信用记录，对其相关的生产经营及生活方面的行为形成不良的负面影响，这样才能对纳税人的行为形成约束，房地产税才能顺利实施。

30.3.2　第二阶段税制设计

第一阶段房地产税运行几年后，税制不断完善，征管配套措施也日益完备，房地产税的改革就可以进入第二阶段。第二阶段的总体原则是"宽税基，高税率"，其最主要的改革举措就是提高税负，以使房地产税能够在更大程度上发挥再分配作用，也更具有财政意义。

30.3.2.1　课税范围

房地产税的课税范围仍设定为城镇和农村所有的经营性和非经营性房产。

30.3.2.2　计税依据及免征额

计税依据仍然为房产的评估价值乘以 70%。

房屋的免税面积仍然设定为家庭人均 30～40 平方米，经营性房产仍然不设免征额。

30.3.2.3　税率

适当提高房地产税税率，可将非经营性房产的税率设定为 0.5%～2%，经营性房产的税率设定为 1%～2.4%。

随着人们对房地产税的接受程度及税收征管水平的提高，在以后的房地产税改革中，可以对非住宅房产按照用途不同实行差别税率或实行超额累进税率，以强化房地产税的公平效应。

30.4　收入公平分配视角下的遗产税与赠与税改革

遗产税是以财产所有人死亡后所遗留财产为课税对象课征的一种税，一般包括对被继承人遗产征收的税收和对继承人所继承遗产征收的税收，是针对财产代际转移征收的税收。作为遗产税的伴行税种，赠与税是以赠送的财产为课税对象向赠与人或受赠人课征的税收，开征目的是防止财产所有人生前利用赠与的方式逃避死后应纳的遗产税。遗产税和赠与税是对纳税人财富转移的清算性税收，在公平收入分配、缩小贫富差距等方面发挥着独特作用。随着我国富人群体的出现和收入分配差距的扩大，遗产税是否开征、如何开征成为社会关注的焦点和热点。

30.4.1 中国遗产税开征需要考量的因素

遗产税和赠与税作为一种富人税，对其开征可行性的分析也离不开对开征基础和开征目的的分析，同时要考察征收的成本和国际税收大环境及我国的文化习俗等。

30.4.1.1 开征基础

1. 经济发展的总体水平

遗产税的开征，离不开宏观经济基础的支撑。我们选用人均 GDP 水平作为衡量经济发展水平的指标。如图 30 – 1 所示，考察"金砖五国"20 世纪 90 年代以来的人均 GDP 发展变化图。俄罗斯 1992 年正式开征遗产税，当时的人均 GDP 水平为 4601.4 美元。目前巴西仅有州政府征收最高税率为 8% 的遗产税，据有关消息，2015 年巴西政府拟在全国范围内征收遗产税。巴西 2012 年人均 GDP 为 5823.04 美元，与俄罗斯相比，已具备遗产税开征的经济基础。值得注意的是，印度 1985 年停征遗产税，当时的人均 GDP 为 335.55 美元，1998 年停征赠与税，人均 GDP 为 529.1 美元。这说明遗产税的开征时机的选择，要充分考虑当时的经济发展水平。我国 2013 年人均 GDP 为 3583.18 美元，1990 ~ 2013 年人均 GDP 平均增长率为 9.33%，考虑到我国目前处于经济新常态时期，经济增速下滑，但即使按照这 14 年中最低的人均 GDP 增长率 6.80% 来算，2017 年我国人均 GDP 也将达到 4661.80 美元，与俄罗斯 1992 年开征遗产税时的经济发展水平相当。因而，从宏观经济发展的总体水平看，我国现阶段已具备开征遗产税的客观条件。

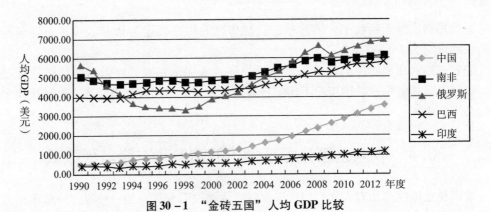

图 30 – 1 "金砖五国"人均 GDP 比较

资料来源：世界银行数据库。

2. 家庭财富总量

所谓家庭财富，是指具体家庭的净财富，或者说某个特定地理区域的家庭平均净财富。家庭财富值的计算，需要确认家庭当前所拥有的全部财富的市值，且要从中扣除负债。家庭财富的测定，既有助于评估一个地区或国家经济的稳定性，也利于计划或调整家庭预算。瑞士信贷集团公布的《2013 年全球财富报告》显示：2013 年年全球百万美元资产家庭最多的国家是美国（590 万），其次是日本（150 万），第三是中国（130 万），且中国的百万美元资产家庭数量有望超过美国。拥有超过一亿美元的"超高净值"家庭所拥有的全球财富预计将以 9.2% 年均复合增长率增长，中国内地超高净资产家庭数为 851，并且预测中国，2017 年将会成为世界第二富裕国家[①]。由此可见，我国居民的存量资产也是相当高的，而且拥有高额资产的家庭数量已经超越了很多已开增值税的国家，从而保证遗产税开征时会有较充足的税源，且有利于增加国家财政收入，完善社会保障。

3. 居民储蓄存款

2012 年，我国城乡居民储蓄存款余额为 399551 亿元，对比 2000 年末的 64332.4 亿元，增长了 521.07%；城乡居民人均储蓄存款余额为 29508 元，比 2000 年的 5082.2 元增长了近 5 倍。我国居民储蓄总额的不断增加，就从总量上保证了遗产税税源的稳定性。从居民个人储蓄占其可支配收入的比重来看，美国的个人储蓄率为 5.6%（收支平衡账户算法下，居民个人储蓄占可支配收入的比重）；我国储蓄率是 76.8%[②]，虽然我国如此高的储蓄率曾受到质疑，但实际经验来看我国储蓄率是要高出美国以及其他很多已开征遗产税国家的。这表明在储蓄率的要求上，我国是符合开征遗产税的条件的。

30.4.1.2　开征的必要性

遗产税是一种继承税，财产分布的特点决定了遗产分布的特点。遗产税和赠与税的开征与否离不开对我国当前居民财富情况的准确把握。根据有关统计资料显示，我国居民财产分布的不平等程度要大于收入不平等程度，且财产性收入在总收入中所占比重仅为 2% 左右，处于偏低水平。财产差距是多年收入差距累积的结果，2007 年城镇居民家庭和农村居民家庭的收入基尼系数分别为 0.57 和 0.45，而财产分布基尼系数则分别为 0.58 和 0.62，均高于收入基尼系数。由此可以看到我国当前面临着较为突出的财富分配不平等情况，这也为我国征收遗产税和赠与税提出了现实要求。

进一步考察我国居民家庭财产分布的构成，根据国家统计局 2009 年"中国城镇居民经济状况与心态调查"结果显示，城镇居民银行存款占金融资产比重为 78.08%，自有房屋占非金融资产资产比重为 85%。因而我国居民目前主要的财产持有形式仍是自有房产和银行存款。且有关分析表明，金融类资产对全国财产基尼系数的贡献率约为 30%，自有房屋估计价值对全国财产基尼系数的贡献率则达到了 60%

---

① 2013 全球财富报告：《美国、日本、中国财富总值居世界前三位》，载于《中国对外贸易》2013 年第 1 期。
② 任若恩、覃筱：《中美两国可比居民储蓄率的计量：1992~2001》，载于《经济研究》2006 年第 3 期。

左右，即这两项资产的分布情况基本决定了 2007 年我国的财产分布基尼系数。遗产税和赠与税作为调节存量财富的第三道防线，开征该税种有利于缓和我国当前的财富分布不平等情况。

30.4.1.3 开征的技术基础

1. 征税的技术条件

改革开放以来，我国经济建设取得了举世瞩目的成就，因而从经济水平看，我国已基本具备课征遗产税和赠与税所需条件。从征管效率上看，新一轮税制改革进行的风生水起，个人所得税制度进一步完善，随着金税工程等项目的推广，我国的税收征管水平得到了有效提高，这就为遗产税和赠与税的开征提供了技术上的支持。

2. 高财富人群的年龄结构可以提供改革的试点机会

遗产税是对死者身后财产进行征税，因而考察我国富豪们的年龄构成是必要和必需的。胡润研究院发布的《2015 年至尚优品——中国千万富豪品牌倾向报告》显示，千万富豪的平均年龄为 38 岁，亿万富豪的平均年龄为 39 岁。胡润 2014 年百富榜平均年龄为 54 岁，比 2013 年大了一岁，但与胡润全球富豪榜的平均年龄 64 岁相比则年轻了 10 岁。第六次人口普查的数据显示 30 ~ 44 岁、45 ~ 59 岁、60 岁以上的人口比例分别为 25.51%、19.93% 和 13.31%。我国富豪的这种偏年轻化年龄构成反而有利于现在开征遗产税，遗产税作为一种"劫富济贫"的新税种，开征初期势必会受到很多阻力，也是一种摸着石头过河的摸索过程。我国遗产税直接受众较少的现状，有利于减轻遗产税征收的压力，也有利于控制遗产税改革中的犯错成本。

30.4.1.4 开征的社会环境

1. 社会习俗与遗产税开征的国内社会环境

遗产税是对被继承人死后财产征税，考虑到我国传统"家文化"的背景，可能会在一定程度上造成死者家属的抵触心理。"子承父业"在国人看来是理所当然和顺理成章的，父辈辛苦打拼的财产理应由其子女来继承，尤其是我国民营资本家们往往是个人财富积累的第一代。2002 年《中国私营企业发展报告》统计显示，我国现存的 300 多万家民营企业中，80% 以上为家族企业，且其中的 90% 以上选择"子承父业"式的财产继承方式。与此同时，"不患贫而患不均"的均富公平思想也作为一种传统价值理念深入民心，遗产税有利于调节代际间收入不平等，从这一角度看，对富人课征遗产税和赠与税符合民众的心理预期，也有利于缓解贫富悬殊造成的心理落差。因而遗产税的开征定位和税制设计必须十分明确，对全社会最富裕的 1% 的人口征收遗产税和赠与税，既可以大大减轻开征的文化习俗阻力，又能争取到广大普通民众的理解和支持。

2. 国际税收竞争下遗产税开征的国家环境

一个新税种的设立，不仅要考虑本国的政策目标，还要结合国际税收大环境。20世纪 90 年代起，随着资本和劳动在世界各国间流动性日益增强，各国政府为在全球化竞争中抢占优势，纷纷进行税制改革，简化税制，降低税率，以期吸引更多的人才和资本，减税革命在全球兴起。遗产税的征收受到了越来越多的质疑，呼吁遗产税改革的声音不绝于耳，如前文所述，加拿大、澳大利亚等国家已取消遗产税。征收遗产税是否会导致经济效率下行，尤其是否会扭曲民营资本的运营效率；征收遗产税是否会加剧海外移民潮，导致资本人才外流；遗产税的征收又是否会降低我国的国际竞争力等问题，都需要我们进一步去论证研究。

30.4.1.5 开征的时机选择

遗产税作为一种新税种，如何选择恰当的开征时机关系到其能否顺利实现税收目标，也关系到其是否可以真正发挥公平财富分配的目的。综合以上分析，我们认为我国已具备课征遗产税的基本条件。第一，从宏观经济基础看，经过多年的发展，我国已进入上中等收入水平国家的行列，居民储蓄额存量也已超过许多发达国家，具有较为稳定的税源。第二，从微观基础看，我国高财富人群基数较大，且呈现快速增长的趋势，百万美元资产的家庭数量仅次于美、日；与此同时，我国居民收入基尼系数已连续十多年超过国际 0.4 警戒线，遗产税作为一种可以有效缩小贫富差距的税种，具有极好的开征现实性要求。第三，从配套条件看，伴随着新一轮税制改革的进一步深化，我国的税收征管水平已有了较大的进步，对个人财产的把握能力也有了较大提高，为遗产税的顺利开征提供了技术支持。第四，从社会环境看，虽然我国民众深受"财不外漏""子承父业"等传统财富观影响，但只要我们做好遗产税的税制设计，只针对最富裕群体征税，是能够很好地缓和遗产税开征阻力的。

很多人担心遗产税开征会扭曲民间私人投资，甚至会导致财富外流。在现阶段，这种担心其实是不必要的。我国正在致力于构建中产阶层占主体的"橄榄型"社会，大部分的民间资本家正是中产阶层的中坚力量。而较长一段时间内，遗产税的课征对象是涉及不到中产阶层的。遗产税只针对最富裕的少数群体征税，且税负将会有一个缓慢增大的过程，富人们进行经济决策乃至移民等都是各种利益博弈权衡的结果，考虑成本收益因素，遗产税目前尚不能成为资本家进行决策时着重考虑的因素。因而我们认为适时开征遗产税是必需和必要的。

必须明确的一点是，虽然我们强调要适时课征遗产税，但不是说立刻就要征收。根据蔡秀云、郭省钰的测算，在 2020 年左右，我国遗产税可征税额为 2191.91 亿元，占税收总收入的比重为 1.01%，正好达到国际上已开征遗产税国家的普遍水平。因而"十三五"期间应该为遗产税的开征做好全面准备，完善各项配套设施，"十四五"时期则为开征遗产税的最佳时机。

30.4.2 中国遗产税和赠与税的方案设计

30.4.2.1 税种搭配上实行遗产税与赠与税并行的制度

依据国际惯例，征收遗产税的同时，也一并征收赠与税。如表 30 - 9 所示，以美国为代表的 2/3 的发达国家选择了遗产税加赠与税合并征收的方式，绝大多数的发展中国家也选择了遗产税和赠与税合并课征。正如前文中所列举的一样，赠与税作为遗产税的补充税种，可以有效避免利用生前赠与逃漏遗产税的可能，有利于遗产税税收功能的充分发挥。从各国的税制实践看，遗产税和赠与税有四种配合模式，考虑到我国的现实情况，我们认为我国应实行遗产税，同时不单独设立赠与税，而是将一部分生前赠与财产（如生前 5 年）直接纳入遗产税征收范围。虽然这在一定程度上会削弱赠与税的堵漏功能，但这种模式征收方法简单，易于为纳税人所接受，符合我国的现实国情。我国目前的死亡制度尚不健全，财产收入相关制度仍需完善，如果遗产税和赠与税分开设立，则需要对赠与税的起征点、免征额、征税对象、税目、税率、税收抵免优惠等单独设立标准，而这些内容又往往和遗产税的相关税制要素重复，或者仅存在部分差异，易加大税制的复杂程度和征管难度。将赠与税纳入总遗产税中，既可以鼓励被继承人生前捐赠，发展社会慈善事业，也有利于逐步改善纳税人对遗产税的看法，且征收管理简便易行，在一定程度上符合征税成本最小化原则。

表 30 - 9 　　　　　　　　　　　**外国遗产税和赠与税税制设计总览**

	项目	发达国家		发展中国家	
税种选择	遗产税	6	28.6%	1	5.3%
	赠与税	1	4.7%	0	0
	遗产税、赠与税	14	66.7%	18	94.7%
税率选择	超额累进	14	66.7%	8	42.1%
	比例税率	7	33.3%	11	57.9%

资料来源：世界各国遗产税房产税一览表，360 个人图书馆，2013 年 12 月 6 日。

30.4.2.2 税制模式上采用总遗产税制

从遗产税已开征经验看，三种类型的税制模式各有利弊。就国家数量看，实行分遗产税制的国家更多一些，但遗产税开征历史悠久或遗产税制比较完善的国家，往往采用总遗产税制。总遗产税制作为典型的"先税后分"征税模式，以被继承人为纳税人，税源控管容易，操作简便，征税成本低。分遗产税则是典型的"先分后税"的征税模式，根据继承人获得遗产的情况以及继承人与被继承人的亲疏关系适用不同的税率和不同的宽免额、抵免优待等，从而实现税收负担与负税能力相一致，体现量能纳税原则。但分遗产税税制比较复杂，征管比较困难，难以控制税源，容易发生逃税漏税行为，比如继承人之间互相协调，将遗产转移给第一顺位继承人或享受较多抵免的纳税人，从而规避纳税，降低总体税负。因此分遗产税模式对税法的制订、税源的控制和税收征收部门的征管水平以及征管效率都提出了更高的要求。而混合遗产税虽然既能控制税源，又能考虑到不同继承人的情况，但其使得税源更难控制、征管程序更加繁琐，并且会加重纳税人的税收痛苦程度，因而很少有国家采用。

　　税制的整体改革方向、税收目的、征管水平以及纳税人的承受能力，是选择何种税制模式的决定因素。从税制整体改革的方向看，我国正在着力构建以流转税和所得税为核心的双主体税制体系，遗产税作为财产税系的一部分，其辅助税定位已十分明确；从税收目的看，课征遗产税的目的不在于增加多少国家财政收入，而是为了公平收入分配，避免社会财富的过度集中；从征管水平看，我国目前尚未建立起完善的居民财产信息系统，税务部门的征管水平和征管效率也有待进一步提高；且受传统观念影响，我国纳税人普遍有着较强的藏富观和家庭财富观，部分普通民众对于课征遗产税仍存在疑虑。所以我国宜选用总遗产税模式，计征设计不复杂，税源控管方便，有利于遗产税制的实行和顺利推广。考虑到我国居民的家庭观念较为根深蒂固，财产转移对象也相对单一，我国可以规定统一的免税额，而不是对每个纳税人都分别设定宽免额，这样既考虑了继承人的利益，也可以简化税制。

30.4.2.3　课税对象上从简征收

　　遗产税是对被继承人生前所有财产进行的征税，因而课税对象上具有广泛性。但考虑到我国诸多现实条件，在设计遗产税课税对象时，可将银行储蓄存款和不动产作为征收范围。原因有三：一是我国已具备较系统完善的银行存款登记监督制度。2000 年国务院颁布实施《个人存款账户实名制规定》，从而保证了我国个人存款账户的实名制。2007 年中国人民银行联合公安部建成并运行了"联网核查公民身份信息系统"，进一步确保了公民金融资产信息的真实性和完备性。二是房产作为不动产，税源较为稳定，且 2014 年国家不动产登记局正式成立，《不动产登记暂行条例》也已于 2015 年 3 月 1 日起正式施行，保证了不动产信息的正确性和完整性。三是我国目前的财产申报、财产实名登记等制度尚不完备，因而不具备对全部继承财产征收遗产税和赠与税的条件。所谓全部继承遗产，包括被继承人的各项可以并且值得征税的不动产和动产，前者主要包括厂房、设备等生产资料和住宅、汽车等生活资料；后者主要包括现金、银行存款、有价证券等金融资产，专利权、非专利技术、商标权、著作权、商誉等具有财产价值的无形资产，以及贵重珠宝和首饰、字画、古玩等财产。但捐赠给政府公共服务部门，如养老院、孤儿院、福利院、希望小学等的财产，免征遗产税。对全部继承遗产额征税，可以有效保证遗产税税源的稳定，实现税收收入。但我国开征遗产税的主要目的不是为了增加财政收入，而是为了公平财富分配。因而在开征初期，为了减少开征的阻力和压力，仅对银行储蓄存款和房产等不动产征税，既能保证较为充分的税源，又能有效控制征收成本，减缓征收压力。

30.4.2.4　免征额上从高确定

　　依据国际惯例，遗产税的免征额一般与人均 GDP 挂钩，遗产税基础宽免额约为人均 GDP 的 15～20 倍。美国 1990～2000 年数据显示，美国遗产税的基础宽免额为人均 GDP 的 20 倍左右，英国、意大利、日本、韩国等国家 2000 年遗产税基础宽免额与人均

GDP 之间的关系也都在 15~19 倍之间。之后这些国家又进行了不同程度的调整，美国在 2013 年之前曾大幅下调遗产税免征额，其免征额与人均 GDP 的比例高达 104.87 倍，2013 年又恢复到 21 世纪初的 20 倍左右；英国比例约为 11.80 倍，日本为 19.12 倍。如果按上述国家的比例计算，以 2014 年我国人均 GDP 数额为例，我国的遗产税免征额应定为 7485×20=149700 美元，即 47000×20=940000 元，与网络上流传的 80 万元起征点较为符合，但这并不能代表我国的实际情况。首先，我国人均 GDP 与国外的统计口径不相同，我国使用的是支出法。其次，我国统计调查方法不如国外全面，有相当的收入未被纳入 GDP 核算。再次，我国的家庭结构与产业结构跟国外差异很大，这往往也会造成产值上的巨大差异。最后，我国独特的城乡二元经济体系，使得城市与农村之间的收入差异较大，农村居民的收入水平远远低于城市居民收入水平，而且我国的人口基数特别大。这些都会拉低我国的人均 GDP，按照国际上其他国家的标准来设计我国的遗产税起征点难免会有较大的出入，欠缺严谨性和科学性。全球最大的资产管理公司美林集团 2007 年公布的数据显示，目前我国拥有金融资产超过 100 万美元的人数已达到 23.6 万人，且每人拥有的平均资产超过 410 万美元，约合人民币 3400 万元，其中还不包括个人房地产。毫无疑问，我国已是世界上富裕人士增长最快的国家之一。因而根据其他国家经验，将遗产税纳税人口规定为非农业人口（以 2013 年的 4.7 亿人计）的 1%~3%，据估算，大约有 470 万~1410 万人需要缴纳遗产税。故我国的遗产税基础宽免额可以定在 50 万~80 万美元，剔除通货膨胀等因素影响，可以将其定位在约 400 万元人民币的水平。但值得说明的是，遗产税课税对象为银行存款和房产等不动产，目前我国房价较高，在大城市拥有两套房产的居民往往容易达到此限额。因而在遗产税开征初期，我们可以再次调高宽免额，按大城市每套房产的均值 200 万元计算，将起征点定位为 800 万~1000 万元人民币，降低遗产税开征阻力。

30.4.2.5　税率设计上实行超额累进税率

在税率设计上，如表 30-10 所示，大部分的发达国家选择了超额累进税率，而多数发展中国家则实行了比例税率。超额税率对不同的遗产额累进不同的税负，有利于实现遗产税公平财富分配的目的，但超额累进税率对征管水平的要求较高，需要明确不同档次的继承遗产的数额。比例税率计征简便，有利于降低税收成本，但削弱了遗产税调节收入差距的作用，适用于多数税收征管水平一般的发展中国家。超额累进税率本身又分为多档累进和低档累进，像美国 2014 年实行的是 18%~40% 的 12 档累进税率，菲律宾实行的则是 5%、8% 和 20% 的三等累进税率。遗产税税率的选择，要考虑本国的财政政策目标，即实现遗产税公平财富分配的效应，又不阻碍民众创造财富的热情，避免财富外流；同时要与本国的征管水平和征管能力相适应。基于我国当前的现实国情，我们认为低档的超额累进税率更适合我国，既能体现量能纳税、公平税负的目的，又不至于造成太大的征收阻力，保护民众创造财富的热情。借鉴国外遗产税税率设置经验，我国遗产税的税率设计可如表 30-10 所示。

表 30 - 10 遗产税超额累进税率设计

级别	应纳税遗产额	适用税率
1	不超过 500 万元	15
2	500 万 ~ 2000 万元	25
3	2000 万 ~ 5000 万元	35
4	5000 万元以上	45

30.5 收入公平分配视角下的退籍税改革

随着改革开放的不断深化和收入水平的持续攀升，我国出现了第三次大规模"海外移民潮"，其中富裕阶层、知识精英、部分高官及家属是移民主力军，这已成为社会广泛关注的热点话题。除了获取他国较为优厚的自然环境、教育资源和工作机会等正常需求之目的，也有相当一部分人意图利用法律制度的漏洞，通过移民或移居以逃避国内税收，或者将违法所得转移至境外。若不能及时遏制这一势头，任由其发展，将会给我国经济社会发展带来严重危害，既有碍经济发展、侵害税收主权，又妨碍社会公平、藏匿贪污腐败。如何从税收层面构建约束机制，防范以逃避税收及转移违法所得为目的的财富外流，维护经济社会稳定发展、保护国家税收权益，是我国税收治理面临的一大挑战。

事实上，许多国家也曾经或正在面临类似的困境，"退籍税"便是西方发达国家为化解这一困境而创立的税收制度。

30.5.1 退籍税概述

为了便于从整体上把握退籍税制度的概貌，我们首先从退籍税的定义、特点和功能三方面做一个概要性说明。

1. 关于退籍税制度的定义

退籍税（Expatriation Tax），又称"退出税"（Exit Tax）或"移民税"（Emigration Tax），是针对因纳税人移居他国或退出国籍等原因，导致其应税所得及财产即将脱离本国税收管辖范围的纳税人群的特别税收制度规定。从各国税收实践看，它并不作为独立税种存在，通常列于所得税或者遗产税和赠与税项下，故可统称为"退籍税制度"。

2. 退籍税制度的特点

第一，"从富而征"，纳税人通常为总资产或特定资产超过一定规模的富人。第二，计税依据为尚未实现却"视同实现"的资产收益。这并不符合所得税征收的一般原则，但合乎反避税的根本目的，是退籍税制度区别于其他所得税的重要特征。第三，税率具有从属性，大多直接适用母体税种税率，税率形式累进与比例兼有。第四，税收优惠丰富，主要目的是避免妨碍正常的移民需求、合理合法的资本流通与商业行为。第五，纳税期限灵活，允许纳税人待持有资产实际变现时再行缴纳退籍税，期限可长达 10 ~ 15 年，但须担保或支付利息。

3. 退籍税制度的功能

第一，防范资产外逃，保障经济稳定。退籍税制度能够明显增加逃避税成本，因而可以在一定程度上遏制部分资产外逃行为，有助于减轻资本流失对经济稳定发展造成的不利影响。第二，维护国家权益，防止税收流失。退籍税制度可以堵塞所得税的征管漏洞，同时会倒逼有移民倾向的富人从收入（财产）获取到处置过程中的各个阶段，均需依法纳税，从而有助于减少税收漏损。第三，震慑非法所得，促进社会公平。退籍税制度会大大增加向境外转移非法所得的难度，像一柄悬于头顶的"达摩克利斯之剑"，对经济犯罪行为起到震慑作用。此外，退籍税制度意味着何处获益、何处缴税，从而可以保证退出国籍者与国内纳税人平等纳税，有助于促进国内的收入公平及社会和谐稳定。

30.5.2 退籍税制度的国际实践与国际比较

30.5.2.1 退籍税制度的国际实践

1. 退籍税制度的演化历程

第一阶段为 20 世纪 60 年代至 90 年代初，退籍税制度首创于美国，面向退出美国国籍的公民征收，称为"退籍税"（Expatriation tax）；第二阶段为 20 世纪末至 21 世纪初（约 1995~2007 年），退籍税制度密集地出现在欧盟国家，并且在欧盟产生了关于这一制度的区域性协定；第三阶段为 2008 年至今，退籍税制度得到进一步发展，征收国家增多，已有国家也纷纷加大征税力度、扩大征税范围。

2. 退籍税制度产生与发展的影响因素

目前约有 20 个国家施行退籍税制度，除南非外均为发达国家。这一制度之所以能够在这些国家产生发展，有四方面原因值得关注：第一，经济原因。相较于发展中国家，发达国家较早融入国际化浪潮，要素流动更为频繁，同时资本市场开放程度高、流动性强，因而纳税人向境外转移资产的情况比较普遍。第二，财政税收原因。通过研究征收退籍税国家的财政税收状况，发现这些国家或是整体税负较高，或是整体税负虽然不高但个人所得税边际税率较高，又或是宏观税负和个人所得税边际税率均高。可见，富裕人士逃避税现象背后是较高税负的制度，由此便引发了阻止这种跨国逃避税行为而设立退籍税制度的必要。第三，征管条件。实施退籍税制度要求税务机关必须能够全面掌握国内外涉税信息，征管条件的约束可能是发展中国家较少施行这一制度的主要原因。第四，政治因素。偏左翼的政党和政治家通常更重视社会福利和公平，而偏右翼的政党和政治家对改革的态度往往相对保守，各国推行退籍税改革时多数处于偏左翼政党或领导人执政时期。

30.5.2.2 退籍税制度的国际比较

虽然各国的退籍税制度具有大体一致的经济和社会背景，但其具体形态并非完全相同。为了从整体上把握各国退籍税制度的基本特征，需要从税制设计的基本要素对各国实施的退籍税制度进行比较，从中发现若干规律性，以便为我国的相关税制设计提供有价值的借鉴。

1. 各国退籍税制度的纳税人认定比较

第一，退籍税的纳税人判定以纳税人身份的变更为基本条件，大部分国家以税收居民身份变更为判定标准，而非仅以退出国籍为准。第二，为了不限制正常的移民需求和资本的合理流动，更准确地识别出有避税动机的纳税人，各国根据实际情况设计了个人身份、资产规模等补充条件，进一步限定纳税人的范围。第三，各国对退籍税纳税人判定条件的具体规定有所不同，这主要由于不同国家退籍税税基范围不同，也与不同国家的经济发展水平、资本流动情况和政府管制程度密切相关。

2. 各国退籍税制度的税基比较

首先，退籍税制度的税基一般不超过母体税种已覆盖的资产范围，这样可以在现有的征管水平上收到较好的征收效果；第二，若从最能有效约束逃避税行为的角度出发，可按权责发生制对未实现收益征收，若从税收效率原则出发，同时考虑征管技术的局限，可按收付实现制对已实现收益征收；第三，采用公允价值计量是通用的确定应纳税额的方法；第四，资产持有期间的成本允许扣除，但各国做法不尽相同。

3. 各国退籍税制度的税率比较

目前退籍税税率以累进税率为主，应税资本利得越高，退籍税税额越高，对于资本大量外流以及以避税为目的转移资产具有一定的限制作用。退籍税的税率水平与资本利得税的税率水平基本一致，且略低于个人所得税的税率水平。退籍税的税率形式和税率水平的国际经验对于我国退籍税的税率设计具有重要的参考价值。

从制度设计的角度分析，采用资本利得税的征税方式征收退籍税，相当于对应税资产的未实现资本利得分类征收个人所得税，这与我国个人所得税分项征收的现实情况类似。采用个人所得税的方式征收退籍税将应税资产的未实现资本利得作为个人收入的一部分，在征收综合所得税的过程中按照个人所得税的税率计算应缴纳的退籍税。未来我国如果采用以家庭为单位综合申报应纳税收入的个人所得税计征方法，可以参考和借鉴按个人所得税税率征收退籍税的经验，权衡退籍税的税率设置方式。

4. 各国退籍税制度的税收优惠比较

延期纳税下的税收豁免是退籍税优惠的一大特色，延期纳税避免了纳税人一次性税负过重，有利于纳税人合理安排资金流动，同时也避免了对未实现资产收益强行征收可能带来的税收公平性方面的指责。综合各项优惠措施来看，各国在退籍税制度设计时根据不同国情，能够综合考虑相关税种已有的税额、税率、税基各方面的优惠政策，相互配合、互不冲突，保证了制度整体的合理稳定。

5. 各国退籍税制度的征管规定比较

一般来说，相关义务人的本国公民身份或税收居民身份丧失之时，便是退籍税纳税义务产生之时。退籍税的申报期限，主要有两种：一是离境前申报清缴，二是离境后对未实现资产收益的延期纳税。纵观美、英、法、日等国的退籍税制度，严格的收入报告制度、发达的资产登记与评估体系、全面的海外收入情报信息等为退籍税的征管提供了保障。

30.5.3　我国实施退籍税制度的必要性和可行性

30.5.3.1　我国实施退籍税制度的必要性

我国目前面临严峻的富豪移民及财富外流形势。第一，惊人的移民意愿：经调查研究，2015 年个人资产超过 1000 万元者，44% 已移民或决定移民；2011 年个人资产超过 1 亿元的超高净值企业主有 27% 已经移民，47% 正在考虑移民。第二，惊人的海外资产：拥有境外投资的高净值人群占比从 2011 年的 19%，一跃增至 2015 年的 37%，超高净值人士则高达 57%。第三，惊人的投资移民规模：中国大陆移民获得美国 EB - 5（投资移民）签证数占比，由 2007 年的 15.5% 大幅增至 2014 年的 85.4%。第四，多样的资产转移渠道：中国高净值人群在海外配置资产的类型偏向于购置房产、债券和股票，而实业投资比例偏低。同时，也存在赌博洗钱等非法途径将资金转出。

海外移民及资产转移带来大量人才和财富流失，既有碍我国经济的稳定发展，又危害税收主权，还会妨碍社会公平，藏匿贪污腐败。因而，我国实行退籍税制度具有现实紧迫性。

30.5.3.2　我国实施退籍税制度的可行性

在认可退籍税制度重要作用同时，还需客观评判我国实施退籍税制度的可行性。首先，与其他实行退籍税制度多年的国家相比，严格来讲我国征收退籍税的现实条件尚不完备。一方面，法律支撑不足。我国目前未对全部资本利得征税，也没有开征遗产税与赠与税；《国籍法》和《出境入境管理法》也没有对退籍或离境人员是否应进行财产清算作出要求。另一方面，征管条件不佳。实施退籍税要求税务机关掌握纳税人境内外财产收入信息并能够进行有效监控，以我国目前的征管水平尚难达到，迅速推行退籍税可能难以取得预期效果。其次，我国实施退籍税制度可能会引发一些担忧。比如，退籍税制度是否有碍公民行使移居移民的自由权利、是否会导致已移民者与未来移民者之间的税负不公、是否会扭曲纳税人的移民移居行为、是否存在双重征税等。

虽然征收条件尚不完备，并可能不可避免地会带来一些负面影响，但与富豪"无障碍"移居移民对我国经济、社会造成的损害相比，实难相提并论，不可因噎废食；通过审慎的制度设计，还可以尽量避免产生负面影响。综合考虑，我国实施退籍税制度利大于弊。

30.5.4　我国实施退籍税制度的政策建议

30.5.4.1　我国退籍税制度的构建原则

第一，以作为直接税体系的补充规定为原则。同大部分国家一样，我国的退籍税制度不应作为独立税种，而应作为直接税相关税种的补充规定出现。

第二，以不增加额外税收负担为原则。征收退籍税，并非开征新税、增加纳税人负担，而是弥补因现行税制不健全可能造成的税收漏损及税负不公，其的功能为"堵漏"而非"增负"。因而设立退籍税制度，不能被理解为一项加税改革。

第三，以不妨碍合理的人员及资金流动为原则。退籍税的制度设计，应能够有效识别具有避税意图的申请人，避免对有合理移民或移居需求的群体造成阻碍。

30.5.4.2　我国施行退籍税制度的改革目标

1. 准备阶段（2015～2017 年）：加强跨界协同研究，做好立法准备和征管准备

（1）做好立法准备。第一，应继续着力推进综合与分类相结合的个人所得税改革，加快个人所得税改革进程，适时修订《个人所得税法》，将退籍税制度纳入其中。第二，加快推进《税收征收征管法》修订草案的立法进程，尽快将提升征管能力的法律保障落到实处。第三，修订《国籍法》与《出境入境管理法》，严格国籍及出入境审查，制定必要的惩处措施和限制离境措施。

（2）做好征管准备。第一，加强税务机关、海关、公安出入境管理局、外汇管理局等部门的协同合作，搭建协同征管机制，实现涉税信息联网；第二，完善居民财产登记体系，为财产申报扫除障碍；第三，发挥中介协税作用，进一步提高纳税服务覆盖的广度和深度；第四，加强国际税收征管合作和情报交换，获取我国税收居民海外资产的准确数据。

2. 实施阶段（2018～2020 年）：修订相关法律，以小口径起步征收退籍税

在立法条件和征管条件具备时，可以开征退籍税，并根据税法修订的实际情况从小口径的应税资产范围入手，逐项起步。首先，可以将持有股权或不动产价值超过一定规模的出境申请人识别为退籍税的纳税人，对股权及不动产转让的未实现收益，按照市场公允价值，以 20% 的比例税率先行征收；其次，未来可以由比较单一的资产类型扩展到包括多种复合资产在内的各类实物、货币及无形资产。

30.5.4.3　我国退籍税制度的方案设计

退籍税制度是《个人所得税法》的特别规定条款，它的税制要素等各个方面应与母体税法一致。在前述研究的基础上，我们从中国税法及征管能力的实际情况出发，就退籍税制度的具体内容设计一个可供参考的方案。

1. 纳税人

退籍税应对税收居民身份发生变更的中国公民和外国侨民征收，并要满足一定条件，这些条件须有助于识别出可能具有逃避税意图的人群：持有资产规模较大者，移民或移居至避税地者，未向税务机关足额申报财产或未足额缴税的逃税者。对退籍税纳税人身份的认定，应以由居民纳税人变更为非居民纳税人为判定标准，而不应仅以退出中国国籍为标准。这既能够适应我国现行税法的规定，又符合海外移居移民及资产转移的实际情况。

2. 征税对象

退籍税的征税对象是退籍税纳税人视同出售应税财产所实现的资本利得。退出者的

财产将被认为已在移居海外日前以市场公允价值出售，具体做法是将退出者的个人资产（依其退出国籍或定居权之日的前一日公允市场价值）扣除负债后的余额，视同出售财产实现的资本利得，再减去规定的扣除额后，计入纳税年度总所得。

3. 税率

退籍税的税率形式和税率水平，直接依照个人所得税中对应税资产适用税率的规定，不需要单独设定。

（1）分类征收模式下，适用20%比例税率。目前我国个人所得税实行分类征收模式，资本所得（股息、红利所得，财产租赁及转让所得等）适用20%的比例税率，因而短期内，退籍税条款也应适用这一税率。

（2）分类与综合相结合模式下，适用累进税率，并对长期持有资本利得适用低税率。随着个人所得税改革的深化，未来在综合分类相结合的征收模式下或可适用累进税率，还可以进一步区别对待短期资本利得及长期资本利得，对长期持有的资本利得适用低税率。

（3）遗产税与赠与税下的退籍税，适用较高的比例税率。未来开征遗产税与赠与税时退籍税的相关条款需要纳入其中，这部分退籍税制度遵照遗产税与赠与税税率，预计会大大高于个人所得税目前规定的20%的水平。

4. 税收优惠

为退籍税设置税收优惠，是出于防止过分阻碍资本自由流动，保护合理商业行为及移民移居行为的目的。除了因隶属于个人所得而自然享有的税收优惠外（如免征额），退籍税还需要一些额外的优惠规定，优惠方式既可以有税额式减免，也可以有税基式减免、税率式减免，其内容应涉及：

（1）在延期纳税的情况下，若延期纳税期限结束时仍符合延期纳税的规定，或者纳税人在延期纳税期限内恢复居民身份且并未将应税资产变现，则可以豁免退籍税。

（2）对长期资本利得给予优惠。可对长期资本利得应纳税额减半征收、按一定比例税前扣除或适用低税率。

（3）对在国外处置相关资产时已被外国政府征收的税款，可以抵免一部分应纳退籍税额。

（4）对个人非投资性资产应予以免税。

5. 征收管理

（1）纳税义务时点。我们考察的8个国家中，只有英国在自然人返回英国重新成为英国居民纳税人时征税，这种规则虽能有效避免对正常的移民及移居行为课税，但需要税务机关对纳税人全球范围的资产情况了如指掌，就我国目前的征管能力而言，实行起来难度较大。因此，我国可参考大部分国家的做法，将纳税人申请退出国籍或获取他国长期居留证明的时间规定为退籍税纳税义务发生时点。

（2）申报方式。在目前的个人所得税框架下，有代扣代缴和自行申报两种方式。考虑到退籍税设计框架中，退籍税的征税对象以资本利得而非劳动所得为主体，且针对未实现的资产处置收益征收，不存在扣缴义务人，无法实现代扣代缴，因此以纳税人自行申报为主。

（3）申报流程。退籍税带有清算性质，可参考目前企业所得税法中对于企业清算的流程设计，即在自然人做出退籍决定时先到主管税务机关进行信息登记，对资产进行报备，在登记后的一定时间内（如60日内）对于期间处置的资产应税所得进行清算申报，对符合延期纳税条件的未处置资产应税所得提出延期申请，以取得税务机关出具的完税凭证或延期纳税证明（此类证明应列入办理退籍所需提交资料之列），然后再提交退籍主管机关办理退籍。

需要说明的是，在登记到清算期间，纳税人可能会对登记资产进行处理，也可能不做处理。对于处置资产实现的收益，若目前个人所得税法已明确的内容，应遵从母法规定，比如因退籍而发生的不动产转让、股权（含限售股）转让、无形资产转让等已实现的收益，按照现行个人所得税相关征管规定执行，不再另行规定，以保证税法的确定性，同时节约管理成本，便于征缴双方操作；对于处置资产实现的收益中目前个人所得税法予以免税的部分，如有价证券的转让所得等，依据未来个人所得税法改革大方向，保持与母法理念一致，在未来母法修订中通盘考虑，不做单独规定。上述处置资产实现的收益应在清算申报时一并提供已完税证明，清算时仍未完税的应在退籍税纳税义务所在地完税。对于仍未处置的资产应税所得则应向退籍税主管税务机关申报或提出延期纳税申请。

（4）申报地点。考虑到退籍税的纳税义务以自然人税收身份的变更为触发点，而税收身份的变更既与国籍有关，也与在国内居留有关，故其申报地点应与自然人身份、住所密切相关。对于原在中国境内有户籍的个人，应向其户籍所在地主管税务机关申报；在中国境内无户籍的个人，应向中国境内经常居住地主管税务机关申报。

（5）征管权限。在目前立法框架下，退籍税应包含在个人所得税中。个人所得税目前的征管权限集中在地方税务局，故退籍税应由纳税人原户籍所在地或经常居住地的地方税务局负责征管。即申报流程中的登记、清算申报（含延期纳税申请），均应由地方税务局管理。在清算过程中发现应补税的，向原户籍所在地或经常居住地的地方税务局补缴税款；在清算过程中发现应退税的，纳税人向原户籍所在地或经常居住地的地方税务局提出退税申请，由该地方税务局进行退税。

（6）收入划分。退籍税的立法权及收入划分不须另行规定，与其母体税种一致即可。在个人所得税框架下，它便属于中央与地方共享税，立法权集中在中央，税收收入按中央与地方6∶4的比例分享。

（7）延期纳税及担保。由于退籍税的课税对象是未实现所得，因此退籍税应允许延迟至资产出售或清算时缴纳，这也是为方便暂离本国的纳税人进行合理的资本流动规划。延期纳税的规定应包含下述内容：第一，规定延期纳税的时限，各国的经验通常为10～15年；第二，如果纳税人在延期纳税时限内恢复居民纳税人身份，或超出时限后仍未变现资产，可免于缴纳退籍税；第三，申请延期纳税需要为未来的税款提供担保，并缴纳利息。在现行征管法中，担保包括经税务机关认可的纳税保证人为纳税人提供的纳税保证，以及纳税人或者第三人以其未设置或者未全部设置担保物权的财产提供的担保。退籍税的纳税担保人应当填写纳税担保书，写明担保对象、担保范围、担保期限和担保责任等事项，经纳税人、纳税担保人签字盖章并经税务机关同意，方为有效。

30.5.4.4 我国退籍税制度实施的相关配套机制

1. 法制建设

（1）修订《个人所得税法》，并加快推进《税收征收征管法》修订草案的立法进程。个人所得税是退籍税制度的"母体"，只有当个人所得税趋于完善后，退籍税制度才便于跟进。不难看出，退籍税的设计理念中已经融入了个人所得税综合税制的理念，同时也已将清算等手段考虑在内，这与目前我国个人所得税改革的大方向不谋而合，因此，应继续着力推进综合与分类相结合的个人所得税改革，加快个人所得税改革进程，适时修订《个人所得税法》，将退籍税制度纳入其中。同时，税收征管水平是退籍税制度能否顺利施行的重要保障，我国《税收征收管理法修订草案（征求意见稿）》已于2015年1月5日公布，其中涉及多项有助于提高征管能力的重要规定，建立对自然人的税收管理体系，施行统一的纳税人识别号制度，设立第三方信息披露制度等，都对退籍税的征管具有重要意义。对于统一的纳税人识别号除了从税务机关内部统一之外，还应考虑其编号的唯一性和确定性，如能在征管法中明确对自然人的纳税人识别号与其身份证号码（或护照号码）保持一致、终生不变，那么今后在与银行、公安、海关等部门的信息对接中将事半功倍。因此，应加快修订草案的立法进程，尽快将提升征管能力的法律保障落到实处。

（2）修订《国籍法》与《出境入境管理法》。首先，建立公民申请退出中国国籍或成为他国常住居民的报告和通知程序，要求拟发生纳税居民身份变更的申请人必须履行对户籍所在地税务机关的报告和通知义务；第二，严格国籍及出入境审查，对于未经批准取得外国国籍或虽取得外国国籍但未报告的，制定必要的惩处措施；第三，规定对退出国籍的申请人、取得外国长期居留证明的公民及非法退出国籍的人，必须进行财产清算、履行纳税义务后方可离境，否则限制离境。

2. 协同机制建设

总体而言，施行退籍税制度对税收征管能力提出了较高的要求，需要税务机关全面掌握国内、国际两方面的涉税信息。而我国财产评估体系和收入监控体系尚未建立，尚未搭建统一的涉税信息共享平台，国际情报交换机制也刚刚起步。提高税收征管能力，需要全国上下齐心协力，做好部门协同、信息协同、征管协同。多种措施并举，方能为退籍税制度的有效施行铺平道路。①

（1）实现涉税信息联网。目前，个人涉税信息特别是退籍税相关的信息碎片化的散落在各个部门，如个人户口的注销信息、房产信息、股权登记信息等，无法全面掌握个人信息，更多的是依靠纳税人的遵从度主动申报，从而在征管中处于非常被动的局

---

① 当然，税制改革不能以征管条件的完备为前提，两者通常是互相促进的。以我国税务机关目前的征管能力，退出税完全可以以窄税基起步，先从税务机关目前能够掌握的纳税人财产信息入手，尔后在征收管理的过程中不断进行制度完善和配套改革。

面。因此，公安、海关、银行、税务等相关部门之间应建立信息共享机制，降低信息交易成本，便于税务机关及时全面掌握纳税人来源于不同方面的收入和财产信息，有的放矢。

（2）搭建协同征管机制。退籍税的征收时间有其特殊性，主要表现为纳税人身份的变更极有可能伴随而来的长期或永久离境，税务机关如无法在第一时间对税款进行征收，则必然面临追征的难题。另外，对于缓征的税款如何进行后续的跟进，单靠税务机关一家更是独木难支，无从借力。因此，对于未完成退籍税清算的纳税人，应建立协同征管的机制，如通过公安部门暂缓办理退籍手续，海关协同限制其出境，外汇监管部门对其实行外汇汇出管制等措施，协同筑牢最后一道关。

（3）完善财产登记体系。退籍税兼具财产税与所得税的功能特征，要求纳税人如实申报财产，需要财产登记作为基础和保障。众所周知，财产的种类众多，虽然我国已经开始实施储蓄存款实名制及股票、债券等金融资产登记制度，但目前我国还未建立起完善的财产登记体系，广受关注的《不动产登记暂行条例》，也是今年 3 月 1 日起刚刚施行。尽快完善我国的财产登记体系，才能为财产申报扫除障碍。

（4）发挥中介协税作用。退籍税制度，特别是延期纳税的相关规定对国内税收服务提出较高的要求，应积极支持税务代理行业的发展，培育发达的税务中介市场，进一步提高纳税服务覆盖的广度和深度。同时，退籍税计算过程中，财产估值既是核心也是难点，需要专业的部门提供专业的服务，确保公平合理。适时地引入资产评估机构，将大大提高效率，减少征纳矛盾，维护纳税人合法权益。

（5）加强国际税收征管合作。退籍税纳税人因其纳税身份的变化，往往会面临两国或多国的税收监管而纳入国际税的范畴。为确保税收公平，既避免其利用身份的变化进行避税，也防止双重征税，应进一步加强国际税收征管合作和情报交换。截至 2015 年 8 月底，我国已对外正式签署 100 个避免双重征税协定，其中 97 个协定已生效，和中国香港、中国澳门两个特别行政区签署了税收安排，与中国台湾签署了税收协议（尚未生效），另外还签订了 10 个税收情报交换协定[①]，覆盖范围较为广泛。但在实际工作中，税收情报交换使用效率并不高，应对方请求核查的多，主动发出请求的少，针对法人多，涉及自然人少，因此应进一步提高情报交换使用效率，将国籍变更信息纳入自动情报交换范畴，以便核实掌握纳税身份变化的信息。定期交换收入情况和完税信息，加强与境外金融机构的合作，获取我国税收居民海外资产的准确数据。同时，对于接收我国移民较为集中的国家和地区，可考虑建立税务调查合作机制，实现常态化合作。

30.6　收入公平分配视角下的社会保障费改税

30.6.1　我国社会保障制度与筹资模式演变

我国社会保障经过几十年的摸索、实践，经历了社会保障制度初步建立、社会保障

---

① 资料来源：国家税务总局网站，http：//www.chinatax.gov.cn/n810341/n810770/index.html。

制度全面变革与社会保障制度不断完善三个阶段，初步建立起"统账结合"的基本筹资模式。

30.6.1.1 1951~1983年：社会保障制度初步建立阶段

1951年《中华人民共和国劳动保险条例》颁布，意味着我国第一部社会保障法的诞生，这标志着我国城镇职工基本养老保险制度、城镇职工劳保医疗制度与公费医疗制度、工伤与生育在内的基本保险制度的建立。在农村，建立了合作医疗与"五保"制度，农民在自费医疗的同时，一些地方自发试行了合作医疗，这一制度在农村逐渐被推广，在20世纪70年代达到顶峰，这一时期是国家保险与集体保险阶段。国家允许企业从工资基金中提取3%用于退休金，由企业发放退休职工的养老保险待遇，5%用于职工医疗，不足部分从营业外支出中列支，报销本单位职工的医疗费，而农村合作医疗的筹资来源则是集体经济，合作医疗作为一种保险互济制度，在保护广大农村居民健康方面发挥了重要的作用。然而，1966年开始的"文革"使各项社会经济工作陷入困顿，社会保障也未能幸免，1969年一部《关于国营企业财务工作几项制度改革的意见（草案)》宣布国营企业一律停止提取劳动保险金，国家保险制度退回到企业保险时期。"文革"结束后，在百废待兴的局面下，1978年国务院颁布了《关于安置老弱病残干部的暂行办法》和《关于工人退休、退职的暂行办法》，重新规定了离退休待遇，到1984年底，离退休待遇水平显著提高，城镇集体企业职工老年生活也有了初步保障。但是"文革"后，合作医疗因集体经济的瓦解失去经济支持而迅速瓦解。

这一阶段的前半段目标在于改善人民生活，后半段目标在于服务计划经济。虽然社会保障制度经历了一些波折，并在一定程度上退化为企业保险制度，但是这套与计划经济相适应并有国家保证制、企业保障制和乡村集体保障制组成的社会保障制度保持了相对稳定性与完整性。这一制度的特点是以国家直接责任为主题，以企业保障为核心，劳动分配与福利分配相结合，并按照城镇与乡村二元化方式进行设计和实施，使亿万国民从中得到实惠。

30.6.1.2 1985~1999年：城镇"统账结合"社会保障制度改革与完善

1984年党的十二届三中全会揭开了从计划经济向市场经济转变的序幕，我国经济体制改革进入以城市为重点，以国营企业为中心的时代，谋求自主经营、自负盈亏的企业主体难以承受畸轻畸重的养老保险负担。于是1985年起（少数地区1984年起）各地纷纷进行了重建养老保险社会统筹的试点，1986年国务院颁发的77号文件，建立了市一级层次上的国营企业养老金的社会统筹机制。为扩大养老保险的缴费基础，1991年国务院颁布了《关于企业职工养老保险制度改革的决定》，在全国重新实行养老保险社会统筹制度，并且改变养老保险由国家和企业包下来的做法，实行国家、企业、个人三方共同负担，职工个人也要缴纳一定的费用。初步确立的国家养老保险、企业补充养老保险的个人储蓄养老保险相结合的制度。1993年党的十四届三中全会《关于建立社会主义市场经济若干问题的决定》将多层次的社会保障制度确立为我国社会主义市场经济

体系的基本支柱之一。该决定重要的贡献是养老社会保险在社会统筹机制之外首次肯定
了个人账户机制在改革方向上的地位与作用。1995 年《关于深化企业职工养老保险制
度改革的通知》确立了我国养老保险制度改革的目标、原则与任务。该通知首次提出要
实行以社会统筹与个人账户相结合为原则的养老保险模式。并同时出台了两套实施方
案，两套方案在形式上都将企业的缴费划分为社会统筹部分与个人账户部分，但两者对
社会统筹与个人账户在新制度中孰轻孰重的基本选择倾向却存在较大的分歧。1997 年
国务院针对前一段改革中出现的问题出台了《关于建立统一的职工基本养老保险制度的
决定》。该决定确定的养老社会保险的统一制度的内容主要是：统一缴费比例、建立统
一的个人账户、统一个人养老金计发办法。然而，在农村，社会保障仍然处于缺失状
态。医疗保险方面，1998 年颁布了《关于建立城镇职工基本医疗保险制度的决定》，开
始了在全国建立基本医疗保险制度，制度采取"统账结合"模式，原则上实行地市级
统筹，单位缴费部分进入统筹账户，部分进入个人账户，个人缴费则全部计入个人账
户。这一时期，养老保险制度改革实现了否定之否定螺旋式上升特点：养老保险覆盖面
不断扩大，包括所有的企业职工和个体工商户，养老保险的基本框架搭建完成，建立了
企业年金制度，确保了养老金的发放，实现社会化战略。实行了企业与职工共同缴费，
国家财政资助的筹资政策，医疗保险制度社会化改革则起步较晚，1999 年《城市居民
生活最低保障条例》则意味着城市居民最低生活保障制度在全国范围全面铺开。这一时
期，城市化和国营企业发展战略导致农村社会保障的发展滞后于城市，1997 年东南亚
金融危机导致大量城镇职工失业下岗，社会保障制度的不健全与发展失衡成为我国城乡
收入差距、群体收入差距的重要原因。

这一阶段，我国社会保障体系的最大特点是重新建立了社会保险制度，并且建立了
社会统筹（现收现付）与个人账户（基金积累）相结合的制度模式，初步建立了多层
次社会保障框架。从政府一包到底，到多层次社会保障体系的提出，到企业与个人共同
缴费，国家财政进行资助，社会保障的社会化程度不断提高，政府社会保障筹资责任更
多地转向社会保障发起者、筹资组织者与社保基金支出平衡者的角色。

30.6.1.3 2000 年至今：社会保障制度体系系统化与多元化

随着人口老龄化、就业方式的多元化和城市化的发展，我国的养老保险面临收不抵
支、个人账户空账、社会保障覆盖面窄、流动人口社会保障缺失等诸多问题。建立符合
市场经济要求、又适合人的全面发展社会保障系有待建立。2000 年国务院印发了《关
于完善城镇社会保障体系试点方案的通知》，明确坚持社会统筹与个人账户相结合的制
度模式，但是个人账户缴费比例由 11% 降低到 8%，企业缴费也不再划入个人账户，个
人账户基金由省级社保经办机构统一管理。此外，下岗职工基本生活保障向失业保险并
轨，城镇居民最低生活保障制度不断完善。为应对人口老龄化与就业形式多样化的发
展，扩大了养老保险缴费基础，2005 年，国务院发布了《关于完善企业职工养老保险
通知》，扩大了基本养老保险覆盖范围，将城镇灵活就业人员纳入保险范围，逐步做实

个人账户,① 并建立缴费与收益间的对称性,兼顾了公平与效率原则,决定加快提高统筹层次。2009 年,2011 年我国又分别建立了新型农村养老保险制度、城镇居民养老保险制度,在最短的时间内实现了养老保险制度的全覆盖,再加上 2007 年的农村居民最低生活保障制度的建立,我国的养老保障制度体系框架初步形成。医疗保险方面,针对居民看病贵、看病难、因病致贫、因病返贫问题,2003 年和 2007 年针对未参加医疗保险的居民,在农村和城镇分别推出了新型农村合作医疗制度与城镇居民医疗保险制度,与 1998 年在全国范围建立的城镇职工基本医疗保险制度(简称"城职保")一起构成了覆盖城乡居民的基本医疗保险体系。随着各项基本医疗保险制度的建立和完善,截至 2011 年底,我国基本医疗保险覆盖率超过 95%。

2013 年,党的十八届三中全会明确提出,要"建立更加公平可持续的社会保障制度……推进机关事业单位养老保险制度改革"。这一思想指导下,我国社会保障制度推进改革的速度不断加快,2014 年 2 月,国务院出台《关于建立统一的城乡居民基本养老保险制度的意见》,自 2014 年 7 月 1 日起,在全国基本实现新农保和城居保制度合并,建立统一的城乡居民基本养老保险制度。2015 年 1 月,国务院发布《关于机关事业单位工作人员养老保险制度改革的决定》,自 2014 年 10 月 1 日起,改革机关事业单位工作人员养老保险制度。由此,一个覆盖广泛的养老保险制度基本建成(见表 30 - 11)。

表 30 - 11   当前我国社会保险项目及类型

保险项目	具体类型	法律文件
养老	城镇职工基本养老保险	《国务院关于建立统一的企业职工基本养老保险制度的决定》 《国务院关于完善企业职工基本养老保险制度的决定》修订
	城镇居民社会养老保险	《国务院关于开展城镇居民社会养老保险试点的指导意见》
	新型农村社会养老保险	《国务院关于开展新型农村社会养老保险试点的指导意见》
	城乡居民基本养老保险	《国务院关于建立统一的城乡居民基本养老保险制度的意见》将城镇居民社会养老保险与新型农村社会养老保险合并
	机关事业单位工作人员养老保险	《国务院关于机关事业单位工作人员养老保险制度改革的决定》
医疗	城镇职工基本医疗保险	《国务院关于建立城镇职工基本医疗保险制度的决定》
	城镇居民基本医疗保险	《国务院关于开展城镇居民基本医疗保险试点的指导意见》
	新型农村合作医疗	《中共中央、国务院关于进一步加强农村卫生工作的决定》
失业	失业保险	《失业保险条例》

---

① 个人账户试点首先在东北三省进行试点,后在全国推广,但是由于统筹账户养老金不足导致个人账户资金仍被挪用,做实个人账户的改革实际上已宣告失败。

保险项目	具体类型	法律文件
工伤	工伤保险	2003 年 4 月 27 日《工伤保险条例》，2010 年 12 月 12 日对若干条目进行修订
生育	生育保险	1994 年 12 月劳动部颁发《企业职工生育保险试行办法》

这一阶段，我国养老保险制度覆盖面不断扩大，在农村缺失多年的养老保险和医疗保险制度得到重建并不断完善，一个相对稳定，能够应对老龄化和就业形式多样化的社会保障体系初步形成，政府在社会保障中承担的责任逐渐明确。

30.6.2　中国社会保障的筹资现状

根据统计口径的不同，中国社会保障筹资可以分成两部分：其一体现在一般公共财政预算中，由税收进行筹资，没有积累；其二体现在社会保险基金预算中，主要由社会保险基金收入筹集。两者之和也称为"大口径"的社会保障支出。

30.6.2.1　一般公共预算中的社会保障筹资

表 30－12 是 1990～2015 年间一般公共财政预算中安排的社会保障支出，主要包括抚恤和社会福利救济费、社会保障补助支出、行政事业单位离退休支出等内容。从中不难发现，社会保障支出的数额逐年增加，占一般公共财政支出的比重也逐年提高，近年来稳定在 10% 左右的水平。

表 30－12　1990～2015 年一般公共预算安排的社会保障支出

年份	财政支出（亿元）	财政支出增速（%）	社会保障支出（亿元）	社会保障支出增速（%）	社保支出占财政支出比例（%）
1990	3083.59	9.2	55.04	—	1.8
1991	3386.62	9.8	67.32	22.3	2.0
1992	3742.20	10.5	66.45	-1.3	1.8
1993	4642.30	24.1	75.27	13.3	1.6
1994	5792.62	24.8	95.14	26.4	1.6
1995	6823.72	17.8	115.46	21.4	1.7
1996	7937.55	16.3	182.68	58.2	2.3
1997	9233.56	16.3	328.42	79.8	3.6
1998	10798.18	16.9	595.63	81.4	5.5
1999	13187.67	22.1	1197.44	101.0	9.1
2000	15886.50	20.5	1517.57	26.7	9.6

年份	财政支出（亿元）	财政支出增速（%）	社会保障支出（亿元）	社会保障支出增速（%）	社保支出占财政支出比例（%）
2001	18902.58	19.0	1987.40	31.0	10.5
2002	22053.15	16.7	2636.22	32.6	12.0
2003	24649.95	11.8	2655.91	0.7	10.8
2004	28486.89	15.6	3116.08	17.3	10.9
2005	33930.28	19.1	3698.86	18.7	10.9
2006	40422.73	19.1	4361.78	17.9	10.8
2007	49781.35	23.2	5447.16	24.9	10.9
2008	62592.66	25.7	6804.29	24.9	10.9
2009	76299.93	21.9	7606.68	11.8	10.0
2010	89874.16	17.8	9130.62	20.0	10.2
2011	109247.79	21.6	11109.40	21.7	10.2
2012	125952.97	15.3	12585.52	13.3	10.0
2013	140212.10	11.8	14490.54	15.1	10.3
2014	151785.56	8.3	15968.85	10.2	10.5
2015*	171500.00	13.0	18332.99	14.8	10.7

注：1. 社会保障支出中包括抚恤和社会福利救济费、社会保障补助支出、行政事业单位离退休支出。1996年以前不包括由行政管理费开支的离退休支出。

2. 2007年及以后为社会保障和就业支出。

资料来源：《中国统计年鉴》（1996～2015）。＊来自2015年全国财政决算数据。

30.6.2.2　社会保险基金安排的社会保障筹资

随着我国社会保险工作的深入开展，我国的社会保障体系建设取得重大进展，至今已基本形成覆盖绝大多数人群的社会保险体系，利用社会保险筹集了相当规模的基金收入，对于保障和改善民生起到了相当大的支撑作用。表30-13、表30-14是1995～2015年间我国社会保险基金的收入和支出情况，从中可以发现，随着社会保险覆盖面的推进，社会保险基金收入和支出的增长均保持了较高水平。

表30-13　　　　　　　　　　社会保险基金收入（1995～2015年）

年份	收入合计（亿元）	增速（%）	基本养老保险基金收入（亿元）	失业保险基金收入（亿元）	医疗保险基金收入（亿元）	工伤保险基金收入（亿元）	生育保险基金收入（亿元）
1995	1006	—	950.1	35.3	9.7	8.1	2.9
1996	1252.4	24.49	1171.8	45.2	19	10.9	5.5
1997	1458.2	16.43	1337.9	46.9	52.3	13.6	7.4

续表

年份	收入合计（亿元）	增速（%）	基本养老保险基金收入（亿元）	失业保险基金收入（亿元）	医疗保险基金收入（亿元）	工伤保险基金收入（亿元）	生育保险基金收入（亿元）
1998	1623.1	11.31	1459	68.4	60.6	21.2	9.8
1999	2211.8	36.27	1965.1	125.2	89.9	20.9	10.7
2000	2644.9	19.58	2278.5	160.4	170	24.8	11.2
2001	3101.9	17.28	2489	187.3	383.6	28.3	13.7
2002	4048.7	30.52	3171.5	213.4	607.8	32	21.8
2003	4882.9	20.60	3680	249.5	890	37.6	25.8
2004	5780.3	18.38	4258.4	290.8	1140.5	58.3	32.1
2005	6975.2	20.67	5093.3	340.3	1405.3	92.5	43.8
2006	8643.2	23.91	6309.8	402.4	1747.1	121.8	62.1
2007	10812.3	25.10	7834.2	471.7	2257.2	165.6	83.6
2008	13696.1	26.67	9740.2	585.1	3040.4	216.7	113.7
2009	16115.6	17.67	11490.8	580.4	3671.9	240.1	132.4
2010	19276.1	19.61	13419.5	649.8	4308.9	284.9	159.6
2011	25153.3	30.49	16894.7	923.1	5539.2	466.4	219.8
2012	30738.8	22.21	20001	1138.9	6938.7	526.7	304.2
2013	35252.9	14.69	22680.4	1288.9	8248.3	614.8	368.4
2014	39827.7	12.98	25309.7	1379.8	9687.2	694.8	446.1
2015*	46012.0	15.53	32195.0	1368.0	11193.0	754.0	502.0

资料来源：《中国统计年鉴》（1996~2015 年），＊2015 年数据来自《2015 年度人力资源和社会保障事业发展统计公报》。

表 30 - 14　　　　　　　　　社会保险基金支出（1995~2015 年）

年份	支出合计（亿元）	增速（%）	基本养老保险基金支出（亿元）	失业保险基金支出（亿元）	医疗保险基金支出（亿元）	工伤保险基金支出（亿元）	生育保险基金支出（亿元）
1995	877.1	—	847.6	18.9	7.3	1.8	1.6
1996	1082.4	23.41	1031.9	27.3	16.2	3.7	3.3
1997	1339.2	23.73	1251.3	36.3	40.5	6.1	4.9
1998	1636.9	22.23	1511.6	51.9	53.3	9	6.8
1999	2108.1	28.79	1924.9	91.6	69.1	15.4	7.1
2000	2385.6	13.16	2115.5	123.4	124.5	13.8	8.3

年份	支出合计 (亿元)	增速 (%)	基本养老保 险基金支出 (亿元)	失业保险 基金支出 (亿元)	医疗保险 基金支出 (亿元)	工伤保险 基金支出 (亿元)	生育保险 基金支出 (亿元)
2001	2748	15.19	2321.3	156.6	244.1	16.5	9.6
2002	3471.5	26.33	2842.9	182.6	409.4	19.9	12.8
2003	4016.4	15.70	3122.1	199.8	653.9	27.1	13.5
2004	4627.4	15.21	3502.1	211.3	862.2	33.3	18.8
2005	5400.8	16.71	4040.3	206.9	1078.7	47.5	27.4
2006	6477.4	19.93	4896.7	198	1276.7	68.5	37.5
2007	7887.8	21.77	5964.9	217.7	1561.8	87.9	55.6
2008	9925.1	25.83	7389.6	253.5	2083.6	126.9	71.5
2009	12302.6	23.95	8894.4	366.8	2797.4	155.7	88.3
2010	15018.9	22.08	10554.9	423.3	3538.1	192.4	109.9
2011	18652.9	24.20	12764.9	432.8	4431.4	286.4	139.2
2012	23331.3	25.08	15561.8	450.6	5543.6	406.3	219.8
2013	27916.3	19.65	18470.4	531.6	6801	482.1	282.8
2014	33002.7	18.22	21754.7	614.7	8133.6	560.5	368.1
2015*	38988.0	18.14	27929.0	736.0	9312.0	599.0	411.0

资料来源:《中国统计年鉴》(1996~2015 年), *2015 年数据来自《2015 年度人力资源和社会保障事业发展统计公报》。

30.6.3 中国社会保障筹资制度存在的问题

30.6.3.1 "碎片化"

我国社会保障筹资制度的"碎片化",突出的表现在筹资制度缺乏统一性,不同城乡、不同职业、不同地区的人群分别适用不同的筹资制度。在机关事业单位彻底改革之前,国家工作人员并没有参加全部的社会保险,至少他们的养老支出是由国家财政予以安排,而对于其他的人群,则参加各种不同的社会保险,这一点可以从表30-20中窥见一斑。

新中国成立以后建立起来的社会保障制度,覆盖的主要是城镇体制内人员,即国有企业和集体企业职工、机关事业单位工作人员,占人口多数的体制外的社会成员被人为排除在完整意义上的社会保障体系之外,他们只是享有某些专项社会保障,比如城乡困难居民享有的社会救济、农村"五保户"的供养制度等。20 世纪 90 年代初开始的社会保障制度改革,其初衷实际上是为国有企业的改革配套,以减轻国有企业负担。随着改革的深入和参保覆盖面的扩大，统账结合的制度很难完全适应国有企业职工以外的人群。为了适应和满足不同参保人群的意愿和要求，各地纷纷开始采取降低费率、单独建立小制度的办法，以覆盖城镇灵活就业人员、农民工、务农农民、失地农民等不同群体。这样我国社会保险制度就逐渐产生一个又一个"碎片"，为不同的人群分别建立了不同的社会保险制度。

这种碎片化的筹资制度，其实质是根据不同人群身份的差异而设计，可能适应了不同的情形，在效率方面具有较大价值，也比较适应我国当前的经济发展水平，但从公平性来看，却存在较大缺陷。

30.6.3.2　筹资制度的法制化程度较低

《中华人民共和国社会保险法》已经于 2011 年 7 月 1 日起正式实施，这对于规范社会保险关系，维护公民参加社会保险和享受社会保险待遇的合法权益，使公民共享发展成果，促进社会和谐稳定，具有极高的价值。但除此之外，我国现行的各项社会保险，大多是国务院暂行条例或部门规章，法律渊源层次较低。

法制化程度较低，既影响到了社会公众对于社会保险强制性的认知度，也妨碍了社会保险覆盖面的顺利拓展，这也是导致目前参保企业缴费欠费问题比较突出的重要原因之一。

30.6.3.3　便携性差

这里便携性是指不同社会保障制度的衔接性、社会保障关系转移的顺畅性，直接影响到社会保障调节收入分配作用的发挥。当前我国社会保障制度的便携性较差，突出的表现在两个方面。其一是统筹层次较低，社会保险不能方便地随着人口的流动而流动。目前我国的养老保险已经基本实现了省级统筹，意味着保险参加者可以在一省范围内自由流动，但若实现跨省流动，则尚不能很好地解决两省之间的衔接问题。除此之外，其余社会保险多是市级统筹，有的甚至还是县级统筹，从而极大地影响了人口的流动。其二是同一保险项目不同保险类型之间的衔接尚存在制度缺失。目前我国在养老保险和医疗保险领域根据不同人群身份建立了不同的保险安排，2014 年以后我国已经实现了新型农村养老保险和城镇居民养老保险之间的合并，并就城乡居民社会养老保险与城镇职工基本养老保险之间的接续做了明确规定，但对于不同的医疗保险类型而言，尚缺乏明确的相关规定。

30.6.3.4　筹资负担率高

我国企业和个人负担的社会保险五险总费率平均在 40% 以上，其中个人负担 11%，普遍高于世界主要国家水平。根据统计，美国社会保障工薪税率加总为 15.3%，雇员雇主各 7.65%，项目包括养老、遗属、医疗照顾等 4 个。英国的社保税率为 22%，日本为 26.6%，德国略高些，为 34.5%。据美国社会保障署提供的 24 个经合组织成员国（包括北欧福利型国家在内）的数据，雇主费率为 18%，社会保障方案平均总费率才为

32%，远低于我国的企业负担。[1] 高费率对经济和社会保险事业发展的负面影响是显而易见的，不仅增加了企业经营困难度，减弱企业活力，而且还恶化了投资环境，减弱竞争力，影响对国际资本和国内资本的吸引力，因此实际执行过程中企业参保积极性不高，欠费、逃费问题突出，造成扩面难、征缴难，增加执法成本。

30.6.3.5 社保基金市场化运作程度低

目前，我国社会保险基金处在省、市、县三级政府分散管理状态，五项社保基金的投资管理层次绝大部分以县市级为主[2]，2万多亿元的社保五险基金结余分布在2000多个县市级统筹单位。[3] 而且长期以来，从提高社会保险基金的安全性考虑，我国采取的稳健、保守的投资方式，社会保障基金只能购买国债或存入银行，由此造成投资运营效率低，面临贬值风险。

按银行利率并考虑通货膨胀因素来计算，从1986年开始进行社会保障体制改革之日（养老金设立之日）起，社会保险基金的收益一直为负，1986～1993年连续8年中，1987年、1988年、1989年三年的各期银行存款利率均低于通货膨胀率。1986年、1993年的3年期以下的存款利率也低于通货膨胀率。《2011年中国社会保障改革与发展报告》也表明，在2004年、2007年、2008年和2010年这四年中，我国的通货膨胀率在数值上部分或全部超过了同期银行定期存款利率，在2004年和2008年中，社会保险基金即使全部以五年期定期存款的方式存在银行，也是缩水的。[4]

养老保险基金的分散管理与"碎片化"状态，导致其难以实现集中管理运营，而这也被众多业内人士认为是养老金投资运营不成熟的标志。不过，广东模式[5]证明了条件成熟的省份完全可以优先纳入全国社保投资运营。

30.6.4 我国社会保险筹资方式的争论

对我国社会保险筹资应采用"税"还是"费"的问题，理论界和实际工作部门一直有诸多不同的看法，特别是20世纪90年代以来，有关社会保险是征税还是收费问题，一直争论不休，至今也没有形成统一意见。

一部分学者支持开征社会保障税。庞凤喜（2001）认为开征社会保障税有利于加强社会保障基金的征收力度，有助于降低制度运行成本，减轻企业负担，促进人才流动。曲顺兰（2001）认为开征社会保障税可以使人们对未来有良好预期，增加安全感，刺激消费，促进经济发展。许多学者认为，现在我国社会保障筹资存在诸多问题，归结起来是资金的收缴效率问题，应该用税来取代费。黄钢平（2000）认为以扩大内需为切入

---

① 陈仰东：《降低社会保险费率刍议》，载于《中国社会保障》2011年第11期。
② 目前统筹层次最高的是养老保险。《2013年度人力资源和社会保障事业发展统计公报发布》显示，截至2013年底，全国31个省份和新疆生产建设兵团已建立养老保险省级统筹制度。
③④ 财政部科研所《社会保险基金投资运营研究》课题组：《社会保险基金投资运营问题研究》，人民网，2013年6月20日。
⑤ 2012年3月全国社保基金理事会受广东省政府委托，运营广东省城镇职工基本养老保险基金结余1000亿元。2013年，该部分基金收益率为6.2%，跑赢2.6%的通货膨胀率，该笔养老金运营实现了保值增值。

点，征社会保障税有利于社会保障机制的良性运行。胡鞍钢（2001）、王卓（2006）、许娟和王帅等（2005）认为现行社保基金的筹集制度缺乏强制性，征缴管理效率低，主张征社会保障税，通过国家立法统一制定标准，统一进行征收与管理，统一调剂使用。闾晓丽（2006）也指出，当前我国社保资金筹集的主要问题是，缺乏更高层次的法律依据；筹资机制存在许多不规范的地方，统筹层次低，社会互济功能弱，存在多头管理，缺乏总体的宏观调控和有效的监督机制。陈诚和邓茜（2008）认为开征社会保障税权威性强，更具公开性、公平性以及组织收入的及时性和稳定性，有利于促进社会横向公平，防止我国贫富差距的进一步拉大。

同时，有许多学者对于征社会保障税持反对意见。郑功成教授等（2001，2013）认为费改税后，国家财政将由后台走向前台，国家从社会保险尤其是养老社会保险的间接责任主体变为直接责任主体，将会加大财政负担。邓子基（2002）认为在目前各地区基本社会保险水平差异很大的情况下，很难确定一个适当的税率水平，我国目前的社会保障状况不适于由社会保障税来筹集。朱智强（2004）着眼于社保税的征管问题，认为费改为税会使征税成本上升；同时会因为监管问题加大社会保障资金流失的风险，而风险损失最终只能由财政来承担。郑秉文（2007，2013）认为我国不适于进行"费改税"，他认为社会保障制度的资金来源是否稳定关键在于社保筹资制度设计是否符合国情。黎洁、李明明、刘俊（2007）从社会保障税的经济学分析的用度，认为征社会保障税对解决社会保障筹资问题没有实质意义。白静（2006）、吴益民（2007）对社会保障税的税制设计进行研究后，认为纳税人范畴具有不确定性，由于纳税人意识不强、社会保障法制建设和财政体制不完善等因素会制约社会保障税的开征，因此费改税暂缓。

30.6.5　我国社会保险筹资的税费改革

从我国社会保障的内容来看，社会救济、社会福利和社会优抚都是针对特殊群体的一种优待，不具有普惠性质，也不以支付对象预先缴纳费用为前提，而社会保险则具有较强的普惠属性，需要社会成员预先支付一定费用作为领取社会保险待遇的条件。因此，社会救济、社会福利和社会优抚可以采用税收的方式进行筹资。但对于社会保险的筹资方式，则需要结合中国国情慎重考虑。从中国当前现实出发，我们认为，目前短期内可继续坚持缴费的方式。但从长远来看，可以逐步实施社会保险的费改税，主要理由如下：

第一，"费改税"有助于提高征管效率。实行"费改税"后，社会保险税的税基是工资，与个人所得税工资薪金所得的税基接近，由税务机关统一征管，可以增强权威性和加强征缴力度，提高征管的效率。

第二，"费改税"有助于加强社保资金的管理。实行"费改税"后，由税务机关征收社会保险税，在资金征收管理方面会更加严格，有利于加强社会保险资金的筹集和管理，有助于建立起"税务征收、财政支出、社保经办"这样一个互相制约和联动的机制。

第三，"费改税"有助于提高社会保险统筹层次。2013年党的十八届三中全会提出，要实现"基本养老金全国统筹"，为养老保险改革指明了方向。"费改税"可以对我国统一社会保险制度形成"倒逼"机制，有助于将社会保险基金最终控制权收归中央，为提高统筹层次扫清障碍。

除了上述三点重要意义，我国也逐渐具备了开征社会保险税的条件。

第一，统筹基金与个人账户相结合的制度，特别是统筹基金现收现付的特点，与社会保障税的特点完全相同，因此，至少对于这一部分，完全可以转为税收形式。

第二，我国已经基本建成覆盖广泛的社会保险体系，为实现费改税提供了条件。以养老保险为例，到 2015 年年底，我国的养老保险体系将覆盖 5.05 亿的城乡居民、3.54 亿的城镇职工以及近 5000 万的机关和事业单位人员（自 2014 年 10 月 1 日起），而且三类人员养老保险的框架体系基本相同，从而为实现费改税提供了可能。

第三，由税务机关代征社会保险费的实践也有助于降低社会保险税的推行难度，便于为广大社会公众的接受。

不过，筹资制度仅是整个社会保障制度的一个内容，具体费改税以后的税制规定需要结合社保制度改革的顶层设计来进行。这里仅是提出几点简单构想。

1. 纳税人

社会保险税的理想纳税人应包括所有企事业单位、行政单位和个人，不分城乡、部门、所有制性质。但考虑到广大城乡地区居民收入水平还比较低的现实，建议初步将纳税人确定为城镇职工、机关事业单位人员。

2. 征税对象

当前社会保险费的征收依据是工资水平，建议费改税以后仍沿用这一方法，以纳税人的工资水平为依据。

3. 税目

建议按照社会保险的内容设计五个税目，但考虑到当前不同类型社会保险改革的进程，根据成熟一个开征一个的思路，先行开征条件成熟和影响较大的税目，比如养老保险税目。

4. 税率

改革初期，建议先按之前费率征收，未来可考虑适当降低税率。

第31章 全书总结

国民收入分配以及公平化的实现问题，在现代社会和当前越来越引起社会公众的普遍关注。收入分配事关经济平稳运行与社会公平正义，在全面建成小康社会的进程中，我们应当特别重视并且加强对收入分配的合理有效调节。就财税制度而言，调节收入分配既可以从收入端入手也可以从支出端入手，但这种调节职能的实现应主要由支出端来完成，以避免税制过度复杂化，尽可能保证税收"中性"，进而有利于实现横向公平，同时也可以降低征收和遵从成本。但结合我国当前的税制现状，其总体税制具有明显的"累退性"，因而税制改革依然是我国当前需要努力的方向。而这一方向的重点则是减少间接税、增加直接税以增强税制的"累进性"。因此，从当前我国的财税制度与政策看，为合理有效调节收入分配，还需要同时从收入端和支出端发力。

31.1 财税政策调节收入分配研究

收入分配不仅包括居民可支配收入的增长及其公平分配，同时也应包括公共产品与公共服务水平和均等化程度的提高。财税制度和政策可以从收入和支出两个方向影响收入分配。收入端又可具体分解为税收收入和非税收入因素；支出端可以分解为转移性支出和购买性支出因素。本书第一篇在继承以往理论以及总结过往经验的基础上，系统性地展现财税政策调节收入分配的研究成果与可借鉴的实践经验，为推动财税制度与体制改革、深化收入分配改革作出基础性贡献。

通过从税收政策、非税政策、转移性支出、购买性支出四个方面来看财税影响收入分配的作用机理，可以发现：税收政策调节收入分配主要是为了实现税收公平，其中，个人所得税调节收入分配的作用突出地表现在其累进税率设计上，遗产税和赠与税是调节存量财富在居民中分配的重要工具，间接税在收入分配中具有累退效应。非税收入政策主要通过财政供养人员和国有企业员工工资政策、隐性收入等扩大收入差距，影响收入分配。转移性支出的规模、分布及支出对象会影响社会的收入分配和减贫的状况。购买性支出是政府有偿的购买货物或劳务的行为，与转移性支出一样，也能在很大程度上影响收入分配。

从自由资本主义时期、"二战"后到20世纪80年代以前、20世纪80年代至今三个阶段对美国、英国、法国、德国的收入分配和财税政策进行梳理总结，可以得到：在自由资本主义时期，大多数国家主张经济自由放任，市场意识强烈，经济活动效率优先，因此，初次分配中的调节手段几乎不存在，主要集中在再分配领域，利用税收政策如所得税、遗产税等调节收入分配状况，三次分配的调节效果也是微乎其微。"二战"后到 20 世纪 80 年代以前，这些国家有意识地使用公共权力扩大收入分配的规模，通过宏观经济调控强化财政预算规模、公债、货币发行等对实现收入再分配的主导作用，国民收入分配的主持者由企业为主变为企业和国家两个主体，并且国家分配占据了主导地位，微观主体的分配权力已经被政府的收入政策、最低工资立法、保障立法等大大限制。20 世纪 80 年代至今，各国政府纷纷制定了符合自己国情的税制改革方案。在调整国内的收入分配差距和贫富差距上，各国政府虽然在具体的做法上有差异，但都是通过税收政策和一系列的财政政策，主要是增减所得税、调整最低工资、改革国内的社会保障制度等来缩小国内的贫富差距。

自改革开放以来，我国收入分配制度的演变经历了 1978 年改革开放至 1986 年、1987 年至 2002 年、2003 年至今三个阶段，收入分配制度循着市场经济体制改革的道路不断完善。现行收入分配方式和分配主体呈现多元化的特点，财税制度和政策主要通过税收和财政支出两个方面影响收入分配。在税收方面，我国的税制结构呈现"流转税等间接税为主体，所得税和财产税等直接税比重偏低"的特点，其累退性不利于收入初次分配；居民取得收入环节的个人所得税规模偏小，导致个人所得税对取得收入的流量环节发挥的收入调节作用较弱。在财政支出方面，支出的总量和结构均能对收入分配产生显著影响作用：一方面，对于人民群众来说，享受基本公共服务的过程就是接受财政支出受益的过程，就是他们付出税收收入的"对价"，人民群众实际享受基本公共服务之间差异意味着彼此获取利益的差异；另一方面，基本公共服务和私人产品之间往往存在互补性和替代性，既体现了财政支出结构的某种安排，又影响着基本公共服务享用者的福利情况及再分配的状况。

财税政策是收入分配政策体系的重要组成部分，它能够从初次分配环节和再分配环节两个维度同时影响收入分配状况。因此，财税政策的选择也应与经济发展阶段相适应，根据经济发展的不同阶段来研究调节收入分配的财税政策。在经济进入新常态后，一方面，要保持中高速的经济增长率，需要适度的收入分配差距作为激励，来激发市场主体的活力；另一方面，在当前发展阶段，需要将收入分配差距控制在适度和可控范围之内，以防止社会不同群体之间出现尖锐矛盾，影响社会经济稳定的大局。借鉴发达国家和巴西、俄罗斯、印度、南非等"金砖国家"的成功经验，结合我国的实际，提出调节收入分配财税政策的基本内容有：推进直接税改革，优化税制结构；优化财政支出结构；努力解决"三农"发展的问题；将收入分配导向融入地方政府积极性之中。

31.2 居民收入分配与财政支出结构优化

党的十八大报告在收入分配制度方面，明确提出了要规范收入分配秩序，完善收入分配调控体制机制和政策体系，保护合法收入，调节过高收入，清理规范隐性收入，取缔非法收入，增加低收入者收入，扩大中等收入者比重，努力缩小城乡、区域、行业收入分配差距，逐步形成橄榄型分配格局的总体目标。导致分配不公、分配差距过大的因素是综合性的、复杂的，既有经济转轨过程中因市场体制机制不完善，导致的初次分配不公、分配差距大，也有政府财政分配体制机制不完善、不合理，导致居民的财政负担归宿以及财政支出的受益归宿不公平、不合理，进而直接或者间接地传导到居民收入分配差距上。本书第二篇通过研究财政支出的居民收入分配调节机制和效应，揭示出财政支出制度安排如何对收入不平等进行影响，对财政支出制度安排的收入分配效应进行量化评估，有针对性、有重点地调整财政支出结构，深化财政体制改革。

通过对中国居民收入分配差距程度进行考察，我们发现：国民收入分配的天平从劳动者向资本和政府倾斜，即劳动者的相对收入在下降，而持有资本的群体的相对收入在上升。这种情形也同样出现在劳动者的劳动收入和财产收入的对比关系中。个人所得税主要调节了居民的劳动收入，对财产收入反而调节力度不大。政府的收入再分配并未明显的保护劳动要素，反而是通过税收和社会保险缴款将一部分的劳动和资本要素收入转移到政府收入中。在城乡居民收入差距方面，近些年来，城乡名义收入比一直在 3 倍以上高位运行，城镇居民所获得的各类隐性补贴（包括养老、医疗、义务教育、最低生活保障、住房、就业、生育）远远高于农村居民。城乡内部居民收入差距也在逐渐拉大，而且农村高低收入之间的差距显著高于城镇。在行业与单位收入差距方面，行业间的工资差距较大，农林牧渔业垫底的行业工资水平和偏低的增速更加剧了城乡居民收入差距。承担着吸纳城市闲置人口和低技能劳动力重担的私营企业，并不能给就业人员提供相对较好的劳动报酬，高工资反而聚集在进入门槛相对较高（可能需要较高的学历水平、较多的社会资源等，且新增岗位较少）的国企、外企和股份公司。而可喜的是，从收入的代际流动性来看，收入分配差距的扩大，很大程度上反映了原本经济地位较低但成功实现了经济地位上升的那部分人的收入的增加，正是这部分人收入的大幅增长（而不仅仅是原来就已经是富人的那一部分人的收入的增加）拉大了收入差距。收入从贫到富的流动，也意味着收入分配的结果从长期来看不会继续恶化。

通过系统采用理论建模和实证分析，揭示出财政支出结构影响收入分配的内在机理、现实效应和最优路径，为政策设计提供了理论基础和定量依据。由于财政支出规模庞大、结构复杂，不同的财政支出项目对居民收入分配的影响机理及效应不同，不同层次的财政支出结构对居民收入分配的影响也就必然不同，因此，要想对财政支出的每个项目以及多层次结构对居民收入分配的影响效应都揭示出来是十分困难的。现实中，通常的做法是选择具有代表性的支出项目，分析其内部结构及其如何调整变化，更为有助于改善居民收入分配的不平等。在本书的第二篇里，我们首先按照财政支出的经济性质，将全部财政支出划分为转移性支出和购买性支出两大部分，并将购买性支出细分为投资性支出与民生性支出。

转移性支出是政府无偿地、单方面转移给特定居民户或者个人的支出，广义的转移性支出包括社会保障、财政补贴、捐赠、债务利息支出等内容。其中，社会保障支出对居民收入的再分配影响效应最为重要，由于中国的社会保障迄今还是城乡"二元化"的，农村社会保障又是重中之重。因此，第二篇的研究选择通过实证评估农村社会保障支出的减贫效应，揭示出在转移性财政支出结构的优化上，主要的改进策略是：按照共享发展成果以及精准扶贫等基本要求，在扩大财政性转移支出总量的同时，着力调整转移性财政支出结构和支出方式，按照统筹城乡发展原则，改革城乡二元财政转移支出制度，减小城乡居民在转移支出资金分享上的差距。

民生性支出主要是政府用于为社会公众提供各种公共服务的支出，主要内容包括公共教育、公共卫生、公共文化以及就业公共服务、环境公共服务等。其中，提供公共教育服务的支出，在消费性支出中占比最大，同时，公共教育服务提供与分享的均等化程度对社会公众的影响巨大。因此，在政府民生性支出中我们选择教育支出作为分析对象，得到在民生性财政支出结构的优化上，总的改进策略是：应追求支出总额增加和民生性支出结构内部优化并举。民生性支出是一个外延极为丰富的范畴，主要涉及城乡居民在学有所教、劳有所得、病有所医、老有所养、住有所居等方面的各项公共服务支出，应该按照全覆盖、保基本等基本原则优化这些大项支出之间的结构。与此同时，还要进一步优化各自内部的支出结构，例如在教育支出内部的结构优化上，应当做到：在缩小居民收入差距的目标下，继续加大财政教育经费投入，并特别注重教育支出结构优化；对财政教育经费投入的效果考察应侧重于教育均等化的实现；打破劳动力市场的地区分割和行业垄断，实现劳动力特别是农村劳动力的自由迁徙，实现"同工同酬"，将干扰教育回报率的非市场因素降至最低，让"教育—劳动生产率—劳动收入"的运作机制能够切实地发挥实效。教育公平也要注重，教育经费的投入结构关系着教育均等化能否真正实现。因此教育经费投入应当改变主要投入于城市、投入于东部地区的现状，着力向教育不发达地区，教育资源相对落后地区倾斜，应当使教育欠发达地区获得的相对教育投入比发达地区高，逐步实现教育均等化。除此之外，教育投入的辅助政策也很重要，为确保"教育—劳动生产率—劳动收入"的运作机制顺利运行，政府还需要完善社会保障体系；改革户籍制度；扩大城市公共服务覆盖范围，惠及流动人口和外来务工人员，真正发挥教育投入的效果。

投资性支出是政府（或其授权单位）以投资者身份进入投资市场所发生的支出，包括生产性投资与非生产性投资。按照现行政府预算支出分类科目，我们选择基本建设支出、企业挖掘改造支出、"科技三项"费用支出等，实证评估投资性支出的居民收入再分配影响效应，分析得出在财政投资性支出结构的优化上，主要是：一是适度扩大政府投资性支出规模。随着中国市场化进程的不断推进，政府与市场的投资性支出边界逐步得到廓清，政府投资性支出逐步退出竞争性领域，主要用于具有非营利性、长期性和具有显著外部性的领域，如各种公用设施、能源、交通、农业、科学技术以及治理大江大河和治理污染等有关国计民生的产业和领域。由于我国中西部地区和广大农村地区，这方面的投资性支出不足，其财政带有显著的"吃饭财政"特征，因此，从根本上制约着其经济社会发展和居民收入增加。就此研究结论得出的政策建议是：缓解地区间、城乡间居民收入分配差距，需要优化调整地区间财政投资性支出结构。二是增加科技支出，调整交通运输支出结构，保障交通运输支出的受益更多地惠及收入较低阶层。三是农林水事务支出中应当逐步减少行政经费开支，各种财政补贴和惠农政策应当以人为本，保证真正惠及广大农村居民。

在财政支出规模一定的条件下，政府转移支出、民生性支出和投资性支出之间，存在着此增彼减的关系，或者说，三者占财政支出的比例存在着竞争性关系。从受众情感上来说直接转移支付的效果最好；从实证结果看，民生性支出对收入分配的影响程度比投资性支出要更大一些。在支出结构优化中，更注重加大哪一类或哪一项财政支出力度，还应该结合以前年份反馈情况和财政经济发展趋势等，加以综合权衡，特别要注重弥补之前差距较大的支出类型，比如对农村地区的基础设施投资支出、偏远山区的民生性教育支出、贫困地区对特定居民户的转移性财政支出等，以更好地发挥财政支出的调节居民收入分配的社会公平功能。

31.3　收入分配制度改革与完善政府间转移支付制度研究

转移支付制度是分级财政管理体制的重要组成部分，是在市场经济条件下处理高层级政府与低层级政府之间的财政分配关系，实现财力均衡的基本手段，它在很大程度上影响着一个国家的经济发展与财政体制的效率和公平，并在一定程度上影响了收入分配的水平与效果。本书第三篇梳理了政府间转移支付制度的历史演变，厘清了政府间转移支付对收入分配的调节机理，进一步分析和检验了政府间转移支付各组成项目对收入分配的影响，从而建立对促进收入分配合理化的最优转移支付规模与结构，力求通过政府间转移支付有效解决收入差距问题。

从政府间转移支付对公平收入分配的调节机理来看，转移支付作为调节收入再分配的手段之一，通过中央政府及上级政府对下级政府的转移支付有助于缓解地方财政资源短缺、弥补公共服务供给短缺等问题。如果经济落后地区相对于经济发达地区获得了更多补助金，则一方面可直接缩小地区间的财力差距，并实现公共服务均等化的效果；另一方面政府在使用转移支付资金后可能起到促进经济增长的作用，从而缩小地区间的经济发展差距，为实现公平收入分配创造可能性。

从政府间转移支付制度的历史演变来看，我国的转移支付制度先后经历了计划经济时期（1978 年之前）、过渡时期（1980～1993 年）和分税制后时期（1994 年以来）三个阶段。可以看出，我国政府间转移支付制度的历史沿革和发展变迁是随着中央政府与地方政府财政资源分配方式的改变而改变的，大到财政体制上的改革，中央与地方的"分灶吃饭"、"分级包干"、"分税制"，小到"所得税"、"农业税"税收上的调整或废弃，只要地方与中央收入权力发生重大改变，相应的转移支付制度也会做出改变。不管是一般性转移支付，还是专项转移支付，不管是中央对省级政府，还是省级政府对省以下，其转移支付的规模都保持了非常高的年均增长速度。与此同时，我国政府间转移支付资金在一般性转移支付和专项转移支付之间也发生了结构性的变化，一般性转移支付的占比逐渐增加，目前已超过半数，而在一般性转移支付中，均衡性转移支付的比重在不断上升，说明缩小地区差距、实现公平收入分配已经成为一般性转移支付的重要目标。而专项转移支付主要立足于刺激地方政府按上级政策和意图行事，并增加对地方公共品的供给，其比重正在逐渐下降。

　　本书第三篇从收入分配公平化的视角对政府间转移支付制度进行考察，并运用统计分析方法，使用变异系数、基尼系数、泰尔指数等指标，分析政府间转移支付对地区以及城乡居民间收入分配的效应。利用中国健康与营养调查的数据，基于再中心化影响函数（RIF）方法，通过分析市场力量（即技能劳动供给与需求）、转移支付对中国收入不平等的影响得出：需要增加公共转移支付力度，特别是为人力资本投资提供便利条件，增加技能劳动供给，弥补与技能需求之间的缺口的相应转移支付，以缓解由于市场机制缺陷带来的收入不平等问题；另外，开发恰当的家庭瞄准机制，使公共转移支付目标更精确定位也是不容回避的。利用基尼系数和通熵值数分解方法对政府间转移支付的财力均等化效果进行分析得出：只有一般性转移支付和专项上解是差异促减的，并且尤其以一般性转移支付的财力均等化效果最为明显。从转移支付与公共品的角度可以发现：税收返还对各地的城乡公共品差距扩大起了强化作用，财力性转移支付和专项转移支付对城乡公共品差距的缩小作用不大，省以下各级财政转移制度需要完善。从转移支付与贫困脆弱性的相关性分析可以发现：城乡家庭遭受脆弱性的比例不容忽视；随着贫困线标准的提高，贫困发生率与脆弱性之间的差异越来越小；教育程度、家庭规模、就业状态、工作性质及地区变量同时同方向地影响到贫困及脆弱性；无论贫困线划在何处，公共转移支付对慢性贫困和暂时性贫困的脆弱性基本没有任何影响

　　在借鉴国外成功经验基础上，结合我国的实际情况，同时根据《关于改革和完善中央对地方转移支付制度的意见》以及《关于推进中央与地方财政事权和支出责任划分改革的指导意见》，本书第三篇提出优化转移支付制度的设计方案。第一，确定转移支付制度的政策目标，以弥补纵向、横向财政不平衡、解决公共产品外溢性问题为主要目标，同时还配以特定的政策目标，如一些大型公共开支项目或国民经济主干工程、引导地方政府从事中央政府期望的活动等。第二，制定转移支付制度应遵循的原则，包括公平优先兼顾效率的原则、公开透明原则、规范化原则、法制化原则以及整体配套原则。第三，构筑转移支付制度的框架，特别是要合理界定中央与地方政府事权，更好解决以下突出问题：政府职能定位不清，一些本可由市场调节或社会提供的事务，财政包揽过多，同时一些本应由政府承担的基本公共服务，财政承担不够；中央与地方财政事权和支出责任划分不尽合理，一些本应由中央直接负责的事务交给地方承担，一些宜由地方负责的事务中央又包揽过多，地方没有担负起相应的支出责任；不少中央和地方提供基本公共服务的职责交叉重叠，共同承担的事项较多；省以下财政事权和支出责任划分不尽规范；有的财政事权和支出责任划分缺乏法律依据，法治化、规范化程度不高等。同时还要统筹和完善政府间收入划分，选择适当的财政转移支付形式，以优化转移支付结构。第四，确定转移支付制度的实施机制，为确保政策目标的实现，国家对转移支付应有健全的法律规范，将转移支付过程中可能会出现的各种问题以法律条文的形式用以规范。除此之外，还需要建立财政转移支付资金监管和绩效评价制度以及合理的转移支付测算体系等。第五，针对一般性转移支付、专项转移支付以及横向转移支付提出了各自具体的改革与优化方案，以切实解决政府间转移支付存在的问题，为促进公平收入分配创造条件。

31.4　收入分配与税收调节机制研究

我国实行改革开放以来，一度出现的收入分配失衡和分配差距扩大，引起全社会的普遍和高度关注。政府税收直接参与国民收入的初次分配和再分配，在调节收入分配，平衡收入水平方面，可以发挥重要和积极的作用。在初次分配中，间接税直接参与对原始收入的分配，并成为政府收入的主体，具有为政府组织收入的特征；在再分配中，直接税参与企业和家庭初次收入分配后的分配，并构成政府转移支付的一部分，具有调节收入的功能。本书第四篇从理论上构建了收入公平分配的税收调节体系，梳理了中外收入分配税收政策及评价其运行效应，进而研究设计了中国收入分配税收调节体系的完善，具体包括税收负担的确定、税制结构的优化和税收制度（主要是个人所得税和房产税）的完善等。

从税收对收入功能性分配的调节机理来看，收入功能性分配是自发的、客观的过程，导致收入分配差距的扩大；税收调节是人为的、主观的干预收入分配的过程，两者在收入分配的博弈中必然发生一定的联系和矛盾。税收调控主要通过改变税收负担水平和改变税率结构进行调节，即政府可以通过税种的设置，对税种在税目、税率、减免税等方面作出规定等方法，来有效地调节经济运行过程中产生的社会物质利益的分配关系，从而达到社会经济平稳健康发展的预期目标。税收各要素的合理选择对于税收调节收入分配具有很重要的影响，合理的税制结构、税率结构以及征税范围能够起到积极的、正向的调节作用，相反则会削弱税收在调节收入分配差距方面的作用。货物与劳务税在社会经济运行中的调节作用主要是对经济运行的总量和结构的调节。所得税的调节作用主要是通过合理设计税制要素，如实行累进税率、税式支出、税收指数化等手段，能够让高收入者多纳税、低收入者少纳税或不纳税的目标，从而实现收入分配上的调节，缩小收入分配差距。财产税的调节作用主要体现在可以弥补货物与劳务税在公平价值方面的不足，调节收入和财产存量，有效地避免财产过度集中，促进社会财富公平分配。

从税收制度的历史变迁来看，新中国成立以后，税收制度的设立和完善经过了曲折发展过程，由无到有，由少到多，由小到大，由繁到简，由单纯收入功能到收入与调节兼顾，由效率优先到兼顾公平，再分配更加注重公平，已经基本建立起符合我国市场运行特点的社会主义税收体系。但是现行税制中还尚存诸多的问题，我国经济社会的发展和国际形势的变化也给税制带来许多新的问题和新的挑战，还可能在设计上乃至执行上出现缺失，我们不能"毕其功于一役"。但是，在已确定的税制改革精神和原则指引下，针对高收入、低收入群体制定了不同的税收政策，我国税制改革和税制建设的步伐正在大大地向前推进，建立起一套适应我国社会主义市场经济体制的、符合国际惯例的税收制度，就能更好地促进我国经济社会和各项事业的健康协调发展。

从现行税收制度的总体效应来看，我国已经基本建立起对个人收入公平调节的个人所得税、财产税和消费税税收体系，在税收制度和社会保障制度、最低工资标准制度等多种制度的共同作用下，个人收入公平的效果逐步显现。但是现行税制也存在有限性，这些有限性主要体现在：税收调节和作用范围的有限性；税收体系中对个人收入具有再分配效应的税类弱化;对个人收入有调节功能的税收本身制度缺陷弱化了调节效应,以及税务管理缺陷弱化了调节效应等多个方面。在宏观税负方面,宏观税负表示国家在国民经济总量分配中集中程度的高低,也代表着国家直接配置资源的规模,宏观税负水平直接决定着社会资源在政府和企业以及居民之间配置的比例,它影响着政府能否满足社会成员对公共产品和私人产品的需求以及满意程度。在税制结构方面,通过构建由个人所得税与货物劳务税组成的居民税收两要素模型分析得出,居民税收都具有效果十分有限的正向效应:居民收入经过总体税制的调整,公平程度有所改善,其中个人所得税起到正向调节作用,对于推动社会公平分配具有一定的正向促进作用,但是货物劳务税具有逆向调节效应,恶化了居民收入分配的公平程度。另对个人所得税的分配效应分析可知,仅就工资薪金所得而言,我国的个人所得税发挥了一定的收入再分配功能,免征额的提高会弱化个人所得税的收入再分配效应。

从国外的收入分配的税收调节机制与制度来看,发达国家往往开征多类税收,实行复合税制,用多税种搭配方式实现复杂的社会经济目标,一般都开征所得类税收、商品劳务类税收、财产类税收和其他税收。以所得税、社会保险税和财产税实现收入公平分配的主要再调节目标;以增值税、营业税、消费税调节产业结构和满足财政收入需要;以关税调节进出口和国际经济关系;以印花税、教会税等实现其他调节目标。许多国家在多种税的征收管理上往往采取分类管理方式,即实行分税制模式,将关税、个人所得税一般归类中央政府管理,便于实现公平分配目标与统一对外政策;将房产税、印花税等归类地方政府管理,以提高征收管理效率。多数发展中国家通常选择多税种复合税制相互配合应用的方式来调节本国的居民收入差距,通过征收增值税和消费税等商品劳务类税收,满足了国家财政的基本收入需要,通过所得税、财产税对收入和财富差距适当调节,使社会保持在基本公平稳定状态,多税种复合税制可以发挥不同税种的特殊功能,使税收的收入功能和调节功能等实现最大化。

本书第四篇结合我国的实际情况,提出税收制度优化的方案设计:在货物劳务税方面,通过降低货物劳务税的比重、提高特殊消费税的比重、实行差别的税收优惠政策等措施降低货物劳务税的累退性。在个人所得税方面,采取分步走的策略,近期的改革重点应当是完善税收征管措施,以提高个人所得税的征收率,从而在原有税制的框架下,改善个人所得税的收入分配效果;中期和远期的改革重点则是循序渐进地对个人所得税制度进行逐步改革,以强化其收入分配职能。在房地产税方面,遵循"宽课征范围,低税率"——"宽课征范围,高税率"的大致路径进行优化,即应当首先实行水平较低的税率,待条件成熟后,再将税率适当提高。在遗产税与赠与税方面,分析开征的宏观经济基础、微观基础、配套条件、社会环境等综合因素,适时课征遗产税,并提出遗产税与赠与税并行、总遗产税制、从简征收、免征额从高确定、实行超额累进税率的税制设计方案。在退籍税方面,以作为直接税体系的补充规定、不增加额外税收负担、不妨碍合理的人员及资金流动为原则,逐步建立并完善退籍税制度。在社会保障费改税方面,对社会救济、社会福利和社会优抚可以采用税收的方式进行筹资,但对于社会保险的筹资方式,则需要结合中国国情慎重考虑。

附　　录

国家社科基金重大项目

《深化收入分配制度改革的财税机制与制度研究》（13&ZD031）

成 果 要 报

第四期

山东大学经济学院

山东省公共经济与公共政策研究基地   2014 年 8 月 1 日

优化税制结构：稳步提高直接税比重

　　中国人民大学教授、山东大学特聘一级教授安体富主持的国家社科基金重大项目阶段性成果认为，目前我国的税制结构已经属于双主体税制结构，为了实现政府的政策目标，今后仍应稳步提升直接税比重。当前我国具备提高直接税的条件，应通过"营改增"的推进、加强个税征管、逐步推行房地产税制等项改革措施实现优化税制结构的目标。

一、中国当前税制结构的判断与税制结构存在的主要问题

　　1. 我国属于双主体税制结构但存在内部失衡

　　在税制结构中，直接税与间接税的划分，是以税负能否转嫁为标准，即凡是税负不能或难以转嫁的税种为直接税，凡是税负能够或容易转嫁的税种为间接税。通常认为，所得税与财产税属于直接税，货物劳务税（流转税）属于间接税。按照国际可比口径计算（包括社会保障缴款），以 50% 左右的占比为标准，我国 2012 年直接税和间接税的比重大致均衡（49∶51），因此我国的税制结构已经属于双主体税制结构。这一税制结构，虽然明显低于发达国家中直接税 70% 左右的水平，但是基本上和发展中国家 50% 左右的直接税水平是一致的。进一步考察我国的税制结构，就会发现当前的双主体税制结构仍然存在内部失衡的问题，表现为：（1）税收总体倚重货物劳务税（占比为 46.61%），所得类税收的比重（20.36%）相对较低，既远远低于发达国家（一般为 40%，甚至高达 60%），也低于部分发展中国家，税收收入中直接税主体地位的确立主要来自社会保障缴款（占比为 23.11%）的贡献；（2）所得类税收中过分倚重企业所得税（占比为 15.71%），个人所得税的比重极低（4.65%），不仅远远低于发达国家，而且低于转轨国家，甚至低于发展中国家；（3）货物劳务税中过分倚重增值税和营业税

（占比为33.7%），具有较强调控功能的消费税比重（6.3%）较低；（4）资源税的地位弱化，税收占比较低（0.72%），与中国资源保有和消耗大国的地位不相适应；（5）财产税中主要倚重对土地和城市经营性房产进行的课征，导致财产税基本来源于法人或企业纳税人的税收收入。

2. 当前税制结构会对经济社会发展带来不良影响

第一，较高的商品劳务税和社会保障缴款加重了企业的财政负担，影响企业的盈利水平和居民工资与收入的提高，还会影响中国企业的国际竞争力，使其处于不利地位。第二，在目前我国的分税制财政体制下，货物劳务税比例过高，会鼓励政府、特别是地方政府追求GDP，而不是提高居民收入，从而不利于拉动消费和转变经济增长方式。第三，目前我国收入分配不公、贫富两极分化日益严重，影响着社会的稳定，而具有调节职能的个人所得税、消费税目前在税收收入中占比很低，居民财产税基本处于缺位状态，在此情况下，很难发挥税收调节收入分配的作用。第四，货物劳务税与价格捆绑在一起，会抬高价格水平，容易从整体上推动通货膨胀。第五，消费税和资源税的占比过低不利于调整消费结构和促进资源节约。上述问题要求，按照党的十八届三中全会《决定》的部署，通过深化税收制度改革完善税制结构。

二、目前我国具备实施相关税制改革、优化税制结构的条件

一个国家选择何种税收制度，形成何种税制结构，不能脱离该国所面临的经济基础和征管能力。对于在我国当前的经济社会发展水平下能否采用双主体税制结构这一问题，多数通过国际上的横向比较进行判断，认为与国外发达国家相比，我国仍不具备采取双主体税制结构、提升直接税比重的条件，对此，应针对其他国家形成双主体税制结构的历史时点进行客观比较。对比分析认为，我国具备采取双主体税制结构的经济基础和实施税制改革的征管条件。

1. 我国的双主体税制结构从根本上说与我国经济社会发展阶段相一致

从税收制度发展的历史来看，在自然经济占统治地位的农耕时代，以土地和人丁为课税对象的直接税为主体；在资本主义初期阶段，由于商品经济的发展，以商品为课税对象的间接税为主体；到了现代资本主义社会，收入和财富成为税收的主要来源，因而，当代西方国家都以所得和财产为课税对象的现代直接税为主体。目前我国已成为世界第二大经济体，人均GDP超过6000美元，处于中等偏上行列的国家，这与其他国家历史上形成双主体税制结构时的经济发展水平相当。例如，英国、美国、日本、法国分别在人均GDP达到4500美元、4000~5000美元、1100美元、5000美元左右时，进入双主体税制结构形成期；南非、巴西和俄罗斯等"金砖国家"则均在人均GDP达到3000~4000美元时形成双主体税制结构。可见，目前我国的双主体税制结构与当前的经济基础条件相一致。

2. 目前我国具备改革相关税种、进一步优化税制结构的征管条件

我国当前税制结构存在的主要问题是内部结构失衡，未来直接税的提升主要涉及个人所得税和房地产税两个税种，主要的矛盾在于我国当前的税收征管水平能否支撑这些

税种的改革。对此，必须认识到税收征管水平的提升是一个长期的过程，税制设计与税收征管相比应当具有一定的前瞻性，过分强调征管约束会滞缓税制改革，改革税制和完善征管同步进行是可行的优化措施。从各国税制发展的历史来看，税制改革同样不以征管条件的成熟完备为前提，相反，以税制完善为目标启动的税制改革可以"倒逼"征管条件进步。例如美国是最早应用计算机网络加强税收征管的国家，但也是在 20 世纪60 年代才具备该技术，但在该时期前个人所得税的在比重已经高达 31.7%，与当今征管水平不可同日而语。再如巴西在 1965 年改革个人所得税时征管条件相当落后，只有35 万人填写了所得税纳税申报书，占人口总数的 0.43%，而这次改革对税务机关的征管行为产生了强烈的"倒逼"作用，巴西出台多项措施加强税收征管，到 1970 年，超过 1100 万、占人口总数 10.6% 的人填写了纳税申报书。而我国在网上报税、税控系统建设和征管措施等方面优于当时这些国家的征管能力，居民纳税人身份信息系统的建设也在推进之中，已经形成"以申报纳税和优化服务为基础，以计算机网络为依托，集中征收，重点稽查，强化管理"的税收征管模式，有效地提高税收征管质量和效率并促进了纳税遵从，改革相关税制所需的征管条件业已基本具备，可以积极稳妥地推进税制改革，并在此过程中通过持续不断地加强税收征管，进一步优化税制结构。

三、稳步提升直接税比重、进一步优化税制结构的政策建议

税制结构优化的方向决定于当前我国税制结构存在的问题和政府的目标取向，这是应然的税制设计。从中国的社会现实看，税制结构优化的目标主要是实现社会公平、促进经济发展和保护生态文明。为此，税制结构优化的方向可以概括为：降低货物劳务税比重，提高个人所得税、房地产税、资源税和消费税的比重，优化双主体税制结构的质量，实现政府的政策目标。

（1）推进"营改增"试点，进一步降低间接税比重，优化货物劳务税的结构。货物劳务税税负的结构性调整有利于降低企业税收负担，提高政府税收质量，而且由于我国当前的税收征管模式主要针对企业税收运行，货物劳务税的改革在短期内不会对税收征管提出更高的要求。因此，"十二五"期间的工作就是全面推进"营改增"。同时，在"营改增"全面完成之后，按照《决定》的要求，将进一步"推进增值税改革，适当简化税率"，这必然伴随着进一步降低增值税税负水平。上述改革将大幅度降低货物劳务税的比重。

（2）注重个人所得税的征管，提高所得税比重，促进收入公平分配。个人所得税的增收包括经济发展、收入水平提高所带来的经济性增长、征收模式和税制要素完善所实现的制度性增长和监管加强实现的管理性增长。从我国当前的情况看，个税占比较低的原因主要是对富人收入的真实情况不掌握，因此加强征管是提高个税比重的重要途径。据胡润《财富》杂志在 2011 年的财富报告中显示的中国内地千万富豪和亿万富豪人数及其消费情况匡算，我国富人的年收入共计 10 万亿元左右，假定实际税率按 20%计算，可征税 2 万亿元，占当年我国全部税收收入的 20% 左右。为解决这一问题，应加快社会信息制度建设，加强对个人收入的监控。借鉴国际经验，主要有这样几条：一是

在全国范围内普遍采用纳税人永久单一税号，个人的所有收入和支出及财产等方面的信息都应归入其中；二是大力推行非现金结算，加强现金管理，严格控制现金交易；三是普遍实行联网制度，建立税务网络与银行和其他金融机构、企业、商店、工商、房管、证券、海关、公安等网络的对接。这将在很大程度上解决个人收入来源不透明的问题，是最大限度地掌握纳税人信息的关键。可以说，加强个税征管是个税的首要问题和提高税收收入的首要途径，在此基础之上，才是个税税制改革问题。

（3）改革房地产税制，提高财产税比重。2012年，房产税收入仅占全国税收总额的1.4%，占地方税收总额的2.9%，这与目前我国的巨大房产规模，极不相适应。主要原因就在于目前我国的房产税仅对经营性房产征收，对个人所有非营业用房产免税，不能适应当前居民财产性收入激增、差距不断扩大的社会现实。根据国家统计局的资料，从"六五"到2012年，全国房屋竣工面积559亿平方米，其中住宅竣工面积387亿平方米，据此，按当年全国平均房价（6000元/平方米），税率假定为1%，即使减半征收，也可征房产税16770亿元，占全国税收总额16.7%，占地方税35.4%；其中，住宅可征房产税11610亿元，占全国税收总额11.5%，占地方税24.5%。可见，从长远看，房产税具有很大潜力。考虑到房产税改革关系到广大人民群众的切身利益，一直受到舆论的高度关注，并存在争议，应加强宣传和论证，尽可能形成共识；应从房地产税系出发调整税负，实行清费立税，适当减轻建设、交易环节的税费负担，增加保有环节的税收；应按照《决定》的部署，立法先行，即"加快房地产税立法并适时推进改革"。

此外，为了实现调结构、促公平的目标，近期税制改革还包括消费税、环境资源税的改革，建议对消费税的征税范围、税率、纳税环节进行改革，扩大资源税的征收范围并改变计征方式，采取费改税、低税率的改革模式开征独立的环境税。

附录 2：

国家社科基金重大项目

《深化收入分配制度改革的财税机制与制度研究》（13&ZD031）

成 果 要 报

第八期

山东大学经济学院

山东省公共经济与公共政策研究基地　　　　　　　　　　2016 年 6 月 10 日

退出税制度的国际比较及我国应对策略

　　退出税制度是发达国家为应对纳税人移居移民带来税收流失而采取的重要税收措施，在打击跨境逃避税收、规范非正常移居移民行为方面起到了积极作用。中国人民大学教授、山东大学特聘一级教授安体富主持的国家社科基金重大项目阶段性成果《退出税制度的国际比较及我国应对策略》，梳理了美、英、法、日等八国的退出税制度，对其发展历程及制度要素进行了比较研究，分析了我国实施退出税制度的必要性及可行性，提出了相关政策建议。

一、退出税制度的国际经验

（一）退出税制度的含义

　　退出税（Exit Tax），又称"退籍税"或"移民税"，是西方国家为防范资产外逃、打击逃避税行为而制定的特别税收制度，主要面向退出国籍或移居他国的富人征收。其通行做法是：在富人申请移民或移居时，对其已孳生但尚未变现的资本收益，提前征收所得税。它属于个人所得税的一个项目，在有的国家还被纳入到遗产税与赠与税中，不是独立税种，故可统称为"退出税制度"。

（二）退出税制度的特点

　　第一，"从富而征"，纳税人通常为总资产或特定资产超过一定规模的富人。第二，计税依据为尚未实现却"视同实现"的资产收益。这并不符合所得税征收的一般原则，但合乎反避税的根本目的，是退出税制度区别于其他所得税的重要特征。第三，税率具有从属性，大多直接适用母体税种税率，税率形式累进与比例兼有。第四，税收优惠丰富，主要目的是避免妨碍正常的移民需求、合理合法的资本流通与商业行为。第五，纳税期限灵活，允许纳税人待持有资产实际变现时再行缴纳退出税，期限可长达 10～15 年，但须担保或支付利息。

（三）退出税制度的功能

第一，防范资产外逃，保障经济稳定。退出税制度能够明显增加逃避税成本，因而可以在一定程度上遏制部分资产外逃行为，有助于减轻资本流失对经济稳定发展造成的不利影响。第二，维护国家权益，防止税收流失。退出税制度可以堵塞所得税的征管漏洞，同时会倒逼有移民倾向的富人从收入（财产）获取到处置过程中的各个阶段，均需依法纳税，从而有助于减少税收漏损。第三，震慑非法所得，促进社会公平。退出税制度会大大增加向境外转移非法所得的难度，像一柄悬于头顶的"达摩克利斯之剑"，对经济犯罪行为起到震慑作用。此外，退出税制度意味着何处获益、何处缴税，从而可以保证退出国籍者与国内纳税人平等纳税，有助于促进国内的收入公平及社会和谐稳定。

（四）退出税制度的实施情况

退出税制度于 1966 年在美国产生，20 世纪 90 年代被密集应用到欧盟各国，并在欧盟产生了关于这一制度的区域性协定。值得一提的是，退出税制度在 2008 年金融危机后迎来新一轮发展，征收范围扩大、施行国家增多，如日本即于 2015 年 7 月 1 日开始征收退出税。目前约有 20 个国家施行退出税制度，除南非外均为发达国家。这一制度之所以能够在这些国家产生发展，有四方面原因值得关注。

第一，经济原因。相较于发展中国家，发达国家较早融入国际化浪潮，要素流动更为频繁，同时资本市场开放程度高、流动性强，因而纳税人向境外转移资产的情况比较普遍。第二，财政税收原因。通过研究征收退出税国家的财政税收状况，发现这些国家或是整体税负较高，或是整体税负虽然不高但个人所得税边际税率较高，又或是宏观税负和个人所得税边际税率均高。可见，富裕人士逃避税现象背后是较高税负的制度，由此便引发了阻止这种跨国逃避税行为而设立退出税制度的必要。第三，征管条件。实施退出税制度要求税务机关必须能够全面掌握国内外涉税信息，征管条件的约束可能是发展中国家较少施行这一制度的主要原因。第四，政治因素。偏左翼的政党和政治家通常更重视社会福利和公平，而偏右翼的政党和政治家对改革的态度往往相对保守，各国推行退出税改革时多数处于偏左翼政党或领导人执政时期。

二、我国实行退出税制度的利弊分析

（一）我国实行退出税制度具有现实紧迫性

我国面临严峻的富豪移民及财富外流形势。第一，惊人的移民意愿。经调查研究发现，2015 年个人资产超过 1000 万元的高净值人士（不包括自住房产的可投资资产超过 600 万元以上），44％已移民或决定移民；2011 年个人资产超过 1 亿元的超高净值企业主有 27％已经移民，47％正在考虑移民。第二，惊人的海外资产。拥有境外投资的高净值人群占比从 2011 年的 19％，一跃增至 2015 年的 37％，超高净值人士则高达 57％。从资产转移的总量看，2011 年中国高净值人士拥有 33 万亿元资产，已经转移了约 2.8 万亿元，约相当于中国当年 GDP 的 3％。第三，惊人的投资移民规模。中国大陆移民获得美国 EB – 5（投资移民）签证数占美国当年签发总数比重，由 2007 年的 15.5% 大幅增至 2014 年的 85.4%，已成为美国投资移民第一大来源国。

海外移民及资产转移带来大量人才和财富流失，既有碍经济稳定发展，又危害税收主权，妨碍社会公平，藏匿贪污腐败。这对我们从税收层面构建约束机制、维护国家权益提出了现实要求。此外，越来越多的国家开始施行退出税制度，其中许多是我国近邻或主要移民目的国，若我们迟迟不采取行动，外逃资产将"有去无回"。

（二）我国实行退出税制度利大于弊

实施退出税制度可能会引发一些担忧，比如是否有碍公民行使移居移民的自由权利、是否会导致已移民者与未来移民者之间的税负不公、是否会扭曲移居移民行为等。但这些负面影响与富豪"无障碍"移居移民对我国经济、社会造成的损害相比，实难相提并论，不可因噎废食；还可以通过审慎的制度设计，尽可能避免产生负面影响。只要退出税制度不被定义为一项惩罚性的税收、不赋予其惩罚性的高税率，对居民身份存续期间持有资产的收益征收所得税是合乎法理的，对于确实需要移居海外进行正常投资活动或工作生活者，并不会造成实质性的阻碍。制度漏洞一日不堵，贻害便一日持续，"亡羊补牢、未为晚也"，综合考虑，我国尽早实行退出税制度利大于弊。

三、我国实行退出税制度的政策建议

（一）我国退出税制度的构建原则

（1）以作为直接税体系的补充规定为原则。同大部分国家一样，我国的退出税制度也不应作为独立税种，而应作为直接税相关税种的补充规定出现，针对母体税种征税范围内的特定课税对象，其税制要素等相关内容不能逾越或违背母体税种的规定。

（2）以不增加额外税收负担为原则。征收退出税，并非开征新税、增加纳税人负担，而是弥补因现行税制不健全可能造成的税收漏损及税负不公，其功能为"堵漏"而非"增负"。因而设立退出税制度，不能被理解为一项加税改革。

（3）以不妨碍合理的人员及资金流动为原则。退出税的制度设计，应能够有效识别具有避税意图的申请人，避免对有合理移民或移居需求的群体造成阻碍。合理的需求群体通常指以投奔亲人、职业发展、学习深造等正常需求为目的的移民或移居者；避免妨碍合理资金流动，可以采取对个人非投资性资产免于征收、对长期持有的资本利得减半征收等一系列优惠措施。

（二）我国施行退出税制度的改革目标

1. 准备阶段（2015 ~ 2017 年）：加强跨界协同研究，做好立法准备和征管准备

（1）立法准备。首先，加快个人所得税改革进程，适时修订《个人所得税法》，将退出税制度纳入其中。第二，加快推进《税收征收管理法》修订草案的立法进程。第三，修订《国籍法》与《出境入境管理法》，严格国籍及出入境审查，对于未经批准取得外国国籍或虽取得外国国籍但未报告的，制定必要的惩处措施；对退出国籍的申请人、取得外国长期居留证明的公民及非法退出国籍的人，必须进行财产清算、履行纳税义务后方可离境，否则限制离境。

（2）征管准备。第一，加强部门间协同合作，实现涉税信息联网；第二，完善居民财产登记体系；第三，发挥中介协税作用；第四，加强国际税收征管合作和情报交换。

2. 实施阶段（2018～2020 年）：修订相关法律，以小口径起步征收退出税

在立法条件和征管条件具备时，可以开征退出税，并根据税法修订的实际情况，从小口径的应税资产范围入手，逐项起步。未来可以扩展到包括多种复合资产在内的各类实物、货币及无形资产。

参 考 文 献

第一篇

一、中文部分

1. 蔡昉：《刘易斯转折点与公共政策方向的转变——关于中国社会保护的若干特征性事实》，载于《中国社会科学》2010 年第 6 期。

2. 高培勇：《尽快启动直接税改革：由收入分配问题引发的思考》，载于《涉外税务》2011 年第 1 期。

3. 聂海峰、岳希明：《间接税归宿对城乡居民收入分配影响研究》，载于《经济学：季刊》2013 年第 1 期。

4. 李实：《我国收入差距扩大趋势已得到初步遏制》，新华网，http：//news. xin-huanet. com/fortune/2014 – 11/24/c_1113375055. htm。

5. 谭崇钧、蒋震：《增值税改革：问题与建议》，载于《税务研究》2013 年第 11 期。

6. 安体富、任强：《税收在收入分配中的功能与机制研究》，载于《税务研究》2007 年第 10 期。

7. 安体富、王海勇：《公平优先兼顾效率：财税理念的转变和政策的调整》，载于《税务研究》2006 年第 2 期。

8. 蔡宏标：《美国个人所得税税率结构演变对我国个税改革的启示》，载于《特区经济》2011 年第 4 期。

9. 财政部科研所课题组：《我国居民收入分配状况及财税调节政策》，载于《税务研究》2003 年第 10 期。

10. 曹桂全、任国强：《个人所得税再分配效应及累进性的分解分析——以天津市2008 年城镇住户为样本》，载于《南开经济研究》2014 年第 4 期。

11. 陈工、陈伟明：《当前我国个人所得税改革的若干问题探讨》，载于《税务与经济》2011 年第 6 期。

12. 陈建东、许云芳、吴茵茵、姚涛：《个人所得税税率及级次设定探究——基于收入分布函数的视角》，载于《税务研究》2014 年第 3 期。

13. 陈建东、杨雯、冯瑛：《最低生活保障与个人所得税的收入分配效应实证研究》，载于《经济体制改革》2011 年第 1 期。

14. 陈敏、郭继强：《个税免征额、行为效应与工资收入不平等》，载于《财贸经济》2014 年第 3 期。

15. 陈卫东：《从国际比较看中国个人所得税发挥再分配功能的改革思路》，载于《涉外税务》2004 年第 5 期。

16. 陈烨、张欣、寇恩惠、刘明：《增值税转型对就业负面影响的 CGE 模拟分析》，载于《经济研究》2010 年第 9 期。

17. 戴平生：《税收累进性测度的改进：方法、比较和应用》，载于《数量经济技术经济研究》2014 年第 2 期。

18. 樊丽明、葛玉御、李昕凝：《金砖四国税制结构变迁比较研究》，载于《税务研究》2014 年第 1 期。

19. 高培勇：《个人所得税改革的内容、进程与前瞻》，载于《理论前沿》2009 年第 6 期。

20. 葛玉御、安体富：《税收如何影响收入分配：文献述评》，载于《经济研究参考》2014 年第 5 期。

21. 葛玉御、李昕凝、樊丽明：《巴西税制结构特点及启示——中巴比较的视角》，载于《中央财经大学学报》2014 年第 7 期。

22. 葛玉御、田志伟、胡怡建：《"营改增"的收入分配效应研究——基于收入和消费的双重视角》，载于《当代财经》2015 年第 4 期。

23. 谷成：《税收与收入分配：基于发展中国家个人所得税的思考》，载于《经济管理》2010 年第 7 期。

24. 古建芹、张丽微：《税率调整：强化我国个人所得税收入分配调节效应的选择》，载于《涉外税务》2011 年第 2 期。

25. 郭庆旺、吕冰洋：《论税收对要素收入分配的影响》，载于《经济研究》2011 年第 6 期。

26. 郭庆旺、吕冰洋：《论要素收入分配对居民收入分配的影响》，载于《中国社会科学》2012 年第 12 期。

27. 哈维·S·罗森：《财政学》第八版，中国人民大学出版社 2009 年版。

28. 何辉：《对"改进个人所得税调节居民收入差距"的探讨》，载于《特区经济》2006 年第 7 期。

29. 何宗樾、徐滇庆：《个人所得税与基尼系数的动态关系及其政策启示》，载于《经济学家》2014 年第 10 期。

30. 胡鞍钢：《加强对高收入者个人所得税征收，调节居民贫富收入差距》，载于《财政研究》2002 年第 10 期。

31. 黄凤羽：《对个人所得税再分配职能的思考》，载于《税务研究》2010 年第 9 期。

32. 贾康、梁季：《我国个人所得税改革问题研究——兼论起征点问题合理解决的思路》，载于《财政研究》2010 年第 4 期。

33. 计金标、张磊、陈洪宛：《浅谈 OECD 各国近年来个人所得税改革及其对我国的借鉴意义》，载于《中央财经大学学报》2009 年第 10 期。

34. 姜明耀：《增值税"扩围"改革对行业税负的影响——基于投入产出表的分析》，载于《中央财经大学学报》2011 年第 2 期。

35. 焦建国：《个人所得税政策目标应把收入放在首位》，载于《金融早报》2000年 11 月 12 日。

36. 金双华：《要素收入视角下税收对收入分配的调节》，载于《税务研究》2014年第 2 期。

37. 李林木、汤群群：《1994 年税制改革以来我国直接税的收入分配效应》，载于《税务研究》2010 年第 3 期。

38. 李绍荣、耿莹：《中国的税收结构、经济增长与收入分配》，载于《经济研究》2005 年第 5 期。

39. 李实、罗楚亮：《中国收入差距究竟有多大？——对修正样本结构偏差的尝试》，载于《经济研究》2011 年第 4 期。

40. 李时宇、郭庆旺：《税收对居民收入分配的影响：文献综述》，载于《财经问题研究》2014 年第 1 期。

41. 李香菊、刘浩：《税制、公共服务对收入分配的影响机制与实证分析》，载于《财经科学》2014 年第 3 期。

42. 李昕凝、葛玉御：《南非税制结构特点及成因分析》，载于《国际税收》2014年第 7 期。

43. 李宇、刘穷志：《收入不平等与个人所得税再分配》，载于《山西财经大学学报》2011 年第 11 期。

44. 刘华、徐建斌、周琦深：《税制结构与收入不平等：基于世界银行 WDI 数据的分析》，载于《中国软科学》2012 年第 7 期。

45. 刘丽坚：《论我国个人所得税的职能及下一步改革设想》，载于《税务研究》2006 年第 8 期。

46. 刘丽坚、姚元：《论税收对个人收入分配的调节》，载于《税务研究》2008 年第 9 期。

47. 刘尚希、应亚珍：《个人所得税：功能定位与税制设计》，载于《税务研究》2003 年第 6 期。

48. 刘尚希、应亚珍：《个人所得税：如何发挥调节功能》，载于《税务研究》2004年第 3 期。

49. 刘小川、汪冲：《个人所得税公平功能的实证分析》，载于《税务研究》2004年第 1 期。

50. 刘扬、冉美丽、王忠丽：《个人所得税、居民收入分配与公平》，载于《经济学动态》2014 年第 1 期。

51. 刘怡、胡祖铨、胡筱丹：《工薪所得个人所得税税率的累进设计：问题与改进》，载于《税务研究》2010 年第 9 期。

52. 刘怡、聂海峰：《间接税负担对收入分配的影响分析》，载于《经济研究》2004

年第 5 期。

53. 刘怡、聂海峰：《增值税和营业税对收入分配的不同影响研究》，载于《财贸经济》2009 年第 6 期。

54. 刘怡、聂海峰、邢春冰：《个人所得税费用扣除调整的劳动供给效应》，载于《财贸经济》2010 年第 6 期。

55. 刘元生、杨澄宇、袁强：《个人所得税的收入分配效应》，载于《经济研究》2013 年第 1 期。

56. 吕冰洋、台航：《我国个人所得税的要素结构分析》，载于《税务与经济》2013 年第 2 期。

57. 聂海峰、刘怡：《城镇居民的间接税负担：基于投入产出表的估算》，载于《经济研究》2010 年第 7 期。

58. 聂海峰、刘怡：《城镇居民间接税负担的演变》，载于《经济学（季刊）》2010 年第 4 期。

59. 聂海峰、岳希明：《间接税归宿对城乡居民收入分配影响研究》，载于《经济学（季刊）》2012 年第 1 期。

60. 彭福东、周鋈其、杨海金：《从功能定位看个人所得税的修订和完善》，载于《税收经济研究》2011 年第 1 期。

61. 彭海艳：《国外税收累进性及再分配效应研究综述》，载于《南京社会科学》2008 年第 3 期。

62. 彭海艳：《我国个人所得税累进性分解的实证分析》，载于《上海经济研究》2010 年第 10 期。

63. 彭海艳：《我国个人所得税再分配效应及累进性的实证分析》，载于《财贸经济》2011 年第 3 期。

64. 钱晟：《我国税收调节个人收入分配的累退倾向及其对策》，载于《税务研究》2001 年第 8 期。

65. 饶海琴、冯仲华：《个人所得税调控居民收入分配差距的分层次功能——基于上海市城镇居民收入 1990~2006 年数据》，载于《上海经济研究》2010 年第 4 期。

66. 石子印：《个人所得税的两类累进性：内涵与测度》，载于《涉外税务》2013 年第 2 期。

67. 石子印：《平均税率、标准税率与收入分布对个人所得税累进性的影响》，载于《财经理论与实践》2014 年第 1 期。

68. 宋春平：《中国企业所得税总税负归宿的一般均衡分析》，载于《数量经济技术经济研究》2011 年第 2 期。

69. 孙钢：《试析税收对我国收入分配的调节》，载于《税务研究》2011 年第 3 期。

70. 汤贡亮、周仕雅：《从税基的视角完善个人所得税制税务研究》，载于《税务研究》2007 年第 6 期。

71. 田志伟、胡怡建：《"营改增"对财政经济的动态影响：基于 CGE 模型的分析》，载于《财经研究》2013 年第 2 期。

72. 童锦治、周竺竺、李星：《我国城镇居民税收的收入再分配效应变动及原因探析》，载于《财贸经济》2011 年第 6 期。

73. 万相昱：《个人所得税改革的灵敏度分析：基于微观模拟途径》，载于《世界经济》2011 年第 1 期。

74. 万相昱：《个人所得税制度改革的微观动态分析》，载于《东北师大学报（哲学社会科学版)》2011 年第 3 期。

75. 万莹、史忠良：《税收调节与收入分配：一个文献综述》，载于《山东大学学报》2010 年第 1 期。

76. 万莹：《个人所得税对收入分配的影响：由税收累进性和平均税率观察》，载于《改革》2011 年第 3 期。

77. 万莹：《个人所得税累进性与地区收入差别调节》，载于《改革》2008 年第 11 期。

78. 万莹：《我国流转税收入分配效应的实证分析》，载于《当代财经》2012 年第 7 期。

79. 万莹：《我国企业所得税收入分配效应的实证分析》，载于《中央财经大学学报》2013 年第 6 期。

80. 王春雷：《税收公平收入分配的局限性分析》，载于《税务研究》2002 年第 9 期。

81. 王剑锋：《个人所得税超额累进税率结构有效性的一个验证——以对我国职工工薪所得数据的模拟为基础》，载于《当代财经》2004 年第 3 期。

82. 王剑锋：《流转税影响个人收入分配调节的分析研究——以我国城镇居民支出结构为考察基础》，载于《财经研究》2004 年第 7 期。

83. 王亚芬、肖晓飞、高铁梅：《我国收入分配差距及个人所得税调节作用的实证分析》，载于《财贸经济》2007 年第 4 期。

84. 王有捐：《也谈城镇居民收入的统计与调查方法》，载于《中国信息报》2010 年 8 月 25 日。

85. 武辉：《当前个人所得税存在的问题与对策研究》，载于《中央财经大学学报》2009 年第 1 期。

86. 席卫群：《我国企业资本承担所得税实际税负的测算》，载于《财经研究》2005 年第 5 期。

87. 徐承彦、沈璐：《个人所得税政策目标究竟应把什么放在首位——与焦建国商榷》，载于《福建税务》2001 年第 1 期。

88. 徐建炜、马光荣、李实：《个人所得税改善中国收入分配了吗——基于对 1997 ~ 2011 年微观数据的动态评估》，载于《中国社会科学》2013 年第 6 期。

89. 徐静、岳希明：《税收不公正如何影响收入分配效应》，载于《经济学动态》2014 年第 6 期。

90. 杨灿明、胡洪曙、俞杰：《收入分配研究述评》，载于《中南财经政法大学学报》2008 年第 1 期。

91. 杨虹：《从城镇居民收入分配看个人所得税改革》，载于《税务研究》2010 年第 3 期。

92. 杨志勇：《收入分配与中国个人所得税制改革》，载于《涉外税务》2009 年第 10 期。

93. 于洪：《消费课税的收入分配机制及其影响分析》，载于《税务研究》2008 年第 7 期。

94. 岳树民、卢艺、岳希明：《免征额变动对个人所得税累进性的影响》，载于《财贸经济》2011 年第 2 期。

95. 岳希明、徐静、刘谦、丁胜、董丽娟：《2011 年个人所得税改革的收入再分配效应》，载于《经济研究》2012 年第 9 期。

96. 岳希明、徐静：《我国个人所得税的居民收入分配效应》，载于《经济学动态》2012 年第 6 期。

97. 岳希明，张斌，徐静：《中国税制的收入分配效应测度》，载于《中国社会科学》2014 年第 6 期。

98. 张涛、刘生龙：《经济发展、个人所得税调整与城镇居民收入差距》，载于《河北经贸大学学报》2014 年第 6 期。

99. 张世伟、万相昱：《个人所得税制度的收入分配效应——基于微观模拟的研究途径》，载于《财经科学》2008 年第 2 期。

100. 张文春：《个人所得税与收入再分配》，载于《税务研究》2005 年第 11 期。

101. 张晓艳：《收入不平等、家庭差异与个人所得税政策选择》，载于《中央财经大学学报》2014 年第 11 期。

102. 张欣：《可计算一般均衡模型的基本原理与编程》，上海人民出版社 2010 年版。

103. 张阳：《中国流转税税负归宿分析》，载于《财经论丛》2008 年第 9 期。

104. 张阳：《中国企业所得税税负的动态分布》，载于《南方经济》2009 年第 1 期。

105. 张阳：《中国企业所得税税负归宿的一般均衡分析》，载于《数量经济技术经济研究》2008 年第 4 期。

106. 张阳：《中国企业所得税税收归宿问题研究》，载于《税务研究》2005 年第 12 期。

107. 赵福昌：《税制结构与收入差距研究》，载于《中央财经大学学报》2011 年第 9 期。

108. 赵颖、王亚丽：《增值税"扩围"对城镇居民收入分配影响分析》，载于《财贸研究》2013 年第 1 期。

109. 郑玉歆：《全要素生产率的测度及经济增长方式的"阶段性"规律——由东亚经济增长方式的争论谈起》，载于《经济研究》1999 年第 5 期。

110. 周明海、姚先国：《功能性和规模性收入分配的内在联系：模式比较与理论构建》，载于《经济学动态》2012 年第 9 期。

111. 周亚、刘海龙、谢文昕、李克强：《个人所得税收入分配效应的模型分析》，载于《北京师范大学学报（自然科学版）》2006 年第 6 期。

112. 朱明熙、代灵敏：《美国个人所得税对贫富差距的影响——基于 1913～2011 年经验数据分析》，载于《财经科学》2014 年第 4 期。

113. 安体富、任强：《中国省际基本公共服务均等化水平的变化趋势：2000 年至 2010 年》，载于《财政监督》2012 年第 15 期。

114. 安体富：《中国中长期税制改革研究》，载于《经济研究参考》2010 年第 46 期。

115. 郝大海、李路路：《区域差异改革中的国家垄断与收入不平等——基于 2003 年全国综合社会调查资料》，载于《中国社会科学》2006 年第 2 期。

116. 姜付秀、余晖：《我国行政性垄断的危害——市场势力效应和收入分配效应的实证研究》，载于《中国工业经济》2007 年第 10 期。

117. 刘怡、聂海峰：《间接税负担对收入分配的影响分析》，载于《经济研究》2004 年第 5 期。

118. 罗楚亮、李实：《人力资本、行业特征与收入差距——基于第一次全国经济普查资料的经验研究》，载于《管理世界》2007 年第 10 期。

119. 罗楚亮：《垄断企业内部的工资收入分配》，载于《中国人口科学》2006 年第 1 期。

120. 聂海峰、岳希明：《间接税归宿对城乡居民收入分配影响研究》，载于《经济学（季刊)》2013 年第 1 期。

121. 万伦来、周莹、高翔：《中国农业综合开发产业化经营财政支出的受益归宿分析——来自 1997～2011 年安徽省农业综合开发产业化经营的经验证据》，载于《中国农村经济》2013 年第 12 期。

122. 王小鲁：《灰色收入与国民收入分配》，载于《比较》2010 年第 3 期。

123. 王小鲁：《灰色收入与居民收入差距》，载于《中国税务》2007 年第 10 期。

124. 吴敬琏：《吴敬琏论腐败溯源与清源》，载于《市场报》2005 年 1 月 11 日。

125. 徐静、岳希明：《税收不公正如何影响收入分配效应》，载于《经济学动态》2014 年第 6 期。

126. 岳树民、卢艺、岳希明：《免征额变动对个人所得税累进性的影响》，载于《财贸经济》2011 年第 2 期。

127. 岳希明、蔡萌：《垄断行业高收入不合理程度研究》，载于《中国工业经济》2015 年第 5 期。

128. 岳希明、李实、史泰丽：《垄断行业高收入问题探讨》，载于《中国社会科学》2010 年第 3 期。

129. 岳希明、徐静、刘谦、丁胜、董莉娟：《2011 年个人所得税改革的收入再分配效应》，载于《经济研究》2012 年第 9 期。

130. 岳希明、徐静：《我国个人所得税的居民收入分配效应》，载于《经济学动态》2012 年第 6 期。

131. 岳希明、张斌、徐静：《中国税制的收入分配效应测度》，载于《中国社会科学》2014 年第 6 期。

132. 邹伯平、刘乐山：《德国调节收入分配差距的财政措施及启示》，载于《湖南商学院学报》2006 年第 2 期。

133. 朱正圻、林树众：《联邦德国的发展道路——社会市场经济的实践》，中国社会科学出版社 1988 年版。

134. 朱秋霞：《德国财政制度》，中国财政经济出版社 2005 年版。

135. 周耀鸣：《撒切尔夫人的"货币主义"经济政策及其影响》，载于《国际问题研究》1982 年第 1 期。

136. 周晓辉：《俄罗斯慈善活动社会认同原因探索》，载于《西伯利亚研究》2014 年第 1 期。

137. 周俊：《论法国的收入再分配机制中对中国构建和谐社会的启示》，载于《法国研究》2006 年第 2 期。

138. 周定滨：《货币主义的理论与撒切尔夫人的经济政策》，载于《南充师院学报》1988 年第 2 期。

139. 张玉伟：《发达资本主义国家收入分配政策的选择及我国的借鉴意义》，载于《辽宁师专学报》2000 年第 1 期。

140. 张洋：《俄罗斯的经济转型和社会公平问题研究》，南开大学，2009。

141. 张文春、鲁德华：《近三十年来发达国家和发展中国家税制改革的经验与教训》，载于《涉外税务》2006 年第 6 期。

142. 张国华：《从美国收入分配调节看我国收入分配调节机制的完善》，载于《科学发展》2012 年第 4 期。

143. 袁芳、胡莹：《试析美国的收入分配政策》，载于《中国流通经济》2010 年第 1 期。

144. 喻璐：《金砖国家国民收入初次分配格局的比较研究》，河南师范大学，2014 年。

145. 《英国调节收入分配差距的做法》，载于《党建研究》2005 年第 7 期。

146. 殷桐生：《施罗德的"新中派"经济政策》，载于《国际论坛》2001 年第 4 期。

147. 殷桐生：《从 2001 年德国经济的发展看施罗德的"新中派"经济政策》，载于《国际论坛》2002 年版。

148. 佚名：《医保，印度有什么值得我们学?》，载于《广西质量监督导报》2006 年第 5 期。

149. 杨志敏：《巴西经济改革成效及其启示》，载于《当代世界》2013 年第 7 期。

150. 杨立华：《列国志——南非》，社会科学文献出版社 2010 年版。

151. 林小春：《国外调节收入分配政策辑览》，载于《中国党政干部论坛》2005 年第 3 期。

152. 谢攀、李文溥等：《经济发展与国民收入分配格局变化：国际比较》，载于《财贸研究》2014 年第 3 期。

153. 肖爱民：《当代资本主义社会收入分配的福利化特点》，载于《湖南城市学院学报》2005 年第 4 期。

154. 奚中生：《联邦德国的收入分配制度和调节机制》，载于《经济社会体制比较》1988 年第 3 期。

155. 王智波：《美国财产税制度的演化：进程、原因与启示》，载于《广东社会科学》2009 年第 5 期。

156. 王晓丹：《印度贫困农民的状况及政府的努力》，载于《当代亚太》2001 年第 4 期。

157. 王卫平、邓颖：《发达国家收入分配政策与启示》，载于《党政论坛》2007 年第 2 期。

158. 王德祥：《现代外国财政制度》，武汉大学出版社 2005 年版。

159. 托马斯·皮凯蒂：《21 世纪资本论》，中信出版社 2014 年版。

160. 孙仁江：《当代美国税收理论与实践》，中国财政经济出版社 1987 年版。

161. 孙敬水、张岚：《德国缩小收入分配差距的基本经验及借鉴》，载于《现代经济探讨》2012 年第 11 期。

162. 孙浩进：《中俄收入分配制度变迁比较研究——兼论对于中国的启示》，载于《西伯利亚研究》2008 年第 5 期。

163. 苏雪串、冯湘凌：《美德瑞典三国财富分配借鉴》，载于《人民论坛》2011 年第 22 期。

164. 苏马德佐耶夫斯基，E. C. 赫辛：《英国》，中国社会科学出版社 1987 年版。

165. 施本植、梁柯：《西方国家税制结构的演变及其对我国的启示》，载于《财贸经济》2004 年第 12 期。

166. 沈越：《德国社会市场经济评析》，中国劳动社会保障出版社 2005 年版。

167. 邵培德：《美国遗产税面临的挑战——兼论我国开征遗产税不宜操之过急》，载于《国际税收》2001 年第 4 期。

168. 任太增、喻璐：《金砖国家国民收入初次分配格局的演变趋势与基本特征》，载于《经济问题探索》2014 年第 3 期。

169. 饶慧、陈平路：《印度税制简介》，载于《国际税收》2006 年第 10 期。

170. 裴元伦：《德国社会的收入分配与再分配》，载于《德国研究》2005 年第 4 期。

171. 秦永红、张伟：《印度社会保障制度改革及其对我国的启示》，载于《南亚研究季刊》2011 年第 2 期。

172. 乔纳森·休斯、路易斯·凯恩著，杨宇光、吴元中、杨炯、童新耕译：《美国经济史》，格致出版社、上海人民出版社 2013 年版。

173. 齐传钧：《巴西收入分配问题与相关政策评析》，载于《拉丁美洲研究》2014 年第 4 期。

174. 佩契曼：《美国税收政策》，北京出版社 1994 年版。

175. 牧野：《美国、法国和瑞典的税收情况简介》，载于《税务纵横》1994 年第

3 期。

176. 牟岩：《南非税制改革及启示》，载于《税务研究》2006 年第 10 期。

177. 美式林、林德宏：《当代社会民主党与民主政党论丛》，中国展望出版社 1986 年版。

178. 马蔚云：《论俄罗斯经济转轨中的效率与公平问题》，载于《俄罗斯中亚东欧研究》2004 年第 1 期。

179. 马蔚云：《俄罗斯收入分配政策评析》，载于《俄罗斯中亚东欧市场》2012 年第 11 期。

180. 罗晓林：《外国税收理论与制度》，中山大学出版社 2002 年版。

181. 陆伟芳：《19 世纪英国税收制度的演进》，载于《税收经济研究》2002 年第 1 期。

182. 刘强：《法国居民收入分配状况与政策启示》，载于《经济研究参考》2005 年第 38 期。

183. 刘立柱、钟磊：《印度高等教育福利化对我国的启示》，载于《世界教育信息》2007 年第 2 期。

184. 刘乐山、覃曼：《英国调节收入分配差距的财政措施及启示》，载于《湖南文理学院学报》2006 年第 31 期。

185. 刘东根：《印度流浪儿童的预防和救助措施》，载于《社会福利》2008 年第 8 期。

186. 刘春艳：《试析美国〈1894 年联邦个人所得税法〉制定的原因》，载于《首都师范大学学报（社会科学版）》2010 年第 S1 期。

187. 刘畅：《美国财政史》，社会科学文献出版社 2013 年版。

188. 林跃勤、周文：《金砖国家经济社会发展报告》，社会科学文献出版社 2011 年版。

189. 廖培宇：《印度推行全球最大粮食福利》，载于《农村工作通讯》2013 年第 23 期。

190. 梁中芳：《英国国有化经济的历史回顾》，载于《商场现代化》2005 年第 4 期。

191. 梁强：《"后金融危机时代"各国税收政策变化评述：印度篇》，载于《国际税收》2011 年第 7 期。

192. 李姿姿：《法国社会保障制度改革及其启示》，载于《经济社会体制比较》2010 年第 2 期。

193. 李姿姿：《法国社会保障制度变迁中的国家作用及其启示》，载于《欧洲研究》2008 年第 5 期。

194. 李玉平：《法国的税收机制与税收体制改革》，载于《欧洲》1993 年第 3 期。

195. 李文静：《英国福利国家的产生与发展（1945～1970)》，载于《黑龙江史志》2010 年第 21 期。

196. 李琼、侯可华、邓畅：《印度医疗保障体系探析》，载于《保险研究》2008 年第 10 期。

197. 李俊江、范硕：《试析美国经济走势》，载于《国际问题研究》2008 年第 1 期。

198. 李纯英、陈德正：《资本主义自由竞争阶段的时间界定》，载于《石油大学学报（社会科学版）》2000 年第 5 期。

199. 雷达、包婷婷：《奥巴马救市政策的经济学解读》，载于《理论视野》2009 年第 4 期。

200. 金重远：《20 世纪的法兰西》，复旦大学出版社 2004 年版。

201. 蒋永康：《联邦德国社会福利政策指导下的社会保障网络》，载于《上海大学学报》1990 年第 1 期。

202. 姜爱林：《发达国家调节收入分配差距的做法及其对我国的启示和政策建议》，载于《高校社科动态》2010 年第 1 期。

203. 加里·M·沃尔顿、休·罗考夫：《美国经济史》，中国人民大学出版社 2011 年版。

204. 胡莹：《战后美国收入分配政策及启示》，载于《国际问题研究》2006 年第 3 期。

205. 胡莹：《美国的收入分配与当代资本主义的经济矛盾》，中国社会科学出版社 2013 年版。

206. 胡连生：《美欧收入分配政策的差异及其成因》，载于《科学社会主义》2003 年第 6 期。

207. 洪丽：《经济发达国家居民收入差距研究》，人民出版社 2013 年版。

208. 赫伯特·斯坦肯：《美国总统经济史：从罗斯福到克林顿》，吉林人民出版社 2011 年版。

209. 赫伯特·斯坦肯：《美国的财政革命：应对现实的策略》，上海财经大学出版社 2010 年版。

210. 韩毅：《外国近现代经济史》，高等教育出版社 2010 年版。

211. 韩保江：《西方世界的拯救：现代西方收入分配制度变迁与贡献》，山东人民出版社 1998 年版。

212. 国家发展改革委宏观院考察团：《对俄罗斯收入分配情况的考察》，载于《中国经贸导刊》2006 年第 1 期。

213. 郭连成：《俄罗斯新一轮税制改革进展与效应》，载于《世界经济》2008 年第 6 期。

214. 关海庭：《中俄两国转型时期贫富分化问题比较研究——兼论中国渐进体制转型模式的合理性》，载于《当代中国史研究》2003 年第 6 期。

215. 葛玉御、李昕凝、樊丽明：《巴西税制结构特点及启示——中巴比较的视角》，载于《中央财经大学学报》2014 年第 7 期。

216. 高芳英：《美国所得税的起源与有关宪法修正案的创立》，载于《史林》1999 年第 3 期。

217. 高文知：《科尔时期德国施政改革略论》，载于《长江论坛》2007 年第 1 期。

218. 高峰：《20 世纪世界资本主义经济的发展与演变》，载于《政治经济学评论》2010 年。

219. 复旦大学世界经济研究所英国经济研究室：《英国经济》，人民出版社 1986 年版。

220. 冯守东：《20 世纪 80 年代以来美国税收政策的变化及其启示》，载于《税务研究》2004 年第 10 期。

221. 费尔南·布罗德尔、欧内斯特·拉布罗斯：《法国经济与社会史》，复旦大学出版社 1990 年版。

222. 房晓萍、贺拥军：《日美政府间收入分配制度的比较及借鉴》，载于《山西财税》2002 年第 5 期。

223. 樊明、喻一文等：《收入分配行为与政策》，社会科学文献出版社 2013 年版。

224. 樊丽明、葛玉御、李昕凝：《金砖四国税制结构变迁比较研究》，载于《税务研究》2014 年第 1 期。

225. 樊斐婕：《西方发达资本主义国家与中国收入分配体制比较》，载于《沿海企业与科技》2005 年第 6 期。

226. 董全瑞：《收入分配差距国别论》，中国社会科学出版社 2010 年版。

227. 董锋、叶森：《德国社会市场经济》，改革出版社 1992 年版。

228. 丁建定：《战后法国混合型社会保障制度特征的形成及其影响》，载于《法国研究》2011 年第 4 期。

229. 丁建定、杨凤娟：《英国社会保障制度的发展》，中国劳动社会保障出版社 2004 年版。

230. 崔运政：《财政分权与完善地方财政体制研究》，中国社会科学出版社 2012 年版。

231. 崔景华：《欧洲主要发达国家近期税制改革及其对中国的启示》，载于《经济与管理》2007 年第 10 期。

232. 陈平路、陈遥根：《南非税制评析》，载于《涉外税务》2007 年第 10 期。

233. 陈平路、饶慧：《印度税负发展趋势研究》，载于《当代亚太》2007 年第 9 期。

234. 陈桂林：《试析希拉克政府的经济政策》，载于《世界经济研究》1996 年第 4 期。

235. 陈锋正：《中国、巴西：城市反贫困的比较及其启示》，载于《经济与管理》2009 年第 6 期。

236. 陈炳才、许江萍：《英国：从凯恩斯主义到货币主义》，武汉出版社 1994 年版。

237. 曹洪彬、卢滟萍：《俄罗斯税制变迁及对我国的借鉴》，载于《涉外税务》2005 年第 7 期。

238. 蔡宏标：《美国个人所得税税率结构演变对我国个税改革的启示》，载于《特区经济》2011 年第 4 期。

239. 财政部税收制度国际比较课题组：《英国税制》，中国财政经济出版社 2000 年版。

240. 财政部税收制度国际比较课题组：《法国税制》，中国财政经济出版社 2002 年版。

241. 财政部税收制度国际比较课题组：《德国税制》，中国财政经济出版社 2004 年版。

242. 财政部财政制度国际比较课题组：《法国财政制度》，中国财政经济出版社 1998 年版。

243. 财政部财政制度国际比较课题组：《美国财政制度》，中国财政经济出版社 1998 年版。

244. 财政部办公厅、财政部财政科学研究所课题组：《英国财政税收制度的演变：1597 年至今》，载于《经济研究参考》2009 年第 40 期。

245. 财政部办公厅、财政部财政科学研究所课题组：《法国大革命前的财政危机与财政改革》，载于《经济研究参考》2009 年第 40 期。

246. 北京外国语大学英国研究中心：《英国发展报告（2010~2013）——国际金融危机背景下的中国》，社会科学文献出版社 2013 年版。

247. 柏林森：《论印度的二元化社会保障体系》，载于《重庆工业管理学院学报》1997 年第 4 期。

248. 安东尼·吉登斯：《第三条道路——社会民主主义的复兴》，北京大学出版社 2000 年版。

二、英文部分

249. Altig, David, Alan J. Auerbach, Laurence J. Kotlikoff, Kent A. Smetters, Jan Walliser. Simulating Fundamental Tax Reform in the U. S. *American Economic Review*, 2001, 91 (3): pp. 574 – 595.

250. Arnold C. Harberger. The Incidence of the Corporation Income Tax. *The Journal of Political Economy*, Vol. 70, 1962 (3): pp. 215 – 240.

251. Atkinson, Anthony B. . Factor shares: The Principle Problem of Political Economy. *Oxford Review of Economic Policy*, 2009, 25 (1): pp. 3 – 16.

252. Atkinson, Anthony B. , Joseph E. Stiglitz. 1980. *Lectures on Public Economics*. New York: McGraw – Hill Book Company.

253. Ballard, Charles L. , Don Fullerton, John Shoven, John Whalley. A General Equilibrium Model for Tax Policy Evaluation. NBER Books, 1985.

254. Ballentine, J. Gregory, Ibrahim Eris. 1975. On the General Equilibrium Analysis of Tax Incidence. *Journal of Political Economy*, 83 (3): pp. 633 – 644.

255. Ballentine, J. Gregory. The Incidence of a Corporation Income Tax in a Growing Economy. *Journal of Political Economy*, 1978, 86 (5): pp. 863 – 875.

256. Bargain, Olivier and Tim Callan. Analysing the Effects of Tax – Benefit Reforms on

Income Distribution: a Decomposition Approach. *Journal of Economic Inequality*, 2010, 8 (1): pp. 1 –21.

257. Bird, Richard M. , and Eric M. Zolt. The Limited Role of the Personal Income Tax in Developing Countries. *Journal of Asian Economics*, Vol. 16, 2005: pp. 928 –946.

258. Bishop, John A. , Victor Chow, John P. Formby and Chih – Chin Ho. "The Redistributive Effects of Noncompliance and Tax Evasion in the U. S. ", In *"Taxation, Poverty and Income Tax Distribution"*, edited by J. Creedy, London: Edward Elgar Publishing, 1994: pp. 28 –47.

259. Boadway, Robin. Long – Run Tax Incidence: A Comparative Dynamic Approach. *Review of Economic Studies*, 1979, 46 (3): pp. 505 –511.

260. Borge, L. , Rattso, J. J. . Income Distribution and Tax Structure: Empirical Test of The Meltzer – Richard Hypothesis. *European Economic Review*, 2004, 48 (4): pp. 805 – 826.

261. Branko Milanovic, "Do More Unequal Countries Redistribute More? Does the Media Voter Hypothesis Hold?" World Bank Working Paper, No. 2264, 1999.

262. Brown, H. G. The Incidence of a General Output or a General Sales Tax. *Journal of Political Economy*, 1939, 47: pp. 254 –262.

263. Cameron, L. A. , Creedy, J. . Indirect Tax Exemptions and the Distribution of Lifetime Income: A Simulation Analysis. *The Economic Record*, 1995, 71 (1): pp. 77 –87.

264. Daniel B. Suits. Measurement of Tax Progressivity. *American Economic Review*, 1977, 67 (4): pp. 747 –752.

265. Daudey, E. and C. Garcia – Penalosa. The Personal and the Factor Distributions of Income in a Cross – Section of Countries. *Journal of Development Studies*, Vol. 43, 2007: pp. 812 –829.

266. David Altig and Charles T. Carlstrom. "Marginal Tax Rates and Income Inequality in a Life-cycle Model", Cleveland Fed's Working Paper, No. 9621, 1996.

267. Decoster, A. , Swerdt, K. D. , Verbist, G. Indirect Taxes and Social Policy: Distributional Impact of Alternative Financing of Social Security, Paper For The Espanet – Conference, 2006.

268. DeMooij, R. A. and G. Nicodème. "Corporate Tax Policy, Entrepreneurship and Incorporation in the EU", European Economy – Economic Papers, No. 269, 2007.

269. Feldstein, Martin S. Tax Incidence in a Growing Economy with Variable Factor Supply. *Quarterly Journal of Economics*, 1974a, 88 (4): pp. 551 –573.

270. Feldstein, Martin S. The Surprising Incidence of a Tax on Pure Rent: A New Answer to an Old Question. *Journal of Political Economy*, 1977b, 85 (2): pp. 349 –360.

271. Gerlinde Verbist. "Redistributive Effect and Prngressivity of Taxes: An International Comparison across The EU Using EUROMOD", EUROMOD Working Paper, No. EMS/04,

2004.

272. Harberger, Arnold C. The Incidence of the Corporation Income Tax. *Journal of Political Economy*, 1962, 70 (3): pp. 215 – 240.

273. Haufler, A. , A. Klemmand G. Schjelderup. Economic Integration and the Relationship between Profit and Wage Taxes. *Public Choice*, Vol. 138, 2009: pp. 423 – 446.

274. Herwig Immemll, et al. . "Household incomes and Redistribution in the European Union: Quantifying the Equalising Properties of Taxes and Benefits", IZA Discussion Paper, No. 1824, 2005.

275. Herwig Immeroll, et al. . "Household Incomes and Redistribution in the European Union: Quantifying the Equalising Properties of Taxes and Benefits", IZA Discussion Paper, No. 1824, 2005.

276. Jones, Ronald W. The Structure of Simple General Equilibrium Models. *Journal of Political Economy*, 1965, 73 (6): pp. 557 – 572.

277. Joseph A. Pechman. "Who Paid the Taxes, 1966 – 1985", Washington D. C. : Brookings, 1986.

278. Joseph A. Pechman. Distribution of Federal and State Income Taxes by Income Classes. *The Journal of Finance*, Vol. 27, 1972 (2): pp. 179 – 191.

279. Joseph A. Pechnum. Distribution of Federal and State Income Taxes by Model. *Journal of Public Economics*, 1985, 28: pp. 59 – 83.

280. Kakwani, N. C. . Measurement of Tax Progressivity: An International Comparison. *Economic Journal*, Vol. 87, 1977: pp. 71 – 80.

281. Kakwani, N. C. . On the Measurement of Tax Progressivity and Redistribution Effect of Taxes with Applications to Horizontal and Vertical Equity. *Advances in Econometrics*, Vol. 3, 1984: pp. 149 – 168.

282. Kim M. Bloomquist. "Tax Evasion, Income Inequality and Opportunity Costs of Compliance", Paper presented at the 96th Annual Conference of the Nailonal Tax Association, 2003.

283. Kinam Kim and Peter Lambert. Redistributive Effect of U. S. Taxes and Public Transfers, 1994 – 2004. *Public Finance Review*, Vol. 37, 2009 (1): pp. 3 – 26.

284. Kotlikoff, Laurence J. , Lawrence H. Summers. "Tax Incidence", In Alan Auerbach and Martin S. Feldstein ed. , Handbook of Public Economics, Vol. 2. Amsterdam: Elsevier Science B. V. 1987.

285. Krauss, Melvyn B. , Harry G. Johnson. The Theory of Tax Incidence: A Diagrammatic Analysis. *Economica*, 1972, 39 (156): pp. 357 – 382.

286. McLure, Charles E. , Jr. Interregional Incidence of General Regional Taxes. *Public Finance*, 1969, 24: pp. 457 – 483.

287. McLure, Charles E. , Jr. Taxation, Substitution, and Industiral Location. *Journal*

of Political Economy, 1970, 78 (1): pp. 112 – 132.

288. McLure, Charles E. , Jr. The Theory of Tax Incidence with Imperfect Factor Mobility. *Finanzarchive*, 1971, 30: pp. 27 – 48.

289. McLure, Charles E. , Jr. General Equilibrium Incidence Analysis: The Harberger Model after Ten Years. *Journal of Public Economics*, 1975, 4: pp. 125 – 161.

290. Meltzer A. , Richard S.. A Rational Theory of the Size of Government. *Journal of Political Economy*, 1981, 89 (5): pp. 914 – 927.

291. Mieszkowski, Peter M. On the Theory of Tax Incidence. *Journal of Political Economy*, 1967, 75 (3): pp. 250 – 262.

292. Mieszkowski, Peter M. The Property Tax: An Excise Tax or A Profits Tax. *Journal of Public Economics*: 1972, pp. 73 – 96.

293. Musgrave, R. , and T. Thin. Income Tax Progression, 1929 – 1948. *Journal of Political Economy*, 1948, 56 (6).

294. Musgrave, Richard A. General Equilibrium Aspects of Incidence Theory. *American Economic Review*, 1953, (43): pp. 504 – 517.

295. Musgrave, Richard A. *The Theory of Public Finance*, McGraw – Hill, New York, 1959.

296. Nanak C. Kakwani. Measurement of Tax Progressivity: An International Comparison. *The Economic Journal*, 1977, 345 (87): pp. 71 – 80.

297. Pereira, Alfredo M. , John B. Shoven. Survey of Dynamic Computational General Equilibrium Models for Tax Policy Evaluation. *Journal of Policy Modeling*, 1988, 10 (3): pp. 401 – 436.

298. Piggott, John, John Whalley. *UK Tax Policy and Applied General Equilibrium Analysis*. Cambridge University Press, 1985.

299. R. Alison Felix. Passing the Burden: Corporate Tax Incidence in Open Economies. Luxembourg Income Study Working Paper, No. 468, 2007.

300. Rapanos, Vassilis T. Environmental Taxation in a Dualistic Economy. *Environment and Development Economics*, 2007, 12: pp. 73 – 89.

301. Ren, Xiaolin, Don Fullerton, John B. Braden. Optimal Taxation of Externalities Interacting Through Markets: A Theoretical General Equilibrium Analysis. *Resource and Energy Economics*, 2011, 33 (3): pp. 496 – 514.

302. Rolph, E. R.. A Mathematical Theory of the Incidence of Taxation. *Econometrica*, 1954, 12: pp. 1 – 18.

303. Shoven, John B. , John Whalley. A General Equilibrium Calculation of the Effects Differential Taxation of Income from Capital in the U. S.. *Journal of Public Economics*, 1972, 1 (3/4): pp. 281 – 321.

304. Shoven, John B. , John Whalley. General Equilibrium with Taxes: A Computational

Procedure and an Existence Proof. *Review of Economic Studies*, 1973, 40 (4): pp. 475 – 489.

305. Shoven, John B. , John Whalley. On the Computation of Competitive Equilibrium on International Markets with Tariffs. *Journal of International Economics*, 1974, 4 (4): pp. 341 – 354.

306. Suits, D. B. Measurement of Tax Progressivity. *American Economic Review*, Vol. 67, 1977: pp. 747 – 752.

307. Vandendorpe, Adolf L. , Ann F. Friedlaender. Differential Incidence in the Presence of Initial Distorting Taxes. *Journal of Public Economics*, 1976, 6: pp. 205 – 229.

308. Wagstaff, Adam, and 25 other authors. Redistributive Effect, Progressivity and Differential Tax Treatment: Personal Income Taxes in Twelve OECD Countries. *Journal of Public Economics*, Vol. 72, 1999: pp. 73 – 98.

309. Wells, P. General Equilibrium Analysis of Excise Taxes. *American Economic Review*, 1955, 45: pp. 345 – 359.

310. Whalley, John. A General Equilibrium Assessment of the 1973 United Kingdom Tax Reform. *Economica*, 1975, 42 (166): pp. 139 – 161.

311. Younger. S. , D. Sahn, S. Haggblade, and P. Dorosh. Tax Incidence in Madagascar: An Analysis Using Household Data. *World Bank Economic Review*, 1999, 13 (2): pp. 303 – 331.

312. Aaron, Henry Joseph. *The Property Tax: Progressive Or Regressive?: a New View of Property Tax Incidence*. Brookings Institution, 1974.

313. Caminada, Koen, Kees Goudswaard, and Chen Wang. Disentangling Income Inequality and the Redistributive Effect of Taxes and Transfers in 20 LIS Countries Over Time. LIS Working Paper Series, 2012, (581).

314. Danziger, Sheldon, Robert Haveman, and Robert Plotnick. How Income Transfer Programs Affect Work, Savings, and the Income Distribution: A Critical Review. *Journal of economic literature*, 1981: pp. 975 – 1028.

315. Davies, David G. An Empirical Test of Sales – Tax Regressivity. *The Journal of Political Economy*, 1959: pp. 72 – 78.

316. Davies, David G. Measurement of Tax Progressivity: Comment. *The American Economic Review*, 1980: pp. 204 – 207.

317. Derrick, Frederick W. , and Charles E. Scott. "Sales Tax Equity: Who Bears the Burden? ." *The Quarterly Review of Economics and Finance* 38, No. 2, 1998: pp. 227 – 237.

318. Diamond, Peter A. , and James A. Mirrlees. Optimal Taxation and Public Production I: Production Efficiency. *The American Economic Review* 61, No. 1, 1971: pp. 8 – 27.

319. Dodge, David A. Impact of Tax, Transfer, and Expenditure Policies of Government on the Distribution of Personal Income in Canada. *Review of Income and Wealth* 21, No. 1,

1975: pp. 1 – 52.

320. Gale, William G. , James R. Hines, and Joel Slemrod, eds. *Rethinking estate and gift taxation*. Brookings Institution Press, 2011.

321. Mikesell, John L. The American Retail Sales Tax: Considerations on Their Structure, Operations, and Potential as a Foundation for a Federal Sales Tax. *National Tax Journal*, 1997: pp. 149 – 165.

322. Mirrlees, James A. Optimal Tax Theory: A Synthesis. *Journal of public Economics* 6, No. 4, 1976: pp. 327 – 358.

323. Musgrave, Richard A. Is a Property Tax on Housing Regressive? . *The American Economic Review*, 1974: pp. 222 – 229.

324. O'Dea, Cormac, and Ian Preston. *The Distributional Impact of Public Spending in the UK*. No. W12/06. IFS Working Papers, 2012.

325. Prante, Gerald, and Andrew Chamberlain. Who Pays Taxes and Who Receives Government Spending? An Analysis of Federal, State and Local Tax and Spending Distributions, 1991 – 2004. Tax Foun dation Working Paper 1, 2007.

326. Rector, Robert, and Christine Kim. How the Wealth is Spread: The Distribution of Government Benefits, Services and Taxes by Income Quintile in the United States. *The Heritage Foundation* (2008).

327. Schwartz, Gerd, and Teresa Ter – Minassian. The Distributional Effects of Public Expenditure. *Journal of Economic Surveys* 14, No. 3, 2000: pp. 337 – 358.

328. Soares, Fabio Veras, Sergei Suarez Dillon Soares, Marcelo Medeiros, and Rafael Guerreiro Osório. *Cash Transfer Programmes in Brazil: Impacts on Inequality and Poverty*. Working Paper of Brasilia, Brazil: International Poverty Centre, No. 21. 2006.

329. Suits, Daniel B. Measurement of Tax Progressivity. *The American Economic Review*, 1977: pp. 747 – 752.

330. Zee. H. . Inequality and Optimal Redistributive Tax and Transfer Policy. *Public Finance Review*, 2004, 32, pp. 359 – 381.

331. Wilfred Lewis, Jr. *Federal Fiscal Policy in the Post War Recessions*. Washington, D. C. : The Brookings Institution, c1962.

332. Rubem Mauro and Silva Rodrigues. Tax Reform in Brazil. Working Paper of Maastricht University, 2009 (6).

333. Rao, M G. Tax System Reform in India: Achievements and Challenges Ahead. *Journal of Asian Economics*, 2005, 16 (6): pp. 993 – 1011.

334. Piketty, Thomas, Gilles Postel – Vinay, and Jean – Laurent Rosenthanl, Wealth Concentration in a Developing Economy: Paris and France, 1807 – 1994. *American Economic Review*, Vol. 1: pp. 236 – 256.

335. Paulus, Alari and Peichl, Andreas. 2008 Effects of Flat Tax Reforms in Western

Europe on Income Distribution and Work Incentives. IZA（The Institute for the Study of Labor）Discussion Paper No. 3721.

336. Murray Leibbrandt, James Levinsohn. Fifteen Years On: Household Incomes in South Africa. University of Cape Town; Yale University; NBER. p. 7. 6 March 2012.

337. Momoniat. I. Fiscal Decentralization in South Africa, OECD Working Paper, 2005.

338. Keen, Michael and Lockwood, Ben. The Value Added Tax: It's Causes and Consequences. *Journal of Development Economics*, 2010, 92, pp. 138 – 151.

339. Kaplow. Louis. Public Goods and the Distribution of Income. *European Economic Review*, 2006, 50, pp. 1627 – 1660.

340. Kanbur, Ravi, Bhorat, Haroon. Poverty and Well – being in Post – Apartheid South Africa: An Overview of Data, Outcomes and Policy. University of Cape Town; Cornell University. 6 March 2012.

341. José Teófilo Oliveria and Ana Carolina Giuberti. Tax Structure and Tax Burden in Brazil: 1980 – 2004. Working Paper of Initiative for Policy Dialogue, 2009, （10）.

342. Hashim, S R. . Economic Growth and Income Distribution: the Indian Experience of Development. *Economic and Political Weekly*, 1998: pp. 661 – 666

343. Conway – Smith, Erin. Black South Africans Moving up the Wealth Ladder. Globe and Mail（Toronto）. 17 October 2011.

344. Boadway, R. Marchand, M. and Pestieau, P. Towards a Theory of the Direct-indirect Tax Mix. *Journal of Public Economics*, 1994, 55, pp. 271 – 288.

345. Bernhard Leubolt. Social Policies and Redistribution in South Africa. Global Labour University. Working Paper. No. 25 （May 2014）.

346. Atkinson, A. B. and Stiglitz, J. E. The Design of Tax Structure: Direct Versus Indirect Taxation. *Journal of Public Economics*, 1976, 6, pp. 55 – 75.

347. Anna Ivanova. Michael Keen. Alexander Klemm. The Russian Flat Tax Reform. IMF Working Paper, 2009.

348. Abel – Smith and Twonsend. The poor and the poorest. London, 1965.

349. A. H. Halsey. British Social Trends since 1900. Macmillan, 1988.

350. Murray Leibbrandt; James Levinsohn. Fifteen Years On: Household Incomes in South Africa. University of Cape Town; Yale University; NBER. P. 7. 6 March 2012.

第二篇

一、中文部分

1. 莫亚琳、张志超:《城市化进程、公共财政支出与社会收入分配——基于城乡二元结构模型与面板数据计量的分析》,载于《数量经济技术经济研究》2011 年第 3 期。

2. 陆铭、陈钊:《城市化、城市倾向的经济政策与城乡收入差距》,载于《经济研究》2004 年第 6 期。

3. 夏庆杰、李实、宋丽娜等：《国有单位工资结构及其就业规模变化的收入分配效应：1988~2007》，载于《经济研究》2012年第6期。

4. 王甫勤：《人力资本、劳动力市场分割与收入分配》，载于《社会》2010年第1期。

5. 陆铭、蒋仕卿：《重构"铁三角"：中国的劳动力市场改革、收入分配和经济增长》，载于《管理世界》2007年第6期。

6. 田新民、王少国、杨永恒：《城乡收入差距变动及其对经济效率的影响》，载于《经济研究》2009年第7期。

7. 胡兵、赖景生、胡宝娣：《经济增长、收入分配与贫困缓解——基于中国农村贫困变动的实证分析》，载于《数量经济技术经济研究》2007年第5期。

8. 陈昌兵：《经济增长与收入分配间的相互作用机制及其实证分析——基于有约束条件的VECM》，载于《当代经济科学》2007年第1期。

9. 陈斌开、林毅夫：《金融抑制、产业结构与收入分配》，载于《世界经济》2012年第1期。

10. 刘纯彬、桑铁柱：《农村金融发展与农村收入分配：理论与证据》，载于《上海经济研究》2010年第12期。

11. 师文明：《金融发展、经济增长和收入不平等：一个内生增长模型》，载于《中南财经政法大学研究生学报》2009年第1期。

12. 苏基溶、廖进中：《中国金融发展与收入分配、贫困关系的经验分析——基于动态面板数据的研究》，载于《财经科学》2009年第12期。

13. 张军、金煜：《中国的金融深化和生产率关系的再检测：1987~2001》，载于《经济研究》2005年第11期。

14. 沈桂龙、宋方钊：《FDI对中国收入分配差距的影响及对策——基于多维变量基础上的实证研究》，载于《世界经济研究》2011年第10期。

15. 刘力：《对外贸易、收入分配与区域差距——对中国区域经济差距的贸易成因分析》，载于《南开经济研究》2005年第4期。

16. 文娟、孙楚仁：《国际贸易对我国收入分配的影响——基于基尼系数的实证分析》，载于《国际贸易问题》2008年第11期。

17. 张莉、李捷瑜、徐现祥：《国际贸易、偏向型技术进步与要素收入分配》，载于《经济学（季刊）》2012年第2期。

18. 林伯强：《中国的政府公共支出与减贫政策》，载于《经济研究》2005年第1期。

19. 吕冰洋、郭庆旺：《中国要素收入分配的测算》，载于《经济研究》2012年第10期。

20. 郭庆旺、吕冰洋：《论要素收入分配对居民收入分配的影响》，载于《中国社会科学》2012年第12期。

21. 罗楚亮：《城乡居民收入差距的动态演变：1988~2002年》，载于《财经研究》2006年第9期。

22. 朱琛：《城乡居民收入与消费差距的动态相关性——基于 1992~2009 年经验数据的考察》，载于《财经科学》2012 年第 8 期。

23. 樊纲、王小鲁：《消费条件模型和各地区消费条件指数》，载于《经济研究》2004 年第 5 期。

24. 李实、罗楚亮：《中国收入差距究竟有多大？——对修正样本结构偏差的尝试》，载于《经济研究》2011 年第 4 期。

25. 章奇、米建伟、黄季焜：《收入流动性和收入分配：来自中国农村的经验证据》，载于《经济研究》2007 年第 11 期。

26. 蔡昉、都阳：《中国地区经济增长的趋同与差异》，载于《经济研究》2000 年第 10 期。

27. 何庆光：《财政分权，转移支付与地方税收入——基于 1985~2006 年省级面板数据分析》，载于《统计研究》2009 年第 3 期。

28. 黄祖辉、王敏：《我国居民收入不平等问题：基于转移性收入角度的分析》，载于《管理世界》2003 年第 3 期。

29. 陆铭、陈钊、万产华：《因患寡，而患不均——中国的收入差距，投资，教育和增长的相互影响》，载于《经济研究》2006 年第 12 期。

30. 马拴友、于红霞：《转移支付与地区经济收敛》，载于《经济研究》2003 年第 3 期。

31. 彭国华：《中国地区收入差距，全要素生产率及其收敛分析》，载于《经济研究》2005 年第 9 期。

32. 王洪亮、徐翔：《收入不平等孰甚：地区间抑或城乡间》，载于《管理世界》2006 年第 11 期。

33. 王小鲁、樊纲：《中国收入差距的走势和影响因素分析》，载于《经济研究》2005 年第 10 期。

34. 安宁宁、韩兆洲：《面板数据模型设定的一般方法》，载于《统计与决策》2007 年第 9 期。

35. 苑德宇、张静静、韩俊霞：《居民消费、财政支出与区域效应差异——基于动态面板数据模型的经验分析》，载于《统计研究》2010 年第 2 期。

36. 李春琦、唐哲一：《财政支出结构变动对私人消费影响的动态分析——生命周期视角下政府支出结构需要调整的经验证据》，载于《财经研究》2010 年第 6 期。

37. 金三林：《优化政府支出　扩大居民消费》，载于《税务研究》2009 年第 12 期。

38. 张治觉、吴定玉：《我国政府支出对居民消费产生引致还是挤出效应——基于可变参数模型的分析》，载于《数量经济技术经济研究》2007 年第 5 期。

39. 廖楚晖、余可：《地方政府公共支出结构与经济增长——基于中国省际面板数据的实证分析》，载于《财贸经济》2006 年第 11 期。

40. 范金、任会、坂本博：《地方政府投资性财政支出结构对城乡居民消费影响的差异性比较》，载于《系统工程》2011 年第 1 期。

41. 刘穷志：《收入不平等与再分配职能在中央财政与地方财政之间分解》，载于《财贸经济》2011 年第 5 期。

42. 李晓嘉：《公共支出促进我国经济增长方式转变的实证分析——基于动态面板数据的经验证据》，载于《复旦学报（社会科学版)》2012 年第 5 期。

43. 张继彤：《我国财政支出结构存在的问题与调整思路》，载于《商业研究》2002 年第 17 期。

44. 彭志文、郭路：《财政支出结构、最优税率区间与经济增长》，载于《财政研究》2011 年第 4 期。

二、英文部分

45. Carter, C, A., The Urban-rural Income Gap in China: Implications for Global Food Markets. *American Journal of Agricultural Economics*, 1997: pp. 1410 - 1418.

46. Nguyen, B. T., Albrecht, J. W., Vroman, S. B. et al., A quantile Regression Decomposition of Urban-rural Inequality in Vietnam. *Journal of Development Economics*, 2007, 83 (2): pp. 466 - 490.

47. Pauly, M, V., Income Redistribution as a Local Public Good. *Journal of Public Economics*, 1973, 2 (1): pp. 35 - 58.

48. Wildasin, D. E., Income Redistribution in a Common Labor Market. *The American Economic Review*, 1991, 81 (4): pp. 757 - 774.

49. Wan, G., Zhou Z., Income Inequality in Rural China: Regression-based Decomposition Using Household Data. *Review of Development Economics*, 2005, 9 (1): pp. 107 - 120.

50. Wu, X., Perloff, J. M., China's Income Distribution, 1985 - 2001. *Review of Economics and Statistics*, 2005, 87 (4): pp. 763 - 775.

51. Wu, X., Perloff, J. M., GMM Estimation of a Maximum Entropy Distribution with Interval Data. *Journal of Econometrics*, 2007, 138 (2): pp. 532 - 546.

52. Tsung-wu, Ho. The Government Spending and Private Consumption: a Panel Integration Analysis. *International Review of Economics and Finance*. 2001, (10): pp. 95 - 108.

53. Hulten, C. R, Schwab, R. M. Public Capital Formationand the Growth of Regional Manufacturing Industries. *National Tax Journal*. 1991, 44 (4): pp. 121 - 134.

54. Robert, J Barro. Government Spending in a Simple Model of Endogenous Growth. *The Journal of Political Economy*. 1990, 98: 5103 - 5125.

55. Aronson, J. R., P. Johnson and P. J. Lambert. Redistributive Effect and Unequal Income Taxtreatment. *The Economic Journal*. 1994, 104, pp. 262 - 270.

第三篇

一、中文部分

1. 安体富：《完善公共财政制度逐步实现公共服务均等化》，载于《东北师大学报（哲学社会科学版）》2007 年第 3 期。

2. 安体富：《完善公共财政制度逐步实现公共服务均等化》，载于《财经问题研究》2007 年第 7 期。

3. 安体富：《中国转移支付制度：现状·问题·改革建议》，载于《财政研究》2007 年第 1 期。

4. 陈斌开、杨依山、许伟：《中国城镇居民劳动收入差距演变及其原因：1990 ~ 2005》，载于《经济研究》2009 年第 12 期。

5. 曾军平：《政府间转移支付制度的财政平衡效应研究》，载于《经济研究》2000 年第 6 期。

6. 曹俊文、罗良清：《转移支付的财政均等化效果实证分析》，载于《统计研究》2006 年第 1 期。

7. 董再平：《论我国政府财政转移支付模式的选择》，载于《税务与经济》2013 年第 5 期。

8. 都阳：《中国的城市贫困：社会救助及其效应》，载于《经济研究》2007 年第 12 期。

9. 龚六堂、邹恒甫：《政府花费、税收、政府转移支付和内生经济增长》，载于《中国科学基金》2000 年第 1 期。

10. 胡鞍钢：《中国地区发展不平衡问题研究》，载于《中国软科学》1995 年第 8 期。

11. 黄佩华：《中国：国家发展与地方财政》，中信出版社 2003 年版。

12. 江庆：《省际间财力差距的地区分解和结构分解》，载于《统计研究》2009 年第 6 期。

13. 靳友雯、罗捷：《德、日转移支付制度对我国的启示》，载于《广西大学学报（哲学社会科学版）》2008 年第 S2 期。

14. 贾晓俊：《政府间转移支付制度横向均衡效应研究》，载于《经济学动态》2009 年第 3 期。

15. 贾晓俊、岳希明：《我国均衡性转移支付资金分配机制研究》，载于《经济研究》2012 年第 1 期。

16. 江庆、李光龙：《分税制，转移支付与县域财政差距——基于安徽省个案的研究》，载于《财贸研究》2011 年第 4 期。

17. 江新昶：《转移支付、地区发展差距与经济增长——基于面板数据的实证检验》，载于《财贸经济》2007 年第 6 期。

18. 姜凌、左萌：《加入 WTO 对我国收入不平等的影响——基于微观面板数据的实证研究》，载于《国际贸易问题》2010 年第 3 期。

19. 金双华：《财政转移支付制度对收入分配公平作用的研究》，载于《经济社会体制比较》2013 年第 5 期。

20. 李华：《城乡公共品供给均等化与转移支付制度的完善》，载于《财政研究》2005 年第 11 期。

21. 李齐云：《完善我国财政转移支付制度的思考》，载于《财贸经济》2001 年第 3 期。

22. 李齐云：《我国财政转移支付制度的缺陷分析与改革构想》，载于《当代财经》2003 年第 10 期。

23. 李齐云、刘小勇：《分税制，转移支付与地区财政差距研究》，载于《财贸经济》2009 年第 12 期。

24. 李齐云：《建立健全与事权相匹配的财政体制研究》，中国财政经济出版社 2013 年版。

25. 李万慧：《财政管理体制改革的现实因应：自治模式抑或命令模式》，载于《改革》2012 年第 5 期。

26. 李丹、刘小川：《政府间财政转移支付对民族扶贫县财政支出行为影响的实证研究——基于 241 个民族扶贫县的考察》，载于《财经研究》2014 年第 1 期。

27. 刘大帅、甘行琼：《公共服务均等化的转移支付模式选择——基于人口流动的视角》，载于《中南财经政法大学学报》2013 年第 4 期。

28. 刘晨、刘晓璐：《中国政府间转移支付制度对改善收入分配效果探析》，载于《当代经济科学》2010 年第 4 期。

29. 刘亮：《中国地区间财力差异的度量及分解》，载于《经济体制改革》2006 年第 2 期。

30. 刘溶沧、杨之刚：《德国政府间财政转移支付制度考察报告》，载于《财贸经济》1995 年第 12 期。

31. 刘溶沧、焦国华：《加快建立我国规范化转移支付制度的步伐》，载于《经济研究参考》2002 年第 63 期。

32. 刘尚希：《财政风险：一个分析框架》，载于《经济研究》2003 年第 5 期。

33. 刘尚希、李敏：《论政府间转移支付的分类》，载于《财贸经济》2006 年第 3 期。

34. 孟春、苏志希：《我国财政转移支付立法初探》，载于《调查研究报告》2005 年第 152 期。

35. 马海涛：《走出县乡财政困局》，载于《中国财政》2004 年第 10 期。

36. 马拴友、于红霞：《转移支付与地区经济收敛》，载于《经济研究》2003 年第 3 期。

37. 毛捷、汪德华、白重恩：《民族地区转移支付，公共支出差异与经济发展差距》，载于《经济研究》2011 年第 2 期。

38. 倪红日、张俊伟：《财税体制改革的成就，存在的问题及进一步改革建议》，载于《税务研究》2003 年第 9 期。

39. 倪红日：《当前财政形势走向及需要关注的问题》，载于《中国产业经济动态》2003 年第 25 期。

40. 倪红日、张亮：《基本公共服务均等化与财政管理体制改革研究》，载于《管理世界》2012 年第 9 期。

41. 倪红日：《对中国政府间财政关系现状的基本判断和发展趋势分析》，载于《经济社会体制比较》2007 年第 1 期。

42. 彭月兰：《论促进区域经济协调发展的财政政策》，载于《经济问题》2003 年第 12 期。

43. 审计署财政司课题组：《政府间转移支付制度理论概述》，载于《中国审计》2001 年第 8 期。

44. 审计署财政司课题组：《政府间转移支付制度的国际比较》，载于《中国审计》2001 年第 9 期。

45. 审计署财政司课题组：《我国政府间转移支付的实践经验》，载于《中国审计》2001 年第 11 期。

46. 审计署财政司课题组：《建立与公共财政相适应的转移支付制度》，载于《中国审计》2001 年第 12 期。

47. 世界银行：《从贫困地区到贫困人群：中国扶贫议程的演进》，2009 年。

48. 田发：《财政转移支付的横向财力均等化效应分析》，载于《财贸研究》2010 年第 2 期。

49. 特里萨：《特尔—米纳什》，载于《政府间财政关系理论与实践》，中国财政经济出版社 2003 年版。

50. 陶然、刘明兴：《中国城乡收入差距，地方政府开支及财政自主》，载于《世界经济文汇》2007 年第 2 期。

51. 邢春冰、李实：《中国城镇地区的组内工资差距：1995～2007》，载于《经济学（季刊）》2011 年第 1 期。

52. 解垩：《转移支付与公共品均等化分析》，载于《统计研究》2007 年第 6 期。

53. 解垩：《财政分权、公共品供给与城乡收入差距》，载于《经济经纬》2007 年第 1 期。

54. 解垩：《市场力量，转移支付与收入不平等》，载于《财贸研究》2013 年第 6 期。

55. 姚先国、李晓华：《工资不平等的上升：结构效应与价格效应》，载于《中国人口科学》2007 年第 1 期。

56. 辛翔飞、秦富、王秀清：《中西部地区农户收入及其差异的影响因素分析》，载于《中国农村经济》2008 年第 2 期。

57. 荀盼、谢娟：《完善我国财政转移支付制度》，载于《合作经济与科技》2009 年第 1 期。

58. 徐舒：《技术进步，教育收益与收入不平等》，载于《经济研究》2010 年第 9 期。

59. 王磊：《我国政府间转移支付制度对公共服务均等化的影响》，载于《经济体制改革》2006 年第 1 期。

60. 王鹏、杜婕、陈思等：《以基尼系数为视角的财政转移支付均等化效果研究——基于吉林省的实证分析》，载于《财政研究》2012 年第 6 期。

61. 王小鲁、樊纲：《中国收入差距的走势和影响因素分析》，载于《经济研究》2005 年第 10 期。

62. 王雍君、李民吉：《中国的政府间转移：目标、制度和实施机制》，载于《中央财经大学学报》2002 年第 7 期。

63. 王雍军：《中国公共支出实证分析》，经济科学出版社 2000 年版。

64. 王振宇：《加快财政转移支付制度改革》，载于《地方财政研究》2013 年第 1 期。

65. 汪冲：《专项转移支付漏损的理论分析与实验检验》，载于《财经研究》2007 年第 12 期。

66. 万广华：《经济发展与收入不均等：方法和证据》，上海人民出版社 2006 年版。

67. 万广华：《不平等的度量与分解》，载于《经济学（季刊）》2008 第 1 期。

68. 余珊、丁忠民：《"粘蝇纸效应"在我国政府间财政转移支付中的实证研究——基于一般性转移支付资金的研究》，载于《重庆工商大学学报（社会科学版）》2008 年第 3 期。

69. 杨之刚：《财政分权理论与基层公共财政改革》，经济科学出版社 2006 年版。

70. 杨文、孙蚌珠、王学龙：《中国农村家庭脆弱性的测量与分解》，载于《经济研究》2012 年第 4 期。

71. 余世喜、李喆：《中国农村公共服务存在的问题及其原因分析》，载于《南方农村》2006 年第 3 期。

72. 尹恒、康琳琳、王丽娟：《政府间转移支付的财力均等化效应——基于中国县级数据的研究》，载于《管理世界》2007 年第 1 期。

73. 尹恒、朱虹：《中国县级地区财力缺口与转移支付的均等性》，载于《管理世界》2009 年第 4 期。

74. 朱玲：《转移支付的效率与公平》，载于《管理世界》1997 年第 3 期。

75. 朱之鑫：《转变政府职能创新社会主义和谐社会行政管理体制》，载于《中国经贸导刊》2006 年第 10 期。

76. 张光：《财政转移支付对省内县际财政均等化的影响》，载于《地方财政研究》2013 年第 1 期。

77. 张明喜：《转移支付与我国地区收入差距的收敛分析》，载于《财经论丛》2006 年第 5 期。

78. 张恒龙、秦鹏亮：《政府间转移支付与省际经济收敛》，载于《上海经济研究》2011 年第 8 期。

79. 张启春：《政府间转移支付与地区财力差距变化》，载于《中南财经政法大学学报》2005 年第 6 期。

80. 赵颖：《转移支付与县域财力的分化》，载于《经济评论》2012 年第 5 期。

81. 周美多、颜学勇：《转移支付类型对省内县际间财力不均等的贡献——按收入来源进行的基尼系数分解》，载于《山西财经大学学报》2010 年第 2 期。

82. 中国社会科学院财政与贸易经济研究所：《走向"共赢"的中国多级财政》，中国财政经济出版社 2005 年版。

二、英文部分

83. Agostini, C. A., Brown, P. H.. Cash Transfers and Poverty Reduction in Chile. *Journal of Regional Science*, 2011, 51 (3): pp. 604 – 625.

84. Arnemiya, T., The Maximum Likelihood Estimator and the Nonlinear Three-stage Least Squares Estimation in the General Nonlinear Simultaneous Equation Model. Econometrica, 1977, 45 (4): pp. 955 – 968.

85. Barro, R. J., The Stock Market and Investment. *Review of Financial Studies*, 1990, 3 (1): pp. 115 – 131.

86. Barro, R. J., Sala-i – Martin, X., Convergence. *Journal of Political Economy*, 1992: pp. 223 – 251.

87. Barro, R. J., Sala-i – Martin, X., Economic Growth. McGraw – Hill, 1995.

88. Bourguignon, F., Goh, C., Kim, D. I., Estimating Individual Vulnerability to Poverty with Pseudo-panel Data. World Bank Policy Research Working Paper, 2004 (3375).

89. Bourguignon, François, Francisco HG Ferreira, and Nora Lustig, eds. The Microeconomics of Income Distribution Dynamics in East Asia and Latin America. World Bank Publications, 2005.

90. Bound, J., and G. Johnson. Changes in the Structure of Wages in the 1980s: An Evaluation of Alternative Explanations, *The American Economic Review*, 1992, 82 (3): pp. 371 – 392.

91. Bronfman, J., Measuring Vulnerability in Chile Using the Panel National Socio Economic Characteristics Survey for 1996 – 2001 – 2006 [C]. Working Paper School of Public Affairs, American University. Presented at LACEA 2011 annual meeting, 2011.

92. Caliendo, M., Kopeinig, S., Some Practical Guidance for the Implementation of Propensity Score Matching. *Journal of Economic Surveys*, 2008, 22 (1): pp. 31 – 72.

93. Chaudhuri, S., Assessing Vulnerability to Poverty: Concepts, Empirical Methods and Illustrative Examples. Department of Economics, Columbia University, New York, 2003.

94. Chaudhuri, S., Jalan, J., Suryahadi, A., Assessing Household Vulnerability to Poverty from Cross-sectional Data: A Methodology and Estimates from Indonesia. Discussion Paper, 2002.

95. Christiaensen, L. J., Subbarao, K., Toward an Understanding of Household Vulnerability in Rural Kenya. Journal of African Economies, 2004, 14 (4): pp. 520 – 558.

96. Dercon, S., Krishnan, P., Vulnerability, Seasonality and Poverty in Ethiopia. *The Journal of Development Studies*, 2000, 36 (6): pp. 25 – 53.

97. Firpo, S., Fortin, N. M., Lemieux, T., Unconditional Quantile Regressions. *Econometrica*, 2009, 77 (3): pp. 953 – 973.

98. Fortin, N., Lemieux, T., Firpo, S., Decomposition Methods in Economics. *Handbook of Labor Economics*, 2011, 4: pp. 1 – 102.

99. Gasparini, L., Galiani, S., Cruces, G., et al., Educational Upgrading and Returns to Skills in Latin America. Evidence from a Supply – Demand Framework. WB Policy Research Working Paper 5921. Washington, DC: World Bank, 2011.

100. Grant, U., Hulme, D., Moore, K., et al., The Chronic Poverty Report 2004 – 05. University of Manchester. Institute for Development Policy & Management (IDPM). Chronic poverty research centre (CPRC), 2004.

101. Günther, I., Harttgen, K., Estimating Households Vulnerability to Idiosyncratic and Covariate Shocks: a Novel Method Applied in Madagascar. *World Development*, 2009, 37 (7): pp. 1222 – 1234.

102. Howe, N., Longman, P., The Next New Deal. *Atlantic Monthly*, 1992, 269 (4): pp. 88 – 99.

103. Huang, B., Chen, K., Are Intergovernmental Transfers in China Equalizing? *China Economic Review*, 2012, 23 (3): pp. 534 – 551.

104. Harrower, S., Hoddinott, J., Consumption Smoothing and Vulnerability in the Zone Lacustre, Mali. International Food Policy Research Institute, 2004.

105. Imbens, G., Wooldridge, J., Difference-in-differences Estimation. National Bureau of Economics Research Working Paper, 2007.

106. Jha, R., Imai, K. S., Gaiha, R., Poverty, Undernutrition and Vulnerability in Rural India: Public Works Versus Food Subsidy. Chronic Poverty Research Centre Working Paper, 2009 (135).

107. Jha, R., Dang, T., Tashrifov, Y., Economic Vulnerability and Poverty in Tajikistan. *Economic Change and Restructuring*, 2010, 43 (2): pp. 95 – 112.

108. Katz, L. F., Changes in the Wage Structure and Earnings Inequality. *Handbook of Labor Economics*, 1999, 3: pp. 1463 – 1555.

109. Lerman, R. I., Yitzhaki, S., Income Inequality Effects by Income source: a New Approach and Applications to the United States. *The Review of Economics and Statistics*, 1985: pp. 151 – 156.

110. Lustig, N., Molina, G., Paz, V., et al. Fiscal Policy and Income Redistribution in Latin America: Challenging the Conventional Wisdom. Tulane University Economics Working Paper 1124, October, 2011.

111. Qing, Y. U., Kaiyuen, T., Factor Decomposition of Sub-provincial Fiscal Disparities in China. *China Economic Review*, 2005, 16 (4): pp. 403 – 418.

112. Lustig, N., Campos, R., Esquivel, G., *The Rise and Fall of Income Inequality*

in Mexico，1989 – 2010. Oxford University Press，2012.

113. Snoddon，T.，Wen，J. F.，Grants Structure in an Intergovernmental Fiscal Game. *Economics of governance*，2003，4（2）：pp. 115 – 126.

114. Ligon，E.，Schechter，L.，Measuring Vulnerability. *The Economic Journal*，2003，113（486）：pp. C95 – C102.

115. Shorrocks，A. F.，Inequality Decomposition by Factor Components. *Econometrica*：*Journal of the Econometric Society*，1982：pp. 193 – 211.

116. Savard，L.，Poverty and Inequality Analysis within a CGE Framework：a Comparative Analysis of the Representative Agent and Microsimulation Approaches. *Development Policy Review*，2005，23（3）：pp. 313 – 331.

117. Tsui，K.，Local Tax System，Intergovernmental Transfers and China's Local Fiscal Disparities. *Journal of Comparative Economics*，2005，33（1）：pp. 173 – 196.

118. World Bank，China National Development and Sub-national Finance：A Review of Provincial Expenditures，World Bank，Washington，DC，2002.

119. Yao，S.，Zhang，Z.，On Regional Inequality and Diverging Clubs：a Case Study of Contemporary China. *Journal of Comparative Economics*，2001，29（3）：pp. 466 – 484.

120. Zhang，Y.，Wan，G.，Can We Predict Vulnerability to Poverty. United Nations University UNU – WIDER Research Paper，2008，82.

第四篇

一、中文部分

1. 郭庆旺：《税收对国民收入分配调控作用研究》，经济科学出版社 2014 年版。

2. 万莹：《缩小我国居民收入差距的税收政策研究》，中国社会科学出版社 2013 年版。

3. 杨虹：《调节居民收入分配的税收制度研究》，中国税务出版社 2010 年版。

4. 罗涛：《税收调节居民收入分配机制的研究》，武汉大学出版社 2009 年版。

5. 程恩富、胡靖春、侯和宏：《论政府在功能收入分配和规模收入分配中的作用》，载于《经济学〈马克思主义研究〉》2011 年第 6 期。

6. 龚刚、杨光：《从功能性收入看中国收入分配的不平等》，载于《中国社会科学》2010 年第 2 期。

7. 周明海、姚先国：《功能性和规模性收入分配的内在联系：模式比较与理论构建》，载于《经济学动态》2012 年第 9 期。

8. 刘万明：《古典分配理论：理论基础、内容架构与方法论意义》，载于《社会科学研究》2010 年 11 月 1 日。

9. 袁辉：《我国功能性分配失衡的原因及对策》，载于《经济理论与经济管理》2014 年第 4 期。

10. 冯加存：《调节个人收入分配的税收政策研究》，山东财经大学，2012 年 4 月

10 日。

11. 傅扬华：《促进个人收入公平分配的税收体系研究》，暨南大学，2006 年 5 月 20 日。

12. 李渊：《我国收入分配税收调节机制改进研究》，天津财经大学，2012 年 5 月 1 日。

13. 苗文娣：《税收对我国居民收入分配的调节机制分析》，首都经济贸易大学，2012 年 3 月 10 日。

14. 李璇：《我国居民收入分配差距与税收政策研究》，山西财经大学，2013 年 3 月 10 日。

15. 贾绍华：《国民收入分配与税收调节机制》，载于《扬州大学税务学院学报》2010 年第 5 期。

16. 曹明星：《经济转型中的税收调节机制与政策选择》，载于《财贸经济》2011 年第 4 期。

17. 安体富：《促进居民收入合理分配的税收政策建议》，载于《中国税务报（财税理论）》2011 年 9 月 7 日。

18. 安体富：《初次分配税收调控大有可为》，载于《中国改革》2008 年第 2 期。

19. 安体富：《税收在收入分配中的功能与机制研究》，载于《税务研究》2007 年第 10 期。

20. 黄桂兰：《我国税收调节国民收入初次分配的作用探讨——以税种为切入点》，载于《湖北经济学院学报》2014 年第 1 期。

21. 庞博：《从再分配体制中的税收制度看我国政府经济职能的转变》，四川大学，2007 年 5 月 1 日。

22. 李哲漫：《关于我国开征遗产税的立法问题研究》，暨南大学，2011 年 4 月 20 日。

23. 王慧：《税收公平视角下我国的房地产税制改革研究》，中国政法大学，2010 年 4 月 1 日。

24. 李振伟：《我国房地产税制改革研究》，中共中央党校经济学部，2014 年 4 月 1 日。

25. 刘佐、雪克：《新中国税制 60 年》，中国财政经济出版社 2009 年版。

26. 胡军：《新时期税收制度的改革与发展》，载于《当代中国史研究》1996 年第 4 期。

27. 郭朝蕾：《新中国成立六十年以来的税制变迁与发展》，载于《毛泽东邓小平理论研究》2009 年第 8 期。

28. 刘佐：《新中国 60 年税制建设的简要回顾与展望》，载于《经济研究参考》2009 年第 55 期。

29. 何华云：《我国对高收入者征收个人所得税政策执行效果研究》，北京工商大学，2008 年 10 月 1 日。

30. 经庭如、崔志坤：《关于我国高收入者个人所得税政策的反思》，载于《当代经济研究》2011 年第 2 期。

31. 秦丽：《高收入群体个人所得税流失及治理研究》，东北财经大学，2013 年 11 月 1 日。

32. 郭杰琳：《现行个人所得税制的公平性分析》，兰州商学院，2014 年 6 月 8 日。

33. 贾燕：《我国城市中低收入群体住房保障的财税政策研究》，湖南大学，2008 年 11 月 26 日。

34. 金高惠：《关于保障农民权益旳税收政策研究》，华中师范大学，2014 年 5 月 1 日。

35. 李伟宁：《促进就业的税收优惠与宏观就业政策的协调》，载于《税务研究》2005 年第 2 期。

36. 张熔：《我国促进就业的税收政策研究》，云南财经大学，2008 年 11 月。

37. 陆春晖：《促进我国区域经济协调发展的税收政策研究》，西南交通大学，2006 年 5 月。

38. 张迎春：《西部地区经济发展的税收政策研究》，西南财经大学，2007 年 11 月。

39. 徐静、岳希明：《税收不公正如何影响收入分配效应》，载于《经济学动态》2014 年第 6 期。

40. 刘元生、杨澄宇、袁强：《个人所得税的收入分配效应》，载于《经济研究》2013 年第 1 期。

41. 刘怡、缪思：《构建促进居民收入合理分配的税收体系》，载于《涉外税务》2012 年第 2 期。

42. 刘军：《我国税制结构、税收负担与经济增长的实证分析》，载于《财政研究》2006 年第 2 期。

43. 赵志耘、杨朝峰：《经济增长与税收负担、税制结构关系的脉冲响应分析》，载于《财经问题研究》2010 年第 1 期。

44. 刘海庆、高凌江：《我国税制结构、税负水平与经济增长的关系研究》，载于《财经理论与实践（双月刊）》2011 年第 5 期。

45. 李绍荣、耿莹：《中国的税收结构、经济增长与收入分配》，载于《经济研究》2005 年第 5 期。

46. 刘怡、聂海峰：《间接税负担对收入分配的影响分析》，载于《经济研究》2004 年第 4 期。

47. 郭婧：《税制结构与经济增长——基于中国省级数据的实证研究》，载于《中国软科学》2013 年第 8 期。

48. 国家税务总局课题组：《借鉴国际经验进一步优化中国中长期税制结构》，载于《财政研究》2009 年第 5 期。

49. 郭庆旺、吕冰洋：《税收增长对经济增长的负面冲击》，载于《经济理论与经济管理》2004 年第 8 期。

50. 刘姁姁：《我国税制结构的居民收入分配效应研究》，西南财经大学硕士论文，

2013 年。

51. 郝春红：《我国现行税制结构考察：兼论现行流转税的累退性》，载于《财政研究》2006 年第 1 期。

52. 聂海峰、刘怡：《城镇居民的间接税负担：基于投入产出表的估算》，载于《经济研究》2010 年第 7 期。

53. 童锦治、李星、周竺竺：《我国城镇居民税收的收入再分配效应变动及原因探析》，载于《财贸经济》2011 年第 6 期。

54. 彭海燕：《我国个人所得税再分配效应及累进性的实证分析》，载于《财贸经济》2011 年第 3 期。

55. 万莹：《个人所得税对收入分配的影响：由税收累进性和平均税率观察》，载于《改革》2011 年第 3 期。

56. 王亚芬、肖晓飞、高铁梅：《收入分配差距及个人所得税调节作用的实证分析》，载于《财贸经济》2007 年第 4 期。

57. 岳希明、徐静：《免征额变动对个人所得税累进性的影响》，载于《经济学动态》2012 年第 6 期。

58. 石子印：《我国工薪所得税的再分配效应——基于收入分布的视角》，载于《当代财经》2013 年第 5 期。

59. 何辉、李玲、张清：《个人所得税的收入再分配效应研究：基于 1995～2011 年中国城镇居民调查数据》，载于《财经论丛》2014 年第 2 期。

60. 何辉、李玲、张清：《个人所得税的收入再分配效应研究》，载于《财经论丛》2014 年第 2 期。

61. 彭海艳：《我国个人所得税再分配效应及累进性的实证分析》，载于《财贸经济》2011 年第 3 期。

62. 彭海艳：《我国个人所得税弹性的实证分析：1980～2011》，载于《财贸研究》2014 年第 1 期。

63. 石子印：《平均税率、标准税率与收入分布对个人所得税累进性的影响》，载于《财经理论与实践》2014 年第 1 期。

64. 万莹：《个人所得税累进性与地区收入分配差别调节》，载于《改革》2008 年第 11 期。

65. 王亚芬、肖晓飞、高铁梅：《我国收入分配差距及个人所得税调节作用的实证分析》，载于《财贸经济》2007 年第 4 期。

66. 徐建炜、马光荣、李实：《个人所得税改善中国收入分配了吗?》，载于《中国社会科学》2013 年第 6 期。

67. 许志伟、吴化斌、张晶：《个人所得税改革的宏观福利分析》，载于《管理世界》2013 年第 12 期。

68. 岳树民、卢艺、岳希明：《免征额变动对个人所得税累进性的影响》，载于《财贸经济》2011 年第 2 期。

69. 岳希明等：《2011 年个人所得税改革的收入再分配效应》，载于《经济研究》2012 年第 9 期。

70. 财政部网站（国际司）：巴西房地产税、资源税费制度介绍，2015 年 5 月 11 日。

71.《华尔街日报》2015 年 5 月 12 日。

72. 范坚、姜跃生等译：《税收风险管理——从风险到机会》，江苏人民出版社 2012 年版。

73. 谢伏瞻主编：《中国不动产税制设计》，中国发展出版社 2006 年版。

74. 吕旭明等编著：《中美跨国税务问答》，复旦大学出版社 2009 年版。

75. 韩玲慧：《英国财政税收制度的演变：1597 年至今》，载于《经济参考研究》2009 年第 40 期。

76. 张永慧、郭慧芳：《北欧国家混合个人所得税模式实践及其借鉴》，载于《生产力研究》2011 年第 7 期。

77. 刘波：《英国遗产税的历史经验》，载于《金融时报》2013 年 2 月 15 日。

78. 边曦主编：《东盟十国税收制度》，中国财政经济出版社 2007 年版。

79.《2015 法国房产税变化一览》，载于《欧洲时报》2015 年 1 月 27 日。

80. 李罡：《荷兰的个人所得税制度》，中国社科院欧洲研究所网站，2011 年 5 月 13 日。

81. 周新华：《世界各国的遗产税房产税一览表》，价值中国网站，2012 年 8 月 19 日。

82. 王春元：《20 世纪末拉美国家税制改革的动因及其启示》，载于《浙江外国语学院学报》2012 年第 4 期。

83. 昆士兰大学《澳大利亚税法》课件，2013 年。

84.《法制日报》2013 年 2 月 19 日。

85. 刘斌、翁华伟：《中英企业所得税差异分析》，财政部科研所网站，2006 年 12 月 11 日。

86. 金鑫、许毅主编：《新税务大辞海》，九州图书出版社 1995 年版。

87.《中国共产中国共产党第十八届中央委员会第三次全体会议文件汇编》，人民出版社 2013 年版。

88. 王军：《深化税制改革、服务发展大局》，载于《中国税务报》2013 年 12 月 18 日。

89. 靳东升、李本贵主编：《企业所得税理论与实践》，经济科学出版社 2006 年版。

90. 靳万军、周华伟主编：《流转税理论与实践》，经济科学出版社 2007 年版。

91. 韩庆祥、王海滨：《把促进公平正义也看作硬道理》，载于《北京日报》2013 年 12 月 23 日。

92. 崔景华：《欧洲主要发达国家近期税制改革动向及对我国的启示》，载于《欧洲研究》2007 年第 4 期。

93. 董再平：《消费税制的国际比较及其对我国的启示》，载于《广东经济管理学院学报》2005 年第 6 期。

94. 付伯颖：《外国税制教程》，北京大学出版社 2010 年版。

95. 龚辉文：《消费税征收范围的国际比较与启示》，载于《涉外税务》2010 年第 5 期。

96. 龚玲玲：《英国的消费税》，载于《管理观察》2009 年第 13 期。

97. 李林木、黄茜：《借鉴国际经验 完善我国消费税政策》，载于《涉外税务》2010 年第 5 期。

98. 刘晓凤：《消费税的国际比较与借鉴》，载于《西部财会》2010 年第 9 期。

99. 孙钰明：《中美消费税法比较与 WTO 体制下中国消费税改革》，载于《吉林师范大学学报（人文社会科学版)》2005 年第 3 期。

100. 魏娜：《从国际发展趋势看我国消费税改革》，载于《黑龙江对外经贸》2008 年第 8 期。

101. 朱青：《发达国家税制改革的近期走向及其对我们的启示》，载于《财贸经济》2006 年第 3 期。

102. 国家税务总局：《2007 年度年所得 12 万元以上个人自行纳税申报工作概述》，http：//www. zjds. gov. cn/art/2008/4/24/art_90_1709. html。

103. 山东新闻联播：《山东 2012 年度年所得 12 万元以上个人自行纳税申报人数首次突破 20 万》，http：//v. iqilu. com/2013/04/03/3882001. shtml。

104. 崔晓静、熊昕：《国际税收自动信息交换法律制度的新发展》，载于《法学》2014 年第 8 期。

105. 樊丽明、李昕凝：《世界税制结构变化趋向及思考》，载于《税务研究》2015 年第 1 期。

106. 付伯颖、齐海鹏：《经济全球化的税收效应与我国税制改革的政策取向》，载于《现代财经》2001 年第 9 期。

107. 裘元伦：《经济全球化与中国国家利益》，载于《世界经济》1999 年第 12 期。

108. 谭珩、杨金亮：《美国退籍税的研究与思考》，载于《税务研究》2014 年第 9 期。

109. 腾讯财经：《中国富人海外资产转移》，http：//finance. qq. com/a/20130304/001596. htm。

110. 王辉耀、刘国福：《中国国际移民报告（2014）》，社会科学文献出版社 2014 年版。

111. 王慧珊、王蔚：《退籍还需"分手费"》，载于《国际税收》2013 年第 3 期。

112. 王良穆、孙红梅：《经济全球化下的国际税收竞争与税收优惠》，载于《财经问题研究》2005 年第 4 期。

113. 王希：《美国历史上的"国家利益"问题》，载于《美国研究》2003 年第 2 期。

114. 张宝珍：《经济全球化需要研究的十大问题》，载于《世界经济》1998 年第 9 期。

115. 赵文祥、谢丽君：《美国退籍税评介及对中国的启示》，载于《税务研究》

2014 年第 9 期。

116. 郑榕：《国际税收情报交换的中国对策》，载于《经济视角：中国纳税人》2007 年第 3 期。

117. 刘佐：《遗产税制度研究》，中国财政经济出版社 2003 年版。

118. 禹奎：《中国遗产税研究：效应分析和政策选择》，经济科学出版社 2009 年版。

119. 伊丽娜：《中国遗产税开征条件研究》，载于《财政研究》2007 年第 3 期。

120. 曹玉玲：《从国外征收与废止遗产税看中国遗产税开征的必要性》，载于《市场研究》2014 年第 9 期。

121. 李翠萍：《从美国遗产税的争论看中国遗产税的开征》，载于《地方财政研究》2005 年第 5 期。

122. 孙成军：《当前我国开征遗产税不具可行性》，载于《山东社会科学》2014 年第 1 期。

123. 赵伟、周小付：《基于功能定位的遗产税框架设计》，载于《中央财经大学学报》2014 年第 2 期。

124. 李永刚：《境外遗产税制度比较及其启示》，载于《国家行政学院学报》2015 年第 1 期。

125. 王洁若：《美国遗产税制度及其对中国的启示》，载于《财政监督》2014 年第 7 期。

126. 赵放：《平等与效率的冲突——围绕日本遗产税存与废的争论》，载于《日本研究》2009 年第 2 期。

127. 刘馨颖：《日本继承税和赠与税：调节社会财富再分配》，载于《国际税收》2015 年第 1 期。

128. 杨海燕：《现代遗产税和赠与税理论研究综述》，载于《经济学动态》2004 年第 2 期。

129. 付伯颖：《遗产税开征时机的理性思考》，载于《地方财政研究》2011 年第 1 期。

130. 谢百三、刘芬：《再论中国近期不适宜开征遗产税》，载于《经济理论与实践》2014 年第 2 期。

131. 蔡秀云、郭省钰：《我国居民财产现状与遗产税开征时机及效应分析》，载于《经济研究参考》2014 年第 59 期。

二、英文部分

132. Mehmet Serkan Tosuna, Sohrab Abizadeh. Economic Growth and Tax Components: An Analysis of Tax Changes in OECD. *Applied Economics*, 2005, 37: pp. 2251 – 2263.

133. Arnold J. Do Tax Structures Affect Aggregate Economic Growth?: Empirical Evidence from a Panel of OECD Countries. OECD Economics Department Working Papers, 2008: P. 643.

134. Lambert P, Aronson J. Inequality Decomposition Analysis and the Gini Coefficient

Revisited. *Economic Journal*, 1993, 103 (9): pp. 1221 – 1227.

135. Piketty T, Saez E. How Progress Is the U. S Federal Tax System? A Historical and International Perspective. *Journal of Economic Perspectives*, 2007, 21 (1): pp. 3 – 24.

136. Love I, Zicchino I. Financial Development and Dynamic Investment Behavior: Evidence from Panel VAR. *Quarterly Review of Economics and Finance*, 2006, 46: pp. 190 – 210.

137. Atkinson, A. B. & Stiglitz, J. E, The Design of Tax Structure: Direct versus Indirect Taxation, *Journal of Public Economics*, Vol. 6, No. 1 – 2, 1976, pp. 55 – 75.

138. Kakwani, N. C. , Measurement of Tax Progressivity: an International Comparison. *The Economic Journal*. Vol. 87, No. 345, 1977, pp. 71 – 80.

139. Musgrave R. A. & Thin Tun, Income Tax Progression, 1929 – 48, *Journal of Political Economy*, Vol. 56, No. 6. 1948, pp. 498 – 514.

140. Pfahler W. , Redistributive Effect of Income Taxation: Decomposing Tax Base and Tax Rates Effects. *Bulletin of Economic Research*, Vol. 42, No. 2. 1990, pp. 121 – 129.

141. David Altig, Charles T. Carlstrom. 1996. Marginal Tax Rates and Income Inequality in a Life-cycle Model. Cleveland Fed's Working Paper, No. 9621.

142. Gerlinde Verbist. Redistributive Effect and Progressivity of Taxes: An International Comparison across the EU Using Euro – MOD. EUROMOD Working Paper, No. EM5/04, 2004.

143. Kinam Kim, Peter Lambert. 2009. Redistributive Effect of U. S. Taxes and Public Transfers, 1994 – 2004. *Public Finance Review*, 1: pp. 3 – 26.

144. KPMG, Thinking Beyond Borders: Management of Extended Business Travelers, 2013.

145. Adolfo Martin Jimenez, Jose Manuel Calderón Carrerol. Exit Taxes and the European Community Law in the light of Spanish Law. *European Tax Studies*, 1/2009.

146. Boers S. Influence of EC Law on Dutch Exit Tax Provisions. *European Tax Studies*, 2009: P. 127.

147. David Marranil. Contribution to the Study of "Exit Tax" in the UK. *European Tax Studies*, 2009, 1.

148. EUROPEAN COMMISSION. Corporate income tax [DB/OL]. http: //ec. europa. eu/taxation_customs/tedb/taxDetail. html? id = 226/1395648460&taxType = CIT.

149. EUROPEAN COMMISSION. Spanish Personal income tax [DB/OL]. http: //ec. europa. eu/taxation_customs/tedb/taxDetail. html? id = 235/1395647733&taxType = PIT.

150. France Unveils Latest "Exit Tax" Data by Ulrika Lomas, Tax – News. com, Brussels [EB/OL]. http: //www. tax – news. com/news/France Unveils Latest Exit Tax Data59955. html.

151. GOV. UK. Capital Gains Tax [EB/OL]. https: //www. gov. uk/personal – tax/capital – gains – tax.

152. GOV. UK. Income Tax [EB/OL]. https：//www. gov. uk/personal – tax/income – tax.

153. GOV. UK. Self Assessment [EB/OL]. https：//www. gov. uk/personal – tax/self – assessment.

154. HM Revenue & Customs (HMRC). CTM60060, EIM45805, EIM45810, EIM74002, EIM74050, EIM74052, IPTM3300 [EB/OL]. http：//www. hmrc. gov. uk/manuals/.

155. HMRC. RPSM09103600 [EB/OL]. http：//www. hmrc. gov. uk/manuals/rpsmmanu-al/RPSM09103600. htm.

156. Hughes de Lasteyrie du Saillant v Ministère de l'économie, des Finances et de l'Industrie. (Case C – 9/02) [2004] ECI C – 902.

157. Kotanidis S. European Union：French exit tax incompatible with the freedom of establishment. European Taxation – Amsterdam, 2004, 44：pp. 375 – 381.

158. KPMG. KPMG Japan tax newsletter/January 2015. KPMG Tax Corporation, January 6, 2015.

159. Loes Brilman. Emigration and immigration of a business：impact of taxation on European and global mobility. Tilburg University, 2013.

160. Tania S. Sebastian Troutman Sanders LLP. New Exit Taxes for the U. S. Expatriate. 2009. 8.

161. The staff of the joint committee on taxation. Expatriation tax act of 1995. JCX – 26 – 95, 1995 – 6 – 13.

162. Withers. Exit Tax for U. S. Expatriates to Become Law. withersworldwide, 2008 – 3 – 28.

163. Withers. President Signs Exit Tax for U. S. Expatriates. withersworldwide, 2008 – 6 – 20.

164. Wojciech Kopczuk and Emmanuel Saez, "Top Wealth Shares in the United States, 1916 – 2000：Evidence from Estate Tax Returns", NBER Working Paper No. 10399, March 2004.

165. Jim Saxton, Mac Thornberry, "The Economics of the Estate Tax", A Joint Economic Committee Study, December 1998.

166. Louis Kaplow, "A Framework for Assessing Estate and Gift Taxation", NBER Working Paper No. 7775, July 2000.